Mitteilungen

über den

47. Allgemeinen Genossenschaftstag

des Allgemeinen Verbandes

der auf Selbsthilfe beruhenden

Deutschen Erwerbs- und Wirtschaftsgenossenschaften, e. V.

zu

Cassel

vom 20. bis 24. August 1906.

Herausgegeben im Auftrage des Allgemeinen Verbandes

von

Dr. H. Crüger,

Anwalt des Allgemeinen Verbandes Deutscher Erwerbs- und Wirtschaftsgenossenschaften, e. V.

Berlin 1906

Kommissionsverlag von J. Guttentag, G. m. b. H.

W. Lützowstraße 107/108.

Inhalts-Verzeichnis.

Berichtigungen.

Auf Seite 173 ist bei Antrag IV versehentlich fortgeblieben: „**Antrag des Anwalts**“.

Auf Seite 291 muß es vor dem Berichterstatter heißen: „XI. **Bericht über die Prüfung der Jahresrechnung, Beschlußfassung über die Anerkennung derselben und Erteilung der Entlastung**“.

Auf Seite 311, Zeile 27 von unten muß es statt 25000 heißen: „. . . haben wir 21 000 in Verbänden . . .“

Verzeichnis der Redner.

I.

Präsenzliste — Vorversammlung — Tagesordnung.

Der siebenundvierzigste Allgemeine Genossenschaftstag des Allgemeinen Verbandes der auf Selbsthilfe beruhenden deutschen Erwerbs- und Wirtschaftsgenossenschaften, e. V., wurde vom 20. bis 24. August 1906 in Cassel abgehalten; es wohnten demselben bei: Der Anwalt des Allgemeinen Verbandes der deutschen Erwerbs- und Wirtschaftsgenossenschaften Herr Dr. H. Crüger, Herr Gerichtsassessor Donath, Herr Haubensack und Herr Otto Ibscher vom Allgemeinen Verband, die nachstehend aufgeführten Vertreter von 29 Unterverbänden, 243 Kreditgenossenschaften, 37 Konsumvereinen, 12 Baugenossenschaften, 1 Ländl. Rohstoffgenossenschaft, 1 Produktivgenossenschaft, 1 sonstige Genossenschaft, sowie 4 nicht dem Allgemeinen Verbande angehörigen Genossenschaften.

Die Gesamtzahl der Teilnehmer am 47. Allgemeinen Genossenschaftstag betrug 705 Personen.

A. Unterverbände.

1. Bayrischer Genossenschaftsverband. — Die Herren M. Luber und F. X. Proebst aus München.
2. Verband der Kreditvereine zu Berlin. — Herr E. Plonz aus Berlin.
3. Konsumvereinsverband von Brandenburg, Pommern und angrenzender Landesteile. — Herr Keidel aus Stargard i. P.
4. Verband der Baugenossenschaften Deutschlands. — Herr P. Berthold aus Blumenthal (Hannover) und Herr Dr. Schroeder aus Cassel.
5. Verband der Fränkischen Vorschuß- und Kreditvereine. — Herr H. Trotter aus Miltenberg.
6. Verband Hessischer Vorschuß- und Kreditvereine. — Herr Dr. Harnier aus Cassel.
7. Verband der Kreditgenossenschaft der Lausitz und der benachbarten Landesteile. — Herr O. Zademach aus Guben.

8. Verband der Konsumvereine der Lausitz und der angrenzenden Provinzen und Landesteile. — Herr A. Jordan aus Görlitz.
9. Verband der Erwerbs- und Wirtschaftsgenossenschaften im Regierungsbezirk Magdeburg, Herzogtum Braunschweig und der Provinz Hannover. — Herr P. Feldheim aus Burg bei Magdeburg.
10. Verband der Erwerbs- und Wirtschaftsgenossenschaften am Mittelrhein. — Herr Dr. Alberti aus Wiesbaden.
11. Verband der Norddeutschen Erwerbs- und Wirtschaftsgenossenschaften. — Herr Stech aus Neustrelitz.
12. Verband der Vorschuß- und Kreditvereine von Nordwestdeutschland. — Herr J. F. Wischmann aus Heide i. Holst.
13. Verband der Oberbadischen Erwerbs- und Wirtschaftsgenossenschaften. — Herr J. Stadler aus Jestetten.
14. Verband der Ost- und Westpreußischen Erwerbs- und Wirtschaftsgenossenschaften. — Herr Wolski aus Allenstein.
15. Verband Pfälzischer Erwerbs- und Wirtschaftsgenossenschaften. — Herr Gebhart ans Zweibrücken und Herr Conrad aus Speyer.
16. Verband der Vorschuß- und Kreditvereine von Pommern und den Grenzkreisen der Mark Brandenburg. — Herr J. Kurz aus Stettin.
17. Verband der deutschen Erwerbs- und Wirtschaftsgenossenschaften der Provinz Posen. — Herr Wilh. Herbert aus Bromberg.
18. Verband der Kreditgenossenschaften von Rheinland, Westfalen, Lippe und Waldeck. — Herr J. Scholtes aus Boppard.
19. Verband Rheinisch-Westfälischer Konsumvereine. — Herr E. Nolte aus Lüdenscheid.
20. Verband der Vorschußvereine in der Provinz Sachsen und dem Herzogtum Anhalt. — Herr E. Hartung aus Merseburg.
21. Verband der Konsumvereine der Provinz Sachsen und der angrenzenden Provinzen und Staaten. — Herr G. Oppermann aus Magdeburg.
22. Verband Sächsischer Erwerbs- und Wirtschaftsgenossenschaften — Herr A. F. Hüfner aus Chemnitz.
23. Verband der Erwerbs- und Wirtschaftsgenossenschaften Schlesiens. — Herr Konrad Neugebauer aus Breslau.
24. Verband der Konsumvereine der Provinz Schlesien. — Herr P. Kletke aus Breslau.
25. Verband der Erwerbs- und Wirtschaftsgenossenschaften der Provinzen Starkenburg und Oberhessen. — Herr Ph. Stein aus Darmstadt.
26. Verband der Konsumvereine in Bayern, Württemberg, Baden und angrenzenden Bundesstaaten. — Herr O. Feierabend aus München.
27. Verband Thüringischer Vorschußvereine. — Herr Dr. E. Meng aus Meiningen.

28. Verband der Unterbadischen Kreditgenossenschaften. — Herr A. Wilser aus Karlsruhe i. B.
29. Verband der Kreditgenossenschaften von Westbrandenburg und den angrenzenden Landesteilen. — Herr C. Blell aus Brandenburg a. H.

B. Kreditgenossenschaften.

1. Allenstein, Allensteiner Vorschußverein, e. G. m. u. H. — Herr Belian.
2. Allenstein, Ost- und Westpreußische Verbandskasse, e. G. m. b. H. — Herr Schumann.
3. Alsfeld, Alsfelder Vorschußverein, e. G. m. u. H. — Herr Georg Enders.
4. Altdorf, Gewerbe- und Vorschußverein, e. G. m. u. H. — Herr J. Klöhr.
5. Altona a. E., Altonaer Kreditbank von 1870, e. G. m. b. H. — Herr Brügmann (die Herren Max Prahl, H. Lemcke).
6. Altona a. E., Altonaer Kreditverein, Herr Ed. Lührs (die Herren Fr. Benne, E. Groth, H. L. Flicker, C. F. Stephan, Otto Sommer).
7. Altona a. E., Altonaer Genossenschaftsbank, e. G. m. u. H. — Herr F. Hohmann.
8. Arolsen, Kreditverein zu Arolsen, e. G. m. b. H. — Herr H. Schwaner (die Herren F. H. Welle, L. Bartmann).
9. Augsburg, Landwirtschaftlicher Kreditverein, e. G. m. u. H. — Herr E. Buxbaum (die Herren A. Saur, L. Zettler).
10. Beetzendorf, Vorschußverein, e. G. m. b. H. — Herr Joh. Kühl (die Herren W. Lamke, E. Steinemann).
11. Bergen auf Rügen, Vorschußverein zu Bergen, e. G. m. u. H. — Herr G. Mäther.
12. Berlin, Bank für Handel und Gewerbe, e. G. m. b. H. — Herr R. Rossow (Herr Fr. Wendt).
13. Berlin, Bankverein Gesundbrunnen, e. G. m. b. H. — Herr B. Herrmann (die Herren B. Gutschow, E. Gerloff, A. Walter, E. Helm).
14. Berlin, Kreditverein der Friedrichstadt, e. G. m. u. H. — Herr H. Jäger (Herr F. Gundlach).
15. Berlin, Kreditverein der Oranienburger Vorstadt, e. G. m. u. H. — Herr G. Linke.
16. Berlin, Kreditverein des Spandauer Stadtviertels, e. G. m. u. H. — Herr R. Gebhardt (die Herren R. Beeck, A. Arning).
17. Berlin, Genossenschaftsbank Berliner Restaurateure, e. G. m. u. H. — Herr Herm. Poppe (die Herren J. Paterka, K. Zweibart, K. Linde, A. Henke).
18. Berlin, Genossenschaftsbank Moabit, e. G. m. b. H. — Herr L. Stüben.
19. Berlin, Luisenstädtische Bank, e. G. m. b. H. — Herr W. Prippenow (die Herren Klaus, M. Böhme).

20. Berlin, Spar- und Kreditverein „Nordost“, e. G. m. b. H. — Herr Basigkow (die Herren E. Albrecht, O. Eisolt, A. Krüger).
21. Berlin, Spar- und Vorschußverein, e. G. m. b. H. — Herr Wachner (Herr Höreth).
22. Berlin, Genossenschaftsbank des nördlichen Stadtviertels, e. G. m. u. H. — Herr L. Kaske (F. Hieke).
23. Berlin, Kreditverein der Potsdamer Torbezirke, e. G. m. b. H. — Herr H. Hildebrand.
24. Berlin, Berliner Spar- und Kreditverein, e. G. m. b. H. — Herr Tromm.
25. Biebrich a. Rh., Vorschußverein zu Biebrich, e. G. m. u. H. — Herr Th. Hatzmann (die Herren K. Baumgärtel, R. Laux).
26. Biedenkopf, Volksbank zu Biedenkopf, e. G. m. u. H. — Herr Th. Werner (Herr O. Hoffmann).
27. Bielefeld, Gewerbebank zu Bielefeld, e. G. m. b. H. — Herr H. Lübke (die Herren Fr. Gildemeister, H. Kickert, A. Meyerkamp, Fr. Vogt).
28. Bischofsburg, Kreditverein Bischofsburg, e. G. m. u. H. — Herr Schnabel (Herr Bartlewski).
29. Bismark, Vorschußverein zu Bismark, e. G. m. u. H. — Herr L. Kuhfahl.
30. Blankenburg a. H., Vorschuß- und Sparverein, e. G. m. u. H. — Herr Weißmann.
31. Boppard, Bopparder Kreditverein, e. G. m. u. H. — Herr J. Scholtes.
32. Brandenburg, Brandenburger Bankverein, e. G. m. b. H. — Herr G. Deichmann (die Herren O. Bode, J. Wegener, Herm. Schlee, J. Müller).
33. Brandoberndorf, Vorschußverein, e. G. m. u. H. — Herr J. G. Hartmannsheim.
34. Braubach, Vorschußverein, e. G. m. u. H. — Herr R. Friedrich.
35. Breslau, Vorschußverein zu Breslau, e. G. m. b. H. — Herr Konrad Neugebauer (die Herren F. R. Hantelmann, H. Flechtner, F. Großkopf, F. Kuppe).
36. Breslau, Breslauer Volksbank, e. G. m. b. H. — Herr Bruno Dziekan (K. Czaya).
37. Bromberg, Vorschußverein zu Bromberg, e. G. m. u. H. — Herr W. Herbert.
38. Bützow, Vorschußverein zu Bützow, e. G. m. u. H. — Herr C. Herbst.
39. Burg b. M., Spar- und Gewerbebank zu Burg, e. G. m. b. H. — Herr P. Feldheim (Herr Henkel).
40. Butzbach, Vorschußverein zu Butzbach, e. G. m. u. H. — Herr L. Herbold (die Herren A. Kraft, K. Knabenschuh, A. Weickhardt, Ch. Heydt, C. Habermann).

41. Cassel, Kreditverein zu Cassel, e. G. m. b. H. — Herr Fr. Reins (die Herren Fr. Henkel, W. Boppenhausen, L. Lompe und eine größere Anzahl Mitglieder).
42. Cassel, Allgemeiner Vorschußverein, e. G. m. u. H. — Herr Franz Unger (die Herren J. Müller, Herm. Hom, Brocke und eine größere Anzahl Mitglieder).
43. Camburg a. S., Spar- und Vorschußverein zu Camburg, e. G. m. b. H. — Herr R. Ehrhardt.
44. Chemnitz, Spar- und Kreditverein, e. G. m. u. H. — Herr Aug. Hüfner (Herren A. Schnabel, W. Hoppe, E. Meißner).
45. Coblenz, Coblenzer Volksbank, e. G. m. u. H. — Herr W. Fischer (die Herren Joh. Watrinet, H. Scheid, A. Cölln).
46. Coburg, Spar- und Vorschußbank, e. G. m. u. H. — Herr E. Otto.
47. Cöpenick, Kreditverein, e. G. m. b. H. — Herr K. Fehre (die Herren A. Selchow, Alb. Schmidt, L. Mühlenberg, Gohrband, A. Leistner [und Herm. Lorenzen, z. Zt. Speyer]).
48. Cosel, Vorschußverein zu Cosel, e. G. m. u. H. — Herr L. Spitz.
49. Cottbus, Vorschußverein, e. G. m. u. H. — Herr Aug. Schmidt.
50. Crossen a. O., Vorschußverein zu Crossen a. O., e. G. m. u. H. — Herr K. Roball.

51. Danzig, Vorschußverein zu Danzig, e. G. m. b. H. — Herr Richert (Herr Oehlert).
52. Darmstadt, Darmstädter Volksbank, e. G. m. b. H. — Herr Ph. Stein (die Herren L. Nachtigall, R. Reinhardt, Ruoff).
53. Duisburg-Ruhrort, Vorschußverein zu Ruhrort, e. G. m. u. H. — Herr Prof. Dr. Hindorf.

54. Eberswalde, Eberswalder Kreditbank, e. G. m. b. H. — Herr Hopf.
55. Eckartsberga, Vorschußverein zu Eckartsberga, e. G. m. u. H. — Herr K. Mirus.
56. Eisenach, Kreditbank, Aktien-Gesellschaft. — Herr Alb. Vollborn.
57. Endingen (Baden), Volksbank Endingen, e. G. m. u. H. — Herr Rob. Bindner.
58. Erfurt, Erfurter Vorschußbank, e. G. m. b. H. — Herr J. Heinemann (die Herren H. Bothe, M. Hartleb).
59. Ettlingen, Volksbank, Ettlingen, e. G. m. b. H. — Herr A. Limberger.

60. Feudenheim, Darlehnskassenverein, e. G. m. u. H. — Herr Ruf.
61. Filehne, Vorschußverein zu Filehne, e. G. m. u. H. — Herr Kittel.
62. Forst i. L., Kreditkassenverein zu Forst i. L., e. G. m. b. H. — Herr O. Fiedler.
63. Frankfurt a. M., Frankfurter Gewerbekasse, e. G. m. b. H. — Herr Alw. Baumgarten (die Herren Andr. Heuß, H. Encke, H. Reiffenstein).

64. Frankfurt a. M.-Bockenheim, Bockenheimer Volksbank, e. G. m. b. H. — Herr K. Reuffert (die Herren Th. Meller, K. Huth).
65. Frankfurt a. O., Vereinsbank, Akt.-Ges. — Herr K. Schumann.
66. Freiburg i. Br., Freiburger Gewerbebank, e. G. m. u. H. — Herr Aug. Baumert (Herr Emil Sepp).
67. Freyburg a. U., Vorschußverein, e. G. m. b. H. — Herr E. Brückner.
68. Friedberg i. H., Vorschuß- und Kreditverein zu Friedberg, e. G. m. u. H., Herr Jean Dörr (die Herren Alex Weber, G. Stieler, G. Scryba, E. Windecker).
69. Friedland (Bez. Breslau), Vorschußverein zu Friedland, e. G. m. b. H. — Herr P. Förster.
70. Friedrichroda, Gewerbebankverein zu Friedrichroda, e. G. m. u. H. — Herr F. Schönau.
71. Friedrichsberg bei Berlin, Friedrichsberger Bank, e. G. m. b. H. — Herr E. Plonz (die Herren Stapelburg und R. Schmidt).
72. Fulda, Vorschußverein zu Fulda, e. G. m. b. H. — Herr Weinspach (Herr Neidhardt).

73. Geisa, Vorschuß- und Sparverein zu Geisa, e. G. m. u. H. — Herr Trabert (Herr Günther).
74. Gengenbach (Baden), Vorschußverein zu Gengenbach, e. G. m. u. H. — Herr Jos. Schöndienst.
75. Gera (Reuß), Gewerbebank zu Gera, e. G. m. b. H. — Herr E. Fahr (die Herren K. Haase, M. Rechholtz).
76. Gießen, Gewerbebank zu Gießen, e. G. m. u. H. — Herr Karl Loos (die Herren W. Möser, D. Heil).
77. Gleiwitz, Vorschußverein, e. G. m. b. H. — Herr Hugo Lazy (Herr Karl Kunze).
78. Glückstadt, Kreditverein, e. G. m. b. H. — Herr J. Brumm.
79. Görlitz, Vorschußverein, e. G. m. u. H. — Herr O. Lätsch.
80. Goldberg i. Schl., Vorschußverein, e. G. m. u. H. — Herr C. Beckmann (Herr Fr. Techel).
81. Gollma, Vorschußverein, e. G. m. u. H. — Herr Fr. Thormann.
82. Gollnow, Kreditverein, e. G. m. u. H. — Herr H. Voigt.
83. Gommern, Spar- und Vorschußverein zu Gommern, e. G. m. u. H. — Herr Fr. Schüßler.
84. Gotha, Gewerbe- und Landwirtschaftsbank, e. G. m. b. H. — Herr Dr. R. Müller (Herr H. Funk).
85. Gräfenhainichen (Bez. Halle), Vorschußverein, e. G. m. b. H. — Herr O. Sachtler.
86. Gräfenthal, Spar- und Vorschußverein zu Gräfenthal, e. G. m. u. H. — Herr C. Gläser.
87. Grävenwiesbach, Vorschußverein, e. G. m. u. H. — Herr L. Triller.
88. Greifswald, Vorschußverein, e. G. m. u. H. — Herr Max Martens.
89. Greiz i. V., Spar- und Vorschußbank, e. G. m. b. H. — Herr A. Kohlfeld.

90. Großalmerode, Vorschußverein Großalmerode, e. G. m. u. H. — Herr R. Herrmann (die Herren A. Ellenberger, C. M. Kemner).
91. Groß-Neundorf b. Neiße, Vorschußverein zu Groß-Neundorf, e. G. m. b. H. — Herr P. Strietzel.
92. Groß-Strehlitz, Vorschußverein, e. G. m. b. H. — Herr Herden.
93. Grünberg (Hessen), Vorschußverein zu Grünberg, e. G. m. u. H. — Herr Karl Möller.
94. Guben, Vorschußverein zu Guben, e. G. m. b. H. — Herr O. Zademach.
95. Gützkow, Vorschußverein zu Gützkow, e. G. m. u. H. — Herr Jonas.
96. Gumbinnen, Vorschußverein, e. G. m. u. H. — Herr Reimer.
97. Hachenburg, Vorschußverein, e. G. m. u. H. — Herr Karl Keßler.
98. Haiger, Vorschußverein, e. G. m. b. H. — Herr A. Weyel.
99. Hanau, Hanauer Kreditverein, e. G. m. u. H. — Herr Pierre Lamy.
100. Hannover, Gewerbebank, e. G. m. b. H. — Herr A. Renke (die Herren Fr. Barlsen, H. Diedrich und A. Meyer).
101. Hannover, Vorschußvereinsbank, e. G. m. b. H. — Herr A. Nonne (die Herren A. Lüssenhop, W. Lutz.)
102. Hardheim, Vorschußverein, e. G. m. u. H. — Herr A. Rebel.
103. Heide (Holstein), Heider Volksbank, e. G. m. b. H. — Herr J. F. Wischmann (die Herren E. Schultz, F. Kruse).
104. Heidelberg, Heidelberger Volksbank, e. G. m. b. H. — Herr Josef Kunz (die Herren Dr. med. Ullrich, Fr. Walb, Edel).
105. Heilsberg, Vorschußverein, e. G. m. u. H. — Herr Otto Hein (Herr A. Wolff).
106. Heppenheim a. B., Vorschuß- und Kreditverein, e. G. m. u. H. — Herr M. Schmidt.
107. Heringen, Vorschußverein, e. G. m. u. H. — Herr F. Borchart (Herr Kaps).
108. Hermsdorf S.-A., Kredit- und Sparverein, e. G. m. b. H. — Herr Hutzelmann (Herr Lauckner).
109. Hersfeld, Vorschußverein, e. G. m. b. H. — Herr W. Schimmelpfeng (die Herren H. Schimmelpfeng, C. Zickendraht).
110. Hildburghausen, Vereinsbank, e. G. m. b. H. — Herr G. Weickert.
111. Hirschberg i. Schl., Vorschußverein, e. G. m. b. H. — Herr H. Beer (die Herren J. Timm, E. Neumann).
112. Höchst a. M., Vorschußverein, e. G. m. u. H. — Herr L. Euler (die Herren S. Ettinghausen, W. Gattinger, C. Pechatscheck, J. Wiesner).
113. Homberg (Bez. Kassel), Vorschuß- und Sparkassenverein, e. G. m. u. H. — Herr C. Steinhardt (die Herren F. Most, J. Wittig, Ph. Wiegand, Körbel).

114. Homburg (Pfalz), Vorschußverein, e. G. m. u. H. — Herr L. Cappel.
115. Homburg v. d. Höhe, Spar- und Vorschußkasse zu Homburg, e. G. m. b. H. — Herr W. Encke (Herr H. Morr).

116. Ichtershausen, Spar- und Vorschußverein zu Ichtershausen, e. G. m. u. H. — Herr Trebschuh.
117. Insterburg, Vorschußverein zu Insterburg, e. G. m. u. H. — Herr E. Anbuhl (Herr A. Hoseit).
118. Jena, Gewerbe- und Landwirtschaftsbank zu Jena, e. G. m. u. H. — Herr J. Zacher (Fr. Stock).
119. Jestetten, Vorschußverein, e. G. m. u. H. — Herr J. Stadler.

120. Kaiserslautern, Vorschußverein zu Kaiserslautern, e. G. m. u. H. — Herr C. Jakob.
121. Kalkberge, Vorschußverein Kalkberge-Rüdersdorf, e. G. m. b. H. — Herr Lübkes (Herr A. Würzburg).
122. Karlsruhe i. B., Vereinsbank zu Karlsruhe, e. G. m. u. H. — Herr K. Peter (die Herren W. Betsch, A. Meeß, W. Stober).
123. Kaukehmen, Kreditgesellschaft zu Kaukehmen, e. G. m. u. H. — Herr E. Schaar.
124. Kelsterbach a. M., Spar- und Vorschußverein zu Kelsterbach, e. G. m. u. H. — Herr Schneider.
125. Kirberg (Bez. Wiesbaden), Vorschußverein zu Kirberg, e. G. m. u. H. — Herr Hofmann.
126. Kirchberg i. S., Vorschußverein zu Kirchberg, e. G. m. u. H. — Herr A. Gerlach.
127. Kirchheim bei Heidelberg, Vorschußverein zu Kirchheim, e. G. m. b. H. — Herr M. Treiber.
128. Königsberg i. Pr., Kreditgesellschaft, e. G. m. u. H. — Herr M. Peters (Herr C. Fleischer).
129. Konstanz, Vorschußverein zu Konstanz, e. G. m. u. H. — Herr J. Stark (Herr G. Gutscher).
130. Krappitz, Vorschußverein zu Krappitz, e. G. m. b. H. — Herr R. Kottlors.
131. Kreuznach, Kreuznacher Volksbank, e. G. m. b. H. — Herr L. Parisius (die Herren G. König, J. Reininger).
132. Krotoschin, Vorschußverein zu Krotoschin, e. G. m. u. H. — Herr E. Seidel.
133. Kulmbach, Gewerbe- und Vorschußverein zu Kulmbach, e. G. m. b. H. — Herr Chr. Detzer.
134. Kyritz, Vorschuß- und Sparverein zu Kyritz, e. G. m. u. H. — Herr C. Conrad.

135. Lahm im Itzgrund, Itzgründer Kreditverein zu Lahm, e. G. m. u. H. — Herr A. Kistner.
136. Landsberg a. W., Landsberger Kreditverein, e. G. m. b. H. — Herr H. Peters (Herr O. Krischker).

137. Lauscha, Spar- und Vorschußverein zu Lauscha, e. G. m. u. H. — Herr A. Greiner (Herr H. Müller).
138. Lauterecken, Vorschußverein Lauterecken, e. G. m. u. H. — Herr B. Krämer.
139. Lehnin, Vorschuß- und Sparverein zu Lehnin, e. G. m. u. H. — Herr Rosenberg (Herr Thiemann).
140. Leipzig-Reudnitz, Spar- und Vorschußverein Leipzig-Reudnitz, e. G. m. b. H. — Herr A. Thalheim (Herr O. Mühlner).
141. Leipzig, Leipziger Kreditbank, Akt.-Ges. — Herr Dr. Helm.
142. Lichtenau (Hessen), Spar- und Vorschußverein zu Hessisch-Lichtenau, e. G. m. u. H. — Herr Abendroth (Herr L. Albrand).
143. Limburg a. L., Vorschußverein zu Limburg, e. G. m. u. H. — Herr G. Horn (die Herren H. Herber und H. Hilf).
144. Lübben i. L., Vorschußverein zu Lübben, e. G. m. u. H. — Herr F. Kuhfahl (Herr M. Krüger).
145. Lübeck, Lübecker Gewerbebank, e. G. m. b. H. — Herr J. Warneck (Herr S. Wilms).
146. Lyck, Vorschußverein zu Lyck, e. G. m. u. H. — Herr Weiß.
147. Malchow i. M., Vorschußverein zu Malchow, e. G. m. u. H. — Herr S. Schlomann.
148. Mansfeld, Spar- und Kreditbank zu Mansfeld, e. G. m. u. N. — Herr G. Kellermann (Herr A. Kirchhoff).
149. Marburg a. L., Vorschußverein zu Marburg, e. G. m. u. H. — Herr J. Niemeyer (die Herren Auth, v. Borries, A. Harnier, K. Becker).
150. Marienwerder (Westpr.), Vorschußverein Marienwerder, e. G. m. b. H. — Herr Ossowski.
151. Meiningen, Vorschußverein zu Meiningen, e. G. m. u. H. — Herr O. Storandt (die Herren E. R. Röder, A. Schmidt).
152. Melsungen, Vorschußverein zu Melsungen, e. G. m. u. H. — Herr G. Krafft (die Herren E. Gleim, C. Kreilein).
153. Merseburg, Vorschußverein zu Merseburg, e. G. m. b. H. — Herr E. Hartung.
154. Meschede, Kreditverein zu Meschede, e. G. m. b. H. — Herr F. Contzen.
155. Metz, Kreditverein für Lothringen in Metz, e. G. m. b. H. — Herr C. Heurich.
156. Miltenberg, Kreditverein zu Miltenberg, e. G. m. b. H. — Herr H. Trotter.
157. Mittweida, Kreditverein Mittweida, e. G. m. u. H. — Herr G. Menzel.
158. Mörs, Gewerbebank Mörs, e. G. m. b. H. — Herr W. Jantzen (die Herren G. Pannen, Heinemann).
159. Montabaur, Vorschußverein, e. G. m. u. H. — Herr F. Müller.
160. Mrotschen, Vorschuß- und Sparkassenverein zu Mrotschen, e. G. m. u. H. — Herr Otto Dörk (Herr M. Liebstädter).

161. Mühlhausen i. Th., Vorschußverein, e. G. m. u. H. — Herr Aemilius.
162. Mügeln (Bez. Leipzig), Kreditverein zu Mügeln, e. G. m. b. H. — Herr C. Esperstedt.
163. München, Münchener Industriebank, e. G. m. b. H. — Herr M. Luber (die Herren M. Müller, Th. Nester, M. Voigt, J. Haag, M. Schlecht).

164. Nakel, Spar- und Vorschußverein, e. G. m. b. H. — Herr G. Heller (Herr J. Zeyda).
165. Nauen, Vorschußverein, e. G. m. u. H. — Herr J. Winter.
166. Nauheim (Bad), Spar- und Vorschußverein, e. G. m. u. H. — Herr P. Aletter (die Herren H. Stoll, F. Will, P. Aletter, J. Knieriem, Ph. Stamm, E. Grünewald, B. Fisch).
167. Neckargemünd, Vorschußverein Neckargemünd, e. G. m. u. H. — Herr G. Schneider.
168. Neiße, Vorschußverein, e. G. m. b. H. — Herr C. Priwe.
169. Neubukow i. M., Vorschußverein zu Neubukow, e. G. m. u. H. Herr Fr. Vernchl.
170. Neuhaldensleben, Kreditbank, e. G. m. b. H. — Herr A. Schulze.
171. Neu-Isenburg b. Frankfurt a. M., Isenburger Gewerbebank, e. G. m. u. H. — Herr G. Waas.
172. Neumark (Westpr.), Vorschußverein, e. G. m. u. H. — Herr J. Schlesinger (Herr C. Landshut.)
173. Neustadt a. H., Neustädter Volksbank, e. G. m. u. H. — Herr C. Peter (Herr A. Bonnet).
174. Neustrelitz, Vorschußverein, e. G. m. u. H. — Herr E. Sittig.
175. Niederrad, Spar- und Leihkasse zu Niederrad, e. G. m. u. H. — Herr J. Wetterroth.

176. Oberschöneweide, Spar und Kreditbank in Oberschöneweide, e. G. m. b. H. — Herr P. Boissier.
177. Obersitzko, Vorschußverein, e. G. m. u. H. — Herr H. Fechner (Herr Podkomorski).
178. Offenbach a. M., Bankverein, e. G. m. u. H. — Herr C. Drehwald (Herr Städel).
179. Ohlau, Vorschußverein, e. G. m. b. H. — Herr P. Hanke.
180. Ohrdruf, Gewerbebank zur Ohrdruf, e. G. m. b. H. — Herr H. Bockerodt (Herr E. Alt).

181. Pankow, Pankower Spar- und Leihbank, e. G. m. b. H. — Herr Fr. Wicke.
182. Perleberg, Vorschußverein, e. G. m. u. H. — Herr M. Siemon.
183. Pillkallen, Vorschußverein, e. G. m. u. H. — Herr K. Acker (die Herren R. Bräsicke, H. Kurschat).
184. Pirmasens, Pirmasenser Vorschußverein, e. G. m. u. H. — Herr C. Schmidt.

185. Plön, Kreditverein, e. G. m. u. H. — Herr Th. Harbeck.
186. Pößneck, Spar- und Vorschußverein, e. G. m. b. H. — Herr B. Gradler (Herr R. Weithase).
187. Posen, Posener Kreditverein, e. G. m. b. H. — Herr A. Gärtig (die Herren A. Simon, Fr. Peschke, J. Broh, H. Herzberg, L. Sichert, W. Petersen, M. Aschheim, Faust).

188. Rastenburg (Ostpr.), Kreditverein zu Rastenburg, e. G. m. u. H. — Herr H. Misling.
189. Reichelsheim i. Wetterau, Vorschuß- und Kreditverein zu Reichelsheim, e. G. m. u. H. — Herr C. Schmid (die Herren W. Coburger, A. Zimmer).
190. Reinickendorf b. Berlin, Genossenschaftsbank, e. G. m. b. H. — Herr P. Abraham (Herr H. Günther).
191. Rixdorf, Rixdorfer Vorschußverein, e. G. m. b. H. — Herr Marggraff (die Herren A. Sorge, L. Seidler, H. Wendler).
192. Rixdorf, Darlehnsverein, e. G. m. b. H. — Herr Th. Hölzer.
193. Rostock, Vorschußverein, e. G. m. b. H. — Herr R. Schulz.
194. Rotenburg a. Fulda, Vorschußverein, e. G. m. u. H. — Herr Schaub (Herr G. Müller).

195. Salzungen, Spar- und Vorschußverein, e. G. m. u. H. — Herr J. Emmrich.
196. Schmalkalden, Vereinsbank, e. G. m. u. H. — Herr W. Recknagel (die Herren J. Lochhaas, W. Lehmuth, J. Rudolph).
197. Schlitz, Vorschußverein, e. G. m. u. H. — Herr Habicht (Herr Hinkel).
198. Schönlanke, Spar- und Vorschußverein, e. G. m. b. H. — Herr E. Hanow (Frl. Stegmann).
199. Schöneberg b. Berlin, Schöneberger Bank, e. G. m. b. H. — Herr L. Lebbin (Herr M. Schulz).
200. Schupbach, Vorschußverein, e. G. m. u. H. — Herr W. Berns.
201. Schwedt a. Oder, Bankverein zu Schwedt, e. G. m. b. H. — Herr J. Wippermann.
202. Seeburg, Kredit- und Sparverein, e. G. m. u. H. — Herr Fr. Walinski (Herr J. Hermann).
203. Soldin, Kreditgesellschaft Soldin, e. G. m. b. H. — Herr A. Bahr.
204. Speyer, Speyerer Volksbank, e. G. m. b. H. — Herr J. Lorenzen.
205. Spremberg i. L., Kredit- und Sparbank, e. G. m. u. H. — Herr P. Jeicke.
206. Sprottau, Vorschußverein zu Sprottau, e. G. m. u. H. — Herr H. Simon.
207. Stade, Spar- und Vorschußverein, e. G. m. u. H. — Herr J. Jürgens (die Herren J. Brauckmann, A. Steudel).
208. Steinau a. Oder, Spar- und Vorschußverein zu Steinau, e. G. m. b. H. — Herr P. Langsch.

209. Stendal, Vorschußverein, e. G. m. b. H. — Herr C. Zeckwer (Herr Fr. Schulze).
210. Stendal, Kredit- und Sparverein, e. G. m. u. H. — Herr G. Heß (Herr H. Trollius).
211. Stettin, Stettiner Bank, e. G. m. b. H. — Herr O. Below (die Herren R. Köhler, R. Wulff).
212. Stralsund, Kreditverein, e. G. m. u. H. — Herr H. Mayer (Herr Gilow).
213. Strehlen i. Schl., Vorschußverein und Sparkasse zu Strehlen, e. G. m. u. H. — Herr G. Müller.
214. Striegau, Vorschußverein zu Striegau, e. G. m. b. H. — Herr B. Schmaller.
215. Swinemünde, Vorschußverein, e. G. m. u. H. — Herr C. Srocka (Herr B. Fritzsche).
216. Szibben (Post Heydekrug), Vorschußverein Heydekrug, e. G. m. u. H. — Herr Daumann.

217. Tannroda b. Weimar, Vorschußverein zu Tannroda, e. G. m. u. H. — Herr H. Riese.
218. Tessin i. M., Vorschußverein, e. G. m. u. H. — Herr G. Spenz (Herr H. Wedemeyer).
219. Thorn, Vorschußverein, e. G. m. u. H. — Herr R. Göwe (Herr A. Glogau).
220. Tilsit, Vorschußverein, e. G. m. u. H. — Herr Riemann (Herr Eckert).
221. Traunstein, Volksbank, e. G. m. b. H. — Herr Fr. Stenger.

222. Uetersen, Uetersener Kreditverein, e. G. m. u. H. — Herr Andresen.
223. Unterneubrunn, Spar- und Darlehnskasse, e. G. m. b. H. — Herr O. Hohmann.
224. Usingen, Vorschußverein zu Usingen, e. G. m. u. H. — Herr L. Dienstbach.

225. Vacha a. W., Erster Vorschußverein, e. G. m. u. H. — Herr A. Schön (die Herren A. Kröger, R. Freitag, J. Wüst).
226. Vieselbach, Vorschuß- und Sparverein zu Vieselbach, e. G. m. u. H. — Herr Schleif.
227. Villingen, Vorschußverein, e. G. m. u. H. — Herr J. Schleicher (die Herren L. Storz, M. Oberle).

228. Wächtersbach, Wächtersbacher Vorschußverein, e. G. m. u. H. — Herr C. Volz (Herr L. Kolb).
229. Waldenburg i. Schl., Vorschußverein, e. G. m. u. H. — Herr A. Schacl (Herr L. Alde).
230. Weimar, Vorschuß- und Sparverein, e. G. m. u. H. — Herr R. Fricke (die Herren G. Staudinger, H. Richtzenhain).
231. Weißensee b. Berlin, Genossenschaftsbank Weißensee, e. G. m. u. H. — Herr Kiesel (Herr Zipprich).

232. Werben a. Elbe, Vorschußverein, e. G. m. u. H. — Herr Guhl.
233. Westerland-Sylt, Sylter Kreditverein, e. G. m. u. H. — Herr M. Hagendefeldt.
234. Wetzlar, Vorschuß- und Kreditverein, e. G. m. b. H. — Herr K. Imgardt (die Herren A. Kitterle, E. Protz, L. Bättenhausen).
235. Wiesbaden, Allgemeiner Vorschuß- und Sparkassenverein, e. G. m. b. H. — Herr H. Meis (die Herren de Fabois, W. Horn, L. Sattler, M. Hartmann, P. Hasselbach).
236. Wiesbaden, Vorschußverein, e. G. m. b. H. — Herr E. Hirsch (die Herren W. Kraft, J. Küper, K. Spitz, L. Poths, E. Rumpf, H. Petmecky, L. Jung, Neugebauer).
237. Wilmersdorf b. Berlin, Spar- und Kreditbank, e. G. m. b. H. — Herr Beck.
238. Wilsnack, Vorschußverein, e. G. m. u. H. — Herr F. Winter (die Herren A. Backstein, Ed. Welcke).
239. Wissen, Volksbank, e. G. m. b. H. — Herr W. Schmitz.
240. Wittenberge (Bez. Potsdam), Vorschußverein, e. G. m. u. H. — Herr E. Wiglow (Herr Gänicke).
241. Wollin, Bankverein, e. G. m. u. H. — Herr R. Blanck.
242. Worms, Vereinsbank, e. G. m. b. H. — Herr Gg. Müller (Herr R. Peth).
243. Wronke, Vorschußverein, e. G. m. u. H. — Herr H. Mottek.

C. Konsumvereine.

1. Altenau i. Harz, Konsumverein, e. G. m. b. H. — Herr Ey.
2. Astfeld i. Braunschweig, Konsumverein Astfeld, e. G. m. b. H. — Herr Fr. Netz.
3. Berlin, Beamten-Wirtschaftsverein, e. G. m. b. H. — Herr Befeldt.
4. Biesenthal, Konsumverein. — Herr Puttlitz.
5. Borsigwerk, Konsum- und Sparverein Borsigwerk, e. G. m. b. H. — Herr G. Scholl (Herr Bechtel).
6. Breslau, Breslauer Konsumverein. — Herr M. Mundry (die Herren G. Kopisch, E. Haubitz, G. Kynast, K. Nitschke, K. Pfleger, E. Scupin).
7. Clausthal-Zellerfeld, Clausthal-Zellerfelder Konsumverein, e. G. m. b. H. — Herr Sauerbrey (Herr Stürmer).
8. Frankfurt a. M., Frankfurter Beamten-Vereinigung, Konsumverein, e. G. m. b. H. — Herr Sebenning (Herr A. Canné).
9. Görlitz, Konsumverein, e. G. m. b. H. — Herr O. Demus (die Herren H. Schätze, H. Bott).
10. Goslar, Konsum der Berg- und Hüttenleute, e. G. m. b. H. — Herr Knorr (Herr Paulmann).

11. **Halberstadt**, Konsum-Genossenschaft des Eisenbahnvereins Halberstadt, e. G. m. b. H. — Herr H. Heinemann (Herr W. Mund).
12. **Hohenlohehütte**, Konsumverein, e. G. m. b. H. — Herr A. Puschmann (Herr Giersberg).
13. **Holzminden**, Konsumverein zu Holzminden, e. G. m. b. H. — Herr Hering.
14. **Immenstadt**, Konsum- und Sparverein Immenstadt-Bleichach-Sonthofen, e. G. m. b. H. — Herr S. Stromenger.
15. **Jerstedt** b. Goslar, Konsumverein, e. G. m. b. H. — Herr Strübig.
16. **Kalkberge** i. Mark, Konsumverein Tiefbau, e. G. m. b. H. — Herr G. Moritz.
17. **Karlsruhe** i. Baden, Lebensbedürfnisverein, e. G. m. b. H. — Herr Fr. Maucher (Herr K. Kirsch).
18. **Königslutter**, Konsumverein, e. G. m. b. H. — Herr C. Kramer.
19. **Laurahütte**, Konsum- und Sparverein, e. G. m. b. H. — Herr C. Wehowski (Herr H. Gube).
20. **Lautenthal**, Konsumverein zu Lautenthal, e. G. m. b. H. — Herr Sievers.
21. **Lerbach** a. Harz, Konsumverein, e. G. m. b. H. — Herr H. Hase.
22. **Lichtenberg** (Braunschweig), Konsumverein Lichtenberg, e. G. m. b. H. — Herr C. Schwerdtfeger.
23. **Lübben** i. L., Konsumverein zu Lübben, e. G. m. b. H. — Herr A. Fuhrmann.
24. **Meiningen**, Konsumverein Meiningen, e. G. m. b. H. — Herr C. Bodenschatz (Herr F. Beltzig).
25. **Neudorf** b. Harzgerode, Konsumverein Neudorf-Silberhütte, e. G. m. b. H. — Herr L. Gille.
26. **Osterfeld** i. W., Konsumverein, e. G. m. b. H. — Herr K. Siebert.
27. **Pforzheim**, Konsumverein Pforzheim, e. G. m. b. H. — Herr E. Hischmann (Herr C. Gruner).
28. **Scharley**, Konsumverein Scharley, e. G. m. u. H. — Herr C. Gombert.
29. **Schönhagen** i. Hannover, Konsumverein, e. G. m. b. H. — Herr A. Philipps.
30. **Stargard** i. P., Stargarder Konsum- und Sparverein, e. G. m. b. H. — Herr Keidel.
31. **Ulm**, Konsumverein, e. G. m. b. H. — Herr J. Weißhaar (Herr Dr. med. Krauß).
32. **Uslar**, Uslarer Konsumverein, e. G. m. b. H. — Herr A. Müller (Herr R. Pabst).
33. **Walddorf** i. S., Konsum- und Produktivverein Walddorf, e. G. m. u. H. — Herr E. Müller.

34. **Wesel**, Weseler Beamten-Konsumverein, e. G. m. b. H. — Herr Böhm.
35. **Wetter** a. Ruhr, Konsumverein, e. G. m. u. H. — Herr E. Crone.
36. **Wickede-Asseln**, Konsumverein „Gut Glück", e. G. m. b. H. — Herr A. Harges.
37. **Zaborze**, O.-S., Konsumverein „Königin Luise-Grube", e. G. m. b. H. — Herr Busch.

D. Baugenossenschaften.

1. **Berlin**, Berliner Baugenossenschaft, e. G. m. b. H. — Herr E. Syring (Herr H. Hilmer).
2. **Blumenthal** (Hannover), Spar- und Bauverein, e. G. m. b. H. — Herr Brinkmann (Herr Fr. Lange).
3. **Cassel**, Arbeiterbauverein, e. G. m. b. H. — Herr Rudolph (Herr Nehus).
4. **Elberfeld**, Eisenbahn-Bauverein zu Elberfeld, e. G. m. b. H. — Herr K. Voigt (Herr E. Fliegenschmidt).
5. **Falkenberg** (Bez. Halle), Baugenossenschaft für die Beamten und Arbeiter der Staatseisenbahnverwaltung zu Falkenberg, e. G. m. b. H. — Herr Sauer (die Herren Holz und Auerbach).
6. **Frankfurt** a. M., Volks-Bau- und Sparverein, e. G. m. b. H. — Herr B. Schmidt.
7. **Ilmenau** i. Th., Ilmenauer Baugenossenschaft, e. G. m. b. H. — Herr L. Bingold (Herr Krämer).
8. **Limburg** a. L., Spar- und Bauverein, e. G. m. b. H. — Herr Kersten (die Herren Poppe, Steinebach).
9. **München**, Baugenossenschaft München, e. G. m. u. H. — Herr Feierabend (die Herren Kößler, C. Mader).
10. **Münden** (Hannover), Gemeinn. Bauverein, e. G. m. b. H. — Herr A. Pott (die Herren B. Ludewig und H. Begemann).
11. **Wilhelmsburg** a. E., Eisenbahnbauverein, e. G. m. b. H. — Herr Korallus.
12. **Wittenberge** (Bez. Potsdam), Bau- und Sparverein von Eisenbahnbediensteten, e. G. m. b. H. — Herr H. Wolfes (die Herren Falke, Weise, Nagel).

E. Ländliche Rohstoffgenossenschaften.

1. **Insterburg**, Ländlicher Wirtschaftsverein, Zentralgenossenschaft ostpreußischer landwirtschaftlicher Genossenschaften, e. G. m. u. H. — Herr C. Schweiger.*)

*) Gleichzeitig als Vertreter des Verbandes der landwirtschaftlichen Genossenschaften Ostpreußens. (S. 18.)

F. Produktivgenossenschaften.

1. Hannover, Vereinsbuchdruckerei, e. G. m. b. H. — Herr G. Klapproth.

G. Sonstige Genossenschaften.

1. Mansfeld, Nutzgeflügelgenossenschaft, e. G. m. b. H. — Herr Schaaff.

Fremde Genossenschaften.

1. Harburg, Kreditbank, e. G. m. u. H. — Herr H. Albers.
2. Kassel, Eisenbahn-Konsumverein, e. G. m. b. H. — Herr Deichmann (die Herren Kunold, Becker, Voigtländer, Wagner, Guthardt).
3. Louisenthal, Konsumverein, e. G. m. b. H. — Herr Kinzer.
4. Cassel, Allgem. Wohnungs- und Spargenossenschaft, e. G. m. b. H. — Herr Hoffmann (die Herren F. R. Barchfeld, F. Göbde).

Von den betreffenden Unterverbänden waren die nachstehend genannten **Verbandsrevisoren** anwesend:

1. Herr Dr. Fr. Schneider aus Potsdam, Revisor des Verbandes der Kreditvereine zu Berlin, des Verbandes der Baugenossenschaften Deutschlands, des Verbandes der Kreditgenossenschaften der Lausitz und der benachbarten Landesteile, des Verbandes der Konsumvereine der Lausitz und der angrenzenden Provinzen und Landesteile, des Verbandes der Vorschuß- und Kreditvereine von Nordwestdeutschland, des Verbandes der Konsumvereine der Provinz Schlesien.
2. Herr K. Michelmann aus Blankenburg a. H., Revisor des Verbandes der Erwerbs- und Wirtschaftsgenossenschaften im Regierungsbezirk Magdeburg, Herzogtum Braunschweig und der Provinz Hannover, des Verbandes der Baugenossenschaften Deutschlands, des Verbandes der Kreditgenossenschaften von Rheinland, Westfalen, Lippe und Waldeck, des Verbandes Rheinisch-Westfälischer Konsumvereine.
3. Herr O. Soerensen aus Berlin, Revisor des Verbandes der Norddeutschen Erwerbs- und Wirtschaftsgenossenschaften, des Verbandes der Vorschuß- und Kreditvereine von Pommern und den Grenzkreisen der Mark Brandenburg, des Verbandes der Kreditgenossenschaften von West-Brandenburg und den angrenzenden Landesteilen, des Verbandes der Kreditvereine zu Berlin, des Verbandes der Vorschußvereine in der Provinz Sachsen und dem Herzogtum Anhalt.
4. Herr E. Kuckuck aus Schöneberg b. Berlin, Revisor des Verbandes der Baugenossenschaften Deutschlands, des Verbandes der Fränkischen Vorschuß- und Kreditgenossenschaften, des Verbandes der Deutschen Erwerbs- und Wirtschaftsgenossenschaften der Provinz Posen.

5. Herr G. Seibert aus Wiesbaden, Revisor des Verbandes der Erwerbs- und Wirtschaftsgenossenschaften am Mittelrhein, des Verbandes der Erwerbs- und Wirtschaftsgenossenschaften der Provinzen Starkenburg und Oberhessen.
6. Herr Rinow aus Allenstein, Revisor des Verbandes der Ost- und Westpreußischen Erwerbs- und Wirtschaftsgenossenschaften, des Verbandes der Baugenossenschaften Deutschlands.
7. Herr Edwin Rüdiger aus Chemnitz, Revisor des Verbandes Sächsischer Erwerbs- und Wirtschaftsgenossenschaften.
8. Herr Dörr aus Friedberg in Hessen, Revisor des Verbandes Hessischer Vorschuß- und Kreditvereine.
9. Herr Flach aus München, Revisor des Verbandes Pfälzischer Erwerbs- und Wirtschaftsgenossenschaften, des Verbandes der Unterbadischen Kreditgenossenschaften.
10. Herr J. Lorenzen aus Speyer, Revisor des Verbandes Pfälzischer Erwerbs- und Wirtschaftsgenossenschaften.
11. Herr K. Schumacher aus Stuttgart,*) Revisor des Verbandes der Oberbadischen Erwerbs- und Wirtschaftsgenossenschaften, des Verbandes der Unterbadischen Kreditgenossenschaften.
12. Herr Herm. Brodführer aus Meiningen, Revisor des Verbandes Thüringischer Vorschußvereine.
13—16. Die Herren Louis Spitz aus Cosel, Paul Förster aus Friedland (Bez. Breslau), Osk. Hoffmüller und L. Mugdan aus Breslau, Revisoren des Verbandes der Erwerbs- und Wirtschaftsgenossenschaften Schlesiens.
17—19. Die Herren Scheidt aus Hannover, Schulz und Weymuth aus Cassel, Revisoren des Verbandes der Baugenossenschaften Deutschlands.
20—22. Die Herren Rechnungsrat Redslob aus Halle a. S., Wilh. Stürmer aus Clausthal-Zellerfeld, L. Gille aus Neudorf b. Harzgerode, Revisoren des Verbandes der Konsumvereine der Provinz Sachsen und der angrenzenden Provinzen und Staaten.
23/24. Die Herren Maucher aus Karlsruhe i. B. und Bloest aus Ulm, Revisoren des Verbandes der Konsumvereine in Bayern, Württemberg, Baden und angrenzenden Bundesstaaten.

Den Verhandlungen wohnten ferner bei:

Herr Römhild, Regierungsassessor, Berlin, als Vertreter des Herrn Ministers für Handel und Gewerbe.

Herr Weingärtner, Geheimer Ober-Regierungsrat, Karlsruhe, als Vertreter des Großherzoglichen Ministeriums des Innern bezw. der Großherzoglich-Badischen Regierung.

Herr von Windheim, Exzellenz, Oberpräsident der Provinz Hessen-Nassau.

---

*) Gleichzeitig als Vertreter des Verbandes württembergischer Kreditgenossenschaften anwesend (vgl. S. 18).

Herr Roettger, Regierungsrat, als Vertreter des Herrn Regierungspräsidenten zu Cassel.

Herr Großgebauer, Kaiserlicher Bankdirektor, Cassel, als Vertreter des Reichsbankdirektoriums (Berlin).

Herr Reisewitz, Geheimer Regierungsrat, als Vertreter der Königl. Eisenbahndirektion in Cassel.

Herr Mager, Kgl. Bankinspektor, Berlin, als Vertreter der Preußischen Zentral-Genossenschafts-Kasse.

Herr Jochmus, Bürgermeister, als Vertreter der Stadt Cassel.

Herr Dr. Brunner, Stadtsyndikus,
Herr Bödicker, Stadtrat,
Herr Malcomeß, Stadtrat,
} Cassel.

Herr Pfeiffer, Geheimer Kommerzienrat, Vorsitzender der Handelskammer zu Cassel.

Herr von Steiger, Baron, aus Frankfurt a. M.,
Herr Dr. Meißner, aus Berlin,
Herr Malz, aus Frankfurt a. M.,
Herr Kleemann, aus Berlin,
} Direktoren der Dresdner Bank.

Herr Thorwart, F., aus Frankfurt a. M.

Herr Albers, H., aus Harburg, Direktor der Kreditbank zu Harburg, e. G. m. u. H.

Herr Schweiger, Direktor aus Insterburg, als Vertreter
Herr Guttzeit, Insterburg, Revisor
} des Verbandes der landwirtschaftlichen Genossenschaften Ostpreußens.

Herr Schumacher, Verbandsrevisor, Stuttgart, Vertreter des Verbandes württembergischer Kreditgenossenschaften (Ulm).

Herr Rexerodt, Direktor des Verbandes ländlicher Genossenschaften, für den Reg.-Bez. Cassel.

Herr Petitjean, Verbandsdirektor, Wiesbaden, als Vertreter des Verbandes der Naussauischen landwirtschaftlichen Genossenschaften.

Als Stenograph fungierte Herr Reichstagsstenograph Steuer aus Berlin.

Die **Vorversammlung** wurde um 8 Uhr abends im großen Saale des Stadtparks durch den Verbandsdirektor Justizrat Dr. Harnier (Cassel) mit einer Begrüßungsansprache eröffnet.

Auf Vorschlag des Verbandsdirektors Kurz-Stettin wurde das Bureau des 47. Allgemeinen Genossenschaftstages wie folgt gebildet:

1. Herr Königlicher Rat F. X. Proebst (München), Direktor des Bayerischen Genossenschaftsverbandes, Vorsitzender des Engeren Ausschusses — Vorsitzender des 47. Allgemeinen Genossenschaftstages;
2. Herr Justizrat Dr. Alberti (Wiesbaden), Direktor des Verbandes der Erwerbs- und Wirtschaftsgenossenschaften am Mittelrhein, Vorsitzender des Gesamtausschusses — 1. Stellvertreter des Vorsitzenden;

3. Herr Justizrat Dr. Harnier (Cassel), Direktor des Verbandes Hessischer Vorschuß- und Kreditvereine — 2. Stellvertreter des Vorsitzenden
für die gemeinsamen Verhandlungen.

4. Herr Justizrat Wolski (Allenstein), Direktor des Verbandes der Ost- und Westpreußischen Erwerbs- und Wirtschafsgenossenschaften — 3. Stellvertreter des Vorsitzenden
für die Verhandlungen der Kreditgenossenschaften.

5. Herr G. Oppermann (Magdeburg), Direktor des Verbandes der Konsumvereine der Provinz Sachsen und der angrenzenden Provinzen und Staaten — 4. Stellvertreter des Vorsitzenden
für die Verhandlungen der Konsumvereine.

6. Herr Landrat P. Berthold (Blumenthal), Direktor des Verbandes der Baugenossenschaften Deutschlands — 5. Stellvertreter des Vorsitzenden
für die Verhandlungen der Baugenossenschaften.

Zu Schriftführern wurden bestellt:
Herr Assessor Donath (Charlottenburg),
Herr Haubensack (Charlottenburg),
Herr Bürgermeister Hopf (Eberswalde).

Die Verhandlungen der Verbandsrevisoren leitete Herr Verbandsdirektor Justizrat Wolski (Allenstein).

Für die Revisoren-Verhandlungen war als Schriftführer bestellt:
Herr Verbandsrevisor Kuckuck (Schöneberg b. Berlin).

Die hierauf vom Anwalt Dr. Crüger der Versammlung vorgetragene Tagesordnung für den 47. Allgemeinen Genossenschaftstag wurde wie folgt festgesetzt:

Gemeinsame Angelegenheiten aller Genossenschaften.

I. Bericht des Anwalts.

II. a) Bericht des Vorsitzenden des Engeren Ausschusses, Königl. Rat Direktor Proebst-München, über die Tätigkeit des Engeren Ausschusses.
b) Wahlen von drei Mitgliedern in den Engeren Ausschuß an Stelle der ausscheidenden Mitglieder.
(Nach dem Turnus scheiden aus die Verbandsdirektoren Justizrat Wolski, Justizrat Dr. Alberti, Finckh.)

III. Bericht über die Hilfskasse — die Ruhegehaltskasse — die Witwen- und Waisenpensionskasse deutscher Erwerbs- und Wirtschaftsgenossenschaften. — Berichterstatter: Direktor Jäger-Berlin.

IV. Wahlen von drei Mitgliedern in den Vorstand der Hilfskasse nach § 8 des Statuts der Hilfskasse.
(Auf dem Allgemeinen Genossenschaftstag zu Westerland waren gewählt die Herren Jordan, Neugebauer, Kurz.)

V. Beschluß über die Aufnahme von Aktiengesellschaften in den Allgemeinen Verband nach § 4 des Statuts des Allgemeinen Verbandes.

VI. Ausschluß von Genossenschaften.

VII. Vortrag über Erfahrungen mit dem Genossenschaftsgesetz. — Berichterstatter: Verbandsdirektor Justizrat Gebhart=Zweibrücken und der Anwalt.

VIII. Antrag des Anwalts:

In § 43 Pos. b des Statuts des Allgemeinen Verbandes ist statt 1. Mai zu setzen 15. April. — Berichterstatter: Der Anwalt.

IX. Vortrag über praktische Erfahrungen mit den Handwerkergenossenschaften. — Berichterstatter: Verbandsrevisor Carl Schumacher=Stuttgart.

X. Antrag des Anwalts:

Der Allgemeine Genossenschaftstag der auf Selbsthilfe beruhenden deutschen Erwerbs= und Wirtschaftsgenossenschaften anerkennt, obwohl er die in einzelnen Punkten weitergehenden Beschlüsse des vorjährigen Genossenschaftstages aufrecht erhält und zur nachträglichen Berücksichtigung empfiehlt, daß der im Reichsanzeiger vom 23. Juli 1906 veröffentlichte vorläufige Entwurf eines Gesetzes betreffend die Erleichterung des Wechselprotestes den Wünschen der Handelskreise in allen wesentlichen Punkten Rechnung trägt. Er spricht die Hoffnung aus, daß die gesetzgebenden Körperschaften einer baldigen endgültigen Vorlage ihre Zustimmung erteilen, und auf eine billige Regelung der Kostenfrage hinwirken werden. — Berichterstatter: Direktor Malz=Frankfurt a. M.

XI. Bericht über die Prüfung der Jahresrechnung, Beschlußfassung über die Anerkennung derselben und Erteilung der Entlastung. — Berichterstatter: Verbandsdirektor Oppermann=Magdeburg.

XII. Bericht über die Einnahmen und Ausgaben für das Jahr 1907. — Berichterstatter: Verbandsdirektor Oppermann=Magdeburg.

XIII. Beschlußfassung über den Ort des nächsten Genossenschaftstages.

XIV. Antrag des Anwalts:

Den Genossenschaften wird empfohlen, die Anwendung der Bilanzgrundsätze des § 261 Nr. 1, 2, 3 H.G.B. statutarisch vorzusehen. — Berichterstatter: Verbandsdirektor Justizrat Wolski=Allenstein.

XV. Antrag des Gesamtausschusses:

Die durch § 53 und 55 des Genossenschaftsgesetzes vorgeschriebene „Verbandsrevision" hat lediglich den Zweck, die Organe der Genossenschaft in der Vervollkommnung der geschäftlichen Einrichtungen und der Beseitigung von Mißständen zu unterstützen. Die Erfüllung der Aufgabe kann nicht gesichert werden durch Einführung von Zwangsmaßregeln in die Organisation, sondern nur durch Hebung des Verständnisses der Organe der Genossenschaft für die Zwecke der Revision.

Die in den Beschlüssen des Allgemeinen Vereinstages zu Plauen (1887)*), der Allgemeinen Genossenschaftstage zu Gotha (1894)*), zu Augsburg (1895)*), zu Baden=Baden (1901)*) festgelegten Revisionsgrundsätze sind auch den heutigen Verhältnissen entsprechend. Der Allgemeine Genossenschaftstag empfiehlt deshalb den Revisionsverbänden wie den Genossenschaften deren strengste Beachtung. Berichterstatter: Der Anwalt.

---

*) Der Wortlaut der Beschlüsse ist in Teil II an der entsprechenden Stelle der Verhandlungen zum Abdruck gebracht.

Angelegenheiten der Kreditgenossenschaften.

I. Wichtige Rechtsfragen aus dem Sparkassenverkehr. — Berichterstatter: Verbandsdirektor Justizrat Dr. Harnier-Cassel.

II. Antrag des Gesamtausschusses:

Der Allgemeine Genossenschaftstag stellt für die Behandlung der Giroverbindlichkeiten folgende Grundsätze auf:

1. Die Giroverbindlichkeiten sind nicht in die Bilanz einzustellen, wohl aber im Geschäftsbericht und zwar getrennt nach Verbindlichkeiten
   a) aus Geschäftswechseln,
   b) aus Primadiskonten,

aufzuführen.

2. Wird durch die Weiterbegebung von Geschäftswechseln für die Genossenschaft regelmäßig Betriebskapital beschafft, so sind die daraus entstehenden Giroverbindlichkeiten als Betriebskapital aufzufassen und als solches bei Berechnung des Verhältnisses der Reserven zum Betriebskapital in Ansatz zu bringen. Berichterstatter: Der Anwalt.

III. Antrag des Gesamtausschusses:

Der Allgemeine Genossenschaftstag empfiehlt den Kreditgenossenschaften:

1. darauf bedacht zu sein, daß nicht nur dem Vorstande, sondern auch dem Aufsichtsrate kaufmännisch geschulte Kräfte angehören;
2. unter Abhaltung regelmäßiger Geschäftsstunden alle Geldgeschäfte — auch bei den kleinsten Genossenschaften — in Gegenwart von zwei Vorstandsmitgliedern zu erledigen, für alle Einnahmen und Ausgaben Belege, und für alle Soll- und Habenvorträge Anerkennungen zu beschaffen, sowie für deren Prüfung zu sorgen;
3. eine die gesamten Verbindlichkeiten eines jeden Kreditnehmers und Bürgen enthaltende „Belastungsliste" zu führen und diese einer regelmäßigen Prüfung zu unterziehen;
4. sich durch die Geschäftshandhabung von Konkurrenzinstituten nicht bestimmen zu lassen, bei der Kreditgewährung von den durch die Allgemeinen Genossenschaftstage aufgestellten Grundsätzen abzuweichen, sowie auf ausreichende flüssige Mittel und Ausbedingung ausreichender Kündigungsfristen für Spareinlagen und Depositen bedacht zu sein. — Berichterstatter: Verbandsdirektor Neugebauer-Breslau.

IV. Antrag des Anwalts:

Der Allgemeine Genossenschaftstag erklärt:

Unter § 49 Nr. 2 des Genossenschaftsgesetzes fallen Kreditgewährungen jeder Art ohne Rücksicht auf die Art der Sicherstellung.

Dagegen werden Bürgschaftsübernahmen von § 49 Nr. 2 nicht betroffen, sie sind jedoch bei der Beurteilung der Kreditfähigkeit des betreffenden Mitglieds in Betracht zu ziehen. — Berichterstatter: Verbandsdirektor Justizrat Dr. Alberti-Wiesbaden.

Angelegenheiten der Konsumvereine.

I. Antrag des Anwalts:

Der Allgemeine Genossenschaftstag empfiehlt den Konsumvereinen für die Dividendenverteilung folgende Grundsätze anzuerkennen:

a) Zunächst wird auf die Geschäftsguthaben, wie sie am Schlusse des Vorjahres ermittelt sind, höchstens eine den landesüblichen Zinsfuß nicht übersteigende, für volle Mark berechnete Kapitaldividende verteilt;
b) der verbleibende Überschuß wird, wie schon der Vereinstag Deutscher Konsumvereine (1869) empfohlen hat, an die Mitglieder als Einkaufsdividende nach Verhältnis ihrer Warenentnahme aus dem Verein gewährt;

c) die Warenentnahme der Mitglieder wird nachgewiesen durch den am Schlusse der Rechnungsperiode bis zu dem vom Vorstande festgesetzten Tage abgelieferten Betrag an Dividendenmarken. — Berichterstatter: Verbandsrevisor Dr. Fritz Schneider-Potsdam.

II. Vortrag über gewerberechtliche Bestimmungen. — Berichterstatter: Gerichtsassessor Donath-Charlottenburg.

III. Antrag des Anwalts:

Der Allgemeine Genossenschaftstag empfiehlt den Konsumvereinen nach Maßgabe der nachstehenden Grundsätze das Arbeitsverhältnis der Lagerhalter zu regeln.

1. Die Anstellung der Lagerhalter erfolgt durch den Vorstand, nachdem der Aufsichtsrat sich mit der Anstellung des betreffenden Lagerhalters einverstanden erklärt hat.

2. Die Entscheidung über die Entlassung erfolgt durch den Vorstand, der dem Aufsichtsrat von der Entlassung Kenntnis zu geben hat.

3. Die Entlohnung geschieht nach festen Grundsätzen; die Steigerung des Gehalts ist vertragsmäßig zu regeln. Die Entlohnung des Lagerhalters soll zum Teil in einem festen Gehalt, zum Teil in einer Tantième bestehen, die nach der Höhe des Umsatzes berechnet wird.

4. Gehilfen oder Gehilfinnen des Lagerhalters werden durch den Vorstand nach vorheriger Verständigung mit dem Lagerhalter angestellt und entlassen.

5. Wird die Arbeitskraft der Frau oder der Kinder des Lagerhalters in Anspruch genommen, so gelten diese als Gehilfinnen im Sinne der Nr. 4, jedenfalls ist die Entschädigung für diese Personen selbständig zu bemessen.

6. Die Genossenschaft übernimmt die Zahlung für Kranken- und Invalidenversicherung, versichert die Lagerhalter gegen Unfall im Betriebe und tritt der Ruhegehaltskasse deutscher Erwerbs- und Wirtschaftsgenossenschaften und der Witwen- und Waisen-Pensionskasse deutscher Erwerbs- und Wirtschaftsgenossenschaften bei.

7. Die Verpflichtungen zu 6 erstrecken sich grundsätzlich auch auf die zu 4 und 5 bezeichneten Personen.

8. Für die Mankovergütung gilt:

1. Das zulässige Manko kann zwar nach den besonderen Verhältnissen der Vereine verschieden hoch sein, doch sollte dasselbe über 1 pCt. des mankoberechtigten Warenausganges, auch wenn auf Zählwaren kein Manko gewährt wird, in der Regel nicht hinausgehen.

2. Zu widerraten ist, durch höheres Gehalt die Mankogewährung zu ersetzen.

3. Der Lagerhalter hat keinen Anspruch auf Auszahlung des die Höhe des Mankos nicht erreichenden Betrages; auch soll ein erzielter Überschuß nicht auf ein späteres oder früheres Manko verrechnet werden.

9. Für die Kündigungsfrist gelten die handelsgesetzlichen Bestimmungen, wenn nicht vertraglich eine längere Kündigungsfrist vorgesehen ist.

10. Dem Lagerhalter ist eine Abschrift der Jahresinventuraufnahme zu übergeben.

11. Es ist auf die Einführung des Geschäftsschlusses an Sonn- und gesetzlichen Feiertagen sowie auf die Einführung des Achtuhr-Ladenschlusses hinzuwirken. Dem Lagerhalter ist eine Ausgehzeit von mindestens zwei halben oder einem ganzen Tag monatlich und ein Urlaub

von mindestens einer Woche zu gewähren. Nach Möglichkeit ist die Mittagspause auf 2 Stunden auszudehnen.

12. Die Kaution muß sicher angelegt und zum landesüblichen Zinsfuß verzinst werden.

Berichterstatter: Der Anwalt.

IV. Die Notwendigkeit der Warenuntersuchungen. — Berichterstatter: Verbandsdirektor Jordan-Görlitz.

Angelegenheiten der Baugenossenschaften.

I. Antrag des Anwalts:

Denjenigen Baugenossenschaften, die Häuser zum Eigentumserwerb für die Genossen — sogenannte Erwerbshäuser — bauen, wird empfohlen, die für den Erwerber vielleicht gegebene Möglichkeit, den Eigentumserwerb später in spekulativer Weise auszunützen, soweit angängig auszuschließen.

Als Ausschließungsmaßregeln können in dieser Beziehung in Betracht gezogen werden:

1. Die grundbuchmäßige Eintragung des Vorkaufsrechts für die Genossenschaft gemäß §§ 1094 ff. B.G.B.
2. Die grundbuchmäßige Eintragung des Wiederkaufsrechts zugunsten der Genossenschaft für die ersten 30 Jahre nach der Auflassung.
3. Die Inanspruchnahme eines Teils des bei einem späteren Verkaufe erzielten Gewinns für die Genossenschaft. (Zuwachssteuer). — Berichterstatter: Verbandsrevisor Scheidt-Hannover.

II. Antrag des Anwalts:

Den Baugenossenschaften wird empfohlen, bei der Bilanzaufstellung sich des folgenden Schemas zu bedienen:

Aktiva.	Passiva.
Kassenbestand . .	Eigenes Betriebskapital.
Bankguthaben . .	Geschäftsguthaben der Mitglieder . .
Zinsbar angelegte Kapitalien, Wertpapiere sowie sonstige Forderungen der Genossenschaft . .	Reservefonds insgesamt . . und zwar entfallen auf: a) den gesetzlichen Reservefonds . . b) den Hilfsreservefonds . . c) andere Fonds (unter Angabe des Zwecks) . .
Hypotheken- und Kaufgelder-Forderungen für verkaufte Häuser und sonstige Immobilien . .	Fremde Gelder.
Unbebauter Grund und Boden (Grundstückkonto) . .	Hausanteilscheine (unter Angabe ob unkündbar) . .
Der Buchwert der fertigen, im Besitze der Genossenschaft befindlichen Gebäude — Gebäudekonto I und II — beträgt insgesamt . .	Hypothekenschulden . . (Die Hypotheken sind mit . . pCt. zu verzinsen und mit . . pCt. und mit (oder ohne?) zuwachsenden Zinsen zu tilgen.)
Er setzt sich wie folgt zusammen:	Anleihen mit mindestens 12monatlicher Kündigungsfrist . .
A. Buchwert der zur Vermietung der Wohnungen an die Mitglieder bestimmten Gebäude (sog. Mietshäuser) — Gebäudekonto I —:	Anleihen mit kürzerer Kündigungsfrist einschl. Spareinlagen . .
I. Ursprünglicher Gesamt-Herstellungspreis der Mietshäuser einschließlich nachträglicher Aufwendungen . .	Erwerbshäuser — Tilgungskonto (Anzahlungen und Tilgungsbeträge der Hauserwerber . .

Von dieser Summe entfällt auf:
a) Grunderwerbskosten für die Mietshäuser einschl. nachträglicher Aufwendungen .
b) Ursprügliche Baukosten der Mietshäuser einschl. nachträglicher Aufwendungen . .
II. Darauf sind abgeschrieben insgesamt . .
und zwar:
a) bereits in früheren Geschäftsjahren .
b) am Schlusse des letzten Geschäftsjahres . .
Buchwert der Mietshäuser am Schlusse des Geschäftsjahres (Summe I weniger Summe II) . .

B. Buchwert der zum Erwerb durch die Mitglieder bestimmten Gebäude (sog. Erwerbshäuser, einschl. Grunderwerbskosten) — Gebäudekonto II —:
I. Kaufpreis der Erwerbshäuser, die noch nicht aufgelassen, über die aber bereits Erwerbsverträge abgeschlossen sind . .
und zwar:
a) Kaufpreis der Erwerbshäuser, über die in dem abgelaufenen Geschäftsjahre Erwerbsverträge abgeschlossen sind . .
b) Kaufpreis der Erwerbshäuser, über die in früheren Geschäftsjahren Erwerbsverträge abgeschlossen sind.
II. Kaufpreis der Erwerbshäuser, über die keine Erwerbsverträge abgeschlossen sind .
Buchwert der Erwerbshäuser am Schlusse des Geschäftsjahres (Summe I und Summe II) . .

Buchwert der Neubauten (Neubaukonto) .
Hiervon entfällt auf:
A. Buchwert der im Bau befindlichen Mietshäuser . .
B. Buchwert der im Bau befindlichen Erwerbshäuser . .

Geschäftsinventar . .

Rückständige Mieten . .
und zwar sind rückständig:
A. Aus dem letzten Vierteljahr des abgelaufenen Geschäftsjahres . .
B. Aus früherer Zeit . .

und zwar:
A. Anzahlungen und Tilgungsbeträge im abgelaufenen Geschäftsjahr . .
B. Anzahlungen und Tilgungsbeträge aus früheren Geschäftsjahren . .

Schulden für Baumaterialien und Bauarbeiten (Neubauschuldenkonto) einschl. einbehaltener Kautionen . .

Sonstige Schulden insgesamt . .
und zwar:
A. noch zu zahlende Geschäftsunkosten, Tantiemen, Verbandsbeiträge . .
B. noch zu zahlende Dividenden und andere Schulden . .

Soll. Gewinn- und Verlustberechnung. Haben.

Soll.

Abschreibungen

a) . . pCt. auf die ursprünglichen Baukosten der Mietshäuser (Gebäudekonto I) . ℳ . .

Insoweit die Amortisationsquoten höher als die Abschreibungsquoten und daher bei der Mietenberechnung in Ansatz zu bringen sind, sind sie hier besonders anzugeben.

b) . . pCt. auf den Buchwert des Inventars . . . . . ℳ . .

Geschäftsunkosten (Gehälter, Bureaumiete, Bureau-Utensilien, Verbandsbeiträge, Insertionskosten) . . . . . . ℳ . .

Betriebsunkosten (Steuern, Abgaben, Lasten, Reparaturkosten) . . . . ℳ . .

Zinsen:

a) Hypotheken- und Anleihezinsen . . . . . . ℳ . .

b) Zinsen auf die Abträge der Anwärter ℳ . .

c) Zinsen auf Spareinlagen . . . . . ℳ . . ℳ . .

Verluste . . . . ℳ . .

Reingewinn . . . . ℳ . .

Haben.

Gewinnvortrag aus dem Vorjahr ℳ . .

Gewinn aus verkauften Immobilien . . . . ℳ . .

Ertrag aus vermieteten Immobilien . . . . ℳ . .

a) Wohnungsmieten a. den Mietshäusern . ℳ . .

b) Wohnungsmieten a. d. Erwerbshäusern ausschließlich der in d. vertragsmäßigen Mietssätzen enthaltenen Tilgungs-Beträge (Netto-Wohnungsmieten). . . ℳ . .

Zinsen aus angelegten Kapitalien . . . . ℳ . .

Pachteinnahmen . . . . ℳ . .

Sonstige Einnahmen . . . . ℳ . .

Berichterstatter: Gerichtsassessor Donath-Charlottenburg.

Zur Verhandlung kamen:

In der **I. Hauptversammlung** am Dienstag, den 21. August 1906, von 9¼ Uhr vormittags bis 12½ Uhr nachmittags: Aus den gemeinsamen Angelegenheiten aller Genossenschaften: Punkt I, IIa und b, XIII, III, IV, V, VI der vorstehenden Tagesordnung.

In der **II. Hauptversammlung** am Dienstag, den 21. August 1906, von 2¼ bis 6½ Uhr nachmittags: Aus den Angelegenheiten der **Konsumvereine**: Punkt I, III, II der Tagesordnung.

(Punkt IV betreffend die „Notwendigkeit der Warenuntersuchungen“ wurde für die Tagesordnung des nächstjährigen Allgemeinen Genossenschaftstages zurückgestellt.)

In der **III. Hauptversammlung** am Mittwoch, den 22. August 1906, von 9¼ Uhr vormittags bis 1 Uhr nachmittags: Angelegenheiten der **Kreditgenossenschaften**: Punkt I, II, III, IV der Tagesordnung.

In der **IV. Hauptversammlung** am Donnerstag, den 23. August 1906, von $9^1/_4$ Uhr vormittags bis 1 Uhr nachmittags: Aus den gemeinsamen Angelegenheiten aller Genossenschaften: Punkt VII, VIII, IX, X der Tagesordnung.

In der **V. Hauptversammlung** am Donnerstag, den 23. August 1906, von $2^1/_4$ bis $6^1/_4$ Uhr nachmittags: Angelegenheiten der **Baugenossenschaften**: Punkt I, II der Tagesordnung.

In der **VI. Hauptversammlung** am Freitag, den 24. August 1906, von 9 Uhr vormittags bis $12^1/_4$ Uhr nachmittags: Aus den gemeinsamen Angelegenheiten aller Genossenschaften: Punkt XI, XII, XIV, XV der Tagesordnung.

Der 47. Allgemeine Genossenschaftstag zu Cassel wurde am Freitag, den 24. August, nachmittags $12^1/_4$ Uhr geschlossen.

Die auf dem Allgemeinen Genossenschaftstag gefaßten Beschlüsse sind in den in Nr. 36 der „Blätter für Genossenschaftswesen" von 1906 veröffentlichten Protokollen des Genossenschaftstages enthalten — im Abschnitt III dieser „Mitteilungen" befindet sich eine Zusammenstellung derselben.

Die Verbandsrevisoren waren am Montag, den 20. August, nachmittags, zu einer besonderen Versammlung einberufen. Im Abschnitt IV der vorliegenden „Mitteilungen" ist der Bericht über diese Sonderversammlung abgedruckt.

II.

Verhandlungen

des

siebenundvierzigsten Genossenschaftstages des Allgemeinen Verbandes der deutschen Erwerbs- und Wirtschaftsgenossenschaften, e. V. zu Cassel.

I. Hauptversammlung am Dienstag den 21. August 1906.

(Gemeinsame Angelegenheiten aller Genossenschaften.)

Vorsitzender: Königlicher Rat F. X. Proebst (München).

Schriftführer: Assessor Donath (Charlottenburg).

Eröffnung 9 Uhr 15 Minuten.

Vorsitzender **F. X. Proebst** (München): Hochgeehrte Versammlung! Im Auftrage der gestrigen Vorversammlung eröffne ich hiermit den 47. Allgemeinen Genossenschaftstag. Es wurde in den letzten Tagen wiederholt darauf hingewiesen, daß der Allgemeine Genossenschaftstag bereits zum drittenmal in Cassel sich versammelt, was noch nie in irgend einer andern deutschen Stadt sich ereignet hat. Der Allgemeine Vereinstag — wie er damals hieß — war zum ersten Male im Jahre 1866 hier versammelt, sehr bald nach der Einverleibung des Kurfürstentums in die preußischen Lande. Über den Eindruck, den die Stadt und Umgebung damals auf ihre Gäste machte, haben wir keine authentischen Mitteilungen; aber als wir 15 Jahre später, im Jahre 1881, hier einzogen, da trafen wir bereits eine mächtig aufblühende Stadt, eine Heimstätte der Kunst, des Handels und der Industrie, wie sie sich nur entwickeln konnte unter den Segnungen eines sicheren dauernden Friedens, ohne den ja keine ernste Arbeit gelingt, am allerwenigsten die unsrige, die so ganz angewiesen ist auf den inneren Frieden, die so ganz dienen soll der Versöhnung zwischen reich und arm, dem Ausgleich aller wirtschaftlichen und gesellschaftlichen Verhältnisse. Und da wir nun der freundlichen Einladung folgend, zum dritten Male hier eintreffen, sehen wir bereits eine Stadt, die sich den großen Städten des Reiches, den blühendsten und schönsten, würdig anreiht.

Meine Herren, der Gedanke, wie all das sich entwickelte, legt uns die Erinnerung nahe, daß wir heute tagen in der unmittelbarsten Nähe, gewissermaßen unter den Augen des erhabenen Schirmherrn des Deutschen Reiches, des Fürsten, der vor allem seine ganze Kraft, all seine Sorge der Erhaltung des Friedens im In- und Auslande, ja weit über die Grenzen Europas hinaus widmet, Seiner Majestät Kaiser Wilhelms II. Ihm vor allem haben wir zu danken, daß wir in den Segnungen des Friedens auch unsere friedliche Arbeit stets vollziehen dürfen. Darum soll ihm auch der erste Gruß gelten, den diese Versammlung zu versenden hat, die dankbarste Huldigung: Seine Majestät Kaiser Wilhelm II., der Schutzherr des Friedens und der deutschen Arbeit, lebe hoch! — hoch! — hoch!

(Die Versammlung hat sich erhoben und stimmt dreimal begeistert in den Ruf des Vorsitzenden ein.)

Und nun, meine Damen und Herren, gestatten Sie, daß ich Sie von ganzem Herzen willkommen heiße, alle, die Sie hier versammelt sind, von hier und von nah und fern, in erster Reihe unsere hochverehrten Ehrengäste, die Vertreter der höchsten und hohen Staatsbehörden, der Gemeinde, der wichtigsten Körperschaften und Vereinigungen. Man ist lange Zeit von der Idee ausgegangen — weil wir uns Vertreter der Selbsthilfe nennen und hoffentlich uns auch als solche stets bewährt haben — wir verlangten nicht nach dem Besuche und der Teilnahme staatlicher oder körperschaftlicher Abgeordneter. Das ist ein Irrtum, eine arge Täuschung; wir freuen uns unendlich, wenn wir in unserer Mitte Vertreter solcher Behörden begrüßen dürfen; denn wir wissen aus Erfahrung und dürfen es auch für alle Zukunft hoffen, daß sie aus unseren Beratungen den Eindruck mit hinwegnehmen, daß wir es ehrlich und ernst mit unserer Arbeit meinen

(Bravo!)

mit einer Arbeit, die wir nicht für uns verrichten, sondern für das ganze Volk, und deren Triebfeder nichts anderes ist als die Liebe zum Vaterlande, zum deutschen Volke.

(Bravo!)

Ich begrüße von ganzem Herzen die sämtlichen Genossenschafter, die hierher gekommen sind, um hier sich wieder einmal aufzufrischen im Verkehr mit gleichstrebenden Männern, mit alten und jungen Freunden, denen die Reise zum Allgemeinen Genossenschaftstage, wie uns Senioren schon lange, gleichsam eine Wallfahrt geworden ist zum kastalischen Quell, zum nimmerversiegenden Jungbrunnen der Freundschaft und der männlichen Bruderliebe.

Ich begrüße ferner von ganzem Herzen die schöne Reihe edler Frauen und Jungfrauen, die unsere Versammlung zieren, die als treue Begleiterinnen der Gatten oder Väter hierher pilgern, und die stets zum schönsten Schmucke aller unserer Vereinigungen gedient haben.

(Bravo!)

Meine Herren, wenn ich so meiner Freude darüber Ausdruck geben darf, daß wir so zahlreich hier versammelt sind, so habe ich leider auch wieder eine schmerzliche Empfindung zu erwähnen: es fehlen uns hier mehrere der Männer, an deren Teilnahme, an deren persönlicher Mitwirkung an den Allgemeinen Genossenschaftstagen wir seit Jahrzehnten gewöhnt waren. Ein früher Tod hat aus der Reihe der Verbandsdirektoren Herrn Lewinsohn, den Direktor des Posenschen Verbandes, erst vor wenigen Monaten hinweggerissen, einen hochverdienten Mann um das Genossenschaftswesen seiner Heimat, einen lieben Freund in unseren Kreisen. Und in hohem Alter von 90 Jahren haben wir alle — ich darf das wohl von Ihnen insgesamt erwähnen — einen Mann verloren, der gewissermaßen der Liebling des Allgemeinen Genossenschaftstages seit Jahrzehnten war, den alten Troitzsch von Delitzsch, wie wir ihn stets zu nennen und zu begrüßen pflegten den Mann, der uns mit soviel Frische immer aufs neue zu erzählen wußte von den allerersten Anfängen des deutschen Genossenschaftswesens unter Schulze-Delitzsch, seinem Freund und Landsmann, von den ersten Erfolgen und Mißerfolgen seiner Tätigkeit, — der nie müde wurde, seiner Verehrung für seinen und unsern Altmeister einen wahrhaft begeisterten und begeisternden Ausdruck zu geben. Tief gerührt sehen wir den beiden Männern ins Grab, wir werden ihnen für alle Zeit — das lege ich besonders der jüngeren Generation in unserer Versammlung ans Herz — ein treues, ehrendes Gedächtnis bewahren.

Aber noch ein anderer Mann fehlt uns, den wir ebenfalls stets mit Freude in unseren Reihen begrüßten, den hochverdienten und vielbeliebten Führer der unterbadischen Kreditgenossenschaften, unsern Wilhelm Finckh aus Karlsruhe. Er war seit 1882 als Verbandsdirektor, seit 1896 als Mitglied des Engeren Ausschusses stets bereit, der genossenschaftlichen Sache zu dienen mit seiner ganzen ergiebigen Kraft; er hat den Genossenschaften seines Verbandes seine volle väterliche Sorge gewidmet, nur gar zu viel Sorge, müssen wir heute beklagen; denn die ihm Nahestehenden wissen, daß es gerade das Übermaß der Sorge um seine Vereine war, die ihn bald nach der Heimkehr vom vorjährigen Genossenschaftstage in schwere Krankheit verfallen ließ, von der er noch nicht vollständig genesen ist. Vor wenigen Tagen traf mich hier ein Brief von ihm, den ich dem Engeren Ausschuß mitzuteilen die Ehre hatte, voll schmerzlicher bitterer Empfindung darüber, daß er seiner Ehrenpflicht als Genossenschaftsmann leider nicht mehr nachkommen kann. Wir geben die Hoffnung nicht auf, daß es doch und möglichst bald wieder gelingen wird, ihn mit uns arbeiten zu sehen, ihn in unserer Mitte aufs neue zu begrüßen. Und in diesem Sinne werden wir, wenn Sie zustimmen, ihm unsere Grüße entbieten.

(Zustimmung.)

Meine hochverehrten Herren, Sie sind gewohnt, beim Beginn eines Genossenschaftstages einen kurzen Rückblick zu werfen auf die Geschichte dieser Tagungen. Schon in den letzten Jahren mußte ich diesen Rückblick möglichst abkürzen, denn die Kette der Genossenschaftstage ist bereits etwas lang geworden. Ich will darin heute noch einen Schritt weiter gehen und nur der zwei Vereinstage gedenken, die hier in Cassel stattgefunden haben, — und auch das soll tunlichst kurz werden. Im Jahre 1866 fand der achte Allgemeine Genossenschaftstag hier statt. Die Zahl der bestehenden Genossenschaften wurde damals bereits auf 1317 geschätzt, ihr Geschäftsverkehr auf 700 Millionen Mark. Den Vorsitz führte zum erstenmal der damalige Rechtsanwalt Nizze aus Rostock, der spätere Bürgermeister von Ribnitz, weitaus den meisten von Ihnen durch seine kräftige energische Leitung unserer Geschäfte wohlbekannt und in bester Erinnerung. Außer ihm und Schulze-Delitzsch traten aus der Reihe der Redner und sonstigen Teilnehmer ganz besonders hervor die Namen Parisius, Laßwitz, Dr. Schultze (Greifswald), Eugen Richter, Schenck, Lammers, Troitzsch, Astroth, Bensemann, Sommer, Brück, Meißner und Müller (Gotha), aus Cassel Diehls, Preußner, Hahndorf, Hupfeld, Stück, Weigel u. a. m. Weitaus die meisten ruhen bereits seit Jahren unter der Erde, aber eines dankbaren Andenkens seitens der älteren Genossenschafter dürfen sie sich alle erfreuen. Für die älteren Teilnehmer sind diese Namen ganz zweifellos freundliche liebe Erinnerungen. Interessant dürfte es sein, daß damals im Jahre 1866 den hannöverschen Vereinen die Teilnahme am Allgemeinen Vereinstage noch von Staatspolizei wegen verboten war, und die neue Verwaltung war noch nicht dazu gekommen, das Verbot aufzuheben; aber der Allgemeine Genossenschaftstag erwies sich als gastfreundlich, und die Abgeordneten der hannöverschen Vereine wurden hier als liebe Gäste mit freundlichem Willkommen begrüßt. Schulze-Delitzsch sagte damals — was wir heute uns auch noch immer in die Erinnerung rufen dürfen —: „Der einleitende Bericht des Anwalts mit seinem Rückblick dient dazu, uns mit dem rechten Geiste für die bevorstehenden Beratungen zu erfüllen“.

Im Jahre 1881 fand der 22. Vereinstag hier statt. 31 Verbände, 154 Vereine waren durch 217 Abgeordnete vertreten. Den Vorsitz führte wieder Nizze, neben ihm Schenck und meine Wenigkeit, der es vergönnt war, den damaligen Vereinstag zu schließen mit dem wärmsten Dank an die Einwohnerschaft Cassels, an die Behörden und insbesondere auch an den Ortsausschuß. Von den Teilnehmern des Vereinstages vom Jahre 1881 hat leider ebenfalls schon eine große Zahl sich zur ewigen Ruhe gebettet; aber eine stattliche Korona ist doch heute wiedergekehrt von denen, die damals schon an unseren Verhandlungen teilnahmen. Ihnen gilt ganz besonders unser herzlicher und aufrichtiger Gruß. Unter den Gästen waren es insbesondere Vertreter der landwirtschaftlichen Darlehnskassen, die Schulze-Delitzsch aufs wärmste begrüßte, so Haas und Weidenhammer aus Darmstadt und Märklin aus Karlsruhe. Sie waren eingeladen, an den Verhandlungen teilzunehmen, und Herr Haas erklärte am Schluß der entsprechenden Debatte, sie hätten keine Veranlassung gehabt, sich direkt an derselben zu beteiligen, denn sie seien eines Sinns und eines Herzens mit allen denen, die da gesprochen haben; er erklärte außerdem zum Schluß ausdrücklich, indem er für die erwiesene Gastfreundschaft dankte: „Wenn wir auch bis jetzt noch nicht formell zu Ihnen gehören, so gehen wir doch einig mit Ihnen in der Frage der genossenschaftlichen Gesetzgebung, wir halten fest an den Grundprinzipien der Genossenschaften, an den Grundsätzen der Selbsthilfe, wir perhorreszieren die Staatshilfe und die Staatsaufsicht." Ich glaube, es wäre überflüssig, dem ein Wort hinzuzufügen.

Hinsichtlich der einzelnen Verhandlungsgegenstände der beiden Vereinstage, von denen ich spreche, ist es leider nicht möglich, mit Rücksicht auf die große Tagesordnung und die gedrängte Zeit näher darauf einzugehen; sie waren außerordentlich interessant. Ich habe mich in den letzten Wochen mit der Lektüre der „Mitteilungen" über diese beiden Vereinstage beschäftigt und habe daran viel Freude, viel inneren Genuß gefunden; ich empfehle allen denen, denen es möglich ist, sich die Berichte zu verschaffen, sie in einer Mußestunde einmal nachzulesen, sie werden daraus die Überzeugung schöpfen, daß doch recht viel besser geworden ist in den 25 Jahren seit 1881, und daß wir uns deshalb der Hoffnung hingeben dürfen: auch die Zukunft wird einen Fortschritt in allen unseren Bestrebungen und ihren Erfolgen bieten, bis das Ziel, das wir fest vor Augen haben, einmal erreicht sein wird.

In dieser Hoffnung lassen Sie uns in die Verhandlungen des Allgemeinen Genossenschaftstages eintreten.

(Lebhafter Beifall.)

Meine Herren, es war üblich, die Namen der verehrten Ehrengäste beim Beginn der Verhandlungen bekannt zu geben. Ich habe gebeten, mir ein Verzeichnis darüber, soweit es möglich ist, herzustellen, ich weiß nicht, ob es vollständig ist; aber ich werde die Namen verlesen wie sie mir überreicht wurden, und bitte nur die Herren, es nicht übel zu nehmen, wenn die Reihenfolge der Stellung etwa nicht streng gewahrt sein sollte. Anwesend sind die Herren:

von Windheim, Exzellenz, Oberpräsident der Provinz Hessen-Nassau.

Römhild, Regierungsassessor, Berlin, als Vertreter des Herrn Ministers für Handel und Gewerbe.

Weingärtner, Geheimer Ober-Regierungsrat, Karlsruhe, als Vertreter des Großherzoglichen Ministeriums des Innern bezw. der Großherzoglich Badischen Regierung.

Roettger, Regierungsrat, als Vertreter des Herrn Regierungspräsidenten zu Cassel.

Großgebauer, Kaiserlicher Bankdirektor, Cassel, als Vertreter des Reichsbankdirektoriums (Berlin).

Reisewitz, Geheimer Regierungsrat, als Vertreter der Königlichen Eisenbahndirektion in Cassel.

Mager, Königl. Bankinspektor, Berlin, als Vertreter der Preußischen Zentral-Genossenschafts-Kasse.

Schweiger, Direktor, Insterburg, als Vertreter Guttzeit, Insterburg, Revisor	des Verbandes landwirtschaftlicher Genossenschaften für Ostpreußen.

Schumacher, Verbandsrevisor, Stuttgart, als Vertreter des Verbandes württembergischer Kreditgenossenschaften (Ulm).

Rexerodt, Direktor des Verbandes ländlicher Genossenschaften für den Reg.-Bez. Cassel.

Petitjean, Verbandsdirektor, Wiesbaden, als Vertreter des Verbandes der Nassauischen landwirtschaftlichen Genossenschaften.

Jochmus, Bürgermeister, Brunner, Dr., Stadtsyndikus, Bödicker, Stadtrat, Malcomeß, Stadtrat,	als Vertreter der Stadt Cassel.

Pfeiffer, Geheimer Kommerzienrat, Vorsitzender der Handelskammer zu Cassel.

von Steiger, Baron, aus Frankfurt a. M., Meißner, Dr., aus Berlin, Malz, aus Frankfurt a. M., Kleemann, aus Berlin,	Direktoren der Dresdner Bank.

Thorwart, Direktor, aus Frankfurt a. M.

Albers, Direktor der Kreditbank zu Harburg, E. G. m. u. H.

Wenn noch weiter Herren als Vertreter von Behörden und Vereinigungen hier sind, so bitte ich, sich gütigst zu melden. Einladungen sind natürlich an eine viel größere Anzahl von Behörden und Vereinigungen ergangen, und es liegt eine ganze Reihe von Danksagungen vor mit den leider durch die Verhältnisse gebotenen Entschuldigungen, aber auch viele davon mit außerordentlich freundlicher Anerkennung unserer Bestrebungen.

Ich bitte nunmehr Herrn Regierungsassessor Römhild aus Berlin das Wort zu nehmen.

Regierungsassessor **Römhild** (Berlin), Vertreter des Herrn Ministers für Handel und Gewerbe:

Meine Herren, indem ich mir zunächst erlaube, dem verehrten Herr Vorsitzenden für die gütigen Worte der Begrüßung meinen verbindlichen Dank zu sagen, habe ich zugleich die Ehre, Ihnen im Auftrage meines Herrn Chefs, des Herrn Ministers für Handel und Gewerbe, meine besten Wünsche für einen gedeihlichen und ersprießlichen Verlauf der diesjährigen Verhandlungen des Allgemeinen Genossenschaftstages zu übermitteln. Meine Herren, die Königliche Staatsregierung hat der genossenschaftlichen Entwicklung von jeher mit besonderem Wohlwollen gegenübergestanden, und auch der jetzige Herr Handelsminister bringt, wie seine Herren Amtsvorgänger, Ihren Bestrebungen, auf der Grundlage der Selbsthilfe und der Selbstverantwortung die Erwerbsstände genossenschaftlich zusammenzuschließen, das lebhafteste Interesse und die vollste Sympathie entgegen.

Meine Herren! Großes haben Sie in den verflossenen Dezennien geleistet, aus den kleinsten Anfängen heraus eine hoch bedeutsame, sich über ganz Deutschland erstreckende Organisation geschaffen. Daß diese Organisation, wie überhaupt die von Ihnen vertretene genossenschaftliche Sache wie bisher so auch fernerhin blühen und gedeihen möge zu Nutz und Frommen nicht nur der Verbandsgenossenschaften und deren Mitglieder, sondern auch darüber hinaus zum Wohle unseres gesamten Vaterlandes, und daß zu diesem Erfolge das Ergebnis dieser Tagung das Seine reichlich beitragen möge, das, meine Herren, ist der aufrichtige Wunsch der Königlichen Staatsregierung und insonderheit des Herrn Handelsministers.

(Lebhafter Beifall.)

Oberpräsident der Provinz Hessen-Nassau, Exzellenz **von Windheim** (Cassel): Meine Herren, auch ich habe zunächst aufrichtigen Dank zu sagen für die freundlichen Worte, die der Herr Vorsitzende vorhin an mich gerichtet hat, und zugleich der Freude darüber Ausdruck zu geben, daß ich hier Gelegenheit habe, Sie, die Sie aus allen Gauen des Deutschen Reiches zu ernster Beratung hierher gekommen sind, herzlich zu begrüßen in der schönen Provinz Hessen-Nassau, welche, selbst mit einem reichen Netz von Genossenschaften überzogen, den Segen genossenschaftlicher Arbeit reichlich erfahren hat und für solchen Segen den Genossenschaften herzlich dankbar ist. Die Namen Schulze-Delitzsch und Raiffeisen, der hochverdienten eigentlichen Begründer der deutschen Genossenschaften, haben hier in unserer Provinz einen guten Klang, und die Regierung verfolgt mit lebhaftem Interesse und mit aufrichtiger Anerkennung die großartige, immer steigende Entwicklung und die Fortschritte, welche die genossenschaftliche Bewegung auf der Grundlage der Selbsthilfe, der Selbstverantwortung namentlich in den letzten Jahren genommen hat. Aber die Organe der Staatsregierung und die Staatsregierung selbst möchten es nicht bloß bewenden lassen bei der Betätigung eines platonischen Interesses an ihrer Fortentwicklung, sondern sie hält es auch für ihre Pflicht — auch trotz der vielleicht heute noch entgegenstehenden Lehrmeinung, daß es nicht die Pflicht des Staates sei — überall da, allerdings auch nur da, einzugreifen mit schöpferischer Tätigkeit, wo die private Tätigkeit dazu nicht mehr imstande ist, unter voller Wahrung und Achtung des Grundsatzes der Selbstverwaltung der Genossenschaften.

Einig sind die Regierung und die Genossenschaften in ihrem Ziel und in ihren Bestrebungen, nämlich in dem Bestreben, eine Förderin und Helferin des Mittelstandes in Stadt und Land bei uns im Deutschen Reiche zu sein. Ich spreche den Wunsch und die Erwartung aus, daß auch der diesjährige Genossenschaftstag mit seiner reichen Tagesordnung einen befriedigenden, fruchtbringenden, ergebnisreichen Verlauf nehmen möge, daß er recht durchdrungen sei von genossenschaftlichem Geiste, zum Wohle und Besten der mittleren und unteren Klassen unseres Volkes. Das walte Gott!

(Lebhafter Beifall.)

Bürgermeister **Jochmus** (Cassel): Meine sehr geehrten Herren! Nachdem ich gestern abend die Ehre hatte, Ihnen in festlicher Versammlung den Willkommensgruß der Stadt Cassel zu entbieten, gestatten Sie mir, Ihnen heute zu sagen, wie unsere Stadtbehörde Ihren ernsten geschäftlichen Beratungen das lebhafteste Interesse entgegenbringt. Und wie könnte es angesichts Ihrer Grundsätze und Bestrebungen auch anders sein? Das Prinzip der Selbsthilfe muß ja im Grunde auch das jedes gut geleiteten Selbstverwaltungskörpers in unserm großen Staatsorganismus sein. Auch die Stadtgemeinden verschmähen es gleich Ihnen, nach Staatshilfe zu schreien; sie wollen vom Staate nur Ellbogenfreiheit und wohlwollende Förderung ihrer gemeinnützigen Unternehmungen aus allgemeinen Gesichtspunkten der öffentlichen Wohlfahrt. Der alte Grundsatz, daß in erster Linie jeder selbst seines Glückes Schmied sein muß, wird bei uns allezeit hochgehalten werden. Und was der Einzelne für sich allein nicht erreichen kann, das soll von einer größeren Interessengemeinschaft mit vereinten Kräften in die Hand genommen werden. Dieser an sich so selbstverständliche Gedanke, den der unvergeßliche Schulze-Delitzsch so meisterhaft in die Tat umzusetzen verstanden hat, liegt ja dem ganzen Genossenschaftswesen zugrunde, das sich unter Leitung Ihres Verbandes so glänzend entwickelt hat. Auch in unserer Stadt besitzen wir eine Reihe vortrefflich gedeihender Kredit-, Konsum- und Baugenossenschaften, die für unsere erwerbstätige, wie für unsere konsumierende Bevölkerung von größtem Nutzen sind. Wir werden uns auch trotz der bekannten Angriffe gegen die Baugenossenschaften und Konsumvereine in unserer Überzeugung nicht irre machen lassen, daß diese durchaus gesunde und notwendige Glieder des großen Wirtschaftsorganismus sind; und wir werden uns nimmermehr dazu herbeilassen, ihnen durch kleinliche Maßnahmen die Arbeit zu erschweren.

(Bravo!)

Insbesondere werden wir es unsern städtischen Beamten nie verwehren, sich an der Geschäftsführung solcher Genossenschaften zu beteiligen, solange sie nicht in Konflikt mit ihrer Amtspflicht kommen, und das städtische Amt nicht darunter leidet.

(Bravo!)

Das Recht der persönlichen Freiheit wird uns auch in dieser Beziehung immer unantastbar sein.

Nehmen Sie denn, meine hochgeehrten Herren, die besten Wünsche der städtischen Behörden für einen gedeihlichen Verlauf Ihrer Verhandlungen entgegen; und ich glaube nicht fehlzugehen, wenn ich diese Wünsche auch im Namen unserer Einwohnerschaft ausspreche, deren weit überwiegender Teil für Ihre Bestrebungen ebenfalls die wärmsten Sympathien hat.

(Lebhafter Beifall.)

Geheimer Kommerzienrat **Pfeiffer**, Vorsitzender der Handelskammer (Cassel): Auch im Namen der Handelskammer zu Cassel erlaube ich mir als ihrem derzeitigen Vorsitzenden Ihnen, meine hochverehrten Herren, ein herzliches Willkommen in unseren Mauern zuzurufen. Wenn Ihr verehrter Herr Vorsitzender gewissermaßen sein Bedauern darüber ausgesprochen hat, daß Sie zum dritten Male hier erscheinen, so ist es uns anders ergangen: wir haben auf das lebhafteste bedauert, daß Sie ein ganzes Vierteljahrhundert haben ins Land gehen lassen, ohne an uns zurückzudenken, ohne Ihre Beratungen wieder einmal in unserer Stadt aufzunehmen. Wir haben uns oft gefragt, woher es komme, daß die verehrten Vereine nicht wieder einmal bei uns ihren Sitz aufschlagen, und da ist uns die Antwort geworden, daß sie vorzugsweise solche Orte gerne besuchten, wo der genossenschaftliche Gedanke weniger Wurzel gefaßt habe, daß sie dort belehrend und anregend auftreten wollen. Nun, meine Herren, sei dem wie ihm sei, wir freuen uns, daß wir Sie wieder einmal in unserer Mitte aus allen Gauen unseres Vaterlandes, von den Gestaden der Nord- und Ostsee bis herauf zu den Alpen, von der Ostmark bis zum Wasgenwalde sich hier ein Stelldichein gegeben haben, und Sie können sich versichert halten, daß die gesamte Bevölkerung unserer Stadt und weit darüber hinaus das gesamte deutsche Vaterland Ihren Beratungen heute das größte Interesse entgegenbringt.

Meine Herren, der Kernpunkt in dem gesamten deutschen Genossenschaftswesen ist der, daß die kleinen Kräfte sich zu gemeinsamer Arbeit zusammenschließen, und dieser Gedanke hat bei uns in Hessen schon seit Schulze-Delitzschs Tagen, als jener große Mann in der Mitte der 50er Jahre anfing, die Vereine zu errichten, den lebhaftesten Widerhall gefunden, und es läßt sich nicht verkennen, daß dieser Gedanke mehr und mehr ausgestaltet werden muß. In einer Zeit, wo der Kapitalismus überall herrscht, wo sich die Kartelle und Syndikate zusammentun, da ist es dringend notwendig, daß der Gedanke des Genossenschaftswesens in immer größere Kreise dringt. Wir haben große Bankinstitute, welche mit Millionen und Abermillionen Kapital ausgestattet sind und welche dieses Kapital Handel und Industrie nicht nur im Inlande, sondern auf dem ganzen Erdenrund werbend zur Verfügung stellen. Wenn es sich aber darum handelt, den kleinen Mann existenzfähig zu machen, versagen diese Banken.

(Sehr richtig!)

Dann tritt die Genossenschaft ein, und wie viele Gewerbetreibende sind da nicht, die mit Dank auf Ihre Hilfe zurückblicken, die Sie ihnen jederzeit bereitwilligst entgegengebracht haben!

(Bravo!)

Meine Herren, ich wünsche, daß Sie bei Ihren Beratungen sich das eine Ziel auch heute wieder vor Augen halten, dem Mittelstand zu helfen. Ich bin der Ansicht, daß dem Mittelstande nur durch das Genossenschaftswesen geholfen werden kann. Wenn wir im letzten Vierteljahrhundert im gesamten deutschen Wirtschaftsleben überaus große Fortschritte zu verzeichnen haben, wenn wir es zum Wohlstand, ja, ich kann sagen zum Reichtum gebracht haben, so haben wir es den Segnungen des Friedens zu verdanken, die ein weiser Kaiser mit seinem starken Heere uns zuteil werden läßt, wir haben es der Macht der Nation zu verdanken, zu der wir gelangt sind, die überall auf der Erde sich heute Anerkennung und Geltung zu verschaffen weiß; wir haben es aber nicht in letzter Linie hauptsächlich dem Fleiße und der Hingabe der Genossenschaften zu verdanken, die unermüdlich bestrebt gewesen sind, durch ihre Arbeit den Wohlstand in allen Kreisen unseres Vaterlandes zu fördern. Möchte ein glücklicher Stern über Ihren Beratungen leuchten, möchten diese Beratungen dazu dienen, den Sturm, der durch unser wirtschaftliches Leben geht, der überall Hader und Zwist in den verschiedenen Berufsständen in den letzten Jahren hervorgerufen hat, beschwichtigen zu helfen. Mit diesem Wunsche und in dieser Hoffnung heiße ich den 47. Deutschen Genossenschaftstag namens der Handelskammer in unseren Mauern herzlich willkommen.

(Lebhafter Beifall.)

Großherzoglich Badischer Geheimer Oberregierungsrat **Weingärtner** (Karlsruhe): Sehr geehrte Herren, gestatten Sie mir im Hinblick auf die reichhaltige Tagesordnung nur kurz den Dank der Großherzoglich Badischen Regierung dafür auszusprechen, daß Sie so freundlich waren, sie zu dem heutigen Genossenschaftstage einzuladen. Die Großherzoglich Badische Regierung hat es für ihre Pflicht gehalten, obwohl der Genossenschaftstag nicht innerhalb ihres Staatsgebietes stattfindet, und obwohl sie die Hoffnung hat, der ich den ganz persönlichen Wunsch hinzufügen möchte, daß der Genossenschaftstag recht bald wieder in unserem schönen Heimatlande stattfindet, doch diesen Genossenschaftstag besuchen zu sollen und dadurch zum Ausdruck zu bringen, welchen Wert sie darauf legt, daß gerade in der jetzigen Zeit der genossenschaftliche Gedanke auf gesunder Grundlage weiter entwickelt, und das Genossenschaftswesen in zweckmäßiger Weise ausgestaltet wird.

(Bravo!)

Getragen von dieser Hoffnung hat die Großherzoglich Badische Regierung in der Absicht, insbesondere eine gesunde Mittelstandspolitik zu treiben, und neben dem ländlichen Genossenschaftswesen auch das gewerbliche Genossenschaftswesen weiter zu fördern, eine Denkschrift ausarbeiten lassen, um in kurzen Zügen darzulegen, in welcher Weise eine solche Förderung des gewerblichen Genossenschaftswesens, des Handwerkergenossenschaftswesens möglich ist.

Wir haben aber auch noch eine andere Wahrnehmung gemacht, nämlich die, daß an und für sich auf ganz gesunder Grundlage beruhende Genossenschaften, die eine segensreiche Tätigkeit entfaltet haben, in letzter Zeit in etwas rascher Folge auf Abwege geraten sind, daß das Verantwortlichkeitsgefühl erloschen war, daß der genossenschaftliche Gedanke, den Genossenschaftern Hilfe zu bringen, abgeschwächt worden war, und daß zum Teil in leichtfertiger und betrügerischer Weise die

Genossenschaften mißbraucht worden sind. Wir haben deshalb speziell der Aufgabe der Revision durch die Genossenschaften unsere besondere Aufmerksamkeit zugewendet, und nach diesen beiden Richtungen, der Förderung des Genossenschaftswesens auf gesunder Grundlage und der Tätigkeit der Revision, hoffen wir, Ihrer heutigen Tagung ganz besondere Belehrung entnehmen zu können. Die zwei Gegenstände, die auf Ihrer Tagesordnung stehen: die Erfahrungen über die Handwerkergenossenschaften und die Aufgaben der Revision, wird die Großherzoglich Badische Regierung mit besonderer Aufmerksamkeit verfolgen, um aus den reichen Erfahrungen, welche von den Genossenschaften aus dem ganzen Reiche hier dargeboten werden, die entsprechende Belehrung schöpfen zu können. Deshalb nochmals den herzlichsten Dank der Großherzoglich Badischen Regierung für die Einladung zu Ihrem Genossenschaftstage!

(Lebhafter Beifall.)

Rezerodt (Cassel), Direktor des Verbandes ländlicher Genossenschaften für den Regierungsbezirk Cassel: Hochgeehrte Versammlung! Gestatten Sie auch mir, im Namen des Verbandes ländlicher Genossenschaften sowohl von Nassau als auch von Hessen Ihrem hochverehrten Herrn Vorsitzenden herzlich zu danken für die freundliche Einladung, die er uns hat zuteil werden lassen. Wir freuen uns einmal deshalb, weil wir die Ehre haben, in einer so hohen Versammlung von echten deutschen Männern sein zu können, dann aber auch, weil wir annehmen, daß durch die liebenswürdige Einladung zugleich dem Ausdruck gegeben werden soll, daß Gott sei Dank hier in unserer Provinz beide Organisationen friedlich nebeneinander arbeiten, wie das auch für die Zukunft geschehen soll.

(Bravo!)

Wir begrüßen es mit Freude, das in der heutigen Zeit des Unfriedens, wo die Zahl der Feinde des Genossenschaftswesens immer stärker wird, zwei Organisationen, die Ihrige wie die unsrige, wenn sie auch andere Wege gehen, so doch dieselben Ziele verfolgen und friedlich nebeneinander arbeiten, was nur zum Segen des großen Ganzen gereichen kann. In diesem Sinne begrüßen wir Ihren Verband von seiten der ländlichen Genossenschaften herzlich in unserer Provinz und wünschen Ihren Verhandlungen den besten Erfolg.|

(Lebhafter Beifall.)

Vorsitzender **F. X. Proebst** (München): Ich glaube im Namen der 'ganzen Versammlung zu handeln, wenn ich den hochverehrten Herren insgesamt den innigsten Dank ausspreche für die freundlichen Begrüßungsworte, die Sie an uns richteten und von denen gar manche bei uns im tiefsten Herzen auf fruchtbaren Boden gefallen sind.

Meine hochverehrten Herren, ich habe schon vorhin erwähnt, daß Einladungen zur Teilnahme an unserem Allgemeinen Genossenschaftstage an eine große Reihe von Behörden und Korporationen ergangen sind, und daß darauf von allen Seiten Danksagungen erfolgten. Ich muß nochmals mit wenig Worten darauf zurückkommen, um Ihnen, da Sie gewohnt sind, Vertreter ausländischer Genossenschaftsverbände hier zu sehen, mitzuteilen, daß gerade von denen, die wir am öftesten begrüßen durften und, ich darf wohl auch in Verbindung damit sagen, am liebsten immer begrüßt haben, an diesem Allgemeinen Genossenschaftstage leider eine Teilnahme nicht möglich war. So entschuldigt sich mit schmerzlichem Gefühl Henry W. Wolff aus London, der irgendwo im Gebirge sitzt, aber nicht abkommen kann

(Heiterkeit),

und in aller Freundschaft und Kollegialität der Anwalt des deutschösterreichischen Genossenschaftsverbandes, unser lieber Freund Wrabetz, der geschäftlich verhindert ist.

Meine Herren, ich möchte keine Legende aufkommen lassen, und nur deshalb knüpfe ich an die Äußerung des Herrn Geheimrats Pfeiffer an und bemerke, daß ich von einer Empfindung des „Bedauerns", daß wir wieder nach Cassel kommen sollten, auch nicht im entferntesten gesprochen habe, daß ich im Gegenteil überzeugt bin, daß sämtliche hier anwesenden deutschen Genossenschafter und ihre Frauen und Töchter mit dem allergrößten Vergnügen wieder einmal nach Cassel gekommen sind.

(Lebhafte Zustimmung.)

Meine Herren, ich habe die Versammlung eröffnet mit einer Huldigung an Seine Majestät den Kaiser. Es wurde der Wunsch ausgesprochen, daß Seine Majestät der Kaiser von dieser Huldigung in Kenntnis gesetzt werde, und ich erbitte mir Ihre Zustimmung dazu, daß ein Telegramm folgenden Inhalts an Seine Majestät abgesandt wird:

„Sr. Maj. Kaiser Wilhelm, Schloß Wilhelmshöhe.

Eurer Majestät sendet der soeben unter deren Augen und in deren Residenzstadt Cassel zusammentretende von 800 Vertretern aus allen Gauen des deutschen Vaterlandes besuchte 47. Genossenschaftstag des Allgemeinen Verbandes der auf Selbsthilfe beruhenden deutschen Genossenschaften ehrfurchtsvollste Begrüßung."

(Lebhafte Zustimmung.)

Nunmehr treten wir in unsere eigentliche Tagesordnung ein und beginnen mit:

I. Bericht des Anwalts.

Anwalt **Dr. Crüger** (Charlottenburg): Meine Herren, auch in diesem Jahre habe ich mir wieder die Frage vorgelegt, ob es nicht vielleicht angebracht wäre, mich in der Berichterstattung zu beschränken auf eine Darstellung der Erlebnisse und Ereignisse in unserem Allgemeinen Deutschen Genossenschaftsverbande und den Bericht für den Allgemeinen Deutschen Genossenschaftstag auszugestalten nach jenen Berichten, die wir gewohnt sind auf den Unterverbandstagen entgegenzunehmen. Zweifellos wäre dann die Arbeit für mich eine erheblich einfachere gewesen, und wir würden entschieden auch schneller über diesen Gegenstand der Tagesordnung hinwegkommen; vor allen Dingen würde man aber auch in jenen Kreisen, die diese Berichterstattung auf den Allgemeinen Genossenschaftstagen als eine unliebsame Kritik empfinden, wahrscheinlich recht befriedigt über eine derartige Beschränkung gewesen sein. Ich denke z. B. daran, daß etwa sechs Wochen nach dem Westerländer Genossenschaftstage eine Erklärung des Generalanwalts des Reichsverbandes der landwirtschaftlichen Genossenschaften durch die Presse ging, in der es hieß, daß eine Richtigstellung meiner auf dem Westerländer Genossenschaftstage vorgebrachten Behauptungen erfolgen würde, sobald die „Mitteilungen" über den Allgemeinen Genossenschaftstag vorlägen. Diese „Mitteilungen" sind im November herausgekommen; mir ist aber nicht bekannt geworden, daß seitdem eine Richtigstellung meiner Westerländer Behauptungen erfolgt ist, und ich darf daher wohl feststellen, daß das, was ich in Westerland nach jener Richtung hin vorgetragen habe, durchaus den Tatsachen entspricht.

Ich habe aber auch aus ganz allgemeinen Erwägungen heraus geglaubt, die Frage einer Beschränkung der Berichterstattung verneinen zu müssen, und zwar zunächst aus dem Grunde, weil ich gegen die Tradition im Allgemeinen Verbande verstoßen haben würde; denn so lange Berichte auf den Allgemeinen Genossenschaftstagen von dem Anwalt erstattet sind, haben diese sich nie beschränkt auf die Vorgänge im Allgemeinen Verbande, es waren keine statistischen Übersichten, insbesondere erstreckte sich die Berichterstattung von Schulze-Delitzsch auf alle Vorgänge im gesamten deutschen Genossenschaftswesen. Ich habe auch ferner geglaubt, daß es der Stellung des Allgemeinen Genossenschaftstages und insbesondere unseres Allgemeinen Deutschen Genossenschaftsverbandes nicht entsprechen würde, wenn ich in der Berichterstattung mich beschränken würde auf die Hervorhebung der wichtigsten Tatsachen, die im Allgemeinen Verbande sich zugetragen haben. Die Stellung des Allgemeinen Genossenschaftsverbandes! Meine Herren, ich erinnere Sie an das Referat, das ich Ihnen auf dem Danziger Genossenschaftstage erstattet habe, in welchem ich die Stellung des Allgemeinen Verbandes durch die Geschichte des deutschen Genossenschaftswesens skizzieren und nachweisen konnte, wie sich überall der Einfluß des Allgemeinen Verbandes fühlbar macht. Und ferner, meine Herren, wir in unserem Allgemeinen Genossenschaftsverbande bilden keinen isolierten Staat; wir werden selbstverständlich im Verbande, in unseren Organen, in den Genossenschaften auch getroffen von allen den Einflüssen, die ringsherum sich geltend machen. Wenn außerhalb unserer Genossenschaften Lehren vertreten werden, die wir für die Entwicklung unseres Genossenschaftswesens als nicht gesund betrachten, so müssen wir auch mit dem Faktor rechnen, daß diese Lehren auf unsere Genossenschaften übertragen werden — und wo sollen wir dann anders dazu Stellung nehmen als auf unseren Allgemeinen Genossenschaftstagen? Und dann ist dies schließlich die einzige Gelegenheit, wo wir vor der breitesten Öffentlichkeit unsere Anschauungen vertreten können. Es wäre daher gewiß nicht angebracht, wenn wir diese Gelegenheit unbenutzt vorübergehen lassen wollten; es wäre ein Fehler, glaube ich, wenn wir schwiegen, wenn wir nicht auf den Allgemeinen Genossenschaftstagen die Gesamtlage des Genossenschaftswesens beleuchten würden, und zwar wie ich glaube hinzusetzen zu sollen zu Nutz und Frommen der Allgemeinheit, nicht etwa aus dem Grunde, weil wir den Wunsch haben, in Unfrieden zu leben und zu geraten mit dieser und jener Organisation; aber es darf sich für uns auch dies nicht als das entscheidende Moment entgegenstellen. Wir dürfen nicht sagen: nur um des lieben Friedens willen sollen wir schweigen, sondern wir erfüllen unsere Pflicht, wenn wir das Wort ergreifen ohne Rücksicht darauf, welche Stimmungen sich daran anknüpfen.

Nun könnte vielleicht die Frage aufgeworfen werden: hört man denn unsere Meinung? Darauf erteile ich ohne weiteres die Antwort: zuweilen erst dann, wenn es zu spät ist; aber trotzdem müssen wir es für unsere Pflicht halten, zu reden ohne Rücksicht darauf, welche Auffassung sich daraus ergeben wird. Worauf beruht denn die Kritik, die auf unseren Allgemeinen Genossenschaftstagen im besonderen im Berichte des Anwalts geübt wird? Vor allem auf den Erfahrungen einer fast ½ jahrhundertjährigen Geschichte. Dann aber auf der nüchternen Abwägung des genossenschaftlichen Könnens, auf einer sorgfältigen Beobachtung der genossenschaftlichen Grundsätze. Wir sind für den genossenschaftlichen Fortschritt, wir suchen neue Wege für die Gesamtheit des Genossenschaftswesens, wie wir insbesondere neue Wege anstreben für die Ausgestaltung und den Ausbau der einzelnen Genossenschaften. Aber wir erkennen den schädigenden Einfluß unreifer genossenschaftlicher Experimente, das darf niemals aus den Augen verloren werden. Stets muß man bestrebt sein, in eine genaue Prüfung der Vorbedingungen für die Gründung von Genossenschaften, für die Ausgestaltung der genossenschaftlichen Systeme einzutreten, — ehe man an die Ausführung geht. Meine Herren, gerade die heutige Zeit läßt es geboten erscheinen, auf die Notwendigkeit einer solchen Prüfung hinzuweisen. Die Ursachen dafür liegen im Genossenschaftswesen selbst. Es ist heute nicht mehr so schwer, Genossenschaften zu gründen — nun sagen wir wie zu jener Zeit, da zum letztenmale der Allgemeine Vereinstag hier in Cassel tagte, im Jahre 1881. Damals gab es nur die unbeschränkte Haftpflicht, und ehe eine Genossenschaft mit unbeschränkter Haftpflicht entsteht, da überlegen es sich die Leute doch erst recht genau. Heute haben wir Genossenschaften mit beschränkter Haftpflicht und wir können füglich nicht sagen, daß es schwer ist, Genossenschaften ins Leben zu rufen. Die das tun, brauchen sich um nichts Sorge zu machen. Der ganze genossenschaftliche Apparat wird fix und fertig geliefert und auch um das Geld selbst brauchen sie sich keine Sorge zu machen, denn das steht auch gleich zur Verfügung.

(Heiterkeit.)

Meine Herren, das ist eine Zeit wie geschaffen für genossenschaftliche Experimente. Daß derartige genossenschaftliche Experimente aber nicht immer auf die solide Entwicklung des Genossenschaftswesens günstig einwirken, das liegt zweifellos auf der Hand.

Wohl infolge der dabei gemachten Erfahrungen wird den von uns vertretenen genossenschaftlichen volkswirtschaftlichen Grundsätzen eine von Jahr zu Jahr sich steigernde Anerkennung gezollt. Wir haben gerade im letzten Jahre insbesondere verschiedene literarische Erzeugnisse zu verzeichnen, deren Verfasser unserem Verbande recht fern stehen, die aber die Richtigkeit der Schulze-Delitzschschen genossenschaftlichen Grundsätze anzuerkennen sich gezwungen sahen. Ich möchte da in erster Reihe erwähnen das Buch des zeitigen Dezernenten im Preußischen Finanzministerium, Geheimrats Hugenberg, der, aus der Neuwieder Schule hervorgegangen, lange Jahre in Posen an der Spitze der Raiffeisenschen Organisation gestanden und nun ein Buch geschrieben hat über den Mittelstandskredit, in dessen erstem Teil er sich mit dem gewerblichen Genossenschaftswesen beschäftigt. So wenig ich mich mit dem zweiten Teile, mit dessen Tendenz einverstanden erklären kann, so muß ich mit größter Befriedigung hervorheben, wenn gerade von jener Seite aus in objektiver Weise die Leistungen unserer Schulze-Delitzschschen Genossenschaften anerkannt werden, und wenn man nicht bloß die Leistungen anerkennt, sondern der Verfasser sich direkt bekennt zu den von uns vertretenen genossenschaftlichen und wirtschaftlichen Grundsätzen.

Man hat es füglich bei der Gründung der Preußenkasse nicht für möglich gehalten, daß gerade dieses Institut es sein würde, das bestrebt sein würde, in den Kreisen der Genossenschaften Schulze-Delitzschsche Grundsätze zu vertreten, und doch ist es die Leitung der Preußischen Zentralgenossenschaftskasse gewesen und ist es heute noch, die insbesondere eifrig bemüht ist, die Genossenschaften von der Notwendigkeit eines ausreichenden eigenen Vermögens zu überzeugen.

Meine Herren, für die Anerkennung unserer Grundsätze möchte ich auch noch einen Mann hier zitieren, der wie Hugenberg aus der Neuwieder Schule hervorgegangen ist, Professor Faßbender, den ich heute hier nicht zu sehen außerordentlich bedaure. Er hatte sein Erscheinen bestimmt zugesagt, soeben habe ich einen Brief von ihm erhalten, daß er im letzten Augenblick erkrankt ist. Meine Herren, Professor Faßbender hat in einer Kommission des Abgeordnetenhauses Gelegenheit gehabt, Stellung zu nehmen zu der Frage der Realkreditgewährung in Genossenschaften, und die Stellung Professor Faßbenders deckt sich vollkommen mit der von uns vertretenen. Nun aber gehört gerade die Frage der Gewährung von Personalkredit und Realkredit zu den schwierigsten Differenzfragen zwischen Schulze-Delitzsch und Raiffeisen.

Einen weiteren Gewährsmann, nun aber nicht aus dem Neuwieder Lager, sondern aus dem des Reichsverbandes der deutschen landwirtschaftlichen Genossenschaften! Sie haben wahrscheinlich die letzte Nummer der Blätter für Genossenschaftswesen noch nicht gelesen, die am letzten Sonnabend erschien, Ihnen also noch nicht zugegangen sein kann. In dieser Nummer habe ich einen Aufsatz, der in der Wolffschen Zeitschrift erschienen ist über „Die Zukunft des landwirtschaftlichen Genossenschaftswesens“, besprochen. Verfasser dieses Aufsatzes ist der zeitige Professor an der Technischen Hochschule in Danzig, Dr. Thieß. Thieß war längere Jahre erster Sekretär des Reichsverbandes der deutschen landwirtschaftlichen Genossenschaften, und ich glaube, es war das gerade nicht die schlechteste Zeit des Reichsverbandes. Was Thieß, der das landwirtschaftliche Genossenschaftswesen sehr genau kennt, in jenem Aufsatz über die Zukunft des landwirtschaftlichen Genossenschaftswesens äußert, das deckt sich im großen und ganzen vollständig mit unseren Anschauungen. Ich werde später noch Gelegenheit haben, auf einzelne Punkte zurückzukommen.

Meine Herren, es ist nicht nur unsere Aufgabe, auf den Allgemeinen Genossenschaftstagen Kritik zu üben, sondern wir liefern auch, ich darf wohl sagen, außerordentlich viel positive Arbeit, womit ich allerdings nicht zum Ausdruck gebracht sehen möchte, daß in der Kritik stets nur eine negative Arbeit liegt, sondern die Kritik kann unter Umständen auch durchaus positiver Natur sein. Aber betrachten wir uns die positive Arbeit des Allgemeinen Deutschen Genossenschaftsverbandes. Da denke ich natürlich in erster Reihe an den Ausbau der Genossenschaften selbst, an die Vervollständigung der Organisation aller Genossenschaftsarten. Ich glaube aussprechen zu dürfen, daß die Musterstatuten, die wir unseren Genossenschaften mit auf den Weg geben, als vorbildlich betrachtet werden dürfen, und ich hatte kürzlich wieder einmal Gelegenheit zu beobachten, daß auch tatsächlich dieses Musterstatut als vorbildlich betrachtet wird. Ich kam in den Besitz einer vor etwa drei Jahren erschienenen Denkschrift des Bayrischen Ministeriums über die Förderung des Handwerkergenossenschaftswesens. In dieser Denkschrift war ein Musterstatut für Werkgenossenschaften abgedruckt. Nun, es kam mir einigermaßen bekannt vor, wenn auch etwas alt; es war unser Musterstatut von 1896, man hatte leider nur vergessen, die Quelle anzugeben. (Heiterkeit.)

Hätte man sich rechtzeitig an mich gewandt, so hätte ich ein neueres Musterstatut zur Verfügung gestellt, und den Genossenschaften, die nach jenem Musterstatut gebildet werden sollen, wäre damit ein guter Dienst erwiesen.

Zur positiven Arbeit gehört unser Wirken auf dem Gebiet der Verbandsrevision und ich darf füglich behaupten, daß diese Arbeiten vorbildlich geworden sind. Wir werden noch, wenn auch leider erst am letzten Tage, Gelegenheit haben, uns über die weitere Ausgestaltung der Verbandsrevision noch zu unterhalten. Ich möchte heute aber schon Sie bitten, jenen Antrag über die Verbandsrevision sich anzusehen, der im letzten Augenblicke als Antrag des Gesamtausschusses auf die Tagesordnung gekommen ist. In jenem Antrage wird ganz bestimmt Stellung genommen zu den allerneuesten Bestrebungen auf dem Gebiete der Verbandsrevision. Ich begnüge mich, hier darauf aufmerksam zu machen, daß es nicht bloß mein, sondern — ich freue mich, das aussprechen zu dürfen — auch der einmütige Standpunkt des Engeren und Gesamtausschusses ist, daß wir ganz entschieden dagegen Verwahrung einlegen, daß man den Versuch macht, mit Hilfe von Zwangsmaßregeln die Verbandsrevision wirkungsvoller zu machen.

(Sehr richtig!)

Die Verbandsrevision ist hervorgegangen aus der freien Tätigkeit der Genossenschaften, und die Verbandsrevision kann ihre Aufgabe nur dann erfüllen, wenn volles Verständnis für die Bedeutung der Verbandsrevision bei den Genossenschaften erweckt wird; niemals aber werden wir dieses Verständnis hervorrufen mit Hilfe von Zwangsmaßregeln. Wir würden im Besitz von Zwangsmaßregeln nur die Verantwortlichkeit vollkommen verschieben, wir würden die Verantwortung den Genossenschaften abnehmen und würden sie übertragen auf die Verbände. Wir würden also unsere Genossenschaften in ihrem Kern, ihrem Wesen treffen, wenn wir ernstlich daran denken wollten, Zwangsmaßregeln einzuführen. Wir sind erfreulicherweise bei der Genossenschaftsgesetzgebung stets gehört und unser Wunsch wird auch in diesem Falle nicht ungehört bleiben. Wer eine Geschichte der deutschen Genossenschaftsgesetzgebung schreibt, wird die Beschlüsse unserer Allgemeinen Genossenschaftstage nicht unberücksichtigt lassen, bilden sie doch das Fundament der Genossenschaftsgesetzgebung. So sehen wir auch hier eine große und zwar sehr positive Arbeit unserer Organisation.

(Sehr richtig!)

Wenn ich von dem Ausbau unserer Genossenschaften spreche, dann darf ich nicht vorübergehen an unseren Kassen: der Hilfskasse, der Ruhegehaltskasse und der in kurzer Zeit ins Leben tretenden Witwen- und Waisen-Pensionskasse. Ich möchte behaupten, daß diese Kassen eine wesentliche Ergänzung unserer Genossenschaften heute darstellen. Bei der großen Entwicklung unserer Genossenschaften, bei der Ausgestaltung derselben, bei den von Jahr zu Jahr wachsenden Ansprüchen an die Männer, die an der Spitze der Genossenschaften stehen, die die Arbeit in den Genossenschaften sich zur Lebensaufgabe gemacht haben, ist es selbstredend unter allen Umständen notwendig, sich zu fragen: wer sorgt denn für die Männer, wenn sie einst invalide werden, wenn in hohem Alter ihre Arbeitsfähigkeit irgendwie nachgelassen hat? Allerdings wie ja auf so vielen volkswirtschaftlichen Gebieten haben wir es auch auf diesem mit dem Rufe zu tun: hilf Staat! Staat, dehne die Zwangsversicherung aus, erstrecke sie in weiterem Umfange als bisher auf die Beamten bei den Privatbanken. Nun, ob alsbald eine derartige Ausdehnung der staatlichen Versicherung zu erwarten ist, steht dahin, ich selbst glaube nicht daran. Im übrigen aber: mag sie kommen; selbst wenn die Zwangsversicherung für diese Beamten durchgeführt wird, die sich ja dann auch erstrecken würde auf die Vorstandsmitglieder und Angestellten unserer Genossenschaften, insbesondere der Kreditgenossenschaften — nun, was da als Rente gewährt werden kann, wird selbstverständlich nur eine kleine Beihülfe zum Lebensunterhalt sein, und die private Versicherung wird daneben unter keinen Umständen vernachlässigt werden dürfen. Ich meine, daß gerade die Entwicklung unserer Ruhegehaltskasse in den wenigen Jahren ihres Bestehens am besten zeigt, welch großes Bedürfnis für diese Organisation vorhanden war, und ich möchte daher hier an dieser Stelle besonders hervorheben, daß ich in jenen Kassen, die ich eben erwähnte, eine notwendige Ergänzung der genossenschaftlichen Arbeit erblicke.

(Sehr richtig!)

Meine Herren, man kann nun zuweilen hören, daß in unserem Genossenschaftsverbande, wenigstens in seiner Mitgliederzahl ein gewisser Stillstand eingetreten ist. Und richtig, wenn wir die Mitgliederzahl im Allgemeinen Verbande von heute vergleichen mit eben den Zahlen vor 15 Jahren, so ist kaum eine nennenswerte Verschiebung eingetreten, obgleich ich die erfreuliche Tatsache hier hervorheben möchte, daß sich in den letzten zwei Jahren eine Vermehrung der Mitglieder im Allgemeinen Verbande ergeben hat. Wie liegen denn die Dinge? Wenn wir den Allgemeinen Verband und die Mitgliederbewegung in demselben etwas genauer betrachten, so dürfen wir nicht unberücksichtigt lassen, daß etwa 75 % der Genossenschaften, die in den letzten Jahren gegründet sind, auf Konto der etwas gewaltsamen, staatlicherseits erfolgten Förderung des Genossenschaftswesens kommen. Das waren schon ohne weiteres Genossenschaften, die für nnsere Organisation gar nicht in Betracht kommen konnten. Es ist dann noch weiter zu berücksichtigen, daß die behördliche Agitation bei der Förderung des Genossenschaftswesens ja nicht allzu selten sich paarte mit einer sehr scharfen Stellungnahme gegenüber den Schulze-Delitzschschen Genossenschaften. In den letzten Jahren haben wir ja erfreulicherweise darüber verhältnismäßig wenig Klage zu führen. Ich erinnere Sie aber an das Ende des letzten Jahrhunderts, an das Ende der 90er Jahre, als wir Jahr für Jahr auf den Allgemeinen Genossenschaftstagen Beschwerde führen mußten über jene Wanderredner, die im Lande herumzogen und das Genossenschaftswesen förderten unter den schwersten Angriffen auf die Schulze-Delitzschschen Genossenschaften. Daß das gerade keine Zeit war, geeignet für die Ausbreitung des Allgemeinen Deutschen Genossenschaftsverbandes, liegt auf der Hand. Und vergessen wir auch nicht, meine Herren, wir haben es heute, wenn wir Umschau halten unter den genossenschaftlichen Organisationen, mit einer Konkurrenz zu tun, die unter Umständen recht drückend auf die Entwicklung unserer Verbände wirkt. Wir sind Freunde der freien Konkurrenz, d. h. wir wollen auch ferner uns messen mit jenen, die unter den gleichen Bedingungen arbeiten wie wir. Aber jene staatlicherseits unterstützten Revisionsverbände, — ich darf mich wohl so ausdrücken — sie unterbieten unsere Verbände. Die Leitung der Genossenschaften werden auf ein Minimum festgesetzt, denn der Staat, der die Genossenschaft ins Leben gerufen, sie ausgerüstet hat, übernimmt jetzt auch noch den größten Teil der Kosten der durch das Gesetz vorgeschriebenen Revision. Das ist im höchsten Grade vom allgemein ethischen und volkswirtschaftlichen Standpunkt aus zu bedauern; wir können es nicht ändern, wenn ich es hervorhebe, so geschieht es, um Ihnen zu zeigen, wie es durchaus erklärlich ist, wenn in den letzten Jahren die Zahl der Mitglieder des Allgemeinen Verbandes sich nicht wesentlich erhöht hat. Zuweilen spielt auch die Frage der Beiträge zum Allgemeinen Verbande dabei eine Rolle. Wenn ich bedenke, daß der Minimalbeitrag 10 Mk. beträgt, so ist es mir freilich vollkommen unverständlich, wie eine Genossenschaft wegen eines solchen Beitrages den Anschluß an den Verband ablehnen kann, der ihr in allen Lagen unentgeltlich Rat und Hilfe gewährt! Meine Herren, wir sind daran gewöhnt, in unseren Genossenschaften die Leistungen, die das Gesetz zur Folge hat, selbst zu tragen. Wir sind daran gewöhnt, die Revisionskosten, die durch das Genossenschaftsgesetz hervorgerufen werden, auch auf uns zu nehmen. Wir haben uns niemals nach fremder Hilfe umgesehen. Wenn nun allerdings der Staat eintritt und der Genossenschaft alle Lasten abnimmt, so ist es klar, wie dies einen ganz eigenartigen Einfluß auf die Gesamtauffassung der Genossenschaften ausüben muß. Man betrachtet sich als Wohltätigkeitsanstalt. Wir sind der Meinung, daß die Genossenschaft, die nicht einmal in der Lage ist, 10 Mk. Beitrag aufzubringen, zu gründen wirklich gar nicht der Mühe verlohnt hätte. Eine solche Genossenschaft ist nicht die Kosten der Bilanzveröffentlichung wert, die nicht einen Beitrag von 10 Mk. aufbringen kann. Noch andere Dinge kommen in Betracht, wenn wir uns klar machen wollen, aus welchen Gründen die Zahl der Mitglieder des Allgemeinen Verbandes heute nicht größer ist. Es ist außerordentlich interessant, wenn sich einmal die Gelegenheit bietet, einen Blick hinter die Genossenschaftskulissen zu tun. In einer Februarsitzung dieses Jahres im Preußischen Abgeordnetenhause hat sich der Vorsitzende des Ausschusses des Hauptverbandes gewerblicher Genossenschaften, Herr Hammer, darüber ausgelassen, weswegen denn die Handwerkergenossenschaften keinen Anschluß nehmen wollten an den Allgemeinen Genossenschaftsverband. Meine Herren, ich vermute, daß Sie alle es wahrscheinlich nicht erraten werden, was denn nun eigentlich der

Grundgedanke jener Ablehnung ist. Gestatten Sie daher, daß ich wörtlich das vortrage, was Herr Hammer im Preußischen Abgeordnetenhause ausführte:

„Wir Angehörigen des städtischen Mittelstandes, wir Handwerker, Kaufleute und Gewerbetreibende wollten zum großen Teil nicht in die Schulze-Delitzschschen Genossenschaften eintreten aus dem einfachen Grunde, weil wir nicht politisch beeinflußt sein wollten .... es ist doch eine merkwürdige Erscheinung, daß .... doch in fast allen, ich möchte sagen, bei 90% sich die Leitung in Händen von Herren befindet, die linksliberaler Gesinnung sind. (Heiterkeit.)

Dieser Umstand hat uns aber nicht gefallen, infolgedessen sind wir zum großen Teil draußen geblieben."

Herr Hammer hätte gleich noch hinzusetzen können: und haben mit staatlicher Hilfe den Hauptverband der gewerblichen Genossenschaften ins Leben gerufen, an dem, so vermute ich, die Staatsbehörden heute gerade keine besonders große Freude haben.

Nun, meine Herren, ich glaube nicht, daß ich es nötig habe, hier an dieser Stelle irgendwie Verwahrung einzulegen gegen jene Behauptung. Der Allgemeine Deutsche Genossenschaftsverband und das Schulze-Delitzschsche Genossenschaftswesen mögen viele Fehler haben. Eins aber steht fest, und das müßte doch eigentlich auch von unseren geschworenen Feinden heute zugegeben werden, daß bereits Schulze-Delitzsch und seine Nachfolger nicht minder es verstanden haben, die Politik aus unseren Kreisen fernzuhalten.

(Sehr richtig! — Bravo!)

Wir würden uns nicht an der Stelle befinden, meine Herren, auf der wir heute glücklicherweise sind, wir würden nicht die Genugtuung und die Freude haben, Mitglieder der verschiedensten Berufsstände, der verschiedensten politischen Parteien, der verschiedensten Konfessionen hier in gemeinsamer Arbeit verbunden zu sehen, wenn auch nur jemals gegen diesen obersten Grundsatz unseres Altmeisters Schulze-Delitzsch verstoßen wäre, gegen den Grundsatz: Politik hat mit dem Genossenschaftswesen nichts zu tun.

(Sehr richtig! — Bravo!)

Wenn gesagt ist, zum „großen" Teil haben sich die Gewerbetreibenden den Schulze-Delitzschschen Genossenschaften ferngehalten, so stimmt das übrigens nicht, denn wenn wir sehen, was denn nun von jener Seite aus in den letzten Jahren auf dem Gebiete des Handwerkergenossenschaftswesens geleistet ist — es ist herzlich wenig, zumal wenn wir uns vergegenwärtigen, mit welch außerordentlichem Apparat man dabei vorgegangen ist. Und nun zum Hauptverband der gewerblichen Genossenschaften, der so warm empfohlen wird! Meine Herren, ich habe vorhin des ersten Teiles der Schrift des Geheimrats Hugenberg Erwähnung getan. Zu welchem Resultat kommt Hugenberg in bezug auf den Hauptverband gewerblicher Genossenschaften? Er meint, den gewerblichen Genossenschaften könnte heute kein besserer Rat erteilt werden, als Anschluß an den Allgemeinen Deutschen Genossenschaftsverband. Ich glaube, daß Hugenberg die Situation durchaus richtig erkannt hat. Die Frage ist nur, ob diese Genossenschaften uns nun auch alle willkommen sein werden! Ähnlich werden die Verhältnisse in einer Schrift geschildert, die auch kürzlich über die Mittelstandsfrage erschienen ist, die einen Herrn Peters zum Verfasser hat, der an und für sich unserem Allgemeinen Deutschen Genossenschaftsverbande herzlich wenig Sympathie entgegenbringt, der aber doch objektiverweise anerkannt hat, daß mehr und besseres, als in den Schulze-Delitzschschen Genossenschaften geleistet ist, auch von den modernen Genossenschaften nicht zu Wege gebracht werden kann.

Ich will nicht der Versuchung verfallen und etwa Herrn Hammer gegenüber den Spieß umdrehen, ich will nicht sagen, daß jenen Herren, denen es nicht gefällt, daß 90 Prozent der Genossenschaften sich unter linksliberaler Leitung befinden, es etwa darum zu tun sein könnte, nun dahin zu streben, daß 90 Prozent der Genossenschaften unter rechtskonservative Leitung kommen. Das liegt mir durchaus fern, obgleich die Schlußfolgerung ja jedenfalls nicht von der Hand zu weisen ist!

Es ist in der letzten Zeit lebhaft dagegen protestiert worden, daß die Entwickelung des Genossenschaftswesens eine treibhausartige gewesen ist. Ich möchte Ihnen nun, wenn es auch sonst nicht gerade meine Art ist, Sie mit Zahlen zu langweilen, doch hier einige Zahlen anführen, um Ihnen zu zeigen, wie sich die Entwickelung des Genossenschaftswesens im Laufe von etwa 10 Jahren gestaltet hat. Vom 1. Juni 1896 — im Jahre 1895 war die Preußische Zentral-Genossenschafts-Kasse gegründet — bis zum 31. Dezember 1905 sind neugegründet 16 126 Genossenschaften; es sind aufgelöst 3110 Genossenschaften gleich 19 Prozent! Das ist an und für sich schon ein recht erheblicher Prozentsatz. Nun sehen wir uns aber einmal das letzte Jahr an. Vom 1. Januar 1906 bis zum 1. Juli 1906 sind neugegründet 862 Genossenschaften, aufgelöst 206 Genossenschaften; das sind bereits 23 Prozent.

(Hört! Hört!)

Und, meine Herren, wenn wir nun ferner feststellen müssen, daß in diesen sechs Monaten nicht weniger als 25 Genossenschaften in Konkurs geraten sind, so finden wir hier eine Bestätigung der von uns wiederholt aufgestellten Behauptung. Das gleiche Resultat ergibt sich, wenn wir die Entwickelung der einzelnen Genossenschaftsarten verfolgen. Ich habe hier eine kleine Aufstellung, sie erstreckt sich auf Rohstoff-, Werk- und Magazingenossenschaften. Da sind in dem von mir soeben erwähnten Zeitraum 590 Genossenschaften gegründet — ein an und für sich hocherfreuliches Resultat — aber in dem gleichen Zeitraum sind 165 Genossenschaften aufgelöst; das ergibt 27 Prozent, und dabei dürfen wir dann auch nicht unberücksichtigt lassen, daß sich die

Auflösungen ganz besonders im letzten Jahre prozentual sehr gesteigert haben. Betrachten wir die Entstehung dieser Zahl im einzelnen. Es sind von 1894 bis Ende 1905 gegründet 313 Rohstoffgenossenschaften, aufgelöst haben sich 66. Für den gleichen Zeitraum kommen auf 147 neugegründete Werkgenossenschaften 30 Auflösungen. Und gegenüber in dieser Zeit neu errichtete 119 gewerbliche Magazingenossenschaften stehen sogar 50 Auflösungen.

Meine Herren, das sind Dinge, an denen der Genossenschafter nicht ohne weiteres vorübergehen darf, die unbedingt festgestellt werden müssen — im Interesse des Genossenschaftswesens. Wie man aber vielfach bestrebt ist, die öffentliche Meinung durch unrichtige Angaben zu beeinflussen, können wir z. B. an einer Notiz erkennen, die kürzlich durch die Presse ging, und in der hingewiesen wird auf die große Bedeutung der Zulassung der beschränkten Haftpflicht. Unser Standpunkt zur beschränkten Haftpflicht ist klar, ist gegeben. Wenn es in jener Zeitungsnotiz heißt, daß die großen Genossenschaftsverbände sich zunächst abwehrend der Zulassung der beschränkten Haftpflicht gegenübergestellt hätten, so ist das wenigstens, was unsern Verband anlangt, durchaus unrichtig. Schulze-Delitzsch selbst hat bereits in der Novelle, die er dem Reichstage vorlegte, die Zulassung der beschränkten Haftpflicht verlangt. Das wollen wir doch unter allen Umständen feststellen, um einer Legendenbildung entgegenzutreten. In jener Notiz wird die große Verbreitung, die das Genossenschaftswesen gefunden hat, als ein außerordentlicher Erfolg bezeichnet und auf die Zulassung der beschränkten Haftpflicht zurückgeführt. Für gewisse Genossenschaftsarten war die Zulassung der beschränkten Haftpflicht zweifellos notwendig und deswegen ist dieselbe auch von dem Allgemeinen Verband gefordert — ich denke z. B. an die Baugenossenschaften, die Mietswohnungen beschaffen, ich denke an die Konsumvereine, an verschiedene Handwerkergenossenschaftsarten. Aber wir dürfen andererseits auch nicht unberücksichtigtlassen, daß die Zulassung der beschränkten Haftpflicht neben den vielen Lichtseiten auch Schattenseiten gehabt hat. Ich habe vorhin mich darüber ausgelassen: die Möglichkeit, Genossenschaften ins Leben zu rufen, gewissermaßen ohne jedes Risiko — gerade diese Möglichkeit hat einzelne Teile des deutschen Genossenschaftswesens ungünstig beeinflußt. Ich erinnere Sie, meine Herren, an die Feststellungen, die ich in Westerland in meinen Bericht einflocht, wonach etwa 50 Prozent der Genossenschaften noch nicht einmal einen Geschäftsanteil von 10 Mk. haben, daß ein nicht ganz unerheblicher Prozentsatz von Genossenschaften sich begnügt mit einem Geschäftsanteil von 10 Pfennig.

(Heiterkeit.)

Da muß man doch ohne weiteres sagen, das sind große Mißstände, die sich miteingeschlichen haben in die Entwickelung des Genossenschaftswesens. Ein nicht kleiner Teil der bestehenden Genossenschaften gehört zu dieser Gattung; sie bedeuten einen volkswirtschaftlichen Schaden, aber keinen Vorteil für die Volkswirtschaft. Wenn man ehrlich die Verhältnisse betrachtet, findet man unter den Genossenschaften eine sehr große Anzahl, die doch nur eine Scheinexistenz führen, und einen Hohn auf richtige geschäftliche Grundsätze bilden, dann erweist man dem Genossenschaftswesen einen Dienst durch deren Aufdeckung aber nicht durch Verschleierung. Die Zukunft wird zeigen, ob nicht der Nutzen der Zulassung von Genossenschaften mit beschränkter Haftpflicht ganz erheblich kompensiert werden wird durch die schädlichen Folgen, die sich als Begleiterscheinungen ergeben haben. Ich kann selbstverständlich hier die Frage nicht gründlich behandeln.

Mit der staatlichen Förderung des Genossenschaftswesens muß es doch eine eigene Bewandnis haben. Man kann zuweilen die Behauptung hören, daß sie gegen die Unabhängigkeit der ganzen Genossenschaftsarbeit gerichtet ist. Ich will dies hier nicht untersuchen, ich möchte nur folgendes feststellen. Bei der Vorbereitung des Referats über die Verbandsrevision beschäftigte ich mich wieder eingehend mit dem Abschnitt des Genossenschaftsgesetzes über die Revision, und da konnte ich doch die Beobachtung machen, daß jener Abschnitt zum Teil getragen ist von einem gewissen Mißtrauen gegenüber den Verbänden. Ich möchte dann ferner darauf hinweisen, daß der Ausgangspunkt der staatlichen Förderung des Genossenschaftswesens das sozialreformatorische Genossenschaftswesen gewesen ist, an dessen Spitze Freiherr von Broich stand. Dies sozialreformatorische Genossenschaftswesen hatte ganz zweifellos seine Spitze gegen die Schulze-Delitzschschen Genossenschaften.

Lassen Sie mich nun, meine Herren, Ihnen einen Überblick geben über die Entwickelung der Genossenschaften des Allgemeinen Verbandes im letzten Jahrzehnt.

Es waren im Jahre 1897 872 Kreditgenossenschaften, die zum Jahrbuch berichteten, im letzten Jahrbuch 921; den 872 Kreditgenossenschaften gehörten im Jahre 1897 491000 Mitglieder, den 921 Kreditgenossenschaften im Jahre 1905 540000 Mitglieder an. Das eigene Vermögen belief sich im Jahre 1897 auf 153 Millionen, — im Jahre 1905 auf 232 Millionen. Damals verfügten die Kredit-Genossenschaften über 497 Millionen Mark fremde Gelder, heute über 859 Millionen fremde Gelder. Damals betrug die Kreditgewährung 1¾ Milliarden, heute 3 Milliarden Mark. Damals standen an Kredit am Jahresschluß aus 560 Millionen, heute 900 Millionen Mark. Also eine ganz außerordentliche Entwickelung.

Bei den Konsumvereinen naturgemäß ein anderes Bild. Der Kreuznacher Genossenschaftstag liegt dazwischen, jener Genossenschaftstag, mit dem wir eine Trennung in der Konsumvereinsbewegung herbeiführten. Die Zahlen sind daher auch nicht vergleichbar.

Von den Baugenossenschaften haben sich im Jahre 1897 23, im Jahre 1905 103 an der Statistik beteiligt, damals zählten die berichtenden Baugenossenschaften 8000 Mitglieder, heute 24000, damals hatten sie 1½ Millionen Mark eigenes Vermögen, heute 6 Millionen, damals wurden 2 Millionen Mark als Herstellungspreis der Häuser angegeben, heute 8 Millionen. Der Wert der fertigen oder im Bau begriffenen Häuser betrug damals 7½ und heute 51 Millionen Mark. Ein Vergleich über die Entwickelung der Handwerkergenossenschaften ist leider nicht lohnend, da damals wie heute nur einige Handwerkergenossenschaften sich an der Statistik unseres Jahrbuches beteiligten. Insoweit Berichte vorliegen, lassen dieselben eine sehr erfreuliche Entwickelung erkennen. Und vor allem zeigen sie, daß Handwerkergenossenschaften, die sich nnr auf eigene Kraft verlassen haben, vorwärts kommen — daß es also ohne Staatshilfe geht. In diesem Jahre ist es mir endlich gelungen, eine größere Anzahl Werkgenossenschaften zur Ausfüllung der für diese Genossenschaften hergestellten Tabellenformulare zu veranlassen. Ich empfehle die Zusammenstellung aufs angelegentlichste Ihrem Studium.

Meinen Bericht über die Ausführung der Beschlüsse des vorjährigen Genossenschaftstages kann ich kurz fassen. Ich möchte zunächst aufmerksam machen, daß wir in Ausführung jener Beschlüsse uns heute wieder mit der Neuregelung des Wechselprotestverfahrens beschäftigen. Es hat den Anschein, als wenn die dringend erforderliche Erleichterung bald kommen wird. Dagegen werden wir ein Scheckgesetz nach den von uns im vergangenen Jahre beschlossenen Gruudsätzen wohl nicht sobald erhalten, denn das Reichsjustizamt teilte mir, als ich die Westerländer Beschlüsse betreffend das Wechselprotestverfahren und das Scheckgesetz übermittelte, mit, daß wahrscheinlich in naher Zeit eine Neuregelung des Wechselprotestverfahrens vorgenommen werden würde, dagegen ließ sich das Reichsjustizamt nicht darüber aus, ob etwa auch ein neues Scheckgesetz in Aussicht stände, der diesbezügliche Beschluß blieb also ohne Antwort. Als zweckmäßig hat sich jener Beschluß erwiesen, der warnte vor dem Übergang zur Aktiengesellschaft. Ich habe in einzelnen Fällen von dem Beschluß mit Erfolg Gebrauch gemacht. Der Beschluß, der sich bezog auf die Stärkung des eigenen Vermögens der Kreditgenossenschaften mit beschränkter Haftpflicht, hat nicht bloß außerhalb günstig gewirkt, sondern ist auch für eine Reihe unserer Genossenschaften von Erfolg gewesen. Wie richtig wir in Westerland getan haben, vor der leichtfertigen Baugelderkreditgewährung zu warnen, meine Herren, das hat sich im letzten Jahre, insbesonderc in den letzten Monaten gezeigt. Die Geldverhältnisse haben sich eigenartig gestaltet, und die Genossenschaften, die in erheblichem Umfange Baugelderkreditgeschäfte gemacht haben, sind dadurch in eine schwierige Geldknappheit geraten. Ich freue mich, daß wir uns im vergangenen Jahre über jenen Beschluß verständigt haben, und kann heute feststellen, daß offenbar auch jene Kreise, die dem Antrage Mißtrauen entgegengebracht haben, in der Zwischenzeit sich davon überzeugten, daß wir das Richtige mit dem Antrag getroffen.

Meine Herren, ich führte im vergangenen Jahre Beschwerde darüber, daß im Coblenzer Regierungsbezirk den Versicherungsvereinen die Auflage gemacht sei, ihre Gelder bei Kreditgenossenschaften abzuheben. Ich kann Ihnen heute mitteilen, daß meine Vorstellung beim Ministerium erfolgreich gewesen ist und daß die Regierung in Coblenz jene Verfügung zurückgenommen hat. Damit ist die Frage für Preußen im günstigen Sinne geregelt. Auf ähnlichem Standpunkt steht die Badische Regierung. Ich hatte kürzlich wieder Gelegenheit festzustellen, in welcher Weise die Badische Regierung den Kreditgenossenschaften entgegenkommt, indem sie die Anlegung von öffentlichen Geldern bei Kreditgenossenschaften gestattet, wo die Geschäftsführung und die Lage der Kreditgenossenschaft eine einwandfreie ist. Nicht das gleiche kann ich behaupten von Sachsen und Bayern. In Sachsen ist die Frage überhaupt so geregelt, daß es nach den Verordnungsbestimmungen vollkommen ausgeschlossen ist, daß derartige Gelder bei Kreditgenossenschaften angelegt werden. Auch die Kommunen wurden verpflichtet, ihre Gelder, die sie bei Kreditgenossenschaften liegen hatten, abzuheben! Ganz eigenartig haben sich die Dinge in Bayern gestaltet. Während man in Bayern in intensivster Weise das Genossenschaftswesen fördert und Millionen dafür aufgewandt hat — man hat dort sogar neue Verbände ins Leben gerufen —, finden unsere Genossenschaften in Bayern gerade auf diesem Gebiete kein Entgegenkommen, sondern es werden ihnen sogar die allergrößten Schwierigkeiten und Hindernisse bereitet. Es liegt ein Ministerialerlaß vor, nach dem die Möglichkeit für die Kommunen besteht, die Gelder bei den Genossenschaften anzulegen; nach einer neueren Entscheidung des Ministeriums ist jedoch in einzelnen Fällen grundsätzlich den Kommunen untersagt, ihre Gelder bei Genossenschaften stehen zu lassen. Das stimmt schlecht zur Förderung des Genossenschaftswesens. Ich muß leider annehmen, daß eine einseitige Parteinahme zum Schaden unserer Genossenschaften in dem Verhalten der Bayrischen Regierung zu erkennen ist, die mir allerdings um so weniger verständlich ist, als vor wenigen Jahren wir Erklärungen der Bayrischen Regierung erhielten, nach denen diese unseren Genossenschaften gegenüber sogar eine außerordentlich sympathische Stellung einnahm. In dem gleichen Sinne sind auch Erklärungen auf den diesjährigen bayrischen Verbandstagen abgegeben. Wir stehen vor einem merkwürdigen Widerspruch.

Meine Herren, was die im vergangenen Jahre mit Bezug auf die Baugenossenschaften gefaßten Beschlüsse anlangt, so hat die Entwickelung der Baugenossenschaften gezeigt, daß wir das Richtige getroffen. Ich zeigte vorhin in Prozentsätzen das Verhältnis der Auflösungen und Neugründungen von Genossenschaften zueinander, dabei nehmen die Baugenossenschaften einen recht ungünstigen Platz ein, und meine Herren, im letzten Jahre entfielen auf 49 Gründungen wieder 15 Auflösungen! Ich glaube daraus den Schluß ziehen zu müssen, daß bei der Gründung von Baugenossenschaften die Verhältnisse außerordentlich vorsichtig geprüft werden müssen, daß man nur dort mit der Gründung von Baugenossenschaften vorgehen soll, wo ein wirkliches Bedürfnis dafür vorhanden ist.

Als vollkommen verfehlt hat sich bisher jene Bewegung gezeigt, die dahin abzielt, die baugenossenschaftlichen Bestrebungen auf das Land zu übertragen. Meine Herren, ich bedauere das, denn ich bin nach wie vor der Meinung, daß man der ländlichen Arbeiterfrage dadurch beikommen kann, daß die baugenossenschaftliche Organisation auf das Land übertragen wird. Aber freilich nicht in der Weise, daß mit Hilfe der Baugenossenschaften auf dem Lande Mietshäuser errichtet werden, sondern dadurch, daß den Arbeitern mit Hilfe der Baugenossenschaft die Möglichkeit geschaffen wird, zu einem eigenen Hause, zu kleinem ländlichen Besitz zu gelangen. Im Osten hat man Versuche angestellt, bei denen dieser Grundsatz außer acht blieb, man glaubte mit Mietshäusern auszukommen, und die Versuche sind mißglückt.

Die Gegensätze zwischen den verschiedenen Baugenossenschaftsarten sind erfreulicherweise im Schwinden begriffen. In diesem Frühjahr hat eine Konferenz der verschiedenen Baugenossenschaftsverbände stattgefunden, in der über die wichtigsten Fragen der Mieten-Kalkulation und die Behandlung der Amortisationshypothek verhandelt wurde. Ich nehme gern von dieser Verständigung Kenntnis und hoffe, daß dieselbe noch recht erfreuliche Resultate erzielen wird.

Meine Herren, unbedingt notwendig ist es, wieder und immer wieder bei den Baugenossenschaften aufmerksam zu machen auf die Notwendigkeit ausreichender Abschreibungen. In den Verhandlungen der Baugenossenschaften werden wir uns mit einem neuen Schema für die Bilanz der Baugenossenschaften zu beschäftigen haben, ich hoffe, daß dieses neue Bilanz-Schema auf die gesunde Entwickelung der Baugenossenschaften einen vorteilhaften Einfluß ausüben wird. Denn das Schema wird die Genossenschaften, die es anwenden, zwingen, sehr sorgfältige Berechnungen anzustellen, den Abschreibungen der Mieten-Kalkulation und Amortisation ihre volle Aufmerksamkeit zuzuwenden. Kürzlich wurde eine amtliche Erhebung bekannt gegeben über die Höhe der Mietspreise bei einer Anzahl von Baugenossenschaften, und es wurden Vergleiche angestellt zwischen den Mietspreisen der Baugenossenschaften und den Mietspreisen der in der privaten Bautätigkeit hergestellten Wohnungen. Diese Feststellungen waren nun meines Erachtens nicht vollständig, denn wenn ich die Mieten von Baugenossenschaften vergleiche mit den Mieten der privaten Bautätigkeit, dann muß ich auch unter allen Umständen wissen, ob die Mieten bei der Baugenossenschaft richtig kalkuliert sind, denn die Mieten bei der Baugenossenschaft können falsch kalkuliert sein, und dann liegt es vollkommen klar auf der Hand, daß die Baugenossenschaft billiger ist, als die private Bautätigkeit. Die Mietenkalkulation ist vielleicht der schwierigste Punkt für die Baugenossenschaften.

(Sehr richtig!)

Es verlohnt sich wohl der Mühe, festzustellen, inwieweit die Privilegienwirtschaft, d. h. die Verleihung von Stempel- und Steuerfreiheit an Baugenossenschaften einen ungünstigen Einfluß auf die Mietenkalkulation gehabt hat; ich bin der Überzeugung, daß diese Vergünstigungen nicht selten den Erfolg gehabt haben, die Baugenossenschaften zu veranlassen, sich bei der Mietenkalkulation zu verrechnen.

Die Baugenossenschaft muß von vornherein außerordentlich vorsichtig in der Mietenkalkulation sein, denn darüber besteht in genossenschaftlichen Kreisen wohl kaum ein Zweifel, daß sich keine Genossenschaftsart so schwierig sanieren läßt, wie die Baugenossenschaft. In der Baugenossenschaft erwarten die Mitglieder, daß keine Mietssteigerung eintritt, und sieht sich nun eine Genossenschaft gezwungen, doch eine Mietssteigerung vorzunehmen, so ergibt sich ganz von selbst daraus eine große Unzufriedenheit unter den Mitgliedern, eine Anzahl von Wohnungen werden leer und die Genossenschaft ist zum mindesten gefährdet.

Meine Herren, es passieren doch wirklich immer noch recht eigenartige Dinge auf dem Gebiete des Genossenschaftswesens, so ist z. B. im letzten Jahre in Bromberg eine polnische Baugenossenschaft ins Leben gerufen! Wir haben im vergangenen Jahre unserem Bedauern darüber Ausdruck gegeben, daß der Versuch gemacht ist, nationalpolitische Bestrebungen in die deutschen Genossenschaften hineinzutragen, und, wir sind dem selbstverständlich ganz entschieden entgegengetreten; nicht minder scharf sprechen wir uns dagegen aus, wenn nun etwa von anderer Seite die genossenschaftliche Form benutzt wird, um polnische Nationalpolitik zu treiben. Ich erkläre rundweg, daß ich die Gründung einer polnischen Baugenossenschaft für einen groben Unfug mit dem Genossenschaftswesen erachte.

(Sehr richtig!)

In dem Vorwort zum Jahrbuch für 1905, das in Ihrem Besitz ist, finden Sie in der Anlage II alle die Bestimmungen zusammengestellt, die in den einzelnen Staaten zur Förderung des Baugenossenschaftswesens erlassen sind. Ich glaube, daß diese Zusammenstellung den Freunden der Baugenossenschaftsbewegung sehr brauchbares Material liefern wird. Ein bedauerliches Moment auf dem Gebiete der baugenossenschaftlichen Tätigkeit ist meines Erachtens darin zu erblicken, daß in den Kreisen der Eisenbahnarbeiter man mehr und mehr bestrebt ist, die Absonderungspolitik durchzuführen, indem Baugenossenschaften für Eisenbahnarbeiter doch gegründet werden und eine solche Absonderung für alle Teile nur nachteilig sein kann. Wir waren ja schon seit langem daran gewöhnt, daß Sonder-Konsumvereine für Eisenbahnarbeiter errichtet wurden und dies kann durch die Verhältnisse begründet sein. Mehrfach habe ich darüber berichtet, daß Baugenossenschaften für Eisenbahnarbeiter errichtet sind wo mit einer allgemeinen Genossenschaft viel bessere Resultate zu erzielen waren. Nun werden sogar Darlehnskassen für Eisenbahnarbeiter gegründet, und es ist selbst eine selbständige Verbandskasse für Eisenbahnarbeiter-Darlehnskassen ins Leben gerufen! Meine Herren, die Eisenbahnarbeiter sind doch ein Teil des deutschen Volkes und weshalb man die Eisenbahnarbeiter vollständig von den übrigen Klassen der Bevölkerung absondern will, ist mir vollkommen unverständlich. Ich glaube, nicht bloß vom wirtschaftlichen, sondern auch vom sozialen Standpunkte aus

(Sehr richtig!)

verdient dieses Verhalten entschieden eine scharf ablehnende Kritik.

Meine Herren, neue Pläne natürlich auf allen Gebieten, so auch auf dem Gebiete der Baugenossenschaften. Das Neueste ist eine Verbandskasse für Baugenossenschaften als Ausgleichsstelle! Nachdem die Verbandskassenbewegung so einigermaßen zum Stillstande gekommen war, scheint dieselbe jetzt ihre Wellen hinüberzuschlagen auf die Baugenossenschaften. Ich meine, es ist ein Widerspruch in sich, von einer Ausgleichsstelle als Verbandskasse der Baugenossenschaften zu sprechen. Das wird mir jeder zugeben, der die Verhältnisse der Baugenossenschaften kennt — die Verbandskasse kann sogar zu einer Gefahr für die beteiligten Baugenossenschaften werden.

Ebenso wie die Baugenossenschaften dienen die Konsumvereine hauptsächlich den arbeitenden Klassen. Doch während die Baugenossenschaften sich der weitestgehenden Förderung zu erfreuen haben, können die Konsumvereine das nicht von sich behaupten. Im Gegenteil, es werden Sondersteuern zur Niederhaltung dieser Genossenschaftsart verlangt, es wird eine Begrenzung des Geschäftsbetriebes der Konsumvereine gefordert! Dabei passieren denn die eigenartigsten Dinge. Während z. B. die christlichen Gewerkvereine christliche Konsumvereine ins Leben gerufen haben, verlangt der Verband katholischer kaufmännischer Vereine eine Verdrängung der Konsumvereine mit Hilfe gesetzgeberischer Maßregeln.

Den richtigen Standpunkt in der Konsumvereinsfrage hat der Generalsekretär des Deutschen Handelstages, Dr. Soetbeer, in der letzten Ausschußsitzung des Handelstages eingenommen, als er erklärte, bei der vorliegenden Frage müsse man sich von dem Grundsatz leiten lassen, lediglich die zurzeit zum Schaden des Kleinhandels bestehenden gesetzlichen Bevorzugungen der Genossenschaften zu beseitigen. Das ist durchaus unser Standpunkt. Wir wollen keine Bevorzugung der Genossenschaften. Die Genossenschaften an sich aber etwa deshalb zu bekämpfen, weil sie dem Kleinhandel eine fühlbare Konkurrenz bereiten — so führt Dr. Soetbeer aus — geht zu weit. Wenn der Kleinhandel für sich selbst die Bildung von Genossenschaften erstrebt, dürfte nicht anderen Bevölkerungskreisen die genossenschaftliche Tätigkeit zu erschweren oder zu verhindern gesucht werden. Das ist meines Erachtens ein korrekter Standpunkt.

Meine Herren, noch ein Wort bei dieser Gelegenheit über Steuerpolitik, die ja nicht bloß die Konsumvereine betrifft, sondern unter der alle Genossenschaftsarten mehr oder weniger leiden. Wenn ich mir die neuesten Steuergesetze betrachte, die Sie übrigens in der Anlage I des Vorworts zum Jahrbuch für 1905 zusammengestellt finden, dann glaube ich behaupten zu dürfen, daß diese Steuergesetzgebung nicht vereinbar ist mit der Förderung des Genossenschaftswesens. Ich verkenne nicht, daß sich für eine gerechte Besteuerung der Genossenschaften außerordentliche Schwierigkeiten ergeben, aber darüber kann doch kein Zweifel bestehen, daß der Eigenart der Genossenschaften bei jeder Steuergesetzgebung Rechnung getragen werden muß. Jetzt wird aber überall herumexperimentiert. Wir haben kürzlich nun wieder in Baden ein neues Steuergesetz zu verzeichnen, das den Genossenschaften im höchsten Grade ungünstig ist. Es wird an der Zeit sein, daß eine einheitliche, gerechte, den billigen und wirtschaftlich-sozialen Grundsätzen der Genossenschaften entsprechende Steuergesetzgebung endlich einmal eingeleitet wird.

Für die Konsumvereine war das letzte Jahr insofern recht gefährlich, als die Zeit der Fleischteuerung den Konsumvereinen vielfach die Anregung brachte, eigene Fleischereien zu übernehmen. Glücklicherweise sind die Konsumvereine dieser Versuchung nicht verfallen, sondern haben sich durchaus ablehnend verhalten. Ich meine, es wäre der denkbar schwerste Fehler gewesen, wenn die Konsumvereine sich durch die augenblickliche Fleischpreiskonjunktur hätten verleiten lassen, zu einem Produktionszweig überzugehen, dem sie unter keinen Umständen sich auf die Dauer als gewachsen gezeigt hätten.

(Sehr richtig!)

Meine Herren, es ist bei der Gründung von Konsumvereinen heute Vorsicht notwendig, — das zeigt uns wiederum die Zahl der Gründungen und Auflösungen. Man muß und darf sich nicht damit begnügen, festzustellen; wir haben in diesem Jahre so und so viel Genossenschaften mehr als im Vorjahre, sondern man muß sich diese Zahlen auseinanderlegen in Gründungen und Auflösungen. Im Jahre 1904 sind 143 Konsumvereine gegründet und 47 aufgelöst. Im Jahre 1905 sind 85 gegründet und 41 aufgelöst. Das sind Zahlen, die uns zum Denken alle Veranlassung geben, die uns zeigen, daß man bei der Gründung von Konsumvereinen doch in einer etwas leichten Weise vorwärts gegangen ist.

(Sehr richtig!)

Meine Herren, mit der Frage der Organisation des Konsums haben wir uns schon genügend beschäftigt, daher ja die Spaltung innerhalb der Konsumvereine. Wir wollen, daß Konsumvereine wie Baugenossenschaften, wie alle Genossenschaften nur dort ins Leben gerufen werden, wo das Bedürfnis für die Genossenschaft vorhanden ist und wo die geeigneten Kräfte für die Leitung der Genossenschaft anzutreffen sind.

(Sehr wahr!)

Den Konsumvereinen möchte ich nach wie vor auf den Weg den Rat mitgeben: Strenges Festhalten an dem Grundsatz der Barzahlung. Ein Konsumverein, der nicht den Grundsatz der Barzahlung durchführt, der die Kreditwirtschaft bei sich einreißen läßt, der verstößt gegen fundamentale Grundsätze. Ich kann allerdings mit Genugtuung feststellen, daß unsere Konsumvereine sich in dieser Beziehung vorteilhaft auszeichnen z. B. vor den Konsumvereinen des Zentralverbandes. Meine Herren, während auf den Durchschnitt berechnet, was den Kredit anlangt, bei den Konsumvereinen des Zentralverbandes jährlich 1,90 Mk. kommt, entfallen an Kredit bei den Mitgliedern der Konsumvereine unseres Verbandes nur 80 Pf.

Daß man in Konsumvereinskreisen eine neue Bank gründen will, die nur für die Konsumvereine bestimmt ist, wird die Konsumvereine Schulze-Delitzschscher Richtung überraschen. Wenn wir uns aber den Geschäftsbericht der Hamburger Großeinkaufsgesellschaft etwas näher ansehen, wird es uns weniger überraschen, denn wir finden dort $3^1/_2$ Millionen Mark ausstehende Forderungen, und die Hamburger Großeinkaufsgesellschaft arbeitet heute bereits mit 4 Millionen Mark fremden Geldern. Das sind im höchsten Grade bedenkliche Verhältnisse.

Wir werden in diesem Jahre in den Verhandlungen der Konsumvereine uns zu beschäftigen haben mit der Frage der Regelung der Verhältnisse der Angestellten. Ich hoffe, daß wir zu einem Resultat kommen werden, das beide Teile befriedigen wird.

Meine Herren, seit vielen Jahren ist von uns darauf hingewiesen, daß Konsumvereine und landwirtschaftliche Genossenschaften in nähere geschäftliche Beziehungen treten müßten und unsere Anregungen haben zum Teil Erfolg gehabt. Der Zentralverband deutscher Konsumvereine hat den Gedanken ohne Quellenangabe aufgenommen und überhäuft nun den Reichsverband und Neuwieder Verband mit Freundlichkeiten. Das Organ des Zentralverbandes stimmt auf den Neuwieder Verband zuweilen sogar einen Lobgesang an, preist dessen Wert im Gegensatz zu dem unseres Verbandes. Auf dem kürzlich abgehaltenen Oldenburger Genossenschaftstage des Reichsverbandes sind plötzlich von dieser Seite andere Töne angeschlagen und es wird nicht ganz des Interesses entbehren, zu beobachten, wie sich der Zentralverband dazu stellen wird. Ohne Widerspruch zu finden hat ein Redner auf dem Oldenburger Genossenschaftstage dem Zentralverbande sozialdemokratische Tendenz vorgeworfen und hat es getadelt, daß die Kongresse dieses Verbandes vom Reichsverband besucht werden. Und die bei dem Zentralverbande als Vertreter des Reichsverbandes gewesen, schwiegen dazu!

(Hört! Hört!)

Im vergangenen Jahre haben die Sozialistischen Monatshefte dem Straßburger Vereinstag des Reichsverbandes reiches Lob gespendet, sie hoben hervor seine Arbeiten gegenüber den Leistungen unseres Verbandes und meinten, daß die Straßburger Verhandlungen sich durch eine besondere Tiefe ausgezeichnet hätten, während doch eigentlich auf der Westerländer Tagung nichts Besonderes verhandelt wurde. Ich bin nun gespannt darauf, wie die Sozialistischen Monatshefte sich zu dem Oldenburger Genossenschaftstag stellen werden, nachdem dort der Zentralverband eine so scharfe Ablehnung erfahren hat. Der Zentralverband scheint zuweilen immer noch nicht recht zu wissen, wo er sein Lager aufschlagen soll. Wurde doch kürzlich in seinem Organ sogar Schulze-Delitzsch als „unser" Schulze-Delitzsch reklamiert, nachdem unlängst man seine Lehren in heftigster Weise angegriffen und sein System als verknöchert bezeichnet hat.

Konsumvereine und landwirtschaftliche Genossenschaften sind allerdings nahe verwandt. Wesen und Zweck dieser beiden Genossenschaftsarten ist im wesentlichen gleich, wenn wir davon absehen, daß es sich einmal um Produzentenkreise und das andere Mal um Konsumentenkreise handelt; hier wie dort auch eine verhältnismäßig leichte Organisation; hier wie dort die recht leichte Gründung; hier wie dort, meine Herren, auch eine gewisse Neigung zu Übertreibungen; hier wie dort eine förmlich berufsmäßige Gegnerschaft gegen den Handel. Das ist außerordentlich zu bedauern, denn durch diese Übertreibungen, durch diese berufsmäßige Absonderung und berufsmäßige Stellungnahme von Berufsstand gegen Berufsstand wird der soziale Friede selbstverständlich nicht gefördert.

(Sehr richtig!)

Ich erwähnte vorhin einen Aufsatz über die Zukunft des landwirtschaftlichen Genossenschaftswesens, dessen Verfasser Professor Dr. Thieß, der frühere I. Sekretär des Reichsverbandes, ist. Dr. Thieß nimmt auch zu dieser Frage Stellung und zwar in einer Weise, die sich mit unserem Standpunkt deckt. Er schreibt:

„Die bisherigen Erfolge haben Genossenschaftsfanatiker großgezogen, die meinten, man könnte alles auf genossenschaftlichem Wege durchsetzen, jedes Gewerbe und jeden Handel betreiben und so allmählich alle Reichtümer anderen aus den Händen nehmen und den genossenschaftlich verbundenen Landwirten zu Füßen legen."

Selten ist so treffend die genossenschaftliche Übertreibung auf dem Gebiete der landwirtschaftlichen Genossenschaften dargestellt, wie hier von einem Manne, der das landwirtschaftliche Genossenschaftswesen gründlich kennt. Thieß meint ferner, der Landwirt wird nicht Kaufmann sein können, so wenig, wie der Kaufmann Landwirt.

(Sehr richtig!).

Da haben wir dann aber auch die Grenze für dise Ausdehnung der landwirtschaftlichen Genossenschaften. Wir sollen folgendes nicht aus dem Auge verlieren, meine Herren: wir haben uns durchgearbeitet zu einer gewissen Arbeitsteilung und sehen darin eine Vervollkommnung der Volkswirtschaft. Diese Arbeitsteilung mit Hilfe der genossenschaftlichen Organisation ausschalten, würde im höchsten Grade gefährlich und bedenklich für die weitere wirtschaftliche Zukunft des Vaterlandes werden.

Über die Vereinigung zwischen Darmstadt und Neuwied und deren Folgen habe ich im vergangenen Jahre mich ausführlich geäußert. Hier möchte ich heute nur ergänzend hinzufügen, daß Hugenberg in seiner mehrfach erwähnten Broschüre darauf aufmerksam macht, daß die Neuwieder Kassen die Kerntruppe abgeben werden in der Vereinigung von Darmstadt und Neuwied. Nun, ich glaube, Hugenberg hat nicht ganz unrecht, und ich habe dies auch gleich nach jener Vereinigung betont. Wenn ich mir vergegenwärtige, welche Reservatrechte der Neuwieder Verband insbesondere auf dem Gebiete der Verbandsrevision sich gesichert, welche Reservatrechte er sich vorbehalten hat für seine ganze innere Organisation, wie er von vornherein erklärt hat: unsere Grundsätze sind unabänderlich, die bleiben gewissermaßen ein Glaubensgelübde für die Genossenschaften, die sich als Neuwieder bezeichnen, und wenn ich mir dann weiter vergegenwärtige, wie im Reichsverband klare genossenschaftliche Grundsätze fehlen und man zu jeder Konzession bereit ist, so glaube ich ohne weiteres Hugenberg gern, wenn er erklärt, die Neuwieder Kassen werden die Kerntruppe des Verbandes bilden, und sie werden schließlich der Vereinigung Reichsverband-Neuwied die Richtung vorschreiben. Wenn aber tatsächlich im Reichsverbande noch einige von den Grundsätzen hochgehalten werden, die vor 25 Jahren hier in Cassel der heutige Generalanwalt des Reichsverbandes vertreten hat und die unser verehrter Herr Vorsitzender heute in seiner Begrüßung hervorhob, dann glaube ich allerdings sind Konflikte zwischen den beiden Richtungen unvermeidlich.

Meine Herren, die Verhältnisse der Neuwieder Zentraldarlehnskasse haben uns im vergangenen Jahre auf dem Genossenschaftstage beschäftigt. Ich möchte heute mich nur auf die Bemerkung beschränken, daß ich es bedauere, wie die Leitung der Neuwieder Zentraldarlehnskasse die Ratschläge in den Wind geschlagen hat, die kein anderer als der Präsident der Preußischen Zentral-Genossenschafts-Kasse in der entscheidenden Generalversammlung der Neuwieder Zentraldarlehnskasse erteilt hat; man hält nach wie vor dort an der Verquickung des Waren- und Kreditgeschäftes fest, die dahin geführt hat, daß im letzten Geschäftsbericht der Neuwieder Zentraldarlehnskasse am Jahresschluß Ausstände in Höhe von nicht weniger als $5\frac{1}{2}$ Millionen Mark angegeben sind.

(Hört! Hört!)

Meine Herren, ich glaube, daß gerade Waren- und Kreditgeschäft sich am allerschlechtesten vereinigen lassen, denn wenn man Waren- und Kreditgeschäft vereinigt, dann wird dem

Kreditgeschäft auch im Warengeschäft Tür und Tor geöffnet. Ich habe es vorhin als den fundamentalsten Grundsatz für Konsumvereine bezeichnet, daß sie festhalten an dem Prinzip der Barzahlung. Ich bin aber auch der Meinung, daß die landwirtschaftlichen Genossenschaften, die Einkaufsgenossenschaften ihre Aufgabe der Landwirtschaft gegenüber nur dann voll erfüllen, wenn sie die Landwirte auch gleichzeitig zur Barzahlung veranlassen; hat der Landwirt kein bares Geld, dann mag er bei der Kreditgenossenschaft Kredit in Anspruch nehmen. Sowie man aber Kreditgeschäft und Warengeschäft zusammenbringt, ist eine derartige Trennung ganz naturgemäß ausgeschlossen. Im vergangenen Jahre wurde in der Generalversammlung der Neuwieder Zentraldarlehnskasse dem Vorstande mit auf den Weg gegeben, darüber nachzusinnen, wie die im vergangenen Jahre verlorene Dividende ersetzt werden könne. Wie ich im vergangenen Jahre die Vermutung aussprach, ist es dem Vorstande nicht gelungen, dieses Preisrätsel zu lösen.

Auf allen Gebieten so kleine Abirrungen, die der Gesamtheit gewiß nicht vorteilhaft sind. Ich sprach vorhin von der verfehlten polnischen Baugenossenschaftsgründung. Wenn aber in landwirtschaftlichen Genossenschaftszeitungen gewissermaßen als Devise neuerdings der Grundsatz hingestellt wird: Selbsthilfe, Staatshilfe, Gotteshilfe und Raiffeisen,

(Heiterkeit.)

da frage ich, was wird mit derartigen Schlagworten bezweckt? Sie können nur auf Irreführung berechnet sein. Meint man damit wirklich einen günstigen Einfluß auf die gesunde Entwicklung des Genossenschaftswesens auszuüben?

Meine Herren, es könnte mich locken, mich heute etwas ausführlicher über die Kornhausgenossenschaftsbewegung zu äußern, denn nachdem ich Jahre hindurch insbesondere von seiten der Leitung des Reichsverbandes der landwirtschaftlichen Genossenschaften wegen meiner Stellung zur Kornhausgenossenschaftsbewegung aufs schwerste angegriffen bin — hat man doch wegen meiner Kritik gegen diese Bewegung mich sogar als Gegner der landwirtschaftlichen Genossenschaftsbewegung hingestellt — kann ich nun feststellen, daß die Resultate, wie sie sich nun aus einer amtlichen Denkschrift ergeben, sich vollkommen decken mit meiner Voraussage. Ich bedauere dies im Interesse der Landwirtschaft, denn der verfehlte Versuch hat viel Geld gekostet. Würde man meine Kritik entsprechend beachtet haben, würden die Dinge vielleicht einen anderen, d. h. einen besseren Verlauf genommen haben. Die Zeit gestattet es nicht, auf alle Einzelheiten hier näher einzugehen; ich möchte nur hervorheben, daß bei den Weinbaugenossenschaften die gleichen Organisationsfehler gemacht werden, die bei der Kornhausgenossenschaftsbewegung zu schweren Schäden geführt haben. Es scheint, als wenn die Lage der Weinbaugenossenschaften vielfach heute auch schon eine recht bedenkliche ist. Bei allen den Vorgängen hat sich denn aber auch gezeigt, mit wie großen Gefahren die Zentralisation verbunden ist, denn Verluste, von welchen einzelne Genossenschaften betroffen waren, zogen durch die Zentralisation ihre Kreise weit in andere Genossenschaften hinein. Leider scheint man mit der Verquickung der Genossenschaften mit anderen immer noch weiter fortzufahren. Es wäre dringend notwendig, daß die Preußische Zentral-Genossenschafts-Kasse in einer Statistik genauere Untersuchungen darüber anstellen wollte, welche Folgen die Zentralisation auf die Zugehörigkeit der Landwirte zu den verschiedenen Genossenschaften hat. Eine Warnungstafel sollte für die Freunde der Zentralisationsbestrebungen aufgestellt werden, auf der sich die Namen Straßburg, Dortmund, Schifferstadt-Ludwigshafen, Berliner Milchzentrale, Genossenschaftliche Zentralkasse des Bundes der Landwirte befinden.

(Heiterkeit.)

Nur ein Wort über die Verbandskassen. Ich denke dabei wieder des Aufsatzes von Thieß, der insbesondere die ersten Jahre der Verbandskassenentwicklung an der Quelle verfolgen konnte. Was schreibt er heute?

Die Gründung von Verbandskassen sei gewissermaßen nur ein Notbehelf gewesen, solange für die landwirtschaftlichen Genossenschaften die eigentliche Bankverbindung fehlte!

Die landwirtschaftliche Genossenschaftsbewegung wird immer undurchsichtiger, und Gründungen häufen sich auf Gründungen. So las ich, daß der Verband der Rheinischen Genossenschaften eine Agrarbank wesentlich für Geschäfte kaufmännischen Charakters ins Leben rufen will. Man hatte dort plötzlich erkannt, daß die heutigen Geschäfte für die Genossenschaften nicht zuträglich wären; ich glaube nun, daß die Dinge sich nicht dadurch verbessern, daß man für diese Geschäfte etwas zweifelhaften, ich will sagen, spekulativen Charakters eine besondere Aktiengesellschaft ins Leben ruft, wie sie die Agrarbank sein soll. Die Gründung läßt ahnen, wie weit dort die landwirtschaftlichen Genossenschaften an Geschäften kaufmännischen Charakters beteiligt sind! — Wie in Preußen, liegen die Verhältnisse insbesondere in Bayern, wo fast mehr noch als in Preußen die Darlehnskasse das — Mädchen für alles — geworden ist. In Bayern scheint sich eine Auseinandersetzung zwischen den verschiedenen landwirtschaftlichen Genossenschaftsverbänden vorzubereiten, und es ist denkbar, daß diese als reinigendes Gewitter wirkt.

Meine Herren, so stürmisch die Entwicklung des landwirtschaftlichen Genossenschaftswesens ist, so langsam ist die Entwicklung der Genossenschaften für Handwerker und Kaufleute vor sich gegangen. Das liegt in der Natur der Dinge. Ich habe bereits im Jahre 1892 auf dem Vereinstage in München auf die Gründe hingewiesen, die dafür maßgebend sind, daß das Handwerkergenossenschaftswesen so langsam Eingang findet. Sie liegt in den eigenartigen Verhältnissen des Handwerks. Während bei den Landwirten die Solidarität etwas Selbstverständliches und Gegebenes ist, reiben sich die Handwerker im Konkurrenzkampf auf. Das erklärt den langsamen Fortgang der Genossenschaftsbewegung im Handwerk. Die Genossenschaftsgeschichte des Handwerks ist aber nicht zu verstehen ohne die Geschichte der Handwerkerorganisation. Es gab eine Zeit, in der die Handwerkergenossenschaften verhältnismäßig weitere Verbreitung gefunden und es auch zur Blüte gebracht, doch dann setzte die Handwerkerbewegung ein und die Genossenschaftsbewegung wurde zurückgedrängt. Noch im Jahre 1890 hat ein deutscher Handwerkertag Stellung gegen die genossenschaftliche Organisation genommen. Wenn wir uns nun weiter vergegenwärtigen jene vorhin erwähnte Äußerung, die im Preußischen Abgeordnetenhause von dem Vorsitzenden des Ausschusses des Hauptverbandes der gewerblichen Genossenschaften gefallen ist, so sagt uns das alles. Besonders wenn wir uns noch vergegenwärtigen die Agitation, die in den neunziger Jahren gegen die Schulze-Delitzschschen Genossenschaften betrieben wurde, als die Regierung gerade das Handwerkergenossenschaftswesen fördern wollte. Die Äußerungen Hammers wirken wie ein Scheinwerfer auf jene Zeit. Ich habe mich bereits über die Zahl der Gründungen und Auflösungen geäußert. Im Jahre 1904 Neugründungen 73, Auflösungen 36, im Jahre 1905 Neugründungen 51, Auflösungen 13.

Kürzlich hat im Königreich Sachsen eine Versammlung der Schuhmacherinnungsverbände stattgefunden. Dort hat man den eigenartigen Beschluß gefaßt, eine Genossenschaft mit einem Stammkapital von einer Million Mark zu gründen, und diese eine Million Mark soll dadurch aufgebracht werden, daß jeder Handwerker wöchentlich eine Mark an den Fonds einzahlt. Ich hoffe, daß die Handwerker mit der Gründung der Genossenschaft nicht warten, bis sie die eine Million zusammen haben, sondern daß sie vorher an die Gründung kleiner Handwerkergenossenschaften herangehen. Im Königreich Sachsen hat Herr Korthaus eine deutsche Zentraleinkaufsgenossenschaft für die Schneider empfohlen. Ich meine, es wäre richtiger, erst Schneidergenossenschaften zu gründen und dann an die Gründung einer Zentraleinkaufsgesellschaft heranzutreten. Der umgekehrte Weg ist gleichbedeutend mit der Errichtung eines Hauses, bei dem man mit dem Bau des Daches beginnt.

Ähnlich wie bei den Handwerkern liegen die Verhältnisse bei den Kaufleuten. Hier sind es zudem zwei Dinge gewesen, die die Entwicklung des Genossenschaftswesens zweifellos nachteilig beeinflußt haben: der Mißerfolg mit der Errichtung der Zuckerraffinerie in Barby und dann der Mißerfolg mit der Zentraleinkaufsgesellschaft deutscher Kolonialwarenhändler in Hamburg. Und so ungern die Kaufleute es hören, wahr bleibt es doch, daß die Agitation gegen die Konsumvereine die Ausbreitung der Einkaufsgenossenschaften in den eigenen Reihen ganz erheblich aufgehalten hat, weil Händler, die konsequent zu denken gewöhnt waren, zur Erkenntnis kommen, man könne nicht gleichzeitig die Konsumvereine bekämpfen und den Händlern die Gründung von Genossenschaften empfehlen.

Meine Herren, ich habe im vorstehenden möglichst berücksichtigt die Bewegung des Genossenschaftswesens in den einzelnen Bundesstaaten; jedoch möchte ich zur Vervollständigung noch einige allgemeine Bemerkungen hinzufügen. Ich nehme dabei vor allem Bezug auf das Vorwort zum vorjährigen Jahrbuch. Die Dinge haben sich im letzten Jahre nicht wesentlich geändert. Für Preußen ist nur beachtenswert, daß der Dezernent im preußischen Finanzministerium Geheimrat Hugenberg über „Bank- und Kreditwirtschaft des deutschen Mittelstandes" nach eingehender Prüfung der Verhältnisse zu dem Resultat kommt: „Unter diesen Gesichtspunkten möchte ich auf das Gebiet unserer Kreditfrage zurückkehrend, zunächst glauben, daß die Verhältnisse auf eine demnächstige Wiedervereinigung der sogenannten Handwerkergenossenschaften mit den Schulze-Delitzschschen Kreditgenossenschaften hindrängen." Hugenberg bezeichnet die aus der neuen Handwerkergenossenschaftsbewegung hervorgegangenen Handwerkerkreditgenossenschaften für größtenteils „genossenschaftliche Monstra". Ich meine, dies Ergebnis, zu dem Hugenberg kommt, ist ein vollgiltiger Beweis für die Richtigkeit der von uns gegenüber der tatsächlichen Förderung vertretenen Auffassung.

Hessen hat nun seine genossenschaftliche Aktiengesellschaft und es ist merkwürdig, daß der besonders zur Förderung des Genossenschaftswesens im Großherzogtum Hessen berufene Genossenschaftsdirektor Paech seine Förderung in der Gründung von Aktiengesellschaften gipfeln läßt. Der staatliche „Genossenschaftsdirektor" ist zu dem Ergebnis gekommen, daß die Gründung von Handwerkergenossenschaften die Mühe nicht lohnt. In einem Vortrag im Landesgewerbeverein für das Großherzogtum Hessen im Jahre 1905 hatte Paech ausgeführt: „Ursprünglich war nun dieser Zusammenschluß in der Weise gedacht, daß die Fachkundigen in den einzelnen Städten und Ortschaften derartige Genossenschaften bilden, allein auch bei uns bestätigte sich gar bald die alte Erfahrung, daß bei der gegenwärtigen Konkurrenz — bei Organisationsmißverhältnissen — es fast ganz aussichtslos ist, auf diesem Wege über vereinzelte in ihrer Wirkung engbegrenzte Versuche herauszukommen." Dieses pessimistische Urteil, zu dem der Genossenschaftsdirektor kommt, ist an und für sich nicht richtig, trifft insbesondere aber auch nicht für Hessen zu, man braucht nur an Seligenstadt und Mainz zu denken. Lehrreich ist es auch, daß in dem Lande, das einen besonderen Genossenschaftsdirektor angestellt hat, die Handwerkskammer, die einen Leitfaden herausgegeben hat, zur Vorbereitung auf die Meisterprüfung für das Genossenschaftswesen keine Fragen zu stellen hat, sondern nur die „genossenschaftliche Aktiengesellschaft" — ein völliger Widersinn — kennt.

In Sachsen ist nun ein Landesverband gegründet worden, der erklärt, im Vordergrunde soll das Prinzip der reinen Selbsthilfe stehen, „nur lebensfähige Genossenschaften sollen Staatshilfe erhalten"! Ich glaube, daß, wenn die Genossenschaft sich als lebensfähig erwiesen hat, sie auf eigenen Füßen stehen kann und der staatlichen Unterstützung nicht mehr bedarf. Die staatliche Förderung des Genossenschaftswesens hat in Sachsen zu einer heillosen Verwirrung geführt und die Keime, die für eine gesunde Entwicklung des Handwerkergenossenschaftswesens bereits vorhanden waren, zerstört.

Ich habe bereits auf die eigenartigen Widersprüche hingewiesen, die sich im Königreiche Bayern geltend machen, und ich wünschte, daß alsbald eine freundlichere Stellungnahme unseren Genossenschaften gegenüber in Bayern Platz greifen möge. Allerdings hebe ich mit einer gewissen Genugtuung hervor, daß, während von gewissen Seiten uns gegenüber gerade keine sympathische Stellung eingenommen wird, die Anzahl der Handwerkergenossenschaften, die unserem Verbande beitreten, von Jahr zu Jahr eine größere wird, und der Verband der Bayrischen Gewerbevereine ist mit dem Wunsche an mich herangetreten, auf seiner diesjährigen Tagung in Nürnberg einen Vortrag über die Handwerkergenossenschaften zu halten. Auf meinen Hinweis darauf, daß in Bayern ein besonderer Verband der Handwerkergenossenschaften bestände, wurde mir der Bescheid, man wünsche, daß gerade unter den bayrischen Gewerbetreibenden die von uns vertretene Tendenz zum Worte komme.

Meine Herren, wesentlich anders liegt die Sache in Württemberg und Baden; dort wird nicht in der gewaltsamen Weise wie in anderen Bundesstaaten das Genossenschaftswesen gefördert; ich würde es nur lebhaft bedauern, wenn die Förderung des badischen Handwerkergenossenschaftswesens zu einer Zersplitterung führen würde, wenn die badische Regierung sich nicht entschließen könnte, für die neugegründeten Genossenschaften Anschluß an die bestehende Organisation zu suchen.

Meine Herren, die Freunde der Handwerkergenossenschaften mögen jenen Teil der Statistik im Jahrbuche nachlesen, der sich auf die Auflösung von Handwerkergenossenschaften bezieht, wo die Gründe der Auflösung nachgewiesen sind, sie mögen weiter ihren Blick auf die Statistik der Werkgenossenschaften werfen, die zum erstenmale Aufnahme in dem Jahrbuche gefunden hat. Hier liegt eine Fülle wichtigen Materials.

Meine Herren, die Kreditgenossenschaften lenken heute in der Zeit der Bankkonzentration vielleicht noch mehr die allgemeine Aufmerksamkeit auf sich als in früheren Zeiten. Wir müssen uns hiermit etwas näher beschäftigen, da auch im eigenen Lager zuweilen sehr eigenartige Anschauungen sich bemerkbar machen. Die Verwaltung des Vorschußvereins in Cöthen hat es für richtig erachtet, ihren Mitgliedern den Vorschlag zu unterbreiten, die Genossenschaft aufzulösen, weil die Genossenschaften, wie überhaupt die Kreditgenossenschaften, heute überflüssig würden, die Kreditgenossenschaften würden sehr gut durch Filialen und Depositenkassen der Banken ersetzt werden können. Ein traurigeres Armutszeugnis, das Vorstand und Aufsichtsrat in Cöthen sich mit dieser Erklärung ausgestellt haben, ist wohl kaum denkbar, und ich hoffe, daß jener Vorgang bei den

Genossenschaften des Allgemeinen Verbandes keine Nachahmung finden wird. Gewiß, die Dinge liegen heute so, daß auch die Genossenschaften mit der Konkurrenz zu rechnen haben. Die Kreditgenossenschaften haben früher in den Klein- und selbst Mittelstädten das ganze Kreditgeschäft als ihre Domäne betrachtet. Völlig verfehlt wäre es jedoch, nun daraus, daß die Kreditgenossenschaften heute mit einer mannigfaltigen Konkurrenz zu rechnen haben, den Schluß herzuleiten, daß sie überflüssig geworden sind. Erinnern Sie sich der Zahlen, meine Herren, die ich Ihnen vorhin mit Bezug auf die Entwicklung der Kreditgenossenschaften im letzten Jahrzehnt vorgetragen habe, Sie werden daraus entnommen haben, daß nicht ein Stillstand auf diesem Gebiete eingetreten, sondern eine stetige Entwicklung zu verzeichnen ist. Ich möchte hier bei der Besprechung der Aufgaben und der Zukunft der Kreditgenossenschaften Ihre Aufmerksamkeit ganz besonders auf ein Buch hinlenken, das in der letzten Zeit erschienen und aus dem Seminar des Professors Ehrenberg in Rostock hervorgegangen ist, dessen Verfasser Dr. Ehlers ist, der sich mit dem Studium kreditgenossenschaftlicher Probleme beschäftigt. Dr. Ehlers sucht an der Hand wissenschaftlicher Methoden verschiedene genossenschaftliche Probleme zu studieren, und hat den Einfluß der Zusammensetzung der Mitglieder nach Berufsarten untersucht, ferner den Umsatz und die Liquidität der Genossenschaft. Er kommt da zu Resultaten, die sich vollkommen mit unseren in der Praxis gemachten Beobachtungen decken. Ich würde es lebhaft begrüßen, wenn dieses Studium fortgesetzt würde, wenn nicht bloß in dieser Weise kreditgenossenschaftliche Probleme untersucht würden, sondern überhaupt genossenschaftliche Probleme zum Ausgangspunkt solcher exakten wissenschaftlichen Betrachtungen gemacht würden.

Meine Herren, wir haben die Verfolgung neuer Aufgaben bei den Kreditgenossenschaften nicht zurückgestellt, wir haben nach wie vor unsere Aufmerksamkeit zugewendet der Pflege des Kautionskredits, des Scheckverkehrs; und mit welchem Erfolge, dafür einige Zahlen. Von 1904 bis 1905 ist die Zahl der Genossenschaften, die zur Statistik über den Scheckverkehr für das Jahrbuch berichteten, von 231 auf 246 gestiegen. Im Jahre 1904 betrug die Einzahlung 418 Millionen, im Jahre 1905 515 Millionen; die Auszahlung im Jahre 1904 406 Millionen, im Jahre 1905 492 Millionen Mark. Sie sehen daraus, welch außerordentliche Entwicklung diese Geschäftseinrichtung genommen hat.

Meine Herren, so sehr ich Ihre Zeit schon in Anspruch genommen habe, muß ich mich doch mit einer Frage noch beschäftigen: es ist die Frage der Entschuldung. Sie haben davon Kenntnis erhalten, daß im Preußischen Abgeordnetenhause der Beschluß gefaßt worden ist, die Genossenschaften in den Dienst der Entschuldung zu stellen. Es ist nicht unsere Aufgabe, zu der Frage Stellung zu nehmen, ob eine Entschuldung des ländlichen Grundbesitzes durchführbar ist, für uns besteht nur die Frage: können die Kreditgenossenschaften in den Dienst der Entschuldung gestellt werden? Der Gedanke stammt aus der Miquelschen Zeit; man hat sich zunächst damit beschäftigt, die Pfandbriefinstitute für die Entschuldung zu gewinnen, doch diese haben sich nicht dafür geneigt gezeigt, weil sie fürchteten, die Freunde der Entschuldung suchen nur Hilfe bei der Genossenschaft. Wenn nun aber die Genossenschaft in den Dienst der Entschuldung geführt werden soll, dann haben wir es meines Erachtens mit einer Verquickung des Real- und Personalkredits zu tun. Herr Dr. Thieß allerdings ist der Ansicht, daß heute die Dinge vollkommen geklärt sind, daß man auch heute sich in den landwirtschaftlichen Genossenschaften über den Unterschied des Real- und Personalkredits vollkommen klar ist. Nun aber hat man ein neues Wort erfunden, nämlich das Wort von dem „erweiterten Personalkredit“; dieser „erweiterte Personalkredit“ soll an die Stelle jenes zur Ablösung bestimmten Realkredits treten. Ich glaube, daß, indem man dem Kinde einen andern Namen gibt, man die Sache verdunkelt und sie nicht verbessert, sondern im Gegenteil sie nachteilig beeinflußt. Auf dem Verbandstage der ländlichen Genossenschaften Raiffeisenscher Organisation in Cassel hat Landgerichtsrat Klingenbiel sich auch über die Frage, wenn ich recht unterrichtet bin, geäußert und sich dahin ausgesprochen: für den Besitzkredit sollen die Landeskreditkassen, für den Personalkredit die Raiffeisenorgane eintreten. Das ist ganz derselbe Standpunkt, den wir einnehmen: für den Realkredit sollen jene Institute eintreten, die für die Befriedigung des Realkredits geschaffen sind; denn unsere Personalgenossenschaften eignen sich nach ihrer rechtlichen und wirtschaftlichen Natur nicht dazu, Immobilien-Real-Kredit zu gewähren. Nun hat man einen Ausweg gesucht und gesagt: nicht ihren Kredit sollen die Genossenschaften geben, sondern mit ihrer Bürgschaft sollen sie eintreten. Ich habe sofort darauf aufmerksam gemacht, daß das noch viel gefährlicher ist; denn diese Bürgschaftsverpflichtung tritt in der Bilanz nicht hervor, dadurch wird die Genossenschaft in den Glauben versetzt, daß sie keine Verpflichtungen hat. Was sind Bürgschaftsverpflichtungen? Man übernimmt sie nicht in der Erwartung, daraus in Anspruch genommen zu werden, sondern nur aus Gefälligkeit, oder weil es die geschäftliche Gepflogenheit in dem Falle mit sich bringt. Die Freunde der Entschuldung, die die letzte Hilfe bei den Genossenschaften zu finden glaubten, suchen uns damit zu beruhigen, daß die Mitglieder der Darlehnskassen sich alle sehr genau kennen, daher sehr vorsichtig bei der Durchführung der Entschuldung sein werden und folglich auch die Genossenschaft aus ihrer Bürgschaftsverpflichtung nicht wird in Anspruch genommen werden. Mag sein, daß dies richtig ist, es sind aber auch ganz andere Schlußfolgerungen bei den nahen Beziehungen möglich und wie die Dinge auch liegen mögen, es kann gar nicht ernstlich genug in Zweifel gezogen werden, eine wie große Gefahr der Genossenschaft aus dem „erweiterten Personalkredit“ entstehen kann. Die Entschuldungsfreunde erkennen ja auch selbst an, daß sie die Genossenschaften mit allen geschäftlichen Grundsätzen in Widerspruch bringen, wenn sie sie mit der Entschuldung verquicken wollen — man hat z. B. durchaus richtig den Erfolg gewürdigt, der darin gegen alle Grundsätze der Liquidität liegt; und heißt es, die Preußische Zentral-Genossenschafts-Kasse soll die Liquidität der Genossenschaften wahren. Der erste Gedanke war sogar, daß die Preußenkasse selbst den „erweiterten Personalkredit“ geben solle. Die Preußenkasse hat das aber abgelehnt, und daher sollen nun die Genossenschaften eintreten, und die Preußenkasse soll für die Liquidität der Genossenschaften sorgen! Ich bitte, sich einmal die Konsequenzen klar zu machen. Es tritt eine wirtschaftliche Krisis ein oder eine politische, wir werden in einen Krieg verwickelt. Dann wird überall Geld gebraucht. Die Spareinleger aber holen das Geld zurück. Die Darlehnskassen haben ihr Geld festgelegt zum Teil in Hypotheken, die nur durch Amortisation getilgt werden, oder in „erweitertem Personalkredit“. Nun soll plötzlich die Preußenkasse die Millionen mobil machen, um die Darlehnskassen liquide zu halten! Gerade die letzten Monate des vergangenen Jahres können als ernste Mahnung dienen, wie notwendig es ist, der Liquidität der Genossenschaften die besondere Aufmerksamkeit zuzuwenden; man soll sich nur an die Vorgänge erinnern, die sich Ende vergangenen Jahres in den Reichslanden zugetragen, wo eine förmliche Panik ausgebrochen war, und an die Verpflichtungen der Kreditgenossenschaften die denkbar größten Ansprüche gestellt wurden. Das erwähnte Buch von Dr. Ehlers über „Kreditgenossenschaftliche Probleme“ enthält auch ein wichtiges Kapitel über die Liquidität.

Während so die ländlichen Kassen mit der Lösung der schwierigsten Probleme belastet werden, wird die Gründerei fortgesetzt, nur nach dem System, daß jedes Dorf seine Kasse haben müsse. „Landrätliche Bekanntmachungen“ erscheinen in Kreisblättern, in denen die Gemeinden, die glauben, ein Bedürfnis nach einer Darlehnskasse zu haben, aufgefordert werden, sich zu melden, um nähere Informationen einzuholen! Die Behörden in den verschiedenen Bundesstaaten wetteifern förmlich in der Gründerei. Schließlich **werden auch leistungsfähige Kreditgenossenschaften dadurch in Mitleidenschaft gezogen, daß auf diese Weise ihnen der Boden abgegraben wird.** Wenn Dr. Thieß meint, die Eigenart des Dorfes verlange den „genossenschaftlichen Bankkredit“, so spricht gerade diese Forderung gegen die Gründung von Dorfkassen, die nach ihrer ganzen Art niemals in der Lage sind, „genossenschaftlichen Bankkredit“ zu gewähren.

Nicht genug, daß mit der Gründerei der Darlehnskassen fortgefahren wird, scheint auch wieder eine neue Agitation für die Gründung von „Handwerker-Kreditgenossenschaften“ einzusetzen, und das Auffallendste ist dabei, daß für die Agitation das Organ des Hauptverbandes der deutschen gewerblichen Genossenschaften gewählt ist.

Das statistische Material über die geschäftliche Tätigkeit der Genossenschaften des Allgemeinen Verbandes ist in Ihren Händen und ich sehe daher davon ab, das Material mündlich vorzutragen. Meine Absicht war es gewesen, insbesondere bei dieser Gelegenheit auch auf den Verkehr unter den Genossenschaften zu sprechen zu kommen, der mich einigermaßen mit Besorgnis erfüllt, da es gerade in Cassel war, wo Schulze-Delitzsch im Jahre 1866 bereits vor demselben gewarnt hat. In Cassel wurde beschlossen: „Es ist den Vorschuß- und Kreditvereinen zu empfehlen, sich des Bankkredits einschließlich der bei anderen Vereinen ihrer Art nachzusuchenden nur mit äußerster Zurückhaltung und für Fälle außerordentlichen und vorübergehenden Bedürfnisses, nicht aber zur dauernden Verstärkung ihres Betriebsfonds zu bedienen, vielmehr ihren Geschäftsumfang im angemessenen Verhältnis mit der Kapitalansammlung der Mitglieder, sowie mit den ihnen aus ihrem nächsten Umkreise zu Gebote stehenden Zuflüssen an Anlehen und Spareinlagen von Privaten zu halten." Schulze-Delitzsch bemerkte dazu: „Banken, welche deshalb bei ihrem Publikum kein Geld finden, sich an andere Banken um Hilfe wenden, erfüllen ihre Aufgabe nicht. . . . . . Dies müssen wir den Vereinen immer wieder ans Herz legen, wenn wir auch schon öfter darüber verhandelt haben, da die Vereine es noch immer nicht genügend beachtet haben."

Ehe ich zum Schlusse komme, möchte ich noch erwähnen, daß ein neuer internationaler Verband inzwischen ins Leben gerufen worden ist, die „Internationale Vereinigung der Zentralverbände landwirtschaftlicher Genossenschaften", die einen Welt-Genossenschaftstag abhalten will. Die Vereinigung wünscht die Unterstützung der genossenschaftlichen Bewegung und Ausdehnung auf Länder, in welchen genossenschaftliche Selbsthilfe bis jetzt noch nicht oder in ungenügender Weise bekannt ist. Zu dem Internationalen Verband gehört der Reichsverband und der Neuwieder Verband; daraus ergibt sich, was der neue Internationale Verband der landwirtschaftlichen Genossenschaften unter Selbsthilfe verstehen will. Hoffentlich herrscht nicht die gleiche Verwirrung bei der Festellung von Personal- und Realkredit!

Meine Herren, über die Grenzen, die dem Genossenschaftswesen gezogen sind, habe ich mich heute ausführlicher ausgelassen, als in früheren Jahren, weil ein Nationalökonom, der das landwirtschaftliche Genossenschaftswesen an der Quelle hat kennen gelernt, in seinen Forschungen zu beachtenswerten Resultaten gekommen ist, von denen ich nur wünschte, daß sie auch bei den landwirtschaftlichen Genossenschaftsverbänden Beachtung finden. Es ist Thieß, der dagegen Verwahrung einlegt, daß die Genossenschaft ein „Universalmittel" ist — die Existenzbedingungen der einzelnen Genossenschaftsarten genau untersucht, und mit Bedauern feststellte, wie die bisherigen Erfolge „genossenschaftlichen Enthusiasmus" großgezogen haben, die meinte, man könnte schlechterdings alles auf genossenschaftlichem Wege durchsetzen. Zu den gleichen Ergebnissen kommt Ehlers in seinen „Kreditgenossenschaftliche Probleme". Ich stimme ihm vollkommen zu, wenn er schreibt: „In unserer unabsehbar anschwellenden sozialreformatorischen Literatur wächst neuerdings ein kritikloses Anpreisen des genossenschaftlichen Prinzips durch Leute, die niemals einen Blick in die Praxis des Genossenschaftswesens getan haben und deren Lehren daher häufig mit den Erfahrungen der Praxis in grellstem Widerspruche stehen. Derartige rein theoretische Auseinandersetzungen, bei denen man sich hauptsächlich von großen Gesichtspunkten, d. h. von populären Zeitströmungen und weiten Perspektiven leiten läßt, haben sehr geringen Wert."

Im vergangenen Jahre hat die Elsaß-Lothringische Regierung in einer Verfügung ausgesprochen, sie wünsche „ein ruhiges vorwärts arbeitendes, sich von allen Übertreibungen fernhaltendes landwirtschaftliches Genossenschaftswesen, das nicht nach äußeren Erfolgen, sondern nach tatsächlicher Kräftigung unseres Bauernstandes strebt". Ich kann mit Genugtuung hervorheben, daß das einer derjenigen Grundsätze ist, den auch wir vertreten, der Grundsatz, den wir allerdings verallgemeinern, der nicht nur für den Bauernstand gelten soll, sondern als Programmpunkt für das Genossenschaftswesen überhaupt; denn die wirtschaftlichen und nationalen Aufgaben sind nur durch ein ruhiges, vorwärts strebendes, sich von allen Übertreibungen fernhaltendes Genossenschaftswesen zu erfüllen, das nicht nach äußeren Erfolgen, sondern nach tatsächlicher Kräftigung des deutschen Volkes, der arbeitenden Klassen im weitesten Sinne des Wortes strebt.

Meine Herren, im vergangenen Jahre habe ich im Jahrbuche einen Vergleich aufgestellt zwischen der Bedeutung des Allgemeinen Verbandes und der übrigen Verbände im Rahmen des gesamten Genossenschaftswesens. Sie finden auch diesmal im Vorwort eine derartige Zusammenstellung, nur daß sie sich auf erheblich mehr Genossenschaften bezieht. Es ist mir gelungen, von 18 528 Genossenschaften die summarischen Geschäftsberichte aufzuführen. Sie werden auch jetzt wieder finden, daß die Stellung des Allgemeinen Verbandes eine gleichbedeutende im deutschen Genossenschaftswesen geblieben ist. Mit Genugtuung aber stelle ich fest, daß mehr und mehr die Schulze-Delitzschschen Grundsätze auch dort zur Anerkennung gelangen, wo man andere Genossenschafts-Systeme gesucht hat. Wie weit es möglich sein wird, dieselben zur Durchführung zu bringen, wo die Förderung des Genossenschaftswesens selbst nach ganz anderen Anschauungen erfolgte, das zu untersuchen, ist heute nicht der Platz, das mag zunächst dahingestellt bleiben. Die zuständigen und verantwortlichen Stellen haben selbst heute zweifellos die Überzeugung, daß die Genossenschaften kein allgemeines Volksbeglückungsmittel sind, das nach einem bestimmten Rezept verabfolgt wird — und daß es nicht leicht sein wird, Tausende von Genossenschaften, die mehr aus äußerem Anreiz als aus innerem Verständnis und Bedürfnis gebildet sind, zu lebensfähigen Gebilden zu gestalten. Leicht war es, die Geister zu rufen, unendlich schwer wird es sein, die Geister zu bannen.

Alle Genossenschaften aber, die sich zu den Schulze-Delitzschschen Grundsätzen bekennen, die sollten und müßten sich ihrer Zusammengehörigkeit erinnern, um umso wirksamer das gesamte deutsche Genossenschaftswesen beeinflussen zu können, das — darüber kann kein Zweifel bestehen — richtig erfaßt und richtig gestaltet in der Wirtschaftsperiode, die unter dem Zeichen der Konzentration steht, als hochbedeutsamer Kulturfaktor dem deutschen Volke dienen wird. Meine Herren, ganz gewiß steht dem deutschen Genossenschaftswesen noch die Erfüllung großer volkswirtschaftlicher Aufgaben bevor; aber das Ziel wird nur zu erreichen sein durch ein in sich starkes, auf der eigenen Kraft beruhendes, vollkommen freies, unabhängiges Genossenschaftswesen, das sein Ziel klar erkannt hat, das, stets getragen von sozialen und wirtschaftlichen Gedanken, sich doch niemals in Phantastereien verliert, sondern den realen Verhältnissen angepaßt bleibt.

(Stürmischer anhaltender Beifall und Händeklatschen.)

Vorsitzender **F. X. Proebst** (München): Ich eröffne die Besprechung.

Verbandsdirektor **Petitjean** (Wiesbaden): Meine Herren, nennen Sie es nicht unbescheiden, wenn ich als Gast und Vertreter eines landwirtschaftlichen Genossenschaftsverbandes dieser Provinz der heutigen Versammlung zu dem vortrefflichen Bericht Ihres Herrn Anwalts einige Worte sage. Ich habe absolut kein Mandat für den Reichsverband der deutschen landwirtschaftlichen Genossenschaften hier aufzutreten, aber es könnte vielleicht zu Mißdeutungen Veranlassung geben, wenn man hier zu den Ausführungen des Anwalts nicht ein Wort fände, daß von unserm Standpunkte aus eine andere Auffassung begründete. Meine Herren, hier ist ja nicht der Ort, und es fehlt mir auch die Vorbereitung, einem mündlichen, sich auf statistisches Material beziehenden Berichte gegenüber sofort mit Gegenrechnungen oder mit anderen Ausführungen zu dienen. Der Wahrspruch: „audiatur et altera pars" kann hier nicht in die Praxis umgesetzt werden; aber ich möchte nur das eine sagen: die Zahlen, die Herr Anwalt Dr. Crüger angeführt hat für die Auflösung von landwirtschaftlichen Genossenschaften, hat er in Vergleich gestellt zu den Gründungen der einzelnen Jahre. Ich möchte es dahingestellt sein lassen, ob die Ziffer der Liquidationen nicht besser in Vergleich zu stellen wäre mit dem Gesamtbestande einer gewissen Genossenschaftskategorie. Wenn Sie berücksichtigen, daß in Ihrem hochgeschätzten Verbande 1200 Vereine, dagegen im Reichsverbande 19000 Genossenschaften vereinigt sind, so liegt es auf der Hand, daß bei einer so großen Ziffer die Möglichkeit solcher Vorkommnisse größer ist als in Ihrem Verbande. Im übrigen kommen wir in der Hauptsache hierher, um zu lernen; wir erkennen rückhaltlos an, daß Ihr hochachtbarer Verband einen Stamm von Genossenschaften mit solch hervorragenden geschäftlichen Leistungen besitzt, die auf Bewunderung Anspruch erheben können; wir wollen von Ihren Erfahrungen Nutzen ziehen und damit bereichert in die Heimat zurückkehren; und in diesem Sinne meine ich:

Sehe jeder, wie er's treibe,
Sehe jeder, wo er bleibe.

(Bravo!)

Vorsitzender **F. X. Proebst** (München): Gestatten Sie mir, meine Herren, daß ich an eine Tatsache erinnere. Vor zehn Jahren in Wiesbaden wurde unser derzeitiger Herr Anwalt durch große Stimmenmehrheit zu dem Amt berufen, das er in der Zwischenzeit, wie Sie alle schon oft anerkannt haben, mit ebenso viel zielbewußter Tätigkeit wie mit großem Erfolge verwaltete.

Er hat selbst heute in seinem Berichte einen Vergleich gezogen zwischen den Verhältnissen vor zehn Jahren und heute, und dieser Vergleich wird Ihnen gezeigt haben, daß nach allen Richtungen hin Fortschritte erzielt wurden. Ich glaube, wir verdanken diese Fortschritte zum großen und guten Teil der unablässigen Tätigkeit, dem kräftigen Eingreifen des Herrn Anwalts in alle Verhältnisse unserer Verbände und unserer einzelnen Genossenschaften. Ich glaube in Ihrem Sinne zu handeln, wenn ich dem Herrn Anwalt für diese zehnjährige Tätigkeit mit dem Wunsche, daß ihm deren Fortsetzung in gleich glücklicher Weise noch viele, viele Jahre gegönnt sein möge, unseren herzlichen, aufrichtigen Dank ausspreche.

(Bravo!)

Möge der Händedruck, den ich ihm biete, von ihm aufgenommen werden als ein Dank und Gruß von Ihnen allen.

(Lebhaftes Bravo.)

Wir können in unserer Tagesordnung nunmehr einen Schritt weiter gehen.

Verbandsdirektor Justizrat **Dr. Alberti** (Wiesbaden) übernimmt den Vorsitz.

IIa. Bericht des Vorsitzenden des Engeren Ausschusses.

Berichterstatter Königl. Rat **F. X. Proebst** (München): Meine Herren, in gewohnter Weise bin ich verpflichtet, zu berichten über die Tätigkeit des Engeren Ausschusses im letzten Jahre, und in gewohnter Weise soll der Bericht recht kurz werden. Der Engere Ausschuß war glücklicherweise mit außerordentlichen Vorkommnissen in diesem Jahre nicht beschäftigt. Wir haben seit unserem Zusammentritt in Westerland vor allem ein freudiges Fest wenigstens aus der Ferne mitgefeiert, nämlich den 60. Geburtstag unseres lieben Freundes, des Anwalts der deutsch-österreichischen Genossenschaften in Wien, Wrabetz, dem namens des Allgemeinen Genossenschaftsverbandes ein herzlicher Glückwunsch zugesandt wurde, auf den von ihm sehr eingehende und innige Dankesworte erfolgten.

Der Engere Ausschuß ist zu seiner Frühjahrssitzung am 9. Mai in Berlin zusammengetreten und hat sich mit einer ganzen Reihe von inneren Angelegenheiten unseres Allgemeinen Verbandes beschäftigt, von denen eine Anzahl ohnedies bei besonderen Punkten unserer Tagesordnung zur Verhandlung und zur Beschlußfassung kommen werden. Ich glaube daher, auf diese Gegenstände nicht näher eingehen zu sollen. Ganz besonders eingehende Erörterung hat die weitere Ausbildung der Verbandsrevision in der Frühjahrssitzung beim Engeren Ausschuß gefunden; aber auch das ist ein Punkt, über den Sie dieser Tage noch recht gründlich zu verhandeln Gelegenheit haben werden. Zu den Beratungen des Engeren Ausschusses über die Vorbereitung des heute begonnenen Genossenschaftstages hatte Herr Justizrat Dr. Harnier die Güte, sich persönlich einzufinden, so daß wir schon damals in engster Fühlung mit dem Ortsausschuß uns bewegen konnten. Wieder eine Frage, die Sie demnächst zu entscheiden haben werden, war dem Engeren Ausschuß vorgelegt, nämlich die Beiträge der Baugenossenschaften zum Allgemeinen Verbande. In den Kreisen der Baugenossenschaften herrscht Klage darüber, daß diese Beiträge für ihre Verhältnisse zu hoch gespannt seien. Herr Landrat Berthold als Direktor des Baugenossenschaftsverbandes fand sich gleichfalls zu einer Sitzung des Engeren Ausschusses ein. Die Frage wurde dort und, wie ich gleich bemerken will, noch hier in Cassel eingehend erörtert, die Beschlußfassung aber muß Ihnen überlassen bleiben. Das ist das Wichtigste in aller Kürze aus der Sitzung im Frühjahre.

Hier in Cassel ist der Engere Ausschuß am vergangenen Samstag zusammengetreten. Wie im Frühjahre waren die sämtlichen Mitglieder mit Ausnahme des Herrn Finckh mit dem Herrn Anwalt zusammen erschienen. Es wurde gleichfalls eine Reihe innerer Angelegenheiten besprochen, so z. B., um nur eins zu erwähnen — das sage ich in aller Kürze, aber es verhandelt sich nicht ebenso rasch in der Regel in den Sitzungen —: die Verhältnisse der Börsen- und Marktberichte in unseren Genossenschaftsblättern; das Erscheinen eines größeren Werkes, das in wissenschaftlicher Weise das ganze deutsche Genossenschaftswesen zusammenfassend darstellen soll. Die letzten Vorbereitungen für den Allgemeinen Genossenschaftstag waren dank der glücklichen Tätigkeit des Ortsausschusses sehr rasch geregelt. Die Jahresrechnung für 1905 wurde schon in der Frühjahrssitzung behandelt. Der Herr Finanzreferent Oppermann hatte eine Reihe von Erinnerungen gezogen. Groß war diese Reihe nicht, und in der Herbstsitzung konnte er erfreulicherweise erklären, daß seine Monita erledigt sind; er wird Ihnen aber darüber in den nächsten Tagen selbst Bericht erstatten. Demnächst findet in Reichenberg in Böhmen der Allgemeine Genossenschaftstag der deutsch-österreichischen Genossenschaften statt. Um der dringenden Einladung zu entsprechen, hat Herr Verbandsdirektor Jordan-Görlitz vom Engeren Ausschuß die Ermächtigung übernommen, den Allgemeinen Genossenschaftstag zu besuchen und dorthin die Grüße des Allgemeinen Genossenschaftsverbandes zu überbringen.

Nun, meine Herren, habe ich heute schon in der Eröffnungsansprache unseres Freundes Finckh gedacht, ich habe Ihnen berichtet, daß er in einem sehr liebevollen, aber natürlich von bitterem Schmerz durchtränkten Briefe gewissermaßen Abschied von uns nimmt, und ich habe die Hoffnung ausgesprochen, daß dies kein Abschied für immer sein soll. Ich handle im Namen des Engeren und Gesamtausschusses, wenn ich um Ihre Zustimmung bitte, daß wir vom Allgemeinen Genossenschaftstage aus Herrn Finckh unsern Dank für seine bisherige genossenschaftliche Tätigkeit, unsere Grüße und Glückwünsche für seine fortschreitende und, wenn es irgend möglich ist, recht bald völlige Genesung zum Ausdruck bringen.

(Zustimmung.)

Stellvertretender Vorsitzender Verbandsdirektor Justizrat **Dr. Alberti** (Wiesbaden): Meine Herren, ich darf annehmen, daß Sie alle damit einverstanden sind, daß dieser Gruß an Herrn Finckh abgesendet wird. — Das ist der Fall.

Wünscht einer der Herren das Wort zu dem eben gehörten Bericht? — Es meldet sich niemand zum Wort.

Wir kommen dann zu

IIb. Wahlen von drei Mitgliedern in den Engeren Ausschuß an Stelle der ausscheidenden Mitglieder.

Nach dem Turnus scheiden aus die Verbandsdirektoren Justizrat Wolski, Justizrat Dr. Alberti, Finckh.

Berichterstatter **Proebst** (München): Meine Herren, natürlicherweise beschäftigt sich der Engere Ausschuß mit dieser Frage immer schon im voraus, sowie eine Erledigung in Sicht steht; ebenso der Gesamtausschuß. Ich glaube, es wäre Geheimniskrämerei, wenn wir von den Wünschen, die beide Ausschüsse in dieser Hinsicht hegen, hier nicht sprechen wollten. Die beiden Ausschüsse sind einig darin, daß sie dringend wünschen, Herrn Justizrat Dr. Alberti und Herrn Justizrat Wolski dem Engeren Ausschuß erhalten zu sehen, daß sie Ihnen deshalb die Wiederwahl dieser beiden Herren angelegentlich empfehlen.

(Bravo!)

Dagegen müssen wir leider auf eine Wiederwahl unseres Freundes Finckh bei den derzeitigen Gesundheitsverhältnissen desselben für diesmal verzichten und haben nach reiflicher Überlegung in beiden Ausschüssen erkannt, daß es sich sehr empfehlen würde, wenn der Allgemeine Genossenschaftstag Herrn Verbandsdirektor Feldheim aus Burg bei Magdeburg in den Engeren Ausschuß, als Ersatz für Herrn Finckh, wählte.

(Zustimmung.)

Stellvertretender Vorsitzender Verbandsdirektor Justizrat **Dr. Alberti** (Wiesbaden): Meine Herren, es sind drei Wahlen vorzunehmen. Wir können die Wahlen durch Akklamation vollziehen, wenn sich kein Widerspruch erhebt. Ich frage Sie: wollen Sie die Wahlen durch Akklamation vornehmen?

(Zustimmung.)

Wollen Sie alle drei Wahlen auf einmal, den vom Herrn Rat Proebst gemachten Vorschlägen entsprechend, vollziehen?

(Erneute Zustimmung.)

Dann erkläre ich die drei Herren für wieder- bezw. neugewählt in den Engeren Ausschuß und ich erkläre meinerseits, daß ich bereit bin, die Wiederwahl anzunehmen.

(Desgleichen erklären auf Befragen die Herren Justizrat Wolski und Stadtrat Feldheim, die auf sie gefallene Wieder- bezw. Neuwahl anzunehmen.)

Berichterstatter **Proebst** (München): Meine Herren, dann kann ich den vorhin geschlossenen Bericht ergänzen. Der Engere Ausschuß ist von Ihnen ganz außerordentlich verwöhnt und hat am Samstag vorausgesehen, daß Sie seinem und des Gesamtausschusses Vorschläge höchstwahrscheinlich zustimmen werden, und um sich eine weitere sogenannte konstituierende Sitzung zu ersparen, hat er gleich sein Bureau für das neue Jahr gewählt. Ich will Ihnen mitteilen, wie es aussieht: genau so wie bisher mit der einen Ausnahme, daß Herr Finckh fehlt. Zum Vorsitzenden bin ich, und als mein Vertreter ist Herr Justizrat Dr. Alberti gewählt, zu Schriftführern wie bisher Herr Justizrat Wolski und als sein Vertreter Herr Jordan, zum Revisor der vielbewährte und langjährige Revisor Herr Oppermann und zu seiner Unterstützung der neueintretende Herr Feldheim.

Stellvertretender Vorsitzender Verbandsdirektor Justizrat **Dr. Alberti** (Wiesbaden): Meine Herren, wir wollen nunmehr Punkt

XIII. Beschlußfassung über den Ort des nächsten Genossenschaftstages,

den wir gemäß dem Beschlusse der gestrigen Vorversammlung auf die heutige Tagesordnung gesetzt haben, jetzt vorwegnehmen.

Ich bitte den Herrn Vertreter aus Leipzig das Wort zu nehmen.

Vorstandsmitglied **Thalheim** (Leipzig-Reudnitz): Meine hochverehrten Herren! Nachdem uns in Leipzig bekannt geworden war, daß Sie die Absicht haben, den nächsten Allgemeinen Genossenschaftstag in unserer Stadt abzuhalten, ist mir der Auftrag zuteil geworden, Sie im Namen der beiden Leipziger Genossenschaften, denen sich auch die Leipziger Kreditbank, Aktiengesellschaft, anschließt, zu uns freundlichst einzuladen. Es wird uns zu hoher Ehre und zu großer Freude gereichen, Sie in unsern Mauern begrüßen zu können. Wir heißen Sie im voraus herzlich willkommen bei uns, und Sie können versichert sein, daß wir gern bemüht sein werden, Ihnen die arbeitsfreien Stunden so angenehm wie möglich zu gestalten.

(Lebhafter Beifall.)

Stellvertretender Vorsitzender Verbandsdirektor Justizrat **Dr. Alberti** (Wiesbaden): Meine Herren, der Beifall, mit dem Sie die Worte des Herrn Vorredners begleitet haben, enthebt mich jedes Zusatzes. Ich bin überzeugt, Sie nehmen die Einladung gern an. Andere Vorschläge sind auch nicht gemacht, und ich darf daher feststellen, daß Leipzig als Ort für den nächsten Genossenschaftstag gewählt ist. Den Herren aus Leipzig spreche ich unsern herzlichen Dank für die Einladung aus; ich glaube, wir werden auch dort schöne Stunden verleben und unsere Verhandlungen in der gleichen Weise führen können.

Wir kehren nunmehr zurück zu

III. Bericht über die Hilfskasse — die Ruhegehaltskasse — die Witwen- und Waisen-Pensionskasse deutscher Erwerbs- und Wirtschaftsgenossenschaften.

Berichterstatter Direktor **Jäger** (Berlin): Meine Herren, wer die Jahresrechnung der Hilfskasse in den Blättern für Genossenschaftswesen sich etwas genauer angesehen und mit den früheren Jahresrechnungen verglichen hat, wird gefunden haben, daß die Unterstützungstätigkeit der Kasse fortdauernd in der Steigeruug begriffen ist. 47 Familien waren es, denen im letzten Jahre insgesamt 10275 Mk. zugewendet werden konnten und für ältere Vorstandsmitglieder sind 10319 Mk. Prämienbeihilfen zur Ruhegehaltskasse geflossen. Also über 20000 Mk. hat die Hilfskasse für diese Zwecke wieder aufgewendet. Seit Bestehen der Hilfskasse sind 111891 Mk. an Unterstützungen und 89702 Mk. Prämienbeihilfen zur Ruhegehaltskasse gewährt worden. Rund 200000 Mk. beträgt die Gesamtleistung seit Bestehen der Kasse. Das darf nach den vorliegenden Umständen als eine segensreiche Tätigkeit betrachtet werden. Es sind verhältnismäßig nur wenige Genossenschaften und persönliche Mitglieder, die diese Leistungen ermöglichen, aber ein getreuer Stamm ist es, der auch jetzt wieder der Witwen- und Waisen-Pensionskasse beispringt, durch Hergabe des benötigten Garantiefonds von 30000 Mk. und Gewährung reichlicher Prämienbeihilfen für Mitglieder dieser Kasse vom 35. Lebensjahre an aufwärts.

Das Leben und Treiben in unserer Ruhegehaltskasse entwickelt sich von Jahr zu Jahr immer mehr. Der Zuwachs bleibt unvermindert. Das versicherte Diensteinkommen stieg von 1,3 Millionen Mark auf 1,4 Millionen und hat im Laufe des gegenwärtigen Geschäftsjahres durch den Reinzuwachs von 30 neuen Versicherungen 1½ Millionen Mark bereits überschritten. Prämieneinnahmen und Zinsen allein erreichten im Berichtsjahr die Summe von 100000 Mk. Das Vermögen stieg von 500000 Mk. auf 600000 Mk.; die Zahl der Mitglieder erhöhte sich von 577 auf 619. Der Stand am 30. Juni d. J. war 649.

Am Jahresschluß 1905 waren 12 Ruhegehaltsempfänger mit zusammen 8392 Mk. Ruhegehalt vorhanden. Im Laufe des Jahres 1906 erhöhte sich die Zahl auf 14 mit rund 9000 Mk. Ruhegehalt.

Die Entwickelung der Ruhegehaltskasse ist nach allen Richtungen eine recht erfreuliche.

Die Berichterstattung über den Stand der Witwen- und Waisen-Pensionskasse gestaltet sich diesmal für die Verwaltung zu einem besonderen Genuß. Es ist ein kleiner Leckerbissen, den wir zu präsentieren haben. Um es nur gleich zu sagen: die Eröffnung der Geschäftstätigkeit am 1. Januar 1907 ist so gut wie gesichert!

(Wiederholtes lebhaftes Bravo.)

Wir sind gegenwärtig mit der Einsammlung der Beitrittserklärungen beschäftigt. Bis zur Stunde sind 94 eingegangen. Es ist also zu erwarten, daß bis zum Jahresschluß nicht nur die für die Eröffnung der Geschäftstätigkeit benötigten Beitrittserklärungen von 100 persönlichen Mitgliedern beisammen sein werden, sondern daß wir mit einer größeren Zahl persönlicher Mitglieder in den Geschäftsbetrieb eintreten.

Es wird für uns alle eine Genugtuung sein, am 1. Januar 1907 neben der Hilfskasse und der Ruhegehaltskasse auch die Witwen- und Waisen-Pensionskasse im Sattel zu sehen und das gesamte Wohlfahrtswerk, wie es in den drei Kassen zum Ausdruck kommt, in harmonischer Abrundung vor uns zu haben.

(Bravo!)

Direktor **Weickert** (Hildburghausen): Sie haben aus dem Bericht des Herrn Jäger gehört, daß unsere allgemeinen Wohlfahrtseinrichtungen hoch erfreuliche Fortschritte gemacht haben, insbesondere sind wir nun endlich zur Eröffnung der so lange ersehnten Witwen- und Waisenkasse gekommen. Das hört sich sehr schön an, und wir freuen uns über diese Fortschritte, aber wir müssen uns wohl billigerweise fragen, wem haben wir sie in der Hauptsache zu verdanken? Sie wissen, zu unserm Vorstand gehört in erster Reihe Herr Dr. Crüger, sodann Herr Jäger. Ja, meine Herren, wenn wir diese beiden Herren nicht hätten, hätten wir nun und nimmermehr die Witwen- und Waisenkasse fertig bekommen. Diese beiden Herren, und besonders Herr Dr. Crüger, das wissen wir ja alle, haben sich mit großer Liebe und Energie der Sache angenommen, und diesen beiden Herren den Dank auszusprechen, das ist eine einfache Anstandspflicht. Das wollte ich hiermit getan haben, und Sie werden sicher mit mir einstimmig derselben Ansicht sein.

(Bravo!)

Meine Herren, bis hierher waren wir einig, und in einem andern Punkte werden wir es auch noch sein. Die Hilfskasse hat zweifellos Großes geleistet; wer ist denn aber die Hilfskasse? Das sind die Vereine, die seit 20 Jahren Zahlungen leisten. Die haben es uns ermöglicht, daß wir die Ruhegehaltskasse ins Leben riefen und daß wir vor allen Dingen die Witwen- und Waisenkasse ins Leben rufen können. Diesen Vereinen und den Vorständen dieser Vereine gebührt derselbe Dank.

(Zustimmung.)

Bis dahin sind wir einig, das habe ich aus Ihrem Beifall ersehen, aber in einem andern Punkte werden wir es nicht sein. Ich will nämlich sagen, daß Sie sich die beiden genannten Herren zum Vorbild, zum Muster nehmen möchten, und daß Sie ebenso wie die beiden Herren für die Witwen- und Waisenkasse arbeiten möchten. Das ist bisher nicht geschehen, denn ich schlage die 94 Mitglieder zur Witwen- und Waisenkasse gar nicht hoch an. Das ist für unsern großen Verband eine viel zu kleine Zahl. Es offenbart sich da eine gewisse Schwerfälligkeit, anders kann und will ich mich nicht ausdrücken. Hoffentlich kommt es hier ebenso wie mit der Ruhegehaltskasse. Wenn wir erst angefangen haben, dann werden die Zweifler nicht nur verstummen, sondern sie werden sich der guten Sache zuneigen. Handelt es sich doch hier um eine Einrichtung der Neuzeit, der sich auch die stärksten Zweifler beim besten Willen auf die Dauer gar nicht werden entziehen können. Der Wille des Einzelnen ist nicht stark genug, um sich gegen den Zug der Zeit aufzubäumen, und Genossenschaften zweiter Ordnung werden die Betreffenden doch nicht werden wollen. Also, meine Herren, folgen Sie mit den beiden genannten Herren dem Zuge der Zeit und nehmen Sie sich nun auch ebenso mit Energie und Wärme der Witwen- und Waisenkasse an, damit sie ein so großer und schützender Baum werde, wie die Ruhegehaltskasse und die Hilfskasse es schon geworden sind.

(Bravo!)

Vorsitzender **F. X. Proebst** (München): Weitere Wortmeldungen liegen nicht vor. Wir kommen zu

IV. Wahlen von drei Mitgliedern in den Vorstand der Hilfskasse nach § 8 des Statuts der Hilfskasse.

Es waren bisher gewählt die Herren Jordan, Neugebauer und Kurz. Ich frage, ob ein Antrag hierzu gestellt wird?

(Zuruf: Wiederwahl!)

Es wird beantragt, die drei Herren wiederzuwählen. Ich nehme an, daß die Wahl durch Zuruf erfolgen soll,

(Zustimmung.)

und bitte also diejenigen, die dafür sind, daß die drei Herren wiedergewählt werden, die Hand zu erheben.

(Geschieht.)

Die Herren sind wiedergewählt.

Wir kommen dann zu

V. Beschluß über die Aufnahme von Aktiengesellschaften in den Allgemeinen Verband nach § 4 des Statuts des Allgemeinen Verbandes.

Anwalt **Dr. Crüger** (Charlottenburg): Es handelt sich um die Gemeinnützige Baugesellschaft des Kreises Höchst a. M., Aktien-Ges., den Biebricher Bauverein, Akt.-Ges. Biebrich a. Rh. und den Verein Arbeiterheim Frankfurt a. M. Während die ersten beiden Aktiengesellschaften sind, ist der Verein „Arbeiterheim" ein Verein mit juristischer Persönlichkeit. Ich bitte, die Aufnahme in den Allgemeinen Verband zu beschließen.

Vorsitzender **F. X. Proebst** (München): Wird das Wort gewünscht? Das ist nicht der Fall. Dann bitte ich alle, die für die Aufnahme sind, die Hand zu erheben. (Geschieht.)

Der Antrag ist angenommen.

Wir kommen zum letzten Punkt unserer heutigen Tagesordnung

VI. Ausschluß von Genossenschaften.

Anwalt **Dr. Crüger** (Charlottenburg): Auch hier handelt es sich um drei Vereine. Zunächst Charlottenburg, Deutsches Erholungsheim, e. G. m. b. H. (frühere Naturheilkrankenhaus-Genossenschaft). Die Genossenschaft scheint zum Zentralverband Deutscher Konsumvereine hinübergezogen zu sein; es ist übrigens eine Genossenschaft, die seit Jahren keine Beiträge zu unserm Verbande gezahlt hat, und deren Verfassung auch keine sonderlich günstige ist. Zweitens Obermörlen, Pfennig-Spar- und Leihkasse, e. G. m. b. H., gehörte früher dem Verband der Erwerbs- und Wirtschaftsgenossenschaften von Starkenburg und Oberhessen an und kam dem Ausschluß aus ihm nur durch Kündigung unmittelbar vor dem Verbandstag zuvor. Ich beantrage den Ausschluß der Genossenschaft aus unserm Verbande. Die Gründe sind auch dort zu suchen, wo sie für den Starkenburger Verband waren, der, wie ich erwähnte, bereits alles getan hatte, um den Ausschluß dieser Genossenschaft zu beantragen. Drittens **Woldenberger** Kreditverein, gehörte zum Verband der Vorschuß- und Kreditvereine von Pommern usw. und ist in diesem Jahre auf dem Verbandstag daselbst ausgeschlossen, weil alle jahrelangen Bemühungen, die Genossenschaft auf den richtigen Weg zu bringen, sich als erfolglos erwiesen haben. Nun, wenn ein Revisionsverband mit einer Genossenschaft nichts weiter zu tun haben will, kann selbstverständlich dem Allgemeinen Verband an ihrer Zugehörigkeit auch nichts mehr gelegen sein. Statutenverletzungen liegen genug vor, um den Ausschluß zu begründen.

Vorsitzender **F. X. Proebst** (München): Wird das Wort gewünscht? Das ist nicht der Fall. Dann kommen wir zur Abstimmung. Wer für den Antrag des Herrn Anwalts ist, den bitte ich, die Hand zu erheben. (Geschieht.)

Auch dieser Antrag ist angenommen.

Hiermit ist die Aufgabe, die wir uns für heute Vormittag gesetzt haben, erledigt. Ich schließe deshalb unsere heutigen Verhandlungen.

(Schluß 12½ Uhr.)

II. Hauptversammlung am Dienstag den 21. August 1906.

(Angelegenheiten der Konsumvereine.)

Stellvertr. Vorsitzender: Verbandsdirektor Oppermann (Magdeburg).

Schriftführer: Haubensack (Charlottenburg).

Beginn 2¼ Uhr nachmittags.

Vorsitzender Verbandsdirektor **Oppermann** (Magdeburg): Meine geehrten Herren! Ich heiße Sie recht herzlich willkommen in dem schönen herrlichen Cassel. Die Zahl der hier vertretenen Herren ist ja immerhin eine erfreulich große, sie müßte aber eigentlich noch viel größer bei der Zahl der Konsumvereine sein, die dem Verbande angehören. Wir sind diesmal in Mitteldeutschland, ich hatte also erwartet, wir würden beinahe — nicht ganz — an die Vorschußvereine heranreichen.

(Heiterkeit.)

Immerhin bin ich erfreut, meine Herren, daß so viele Vertreter von Konsumvereinen hier sind. Sie wissen ja alle, daß wir Schulter an Schulter kämpfen, denn wir sind die bestgehaßten Genossenschaften.

(Zustimmung.)

Aber das wird uns nicht stören; wir sind bisher mit den bewährten Grundsätzen Schulze-Delitzschs, die wir stets hochgehalten haben, immer vorwärts gekommen, und ich hoffe und erwarte, daß Sie Ihre Schuldigkeit tun, damit das auch für die Folge so bleibt.

Ich will nicht viele Worte machen, da wir keine Zeit übrig haben und unsere Tagesordnung gern durchführen möchten.

Ich eröffne also hiermit die Sitzung. Der erste Punkt der Tagesordnung lautet:

I. Antrag des Anwalts:

Der Allgemeine Genossenschaftstag empfiehlt den Konsumvereinen für die Dividendenverteilung folgende Grundsätze anzuerkennen:

a) Zunächst wird auf die Geschäftsguthaben, wie sie am Schlusse des Vorjahres ermittelt sind, höchstens eine den landesüblichen Zinsfuß nicht übersteigende, für volle Mark berechnete Kapitaldividende verteilt;

b) der verbleibende Überschuß wird, wie schon der Vereinstag Deutscher Konsumvereine (1869) empfohlen hat, an die Mitglieder als Einkaufsdividende nach Verhältnis ihrer Warenentnahme aus dem Verein gewährt;

c) die Warenentnahme der Mitglieder wird nachgewiesen durch den am Schlusse der Rechnungsperiode bis zu dem vom Vorstande festgesetzten Tage abgelieferten Betrag an Dividendenmarken.

Berichterstatter Verbandsrevisor **Dr. Fritz Schneider** (Potsdam): Meine Herren, in der allerersten Zeit der Konsumvereine war das Prinzip der Dividendenverteilung dasselbe, wie bei den Vorschußvereinen. Aber die wenigen Vereine, die damals gegründet worden sind, haben alle nicht langen Bestand gehabt und sind längst wieder aufgelöst. Zum erstenmal hat sich der Allgemeine Vereinstag mit der Frage der Dividendenverteilung bei den Konsumvereinen beschäftigt im Jahre 1869, als eine verhältnismäßig nicht unbedeutende Zahl von Konsumvereinen in der Mitte der 60er Jahre vor allen Dingen in Berlin und in einer Reihe anderer größerer Industrie- und Handelsstädte errichtet worden war. Meine Herren, der damals gefaßte Beschluß lautet folgendermaßen:

Der Vereinstag erklärt:

1. Die Gewinnverteilung an die Mitglieder bei Konsumvereinen, welche auf Dividende arbeiten, geschieht am füglichsten nach Verhältnis dessen, was die Einzelnen während der betr. Rechnungsperiode für entnommene Waren in die Vereinskasse gezahlt haben.
2. Die den Mitgliedern hiernach zukommenden Dividenden werden jedem derselben bis zu einem bestimmten Normalbetrage gutgeschrieben und in der Vereinskasse zurückbehalten, auch darf während der Dauer der Mitgliedschaft von keinem Mitgliede in irgend einer Weise darüber verfügt werden; vielmehr dienen dieselben als Geschäftsanteile zur Übertragung etwaiger Geschäftsverluste, insoweit diese nicht aus einem dazu bestimmten Reservefonds gedeckt werden.
3. Außerdem empfiehlt es sich, so lange der Verein noch nicht genug Geschäftsanteile hat, in der Vereinskasse Spareinlagen anzunehmen, welche jedoch weder bei der Gewinn- noch bei der Verlustverteilung in Anschlag kommen, sondern den Inhabern einfach verzinst werden.

Das Referat über diesen Antrag, der vorher der Beratung in der Kommission unterzogen worden war, hatte Schulze-Delitzsch selbst, der dabei vor allen Dingen das Prinzip aufrecht erhalten wissen wollte, welches ja der wirtschaftlichen Gerechtigkeit entspricht, daß die Gewinnverteilung und die Verlustverteilung nach denselben Grundsätzen erfolgen solle. Schulze-Delitzsch befürwortete deshalb auch damals, daß die Geschäftsanteile angesammelt werden sollten möglichst ausschließlich durch die Dividendengutschrift und daß etwaige Einzahlungen geleistet werden sollten als Spareinlagen, die bei der Gewinnverteilung dann nicht in Betracht zu ziehen wären. Meine Herren, es ist im wesentlichen dieser Grundsatz auch nachher bei den Vereinen maßgebend gewesen, und in die Musterstatuten übergegangen, der § 59 des jetzigen Musterstatuts, dritte Auflage des Handbuches für Konsumvereine, ist ebenfalls in diesem Sinne formuliert. Jetzt ist schon durch das Genossenschaftsgesetz in gewisser Beziehung dafür gesorgt, daß Bareinzahlungen auf die Geschäftsanteile nur in sehr geringem Maße geleistet werden; hin und wieder werden sie überhaupt kaum praktisch. Es liegt das insofern im Genossenschaftsgesetz begründet, als dort ausdrücklich vorgesehen ist, daß die Vereine nicht verpflichtet sind, mehr als $^1/_{10}$ des Geschäftsanteils überhaupt durch bare Einzahlungen anzusammeln, während die übrigen $^9/_{10}$ jetzt nach den Bestimmungen des Gesetzes durch Dividendengutschrift angesammelt werden können. Das Genossenschaftsgesetz hat auch bezüglich der Termine und Raten, in denen dieses $^1/_{10}$ des Geschäftsanteils, welches durch bare Einzahlung aufgebracht werden soll, zu entrichten ist, keine Vorschriften getroffen, sondern das der statutarischen Regelung überlassen, und es ist deshalb nicht wunderbar, daß diese Ratenzahlungen in den Statuten vielfach so vorgeschrieben worden sind, daß, ehe sie überhaupt zu einer praktischen Bedeutung kommen, inzwischen schon der ganze Geschäftsanteil, wenigstens bei allen denjenigen Mitgliedern, die einigermaßen konsumieren, aufgebracht ist durch die Ansammlung der Dividende, so daß tatsächlich die baren Einzahlungen vielfach gar nicht praktisch werden, wenn nicht etwa — das ist ja eine andere Gepflogenheit bei manchen Vereinen, die ihre unbestreitbaren Vorteile bietet — sogleich bei dem Eintritt diese 10 Prozent des Geschäftsanteils als bare Einzahlung verlangt werden. Sie haben ja in verschiedenen Statuten die Bestimmung, daß bei einem Geschäftsanteil von 30 Mark 3 Mark beim Eintritt bar eingezahlt werden sollen, und daß dann alles weitere, die übrigen $^9/_{10}$ des Geschäftsanteils, durch Dividenden anzusammeln ist. Meine Herren, auch da, wo also diese Bestimmung besteht, und wo damit eine Gewähr dafür geschaffen ist, daß $^1/_{10}$ des Geschäftsanteils wirklich durch bare Einzahlungen gebildet wird, ist doch immer der weit überwiegende Betrag des Geschäftsguthabens gebildet durch die Zuschreibung der Dividenden und ist daher dem damals von Schulze-Delitzsch verteidigten Antrag vollständig Rechnung getragen, daß eben die Geschäftsguthaben, die Geschäftsanteile im wesentlichen aus Dividenden bestehen und daß danach auch ebenso wie die Dividenden nach der Höhe des Wareneinkaufs verteilt werden, dadurch daß etwaige Verluste nach der Höhe der Geschäftsguthaben abgeschrieben werden, auch das gleiche Prinzip für die Verlustverteilung entscheidend geworden ist. Wie Sie aus dem mitgeteilten Beschluß des 1869er Allgemeinen Vereinstages ersehen, war damals noch eine Einschränkung hinzugefügt für Konsumvereine, die auf Dividende arbeiten. Meine Herren, gegenwärtig können wir auf diese Einschränkung verzichten, denn meines Wissens gibt es kaum noch irgend einen Konsumverein, der nicht auf Dividende arbeitet,

(Verbandsdirektor Oppermann: Einer!)

oder wenn es einer ist, so bestätigt diese Ausnahme ganz gewiß die Regel. Wir haben also auf solche Vereine jetzt nicht mehr Rücksicht zu nehmen, diese Streitfrage, ob es besser wäre, auf Dividende zu arbeiten oder zu möglichst billigen Preisen zu verkaufen, ist ja längst durch die Praxis erledigt und auch in den Kreisen der Genossenschaften besteht darüber wohl nirgends mehr eine Meinungsverschiedenheit.

Auch die weitere Festsetzung, meine Herren, die damals aus wohlerwogener Rücksicht eingefügt worden ist in den Antrag, nämlich die Ansammlung von Spareinlagen, auch die kann jetzt für uns in Wegfall kommen, nachdem die Erfahrung überall gezeigt hat, daß es einer weiteren Ansammlung von Spareinlagen neben den Geschäftsguthaben überall nicht bedarf, weil bei angemessener Normierung des Geschäftsanteils durch die Ansammlung der Geschäftsguthaben allein ein für die Bedürfnisse der Konsumvereine vollständig ausreichendes Betriebskapital angesammelt wird, und die Ansammlung von Spareinlagen neben den Geschäftsguthaben deshalb für die große Mehrzahl der Konsumvereine nicht mehr vonnöten ist. Meine Herren, selbst da, wo die Konsumvereine nicht dem Rate des Allgemeinen Genossenschaftstages gefolgt sind, wo sie nicht den Geschäftsanteil auf 30 Mark bemessen, sondern niedrigere Geschäftsanteile bestimmt haben, bedarf es nichtsdestoweniger vielfach doch keiner Spareinlagen neben den Geschäftsguthaben, weil die fraglichen Vereine dann den Mangel an hinreichend hohen Geschäftsguthaben oft ausgleichen durch die Höhe ihres Reservefonds. Wenn das nicht der Fall wäre, würde es ja beispielsweise auch gar nicht möglich sein, daß bei einzelnen Konsumvereinen eine wirklich gedeihliche Tätigkeit entwickelt werden könnte mit einem Geschäftsanteil von 5 Mark. Meine Herren, derartige Geschäftsanteile sind gewiß viel zu niedrig, aber sie werden in einzelnen Fällen weniger fühlbar, weil in den betreffenden Vereinen ein sehr hoher Reservefonds zum Teil ersetzt, was ihnen an Geschäftsguthaben fehlt. Jedenfalls besteht kein Bedürfnis dafür, jetzt auf dem Allgemeinen Genossenschaftstage den Konsumvereinen etwa im allgemeinen wieder die Ansammlung von Spareinlagen zu empfehlen.

In welcher Weise nun die Warenentnahme des einzelnen Mitgliedes festzustellen ist, das war eine Sorge, die man im Jahre 1869 der Zukunft überlassen konnte, um so mehr, weil in jener Zeit die

Zahl der Vereine verhältnismäßig groß war, die sich noch nicht der Dividendenmarken bedienten, sondern die Höhe der Warenentnahme durch die sogenannten Einkaufsbüchel feststellten. Bei diesen Vereinen lag es ja auf der Hand, wie die Warenentnahme festzustellen war; es bedurfte ja da nur einer Aufrechnung der sämtlichen Einkaufsbüchel und man hatte die Summe, die im ganzen dem Verkaufserlös ungefähr gleich sein mußte, und man hatte die Summe des Anspruches jedes einzelnen Mitgliedes auf Dividende. Aber, meine Herren, selbst bei diesen Vereinen, die also damals verhältnismäßig zahlreich waren, die mit solchen Einkaufsbüchern arbeiteten, hat doch naturgemäß die Summe des Verkaufserlöses sich schließlich immer etwas höher gestellt, als der wirklich dividendenberechtigte Betrag, denn natürlich war es ja damals auch schon üblich, daß man nicht auf Teile von Talern Dividende gewährte, sondern daß man die Warenentnahme nur zu vollen Talern an der Dividende teilnehmen ließ. Die überschießenden Groschen und Pfennige hatten also nicht einen Dividendenanspruch, aber sie gehörten selbstverständlich auch zum Verkaufserlös. So ergab sich damals schon, daß selbst bei diesen Vereinen eine vollständig genaue Übereinstimmung des Betrages der Warenentnahme im ganzen und des dividendenberechtigten Betrages nicht vorhanden war.

Nun ist weiter in Erwägung zu ziehen, daß für Vereine, die die Dividendenmarken anwenden, zwei verschiedene Berechnungen möglich sind. Diese verschiedenen Berechnungen haben auch in früherer Zeit in der Fachliteratur Veranlassung zu lebhafter Auseinandersetzung gegeben. Entweder wird die Dividende verteilt nach dem wirklich erzielten Verkaufserlös, sodaß der Überschuß, der über den auf die abgelieferten Dividendenmarken entfallenden Gewinn übrig bleibt, als Dividendenreserve stehen blieb, indem man annahm, daß diese Marken, die in dieser Rechnungsperiode nicht eingereicht waren, doch einmal in späteren Jahren zur Einlieferung kommen würden und daß sie dann einen nachteiligen Einfluß auf die Gewinnberechnung dieser späteren Rechnungsperiode ausüben könnten, wenn man nicht vorher, wie ich andeutete, eine Dividendenreserve dafür zurückgestellt hätte. Oder es wurde so verfahren, daß man die tatsächlich abgelieferten Dividendenmarken als den dividendenberechtigten Verkaufserlös ansah und gleichzeitig fingierte, daß das auch der wirkliche Verkaufserlös gewesen sei, indem man entweder einen störenden Einfluß der Dividendenmarken früherer Jahre auf die Dividende eines späteren Jahres mit in den Kauf nahm, oder indem man einem solchen störenden Einfluß dadurch vorbeugte, daß man jedes Jahr neue oder veränderte Dividendenmarken zur Ausgabe brachte, die nur für das betreffende Jahr Giltigkeit hatten, und in einem späteren Jahre keinen Anspruch auf Dividende mehr begründeten. Die Vereine, die sich einfach damit abfanden, daß vielleicht die in einem Jahre nicht abgelieferten Dividendenmarken in späteren Jahren zur Präsentation kommen könnten, wurden dazu veranlaßt zum Teil durch das Material, aus welchem ihre

Dividendenmarken bestanden. Mit der Einführung der Dividendenmarken, die ja auch aus England stammt, war bei vielen Vereinen die englische Gepflogenheit der Metallmarken mit in Übung gekommen, und diese Metallmarken waren ja selbstverständlich nicht jedes Jahr einer Veränderung zu unterziehen. Sie mußten so, wie sie in einem Jahre ausgegeben waren und wieder zurückkamen, auch in den folgenden Jahren wieder ausgegeben werden, da sie ja außerordentlich haltbar sind, also auf eine Entwertung durch Abnutzung in absehbarer Zeit nicht zu rechnen ist, eine jährliche Erneuerung aber schon der Kosten wegen nicht angängig war. So lag es auf der Hand, daß diese Vereine nicht anders verfahren konnten, als sich dem Zufall unterwerfen, der einmal ungünstig spielen und einen größeren Betrag an Dividendenmarken aus einem früheren Jahre in einem späteren zur Ablieferung bringen konnte.

Meine Herren, es hat aber die Anwendung der Metallmarken in der neueren Zeit vielfache Einschränkungen erfahren. Es sind schon seit einer längeren Reihe von Jahren bei vielen Vereinen anstelle der Metallmarken die Pappmarken eingeführt, und seitdem das der Fall ist, da ist auch ein wesentliches Hindernis gegen eine jährliche Veränderung oder Neuausgabe von Dividendenmarken weggefallen, weil diese Pappmarken sehr billig herzustellen sind und infolgedessen der Unkostenetat der Vereine sehr unerheblich belastet wird, selbst wenn jährlich ein Neudruck für den gesamten notwendigen Betrag an Dividendenmarken stattfindet. Meine Herren, es ist ja diese jährliche Neuausgabe von Dividendenmarken auch bekanntermaßen nicht nur eingeführt worden mit Rücksicht darauf, daß man sich schützen wollte gegen eine Beeinflussung durch aus früheren Jahren herstammende Dividendenmarken auf den Gewinn eines späteren Jahres, sondern es ist diese Einrichtung ja im wesentlichen auch getroffen worden, um eine schärfere Kontrolle des Lagerhalters mit Hilfe der Dividendenmarken herbeizuführen. Man hat also in dieser Beziehung durch die jährliche Erneuerung oder Veränderung der Dividendenmarken zugleich nach dieser Richtung hin auch einen nicht unerheblichen Vorteil erzielt.

Man hört nun gegen dies Verfahren von anderer Seite öfter den Einwand erheben, daß die Warenentnahme und die abgelieferten Dividendenmarken sich eben doch nicht deckten und daß danach die Gewinnberechnung der Vereine eigentlich an einer keineswegs unerheblichen Unvollkommenheit litte. Es wird vorausgesetzt, daß es möglich sei, die Abnahme an Dividendenmarken so zu gestalten, daß wirklich eine vollständige Deckung stattfände zwischen dem dividendenberechtigten Betrage und dem Verkaufserlös der betreffenden Rechnungsperiode im ganzen. Aber, meine Herren, das ist eine Fiktion, daß eine solche vollständige Übereinstimmung zu erzielen ist. Wie ich schon erwähnte, werden ja die Dividenden nur verteilt auf volle Mark des Verkaufserlöses, also die überschießenden Pfennige fallen von vornherein weg. Ferner kann auch insofern oft eine vollständige Übereinstimmung gar nicht bestehen, weil manche Vereine für gewisse Waren, die weniger gewinnbringend sind, eine niedrigere Dividende geben, vielleicht nur die Hälfte — will ich einmal sagen — in Dividendenmarken darauf vergüten. Meine Herren, auch dann stimmt natürlich die Dividendenmarkenausgabe oder Rückeinnahme nicht überein, kann nicht übereinstimmen mit dem wirklichen Verkaufserlös. Es kommt ferner in Betracht, daß ja viele Vereine und zwar mit ganz guten Gründen, Dividendenmarken über ganz kleine Beträge überhaupt nicht ausgeben. Manche Vereine geben keine Marken unter 5 Pfennig, andere sogar keine Marken unter 10 Pfennig aus. Wenn nun auch die meisten Mitglieder klug genug sind, in dem Falle, daß sich ihr Einkauf nicht voll zu 5 oder 10 Pfennig abrundet, noch irgendwie Streichhölzer oder irgend sonst etwas billiges dazuzunehmen, um nun noch eine Dividendenmarke zu bekommen, so tun das doch unstreitig nicht alle Mitglieder, und es ergibt sich dann immer wieder eine Differenz zwischen der wirklichen Warenentnahme und dem Betrag, der durch die Dividendenmarken als Warenentnahme nachgewiesen werden soll. Endlich, meine Herren, ist es ja auch eine altbekannte Tatsache, daß immer eine Anzahl Marken verloren gehen, die auch in späteren Jahren, selbst wenn die Möglichkeit dazu vorhanden wäre, nicht wieder vorgezeigt werden. Alle diese Gründe tragen zusammen dazu bei, daß die wirkliche Warenentnahme durch den Betrag der eingelieferten Dividendenmarken nie vollständige Deckung findet. Man muß sich damit bescheiden, daß man durch die zu treffenden Bestimmungen jeden Zweifel darüber ausschließt, welche nachgewiesene Warenentnahme an der Dividende zu beteiligen ist, resp. wie der Nachweis, der für die Dividendenberechtigung maßgebend sein soll, zu führen ist.

Meine Herren, das ist nun in dem Antrag geschehen, den Sie hier vor sich haben, unter dem Buchstaben c. Danach soll die Warenentnahme der Mitglieder nachgewiesen werden durch den am Schluß der Rechnungsperiode bis zu dem vom Vorstande festgesetzten Tage abgelieferten Betrag an Dividendenmarken. Meine Herren, dieser Antrag hat nun einmal die Absicht, die Mitglieder an Pünktlichkeit zu gewöhnen. Sie sollen wissen, sie haben bis zu einem bestimmten Zeitpunkt ihre Marken einzuliefern, um an der Dividende teilnehmen zu können. Die Konsumvereine haben erzieherisch zu wirken, und zu dieser Tätigkeit gehört auch die Erziehung zur Pünktlichkeit, an der es die Mitglieder der Konsumvereine, wie auch die Mitglieder anderer Genossenschaften bekanntlich öfter fehlen lassen. Es ist aber zu erwarten, daß, wenn die Dividendenberechtigung abhängig gemacht wird von Beobachtung eines bestimmten Präklusivtermines für die Einlieferung der Dividendenmarken, die Fälle sehr viel seltener werden, wo die Einlieferung — auf deutsch gesagt — verbummelt wird. Es werden dann eben nur unter ganz besonderen Umständen noch Dividendenmarken bei den Mitgliedern zurückbleiben und nicht abgeliefert werden.

Meine Herren, es ist doch auch notwendig für die Verwaltung und für eine rechtzeitige Feststellung des ganzen Abschlusses, daß der

Zeitpunkt für die Ablieferung der Dividendenmarken nicht beliebig hinausgeschoben wird. Die Vereinsleitung darf nicht in die Verlegenheit kommen, wenn sie mit der ganzen Sache fertig zu sein meint, nun noch nachträglich von vielleicht einem halben Dutzend Mitgliedern ein Paket Dividendenmarken zu erhalten, die dazu nötigen, die Abrechnung wieder gewissermaßen von vorn anzufangen. Es ist auch öfter bei den Vereinen vorgekommen, daß die spätere Ablieferung der Dividendenmarken zu unliebsamen Auseinandersetzungen geführt hat. Die Mitglieder haben sich eventuell auch an die Generalversammlung gewandt, weil sie doch nicht den Anspruch auf Dividende verlieren wollten, und daraus entwickeln sich dann unter Umständen recht unerquickliche Verhandlungen in der Generalversammlung, zumal die Generalversammlung oft nicht in der Lage ist, ein ganz objektives Urteil zu fällen, ob nun wirklich in dem einen oder andern Falle ein durchaus triftiger Grund dafür vorliegt, daß die Dividendenmarken zu spät zurückgekommen sind. Meine Herren, alle derartigen Verhandlungen, die dann, weil dabei Vermögensinteressen einzelner Mitglieder in Mitleidenschaft gezogen werden, bisweilen einen recht erregten Charakter annehmen, — alle derartigen Auseinandersetzungen werden vermieden, wenn ein für allemal feststeht, daß bis zu dem vom Vorstand bekannt zu machenden Zeitpunkt die Dividendenmarken einzuliefern sind. Es wird dann auch zweckmäßig sein, was in dem Antrag nicht direkt ausgesprochen ist, aber wohl als selbstverständlich angesehen werden kann, daß auch in das Statut selbst die Vorschrift aufzunehmen, daß der Vorstand das Recht hat, den Termin für die Einlieferung der Dividendenmarken mit Rechtswirksamkeit für jedes einzelne Mitglied festzusetzen und selbstverständlich den Mitgliedern in geeigneter Weise bekannt zu geben. Meine Herren, diese Bestimmung in dem Statut zu treffen, ist deshalb notwendig, weil es sich um den eventl. Verlust des Anspruchs auf Gewinn bei den Mitgliedern handelt, und dieser Anspruch auf Gewinn doch ein so wichtiges Mitgliedsrecht ist, daß man dem Vorstand nicht das Recht zuerkennen kann, für sich allein im Verwaltungswege einzelnen Mitgliedern das Recht auf Gewinn zu entziehen, weil sie gewisse Anweisungen des Vorstandes, die sich aber nicht auf statutarische Vorschrift stützen, unbeachtet gelassen haben. Es ist also dringend zu empfehlen, daß dieser Grundsatz, der hier in der littera c zum Ausdruck gebracht ist, auch im Statut zum Ausdruck kommt.

Meine Herren, damit dürften die beiden Teile b und c des vorliegenden Antrags motiviert sein. Ich komme nun zu dem Antrage a, in dem ausgesprochen ist, daß zunächst auf die Geschäftsguthaben höchstens eine den landesüblichen Zinsfuß nicht übersteigende Kapitaldividende, die für volle Mark zu berechnen ist, verteilt werden soll. Meine Herren, dieser Antrag beruht auf der einfachen Erwägung, daß man streng genommen überhaupt von einem Gewinn aus einem Geschäft nicht eher sprechen kann, ehe nicht das im Geschäft arbeitende Kapital eine mindestens landesübliche Verzinsung erhalten hat. Nun kann hier selbstverständlich nicht von einer Verzinsung der Geschäftsguthaben die Rede sein, weil sie nicht nur tatsächlich im Genossenschaftsgesetz verboten ist, sondern dort auch verboten werden mußte. Denn eine Verzinsung — das ist der Sinn dieses Wortes — erfolgt in jedem Falle auch dann, wenn ein Verlust entstanden ist. Es würde also die Verzinsung auf die Geschäftsanteile, eventuell, wenn kein Gewinn entstanden ist, aus dem Reservefonds genommen werden müssen, und das wäre natürlich eine sehr unsolide, unzulässige Operation. Man wird also von einer Verzinsung hier nicht sprechen können, sondern man wird sagen müssen, daß, wie sonst in jedem geschäftlichen Unternehmen, das Betriebskapital 4% Zinsen zu bringen hat, so auch hier auf die Geschäftsguthaben der Mitglieder vorweg eine dementsprechende Dividende zu verteilen ist. Wenn hier ausgesprochen wird, daß der landesübliche Zinsfuß nicht überstiegen werden soll bei der Kapitaldividende, so ist das in der üblichen Weise, wie immer bei den Beschlüssen der Allgemeinen Genossenschaftstage, als eine Empfehlung anzusehen, die in der Regel zu gelten hat. Aber man kann sich allerdings gewisse Fälle denken, wo, wie das in einzelnen Vereinen vorkommt, ein besonderer Grund vorliegen kann, die Kapitaldividende höher zu normieren. Wenn beispielsweise ein Verein, der bisher einen Geschäftsanteil von 5 Mark gehabt hat, nun zu einem höheren Geschäftsanteil übergehen will, stößt das natürlich bei sehr vielen Mitgliedern auf erhebliche, ja möglicherweise auf ganz unüberwindliche Hindernisse in der Generalversammlung. Da gilt es einen Weg zu finden, um den Mitgliedern die weitere Enthaltsamkeit über die 5 Mark hinaus schmackhaft zu machen. Unter solchen Umständen kann es ratsam sein, zeitweise den Geschäftsguthaben auch eine höhere Kapitaldividende als 4% zu gewähren, um den Mitgliedern dadurch Lust zu machen, sich an der weiteren Ansammlung über den früheren Normalbetrag von 5 Mark hinaus zu beteiligen. So sind Fälle denkbar, wo es zweckmäßig sein wird, die Kapitaldividende über 4% zu erhöhen, aber in der Regel wird man doch das Prinzip hochhalten müssen, welches die Konsumvereine im wesentlichen groß gemacht hat, das Prinzip, daß der Hauptstock des Gewinns, des erzielten Überschusses der Verkaufspreise über die Einkaufspreise, als Rückvergütung auf die Warenentnahme verteilt wird und daß die Gewährung der Rente auf die an und für sich ja sehr mäßig berechneten Geschäftsguthaben immer nur Nebensache bleibt, die den Charakter des Unternehmens in keiner Weise alterieren darf.

Meine Herren, aus allen diesen Gründen empfehle ich Ihnen den Antrag zur Annahme.

(Lebhafter Beifall.)

Direktor **Stromenger** (Immenstadt): Ich kann dem Antrag zustimmen, möchte aber bei Punkt b) bitten, vorzusehen, daß in besonders gewinnbringenden Jahren, also bei großem Reingewinn, ein gewisser Betrag zu außerordentlichen Abschreibungen oder für gemeinnützige Zwecke, für Bildungszwecke verwendet wird. Durch eine entsprechende Einfügung könnte das leicht geschehen.

Verbandsrevisor Dr. Fritz **Schneider** (Potsdam): Um hier eine Debatte zu vermeiden, die vielleicht seitab von dem Antrag liegt, wenn sie auch sonst manches zur Aufklärung beitragen kann, möchte ich bemerken, daß mit dem Antrag keineswegs beabsichtigt wird, die Gewinnverteilung vollständig zu ordnen, sondern die Voraussetzung des Antrages ist immer die: ein gewisser Betrag wird als Dividende verteilt auf die Warenentnahme; wie im übrigen der Gewinn verteilt wird, was beispielsweise dem Reservefonds etwa zuzuwenden ist, was zu gemeinnützigen Zwecken zu verwenden ist, dem soll durch diesen Antrag in keiner Weise präjudiziert werden. Ich bin in der Tendenz mit dem Herrn Vorredner durchaus einverstanden, aber es ist nicht die Absicht, das mit diesem Antrage zu ordnen.

Direktor **Stromenger** (Immenstadt): Es steht hier ausdrücklich, der verbleibende Überschuß wird verwandt als Reingewinnverteilung. Bei vielen Vereinen wird aber verfahren wie bei uns. Wir verteilen alle Jahre einen kleineren oder größeren Betrag von der reinen Ersparnis nicht. Wenn unsere Mitglieder aber erfahren, daß der ganze Reingewinn verteilt werden soll, würden sie wohl sagen: haltet euch an den Beschluß des Allgemeinen Genossenschaftstages; wir sind nicht damit einverstanden, daß noch Extraabschreibungen und Aufwendungen für gemeinnützige Zwecke gemacht werden.

Verbandsdirektor **Reidel** (Stargard): Meine Herren, der Herr Vorredner sprach vorhin selbst von Abschreibungen für wohltätige Zwecke usw. Ja, wenn das schon Abschreibungen sind, dann ist es doch nicht mehr der übrigbleibende Reingewinn!

Vorsitzender des Aufsichtsrats **Böhm** (Wesel): Ich glaube kaum, daß diese Grundsätze dahin führen können, daß Schwierigkeiten in den Vereinen entstehen bei beabsichtigten Zuwendungen für gemeinnützige Zwecke. Es wird ja hier den Vereinen nichts vorgeschrieben, sondern es heißt: der Allgemeine Genossenschaftstag „empfiehlt". Darin liegt nur: wir haben hier darüber beraten und Beschluß gefaßt und können mit bestem Wissen und Gewissen das Beschlossene den sämtlichen Konsumvereinen als brauchbar und praktisch empfehlen.

Was ich zum Punkte der Praxis sagen wollte, bezieht sich eigentlich auf Ziffer c. Dort möchte ich gern dem Worte „Dividendenmarke" noch „Dividendenscheine" angefügt wissen. Herr Dr. Schneider hat sich des längeren über das Markensystem verbreitet. Meine Herren, wenn jemand lange an einer Krankheit gelitten hat, die den Körper derart herunterbrachte, daß er zu nichts mehr Lust und Liebe hatte, und er findet dann ein Mittel, das ihm die frühere Kraft zurückgibt, so hat er das Bedürfnis, dies auch anderen mitzuteilen. So geht es auch mir. Der Verein Wesel hat seinerzeit traurige Erfahrungen durchgemacht, aber wir sind schließlich doch wieder zu unserer früheren guten Lage zurückgekommen und zwar durch die Kontrollkassen, die sich in unserm Verein großartig bewährt haben. Deshalb wünsche ich die Einschiebung „Dividendenscheine" hinter „Dividendenmarken". Wir legen nicht allein durch die Kontrollkasse durch gedruckte Dividendenscheine fest, was jedes einzelne Mitglied an Waren entnommen hat, sondern wir kontrollieren auf diese Weise auch den Lagerhalter, während wir auf der andern Seite auch dem Lagerhalter wieder eine gewisse Gewähr dafür bieten, daß das Personal richtig arbeitet. Außerdem kontrollieren wir dadurch wieder den Kassierer. Die Maschine wird zu Beginn des Geschäftsjahres eingestellt und arbeitet bis zum Schluß des Jahres weiter. Also was die Kasse als vereinnahmt anzeigt, muß an barem Gelde vorhanden sein. Jeden Abend wird abgeschlossen; Unterschiede klärt der Streifen auf. Die Scheine, die die Kasse abgibt, werden von den Mitgliedern gesammelt und bis zum 15. des Monats dem Lagerhalter abgeliefert, der in einem Warenbuche den Betrag vermerkt. Unterschleife irgend welcher Art, wie sie beim Markensystem und bei den Waren-

Einkaufsbüchern des öfteren vorgekommen sind, sind bei diesem Verfahren vollständig ausgeschlossen. Jetzt wissen wir genau, daß für die zur Eintragung gelangten Dividendenscheine auch das Geld für den Verein auf ganz sichere Weise vereinnahmt ist. Ich glaubte, das hier anführen zu sollen, weil wir doch dazu zusammengekommen sind, unsere Erfahrungen auszutauschen. Ich kann Ihnen nur empfehlen, schaffen Sie sich eine derartige Kontrollkasse an; Vorstand und Aufsichtsrat können dann viel ruhiger schlafen.

Anwalt Dr. **Crüger** (Charlottenburg): Meine Herren, die letzten Ausführungen des Herrn Böhm, meine ich, liegen etwas außerhalb unseres Antrages,

(Sehr richtig!)

und ich fürchte, daß, wenn wir uns jetzt noch auf eine Erörterung der verschiedenen Kassen, der verschiedenen Dividendenmarken einlassen, wir zu gar keinem Schluß kommen werden. Ich möchte Sie nur darauf aufmerksam machen, und zwar als Urheber des Antrages, den Herr Dr. Schneider soeben begründet hat, der ja wie wenige informiert ist über die Entstehung der Dividendenverteilung, daß wir in diesem Antrag nur zum Ausdruck bringen wollen den Grundsatz für die Dividendenverteilung, nichts anderes. Dahin gehört erstens die Kapitaldividende, an der wir ja festhalten, weil wir von höheren Geschäftsanteilen ausgehen, und zweitens die Dividendenverteilung nach Verhältnis des Warenbezuges der Mitglieder. Das Schwergewicht des Antrages liegt eigentlich in dem dritten Absatz c. Ich habe nämlich beobachtet, daß zuweilen die Statuten der Konsumvereine, wenigstens der hier in Betracht kommende Teil der Statuten, mit der Praxis sich nicht in voller Übereinstimmung befindet, indem der Maßstab für den Betrag, der der Dividendenverteilung zugrunde gelegt wird, sich nicht vollständig deckt mit den entsprechenden statutarischen Vorschriften. Sowie Sie nun aber der Anregung des Herrn Stromenger folgen und in Absatz b) eine Bestimmung über Ausgaben für gemeinnützige Zwecke usw. hereinnehmen, geben Sie dem Antrag wiederum einen ganz anderen Charakter.

(Sehr richtig!)

Ich glaube aber, daß selbst diejenigen, die auf die gemeinnützige Seite der Konsumvereine großen Wert legen, die wünschen, daß jedes Jahr der Konsumverein einen erheblichen Zuschuß zu gemeinnützigen Zwecken aufwendet — und ich billige selbstverständlich vollkommen den Standpunkt dieser Genossenschaften, ich wünsche, daß soviel wie möglich für derartige gemeinnützige Zwecke aufgewendet wird — ich glaube, auch die können sich doch aber jedenfalls mit der Erklärung des Herrn Dr. Schneider, und wenn Sie meine noch dazunehmen wollen, begnügen und sagen: die Tendenz des Antrages spielt hier nicht hinein, wir können den Antrag annehmen und begnügen uns im übrigen mit den Ausführungen des Herrn Referenten, die dahingehen, daß selbstredend trotz dieses Antrages die Konsumvereine auch für gemeinnützige Zwecke soviel aufwenden sollen, als die Leistungsfähigkeit es ihnen irgend gestattet. Ich möchte Ihnen raten, an diesem Antrag keine Änderung vorzunehmen, Sie verschieben sonst Sinn und Zweck des Antrages.

(Sehr richtig!)

Verbandsrevisor **Michelmann** (Blankenburg): Ich stehe im großen und ganzen vollständig auf dem Boden des Antrages, nur will mir nicht richtig scheinen, heute, wo man gewöhnt ist, gar keinen Unterschied zu machen zwischen reinen Konsumvereinen und Konsumvereinen, die auch Warenproduktion betreiben, ohne weiteres zu sagen „Konsumvereine". Wir dürfen nicht vergessen, daß ein Teil der Produktion betreibenden Konsumvereine tatsächlich den Vertrieb der eigenen Erzeugnisse auf Nichtmitglieder erstreckt und nur zum Teil diese Waren durch seine eigenen Mitglieder verbraucht. Da, wo das der Fall ist, trifft das, was hier gesagt ist, aus einem ganz bestimmten Grunde nicht zu. Die zu verteilende Einkaufsdividende ist in solchen Genossenschaften, die tatsächlich also ein Gewerbe betreiben, nicht mehr die Verteilung zu viel erhobener Warenpreise, sondern sie ist auch Verteilung tatsächlich erzielten Gewinnes. Wir haben bisher mit einem — möchte ich sagen — fraglosen Recht behauptet, daß es ungerecht ist, von Konsumvereinen Gewerbesteuer zu erheben. Das aber wird wesentlich anders, wenn man nicht mehr einen genauen Unterschied macht zwischen dem Überschuß aus zuviel erhobenen Verkaufspreisen und effektiv erzieltem Gewinn. Es wäre mir deshalb ganz erwünscht, wenn der Antrag Annahme fände in der Form: Der Allgemeine Genossenschaftstag empfiehlt den Warenhandel treibenden Konsumvereinen usw. Es ist ein gewisser Unterschied zu machen namentlich ja aus dem Grunde, weil viele außerhalb des Allgemeinen Verbandes stehende Genossenschaften fast grundsätzlich außer dem Warenhandel auch Warenproduktion betreiben möchten.

Vorsitzender Verbandsdirektor **Oppermann** (Magdeburg): Dies Thema ist ja gestern in der Revisorenkonferenz auch behandelt worden, und ich möchte aus meiner Erfahrung sagen, daß ich eigentlich nicht einen einzigen Konsumverein meines Verbandes kenne, der Produktion betreibt und der an Nichtmitglieder verkauft; es müßte denn anderweitig Lüdenscheid sein. Lüdenscheid verkauft Backwaren auch an Nichtmitglieder, aber sonst kenne ich wirklich von den vielen Vereinen, die ich im Laufe der Jahre besucht habe, nicht einen einzigen, der das tut.

Verbandsdirektor **Feierabend** (München): Meine Herren, ich gebe gerne zu, daß die Bedenken, wie sie von seiten des Herrn Stromenger vorgebracht sind, einer gewissen Berechtigung nicht entbehren. Wenn wir die Leitsätze, wie sie uns hier gegeben sind, als diejenige Richtschnur bezeichnen, nach der wir arbeiten sollen, so könnte es wohl vorkommen, daß nach den Ausführungen des Herrn Stromenger einzelne Vereine dazu veranlaßt werden, folgendermaßen zu argumentieren: Der Allgemeine Genossenschaftstag erklärt, daß wenn die statutenmäßigen Abschreibungen vollzogen und alle übrigen statutenmäßigen Vorschriften erfüllt sind, der Rest als Dividende verteilt wird. Zuwendungen zu Bildungszwecken, Abschreibungen auf Immobilien usw. können hier nicht mehr Platz greifen, weil wir uns genau an den Wortlaut der Leitsätze halten müssen. Jedoch müssen wir daran festhalten, daß die Allgemeinen Genossenschaftstage in ihren Beschlüssen nur in genereller Weise Grundsätze aufstellen, welche als Richtschnur für die einzelnen Genossenschaften zu dienen haben. Die Details, die Einzelheiten müssen nach meiner Auffassung im Statut selbst, den wirtschaftlichen und örtlichen Verhältnissen der einzelnen Vereine angepaßt, festgelegt werden. Es wäre nicht schwierig, dem Antrage eine Erweiterung in seiner Fassung, nach den Intentionen des Herrn Stromenger, zu geben, wenn wir in Littera B sagen würden: „Der verbleibende Überschuß wird nach Abzug der Zuwendungen für Bildungszwecke oder nach Abschreibungen usw. an die Mitglieder als Einkaufsdividende nach Verhältnis ihrer Warenentnahme aus dem Verein gewährt." Jedoch ist auch zu erwähnen, daß wenn man derartige Beschlüsse in Vollzug setzt, die Gründe, welche für die Beschlußfassung maßgebend waren, sozusagen der Kommentar, in Berücksichtigung gezogen werden müssen. Den Kommentar zu diesem Antrage bilden die Ausführungen des Herrn Referenten und des Antragstellers selbst, unseres Herrn Anwalts. Ich meine, der Herr Referent hat bereits darauf hingewiesen, daß, wenn wir eine Erweiterung des Wortlauts verlangen, noch verschiedene andere Erläuterungen hineingebracht werden müßten. Das würde aber zu Weiterungen führen, die das, was gewünscht wird, in eine etwas nebelhafte Ferne rücken müßten. Man soll solche Beschlüsse so kurz wie möglich fassen. Wenn Sie den Ausführungen des Herrn Referenten beistimmen und im Zweifelsfalle seine Ausführungen als Kommentar betrachten, dann dürfte es vollkommen genügen.

Anwalt **Dr. Crüger** (Charlottenburg): Wenn ich Herrn Michelmann recht verstanden habe, ist es seine Absicht, hier einen Unterschied zu konstruieren zwischen den Konsumvereinen, die Warenhandel betreiben, und denen, die daneben auch eigene Produktion haben. M. H., mit dem Gegenstande haben wir uns gestern in der Revisorenkonferenz eingehend beschäftigt, und es ist als die fast einmütige Ansicht der Besucher der Revisorenkonferenz festgestellt worden, daß es den Konsumvereinen, die eigene Produktion treiben, nicht empfohlen werden kann, verschiedene Dividende einzuführen. Deswegen haben wir auch für den Antrag keine Veranlassung gehabt, diese beiden Arten von Konsumvereinen zu unterscheiden, sondern ganz allgemein den Ausdruck „Konsumverein" beibehalten.

Im übrigen halte ich es für bedenklich, in eine Definition des Wortes „Konsumverein" einzutreten, denn es könnte eine ganze Anzahl Streitfälle sich daraus ergeben. Es ist Ihnen als Konsumvereinler ja bekannt, daß wir unter Konsumverein im eigentlichen Sinne des Wortes einen solchen Verein verstehen, der Warenhandel betreibt, daß wir aber auch geneigt sind, jene Arten von Genossenschaften zu den Konsumvereinen zu zählen, die zwar gebildet sind von Produzenten, nicht von Konsumenten, die aber ganz nach Art der Konsumvereine arbeiten, ich denke dabei an Bäckereigenossenschaften. Diese können zwar zu den Produktivgenossenschaften gehören, aber sie können auch „uneigentliche" Produktivgenossenschaften sein, die hauptsächlich den Interessen der Konsumenten dienen. Die Grenzen sind flüssig. Es läßt sich nur von Fall zu Fall entscheiden, in welche Klasse die Genossenschaft gehört. Für die „uneigentliche" Produktivgenossenschaft würde dann der gleiche Grundsatz gelten, wie er hier in dem Antrage aufgestellt ist.

Verbandsrevisor Rechnungsrat **Redslob** (Halle a. S.): Meine Herren, ich möchte empfehlen in dem Antrage statt des Wortes Einkaufsdividende zu setzen „Rückvergütung" oder „Ersparnis" und statt des Wortes Dividendenmarken „Gegenmarken" oder „Sparmarken" zu setzen. Das Wort Dividende halte ich nicht für richtig, es paßt nicht in den Geschäftsbetrieb der Konsumvereine hinein. Ich habe aber noch einen speziellen Grund für meinen Vorschlag. Das Wort Dividende bringt das einzelne Konsumvereinsmitglied besonders da, wo geschlossene Läden vorhanden sind, unter das Steuergesetz. Es gelten nach § 7 Ziffer 1 des Einkommensteuergesetzes als Einkommen die Jahreseinkünfte aus Kapitalvermögen und als solche gelten nach § 12 Abs. 2b unter andern Dividenden und Zinsen und sonstige Gewinnanteile von Aktiengesellschaften, Kommanditgesellschaften, Erwerbs- und Wirtschaftsgenossenschaften usw. Auf Grund dieser Bestimmung wird nun in einzelnen Ortschaften von der Steuerveranlagungsbehörde versucht, die Dividende — richtiger gesagt die Spargelder, die das Konsumvereinsmitglied bezogen hat —, zu seinem steuerpflichtigen Einkommen hinzuzurechnen. Ein solcher Fall liegt zurzeit bei einem Konsumverein in der Umgegend von Halle vor. Die Sache beschäftigt gegenwärtig die Berufungsinstanz.

Verbandsdirektor **Nolte** (Lüdenscheid): Meine Herren, es scheint mir, als wenn die große Meinungsverschiedenheit, die hier zum Ausdruck gekommen ist, darauf zurückzuführen ist, daß man keinen exakten Unterschied zwischen Dividende und Reingewinn macht. Reingewinn und Dividende ist etwas ganz grundverschiedenes.

(Sehr richtig!)

Wenn man davon ausgeht, daß man vom Reingewinn Überweisungen für Volks- und Bildungszwecke macht, dann hat der Antrag seine volle Berechtigung. (Zustimmung.)

Verbandsrevisor **Michelmann** (Blankenburg a. H.): Meine Herren, ich möchte nur hervorheben, daß ich es für sehr wertvoll halte, unter allen Umständen streng zu unterscheiden zwischen der mit Konsumvereinen verbundenen Produktion, die nur Bedeutung hat für Mitglieder und Produktivgenossenschaften, die die Absicht haben, ihre Erzeugnisse an Nichtmitglieder zu veräußern und den Geschäftsgewinn als Dividende an die Mitglieder zu verteilen. Ich möchte Sie bitten, zu erwägen, daß es von Interesse ist, daß der Charakter unserer Einkaufsdividende keine Veränderung erfährt.

Verbandsdirektor **Jordan** (Görlitz): Meine Herren, ich möchte Sie doch bitten, bei der Sache zu bleiben. Herr Michelmann ist gestern schon in der Revisorenkonferenz widerlegt worden, bringt aber immer wieder die Sache vor. Herr Michelmann sollte sich doch erst einmal statistisches Material verschaffen, wieviel Konsumvereine eigene Produktion haben; er würde dann anderer Ansicht sein.

Im übrigen möchte ich Antrag auf Schluß der Debatte stellen.

(Der Schlußantrag wird angenommen.)

Berichterstatter Verbandsrevisor **Dr. Fritz Schneider** (Potsdam) [Schlußwort]: Ich kann nur anerkennen, was Herr Nolte ausgeführt hat; es handelt sich hier um die Verteilung der Beträge, wie das in § 48 Abs. 1 des Gesetzes mit den Worten zum Ausdruck gebracht ist:

Die Generalversammlung hat von dem Gewinn oder Verlust den auf die Genossen fallenden Betrag festzusetzen.

Nur um die Verteilung dieses Teils des Gewinnes handelt es sich. Deshalb ist in der Einleitung immer nur von der Dividendenverteilung die Rede, nicht aber von der Gewinnverteilung. Herr Michelmann könnte sich bezüglich der Frage, die er angeschnitten hat, beruhigen, wenn er darauf Rücksicht nimmt, daß Konsumvereine, die eine eigene Produktion betreiben, eben Produktivgenossenschaften sind.

Vorsitzender Verbandsdirektor **Oppermann** (Magdeburg): Wir kommen zur Abstimmung. Es erscheint mir zweckmäßig, über die drei Punkte getrennt abstimmen zu lassen.

Anwalt **Dr. Crüger** (Charlottenburg) [zur Geschäftsordnung]: Dem muß ich widersprechen. Entweder Sie nehmen den Antrag im ganzen an oder lehnen ihn im ganzen ab. Gesetzt Position b wird abgelehnt; denken Sie, was dann aus unserm Antrage herauskommen kann; dann paßt c nicht zu a. Eine getrennte Abstimmung ist nicht möglich.

Vorsitzender Verbandsdirektor **Oppermann** (Magdeburg): Dann bitte ich diejenigen, die für diesen Antrag im ganzen sind, die Hand zu erheben.

(Geschieht.)

Ich bitte um die Gegenprobe: wer gegen den Antrag in seinen drei Positionen ist, die Hand zu erheben.

(Geschieht.)

Der Antrag ist mit allen gegen 1 Stimme angenommen.

Anwalt **Dr. Crüger** (Charlottenburg) [zur Geschäftsordnung]: Ich möchte nur noch bemerken, daß ich den Immenstadter Herren anheimgebe, auf dem nächsten Allgemeinen Genossenschaftstage einen Antrag einzubringen, durch den den Konsumvereinen die Unterstützung allgemeiner Bildungsbestrebungen empfohlen wird.

Vorsitzender Verbandsdirektor **Oppermann** (Magdeburg): Der Herr Anwalt hat die Bitte ausgesprochen, Punkt III, über den er zu referieren hat, vor Punkt II zu erledigen. Ich darf wohl Ihr Einverständnis damit voraussetzen

(Zustimmung.)

III. Antrag des Anwalts:

Der Allgemeine Genossenschaftstag empfiehlt den Konsumvereinen nach Maßgabe der nachstehenden Grundsätze das Arbeitsverhältnis der Lagerhalter zu regeln.

1. Die Anstellung der Lagerhalter erfolgt durch den Vorstand, nachdem der Aufsichtsrat sich mit der Anstellung des betreffenden Lagerhalters einverstanden erklärt hat.
2. Die Entscheidung über die Entlassung erfolgt durch den Vorstand, der dem Aufsichtsrat von der Entlassung Kenntnis zu geben hat.
3. Die Entlohnung geschieht nach festen Grundsätzen; die Steigerung des Gehalts ist vertragsmäßig zu regeln. Die Entlohnung des Lagerhalters soll zum Teil in einem festen Gehalt, zum Teil in einer Tantieme bestehen, die nach der Höhe des Umsatzes berechnet wird.
4. Gehilfen oder Gehilfinnen des Lagerhalters werden durch den Vorstand nach vorheriger Verständigung mit dem Lagerhalter angestellt und entlassen.
5. Wird die Arbeitskraft der Frau oder der Kinder des Lagerhalters in Anspruch genommen, so gelten diese als Gehilfinnen im Sinne der Nr. 4, jedenfalls ist die Entschädigung für diese Personen selbständig zu bemessen.
6. Die Genossenschaft übernimmt die Zahlung für Kranken- und Invalidenversicherung, versichert die Lagerhalter gegen Unfall im Betriebe und tritt der Ruhegehaltskasse deutscher Erwerbs- und Wirtschaftsgenossenschaften und der Witwen- und Waisen-Pensionskasse deutscher Erwerbs- und Wirtschaftsgenossenschaften bei.
7. Die Verpflichtungen zu 6 erstrecken sich grundsätzlich auch auf die zu 4 und 5 bezeichneten Personen.
8. Für die Mankovergütung gilt:
   1. Das zulässige Manko kann zwar nach den besonderen Verhältnissen der Vereine verschieden hoch sein, doch sollte dasselbe über 1 pCt. des mankoberechtigten Warenausganges, auch wenn auf Zählwaren kein Manko gewährt wird, in der Regel nicht hinausgehen.
   2. Zu widerraten ist, durch höheres Gehalt die Mankogewährung zu ersetzen.
   3. Der Lagerhalter hat keinen Anspruch auf Auszahlung des die Höhe des Mankos nicht erreichenden Betrages; auch soll ein erzielter Überschuß nicht auf ein späteres oder früheres Manko verrechnet werden.
9. Für die Kündigungsfrist gelten die handelsgesetzlichen Bestimmungen, wenn nicht vertraglich eine längere Kündigungsfrist vorgesehen ist.

10. **Dem Lagerhalter ist eine Abschrift der Jahresinventuraufnahme zu übergeben.**

11. **Es ist auf die Einführung des Geschäftsschlusses an Sonn- und gesetzlichen Feiertagen sowie auf die Einführung des Achtuhr-Ladenschlusses hinzuwirken. Dem Lagerhalter ist eine Ausgehzeit von mindestens zwei halben oder einem ganzen Tag monatlich und ein Urlaub von mindestens einer Woche zu gewähren. Nach Möglichkeit ist die Mittagspause auf 2 Stunden auszudehnen.**

12. **Die Kaution muß sicher angelegt und zum landesüblichen Zinsfuß verzinst werden.**

Berichterstatter Anwalt **Dr. Crüger** (Charlottenburg): Meine Herren, es kann füglich behauptet werden, daß keine die Konsumvereine betreffende Frage die Allgemeinen Genossenschaftstage und Unterverbandstage so häufig und so intensiv beschäftigt hat, wie die Lagerhalterfrage. Es dürfte Sie interessieren, wenn ich Ihnen einen kurzen Überblick über die Beschlüsse gebe, die sich auf die Lagerhalterfrage beziehen.

Der Allgemeine Vereinstag zu Magdeburg im Jahre 1869 hat sich mit der Mankoregulierung der Lagerhalter beschäftigt. Es wurde der Einfluß lokaler Verhältnisse auf die Bestimmung des Mankos anerkannt und erklärt, daß ein Plus als außerordentlicher Geschäftsgewinn der Genossenschaft verrechnet werden soll. Im Jahre 1872 fand auf dem Allgemeinen Vereinstage in Breslau eine Erörterung statt über die Eigenschaften, die ein Lagerhalter haben soll, über die Kaution, Kündigung, sofortige Entlassung. Zu einem Beschluß konnte man damals noch nicht gelangen. Im Jahre 1879 auf dem Allgemeinen Vereinstage zu Stuttgart wurde eine Instruktion für die Lagerhalter beschlossen. Im Jahre 1881 auf dem Allgemeinen Vereinstage zu Cassel wurde ein Antrag betreffend Gewährung eines gewissen Prozentsatzes am Umsatz verhandelt und ein entsprechender Beschluß gefaßt. Wiederum wurde die Mankofrage besprochen, von einer Beschlußfassung wurde abgesehen mit dem Hinweis darauf, daß es bei dem Magdeburger Beschluß vom Jahre 1869 bleiben soll. Auf dem Vereinstage zu Darmstadt im Jahre 1882 wurde eine Anleitung zur Aufnahme der Warenbestände in den Konsumvereinen beschlossen. In Halberstadt im Jahre 1883 wurde wiederum über die Mankoermittelung verhandelt. Der betreffende Antrag wurde zurückgezogen. Beschlossen wurde dort ein Verbot für die Lagerhalter, irgend welche Artikel auf eigene Rechnung anzuschaffen und im Geschäftslokale mit zu verkaufen. In Weimar im Jahre 1884 wurde ein Antrag abgelehnt, den Konsumvereinen zu empfehlen, daß Lagerhalter nach aufgenommener Inventur eine Abrechnung sofort aufzustellen und dem Vorstande vorzulegen haben. Im Jahre 1885 in Karlsruhe wurde wiederum über die Mankovergütung verhandelt. 1897 in Rostock wurde den Konsumvereinen widerraten, im Hause des Lagerhalters einen Laden zu mieten. Im Jahre 1898 in Neustadt a. d. Hardt wurde den Konsumvereinen empfohlen, auf die Fähigkeiten des angestellten Lagerhalters Bedacht zu nehmen und denselben ständig von Vorstand und Aufsichtsrat kontrollieren zu lassen. Im Jahre 1904 in Breslau wurde über die Mankogewährung verhandelt, und man einigte sich dort auf bestimmte Grundsätze, die Sie in meinem Antrage wiederfinden. In Westerland im Jahre 1905 wurde ein Beschluß betreffend Anstellung und Entlassung von Lagerhaltern gefaßt. Auch diesen Beschluß finden Sie in dem Antrage verarbeitet.

Es kann uns füglich nicht überraschen, daß die Lagerhalterfrage die Allgemeinen Genossenschaftstage so oft beschäftigt hat, weil die Stellung des Lagerhalters in der Genossenschaft eine ganz eigenartige ist. Der Lagerhalter ist Angestellter der Genossenschaft, er ist der Untergebene des Vorstandes und soll sich in die eigentlichen Geschäfte der Genossenschaft nicht einmischen, und doch hat der Lagerhalter aus seiner Stellung heraus, aus dem ständigen Verkehr mit dem Publikum, den Mitgliedern der Genossenschaft, außerordentlich weitgehende Machtbefugnisse, die es ohne weiteres mit sich bringen, daß der Lagerhalter in der Genossenschaft eine Stellung einnimmt, die weit hinaus geht über die Stellung, die sonst einem Handlungsgehilfen in einem Ladengeschäfte zukommt.

Meine Herren, aus dieser Stellung wiederum ergeben sich gewisse Beschränkungen, die zu beobachten sind und die den Genossenschaften stets empfohlen sind. Es ist z. B. die Forderung, den Lagerhalter bei dem Einkauf nicht mitwirken zu lassen. Gleichzeitig aber wissen wir sehr wohl, daß der Vorstand sich mit dem Lagerhalter in Verbindung setzen wird, um von ihm zu erfahren, welche Waren am besten gehen, ob vielleicht die Mitglieder an der einen oder andern Ware Kritik üben. Wenn also auch der Lagerhalter direkt nicht an dem Einkauf beteiligt ist, so bleibt doch immerhin eine nicht ganz unerhebliche Mitwirkung des Lagerhalters bestehen. Als ein feststehender Grundsatz gilt, daß der Lagerhalter auf eigene Rechnung den Mitgliedern keinen Kredit gewähren darf. Wenn wir aber bei den Konsumvereinen Umschau halten und feststellen wollten, in wie vielen Vereinen entgegen dem Statut die Lagerhalter, und wenn auch in noch so geringen Beträgen, den Mitgliedern auch nur vorübergehend Waren auf Kredit abgeben, so, fürchte ich, würde die Zahl dieser Konsumvereine nicht ganz klein sein. Es wird gesagt, ohne diese Kreditgewährung kann der Lagerhalter nicht arbeiten. Weil der Lagerhalter naturgemäß einen großen Einfluß auf die Mitglieder auszuüben in der Lage ist, deswegen haben z. B. die zuletzt erwähnten Genossenschaftstage beschlossen, den Konsumvereinen zu widerraten, ihr Lager im Hause des Lagerhalters einzurichten. Die Begründung ist eine außerordentlich naheliegende. Der Konsumverein soll nicht in eine noch weitergehende Abhängigkeit vom Lagerhalter geraten, als sie schon häufig genug Tatsache ist. Wenn der Lagerhalter im eigenen Hause das Lager der Genossenschaft hat, ergibt sich die vollständige Abhängigkeit von selbst. Wir haben den Konsumvereinen ferner aufs dringendste widerraten, die Kaution des Lagerhalters als Betriebskapital zu benutzen, weil daraus bei kleinen schwachen Konsumvereinen eine gewisse Abhängigkeit sich ergibt; denn wenn der Lagerhalter kündigt, und die Kaution ist nicht ganz unerheblich, und sie soll zurückgezahlt werden, so entstehen für die Genossenschaft daraus Schwierigkeiten. Wir haben ferner den Konsumvereinen den Rat gegeben: keine Wahl des Lagerhalters durch die Generalversammlung, sondern durch Vorstand und Aufsichtsrat, um die Stellung des Lagerhalters klar zum Ausdruck zu bringen.

Meine Herren, aus diesen einzelnen Bemerkungen werden Sie schon ersehen, daß es natürlich nicht ganz leicht ist, das Anstellungsverhältnis zwischen Lagerhalter und Genossenschaft einheitlich in einer Weise zu regeln, daß beide Teile damit zufrieden sind. Es war nicht ganz leicht, den Antrag, betreffend die Anstellung und Entlassung der Lagerhalter auf dem Westerländer Genossenschaftstage zur Annahme zu bringen. Die Ansichten gingen darüber weit auseinander, und doch sollte man glauben, daß dies Verhältnis noch das einfachste ist, da hier eigentlich nur die Interessen der Genossenschaft in Betracht zu ziehen sind. Es handelte sich um die Beziehung der Organe zueinander. Unendlich viel schwieriger gestaltet sich die Regelung aller jener Rechtsverhältnisse, die in andere Gebiete hinübergreifen, vor allen Dingen in die Interessen des Lagerhalters selbst. Daß es der Wunsch der Lagerhalter ist, einheitliche Grundsätze für das Anstellungsverhältnis zu finden, ist durchaus verständlich. Ob wir allerdings dabei so weit gehen können, wie es einzelne Interessenvertretungen der Lagerhalter fordern, ist mir im höchsten Grade zweifelhaft. Ein gewisser Konflikt der Interessen wird sich ja niemals vollständig vermeiden lassen; ich glaube aber für die Konsumvereine des Allgemeinen Verbandes betonen zu dürfen, daß schwerwiegende Klagen in größerem Umfange über diese Genossenschaften nicht laut geworden sind. Daß es hier und dort mal zu Reibereien kommt, daß die Besoldung, vielleicht auch die Behandlung in einzelnen Konsumvereinen nicht auf der Höhe steht, das ist sehr wohl möglich, ohne daß deswegen die Richtigkeit meiner Behauptungen in Zweifel gezogen werden kann. Das ist jedenfalls sicher: seitens der Leitung des Allgemeinen Verbandes, seitens der Leitung der verschiedenen Konsumvereinsunterverbände ist man in der Befürwortung der Ansprüche der Lagerhalter stets außerordentlich weit gegangen, und die meisten von den Forderungen, die die Lagerhalterverbände heute auf ihr Programm gesetzt haben, sind in den Genossenschaften unseres Verbandes entweder schon verwirklicht oder jedenfalls seit Jahr und Tag aufs wärmste befürwortet.

Nun kommt in Betracht, daß die Verhältnisse der Konsumvereine sehr verschiedenartig liegen. Unser Streben ist es, aus den Konsumvereinen soziale Musteranstalten herauszubilden, der Konsumverein soll auch der Handelswelt zeigen, wie am zweckmäßigsten und am besten die Anstellungsverhältnisse der Angestellten geregelt werden können. Aber meine Herren, mitunter ist der gute Wille da, es fehlt jedoch die Kraft, diesen Willen in die Tat umzusetzen. Bei einem großen leistungsfähigen Konsumverein erachtet man es für ganz selbstverständlich, daß den zum Teil recht weitgehenden Forderungen entsprochen wird, daß ein auskömmliches Gehalt gezahlt wird, auf die entsprechende Ruhezeit Rücksicht genommen wird, luftige, schöne Läden vorhanden sind, kurz, daß man die Interessen der Lagerhalter nach jeder Richtung hin wahrnimmt. Wenn wir aber von vornherein alle diese Ansprüche an einen neu gegründeten Konsumverein stellen wollten, dann würden wir wahrscheinlich die Gründung einer ganz erheblichen Anzahl von Konsumvereinen damit verhindern. Ebensowenig wie die Männer, die an der Spitze der Konsumvereine stehen — ich denke an die Vorstandsmitglieder in den kleinen neugegründeten Konsumvereinen — entsprechende Einkünfte haben wie die Vorsteher und Geschäftsführer eines großen Konsumvereins, so wird auch ein Unterschied für die Angestellten, die Arbeiter, sein. Auch die Lebensbedingungen in den einzelnen Städten sind so verschiedenartig, daß eine Schablone nicht gut wird angewendet werden können. Wir müssen nach meinem Dafürhalten schon zufrieden sein, wenn wir das, was augenblicklich zu erreichen ist, ins Auge fassen und wenn wir dahin zu wirken streben, daß die von den Allgemeinen Genossenschaftstagen aufgestellten Forderungen auch überall zur Durchführung gelangen. Wenn der Antrag, der Ihnen hier unterbreitet ist, von dem Genossenschaftstage angenommen wird, dann — das weiß ich sehr wohl — werden noch lange nicht in allen Konsumvereinen ideale Verhältnisse geschaffen werden; aber ich glaube, daß, wenn wenigstens dies erreicht ist, wir dann doch schon eine ganz schöne Strecke Weges zu unserem Ziele zurückgelegt haben. Ich behaupte auch durchaus nicht, daß mit diesem Antrage endgültig die Anstellungsverhältnisse der Lagerhalter geregelt und geordnet sind, ich halte es für ganz selbstverständlich, daß nach einer Reihe von Jahren zu neuen Forderungen der Lagerhalter Stellung genommen werden wird, und daß in dem einen oder andern Punkte wir ein Stück weiter gehen werden. Ich habe aber die Hoffnung, daß, wenn wir als Allgemeiner Genossenschaftstag uns eine gewisse Zurückhaltung in den Forderungen auferlegen, wenn wir z. B. nur die Forderungen in das Programm aufnehmen, von denen wir auch ohne weiteres wissen, daß sie bis auf verschwindende Ausnahmen von den Konsumvereinen berücksichtigt werden können, daß wir dann im Interesse der Lagerhalter unendlich viel mehr erreichen, als wenn wir in dem Antrage Forderungen aufstellen, von denen wir wissen, daß sie bei den Konsumvereinen auf Annahme nicht zu rechnen haben. Daher möchte ich die Ansicht vertreten, daß eine *gewisse* Beschränkung auch im Interesse der Lagerhalter liegt, und daß die Forderungen, die für die Regelung des Anstellungsverhältnisses von mir hier unter 12 Nummern aufgestellt sind, den heutigen Bedürfnissen entsprechen.

Meine Herren, ich glaube es nicht nötig zu haben, die einzelnen Forderungen allzu weitläufig zu begründen; denn sie decken sich zum größten Teile mit Beschlüssen früherer Vereinstage. Der Antrag enthält zum überwiegenden Teil im wesentlichen einen Extrakt aus jenen Beschlüssen und nur nach einzelnen Richtungen geht er über frühere Beschlüsse hinaus.

In Position 1 wird die Anstellung der Lagerhalter geregelt; sie soll durch den Vorstand erfolgen, nachdem der Aufsichtsrat sich mit der Anstellung des betreffenden Lagerhalters einverstanden erklärt hat. Im großen und ganzen der Westerländer Beschluß. Ich habe es als selbstverständlich erachtet, daß Sie nicht im Jahre 1906 einen Beschluß aufheben wollen, der im Jahre 1905 mit unendlicher Mühe zustande gekommen ist.

Position 2: „Die Entscheidung über die Entlassung erfolgt durch den Vorstand, der dem Aufsichtsrat von der Entlassung Kenntnis zu geben hat.“ Hier gilt das Gleiche wie zu Position 1. Ich würde es bedauern, wenn wir uns überhaupt in eine Debatte über diesen Punkt einlassen wollten, denn er liegt uns als Westerländer Beschluß vor.

Position 3: „Die Entlohnung geschieht nach festen Grundsätzen; die Steigerung des Gehalts ist vertragsmäßig geregelt. Die Entlohnung des Lagerhalters soll zum Teil in einem festen Gehalt, zum Teil in einer Tantième bestehen, die nach der Höhe des Umsatzes berechnet wird.“ Sie haben aus meinen vorhergehenden Ausführungen entnommen, daß bereits einer der weiter zurückliegenden Allgemeinen Vereinstage sich dahin schlüssig gemacht hat, den Konsumvereinen zu empfehlen, den Lagerhaltern ein festes Gehalt zu gewähren, daneben sie an dem Umsatz partizipieren zu lassen, und zwar aus dem Grunde, weil der Lagerhalter, der an dem Geschäft interessiert ist, bestrebt ist, die Genossenschaft zu heben und damit auch gleichzeitig seine finanzielle und wirtschaftliche Lage zu verbessern. Es ist vielleicht ein Novum, wenn gesagt wird, die Steigerung des Gehalts ist vertragsmäßig zu regeln; aber ich glaube, das sollte bei allen derartigen Verträgen als Grundsatz angenommen werden. Es war z. B. mein Bestreben, nachdem ich die Geschäfte übernommen, mit den Beamten des Allgemeinen Verbandes Verträge dahin abzuschließen, daß eine regelmäßige Gehaltssteigerung in Aussicht genommen wird; denn nichts ist nach meinem persönlichen Empfinden unangenehmer für einen Vorgesetzten und Angestellten, als wenn von Zeit zu Zeit immer wieder einmal die Gehaltserhöhungsfrage zur Erörterung gebracht werden muß. Ich möchte jedoch hinzufügen: mit einer derartigen Skala ist die Gehaltsfrage auch nicht ein für allemal entschieden.

Wenn der betreffende Lagerhalter ein Jahrzehnt und noch länger im Dienst der Genossenschaft ist, dann wird wegen der veränderten wirtschaftlichen Verhältnisse von selbst eine Revision des Etats vorgenommen werden müssen. Wir brauchen uns bloß das letzte Jahr zu vergegenwärtigen. Wir werden uns im großen und ganzen darüber einig sein, daß viel billiger das Wirtschaftsleben in absehbarer Zeit nicht werden wird. Doch die Folgen können selbstverständlich nicht in diesen Grundsätzen zum Ausdruck gebracht werden, hier haben wir es nur mit der Regel zu tun, und wir können nicht alle nur denkbaren Ausnahmen hineinnehmen.

Position 4: „Gehilfen oder Gehilfinnen des Lagerhalters werden durch den Vorstand nach vorheriger Verständigung mit dem Lagerhalter angestellt und entlassen." Auch hier haben wir es mit einem Teil der Westerländer Beschlüsse zu tun. Wir sind uns darüber klar, daß wir dem Lagerhalter die Anstellung des Unterpersonals nicht vollkommen freigeben können, entweder wirkt der Vorstand in der Weise mit, daß er das Vorschlagsrecht hat, und der Lagerhalter die entscheidende Anstellung vornimmt, oder daß das Umgekehrte eintritt. Man kann sich zu dem einen oder andern Grundsatze bekennen. Wichtig ist für mich nur, daß dem Vorstande eine gewisse Mitwirkung bei der Anstellung des Unterpersonals zugesichert wird.

Position 5: „Wird die Arbeitskraft der Frau oder der Kinder des Lagerhalters in Anspruch genommen, so gelten diese als Gehilfinnen im Sinne der Position 4, jedenfalls ist die Entschädigung für diese Personen selbständig zu bemessen." Aus der Mitarbeit von Frau und Kindern im Laden des Konsumvereins ergeben sich recht viel Streitigkeiten zwischen der Genossenschaft und dem Lagerhalter, wenn nicht ganz klare Verhältnisse geschaffen sind. Man sagt, weil die Frau auch sonst in der Wirtschaft mitwirken soll, ist es auch die Pflicht der Frau, den Mann in seinem Geschäft zu unterstützen. Meines Erachtens für unsere Frage ein falscher Standpunkt, denn der Lagerhalter arbeitet nicht im eigenen Betriebe, sondern hat als Angestellter die Geschäfte des Konsumvereins zu besorgen. Und dann liegen doch nicht überall die Dinge so, daß es ohne weiteres als Pflicht und Aufgabe der Frau erscheint, ihren Mann im Geschäft zu unterstützen. In der Regel wird wohl das Gehalt des Lagerhalters mit Rücksicht darauf, daß Frau und Kinder ihn im Geschäft unterstützen, höher bemessen. Ein derartiges Pauschalgehalt, das der Lagerhalter bekommt, entspricht nur selten den beiderseitigen Interessen. Streitigkeiten, die sich daraus ergeben, sind an der Tagesordnung. Mir erschien es das Richtigste, wenn vollständig klare Verhältnisse geschaffen würden; aber zunächst bin ich vollständig zufrieden, wenn sich einmal der Allgemeine Genossenschaftstag dahin schlüssig machen wollte, auszusprechen: wird die Arbeitskraft der Frau oder der Kinder des Lagerhalters in Anspruch genommen, so gelten diese als Gehilfinnen im Sinne der Pos. 4, jedenfalls ist die Entschädigung für diese Personen selbständig zu bemessen.

Position 6 besagt: „Die Genossenschaft übernimmt die Zahlung für Kranken- und Invalidenversicherung, versichert die Lagerhalter gegen Unfall im Betriebe und tritt der Ruhegehaltskasse deutscher Erwerbs- und Wirtschaftsgenossenschaften und der Witwen- und Waisen-Pensionskasse deutscher Erwerbs- und Wirtschaftsgenossenschaften bei." Hier finden Sie zum Ausdruck gebracht den Standpunkt, den ich zu der Frage stets eingenommen habe. Sehr häufig wird die Frage an mich gerichtet: Es ist Streit darüber, soll die Genossenschaft zahlen oder der Lagerhalter? Ich habe in der Regel das Gutachten kurz abgefaßt und habe gesagt: ich lasse mich auf eine Erörterung des Streitfalles überhaupt nicht ein, sondern ich betrachte es als eine moralische Verpflichtung der Genossenschaft, auf ihre Kasse die betreffenden Beträge zu übernehmen.

Sie finden noch besonders zum Ausdruck gebracht, daß die Genossenschaft den Lagerhalter gegen Unfall im Betriebe versichern soll. Es war eine Zeitlang zweifelhaft, ob die Konsumvereine der Lagerberufsgenossenschaft beizutreten verpflichtet sind. Nach der Rechtsprechung des Reichsversicherungsamts gehören die Konsumvereine nicht zu den Betrieben, die an die Lagerberufsgenossenschaft anzuschließen sind. Wenn das der Fall ist, dann erkläre ich es aber ohne weiteres als eine moralische Verpflichtung der Genossenschaft, freiwillig für die Versicherung ihrer Angestellten gegen Unfall im Betriebe Sorge zu tragen. Ich hebe auch mit besonderer Befriedigung hervor, daß die Anzahl jener Konsumvereine, die von dem Abkommen mit dem Allgemeinen Deutschen Versicherungsverein Gebrauch gemacht haben, das heißt, ihre Angestellten gegen Unfall im Betriebe versichert haben, eine recht große ist. Es sollte keine Genossenschaft eine derartige Versicherung unterlassen. Dann weiter: Anschluß an die Ruhegehalts-, Anschluß an die Witwen- und Waisen-Pensionskasse! Ich bin der Ansicht, daß, wenn die Angestellten ihrerseits den Wunsch haben, bei diesen Kassen versichert zu sein, mögen sie auch nur erst kurze Zeit im Dienst der Genossenschaft stehen, die Genossenschaft unter allen Umständen diese Wünsche berücksichtigen sollte. Die erste Bedingung ist dann aber, daß die Genossenschaft die korporative Mitgliedschaft bei der Ruhegehaltskasse und später bei der Witwen- und Waisen-Pensionskasse erwirbt, damit ein für allemal diese Frage aus dem Bereich der Erörterung ausscheidet, damit nicht immer wieder von neuem in die Prüfung der Frage eingetreten werden muß: ist es zweckmäßig, der Ruhegehaltskasse beizutreten? Durch den korporativen Beitritt soll die Frage ein für allemal erledigt sein, und den Angestellten, die Lust haben, sich der Ruhegehalts- und Witwen- und Waisen-Pensionskasse anzuschließen, soll die Möglichkeit dazu geboten werden, nun auch für ihre Person den Kassen beizutreten.

Wir kommen nun zu Position 7, von der ich allerdings fürchte, daß sie vielfachen Widerspruch in den Kreisen der Konsumvereine finden wird. Ich will rundweg erklären: die Verpflichtungen zu Position 6 erstrecken sich grundsätzlich auch auf die zu 4 und 5 bezeichneten Personen. Ich habe schon eine Konzession gemacht, indem ich das Wort „grundsätzlich" eingeschoben habe. Ich wollte noch weiter gehen, aber nach der Ansicht, die ich einleitend hier näher dargelegt habe, indem ich wünsche, daß auch wirklich diese Grundsätze bei den Konsumvereinen als Grundlage für die Regelung des Arbeitsverhältnisses genommen werden, möchte ich von vornherein Forderungen ausschließen, die schließlich doch nur im wesentlichen auf dem Papier stehen bleiben. Ich will ohne weiteres zugeben, daß bei einer ganzen Anzahl von Unterangestellten, Frauen und Kindern, die Dinge so liegen, daß eine Versicherung bei diesen Kassen nicht angebracht ist. Versicherung gegen Unfall im Betriebe muß selbstverständlich für alle gelten, auch für Kinder oder Frau des Lagerhalters; aber die Frau in die Ruhegehaltskasse einzukaufen, dazu wird in der Regel keine Veranlassung vorliegen, und den Beitritt zur Witwen- und Waisen-Pensionskasse vollzieht nicht die Frau, sondern der Mann. Für die Unterangestellten kann unter Umständen ein Anschluß an die Ruhegehaltskasse genau so wichtig sein wie für den Lagerhalter selbst, vor allen Dingen bei jenen Genossenschaften, bei denen der Lagerhalter gewissermaßen der Chef des inneren Betriebes ist und über ein großes Unterpersonal verfügt. Alle die Einzelheiten hier in diesen Grundsätzen zu regeln, erscheint mir vollkommen unmöglich. Wenn Sie aber sich entschließen könnten, mit dem Wörtchen „grundsätzlich" der Position zuzustimmen, oder wenn Sie mir ein anderes Wort für „grundsätzlich" angeben wollten, werden wir uns sehr gut darüber verständigen können. Ich möchte nur in der Position 7 zum Ausdruck bringen, daß die Genossenschaft gewisse Verpflichtungen dem Unterpersonal gegenüber hat, und daß nicht dieses Unterpersonal vollkommen frei zur Verfügung des Lagerhalters steht.

Position 8: Für die Mankovergütung gilt:

„1. Das zulässige Manko kann zwar nach den besonderen Verhältnissen der Vereine verschieden hoch sein, doch sollte dasselbe über 1 % des mankoberechtigten Warenausganges, auch wenn auf Zählwaren kein Manko gewährt wird, in der Regel nicht hinausgehen.

2. Zu widerraten ist, durch höheres Gehalt die Mankogewährung zu ersetzen.

3. Der Lagerhalter hat keinen Anspruch auf Auszahlung des die Höhe des Mankos nicht erreichenden Betrages; auch soll ein erzielter Überschuß nicht auf ein späteres oder früheres Manko verrechnet werden."

Wir haben es hier mit dem Breslauer Genossenschaftstagsbeschlusse zu tun. Mag dem einen oder anderen vielleicht der Satz zu hoch oder zu niedrig erscheinen, jedenfalls aber wollen wir nicht im Jahre 1906 einen Beschluß über den Haufen werfen, den wir im Jahre 1904 gefaßt haben. Es würde uns im übrigen von dem

Wesen der Grundsätze ablenken, wenn wir uns nun hier mit Einzelheiten beschäftigen wollten. Wir wollen auch z. B. entschieden daran festhalten, daß ein erzielter Überschuß nicht auf ein späteres oder früheres Manko verrechnet wird. In den Kreisen der Lagerhalter steht man auf einem anderen Standpunkt; ich glaube, wir haben keine Veranlassung, von dem Standpunkte abzuweichen, der bisher von der großen Mehrzahl der Konsumvereine eingenommen ist, und den wir noch im Jahre 1904 durch den Breslauer Genossenschaftstag gewissermaßen sanktioniert haben.

Position 9 versteht sich von selbst. Es sollen für die Kündigungsfrist die handelsgesetzlichen Bestimmungen gelten, wenn nicht vertraglich eine längere Kündigungsfrist vorgesehen ist.

Position 10: „Dem Lagerhalter ist eine Abschrift der Jahresinventuraufnahme zu übergeben."

(Zuruf: Auf Verlangen!)

Auf Verlangen! wird mir dazwischengerufen. Wenn Sie das hineinsetzen wollen, habe ich nichts dagegen; aber wenn bei der Jahresinventuraufnahme gleich zwei Listen aufgestellt werden und in diesen Listen die Eintragungen gleichzeitig vorgenommen werden, läßt sich die Forderung ganz gut erfüllen. Jedenfalls sehe ich keinen Grund ein, weswegen man der diesbezüglichen Forderung der Lagerhalter nicht entsprechen soll. Die geringfügige Arbeit —

(Zuruf: Große Arbeit!)

— gut, große Arbeit, ich gebe es zu; aber in den großen Konsumvereinen, wo es viel Arbeit macht, hat man Hilfskräfte, um die Arbeit durchzuführen. Jedenfalls erscheint es mir nicht zweckmäßig, mit Bezug auf diese Forderung eine große Streitfrage aufzuwerfen.

Position 11: „Es ist auf die Einführung des Geschäftsschlusses an Sonn- und gesetzlichen Feiertagen sowie auf die Einführung des Achtuhrladenschlusses hinzuwirken. Dem Lagerhalter ist eine Ausgehzeit von mindestens zwei halben oder einem ganzen Tag monatlich und ein Urlaub von mindestens einer Woche zu gewähren. Nach Möglichkeit ist die Mittagspause auf zwei Stunden auszudehnen." — Im großen und ganzen sind das die Forderungen, die auch wir stets vertreten haben. Wir wissen freilich, daß sie noch bei weitem nicht bei allen Konsumvereinen zurzeit durchgeführt sind, und daß die lokalen Verhältnisse bei einer Anzahl von Konsumvereinen wahrscheinlich so liegen, daß man nicht von heute auf morgen allen diesen sozialen Ansprüchen gerecht werden wird. Aber als gerecht wollen wir diese Ansprüche anerkennen, und wir wollen dahin wirken, daß diese Ansprüche auch in der Praxis der Genossenschaften verwirklicht werden.

Position 12: „Die Kaution muß sicher angelegt und zum landesüblichen Zinsfuß verzinst werden," — entspricht durchaus den Forderungen, die wir gestellt haben; denn wir wünschen nicht, daß die Kaution im Betriebe der Genossenschaft mitarbeitet. Man mag die Kaution auf ein Sparkassenbuch einzahlen, es werden sich soviel Mittel und Wege zeigen, daß irgend welche Schwierigkeiten nicht entstehen können. — —

Meine Herren, wenn nun von seiten der Lagerhalter auf der andern Seite weiter gefordert ist Beschränkung der wöchentlichen Arbeitszeit auf eine bestimmte Anzahl von Stunden, so möchte ich dieser Forderung schon deswegen nicht in diesen Grundsätzen Ausdruck verleihen, weil ich glaube, daß wir die Durchführung der Grundsätze damit ganz außerordentlich erschweren. Es werden dann die Konsumvereine sich an dieser Forderung möglicherweise vielfach so stoßen, daß auch die übrigen nicht auf Annahme zu rechnen haben. Ich dächte auch, daß, wenn wir nur bei den Konsumvereinen die Beobachtung von Pos. 11 erreichen, dann die Lagerhalter durchaus über ihre wirtschaftliche und soziale Stellung in den Konsumvereinen nach der Richtung befriedigt sein können.

Meine Herren, es ist weiter gefordert eine Beschränkung des Umsatzes, das heißt, daß der Lagerhalter im Lager nicht mehr umsetzen darf als einen bestimmten Betrag. Da erkläre ich, daß für mich eine derartige Forderung einfach unannehmbar ist, und ich bedaure, daß jene Forderung sich unter den Mindestforderungen der Lagerhalter befunden hat. Einzelne Konsumvereine mögen ja bereit sein, sich auf derartige Forderungen einzulassen, die große Mehrzahl der Konsumvereine ganz gewiß nicht.

Es wird dann ferner gefordert eine Ausschließung der Haftung für das Hilfspersonal. Ich habe mich nicht dafür erklären können, denn die Haftung für das Hilfspersonal ausschließen, heißt die Genossenschaften auf die unglückseligsten Prozesse verweisen. Wenn der Lagerhalter als ein Unterchef fungiert, dann muß er auch die daraus sich ergebende Verantwortlichkeit mit in den Kauf nehmen; glaubt er, daß die Stellung über seine Kräfte geht, muß er einen Lagerhalterposten suchen, wo er ganz allein oder höchstens mit der Frau arbeitet. Wenn der Lagerhalter imstande ist, den Nachweis zu erbringen, daß er vollkommen schuldlos ist, kann er selbstverständlich nicht verantwortlich gemacht werden. Aber die Dinge liegen so, daß die Genossenschaft im Lagerhalter eine Person haben muß, an die sie sich zu halten in der Lage ist. Wir können, meine ich, der weitergehenden Forderung nicht entgegenkommen.

Und dann endlich — und das ist ein erheblicher Differenzpunkt — wird von seiten der Lagerhalter eine Verrechnung des Mankos verlangt. Nun wir haben unsern Grundsatz im Jahre 1904 nach reiflicher Überlegung aufgestellt. So leichtfertig gehen wir doch nicht an die Beschlüsse unserer Allgemeinen Genossenschaftstage heran, daß wir uns schon nach einem Jahre sagen müßten: das war verkehrtes Zeug, was wir damals beschlossen haben, wir wollen schleunigst den damals eingenommenen Standpunkt verlassen. Die Mankofrage ist, wie ich vorhin bemerkte, nach reiflicher Überlegung, nach langen

Debatten nicht erst auf jenem Genossenschaftstage beschlossen, sondern der Beschluß hat seine Vorläufer und Vorarbeiten in früheren Genossenschaftstagsverhandlungen, in vielen Unterverbandstagsverhandlungen und Beschlüssen. Ich kann nicht befürworten, daß an jenem Beschluß etwas geändert wird; ebensowenig wie ich empfehlen könnte, daß der Mankosatz heruntergesetzt wird. Wir müssen zu gewissen Grundsätzen kommen, und wenn wir gewisse Grundsätze als richtig anerkannt haben, müssen wir daran festhalten, solange wir nicht überzeugt werden, daß sie falsch sind.

Das wäre, was ich zur Begründung meines Antrages Ihnen darzulegen habe. Ich würde es für wünschenswert halten, wenn Sie wenigstens jene Positionen, die sich aus den Breslauer und Westerländer Beschlüssen ergeben, unberührt ließen und sagten: die stehen fest! — Und bei den übrigen Positionen möchte ich Sie bitten, möglichst mit Wohlwollen die Gegenstände zu behandeln und zu betrachten und sich zu sagen, daß es nicht ganz leicht ist, hier die mittlere Linie zu finden. Mit dem Ausdruck „mittlere Linie" wird sonst unendlich viel grober Unfug getrieben; aber ich glaube wohl, hier kann man den Ausdruck „mittlere Linie" gebrauchen, wenn man sich vergegenwärtigt die Forderungen, die von der andern Seite gestellt werden. Wir wollen doch mit dem Antrage beide Teile zufriedenstellen: die Lagerhalter, indem wir ihnen unsern guten Willen zeigen, daß in ihrem Interesse das irgendwie Erreichbare befürwortet werden soll, wir wollen aber auch andererseits selbstredend den Konsumvereinen die Sache so annehmbar wie möglich gestalten, wir wollen nicht mehr in diese Grundsätze hineinbringen, als was unter den heutigen Verhältnissen von seiten der Konsumvereine bewilligt werden kann.

(Lebhafter Beifall.)

Vorsitzender Verbandsdirektor **Oppermann** (Magdeburg): Meine Herren, Sie haben bereits durch Ihren Beifall dem Herrn Anwalt für seinen lichtvollen Vortrag Ihren Dank ausgesprochen. Wir wissen ja, daß wir niemals bei dem Herrn Anwalt zu tadeln gehabt haben, und er eine Sache nicht gründlich behandelt hätte. Sie werden wohl damit einverstanden sein, daß ich auch von dieser Stelle dem Herrn Anwalt meinen Dank für seinen Vortrag ausspreche.

(Bravo!)

Verbandsdirektor **Feierabend** (München): Meine sehr verehrten Herren! Im großen und ganzen bin ich mit den Vorschlägen, wie sie in diesem Antrage vom Herrn Anwalt verkörpert sind, einverstanden; denn ich gehe von dem Grundsatze aus: je mehr wir unserm Personal entgegenkommen, ein umso arbeitsfreudigeres Personal schaffen wir uns.

Nun hat der Herr Anwalt gemeint, es wäre ihm am liebsten, wenn an den Beschlüssen, die wir im vorigen Jahre in Westerland gefaßt haben, nicht gerüttelt würde. Ich will diesem Ansinnen des Herrn Anwalts Folge leisten, obwohl es mir, offengestanden, außerordentlich schwer fällt. Der Herr Anwalt hat selbst zugestanden, daß jene Beschlüsse teilweise großen Anstrengungen des Herrn Anwalts ihre Existenz verdanken. So z. B. hat sich gegen die Anstellung der Lagerhalter, nach den in Position 1 festgelegten Normen, im vorigen Jahre eine große Opposition herausgebildet. Ich habe mit zu denjenigen gehört, die sich auf den Boden des Antrages des Karlsruher Vereins gestellt haben, und bin auch heute noch der festen Überzeugung, daß der Beschluß, wie er im vorigen Jahre gefaßt wurde, den Intentionen einer großen Zahl von Vereinen nicht entspricht. Trotzdem würde ich empfehlen, um heute eine Einigung zu erzielen, diesen Beschluß zu respektieren.

Bei Punkt 7 hat der Herr Anwalt selbst ....

Vorsitzender Verbandsdirektor **Oppermann** (Magdeburg): Ich möchte die Versammlung fragen, ob wir zunächst nicht eine Generaldiskussion stattfinden lassen wollen.

Verbandsdirektor **Nolte** (Lüdenscheid) [zur Geschäftsordnung]: Ich möchte vorschlagen, sofort in die Beratung der einzelnen Punkte einzutreten, weil wir sonst nicht weiter kommen.

Verbandsdirektor **Keidel** (Stargard): Ich möchte bitten, erst Herrn Feierabend zu hören, denn er hat vielleicht etwas vorzubringen, was er nachher nicht mehr vorbringen kann.

Verbandsdirektor **Feierabend** (München): Es wäre unnütz, wenn später auf die einzelnen Punkte die Debatte ausgedehnt, bezw. von einer Generaldebatte abgesehen und ausschließlich eine Spezialdebatte beliebt werden soll, jetzt mit meinen Ausführungen vorauszueilen. Ich behalte mir vor, bei den einzelnen Punkten in die Debatte wiederum einzugreifen.

Es wird beschlossen, die Debatte über die einzelnen Positionen des Antrages getrennt zu führen und nach Schluß der Debatte sofort über jeden einzelnen Punkt abzustimmen.

Punkt 1 wird ohne Debatte angenommen.

Punkt 2: „Die Entscheidung über die Entlassung erfolgt durch den Vorstand, der dem Aufsichtsrat von der Entlassung Kenntnis zu geben hat."

Vorsitzender des Aufsichtsrats **Böhm** (Wesel): Der Herr Verbandsanwalt sagte vorhin, wenn ich ihn richtig verstanden habe, die beiden Punkte 1 und 2 seien im vorigen Jahre festgelegt worden. Jedenfalls hat es auch bei diesen Punkten große Debatten gegeben. Ich möchte mir nur eine Auskunft von dem Herrn Anwalt darüber erbitten, auf welche Gründe die Differenzen zurückzuführen sind, die in diesen beiden Punkten enthalten sind. Nach Punkt 1 erfolgt die Anstellung des Lagerhalters durch den Vorstand, nachdem der Aufsichtsrat sich mit der Anstellung des Lagerhalters einverstanden erklärt hat, während die Entlassung des Lagerhalters in Punkt 2 durch den Vorstand direkt erfolgen soll. Ich meine, es ist selbstverständlich, wenn der Lagerhalter sich etwas zuschulden kommen läßt und wenn Gefahr im Verzuge ist, so ist es das Recht des Vorstandes, sofort eine derartige Persönlichkeit aus der Genossenschaft zu entfernen. Aber es könnten doch auch andere Umstände vorliegen, die das eine oder andere Mitglied des Vorstandes veranlassen, einen ihm unbequemen Lagerhalter abzuschieben.

(Zuruf: Westerland!)

Der Lagerhalter ist eine sehr wichtige Persönlichkeit, der oft weit schwerer zu ersetzen ist, wie das eine oder andere Mitglied des Vorstandes. Ich meine, es müßte auch in diesem Falle — auch vorausgesetzt, daß die Bedenken, die ich vorhin geäußert habe, Untreue rc. nicht vorliegen — zunächst der Aufsichtsrat gefragt werden, ob er mit der Entlassung einverstanden ist oder nicht. Mir ist nicht bekannt, in welcher Weise das im vorigen Jahre behandelt ist.

Anwalt **Dr. Crüger** (Charlottenburg): Wenn Sie es wünschen, werde ich Ihnen die 21 Druckseiten vom Westerlander Genossenschaftstage vorlesen. (Große Heiterkeit — Zuruf des Herrn Böhm.)
Sie haben sie gelesen? Dann sind Ihnen ja doch die Bedenken alle be-

kannt. Ich kann Sie nur bitten, meine Herren, treten Sie nicht noch einmal in die Erörterung der Westerländer Beschlüsse ein. Ich glaube — das zeigen mir doch schon die Wortmeldungen zu den späteren Punkten — wir werden mit denselben noch soviel zu tun haben, daß wir froh sein können, daß wir wenigstens Breslau und Westerland hinter uns haben und dort gewisse Dinge festgelegt haben.

(Sehr richtig!)

Vorsitzender Verbandsdirektor **Oppermann** (Magdeburg): Ein Antrag zu Punkt 2 ist nicht gestellt. Also Punkt 2 ist angenommen.

Punkt 3: „Die Entlohnung geschieht nach festen Grundsätzen; die Steigerung des Gehalts ist vertragsmäßig zu regeln. Die Entlohnung des Lagerhalters soll zum Teil in einem festen Gehalt, zum Teil in einer Tantième bestehen, die nach der Höhe des Umsatzes berechnet wird.

Vorsitzender des Aufsichtsrats **Gruner** (Pforzheim): Ich kann mich mit dem zweiten Absatz des Punktes 3 nicht einverstanden erklären. Es heißt hier: Die Entlohnung des Lagerhalters soll zum Teil in einem festen Gehalt, zum Teil in einer Tantième bestehen. Ich bin kein Freund von Tantièmen. Wir haben in Pforzheim ein Anfangsgehalt festgelegt mit jährlichen Zulagen und ein Höchstgehalt, das innerhalb 10 bis 12 Jahren von allen Angestellten und Beamten erreicht wird. Die Beamten wissen dann ganz bestimmt, was sie bekommen und können ihre Ausgaben mit ihren Einnahmen in Einklang bringen. Die anderen Beamten, die Staatsbeamten haben auch keine Tantièmen.

(Anwalt Dr. Crüger: Manchmal doch!)

Ich meine, man soll die Beamten so stellen durch ein festes Gehalt, daß sie keine Tantième brauchen; sie sollten ein auskömmliches Gehalt empfangen, das den örtlichen Verhältnissen entspricht. Es läßt sich da kein Schema aufstellen, denn die Verhältnisse sind ja in den verschiedenen Städten ganz verschieden. Aber das Gehalt soll so bemessen sein, daß es den örtlichen Verhältnissen entspricht, es soll auskömmlich sein, soll regelmäßige Zulagen enthalten, und nach einem gewissen Zeitraum von Jahren soll das Höchstgehalt erreicht werden. Wir haben überhaupt keinen Lagerhalter, sondern nur Lagerhalterinnen. Wir haben in Pforzheim niemals männliche Bedienung in unserm Geschäft eingeführt und wir sind mit der weiblichen Bedienung durchaus zufrieden. Die besten Lagerhalterinnen sind diejenigen, die als Lehrmädchen aus dem Geschäft hervorgegangen sind. Wenn sie heiraten, gehen sie in der Regel ab,

(Heiterkeit.)

sie wollen dann nicht mehr im Konsumverein weiter arbeiten, und wir wünschen das auch nicht. Ich beantrage also, daß der zweite Satz im Punkt 3 in Wegfall kommt.

Verbandsdirektor **Neugebauer** (Breslau): Ich möchte Sie dringend bitten, den Punkt 3 stehen zu lassen, wie er ist. Es ist schon längst anerkannt, daß für diesen Fall Tantièmen sehr vernünftig und gut sind. Wenn ein Verein zufällig nur junge Damen hat, die vielleicht im Kostüm oder sonst in einer netten Form

(Heiterkeit.)

die Bedienung besorgen, so ist dies ein Fall für sich, der sich aber auf die Allgemeinheit nicht übertragen läßt. Umgekehrt ist es bei den Kreditgenossenschaften: Da heißt es, die Vorstandsmitglieder sollen möglichst nicht auf Tantième gestellt werden, und trotzdem geschieht es vielfach.

(Sehr richtig!)

Direktor **Raucher** (Karlsruhe): Im ersten Satz des Punktes 3 heißt es: Die Steigerung des Gehalts ist vertragsmäßig zu regeln. Ich will einen Abänderungsantrag nicht stellen, ich möchte nur die Frage an den

Herrn Anwalt richten, ob es nicht zweckmäßig wäre, dem hinzuzufügen: diese Steigerung ist selbstverständlich von guter Geschäftsführung und zufriedenstellender Abrechnung abhängig.

(Widerspruch.)

Wir haben Lagerhalterinnen, die sich den Mitgliedern gegenüber nichts zuschulden kommen lassen, bei der Abrechnung aber haben sie stets das Manko beinahe bis zum letzten Pfennig erreicht. Das nenne ich keine gute Geschäftsführung und keine gute Abrechnung und deswegen würde ich einen derartigen Zusatz für zweckmäßig halten. Was den zweiten Satz anbetrifft, so halte ich eine Umsatzprovision im Gegensatz zu meinem Landsmann Gruner nicht für verwerflich, weil sie einen Ansporn gibt für den Lagerhalter.

Vorsitzender Verbandsdirektor **Oppermann** (Magdeburg): [Zu Herrn Gruner]: Stellen Sie einen Antrag?

Vorsitzender des Aufsichtsrats **Gruner** (Pforzheim): Nein, ich sehe, daß er doch nicht angenommen wird.

Anwalt **Dr. Crüger** (Charlottenburg): Nur eine kurze Bemerkung zu der Anregung des Herrn Maucher. Es ist hier gesagt: die Steigerung des Gehalts ist vertragsmäßig zu regeln, also die Bedingungen, unter denen die Steigerung eintreten soll, die sollen im Vertrag niedergelegt werden. Es würde daher nicht zweckmäßig sein, hier etwa nähere Einzelbestimmungen vorzusehen.

Verbandsdirektor **Kletke** (Breslau): Was ich sagen will, deckt sich zum Teil mit dem, was der Herr Anwalt ausgeführt hat. Ich halte es für etwas sehr Mißliches, von Anfang an bei der Anstellung eines Lagerhalters eine große Steigerung des Gehalts festzusetzen, denn wir wissen ja nicht, wie der Umfang des Geschäftes bei dem Lagerhalter wird, wie er sich bewährt und dergleichen. Ist aber eine bestimmte Steigerung vertragsmäßig festgelegt, dann hat der Mann einen Anspruch darauf, und wir können dann sehr schwer nachweisen, daß die Ansprüche, die wir seinerzeit gestellt hatten, nicht erfüllt sind. Ich kann mich deshalb mit dem zweiten Satz: „die Steigerung des Gehalts ist vertragsmäßig festzusetzen" nicht einverstanden erklären. Ich würde beantragen, den Anfang des Punktes 3 zu fassen: „Die Entlohnung geschieht nach festen, im Anstellungsvertrage zu regelnden Grundsätzen." Da, glaube ich, fällt alles darunter.

Verbandsdirektor **Jordan** (Görlitz): Mit den Ausführungen des Herrn Gruner, daß die Lagerhalter ein auskömmliches, den örtlichen Verhältnissen entsprechendes Einkommen haben sollen, sind wir wohl alle einverstanden. Aber der Vergleich mit den Beamten ist doch wohl nicht zutreffend, Kaufleute sind keine Beamten. Gerade der Lagerhalter und die Stellung, die er einnimmt, trägt ungeheuer viel zur Entwickelung der Genossenschaft bei, und wollte man ihm die Gehaltsgrenze nach oben derartig beschneiden, daß man sagt, er ist auf ein bestimmtes Einkommen angewiesen, darüber hinaus geht es nicht, so, meine ich, fällt der Eifer und das Bestreben, die Genossenschaft selbst mit fort zu bringen, vollständig weg. Ich kann Ihnen nur empfehlen, diese Tantièmenbestimmung hier stehen zu lassen. Ich möchte mir aber die Anfrage erlauben, ob es nicht im Punkt 3 heißen könnte: „Die Entlohnung geschieht nach festen Grundsätzen; das Mindesteinkommen ist vertragsmäßig zu regeln?"

Anwalt **Dr. Crüger** (Charlottenburg): Meine Herren, ich kann mich weder mit dem Antrag Kletke noch mit der Anregung des Herrn Jordan einverstanden erklären. Beide kommen ziemlich auf dasselbe hinaus. Mir liegt eben sehr viel daran, zum Ausdruck zu bringen, daß eine Steigerung des Gehalts skalamäßig vorgesehen wird, damit nicht fortwährend Verhandlungen über Gehaltserhöhungen nötig sind, sondern damit beide Teile genau wissen, woran sie sind. Dem Bedenken des Herrn Kletke möchte ich entgegenhalten, daß die Genossenschaft das Kündigungsrecht hat; wenn also ein Lagerhalter sich nicht bewährt, wird natürlich keine Gehaltssteigerung eintreten, sondern es wird dem Lagerhalter gekündigt. Daß eine Gehaltssteigerung natürlich nur eintritt, wenn sich der Lagerhalter bewährt hat, ist so selbstverständlich, daß darüber wohl kaum eine Bestimmung nötig ist.

Verbandsdirektor **Kletke** (Breslau): Ich bin doch nicht der Ansicht, daß es so selbstverständlich ist, daß man etwas, was vertragsmäßig festgelegt ist, nachher ohne weiteres aus der Welt schafft. Da wird dann der Nachweis verlangt, daß der Lagerhalter in der Zeit sich nicht so geführt hat, wie es dem Anstellungsvertrage entspricht, und ein solcher Nachweis ist furchtbar schwer, und das greift in die Dispositionsfähigkeit des Vorstandes sehr tief ein. Ich bleibe dabei, daß es viel besser ist, wenn man nicht von vornherein eine derartig bestimmte Steigerung des Gehaltes festsetzt. Die Steigerung wird ohne weiteres bald eintreten, sobald sich der Lagerhalter wirklich bewährt. Der Wegfall der Gehaltssteigerung braucht auch nicht immer mit den Leistungen des Lagerhalters zusammenzuhängen, sondern es können da ganz andere Verhältnisse eintreten, die den Umsatz zurückgehen lassen, selbst ohne Verschulden des Lagerhalters, und die dann dazu führen, daß eine Gehaltssteigeruug nicht eintritt. Ich bleibe dabei, daß der Satz von der Steigerung des Gehalts nicht sehr angenehm ist für den Vorstand.

Vorsitzender Verbandsdirektor **Oppermann** (Magdeburg): Der Antrag Kletke lautet:

„Die Entlohnung geschieht nach festen, im Anstellungsvertrage zu regelnden Grundsätzen."

Anwalt **Dr. Crüger** (Charlottenburg): Meine Herren, dann nehmen Sie gar nichts an. Das besagt doch nichts, daß die Entlohnung nach „Grundsätzen" erfolgt. Was heißt denn das? Daß über das Gehalt im Anstellungsvertrag etwas drinstehen muß, ist doch selbstverständlich. Sie kommen dann zu einer Streichung des ganzen Absatzes. Dieser Antrag bedeutet geradezu eine Negierung des Prinzips, das hier zum Ausdruck gebracht werden soll.

Verbandsdirektor **Jordan** (Görlitz): Ich möchte doch im Gegensatz zu Herrn Kletke meinen Antrag aufrecht erhalten, denn gerade, was ich gesagt habe, wird durch Herrn Kletke bestätigt. Er sagte, es kann ohne das Verschulden des Lagerhalters dazu kommen, daß die Einnahmen in seinem Lager zurückgehen: es werden neue Läger errichtet, dazu kommt vielleicht Wegzug von viel konsumierendem Publikum aus der Stadt oder sonstige Umstände, wodurch die Einnahme des Lagerhalters niedriger wird, ohne sein Verschulden. Ein bestimmtes Einkommen muß er aber haben, um auskommen zu können, und da wäre es doch richtiger, zu beschließen: die Entlohnung geschieht nach festen Grundsätzen, das Mindesteinkommen ist vertragsmäßig zu regeln.

Anwalt **Dr. Crüger** (Charlottenburg): Aber, meine Herren, damit kommen wir doch auch nicht weiter. Was heißt das: das Mindesteinkommen soll im Vertrage stehen? Der zweite Satz des Punktes 3 lautet ja: die Entlohnung soll zum Teil in festem Gehalt, zum Teil in einer Tantième bestehen. Da ist ja schon zum Ausdruck gebracht, daß ein Mindestgehalt bestehen soll.

Verbandsdirektor Justizrat **Dr. Alberti** (Wiesbaden): Es ist ganz richtig, was Herr Jordan meinte: wenn die Tantième so zurückgeht, daß der Mann allein auf das feste Gehalt angewiesen ist, und dies Gehalt setzt andererseits zu seiner notwendigen Ergänzung die Tantième voraus, dann ist er in diesem Jahre allerdings schlecht daran. Es muß allerdings der Grundsatz feststehen, daß ihm eine gewisse Summe garantiert wird, auch für den Fall, daß die Tantième einmal gänzlich ausfällt.

(Sehr richtig!)

Anwalt **Dr. Crüger** (Charlottenburg): Gleichwohl muß ich Sie bitten, den Antrag abzulehnen. Man muß sich darüber klar werden: es handelt sich hier darum, Stellung zu nehmen zu dem Anspruch auf regelmäßig eintretende Gehaltssteigerung, und ich bitte dringend, den Antrag so anzunehmen, wie er vorgelegt ist.

Verbandsdirektor Justizrat **Dr. Alberti** (Wiesbaden): Damit ist ja der Antrag des Anwalts nicht ausgeschlossen: also die Gehaltssteigerung soll eintreten, aber sie kann vielleicht in einem Falle gar nicht genügen, um dem Manne ein ausreichendes Einkommen zu sichern, weil die Tantième vollkommen wegfällt.

Verbandsdirektor **Keidel** (Stargard): Ich bitte Sie, den Antrag Jordan anzunehmen. Es kommen tatsächlich Verhältnisse vor, daß der Verkauf so eingeschränkt wird, daß der Lagerhalter, wenn nicht ein Mindesteinkommen festgesetzt wäre, vielleicht auf die Hälfte des bisherigen Einkommens zurückgesetzt wäre. Deswegen ist es notwendig, ein Mindesteinkommen festzusetzen. Gleichzeitig möchte ich auch der Ansicht des Herrn Kletke beitreten: warum soll schon sofort bei der Anstellung des Lagerhalters festgelegt werden: du bekommst nach 2, 3, 4 Jahren das und das Gehalt? Das kann man doch abwarten. Die Genossenschaft hat ja die Steigerung in der Hand, und jedenfalls haben doch sämtliche Konsumvereine das Bestreben, den Lagerhalter so zu stellen, daß er auskommen kann. Die Verwaltung wird schon rechtzeitig wissen, wann der Mann aufgebessert werden muß; hat er sich eine Reihe von Jahren bewährt, dann kann die Genossenschaft das auch machen. Sie kann ihm von vornherein eine Erhöhung in Aussicht stellen, falls er länger bleibt.

Direktor **Stromenger** (Immenstadt): Ich möchte vorschlagen, daß der Anfang des Punktes 3 so bleibt und daß es dann weiter heißt: eine eventuelle — oder eine Steigerung des Gehalts ist vertragsmäßig zu regeln. Das Mindestgehalt ist bereits durch ein festes Gehalt festgesetzt. Es ist überhaupt nicht zweckmäßig, für den Lagerhalter die Steigerung im Vertrag vorzuschreiben. Sein Gehalt wird gesteigert, wenn er tüchtig ist, durch die Umsatzprovision. Ist noch daneben eine vertragsmäßig bestimmte Steigerung vorgesehen, so kann ja der Lagerhalter, wenn das Geschäft sich verdoppelt oder verdreifacht, ein unverhältnismäßig hohes Gehalt bekommen.

Vorsitzender des Aufsichtsrats **Schätze** (Görlitz): Der Streit dreht sich bei der Nr. 3 offenbar um den Satz: Die Steigerung des Gehalts ist vertragsmäßig zu regeln. Die anderen Bestimmungen dürften ohne weiteres annehmbar sein. Der Satz von der Gehaltssteigerung ist in der Tat etwas sehr weitgehend, dadurch könnten die Vereine in eine sehr unangenehme Lage versetzt werden. Angenommen, der Lagerhalter ist tüchtig, pflichttreu, aber sein Geschäft geht, wie Herr Verbandsdirektor Jordan erklärt hat, durch Umzug konsumfähiger Mitglieder, durch Errichtung neuer Läger usw. zurück. Nichtsdestoweniger muß er das Gehalt, was festgesetzt ist, bekommen, und nicht nur das, sondern nach Ablauf der vertragsmäßigen Zeit auch noch eine Zulage. Dieser Absatz dürfte doch wohl sehr schwerwiegender Natur sein für alle Konsumvereine, ob sie klein oder groß sind. Ich bitte Sie deshalb, diesen Satz zu streichen, das andere aber stehen zu lassen.

Verbandsdirektor **Neugebauer** (Breslau): Ich war auch zuerst Feuer und Flamme für die Fassung des Herrn Anwalts, aber ich bin inzwischen eines andern belehrt worden. Wir müssen auseinanderhalten: Mindestgehalt und Mindesteinkommen. Ein Mindestgehalt festzusetzen, wäre wohl nicht angebracht, dagegen soll ein Mindesteinkommen festgesetzt werden für den Fall, daß die Tantième einmal so zusammenschrumpfte, daß der Mann schlechterdings nicht bestehen könnte. Und dann meine ich auch, daß eine Gehaltssteigerung hier nicht so wichtig ist, wie in irgend einer anderen Branche. Wenn das Einkommen erhöht werden soll, können Sie lieber die Tantième erhöhen, aber eine besondere Bestimmung wegen einer Gehaltssteigerung zu treffen, erscheint mir nicht nötig. Ich schlage vor, den ersten Satz des Punktes 3 wegzulassen bis zu dem Worte „regeln", den zweiten Satz stehen zu lassen und anzufügen: Ein Mindesteinkommen ist vertragsmäßig festzusetzen."

Anwalt **Dr. Crüger** (Charlottenburg): Ich habe Herrn Jordan durchaus richtig verstanden gehabt, er bringt einen prinzipiell andern Antrag ein: er will die Steigerung des Gehalts vertragsmäßig nicht fest regeln. Wenn es sich im übrigen nur darum handelt, hier noch einen Passus einzufügen: ein Mindesteinkommen ist festzulegen — dann brauchen wir darüber keine Minute zu debattieren, denn ich glaube, damit sind wir alle vollkommen einverstanden. Ich würde, weil ich ja den ganzen Antrag festhalten will, dann bitten, am Schluß zwischen „berechnet" und „wird" die Worte einzufügen: „und ihrem Mindestbetrag nach festgesetzt". Die so garantierte Tantième mit dem festen Gehalt ergibt dann das Mindesteinkommen des Lagerhalters. Im übrigen halte ich aus den Gründen, die ich vorhin dargelegt habe, entschieden daran fest, daß es wünschenswert ist, auch eine Steigerung des Gehalts bereits im Vertrage festzusetzen. Ich glaube, es handelt sich tatsächlich nur um die Prinzipienfrage: wollen Sie eine Steigerung vertragsmäßig festsetzen oder nicht?

Verbandsdirektor **Keidel** (Stargard): Ich stelle hiermit den Antrag, den ersten Satz des Punktes 3 zu streichen und nur den zweiten Satz von „Die Entlohnung des Lagerhalters soll" ab stehen zu lassen.

Abstimmung.

Der Antrag Kletke wird zurückgezogen.

Der Antrag Neugebauer, den ersten Satz des Punktes 3 zu streichen, wird abgelehnt.

Der Antrag Jordan, Punkt 3 zu fassen:

> „Die Entlohnung geschieht nach festen Grundsätzen. Das Mindesteinkommen ist vertragsmäßig zu regeln. Die Entlohnung des Lagerhalters soll zum Teil in einem festen Gehalt, zum Teil in einer Tantième bestehen, die nach der Höhe des Umsatzes berechnet wird"

wird angenommen.

Damit sind die übrigen Anträge erledigt.

Vorsitzender Verbandsdirektor **Oppermann** (Magdeburg): Es käme nun:

Punkt 4 des Antrages des Anwalts

> „Gehilfen oder Gehilfinnen des Lagerhalters werden durch den Vorstand nach vorheriger Verständigung mit dem Lagerhalter angestellt und entlassen."

Vorsitzender des Aufsichtsrats Oberrechnungsrat **Kirsch** (Karlsruhe): Zu Punkt 4 möchte ich wünschen, daß einige Worte eingefügt werden. Es betrifft die Verantwortlichkeit der Gehilfen und Gehilfinnen. Es ist eigentlich selbstverständlich, und wir haben es vorher vom Herrn Anwalt bereits gehört, daß die Verantwortung für die Gehilfen selbstverständlich auch der Lagerhalter zu tragen hat. Aber ich glaube, um jeden Zweifel auszuschließen, wäre es vielleicht ganz zweckmäßig, wenn wir Punkt 4 so fassen würden:

„Gehilfen oder Gehilfinnen des Lagerhalters werden unter dessen alleiniger Verantwortung durch den Vorstand nach vorheriger Verständigung mit dem Lagerhalter angestellt und entlassen."

Also ich möchte wünschen, daß die Verantwortung des Lagerhalters hier noch besonders hervorgehoben wird. Ich bin dazu gekommen, weil es in unserm Verein tatsächlich vorgekommen ist, daß bei einem großen Übermanko die Lagerhalterin geltend gemacht hat: ja, ich weiß wohl, daß das Übermanko entstanden ist, aber ich habe die Vermutung, daß ich von meinen Gehilfinnen betrogen worden bin. Ich glaube also, es wird nichts schaden, wenn hier in wenigen Worten zum Ausdruck gebracht wird, daß den Lagerhalter oder die Lagerhalterin auch die Verantwortung trifft, wenn das Personal, das ihnen unterstellt ist, untreu ist.

Anwalt **Dr. Crüger** (Charlottenburg): Ich bitte Sie, an den Westerländer Beschlüssen festzuhalten und hier keine Änderung vorzunehmen. Im übrigen bin ich vom rechtlichen Standpunkt als Jurist auch der Meinung, daß diesem Antrag gar nicht stattgegeben werden kann, denn es ist nicht angängig, dem Lagerhalter ohne weiteres jede Verantwortung aufzubürden; er kann tatsächlich verantwortungsfrei sein, er kann bestohlen sein, hat im übrigen aber seine volle Schuldigkeit getan. Dann würde es mit den Grundsätzen der Billigkeit nicht zu vereinbaren sein, den Lagerhalter verantwortlich zu machen.

Vorsitzender des Aufsichtsrats **Schätze** (Görlitz): Es steht hier „Gehilfen usw. des Lagerhalters". Wenn diese Gehilfen aber vom Vorstand angestellt werden, dann sind sie nicht Gehilfen des Lagerhalters, sondern des Vereins. Ich würde also bitten, redaktionell diesen Satz richtig zu stellen.

Anwalt **Dr. Crüger** (Charlottenburg): Meine Herren, es wird schließlich nichts anderes übrig bleiben, als nochmals die Westerländer Verhandlungen vorzulesen, denn über alle diese Dinge haben wir uns dort gründlich ausgesprochen, und damals sind alle diese Fragen sehr sorgfältig ventiliert. Es liegt hier keinerlei Widerspruch vor; es handelt sich hier um Unterangestellte des Lagerhalters, bei deren Anstellung sowohl der Genossenschaft wie dem Lagerhalter eine Einwirkung gegeben werden soll.

Direktor **Stromenger** (Immenstadt): Wenn der Vorstand die Gehilfen anstellt, kann der Verein nicht verlangen, daß den Lagerhalter ganz allein die Verantwortung für die Gehilfen trifft. Wenn nachgewiesen ist, daß ein Gehilfe unehrlich war, dann kann man den Lagerhalter nicht verantwortlich machen. Ich möchte deshalb bitten, den Punkt 4 so zu belassen, wie er hier steht.

Abstimmung.

Punkt 4 wird unverändert angenommen.

Punkt 5 lautet: „Wird die Arbeitskraft der Frau oder der Kinder des Lagerhalters in Anspruch genommen, so gelten diese als Gehilfinnen im Sinne der Nr. 4, jedenfalls ist die Entschädigung für diese Personen selbständig zu bemessen."

Vorsitzender des Aufsichtsrats **Gruner** (Pforzheim): Ich bitte, Punkt 5 einfach zu streichen. Wenn der Lagerhalter das Geschäft führt, sollen Frau und Kinder zu Hause bleiben, und wenn das Geschäft durch eine verheiratete Lagerhalterin geführt wird, dann soll der Mann und die Kinder zu Hause bleiben. Sonst gibt es nur Unzuträglichkeiten.

[Anwalt Dr. Crüger: Aber wollen Sie nicht Ihren Antrag formulieren: Wenn der Mann arbeitet, bleibt die Frau zu Hause und wenn die Frau arbeitet, bleibt der Mann zu Hause! — Heiterkeit.]

Verbandsdirektor **Jordan** (Görlitz): Meine Herren, die Arbeitskraft der Frau ist unter Umständen im Geschäft ganz unentbehrlich, besonders in den kleineren Konsumvereinen. Die Frau ist sehr oft die Vertreterin des Mannes im Geschäft, und wenn wir hier einfach sagen wollen, die Frau hat im Geschäft nichts zu suchen, so würden wir die Vereine unter Umständen schädigen. Ob nun die Frau als Gehilfin des Lagerhalters im Sinne des Punktes 4 angesehen werden kann, möchte ich doch als strittigen Punkt dahingestellt sein lassen. Die Frau ist stundenweise und nicht den ganzen Tag im Geschäft; ihre Tätigkeit erhöht die Einnahmen des Lagerhalters. (Sehr richtig!)

Daher können wir eine besondere Besoldung der Frau des Lagerhalters nicht befürworten!

Geschäftsführer **Kramer** (Königslutter): Ich bin auch für Streichung dieses Satzes. Wenn wir einen Lagerhalter suchen, suchen wir einen verheirateten; mit dem verheirateten setzen wir das Gehalt fest — mit der Frau. Sollten wir mit dieser noch extra einen Vertrag machen, dann müßten wir ja doppelt bezahlen; also das muß heraus, erwachsene Kinder des Lagerhalters sind als Gehilfen zu betrachten, wenn sie im Geschäft tätig sind.

Vorsitzender des Aufsichtsrates **Schätze** (Görlitz): Meine Herren, Punkt 5 ist nicht so unberechtigt. Wenn die Frau den Hauptteil ihrer Arbeitskraft im Verein verwendet, wenn die Kinder des Lagerhalters als Verkäufer funktionieren, so ist es doch vollständig richtig, daß auch sie nach den Grundsätzen für Verkäufer und Verkäuferinnen behandelt und bezahlt werden.

Verbandsdirektor **Jordan** (Görlitz): Ich habe eben nur von der Frau des Lagerhalters gesprochen. Ähnlich liegt es mit den Kindern. Wenn wir nach unseren Grundsätzen, die wir vorhin aufgestellt haben, dem Lagerhalter festes Gehalt und Tantième geben, so spart der Lagerhalter gewissermaßen durch die Mitarbeit seiner Tochter eine Verkäuferin; er kann also ihr dasselbe geben, was er einer Verkäuferin gibt oder wenn der Konsumverein die Verkäuferin bezahlt, so hat selbstverständlich die Tochter dasselbe Gehalt zu beanspruchen, wie eine Verkäuferin. Wenn wir also den Punkt überhaupt stehen lassen, so bin ich dafür, daß es nur heißt: „die Arbeitskraft der Kinder des Lagerhalters", daß aber die Worte „der Frau" gestrichen werden.

Anwalt **Dr. Crüger** (Charlottenburg): Nur eine kurze Bemerkung. Wir können nicht mit Idealzuständen rechnen, sondern haben uns anzupassen an die Wirklichkeit, wie sie bei den Konsumvereinen zu finden ist. Nach meinen Beobachtungen liegen die Dinge tatsächlich so, daß die Frau gewissermaßen als Gehilfin des Lagerhalters mit arbeitet und daß bei Bemessung des Gehaltes des Lagerhalters die Entschädigung für die Frau mit einbegriffen wird. Wenn wir hier die Frau streichen, wird das einfach nicht verstanden werden. Ich habe vor nicht langer Zeit ein Gutachten zu erteilen gehabt, aus gleichen Verhältnissen heraus, und ich kann Ihnen nur empfehlen, die Position hier so anzunehmen, wie sie vorgeschlagen ist, oder sie ganz zu streichen. Aber ich möchte Sie schon jetzt darauf aufmerksam machen: wenn Sie alle Positionen streichen wollen, dann ist es das gescheidteste, wir lassen uns gar nicht weiter auf eine Erörterung der Mindestforderungen der Lagerhalter ein; dann kommen wir am schnellsten zum Resultat.

Mitglied des Aufsichtsrats **Canné** (Frankfurt a. M.): Ich möchte Sie bitten, die Position 5, wie der Herr Anwalt sie vorgeschlagen hat, anzunehmen. Es handelt sich hier nur um grundsätzliche Bestimmungen; jeder einzelnen Genossenschaft ist es überlassen, wie sie nach ihren Verhältnissen die Sache regeln wird. Streichen Sie aber hier die Frau oder die Kinder, so legen Sie grundsätzlich fest, daß das für alle Genossenschaften gelten soll. Ich meine, wie gesagt, wir können die Bestimmung ruhig annehmen. Es ist keine bindende, keine zwingende Vorschrift, sondern die einzelne Genossenschaft kann in dem einzelnen Falle, wenn sie einen Lagerhalter engagiert, in dem Vertrag diese Angelegenheit mit ihm regeln.

(Sehr richtig!)

Direktor **Kundry** (Breslau): Wenn der Lagerhalter in der glücklichen Lage ist, eine gesunde Frau zu haben, die ihm im Geschäft hilft, und wenn seine Kinder ihm auch helfen, dann hat der Mann einen doppelten Nutzen. Er hat keine fremden Leute, sondern die arbeiten alle zusammen in die Tasche des Lagerhalters, während er, wenn er fremde Kräfte hat, Gefahr läuft, falls sie unehrlich sind, bestohlen zu werden. Er hat also dadurch schon ein höheres Einkommen, wenn er seine Frau und Kinder im Geschäft hat. Im anderen Falle aber, wenn er das Unglück hat, daß seine Frau krank ist, muß er sich fremde Leute halten, muß sich auf die verlassen und es sich gefallen lassen, wenn ihm dabei mal etwas hinten herumgeht.

In der

Abstimmung

wird hierauf Punkt 5 mit großer Majorität angenommen.

Punkt 6: „Die Genossenschaft übernimmt die Zahlung für Kranken- und Invalidenversicherung, versichert die Lagerhalter gegen Unfall im Betriebe und tritt der Ruhegehaltskasse deutscher Erwerbs- und Wirtschaftsgenossenschaften und der Witwen- und Waisen-Pensionskasse deutscher Erwerbs- und Wirtschaftsgenossenschaften bei."

Verbandsdirektor **Neugebauer** (Breslau): Nur ein kurzes Wort. Es ist mit großer Freude zu begrüßen, daß der Herr Anwalt die Ruhegehaltskasse und die Pensionskasse hier hineingesetzt hat. Aber was den ersten Satz anlangt: „Die Genossenschaft übernimmt die Zahlung für Kranken- und Invalidenversicherung und versichert die Lagerhalter gegen Unfall im Betriebe", so möchte ich bitten, die Sache doch noch einmal in Erwägung zu ziehen. Wir sind bei unserem Vorschußverein so gutmütig gewesen, von Anfang an für sämtliche Beamte, die versicherungspflichtig waren, seitens des Vereins die Beiträge zu zahlen, aber wir haben diese Bestimmung nachträglich im Laufe der Jahre oftmals bereut und sind zu der Ansicht gekommen: jeder Angestellte, jeder Bürger möge wissen, was ihm der Staat auferlegt, und was er dafür zu erwarten hat. Ich bitte Sie dringend, die Zahlung dieser Beiträge keineswegs den Konsumvereinen als obligatorisch zu empfehlen. Die Arbeitgeber haben durch unsere soziale Gesetzgebung sehr schwere Lasten, ja ganz kolossale Lasten und fast keine Rechte, während die Arbeitnehmer die Rechte haben; das ist wohl allgemein anerkannt. Seien wir doch nicht päpstlicher als der Papst! Ich stelle den Antrag, den ersten Satz zu streichen.

Anwalt **Dr. Crüger** (Charlottenburg): Ich möchte allerdings darauf aufmerksam machen, meine Herren, daß ich — unwidersprochen, glaube ich — so ziemlich auf sämtlichen Verbandstagen der Konsumvereine den Rat den Genossenschaften erteilt habe, der hier in diesem Antrage verdichtet ist.

(Zustimmung.)

Der Allgemeine Genossenschaftstag würde also, wenn er jetzt eine andere Entschließung faßt, nicht bloß mich desavouieren, sondern sich auch in Widerspruch setzen zu der stillschweigenden Zustimmung, die auf den Verbandstagen der Konsumvereine sich bisher diesen meinen Ausführungen anschloß. Ich würde das im höchsten Grade für bedauerlich halten. Im übrigen würde ich anheimstellen, auf die Frage, wo mehr Rechte oder

Pflichten liegen, bei den Arbeitgebern oder Arbeitnehmern, hier nicht einzugehen. Der Konsumverein hat Pflichten zu erfüllen und der Lagerhalter auch, und daß ein tüchtiger guter Lagerhalter für die Genossenschaft von ganz außerordentlicher Bedeutung ist, darüber sind wir uns wohl alle vollständig klar. Ich möchte also nicht betont sehen besondere Pflichten des Arbeitgebers oder Arbeitnehmers. Wie es in der Industrie damit aussieht, geht uns nichts an; wir haben es hier nur mit Konsumvereinen zu tun.

Verbandsrevisor **Dr. Fritz Schneider** (Potsdam): Ich meine, daß auch Punkt 6 anders verstanden werden kann, als ihn Herr Neugebauer verstanden hat. Mir scheint der Gegensatz die Hauptsache zu sein, daß die Genossenschaft und nicht der Lagerhalter diese Kosten zu tragen hat. Bisher war doch die Sache vielfach bei den Konsumvereinen so, daß der Lagerhalter dafür verantwortlich gemacht wurde, das Unterpersonal zu versichern. Hier kommt zum Ausdruck: die Genossenschaft soll das machen; aber damit ist gar nicht ausgedrückt, daß die Genossenschaft nun die ganzen Kosten übernehmen soll. Der Satz wird auch so verstanden werden können, daß die gesetzmäßige Belastung von der Genossenschaft getragen wird.

Verbandsdirektor **Neugebauer** (Breslau): Ich habe das Verhältnis der Rechte und Pflichten der Arbeitgeber und Arbeitnehmer nur erwähnen müssen, um meinen Antrag auch begründen zu können, nicht aus irgend welchen anderen Beweggründen. Auch sprach ich nur aus der Erfahrung heraus, die ich leider bei meinem Vereine gemacht habe. Endlich stelle ich mich auf weiter nichts, als auf den Boden des Gesetzes, auf dem der Herr Anwalt sonst auch immer steht, und wenn das Gesetz sagt: halb und halb und 1/3 zu 2/3 sind diese Lasten von Arbeitnehmer und Arbeitgeber zu tragen, so bin ich dafür, daß man das nicht ohne weiteres umstößt. Wenn ein Verein in diesem oder jenem Falle diese Beiträge voll bezahlt, so ist das sehr löblich, aber es ist für jeden Fall seine eigene Sache; keineswegs aber soll man dies als Grundsatz aufstellen und es generell den Vereinen empfehlen.

Verbandsdirektor **Feierabend** (München): Ich bitte Sie, den Punkt 6, so wie er hier gefaßt ist, aus den Gründen, die vom Herrn Anwalt hervorgehoben worden sind, stehen zu lassen. Auf den Unterverbänden wurde dagegen ein Protest nicht eingelegt, man hat stillschweigend die Anregung des Herrn Anwalts akzeptiert. Es müßte sich eigentümlich ausnehmen, wenn man das, was früher genehmigt wurde, heute ändern wollte. Dem Herrn Verbandsdirektor Neugebauer gegenüber eine Bemerkung. Es kann ja sein, daß man in Breslau im Verein des Herrn Neugebauer Erfahrungen dahingehend gemacht hat, daß man tatsächlich zu dem Entschlusse gelangt ist, so zu handeln, wie Herr Neugebauer eben uns empfohlen hat. Ich möchte aber bemerken, daß eine Reihe von Konsumvereinen bereits besteht, welche die Versicherungsbeiträge für ihre Beamten und Angestellten voll und ganz zahlen. Wenn Sie nun Herrn Neugebauer folgen wollten, so kämen diese Vereine in die Lage, ihre bisherige Übung wieder fallen zu lassen. Das würde aber sicher keinen Fortschritt in sozialer Fürsorge bedeuten.

(Zuruf: Das kann doch jeder machen, wie er will!)

Gewiß. Sie müssen aber doch auch eine Gegenansicht gelten lassen. Herr Neugebauer exemplifiziert weiter, daß wir uns auf den Standpunkt des Gesetzes stellen sollen. Ich bin auch immer für den gesetzlichen Standpunkt zu haben, wo es irgendwie tunlich ist. Wenn aber das Gesetz vorschreibt, in diesem Falle hat der Arbeitgeber die Hälfte und der Arbeitnehmer die Hälfte, im andern Falle der Arbeitgeber 2/3 und der Arbeitnehmer 1/3 zu zahlen, so ist damit nicht ausgesprochen, daß wir daran festhalten müssen, sondern es ist nur festgelegt, wie die Beträge gezahlt werden können. Ich habe in unserer Baugenossenschaft in München die

Erfahrung gemacht — wir zahlen auch die ganzen Versicherungsprämien — daß die Personen, die davon berührt sind, sich außerordentlich dankbar erweisen. Es würde den Konsumvereinen nur zugute kommen, wenn dem Punkt 6 in vollem Umfange stattgegeben wird. Die Vereine stellen sich damit selbst ein Humanitätszeugnis gegenüber ihren Angestellten aus, welches gewiß allerseits anerkannt und sicher die besten Früchte zeitigen wird.

Verbandsdirektor **Jordan** (Görlitz): Ich stelle mich auf den Standpunkt: die Lagerhalter bezahlen ihre Verkäuferinnen. Wenn wir hier im Prinzip annehmen, die Genossenschaft bezahlt die Verkäuferinnen, so ist damit ausgedrückt, daß derjenige, der die Angestellten bezahlt, auch die Invalidenversicherungsbeiträge bezahlt. Wenn wir das hier im Prinzip beschließen, so wird es nachher doch wieder umgestoßen. Ich meine, wir stellen uns auf den Standpunkt des Antrages Neugebauer.

Verbandsdirektor **Keidel** (Stargard): Meine Herren, der Gesetzgeber hat den Maßstab festgelegt, nach welchem Arbeiter und Arbeitgeber zu zahlen haben. Wenn die Genossenschaften zum Wohle des Arbeiters etwas mehr tun, so ist das ihre Sache. Herr Neugebauer hat recht, wir lassen diesen Satz so. Es gibt tatsächlich einige Genossenschaften, die es so machen; warum sollen wir diesen sagen, sie sollen es nicht machen. Wenn die Leute das lesen, denken sie, sie müssen es so machen.

(Zuruf: Denen wollen wir doch helfen!)

Vorsitzender des Aufsichtsrates **Böhm** (Wesel): Meine Herren, ich habe soeben eine Umfrage gehalten, und von sämtlichen Genossenschaften, bei denen ich Erkundigungen einzog, habe ich die Antwort erhalten, daß die Genossenschaft diese Beiträge zahlt. In der sozialen Fürsorge sollen wir doch vorbildlich sein; lehnen wir das ab, machen wir einen Schritt zurück.

(Sehr richtig!)

Geschäftsführer **Kramer** (Königslutter): Ich bitte, hier noch hinzuzusetzen „in der Regel". Die Genossenschaft übernimmt „in der Regel" die Zahlung . . . Das wäre wünschenswert.

Abstimmung.

Punkt 6 wird mit großer Majorität in der Fassung des Antrages des Anwalts angenommen.

Punkt 7: „Die Verpflichtungen zu 6 erstrecken sich grundsätzlich auch auf die zu 4 und 5 bezeichneten Personen."

Verbandsdirektor **Feierabend** (München): Punkt 6 enthält die Voraussetzung, daß wir unsere direkt Angestellten in die Ruhegehaltskasse aufnehmen lassen sollen. Das ist von unserem Standpunkte betrachtet als außerordentlich begrüßens- und wünschenswert zu erachten. Der Herr Anwalt ist jedoch in Punkt 7 einen guten Schritt weiter gegangen. Für ihn gelten die gleichen Voraussetzungen auch für die Gehülfen und Gehülfinnen. Er wünscht, daß diesen in gleicher Weise von seiten der Vereine entgegengekommen werde, wie den von den Vereinen direkt Angestellten. Sie haben heute schon öfter Gelegenheit gehabt von mir zu hören, daß ich allen sozialen Humanitätsbestrebungen sehr geneigt bin; aber es würde meines Erachtens eine fast zu große Anforderung an die Vereine gestellt, wenn man ihnen zumuten wollte, das Hilfspersonal, das meist aus jungen Leuten besteht, die voraussichtlich nach menschlichem Ermessen von der Ruhegehaltskasse doch keinen Gebrauch machen werden, in dieselbe aufzunehmen. Davon sollte man absehen. Der Herr Anwalt hat vorhin selbst bemerkt, er wünsche nicht, daß ein Punkt angenommen werde, der bloß auf dem Papiere steht und nicht befolgt wird. Ich fürchte sehr, daß im gegebenen Falle, das, was der Herr Anwalt nicht wünscht, geradezu in

Erfüllung gehen würde. Der Herr Anwalt hat weiterhin betont, das Wort „grundsätzlich" sei von ihm deshalb eingeschoben worden, weil dadurch eine Bindung der Vereine gewissermaßen als ausgeschlossen zu betrachten sei. Das Wort „grundsätzlich" läßt aber nach meinen Begriffen auch eine andere Deutung zu. Ich fasse das Wort so auf, als müsse man „in der Regel" die aufgestellten Grundsätze befolgen und nur im Ausnahmefall wäre eine Abweichung gestattet. Demnach müßte die Aufnahme der Gehülfinnen der Lagerhalter usw. in die Ruhegehaltskasse die Regel bilden. Wir haben vorhin von meinem Freunde Gruner gehört, daß die besten Lagerhalterinnen diejenigen sind, die bereits als Lehrmädchen dem Vereine schon angehörten. Solche Fälle werden besonders in größeren Städten nur vereinzelt vorkommen. Wenn sich aber derartige Ausnahmen ergeben, dann genügt es vollkommen, wenn mit der Vorrückung zur Lagerhalterin auch die Aufnahme in die Ruhegehaltskasse betätigt wird. Wenn wir anstatt des Wortes „grundsätzlich" einschalten wollten: „in besonderen Fällen", könnte ich mich mit der Nr. 7 einverstanden erklären.

(Zuruf: tunlichst!)

— Gut, sagen wir „tunlichst".

Anwalt **Dr. Crüger** (Charlottenburg): Ich akzeptiere das Wort „tunlichst"!

Abstimmung.

Punkt 7 wird in der Fassung des Antrages angenommen, nur wird an Stelle des Wortes „grundsätzlich" das Wort „tunlichst" gesetzt.

Punkt 8: „Für die Mankovergütung gilt:

1. Das zulässige Manko kann zwar nach den besonderen Verhältnissen der Vereine verschieden hoch sein, doch sollte dasselbe über 1% des mankoberechtigten Warenausganges, auch wenn auf Zählwaren kein Manko gewährt wird, in der Regel nicht hinausgehen.
2. Zu widerraten ist, durch höheres Gehalt die Mankogewährung zu ersetzen.
3. Der Lagerhalter hat keinen Anspruch auf Auszahlung des die Höhe des Mankos nicht erreichenden Betrages; auch soll ein erzielter Überschuß nicht auf ein späteres oder früheres Manko verrechnet werden."

Vorsitzender Verbandsdirektor **Oppermann** (Magdeburg): Meine Herren, ich möchte darauf aufmerksam machen, daß hier der Lagerhalterverband vertreten ist. Ein Herr Döhnel, Sekretär dieses Verbandes, hat das Wort gewünscht. Die rechtliche Lage ist so, die Herren können zu unseren Sitzungen zugelassen werden, weil wir öffentlich verhandeln, daß aber darüber abgestimmt werden muß, wenn ein Herr, der in keiner Beziehung zu uns steht, das Wort ergreifen will.

Anwalt **Dr. Crüger** (Charlottenburg): Meine Herren, am Sonnabend Abend bekam ich einen Brief, in dem der Lagerhalterverband ersuchte, zu den Verhandlungen über diese Grundsätze hier zugelassen zu werden. Wir haben uns dann im engeren Kreise darüber unterhalten, und man war der Meinung, daß wir keine Ursache hätten, ein Novum zu schaffen, da wir gewöhnt sind, unsere Angelegenheiten allein zu besprechen, daß unsere Konsumvereinsvertreter soviel eigenes Wissen über alle diese Fragen haben, daß es zweckmäßig erscheint, ihnen selbst die Entscheidung zu überlassen. Und man war ferner der Meinung, daß die Konsumvereinsvertreter mit ihrem Personal, ihren Angestellten, schon so in Fühlung getreten sind, daß man auch über die Ansichten des Personals vollkommen unterrichtet sei. In dem Sinne schrieb ich — allerdings kürzer — an den Lagerhalterverband.

Leider hat der Brief die Herren nicht mehr erreicht; die Schuld liegt nicht an mir. Würde der Lagerhalterverband sich rechtzeitig mit mir in Verbindung gesetzt haben, würde er rechtzeitig von mir informiert worden sein über die Lage. Ich weiß nicht, ob der Herr Vertreter des Lagerhalterverbandes unter diesen Bedingungen seine Zulassung zum Wort aufrecht erhalten will. Würde der Herr Vertreter jetzt noch darauf verzichten, sich damit begnügen, hier Zuhörer zu sein, kämen wir um eine Abstimmung. Ob eine Abstimmung so sehr erwünscht ist, weiß ich nicht. Ich meine, der Herr Vertreter wird aus den Verhandlnngen sich überzeugt haben, daß die Sachen hier recht gründlich durchgesprochen werden, daß die Interessen der Lagerhalter warme und verständnisvolle Vertretung finden, und daß sein Eingreifen in die Verhandlungen wahrscheinlich einen Einfluß auf die Entschließung der Herren hier nicht ausüben wird. Vielleicht ist der Herr geneigt, bei dieser Sachlage sich damit zufrieden zu geben, daß er den Verhandlungen über diesen Gegenstand als Zuhörer beiwohnt. Sie können jetzt nur das Wort zu einer Erklärung bekommen, ob Sie das Wort wünschen oder nicht.

Sekretär des Lagerhalterverbandes **Döhnel** (Leipzig): Ich ziehe nach den soeben gehörten Ausführungen des Herrn Dr. Crüger meinen Antrag, zum Worte zugelassen zu werden, zurück.

Anwalt **Dr. Crüger** (Charlottenburg): Ich danke Ihnen dafür; selbstverständlich soll es mir durchaus recht sein, wenn Sie mir persönlich all Ihre Wünsche zu den Beschlüssen des diesjährigen Genossenschaftstages übermitteln. Sie können sicher sein, daß diesen Wünschen die gebührende Beachtung zu Teil werden wird, daß alle Ihre Anregungen einer sorgfältigen Erwägung werden unterzogen werden.

(Bravo!)

Abstimmung.

Punkt 8 wird unverändert angenommen.

Punkt 9: „Für die Kündigungsfrist gelten die handelsgesetzlichen Bestimmungen, wenn nicht vertraglich eine längere Kündigungsfrist vorgesehen ist."

Verbandsdirektor **Kletke** (Breslau): Ich bitte hier in Punkt 9 zu sagen: für die Kündigungsfrist gelten die handelsgesetzlichen Bestimmungen, wenn nicht vertragsmäßig eine andere Kündigungsfrist vorgesehen ist.

Anwalt **Dr. Crüger** (Charlottenburg): Meine Herren, wenn Sie der Anregung des Herrn Verbandsdirektors Kletke stattgeben, kehren Sie diesen Grundsatz in sein Gegenteil um. Es soll mit diesem Grundsatze zum Ausdruck gebracht werden, daß die handelsgesetzliche Kündigungsfrist die Grundlage bildet; natürlich soll an besseren Verhältnissen der Lagerhalter nichts geändert werden. Wir wollen doch als Konsumvereinler an dem Grundsatze festhalten, daß zum mindesten die gesetzliche Kündigungsfrist zur Annahme gelangt.

Abstimmung.

Punkt 9 wird unverändert angenommen.

Punkt 10: „Dem Lagerhalter ist eine Abschrift der Jahresinventuraufnahme zu übergeben."

Anwalt **Dr. Crüger** (Charlottenburg): Ich erkläre mich damit einverstanden, wenn Sie hier einfügen wollen: „auf Verlangen".

Vorsitzender des Aufsichtsrats **Gruner** (Pforzheim): Ich bin ganz mit der Fassung einverstanden; aber ich meine, es sollte nicht darauf verzichtet werden, daß der Lagerhalter auch von sich aus eine Inventur macht, denn er kann uns entgegenhalten: ich glaube nicht an Ihre Feststellung.

Verbandsdirektor **Jordan** (Görlitz): Wenn in die Lagerhalterverträge mit aufgenommen wird: bei der Inventur werden zwei Protokolle geführt, im Einverständnis mit dem Vorstande wird ein Protokoll für den Lagerhalter bestimmt und eins für den Verein, — dann regelt sich das von selbst, dann wird das zweite Protokoll auf Wunsch dem Lagerhalter ausgehändigt. Wenn das in den Vertrag aufgenommen wird, würde das, was Herr Gruner beantragt, wegfallen.

Anwalt **Dr. Crüger** (Charlottenburg) [zur Geschäftsordnung]: Meine Herren, es kann vielleicht die Abstimmung über Punkt 10 ausgesetzt werden, bis Herr Gruner seinen Antrag formuliert hat. Ich möchte bitten, jetzt auf Punkt 11 überzugehen.

Punkt 11: „Es ist auf die Einführung des Geschäftsschlusses an Sonn- und gesetzlichen Feiertagen sowie auf die Einführung des Achtuhrladenschlusses hinzuwirken. Dem Lagerhalter ist eine Ausgehzeit von mindestens zwei halbe oder einem ganzen Tag monatlich und ein Urlaub von mindestens einer Woche zu gewähren. Nach Möglichkeit ist die Mittagspause auf zwei Stunden auszudehnen."

Verbandsdirektor **Reidel** (Stargard): Mit Punkt 11 bin ich im allgemeinen einverstanden; nur der letzte Absatz entspricht nicht ganz meinen Wünschen. Es heißt dort: „Nach Möglichkeit ist die Mittagspause auf zwei Stunden auszudehnen." Das wird sich nicht in allen Vereinen gleich machen lassen. Ich habe deswegen einen Abänderungsantrag vorgelegt, dahingehend: „Eine Mittagspause ist festzusetzen."

(Zuruf.)

— Es wird mir vom Herrn Vorsitzenden vorgehalten: das ist gesetzlich. Das ist nicht der Fall; das kann jeder Verein halten wie er will.

Königlicher Berginspektor **Busch** (Zaborze): Im zweiten Satz ist vom Urlaub des Lagerhalters die Rede; da heißt es: dem Lagerhalter ist ein Urlaub von mindestens einer Woche zu gewähren. Da muß doch wohl hinzugefügt werden: innerhalb eines Jahres!

(Zustimmung.)

Verbandsdirektor **Oppermann** (Magdeburg): Gewiß, das können wir ohne weiteres hinzusetzen.

Anwalt **Dr. Crüger** (Charlottenburg): Meine Herren, wenn wir nur hineinsetzen wollen: eine Mittagspause ist festzusetzen, — so besagt das gar nichts. Im übrigen steht ja in dem Antrage: nach Möglichkeit. Wir wollen nur die Konsumvereine darauf aufmerksam machen, daß das Ziel, das wir in den Grundsätzen festgelegt haben, erstrebenswert ist.

Direktor **Stromenger** (Immenstadt): Ich bin auch mit dem Punkt 11 im großen ganzen einverstanden; aber was mit der Ausgehzeit verstanden werden soll, ist für mich nicht erklärlich. Ich will, daß der Lagerhalter Urlaub haben soll, daß er eine Mittagspause haben soll und daß er einen freien Sonntag haben soll — aber außerdem noch eine Ausgehzeit, das ist doch zuviel. Was würden die Mitglieder, die teilweise Arbeiter sind, sagen, wenn der Lagerhalter oder die Lagerhalterin nachmittags spazieren gehen?! Das Unterpersonal würde dann schalten und walten und der Lagerhalter könnte sagen: ich kann nicht während meiner Ausgehzeit verantwortlich sein für Manko oder Übermanko. Dieser Passus betreffend die Ausgehzeit des Lagerhalters muß unter allen Umständen aus der Nr. 11 heraus, und ich stelle hiermit den Antrag, die Worte von „eine Ausgehzeit" bis „und" zu streichen.

Abstimmung.

Der Antrag Stromenger desgl. der Antrag Busch wird angenommen, der Antrag Keidel abgelehnt. Die Nr. 11 lautet demnach wie folgt:

„Es ist auf die Einführung des Geschäftsschlusses an Sonn- und gesetzlichen Feiertagen, sowie auf die Einführung des Achtuhrladenschlusses hinzuwirken. Dem Lagerhalter ist ein Urlaub von mindestens einer Woche jährlich zu gewähren. Nach Möglichkeit ist die Mittagspause auf zwei Stunden auszudehnen."

Vorsitzender Verbandsdirektor **Oppermann** (Magdeburg): Wir gehen nun zurück zu Punkt 10. Da hat Herr Gruner den Antrag gestellt:

„Der Lagerhalter soll selbst ein Inventurprotokoll führen auf Verlangen ist ihm auch eine Abschrift der Inventur des Vorstandes zu übergeben."

Anwalt **Dr. Crüger** (Charlottenburg): Der Unterschied liegt darin, daß nach dem Amendement Gruner der Lagerhalter verpflichtet sein soll, das Protokoll zu führen, und ihm auf Verlangen eine Abschrift der Inventuraufnahme des Vorstandes zu übergeben ist. Ich überlasse die Entscheidung Ihrer Sachkunde.

Vorsitzender Verbandsdirektor **Oppermann** (Magdeburg): Daß der Lagerhalter selbst ein Protokoll führt, ist ein Unding. Das kann er höchstens aufstellen lassen. Er muß doch ständig bei der Warenaufnahme sein.

Vorsitzender des Aufsichtsrats **Gruner** (Pforzheim): Ich habe meinen Antrag nur gestellt, weil es sonst vorkommen kann, daß, wenn der Vorstand dem Lagerhalter seine Inventur übergibt; er sagt: es ist eine falsche Inventur, man hat mich hereingelegt.

Vorsitzender Verbandsdirektor **Oppermann** (Magdeburg): Darauf erwidere ich, daß es eine alte Übung bei den Konsumvereinen ist, daß der Lagerhalter einen Vertrauensmann stellen kann, der die zweite Liste führt. Daß nicht immer eine Abschrift der Inventuraufnahme möglich ist, werden Sie zugeben, wenn Sie bedenken, daß unter Umständen 50 Seiten abzuschreiben sind.

Der Antrag Gruner wird hierauf abgelehnt.

Anwalt **Dr. Crüger** (Charlottenburg): Es bleibt also der Grundsatz festgestellt, daß dem Lagerhalter auf sein Verlangen eine Abschrift der jährlichen Inventuraufnahme zu übergeben ist.

(Zustimmung.)

Punkt 12: „Die Kaution muß sicher angelegt und zum landesüblichen Zinsfuß verzinst werden."

Verbandsrevisor **Dr. Fritz Schneider** (Potsdam): Sie finden hier die Worte „zum landesüblichen Zinsfuß" und die selbstverständliche Voraussetzung ist dabei, daß die Kaution nicht im Geschäft des Vereins angelegt werden soll. Nun bin ich der Meinung, daß der landesübliche Zinsfuß bei uns nach den Bestimmungen des Bürgerlichen Gesetzbuches 4% ist, halte es aber für zweifelhaft, ob sich unter allen Umständen eine Anlage zu 4% wird machen lassen. Man ist vielfach darauf angewiesen, die Anlage bei einer Sparkasse zu machen, und da muß der Lagerhalter sich dann mit 3 und 3½% begnügen. Kauft man Wertpapiere, dann ist die Sache auch nicht sicher; die Wertpapiere, die 4% geben, stehen über pari, so daß die Sache so nicht leicht ausführbar ist.

Vorsitzender des Aufsichtsrats **Gruner** (Pforzheim): Wir in Pforzheim verlangen keine Kaution, sondern der Lagerhalter übergibt uns einfach ein Wertpapier, und das verwahren wir.

Anwalt **Dr. Crüger** (Charlottenburg): Dann wäre es am einfachsten, wenn Sie diesen letzten Absatz wie folgt fassen: „Die bare Kaution muß sicher und außerhalb des eigenen Geschäfts zinsbringend angelegt werden.“

(Zustimmung.)

Vorsitzender des Aufsichtsrats **Gruner** (Pforzheim): Viel besser ist: „Die Kaution kann in Wertpapieren gestellt werden.“

Vorsitzender Verbandsdirektor **Oppermann** (Magdeburg): Herr Keidel hat den Antrag gestellt: „Das Pfandgeld ist in Wertpapieren oder Sparkassenbüchern zu hinterlegen.“

Verbandsdirektor **Keidel** (Stargard): Meine Herren, wir sollen allgemein von dem Grundsatz ausgehen, bare Kaution nicht vom Lagerhalter anzunehmen. Das hat die Anwaltschaft uns immer gesagt

(Anwalt Dr. Crüger: Nein!)

und das wird auch in den sonstigen gesetzlichen Bestimmungen gesagt. Da ich nun nicht hier wieder zum Ausdruck gebracht sehen möchte, daß wir doch bare Kaution annehmen, habe ich meinen Antrag gestellt. Was die Verzinsung anlangt, so ist es Sache des Lagerhalters, was er für Wertpapiere oder Bücher einbringt.

(Zuruf: Nur mündelsichere Wertpapiere!)

Das ist Sache der Genossenschaft.

Anwalt **Dr. Crüger** (Charlottenburg): Ich habe nicht der Annahme barer Kaution widerraten, sondern ich habe nur immer gesagt, die bare Kaution soll nicht im Geschäftsbetrieb der Genossenschaft verwandt werden. Ich möchte Ihnen folgende Fassung anheimgeben, und ich glaube, darauf können Sie sich auch verständigen:

Bare Kaution

— also nur für diese soll eine Bestimmung getroffen werden —

muß sicher und außerhalb des Geschäfts zinsbar angelegt werden.

Nicht „die bare Kaution“, sondern „bare Kaution“, das heißt also, wenn eine Kaution in bar gegeben wird.

Abstimmung.

Der Antrag Dr. Crüger wird hierauf angenommen; ebenso der ganze Antrag zu Punkt III der Tagesordnung nach Maßgabe der angenommenen Amendements.

Der zur Annahme gelangte Antrag lautet:

Der Allgemeine Genossenschaftstag empfiehlt den Konsumvereinen nach Maßgabe der nachstehenden Grundsätze das Arbeitsverhältnis der Lagerhalter zu regeln:

1. Die Anstellung der Lagerhalter erfolgt durch den Vorstand, nachdem der Aufsichtsrat sich mit der Anstellung des betreffenden Lagerhalters einverstanden erklärt hat.
2. Die Entscheidung über die Entlassung erfolgt durch den Vorstand, der dem Aufsichtsrat von der Entlassung Kenntnis zu geben hat.
3. Die Entlohnung geschieht nach festen Grundsätzen; das Mindesteinkommen ist vertragsmäßig zu regeln. Die Entlohnung des Lagerhalters soll zum Teil in einem festen Gehalt, zum Teil in einer Tantieme bestehen, die nach der Höhe des Umsatzes berechnet wird.
4. Gehilfen oder Gehilfinnen des Lagerhalters werden durch den Vorstand nach vorheriger Verständigung mit dem Lagerhalter angestellt und entlassen.

5. Wird die Arbeitskraft der Frau oder der Kinder des Lagerhalters in Anspruch genommen, so gelten diese als Gehilfinnen im Sinne der Nr. 4; jedenfalls ist die Entschädigung für diese Personen selbständig zu bemessen.

6. Die Genossenschaft übernimmt die Zahlung für Kranken- und Invalidenversicherung, versichert die Lagerhalter gegen Unfall im Betriebe und tritt der Ruhegehaltskasse deutscher Erwerbs- und Wirtschaftsgenossenschaften und der Witwen- und Waisen-Pensionskasse deutscher Erwerbs- und Wirtschaftsgenossenschaften bei.

7. Die Verpflichtungen zu 6 erstrecken sich tunlichst auch auf die zu 4 und 5 bezeichneten Personen.

8. Für die Mankovergütung gilt:
   1. Das zulässige Manko kann zwar nach den besonderen Verhältnissen der Vereine verschieden hoch sein, doch sollte dasselbe über 1 pCt. des mankoberechtigten Warenausganges, auch wenn auf Zählwaren kein Manko gewährt wird, in der Regel nicht hinausgehen.
   2. Zu widerraten ist, durch höheres Gehalt die Mankogewährung zu ersetzen.
   3. Der Lagerhalter hat keinen Anspruch auf Auszahlung des die Höhe des Mankos nicht erreichenden Betrages; auch soll ein erzielter Überschuß nicht auf ein späteres oder früheres Manko verrechnet werden.

9. Für die Kündigungsfrist gelten die handelsgesetzlichen Bestimmungen, wenn nicht vertraglich eine längere Kündigungsfrist vorgesehen ist.

10. Dem Lagerhalter ist auf Verlangen eine Abschrift der Jahresinventuraufnahme zu übergeben.

11. Es ist auf die Einführung des Geschäftsschlusses an Sonn- und gesetzlichen Feiertagen, sowie auf die Einführung des Achtuhr-Ladenschlusses hinzuwirken. Dem Lagerhalter ist jährlich ein Urlaub von mindestens einer Woche zu gewähren. Nach Möglichkeit ist die Mittagspause auf 2 Stunden auszudehnen.

12. Bare Kaution muß sicher und außerhalb des eigenen Geschäfts zinsbar angelegt werden.

Anwalt **Dr. Crüger** (Charlottenburg): Ich danke Ihnen, daß Sie mir noch so viel davon übrig gelassen haben.

(Heiterkeit.)

Verbandsdirektor **Feierabend** (München): Die Zeit ist bereits weit vorgerückt. Es wäre sonst als sehr angezeigt zu erachten gewesen, wenn über die weiteren Forderungen der Lagerhalter noch gesprochen worden wäre. Zum Beispiel würde ich lebhaft gewünscht haben, daß die Ausgleichung bei der Inventur zwischen Manko und Überschüssen hier eine Regelung gefunden hätte. Dies anzuregen halte ich mich schon deshalb für verpflichtet, weil mir ein Fall bekannt ist, wo in einem Verein bei einer Lagerinventur sich ein Manko von 800 ℳ und bei der darauffolgenden Inventur ein Plus von 1100 ℳ ergab. Trotz dieses auffälligen Ergebnisses wurde in unglaublicher Weise von der Vorstandschaft der Differenzausgleich verweigert und die Einziehung des Plus und die Ersatzpflichtigkeit des Mankos beansprucht. Das ist eine Ungerechtigkeit sondergleichen. Ich will aber heute auf die Sache nicht näher eingehen und behalte mir für einen späteren Genossenschaftstag vor, diese Frage separat zum Austrag zu bringen.

Nunmehr folgt die Beratung des vorhin zurückgestellten Punktes der Tagesordnung:

II. Vortrag über gewerberechtliche Bestimmungen.

Berichterstatter: Gerichtsassessor **Donath** (Charlottenburg): Meine Herren, ich verspreche Ihnen, mich bei der vorgerückten Zeit möglichst kurz zu fassen, es ließe sich ja über dies Thema allerdings eine recht geraume Zeit reden.

Es ist ein etwas trockenes Thema, über das ich heute zu Ihnen zu sprechen die Ehre habe, aber ich glaube, daß es einerseits recht wichtig ist, wenn die Konsumvereine sich unterrichten über die Fülle der gewerberechtlichen Bestimmungen, die für sie in Betracht kommen, und daß andererseits der Inhalt meiner heutigen Ausführungen einen Beweis dafür bieten dürfte, wie sehr eine Behauptung, die oft genug den Konsumvereinen gegenüber aufgestellt wird, der Begründung entbehrt, nämlich daß die Konsumvereine gegenüber dem übrigen Handelsstand Privilegien genössen.

Meine Herren, es könnte sich dem einen oder andern unter Ihnen die Frage aufdrängen: Wozu wollen wir uns denn überhaupt heute über gewerberechtliche Bestimmungen unterhalten? Ist denn der Betrieb eines Konsumvereins ein Gewerbebetrieb? Meine Herren, die Entscheidung für die Beurteilung dieser Frage, ob der Geschäftsbetrieb eines Konsumvereins ein Gewerbebetrieb ist oder nicht, wird davon abhängen, ob der Geschäftsbetrieb der Konsumvereine auf Erwerb, auf Gewinn gerichtet ist. Nun, meine Herren, das Preußische Oberverwaltungsgericht hat in seiner früheren Rechtsprechung anerkannt, daß der Geschäftsbetrieb der Konsumvereine kein Gewerbebetrieb sei, es hat aber in letzter Zeit — und das ist Ihnen ja durch die „Blätter für Genossenschaftswesen" bekannt — ständig einen andern Standpunkt eingenommen. Es hat sogar aus dem Umstande, daß die Konsumvereine einen Reservefonds bilden, auf den Gewerbebetrieb der Konsumvereine geschlossen, ja es ist selbst so weit gegangen, daß es aus der statutarischen Befugnis, außer der Bildung von Reserven auch „zu anderen Zwecken" — also z. B. zu gemeinnützigen Zwecken — Gewinn zu verwenden, den gewerblichen Betrieb der Konsumvereine gefolgert hat. Es ist hierüber in den Blättern für Genossenschaftswesen wiederholt (insbesondere auf S. 25 und 295, Jahrgang 1905) berichtet worden. Andere höhere Gerichte haben sich auf einen andern Standpunkt gestellt, z. B. das Oberlandesgericht Hamm. Dieses Gericht hat in einem Falle anerkannt, daß der Betrieb der Konsumvereine kein Gewerbebetrieb sei, indem es den Lagerhalter eines Konsumvereins, der wegen Übertretung des Margarinegesetzes angeklagt war, freigesprochen hat unter der ausdrücklichen Begründung, daß man bei einem Konsumvereine, der in erster Linie den Mitgliedern den billigen Einkauf ihrer Bedürfnisse zu ermöglichen bezwecke, nicht von einem „Gewerbebetrieb" sprechen könne; denn selbst wenn auch ein Reingewinn erzielt und statutengemäß verwendet werde, so bleibe doch der erstgenannte Zweck der ausschlaggebende. Sie finden im vorigen Jahrgang der Blätter für Genossenschaftswesen auf Seite 545 die Entscheidung mitgeteilt.

Sehr interessant ist es nun, meine Herren, folgendes feststellen zu können. Vor dem Jahre 1889, also vor dem Erlaß des neuen Genossenschaftsgesetzes, war den Konsumvereinen der Verkauf an Nichtmitglieder gestattet; erst die Novelle des Jahres 1889 beschränkte den Verkauf auf die Mitglieder. Vor diesem Zeitpunkt hätte man allenfalls von einem „Gewerbebetrieb" der Konsumvereine sprechen können, und es würde bis zum Erlaß des Gesetzes von 1889 sich die Anwendung gewerberechtlicher Bestimmungen bei Konsumvereinen eher haben rechtfertigen lassen. Damals war die Anwendung solcher Bestimmungen aber eine weit beschränktere. Erst nachdem der Warenverkauf an Nichtmitglieder gesetzlich verboten war, ging man daran, die Konsumvereine ausdrücklich einer Reihe von gewerberechtlichen Bestimmungen zu unterwerfen, offenbar in der Erkenntnis, daß man von einem „Gewerbebetrieb" bei dem Geschäftsbetrieb eines Konsumvereins nicht reden könne, und daß es daher einer ausdrücklichen Unterstellung der Konsumvereine unter die in Frage kommenden Bestimmungen bedürfe, wenn man die letzteren auf die Konsumvereine angewendet wissen wollte. Ich erinnere insbesondere an das preußische Gewerbesteuergesetz, das eine Gewerbesteuerfreiheit nur unter Voraussetzungen zuläßt, deren völlige Erfüllung für Konsumvereine von vornherein ausgeschlossen ist. Ich erinnere weiter kurz an die Bestimmungen über die Konzession zum Kleinhandel mit Branntwein, die im Jahre 1896 durch die Novelle zur Gewerbeordnung ausdrücklich auf Konsumvereine ausgedehnt wurden, weiter daran, daß in ständiger Rechtsprechung der Geschäftsbetrieb der Konsumvereine als „öffentlicher" anerkannt worden ist, und daß infolgedessen eine Reihe von Spezialbestimmungen auch auf Konsumvereine Anwendung gefunden haben, z. B. diejenigen der Maß- und Gewichtsordnung.

Nun, meine Herren, wir können über den inneren Widerspruch, der in der Anwendung gewerberechtlicher Bestimmungen auf die Konsumvereine liegt, leicht hinwegkommen; denn es ist selbstverständlich, daß die Konsumvereine durchaus keinen Anspruch erheben, in den Genuß von Privilegien zu kommen. Der Zweck dieses Vortrages ist daher auch durchaus nicht, uns etwa zu beklagen über die Fülle der gewerberechtlichen Bestimmungen, die für uns in Betracht kommen, sondern der Vortrag soll nur zu unserer eigenen Orientierung und zur Belehrung unserer Gegner dienen. Das Thema ist im Jahre 1900 schon einmal auf dem Allgemeinen Genossenschaftstage zu Hannover zur Besprechung gekommen; ich muß daher heute bereits früher Gesagtes wiederholen und kann Ihnen daneben eine Ergänzung bieten, insoweit die Gesetzgebung seit 1900 auf diesem Gebiete mir neues Material geboten hat.

Wenn ich nun zum eigentlichen Thema übergehe, möchte ich zuerst zu sprechen kommen auf die

I. Bestimmungen über die Sonntagsruhe.

In Betracht kommen die Bestimmungen der Gewerbeordnung. § 105b ordnet in Abs. 2 an, daß Gehilfen, Lehrlinge und Arbeiter im Handelsgewerbe am ersten Weihnachts-, Oster- und Pfingstfeiertage überhaupt nicht, im übrigen an Sonn- und Festtagen nicht länger als fünf Stunden beschäftigt werden dürfen. Diese letztere Bestimmung kann durch die Polizeibehörde für die letzten vier Wochen vor Weihnachten, sowie für einzelne Sonn- und Festtage, an welchen örtliche Verhältnisse einen erweiterten Geschäftsverkehr nötig machen, bis zu einer Beschäftigungsdauer von zehn Stunden erweitert werden. Die höhere Verwaltungsbehörde kann nach § 105e hierzu Abänderungen treffen. Es soll aber gemäß Nr. 1 der Bekanntmachung des Reichskanzlers vom 3. April 1901 nur so viel Sonntagsarbeit gestattet werden, „als nach den örtlichen Verhältnissen geboten erscheint". In der Regel soll ein Bedürfnis für Sonntagsarbeit nicht anerkannt werden, „wenn und insoweit sie bisher nicht üblich war". Für den ersten Weihnachts-, Oster- und Pfingstfeiertag sollen nach dieser selben Bekanntmachung Ausnahmen überhaupt nicht oder nur in tunlichster Beschränkung zugelassen werden.

Diese Vorschriften finden ihre Einschränkung in den Bestimmungen der Gewerbeordnung über die gesetzliche Inventur. Es ist zulässig, daß bei gesetzlich vorgeschriebenen Inventurarbeiten auch an Sonntagen Gehilfen, Lehrlinge, Arbeiter usw. länger als fünf Stunden beschäftigt werden. Es muß aber in solchen Fällen ein Verzeichnis angelegt werden, in welches die Zahl der beschäftigten Arbeiter, die Dauer ihrer Beschäftigung und die Art der vorgenommenen Arbeiten einzutragen ist, und welches der Ortspolizeibehörde sowie dem gemäß § 139b der Gewerbeordnung von der Landesregierung ernannten Aufsichtsbeamten vorgelegt werden muß.

Nebenbei möchte ich nur kurz bemerken, daß eine Schließung des Ladens am ganzen Sonntag wiederholt den Konsumvereinen empfohlen und wohl auch schon vielfach eingeführt worden ist.

Ganz eng hiermit in Verbindung stehen die

II. Bestimmungen über die Ruhezeit der Angestellten und über den Ladenschluß.

Nach § 139c der Gewerbeordnung muß den Angestellten in offenen Verkaufslokalen eine ununterbrochene Ruhezeit von mindestens zehn Stunden gewährt werden. In Gemeinden von mehr als 20000 Einwohnern muß die Ruhezeit mindestens 11 Stunden betragen; die gleiche Ruhezeit kann auch für kleinere Gemeinden durch Ortsstatut vorgeschrieben werden. Außerdem muß für Angestellte, die außerhalb der Verkaufsstelle ihre Hauptmahlzeit einnehmen, eine Mittagspause von mindestens $1^1/_2$ Stunden gewährt werden.

Ausnahmen hiervon läßt der § 139d der Gewerbeordnung zu, nämlich

a) bei Arbeiten, die zur Verhütung des Verderbens von Waren unverzüglich vorgenommen werden müssen,
b) bei der Aufnahme der gesetzlich vorgeschriebenen Inventur sowie bei Neueinrichtungen und Umzügen,
c) außerdem an jährlich höchstens 30 von der Ortspolizeibehörde allgemein oder für einzelne Geschäftszweige zu bestimmenden Tagen.

Was den Ladenschluß angeht, so bestimmt § 139e der Gewerbeordnung, daß von 9 Uhr abends bis 5 Uhr morgens die Verkaufsstellen für den geschäftlichen Verkehr geschlossen sein müssen; die beim Ladenschluß im Laden schon anwesenden Kunden dürfen noch bedient werden — ich komme darauf gleich noch etwas näher zurück.

Über 9 Uhr abends dürfen Verkaufsstellen für den geschäftlichen Verkehr geöffnet sein:

a) für unvorhergesehene Notfälle,
b) an höchstens 40 von der Ortspolizeibehörde zu bestimmenden Tagen, jedoch bis spätestens 10 Uhr abends,
c) nach näherer Bestimmung der höheren Verwaltungsbehörde in Städten, welche nach der jeweilig letzten Volkszählung weniger als 2000 Einwohner haben, sowie in ländlichen Gemeinden, sofern in denselben der Geschäftsverkehr sich vornehmlich auf einzelne Tage der Woche oder auf einzelne Stunden des Tages beschränkt.

Gemäß § 139f kann auf Antrag von mindestens zwei Dritteln der beteiligten Geschäftsinhaber für eine Gemeinde oder mehrere örtlich zusammenhängende Gemeinden durch Anordnung der höheren Verwaltungsbehörde nach Anhörung der Gemeindebehörden für alle oder einzelne Geschäftszweige angeordnet werden, daß die offenen Verkaufsstellen während bestimmter Zeiträume oder während des ganzen Jahres auch in der Zeit zwischen 8 und 9 Uhr abends und zwischen 5 und 7 Uhr morgens für bestimmte Zeiträume oder für das ganze Jahr für den geschäftlichen Verkehr geschlossen sein müssen. — Gemäß § 139f hat auf Antrag von mindestens einem Drittel der beteiligten Geschäftsinhaber die höhere Verwaltungsbehörde die beteiligten Geschäftsinhaber zu einer Äußerung für oder gegen die Einführung des Ladenschlusses aufzufordern. Erklären sich zwei Drittel der Abstimmenden für die Einführung, so kann die höhere Verwaltungsbehörde die entsprechende Anordnung treffen.

Nun noch ein Wort über die Abfertigung der beim Ladenschluß im Geschäftslokale schon anwesenden Kunden.

Wie erwähnt, dürfen nach § 139e beim Ladenschluß schon im Laden anwesende Kunden noch bedient werden. Wer also bis 9 Uhr den Laden betritt, darf noch abgefertigt werden; die nach 9 Uhr eintretenden Kunden müssen jedoch unter Hinweis auf den gesetzlichen Ladenschluß zurückgewiesen werden. Diese klare Gesetzesbestimmung wird aber nicht unbedeutend beeinflußt durch die im § 139c und

§ 105b der Gewerbeordnung getroffenen Bestimmungen über die Ruhezeit der Angestellten.

Wie erwähnt, muß nach § 139c in offenen Verkaufsstellen den Gehilfen und Lehrlingen nach Beendigung der täglichen Arbeitszeit eine ununterbrochene Ruhezeit von mindestens zehn bezw. — unter den Voraussetzungen des Abs. 2 — mindestens elf Stunden gewährt werden. Ist also bei vorgeschriebener zehnstündiger Ruhezeit ein Laden z. B. von 9 Uhr abends bis 7 Uhr morgens geschlossen, so darf trotz der Bestimmung des § 139e Satz 2 ein Lehrling oder Gehilfe nach 9 Uhr abends die rechtzeitig eingetretenen Kunden nicht mehr bedienen, da andernfalls die gesetzliche Ruhezeit verkürzt werden würde. In diesem Falle darf also nur der Geschäftsinhaber selbst weiter bedienen, während, wenn im Geschäftslokal nur Angestellte als Verkäufer tätig sind, nach 9 Uhr überhaupt kein Käufer mehr abgefertigt werden darf. Das ist besonders für die Konsumvereine mit Rücksicht auf die von ihnen angestellten Lagerhalter, welche „Gehilfen“ im Sinne des § 139c sind, von Bedeutung. Hier muß in geeigneter Weise dem Gesetz Rechnung getragen werden, etwa dadurch, daß bereits einige Minuten vor 9 Uhr kein Käufer mehr zugelassen wird.

Nach § 105b Abs. 2 der Gewerbeordnung darf im Handelsgewerbe die Beschäftigung von Gehilfen und Lehrlingen am Sonntag nur während der durch Gemeindestatut bezw. die Polizeibehörde mit Rücksicht auf den Gottesdienst bestimmten Stunden stattfinden. Diese gleichfalls im Interesse der gewerblichen Angestellten geschaffene Gesetzesvorschrift bezweckt also, den Angestellten an dem Sonntag eine bestimmte Ruhezeit zu gewähren und ihnen insbesondere Gelegenheit zum Kirchenbesuch zu geben. Hieraus ergibt sich schon, daß es gesetzlich unzulässig ist, wenn die Angestellten nach Eintritt der Sonntagsruhezeit zur Bedienung der noch rechtzeitig eingetretenen Kunden verwandt werden, da dies ebenso wie in dem vorher erwähnten Falle eine Verkürzung der Ruhezeit bedeuten würde. Diese Ansicht hat auch das Oberlandesgericht in Hamburg in einem in der Deutschen Juristenzeitung (1905, Nr. 2) mitgeteilten Erkenntnis zum Ausdruck gebracht, in welchem zur Begründung insbesondere ausgeführt ist, daß man bei den Verhandlungen über den werktäglichen Ladenschluß der Bestimmungen über die Sonntagsruhe in keiner Weise gedacht habe und eine Andeutung, daß diese Bestimmung entsprechende Anwendung auf § 105b Abs. 2 zu finden habe, nicht erfolgt sei.

Das Statut mancher Gemeinden läßt Sonntags die Beschäftigung der Angestellten z. B. von 8 bis $9\frac{1}{2}$ Uhr und darnach nochmals von $11\frac{1}{2}$ bis 2 Uhr zu. Es könnte sich fragen, ob nicht in diesem Falle gestattet ist, die Angestellten auch nach $9\frac{1}{2}$ Uhr zur Abfertigung der bis $9\frac{1}{2}$ Uhr erschienenen Kunden zu verwenden, da ja die Möglichkeit gegeben ist, den Angestellten bereits vor 2 Uhr entsprechend früher zu entlassen und so die Dauer der Sonntagsruhezeit trotzdem zu wahren. Es wird hierbei aber stets davon auszugehen sein, daß die Zweiteilung mit Rücksicht auf die dazwischenliegende Zeit des Gottesdienstes erfolgt ist. Eine Beschäftigung des Angestellten in der ebengenannten Art würde also den Zweck des Gesetzes, dem Angestellten auch den rechtzeitigen Kirchenbesuch zu ermöglichen, zuwiderlaufen und ist daher nicht angängig. Hierbei ist aber noch besonders zu beachten, daß gemäß § 41a der Gewerbeordnung, soweit nach § 105b Gehilfen und Lehrlinge Sonntags nicht beschäftigt werden dürfen, in offenen Verkaufsstellen ein Gewerbebetrieb überhaupt nicht stattfinden darf. Im Gegensatz zu dem erst besprochenen Falle des werktäglichen Ladenschlusses ist es hier also auch unzulässig, daß der Geschäftsinhaber die rechtzeitig eingetretenen Kunden selbst bedient; vielmehr läuft jede nach Beginn der Sonntagsruhezeit erfolgende Abfertigung eines Kaufliebhabers dem Gesetz zuwider.

Übertretung der Bestimmungen ist mit nicht unerheblicher Strafe bedroht. Denkbar sind allerdings Fälle, die auf des Messers Schneide liegen, z. B. wenn der Beginn der Sonntagsruhezeit gerade während der Abfertigung des Käufers eintritt. Hier ist es die Aufgabe einer gesunden Rechtsprechung, im Einzelfalle die richtige und dem Rechtsgefühl entsprechende Entscheidung zu treffen.

Kurz möchte ich in diesem Abschnitt noch berühren die

Bestimmungen über die Verhängung von Schaufenstern an Sonntagen.

Hier hat eine reichsrechtliche Regelung nicht stattgefunden, es bestehen vielmehr eine ganze Menge Bestimmungen, da jeder Bundesstaat Sondervorschriften erlassen hat. Sie finden darüber — auf Einzelheiten einzugehen, würde zu weit führen — in der Zeitschrift für Handel und Gewerbe in der Nummer vom 10. Dezember 1904 detaillierte Ausführungen.

Eng in Verbindung mit den bis jetzt genannten Vorschriften, stehen

III. Die Bestimmungen über die Beschäftigung von Kindern in gewerblichen Betrieben.

In Betracht kommt das Gesetz betr. Kinderarbeit in gewerblichen Betrieben vom 30. März 1903. Das Gesetz macht einen Unterschied zwischen eigenen und fremden Kindern. Wir haben uns natürlich hier nur mit den fremden Kindern zu befassen. Nach § 5 dürfen im Handelsgewerbe Kinder unter 12 Jahren nicht beschäftigt werden, solche über 12 Jahre täglich nicht länger als drei Stunden und zwar nur zwischen 8 Uhr morgens und 8 Uhr abends und nicht vor dem Vormittagsunterricht, nachmittags aber auch erst eine Stunde nach beendigtem Unterricht. Während der Ferien, in denen die Kinder ja mehr freie Zeit haben und weniger angestrengt sind, darf die Beschäftigung vier Stunden währen. Diese Bestimmungen finden nach § 8 desselben Gesetzes auch Anwendung auf das Austragen von Waren und auf die Botengänge, die Kinder leisten. Sonntags und an Festtagen soll überhaupt keine Beschäftigung von Kindern stattfinden. Hiervon sind jedoch Botengänge und Warenaustragen ausgenommen. Dies darf aber nicht mehr als zwei Stunden dauern und nicht über ein Uhr mittags ausgedehnt werden, auch nicht auf die letzte halbe Stunde vor dem Gottesdienst und nicht auf die Zeit während des Gottesdienstes. Wer Kinder beschäftigen will, muß der Ortspolizeibehörde hiervon Kenntnis geben und erhält von dieser eine Arbeitskarte ausgehändigt.

Von Wichtigkeit sind speziell für die Konsumvereine

IV. Die Bestimmungen über den Betrieb von Bäckereien,

da gerade der Bäckereibetrieb sich vielfach als ein lohnender Geschäftszweig der Konsumvereine erwiesen hat. Maßgebend hierfür ist die Bundesratsverordnung vom 4. März 1896. Die Arbeitsschicht darf, sofern in der Bäckerei zur Nachtzeit zwischen 8½ Uhr abends und 5½ Uhr morgens Gehülfen oder Lehrlinge beschäftigt werden, nicht mehr als 12 Stunden bezw. — bei Unterbrechung durch eine mindestens einstündige Pause — nicht mehr als 13 Stunden betragen. Die Zahl der Arbeitsschichten darf für jeden Gehülfen wöchentlich 7 nicht überschreiten. Außerhalb der Arbeitsschichten dürfen die Gehülfen nur zu gelegentlichen Dienstleistungen und höchstens eine halbe Stunde lang bei der Herstellung des Vorteigs (Hefestücks, Sauerteigs), im übrigen aber nicht bei der Herstellung von Waren verwendet werden. Zwischen je zwei Arbeitsschichten muß dem Gehülfen eine ununterbrochene Ruhe von mindestens 8 Stunden gewährt werden. Bei Lehrlingen im ersten Lehrjahre muß die Arbeitsschicht zwei Stunden, bei solchen im zweiten Lehrjahre eine Stunde kürzer und dafür die Ruhezeit zwischen den Arbeitsschichten entsprechend länger sein.

Ausnahmen von diesen Bestimmungen sind bei Festen und sonstigen besonderen Gelegenheiten zulässig, wenn die untere Verwaltungsbehörde die Überarbeit für zulässig erklärt hat, und außerdem an jährlich 20 Tagen, die der Arbeitgeber nach eigenem Ermessen bestimmen darf. In der Betriebsstätte der Bäckerei ist eine Kalendertafel, mit polizeilichem Stempel versehen, anzubringen, auf der jeder Tag der Überarbeit mittels Durchlochung oder Durchstreichung mit Tinte kenntlich zu machen ist. Außerdem ist eine Tafel anzubringen, die die gesetzlichen Vorschriften der genannten Bundesratsverordnung enthält.

Sehr oft hat die Anwaltschaft Gelegenheit, wegen der

V. Bestimmungen der Maß- und Gewichtsordnung

mit den Konsumvereinen in Korrespondenz zu treten. Die Maß- und Gewichtsordnung vom 17. August 1868 besteht zurzeit noch zu Recht; der neue Entwurf, der im vorigen Jahre bereits dem Parlament vorlag, ist noch nicht Gesetz geworden. Die Maß- und Gewichtsordnung bestimmt, daß zum Zumessen und Zuwägen im öffentlichen Verkehr nur die ordnungsmäßig gestempelten Maße, Waagen und Gewichte benutzt werden dürfen. Es bestand Streit darüber, ob der Geschäftsverkehr der Konsumvereine als „öffentlicher" Verkehr zu betrachten sei und ob man daher die Konsumvereine überhaupt unter diese Vorschriften stellen könne. Wir haben im Allgemeinen Verbande von vornherein immer den Standpunkt vertreten, daß die Rechtsfrage hierbei überhaupt nicht in Betracht kommt, sondern daß es ganz selbstverständlich die Verpflichtung jedes Konsumvereins ist, ebenso wie jeder andere Kaufmann peinlich darauf bedacht zu sein, daß seine Maße und Gewichte stets in tadellosester Ordnung sind. Selbst wenn man es als ungesetzlich erachten will, die Konsumvereine unter die Maß- und Gewichtsordnung zu stellen, wäre es ganz selbstverständlich, daß die Konsumvereine freiwillig diese Bestimmungen als für sie bindend betrachten.

Zurzeit ist die Bestrafung der Vertreter der Konsumvereine in Preußen bei Zuwiderhandlungen gegen die Maß- und Gewichtsordnung unter Anwendung der §§ 132 ff. des Landesverwaltungsgesetzes vom 30. Juli 1883 möglich, nicht aber auf Grund des § 369 Ziffer 2 des Reichsstrafgesetzbuchs, da das Geschäft Konsumvereine nicht als „Gewerbebetrieb“ im gewerbepolizeilichen Sinne betrachtet werden kann.

Die neue Maß- und Gewichtsordnung, die demnächst Gesetz werden wird, hat alle Zweifel darüber, ob die Konsumvereine ihr zu unterstellen sind, behoben; sie bestimmt ausdrücklich, daß die Konsumvereine den Bestimmungen der Maß- und Gewichtsordnung unterworfen sind.

Ich gehe über, meine Herren, zu den

VI. Bestimmungen über den Verkehr mit Nahrungsmitteln.

In Betracht kommt das Reichsgesetz vom 14. Mai 1879 betreffend den Verkehr mit Nahrungsmitteln, Genußmitteln und Gebrauchsgegenständen. Die Konsumvereine unterliegen auch diesem Gesetz nach Maßgabe der dort getroffenen Bestimmungen. Die Polizeibeamten sind danach befugt, in die Verkaufsräume der Konsumvereine während der üblichen Geschäftsstunden einzutreten und nach ihrer Wahl Proben zum Zwecke der Untersuchung gegen Empfangsbescheinigung zu entnehmen. Auf Verlangen muß dem Konsumverein ein Teil der Probe amtlich verschlossen oder versiegelt zurückgelassen werden. Für die entnommene Probe ist eine Entschädigung in Höhe des üblichen Kaufpreises zu leisten.

Es ist selbstverständlich, daß die Konsumvereine bestrebt sein müssen zu verhüten, daß bei derartigen Untersuchungen Beanstandungen von Waren vorkommen. Es ergibt sich hieraus für die Konsumvereine als zwingende Konsequenz die Notwendigkeit regelmäßiger Warenuntersuchungen.

Erwähnen muß ich ferner die

VII. Bestimmungen über die Verwendung gesundheitsschädlicher Farben bei Herstellung von Nahrungs- und Genußmitteln und von Gebrauchsgegenständen.

In Betracht kommen die Bestimmungen des Reichsgesetzes vom 5. Juli 1887. Es dürfen danach gesundheitsschädliche Farben zur Herstellung von Nahrungs- und Genußmitteln, welche zum Verkauf bestimmt sind, nicht verwendet werden. Gesundheitsschädliche Farben im Sinne dieser Bestimmung sind diejenigen Farbstoffe und Farbzubereitungen, welche Antimon, Arsen, Baryum, Blei, Cadmium, Chrom, Kupfer, Quecksilber, Uran, Zink, Zinn, Gummigutti, Korallin oder Pikrinsäure enthalten. — Auch hier müssen die Konsumvereine auf der Hut sein, daß ihnen nicht Waren geliefert werden, die unter Verwendung von Farben, die derartige Bestandteile enthalten, hergestellt worden sind.

Von großer Bedeutung für die Konsumvereine sind jedenfalls die

VIII. Bestimmungen über den Verkauf von Margarine.

In Betracht kommt hierfür das Reichsgesetz vom 15. Juni 1897 betreffend den Verkehr mit Butter, Käse, Schmalz und deren Ersatzmittel, dessen wichtigste Bestimmungen folgende sind (vgl. auch Oppermann-Häntschke-Schneider, Handbuch für Konsumvereine, 3. Aufl., S. 126 ff., dem ich das Nachfolgende entnehme):

Die Geschäftsräume und sonstigen Verkaufsstellen, in denen Margarine, Margarinekäse oder Kunstspeisefett gewerbsmäßig verkauft oder feilgehalten wird, müssen an in die Augen fallender Stelle die deutliche, nicht verwischbare Inschrift „Verkauf von Margarine", „Verkauf von Margarinekäse", „Verkauf von Kunstspeisefett" tragen, die Gefäße und äußeren Umhüllungen die deutliche, nicht verwischbare Inschrift „Margarine", „Margarinekäse", „Kunstspeisefett". Die Gefäße müssen außerdem mit einem stets sichtbaren, bandförmigen Streifen von roter Farbe versehen sein, welcher bei Gefäßen bis zu 35 cm Höhe mindestens 2 cm, bei höheren Gefäßen mindestens 5 cm breit sein muß.

Im gewerbsmäßigen Einzelverkaufe müssen Margarine, Margarinekäse und Kunstspeisefett an den Käufer mit einer Umhüllung abgegeben werden, auf welcher die Inschrift „Margarine", „Margarinekäse", „Kunstspeisefett" mit dem Namen oder der Firma des Verkäufers angebracht ist.

Wird Margarine oder Margarinekäse in regelmäßig geformten Stücken gewerbsmäßig verkauft oder feilgehalten, so müssen dieselben von Würfelform sein, auch muß denselben die Inschrift „Margarine", „Margarinekäse" eingepreßt sein.

In Räumen, woselbst Butter oder Butterschmalz gewerbsmäßig hergestellt, aufbewahrt, verpackt oder feilgehalten wird, ist die Herstellung, Aufbewahrung, Verpackung oder das Feilhalten von Margarine oder Kunstspeisefett verboten. Ebenso ist in Räumen, woselbst Käse gewerbsmäßig hergestellt, aufbewahrt, verpackt oder feilgehalten wird, die Herstellung, Aufbewahrung, Verpacknng oder das Feilhalten von Margarinekäse untersagt. Für die Abtrennung der Räume, in welchen der Verkauf von Margarine usw. stattfindet, von denen der Butter- usw. Verkaufsräume sind die vom Reichskanzleramt aufgestellten Grundsätze maßgebend, auf die ich nachher noch eingehen werde.

In Orten, welche nach dem endgültigen Ergebnis der letztmaligen Volkszählung weniger als 5000 Einwohner hatten, findet die Bestimmung des vorstehenden Absatzes auf den Kleinhandel und das Aufbewahren der für den Kleinhandel erforderlichen Bedarfsmengen in öffentlichen Verkaufsstätten, sowie auf das Verpacken der daselbst im Kleinhandel zum Verkauf gelangenden Waren keine Anwendung. Jedoch müssen Margarine, Margarinekäse und Kunstspeisefett innerhalb der Verkaufsräume in besonderen Vorratsgefäßen und an besonderen Lagerstellen, welche von den zur Aufbewahrung von Butter, Butterschmalz und Käse dienenden Lagerstellen getrennt sind, aufbewahrt werden.

Für Orte, deren Einwohnerzahl erst nach dem endgültigen Ergebnis einer späteren Volkszählung die angegebene Grenze überschreitet, wird der Zeitpunkt, von welchem ab die Vorschrift des vorhergehenden Absatzes nicht mehr Anwendung findet, durch die nach Anordnung der Landes-Zentralbehörde zuständigen Verwaltungsstellen bestimmt. Mit Genehmigung der Landes-Zentralbehörde können diese Verwaltungsstellen bestimmen, daß die Vorschrift des vorhergehenden Absatzes von einem bestimmten Zeitpunkt ab ausnahmsweise in einzelnen Orten mit weniger als 5000 Einwohnern nicht Anwendung findet, sofern der unmittelbare räumliche Zusammenhang mit einer Ortschaft von mehr als 5000 Einwohnern ein Bedürfnis hierfür begründet.

Die Beamten der Polizei und die von der Polizeibehörde beauftragten Sachverständigen sind befugt, in die Räume, in denen Butter, Margarine, Margarinekäse oder Kunstspeisefett gewerbsmäßig hergestellt wird, jederzeit, in die Räume, in denen Butter, Margarine, Margarinekäse oder Kunstspeisefett aufbewahrt, feilgehalten oder verpackt wird, während der Geschäftszeit einzutreten und daselbst Revisionen vorzunehmen, und nach ihrer Auswahl Proben zum Zwecke der Untersuchung gegen Empfangsbescheinigung zu entnehmen. Auf Verlangen ist ein Teil der Probe amtlich verschlossen oder versiegelt zurückzulassen und für die entnommene Probe eine angemessene Entschädigung zu leisten.

Die vorhin erwähnten, vom Reichskanzleramt aufgestellten Grundsätze sind die folgenden:

Die Verkaufsstätten für Butter oder Butterschmalz einerseits und für Margarine oder Kunstspeisefett andererseits müssen, falls diese Waren nebeneinander in einem Geschäftsbetriebe feilgehalten werden, derart getrennt sein, daß ein unauffälliges Hinüber- und Herüberschaffen der Ware während des Geschäftsbetriebes verhindert und insbesondere die Möglichkeit, an Stelle von Butter oder Butterschmalz unbemerkt Margarine oder Kunstspeisefett dem kaufenden Publikum zu verabreichen, tunlichst ausgeschlossen wird. Die Entscheidung darüber, in welcher Weise diesen Anforderungen entsprochen wird, kann nur unter Berücksichtigung der besonderen Verhältnisse jedes Einzelfalles und namentlich der Beschaffenheit der in Betracht kommenden Räume erfolgen. Doch werden im allgemeinen folgende Grundsätze zur Richtschnur dienen können:

1. Es ist nicht erforderlich, daß die Räume je einen besonderen Zugang für das Publikum besitzen. Es ist vielmehr zulässig, daß ein gemeinschaftlicher Eingang für die verschiedenen Räume besteht.
2. Wenn auch die Scheidewände nicht aus feuerfestem Material hergestellt zu sein brauchen, so müssen sie immerhin einen so dichten Abschluß bilden, daß jeder unmittelbare Zusammenhang der Räume, soweit er nicht durch Durchgangsöffnungen hergestellt ist, ausgeschlossen wird. Als ausreichend sind beispielsweise zu betrachten abschließende Wände aus Brettern, Glas, Zement- oder Gipsplatten. Dagegen können Lattenverschläge, Vorhänge, weitmaschige Gitterwände, verstellbare Abschlußvorrichtungen nicht als genügend betrachtet werden. Bei offenen Verkaufsständen auf Märkten können jedoch auch Einrichtungen der letzteren Art geduldet werden. Die Scheidewände müssen in der Regel vom Fußboden bis zur Decke reichen und den Raum auch in seiner ganzen Breite und Tiefe abschließen.
3. Die Verbindung zwischen den abgetrennten Räumen darf mittels einer oder mehrerer Durchgangsöffnungen hergestellt sein. Derartige Öffnungen sind in der Regel mit Türverschluß zu versehen.

Die vorstehenden Grundsätze finden sinngemäße Anwendung auf die Räume zur Aufbewahrung und Verpackung der bezeichneten Waren.

Nach den gleichen Gesichtspunkten ist die Trennung der Geschäftsräume für Käse und Margarinekäse zu beurteilen. —

Von der Margarine zu ihrer edleren Schwester, der Butter.

(Heiterkeit.)

Hierfür kommen in Betracht die

IX. Bestimmungen betr. den Fett- und Wassergehalt der Butter, Verordnung vom 1. März 1902.

Diese Verordnung ist erlassen auf Grund des § 11 des Margarinegesetzes und bestimmt:

„Butter, welche in 100 Gewichtsteilen weniger als 80 Gewichtsteile Fett oder in ungesalzenem Zustande mehr als 18 Gewichtsteile, in gesalzenem Zustande mehr als 16 Gewichtsteile Wasser enthält, darf nicht verkauft oder feilgehalten werden.“

Es ist selbstverständlich, daß auch Konsumvereine an diese Vorschrift gebunden sind.

X. Bestimmungen über den Verkauf von „Süßstoffen“.

Meine Herren, Sie wissen, daß vor einigen Jahren ein Gesetz, das den Namen „Süßstoffgesetz“ trägt, erlassen worden ist: das Gesetz vom 7. Juli 1902. Es bestimmt, daß Süßstoffe, das heißt „alle auf künstlichem Wege gewonnenen Stoffe, die als Süßmittel dienen können und höhere Süßkraft als raffinierter Rohr- und Rübenzucker, aber nicht entsprechenden Nährwert besitzen,“ nur von Apothekern und besonders konzessionierten Personen verkauft werden dürfen. Ich weiß nicht, inwieweit der Verkauf solcher Süßstoffe für die Konsumvereine praktisch in Betracht kommen wird; eintretendenfalls ist aber auch für die Konsumvereine die Einholung der amtlichen Erlaubnis zum Bezug und Verkauf des Süßstoffes erforderlich. —

Von Interesse für die Konsumvereine dürfte ferner die

XI. Verordnung betreffend den Verkehr mit Arzneimitteln vom 22. Oktober 1901 nebst Ergänzung vom 1. Oktober 1903 sein. Dieser Verordnung sind ausführliche Verzeichnisse beigegeben von denjenigen Arzneimitteln, die bloß von Apothekern verkauft werden dürfen. Die in diesem Verzeichnis aufgeführten Arzneimittel dürfen von Konsumvereinen nicht geführt werden, widrigenfalls die Vereine sich strafbar machen.

Eng in Zusammenhang hiermit steht die Bestimmung des § 34 der Gewerbeordnung, daß die Landesgesetze zum Handel mit Giften die Erteilung einer besonderen Genehmigung verlangen können. So z. B. wird das Kupfervitriol vielfach in der Landwirtschaft zum sogenannten „Einkalken" des Weizens verwendet. Bei landwirtschaftlichen Konsumvereinen wird das Kupfervitriol deshalb häufig gekauft; Konsumvereine, die diesen Artikel verkaufen wollen, müssen die behördliche Konzession einholen.

Im Anschluß hieran möchte ich erwähnen die

XII. Bestimmungen über Verkehr mit blei- und zinkhaltigen Gegenständen.

Nach § 1 des Reichsgesetzes vom 25. Juni 1887 dürfen Eß-, Trink- und Kochgeschirr sowie Flüssigkeitsmaße nicht

1. ganz oder teilweise aus Blei oder einer in 100 Gewichtsteilen mehr als 10 Gewichtsteile Blei enthaltenden Metallegierung hergestellt,
2. an der Innenseite mit einer in 100 Gewichtsteilen mehr als einen Gewichtsteil Blei enthaltenden Metallegierung verzinnt oder mit einer in 100 Gewichtsteilen mehr als 10 Gewichtsteile Blei enthaltenden Metallegierung gelötet,
3. mit Emaille oder Glasur versehen sein, welche bei halbstündigem Kochen mit einem in 100 Gewichtsteile 4 Gewichtsteile Essigsäure enthaltenden Essig an den letzteren Blei abgehen.

Zu Leitungen für Bier, Wein oder Essig dürfen bleihaltige Kautschukschläuche nicht verwendet werden. Es müssen ferner den obengenannten Bestimmungen des § 1 die Konservenbüchsen auf der Innenseite entsprechen.

Zur Aufbewahrung von Getränken dürfen Gefäße nicht verwendet werden, in welchen sich Rückstände von bleihaltigem Schrote befinden.

Zur Packung von Schnupf- und Kautabak sowie Käse dürfen Metallfolien nicht verwendet werden, welche in 100 Gewichtsteilen mehr als einen Gewichtsteil Blei enthalten.

Auch hier gebietet es das Interesse des Konsumvereins, daß er bei Lieferungen, die er erhält, genau darauf achtet, daß den gesetzlichen Erfordernissen genügt ist.

Ich gehe über zu den

XIII. Bestimmungen über den Verkauf von denaturiertem Spiritus.

Dieser unterliegt nach dem Beschluß des Bundesrats vom 27. Februar 1896 betr. Konzessionsfreiheit des Verkaufs von denaturiertem Spiritus nicht der Konzessionspflicht aus § 33 der Gewerbeordnung — das ist der bekannte Schankkonzessionsparagraph —; aber es muß 14 Tage vor Eröffnung des Handels mit denaturiertem Spiritus der zuständigen Steuer- und Ortspolizeibehörde Anzeige gemacht werden, worauf die Steuerbehörde eine Bescheinigung über die Anzeige erteilt. Außerdem muß im Verkaufslokale eine Bekanntmachung aufhängen, aus welcher sich ergibt, daß es verboten ist, denaturierten Spiritus zu verkaufen, dessen Stärke weniger als 80% beträgt, und daß das Denaturierungsmittel nicht aus dem Spiritus ausgezogen werden darf.

Die Beamten der Zollverwaltung und der Polizeibehörde sind befugt, die Verkaufslokale der Konsumvereine zu betreten, Proben des feilgehaltenen denaturierten Spiritus gegen Empfangsbescheinigung und Bezahlung zum Zwecke der Untersuchung zu entnehmen. Auf Verlangen muß dem Verein ein Teil der Probe amtlich versiegelt oder verschlossen zurückgelassen werden. — Bei Zuwiderhandlungen wird der Verein nach § 43e des Branntweinsteuergesetzes straffällig.

Nun einen Schritt weiter zu den

XIV. Bestimmungen betr. den Kleinhandel mit Branntwein.

Nach § 33 der Gewerbeordnung bedarf derjenige, der Gastwirtschaft, Schankwirtschaft oder Kleinhandel mit Branntwein, d. h. mit geistigen Getränken, die auf dem Wege des Brennens hergestellt sind, betreibt, der behördlichen Erlaubnis. Auch die Konsumvereine müssen gemäß den Bestimmungen der Novelle vom 6. August 1896 die Konzession nachsuchen. Die zur Erteilung der Konzession zuständigen Behörden sind in den einzelnen Bundesstaaten verschieden. In Preußen ist bei Landgemeinden und Städten unter 10000 Einwohnern das Konzessionsgesuch an den Kreisausschuß, bei größeren Gemeinden an den Magistrat, in kreisausgeschlossenen Städten von mehr als 25000 Einwohnern an den Stadtausschuß zu richten. Gegen den ablehnenden Bescheid ist die Reklamation an die höheren Instanzen gegeben. Landesgesetzlich geregelt ist auch die Grenze, bis zu der der Kleinhandel reicht; sie ist in den einzelnen Bundesstaaten sehr verschieden; es würde zu weit führen, hier auf diese Einzelheiten einzugehen.

Die Konzession wird nicht an den Verein als juristische Person, sondern nur an physische Personen erteilt, also meist an ein Vorstandsmitglied oder an den Lagerhalter.

Der Verkauf von Bier in Flaschen ist nicht konzessionspflichtig, es bedarf lediglich einer Anzeige an die Polizeibehörde. Verboten ist jedoch der Genuß von Flaschenbier — und ebenso natürlich von Branntwein — im Geschäftslokale des Konsumvereins. Hierzu würde es der Erteilung der Schankkonzession bedürfen.

Meine Herren, von diesem Getränk zu einem besseren, dem Wein.

XV. Gesetz betreffend den Verkehr mit Wein, weinhaltigen und weinähnlichen Getränken vom 24. Mai 1901 nebst den Ausführungsbestimmungen der Bekanntmachung vom 2. Juli 1901.

Dieses Gesetz, welches vielfach nur geteilten Beifall gefunden hat, gestattet im § 2 Nr. 4 den Zusatz von technisch reinem Rohr-, Rüben- oder Invertzucker, technisch reinem Stärkezucker, auch in wässeriger Lösung, sofern ein solcher Zusatz nur erfolgt, „um den Wein zu verbessern, ohne seine Menge erheblich zu vermehren". Es darf ferner nach § 3 z r vollen Rotweintraubenmaische zu dem eben genannten Zweck ein Zusatz von wässeriger Zuckerlösung gemacht werden; verboten ist aber Wein mit derartigen Zusätzen als Naturwein oder unter anderen Bezeichnungen zu verkaufen, durch welche die Annahme hervorgerufen werden kann, daß ein derartiger Zusatz nicht gemacht ist. Ich weiß nicht, in welchem Umfange diese Bestimmung bei Konsumvereinen wird praktisch werden. Von einer Reihe von Konsumvereinen wird ja wohl auch Weinhandel betrieben; diesen Vereinen möchte ich ans Herz legen, daß sie diese Bestimmung recht genau beachten. Ich, der ich aus einer Weingegend stamme, als Nachbar vom Vater Rhein, würde ihnen Zuwiderhandlungen gegen diese Bestimmungen persönlich übelnehmen. (Heiterkeit.)

Nun zu einem edleren Getränk, zum Schaumwein. Nach § 6 desselben Gesetzes muß Schaumwein, der gewerbsmäßig verkauft wird, eine Bezeichnung tragen, welche das Land und den Ort erkennbar macht, wo er auf Flaschen gefüllt ist. Schaumwein aus Fruchtwein — ich erinnere an den Apfelweinsekt, der in meiner Heimat ein beliebtes Getränk ist — muß ebenfalls einen entsprechenden Zusatz tragen.

Im Anschluß hieran ein kurzes Wort über die

XVI. Bestimmungen des Schaumweinsteuergesetzes vom 9. Mai 1902.

Das Gesetz bestimmt, daß Händler, die Schaumweine in Gewahrsam haben, welche den Vorschriften dieses Gesetzes zuwider nicht mit dem erforderlichen Steuerzeichen versehen sind, sich der Defraudation schuldig machen. Sie wissen, daß nach dem Gesetz die ganze Flasche Schaumwein mit 50 ₰, die halbe mit 25 ₰ Steuer belegt ist. Die Versteuerung wird auf der Flasche durch Anbringung eines Papierbandes kenntlich gemacht; wird der Schaumwein vom Konsumverein ohne dieses Zeichen verkauft, so macht sich der Verein der Defraudation schuldig.

Meine Herren, der Stoff meines Vortrages ist vielgestaltig, und es ist schwer, die einzelnen Teile richtig zu gruppieren. Ich habe mich vergeblich bemüht, etwas System in den Vortrag hineinzubringen; jetzt sehe ich mich gezwungen, von dem Genußmittel Sekt unmittelbar auf die

XVII. Bestimmungen für den Kleinhandel mit Kerzen

überzugehen. Stearinkerzen sollen ja in weiter östlich gelegenen Ländern noch als Genußmittel Verwendung finden.

(Heiterkeit.)

Nach der Verordnung vom 4. Dezember 1901 dürfen Packungen mit Stearin- und Paraffinkerzen, sowie von sogenannten Kompositionskerzen, d. h. von Kerzen, die überwiegend aus diesen Stoffen hergestellt sind, im Einzelverkehr nur in bestimmten Einheiten des Gewichts und unter Angabe der Gewichtsmenge gewerbsmäßig verkauft oder feilgehalten werden.

Als Einheiten für das Rohgewicht der Packungen werden 500 Gramm, 330 Gramm und für Packungen, bei welchen die einzelne Kerze 25 Gramm oder weniger wiegt, auch 250 Gramm zugelassen.

Das Reingewicht der in den Packungen enthaltenen Kerzen muß bei einem Rohgewicht von 500 Gramm mindestens 470 Gramm, von 330 Gramm mindestens 305 Gramm, von 250 Gramm mindestens 225 Gramm betragen. Auf der Außenseite der Packungen muß das Roh- und Reingewicht in Gramm oder Bruchteilen von Kilogramm angegeben sein. Das Roh- und das Reingewicht dürfen um nicht mehr als 10 Gramm hinter dem angegebenen Betrage zurückbleiben.

Erwähnen will ich ferner die

XVIII. Bestimmungen für den Kleinhandel mit Garn.

In Betracht kommt die Verordnung vom 20. November 1900 nebst der Ergänzung vom 17. November 1902.

Nach § 1 dürfen zum Einzelverkauf aufgemachte baumwollene, wollene und halbwollene Garne aller Art nur in bestimmten Einheiten des Gewichts und unter Angabe der Gewichtsmenge im Einzelverkehr gewerbsmäßig verkauft oder feilgehalten werden, baumwollene Garne bis zur Gesamtlänge von 100 Meter jedoch auch in bestimmten Einheiten der Länge und unter Angabe der Länge.

Die Vorschriften finden keine Anwendung

1. auf Garne, die zum Zwecke der Fertigstellung von halbfertigen Waren in Verbindung mit diesen feilgehalten werden,
2. auf baumwollene Nähgarne, die auf Holzrollen oder auf Papierhülsen aufgemacht sind,
3. auf Garne, die dem Käufer zugemessen oder zugewogen werden.

Als Mengeneinheiten sind zugelassen

1. Gewichtseinheiten von 1, 5, 10, 20 und 50 Gramm und den Vielfachen von 50 Gramm,
2. Längeneinheiten zu 5, 10, 20, 30 usw. bis 100 Meter.

Ich übergehe weitere Einzelheiten und Detailbestimmungen, die für die Konsumvereine von geringer Bedeutung sein würden.

Wichtig sind für die Konsumvereine noch die

XIX. Bestimmungen über das gewerbsmäßige Verkaufen und Feilhalten von Petroleum.

Es kommt in Betracht die Verordnung vom 24. Februar 1882. Auf Grund dieser Verordnung sind in den einzelnen Bundesstaaten Vorschriften über die Lagerung des Petroleums aus Sicherheitsrücksichten erlassen, auf die ich der Vielgestaltigkeit wegen hier nicht näher eingehen kann, über die sich aber die Konsumvereine unterrichten und die sie befolgen müssen.

Beachtet müssen ferner werden die

XX. Bestimmungen des Gesetzes betr. Phosphorzündwaren vom 10. Mai 1903.

Nach § 1 dieses Gesetzes darf weißer oder gelber Phosphor zur Herstellung von Zündhölzern und anderen Zündwaren nicht verwendet werden. Solche Zündwaren, die entgegen der Vorschrift hergestellt sind, dürfen nicht gewerbsmäßig feilgehalten, verkauft oder sonst in Verkehr gebracht werden.

Nun, meine Herren, ich sagte schon, der Stoff ist vielgestaltig und schwer systematisch zu ordnen; ich muß deshalb um Entschuldigung bitten, wenn ich zum Schluß noch den kühnen Sprung mache vom Phosphor zur Reblaus.

XXI. Das Gesetz betr. die Bekämpfung der Reblaus vom 6. Juli 1904

bestimmt u. a.: wer mit Reben oder Rebteilen Handel treibt, ist verpflichtet, Bücher zu führen, aus welchen die Herkunft, die Abgabe und der Versand der Reben oder Rebteile zu ersehen ist; diese Bücher sind zehn Jahre lang aufzubewahren. Sollte ein landwirtschaftlicher Konsumverein in die Lage kommen, Handel mit Reben oder Rebteilen zu treiben, so wäre er verpflichtet, diese Bestimmungen zu beachten. —

Meine Herren, damit bin ich am Schlusse meiner Betrachtungen. Eins werden Sie aus meinen Ausführungen jedenfalls entnommen haben, daß von einer Bevorzugung der Konsumvereine, von Privilegien wohl kaum die Rede sein kann. Alle diese Bestimmungen, die ich Ihnen im Zusammenhang vortrug, sind die Konsumvereine verpflichtet einzuhalten, und sie machen sich wie jeder andere Kaufmann strafbar, wenn sie gegen die Bestimmungen verfehlen. Aber ich wiederhole, meine Herren, was ich schon zu Beginn meines Vortrags hervorhob: es ist durchaus nicht Zweck dieses Vortrags, Klage darüber zu führen, daß man die Konsumvereine gewerberechtlichen Vorschriften unterstellt, obschon man ihren Geschäftsbetrieb nicht als „Gewerbebetrieb“ betrachten kann. Ich halte es für selbstverständlich, daß die Konsumvereine ohne Rücksicht auf den Rechtsstandpunkt sämtlich freiwillig bereit sind, allen für „Gewerbetreibende“ geltenden gesetzlichen Vorschriften aufs peinlichste zu genügen. Ich habe auch in den Blättern für Genossenschaftswesen (1905, S. 545) bei Besprechung des vorhin erwähnten Urteils des Oberlandesgerichts in Hamm — welches den wegen Vergehens gegen das Margarinegesetz angeklagten Lagerhalter eines Konsumvereins mit der Begründung freisprach, der Betrieb des Konsumvereins sei kein Gewerbebetrieb und das Margarinegesetz finde deshalb keine Anwendung — nachdrücklichst erklärt, daß ich es im Interesse der konsumgenossenschaftlichen Sache für verfehlt halte, daß der in Frage kommende Konsumverein auf richterliche Entscheidung gedrungen und nicht vielmehr den vorgekommenen Verstoß gegen die Bestimmungen des Margarinegesetzes ohne weiteres durch Zahlung der verhängten Strafe wieder gut gemacht hat. Mein Vortrag soll also nur der Belehrung dienen, unserer eigenen Belehrung und der Belehrung derjenigen unserer Gegner, die das Märchen von den Privilegien der Konsumvereine noch immer als Schlagwort im Munde führen.

Privilegien wollen die Konsumvereine nicht. Nur freie Bahn verlangen sie zu friedlichem Wettbewerb, freie Bahn zur Betätigung der in der Genossenschaft liegenden Kraft zum Wohle der Mitglieder.

(Lebhafter Beifall.)

Vorsitzender Verbandsdirektor **Oppermann** (Magdeburg): Meine Herren, Sie haben schon durch Ihren Beifall zu erkennen gegeben, daß Sie mit den Ausführungen des Herrn Assessor Donath außerordentlich zufrieden sind; auch ich danke ihm für die mühsame Arbeit, der er sich unterzogen hat.

Verbandsdirektor **Nolte** (Lüdenscheid): Meine Herren! Infolge der überaus langen Erörterungen über den vorigen Gegenstand der Tagesordnung mußte das vorliegende Thema, obwohl es für uns alle von besonderem Interesse sein dürfte, leider etwas übereilt durchgenommen und abgetan werden. Ich bedauere das um so mehr, als, wenn uns etwas mehr Zeit zur Verfügung gestanden hätte, der Herr Referent, wie er ja selber wiederholt betonte, die einzelnen Punkte noch ausführlicher und eingehender behandelt hätte. Da es nun aber für alle Konsumvereine überaus wichtig ist, über die gewerberechtlichen Bestimmungen genau informiert zu sein, so erlaube ich mir den Antrag zu stellen, daß von der Anwaltschaft an der Hand des soeben gehörten Vortrages eine Broschüre oder ein Sonderabdruck herausgegeben werde, im dem alle für Konsumvereine wichtigen gewerberechtlichen Bestimmungen in übersichtlicher Form enthalten sind. Es ist ja richtig: es wird allen Verbandsvereinen der stenographische Bericht über das Referat des Herrn Assessor Donath mit den „Mitteilungen über den Genossenschaftstag“ zugehen, indes ist es für alle Konsumvereine von besonderer Bedeutung, gerade die sämtlichen einschlägigen Bestimmungen des Gewerberechts in einer separaten handlichen Broschüre übersichtlich geordnet zu besitzen. Ich befürworte deshalb nochmals, daß die Anwaltschaft diese Druckschrift, die natürlich auch die vor 1900 geltenden Gesetzesvorschriften enthalten muß, anfertigen und den Konsumvereinen des Allgemeinen Verbandes zugehen läßt.

(Beifall.)

Berichterstatter Gerichtsassessor **Donath** (Charlottenburg): Meine Herren, zu der Anregung des Herrn Verbandsdirektors Nolte möchte ich nur folgendes bemerken: Der Herr Anwalt hat sich im vorigen Jahre die große Mühe gemacht, die Beschlüsse der Allgemeinen Genossenschaftstage zusammenzustellen, die auf die Konsumvereine Bezug haben. Diese Zusammenstellung wurde auf besonderen Wunsch als Broschüre gedruckt, doch als nachher der Absatz der Broschüre erfolgen sollte, stellte sich heraus, daß die Zahl der Abnehmer der Broschüre weit zurückblieb hinter der Zahl, die man ursprünglich erwarten durfte. Wenn die Herren dem Antrage des Herrn Nolte zustimmen, dann möchte ich die Bitte aussprechen, daß dann auch ein entsprechender Absatz der Broschüre erfolgt, denn sonst lohnt es nicht die teuren Druckkosten. Am praktischsten würde ich es erachten, wenn die Broschüre als Sonderabdruck aus den Mitteilungen hergestellt würde.

Zur Vermeidung von Mißverständnissen möchte ich zudem noch hinzufügen, daß mein heutiges Referat auch sämtliche schon vor 1900 für die Konsumvereine in Betracht kommenden gewerberechtlichen Bestimmungen umfaßt hat.

Vorsitzender Verbandsdirektor **Oppermann** (Magdeburg): Meine Herren, die Verbandsdirektoren müssen die nötige Anzahl, welche sie für ihre Vereine bedürfen, angeben; denn die Kosten der Herstellung sind nicht unerheblich. Ich kenne das, weil ich die Rechnung des Allgemeinen Verbandes revidiere. Der Anwalt hat sich beklagt, daß so wenig Exemplare abgenommen worden sind. Es ist doch keine große Ausgabe, wenn Sie 10 ℳ dafür anwenden. Solche Beschlüsse, wie wir jetzt wieder einen fassen sollen, sind wohlfeil wie Brombeeren, man sorge für den nötigen Absatz der Broschüren.

Verbandsdirektor **Reibel** (Stargard): Die Kosten für den Sonderabdruck kann doch der Allgemeine Verband tragen; das Geld ist daselbst ja vorhanden.

Verbandsrevisor Rechnungsrat **Redslob** (Halle a/S.): Ich möchte auch die Revisoren bitten, bei ihren Revisionen in den Vereinen nachzufragen, ob die Broschüren auch vorhanden sind; das wäre ganz zweckmäßig. Die Revisoren können da auch einmal Umschau halten.

Verbandsdirektor **Nolte** (Lüdenscheid): Ich möchte dann meinen Antrag dahin erweitern, daß ein Sonderabdruck des Berichtes auf Kosten des Allgemeinen Verbandes hergestellt und gleichzeitig mit den „Mitteilungen über den Allgemeinen Genossenschaftstag" in drei bis vier Exemplaren den Konsumvereinen zugesandt wird. Die Kosten sind nicht so bedeutend. Ich bin überzeugt, daß, wenn dieser Sonderabdruck den Verbandsvereinen zugeht, er auch allseitig Beachtung finden wird.

Abstimmung.

Der Antrag Nolte wird angenommen.

Auf Vorschlag des Vorsitzenden wird mit Rücksicht auf die vorgerückte Zeit beschlossen, die Verhandlung über Punkt IV von der Tagesordnung abzusetzen.

(Schluß der Sitzung 6 Uhr 30 Minuten.)

III. Hauptversammlung am Mittwoch den 22. August 1906.

(Angelegenheiten der Kreditgenossenschaften.)

Stellvertr. Vorsitzender: Verbandsdirektor Justizrat Wolski (Allenstein).
Schriftführer: Bürgermeister Hopf (Eberswalde).

Der Vorsitzende Herr Verbandsdirektor Justizrat **Wolski**-Allenstein eröffnet die Sitzung um 9 Uhr 15 Minuten vormittags.

Den ersten Gegenstand der Tagesordnung bilden:

I. Wichtige Rechtsfragen aus dem Sparkassenverkehr.

Verbandsdirektor Justizrat **Dr. Harnier** (Cassel): Über die Wichtigkeit des Sparkassenverkehrs für unsere Genossenschaften braucht in diesem Kreise kein Wort gesagt zu werden. Ein sehr großer Teil derjenigen Gelder, mit denen wir das Kreditbedürfnis der Genossen befriedigen, fließt uns in der Form von Spareinlagen zu. — Es ist deshalb das Interesse der Genossenschaften, den Sparkassenverkehr so leicht und sicher wie möglich zu gestalten. Dazu ist erforderlich, daß die Leiter der Genossenschaften denjenigen rechtlichen Schwierigkeiten, welche sich auf dem Gebiete des Sparkassenverkehrs ergeben, mit voller Sachkenntnis gegenüberstehen.

Meine heutige Aufgabe ist nicht die, über die Bedeutung des Sparkassenwesens selbst, namentlich nach der finanzpolitischen Seite, und über diejenigen Verpflichtungen zu sprechen, welche den Genossenschaften daraus entstehen, daß sie überhaupt dem Publikum gegenüber sich zur Annahme von Spargeldern bereit erklären.

Es ist mir die viel enger begrenzte Aufgabe gestellt, lediglich über Rechtsfragen zu sprechen, welche sich aus dem Sparkassenverkehr ergeben. — Ich werde mich bemühen, möglichst kurz nur das auch vom praktischen Gesichtspunkte aus Erhebliche zu besprechen, bitte aber im voraus um Entschuldigung, wenn die Sprödigkeit meiner Aufgabe mich zwingt, Fragen zu besprechen, die nun mal ohne eine gewisse Trockenheit nicht sachlich erörtert werden können.

Die erste Frage, die sich naturgemäß aufwirft, ist die nach der rechtlichen Natur des Spargeldervertrages, also des Vertrages zwischen Spareinleger und demjenigen, welcher die Spareinlagen entgegennimmt. — Für die Bewirkung einer Spareinlage ist in erster Linie das eigene Interesse des Sparers maßgebend, der sein erspartes Geld an sicherer Stelle aufbewahrt sehen will. — Grundsätzlich würden diesem Zweck diejenigen Institute dienen, welche lediglich im Interesse des Sparers dessen Einlagen annehmen, also die öffentlichen Sparkassen, wenigstens soweit sie diesen ihren gemeinnützigen Zweck unvermischt sich erhalten haben. Ihnen gegenüber könnte man den Sparvertrag als eine Art des Hinterlegungsvertrags, als sogenanntes depositum irregulare, bezeichnen.

Bei unsern Genossenschaften liegt die Sache insofern anders, als bei ihnen der Zweck der Befriedigung des Kreditbedürfnisses der Mitglieder im Vordergrund steht und sie also nicht nur im Interesse der Sparer, sondern auch in ihrem eigenen Interesse, um diesen ihren eigentlichen Zweck leichter zu erfüllen, Spareinlagen annehmen. Damit geht dem Sparvertrag mit der Genossenschaft der Charakter als Hinterlegungsvertrag verloren und er wird zum eigentlichen reinen Darlehnsvertrag, wie dies das Reichsgericht bereits im Dezember 1879 in einer ausführlichen Entscheidung entwickelt hat.

Eine praktische Bedeutung dürfte sich aber an diesen theoretischen Unterschied jetzt kaum mehr anknüpfen lassen, denn nach dem B.G.B. gelten für das sogenannte depositum irregulare ebenfalls die Vorschriften über das Darlehn, nur Zeit und Ort der Rückgabe bestimmen sich im Zweifel nach den Vorschriften über den Verwahrungsvertrag, sodaß also der Empfänger einer verwahrten Summe deren Rücknahme jederzeit verlangen kann, und nicht verpflichtet ist, sie dem Hinterleger zu bringen.

Da über diesen Punkt in den Bedingungen über Annahme von Spareinlagen wohl stets ausdrückliche Bestimmungen getroffen sind, so dürfte sich ein praktischer Unterschied hieraus nach jetzigem Recht nicht mehr ergeben.

Die Spareinlage ist also ein Darlehnsvertrag, welcher sich von andern Darlehnsverträgen nur in der Richtung unterscheidet, daß hier der Darlehnsempfänger nicht den einzelnen Darlehnsgeber um das Darlehn ersucht, sondern der Darlehnsgeber auf Grund der allgemeinen Bereiterklärung zur Annahme solcher Darlehn dem Darlehnsempfänger das Darlehn seinerseits zubringt.

Worin besteht nun der Unterschied zwischen denjenigen anvertrauten Geldern, welche man gemeinhin Spareinlagen zu nennen pflegt und andern, unsern Vereinen ebenfalls anvertrauten Geldern, welche etwa in laufender Rechnung einbezahlt werden? Auch letztere sind Darlehn, für die allerdings gewöhnlich kürzere Rückzahlungsfristen und dementsprechend niedrigere Verzinsung vereinbart wird. — Der wesentliche Unterschied zwischen beiden besteht aber darin, daß über die Spareinlagen ein sogenanntes Sparkassenbuch ausgefertigt wird, welchem besondere rechtliche Eigenschaften beiwohnen.

Um die rechtliche Eigenart des Sparkassenbuchs feststellen zu können, müssen wir zunächst einen allgemeinen Blick auf die Vorschriften des B.G.B. über Inhaberpapiere und über sogenannte Legitimationspapiere werfen.

Inhaberpapiere sind solche, welche, wie schon die Bezeichnung sagt, nicht auf den Namen ausgestellt sind, sondern den jeweiligen Inhaber des Papiers als Gläubiger bezeichnen. Er ist als solcher berechtigt, die vom Aussteller des Papiers versprochene Leistung zu verlangen, „es sei denn," wie das Gesetz sagt, „daß er zur Verfügung über das Papier nicht berechtigt ist." Gleichwohl ist aber auch in letzterem Falle der Aussteller seinerseits berechtigt, dem Inhaber des Papiers mit befreiender Wirkung Zahlung zu leisten.

Entsprechend diesem Grundcharakter des Inhaberpapiers bestimmt sich die Frage nach der Berechtigung aus demselben lediglich nach sachenrechtlichen Grundsätzen. Die Forderung verkörpert sich in dem Papier und geht mit dem Eigentum an dem Papier über. Es finden deshalb auf den Erwerb des Eigentums an einem Inhaberpapier zunächst die allgemeinen Vorschriften über den Eigentumserwerb an beweglichen Sachen Anwendung, nach welchen ein gutgläubiger Erwerber das Eigentum auch durch Übergabe an ihn seitens eines Nichtberechtigten erwirbt. Es sind aber sogar zugunsten der Inhaberpapiere die Beschränkungen, welche sonst diesem Eigentumserwerb gegenüber gelten, ausgeschlossen. Der gutgläubige Erwerber erwirbt demgemäß das Eigentum selbst dann, wenn das Inhaberpapier, sei es dem Aussteller selbst, sei es einem späteren Eigentümer, gestohlen oder von ihm verloren war.

In allen diesen Fällen ist der Aussteller zur Zahlung verpflichtet; nur dem Dieb selbst gegenüber besteht natürlich eine solche Verpflichtung nicht, obwohl er, wie erwähnt, auch an diesen mit befreiender Wirkung Zahlung leisten könnte.

Ganz anders ist die Regelung, welche das B.G.B. dem sogenannten Legitimationspapier zuteil werden läßt. — Diese Papiere sind Urkunden, in welchen der Gläubiger benannt ist, die aber mit der Bestimmung ausgegeben sind, daß die in der Urkunde versprochene Leistung an jeden Inhaber bewirkt werden kann. Solche Urkunden sind also keineswegs Träger der Forderung selbst, sondern nur Beweismittel für dieselbe. Es ist zwar ein Eigentumsrecht an dem körperlichen Gegenstande, dem Buche selbst, denkbar, keineswegs aber verkörpert das Buch die Forderung, vielmehr bestimmt das Gesetz ausdrücklich, daß der Inhaber einer solchen Urkunde nicht berechtigt ist, die Leistung zu verlangen. Daraus ergibt sich ohne weiteres, daß für die Entstehung und die Übertragung eines derartigen Rechtes nicht die sachenrechtlichen Vorschriften, wie beim Inhaberpapier, maßgebend sind, sondern lediglich die Grundsätze über Entstehung und Übertragung eines Forderungsrechts. Es kann also z. B. niemals jemand das Recht auf eine durch ein Legitimationspapier gesicherte Forderung dadurch erwerben, daß er, wenn auch im besten Glauben, ein gestohlenes oder verlorenes Papier erwirbt; auf die Einzelheiten wird später einzugehen sein.

Es fragt sich nun, ob Sparkassenbücher Inhaberpapiere oder Legitimationspapiere sind. Da, wo sie auf Namen ausgestellt werden, beantwortet sich diese Frage von selbst. In manchen Gegenden, so in Holstein, ist es aber üblich, Sparkassenbücher nicht auf Namen auszustellen, sondern sie nur mit einer Nummer zu bezeichnen, und es herrscht die Anschauung, als wenn sie dadurch zu Inhaberpapieren würden. — Diese Anschauung ist absolut unhaltbar und steht mit den Vorschriften des B.G.B. in direktem Widerspruch. Insbesondere schreibt das B.G.B. vor, daß Schuldverschreibungen auf den Inhaber, in denen eine Geldsumme versprochen wird, nur mit staatlicher Genehmigung in den Verkehr gebracht, d. h. also, von dem Aussteller einem Dritten übergeben werden dürfen und daß eine ohne staatliche Genehmigung in den Verkehr gelangte Schuldverschreibung nichtig ist.

Es liegt nun auf der Hand, daß von einer solchen staatlichen Genehmigung bei der Ausstellung von Sparkassenbüchern gar keine Rede sein kann; die allgemeine Freiheit zur Entgegennahme von Spareinlagen ist selbstverständlich etwas ganz anderes als die hier vorgeschriebene staatliche Genehmigung, die sich, wie bekannt, auf ganz bestimmte Summen, Teilbeträge, Verzinsungs- und Rückzahlungsbedingungen und dergl. bezieht.

Solche nicht auf Namen lautende Sparbücher können also keinesfalls als Inhaberpapiere angesehen werden, weil sie als solche nach der erwähnten Bestimmung nichtig sein würden. Richtig muß man auch sie als Legitimationspapiere ansehen, weil sie ja durch ihre Nummer auf die Nummer des Hauptbuches verweisen, wo der Name des Gläubigers eingetragen ist. Sie geben also den Namen wenigstens auf diesem Umwege an. Diese Auffassung wird auch namentlich von Schneider in seiner vortrefflichen Schrift über das B.G.B. und die Sparkassen vertreten, der selbst Holsteiner ist und diese Bücher genau kennt. — Darüber nun, daß die in der gewöhnlichen Form ausgestellten auf Namen lautenden Sparbücher lediglich Legitimationspapiere sind, besteht in der Rechtswissenschaft und der Rechtsprechung nicht der geringste Streit.

Insbesondere hat das Reichsgericht in feststehender Rechtsprechung seit langen Jahren an dieser Auffassung festgehalten, und auch die neuesten juristischen Schriftsteller weisen einen jeden Zweifel an ihr auf das Bestimmteste zurück. Allerdings wird gelegentlich auch in der Rechtsprechung anerkannt, daß diese juristisch allein zutreffende Auffassung in dem täglichen Verkehr nicht immer als maßgebend angesehen wird. — So sagt z. B. das Oberlandesgericht Dresden in einer neuerdings veröffentlichten Entscheidung, daß mit dieser Auffassung, welche die Sparkassenbücher als Legitimationspapiere des § 808 B.G.B. ansieht, die Anschauung des Verkehrslebens im Gegensatz steht, welche die Sparkassenbücher als verkäuflich und verpfändbar behandle und den Erwerber und Pfandnehmer des Buches als solchen zur Geltendmachung der Forderung für berechtigt ansieht. — Wir müssen daran festhalten, daß diese Auffassung an sich unrichtig ist und müssen demgemäß die Folgerungen, welche sich aus ihr ergeben können, abweisen.

Immerhin sind diese Folgen nach der jetzigen Gesetzgebung nicht mehr so schwerwiegend wie früher, denn für die Übertragung einer Forderung gilt keine Formvorschrift mehr; sie erfolgt durch formlosen Vertrag zwischen dem Gläubiger und einem andern dergestalt, daß der neue Gläubiger mit dem Abschluß dieses Vertrags an die Stelle des alten tritt. —

Demgemäß wird man wohl regelmäßig davon ausgehen können, daß die zur Übertragung der Forderung bestimmte Übergabe eines Sparkassenbuchs seitens des Gläubigers an einen andern sich als eine gültige Übertragung des Sparkassenguthabens darstellt, weil, wie gesagt, zu diesem Zweck weiter nichts erforderlich ist, als die Willenseinigung der beiden in Betracht kommenden Personen. — Der durchgreifende Unterschied gegen die Inhaberpapiere besteht aber darin, daß eine solche Wirkung eben nur dann eintritt, wenn die Übergabe des Buches seitens des Berechtigten erfolgt ist, nicht dann, wenn sie seitens eines Nichtberechtigten, wenn auch an einen im besten Glauben stehenden Erwerber, geschieht. — In letzterem Falle wird der Erwerber des Buches niemals Gläubiger der Forderung.

Wenn nun das Gesetz weiter nichts bestimmt, als daß der Schuldner, also der Vorschußverein, die Leistung an den Inhaber bewirken kann, daß dieser aber nicht berechtigt ist, die Leistung zu verlangen, so ergibt sich daraus ohne weiteres auch, daß der Schuldner berechtigt ist, von dem Inhaber eines Sparkassenbuches den Nachweis darüber zu verlangen, daß ihm auch wirklich die Forderung selbst zusteht. Das gilt sowohl gegenüber dem Rechtsnachfolger als gegenüber dem Erben des in dem Sparkassenbuch genannten Gläubigers. — An einen Rechtsnachfolger braucht ein Schuldner Zahlung überhaupt nur zu leisten, wenn ihm die Abtretung entweder vom bisherigen Gläubiger schriftlich angezeigt ist oder wenn ihm eine von dem bisherigen Gläubiger über die Abtretung ausgestellte Urkunde vorgelegt wird. — Ebenso braucht der Schuldner an Erben seines Gläubigers Zahlung nur dann zu leisten, wenn ihm das Erbrecht auf sein Verlangen nachgewiesen ist. Über die Art dieses Nachweises bestehen allerdings rechtliche Vorschriften nicht, insbesondere ist der Schuldner nicht unter allen Umständen berechtigt, von den Erben seines Gläubigers die Vorlage eines Erbscheins zu verlangen, vielmehr kann der Erbe den ihm obliegenden Nachweis seiner Erbeigenschaft in beliebiger Form erbringen.

Während über diese rechtliche Stellung des Schuldners ein Zweifel nicht besteht, muß allerdings andererseits daran festgehalten werden, daß es gerade der Zweck der Ausstellung solcher Legitimationspapiere ist, den Schuldner von der Pflicht einer Prüfung in dieser Richtung zu entbinden. Es steht also lediglich in seinem Belieben, ob er einen derartigen Nachweis verlangen will oder nicht; berechtigt ist er, ohne einen jeden Nachweis Zahlung an den Inhaber des Buches zu leisten, und diese Berechtigung geht nach dem ausdrücklichen Ergebnis der Verhandlungen in der Kommission für das B.G.B. soweit, daß der Schuldner durch Zahlung an den Inhaber selbst dann befreit wird, wenn er weiß, oder nur infolge grober Fahrlässigkeit nicht weiß, daß der Inhaber nicht berechtigt ist.

Dieser in der Tat sehr weitgehende, aber von der Kommission zweifellos gewollte Satz hat bereits in der juristischen Literatur von den verschiedensten Seiten lebhafte Anfechtung erfahren, eine Reihe namhafter Schriftsteller, Dernburg, Kulenbeck, Schneider, Enneccerus, Oertmaun u. a. bemühen sich, ihn in angemessener Weise einzuschränken, ohne jedoch zu einem ganz einheitlichen Ergebnis zu kommen. Auch einzelne Gerichte haben einschränkende Urteile ergehen lassen. — In der Tat muß es im höchsten Maße befremden, wenn z. B. der Kassierer eines Vorschußvereins etwa morgens in der Zeitung liest, bei dem und dem bekannten Bürger sei in der Nacht ein Einbruchsdiebstahl verübt und dem Dieb ein Sparkassenbuch des Vorschußvereins in die Hände gefallen, und wenn er vielleicht unmittelbar darauf einem fremden, verdächtig aussehenden Menschen, der das fragliche Sparkassenbuch vorzeigt, den Betrag desselben mit befreiender Wirkung auszahlen dürfte. Zweifellos hat in solchen und ähnlichen Fällen der Kassierer die dringendste Veranlassung, die Auszahlung zunächst abzulehnen und von dem oben besprochenen Recht auf Nachweisung des Erwerbes der Forderung gegenüber dem Vorzeiger des Buches Gebrauch zu machen. Wieweit er hierin gehen soll, ist Taktfrage im einzelnen Fall, es liegt aber, wie gesagt, in der Richtung wohl eine sehr dringende moralische, aber keine juristische Notwendigkeit für ihn vor, letzteres höchstens insoweit, als die Vorschriften über vorsätzliche Schadenzufügung oder Rechtsverletzung in Anwendung gebracht werden könnten, worüber aber, wie gesagt, unter den juristischen Schriftstellern und in der Rechtsprechung im einzelnen keine Einigkeit herrscht.

Eine Ausnahme von dem Recht, dem Vorzeiger eines Buches Zahlung leisten zu dürfen, liegt nur in dem einen Fall vor, wenn eine gerichtliche Beschlagnahme eines Sparkassenguthabens erfolgt ist. — Da zu der freiwilligen Abtretung des Sparkassenguthabens die Übergabe des Buches selbst nicht notwendig gehört, so ist auch eine gerichtliche Pfändung desselben möglich und zulässig, ohne daß das Sparkassenbuch selbst gepfändet wird. Ist eine derartige Pfändung des zuständigen Gerichts dem Vorschußverein zugestellt, so darf er von da an an den seitherigen Gläubiger nicht mehr zahlen, auch wenn er das Buch vorzeigt. Er braucht allerdings auch an den Pfändungsgläubiger noch nicht zu zahlen, weil er ja überhaupt nur gegen Rückgabe des Buches zur Zahlung verpflichtet ist. — Es ist also Sache des Pfändungsgläubigers, sich im Wege der Zwangsvollstreckung auch in den Besitz des Buches zu setzen, und erst dann, wenn der Pfändungsgläubiger das Buch vorzeigt, wird die Kasse zur Zahlung verpflichtet sein, aber das gerichtliche Zahlungsverbot muß sie bereits vorher respektieren.

Übrigens besteht auch darüber nicht der geringste Zweifel, daß die Pfändung von Sparkassenguthaben nicht etwa in gleicher Weise wie die Pfändung von Inhaberpapieren durch Pfändung des Sparkassenbuches seitens des Gerichtsvollziehers zu erfolgen hat, vielmehr muß dieselbe durch die vom Vollstreckungsgericht selbst zu bewirkende Pfändung der Forderung erfolgen, an welche sich die Herausgabe des Buches lediglich demnächst anzuschließen hat. — Auf die Einzelheiten in dieser Richtung kann hier nicht weiter eingegangen werden.

Ein weiterer besonderer Fall, der kurzer Besprechung bedarf, ist die Behandlung der auf einen Minderjährigen lautenden Sparbücher. Wenn auch dauernd die Anlage von Mündelgeld bei Vorschußvereinen nicht zulässig ist, so werden doch sehr häufig derartige Bücher vorkommen, sei es, daß die betreffenden Einzahlungen vorübergehend unter dem Gesichtspunkt der Verwahrung bereiter Mittel gemacht sind, sei es, daß Eltern oder Angehörige auf den Namen ihrer Kinder Einzahlungen geleistet haben oder daß Sparkassenguthaben durch Erbschaft auf Minderjährige übergehen. In allen derartigen Fällen wird sich die Anwendung großer Vorsicht für die Vereine ganz besonders empfehlen. — Gesetzliche Vertreter minderjähriger Personen sind die Inhaber der elterlichen Gewalt und zwar diese, ohne an irgendwelche gerichtliche Genehmigung gebunden zu sein. Es kann mithin für einen Minderjährigen der Vater oder nach dessen Tode die Mutter ohne jede Beschränkung Spargelder erheben. Nur falls der Mutter gerichtlich ein Beistand bestellt ist, ist dessen Genehmigung erforderlich. Sind beide Eltern tot, so muß für Minderjährige ein Vormund bestellt sein. Dieser ist aber zu unbeschränkter Einziehung von Forderungen nur dann befugt, wenn er als befreiter Vormund auf Grund testamentarischer Anordnung der Eltern eingesetzt ist, andernfalls bedarf er der Genehmigung des Gegenvormundes, oder, wenn ein solcher nicht bestellt ist, des Gerichts. Ausnahmen sind zulässig nur für Zinsen, für Beträge bis zu 300 *M* und für solche Beträge, die er selbst angelegt hat.

Die rechtliche Möglichkeit einer Zahlung an den Inhaber des Buches besteht nun allerdings auch dann, wenn dieser Inhaber minderjährig ist. Im Interesse der Minderjährigen aber liegt es, wie gesagt, ganz besonders, daß in solchen Fällen die Vereine nicht von diesem Recht Gebrauch machen, sondern das ihnen ebenfalls zustehende Recht der Legitimationsprüfung ausüben.

Weiter ist kurz zu besprechen der auch häufig vorkommende Fall, daß Einzahlungen von einem anderen als demjenigen, auf dessen Namen das Sparkassenbuch ausgestellt wird, gemacht werden. Es entsteht die Frage, ob in diesem Fall der Einzahlende oder der in dem Sparkassenbuch als Gläubiger Genannte zur Erhebung des Sparkassenguthabens materiell berechtigt ist.

Die sehr umfassende und teilweise widersprechende Rechtsprechung über diese Frage kommt insoweit, als sie sich auf die Zeit vor dem B.G.B. bezieht, heute nicht mehr praktisch in Betracht, weil bis dahin die Bestimmungen über Schenkungen sowohl als über Verträge zugunsten Dritter teilweise andere waren als nach dem B.G.B.

Das B.G.B. schreibt nun allerdings auch für Schenkungsversprechen gerichtliche oder notarielle Form vor, bestimmt aber, daß der Mangel dieser Form durch die Bewirkung der versprochenen Leistung geheilt wird. Es kann keinem Zweifel unterliegen, daß es nach dem B.G.B. zulässig ist, daß jemand eine Schenkung dadurch vollzieht, daß er einen Vertrag zugunsten des Beschenkten mit der Wirkung schließt, daß dieser Beschenkte alsbald selbst Gläubiger wird. Das wird zweifellos stets dann anzunehmen sein, wenn nicht nur die Einzahlung auf den Namen eines Dritten erfolgt, sondern diesem Dritten auch das über die Einzahlung lautende Sparkassenbuch alsbald ausgehändigt wird.

Wie stellt sich die Sache aber dann, wenn der Einzahlende, der auf den Namen eines Dritten aus eigenen Mitteln und nicht im Auftrag oder mit nachfolgender Genehmigung des Dritten eine Einzahlung leistet, das Sparkassenbuch selbst in der Hand behält? Das B.G.B. sagt weiter nichts, als daß in Ermangelung einer besonderen Bestimmung aus den Umständen, inssondere aus dem Zweck des Vertrages entnommen werden soll, ob der Dritte das Recht erwerben soll, ob das Recht des Dritten sofort oder nur unter gewissen Voraussetzungen entstehen soll und ob dem Vertragschließenden die Befugnis vorbehalten sein soll, das Recht des Dritten ohne dessen Zustimmung aufzuheben oder zu ändern.

Nun ist allerdings in einem anderen Paragraphen für Lebensversicherungs- und Leibrentenverträge ausdrücklich vorgeschrieben, daß im Zweifel angenommen werden soll, daß der Dritte unmittelbar das Recht erwerben soll, diese Leistung zu fordern.

Ein Antrag, diese Vorschrift allgemein auf alle eine Fürsorge bezweckenden Verträge auszudehnen, ist aber in der Kommission des B.G.B. ausdrücklich abgelehnt. Man wird also den Fällen des Lebensversicherungs- oder Leibrentenvertrages nur die Bedeutung gewisser Anhaltspunkte für den Willen der Parteien beilegen können, wird aber der unangenehmen Notwendigkeit nicht enthoben sein, im Einzelfall die wirkliche Absicht der Parteien zu erforschen, und dabei wird sich gewiß häufig herausstellen, daß die Parteien sich den Unterschied überhaupt nicht klar gemacht haben.

Möglich und denkbar ist es doch zweifellos, daß beispielsweise ein Vater, der auf den Namen seiner Kinder Einzahlungen macht, dabei die Absicht hat, selbst solange er das Buch in der Hand behält, über die betreffenden Einzahlungen zu verfügen, um so mehr, als ja der Verkehr allerdings von der Anschauung beherrscht wird, daß das Forderungsrecht sich im wesentlichen an den Besitz des Buches selbst anknüpft.

Jedenfalls möchte ich der Ansicht sein, daß vom praktischen Standpunkt aus die Vorschußvereine in solchen Fällen keine besondere Veranlassung haben, der Auszahlung von Guthaben an den Inhaber des Buches Schwierigkeiten entgegenzusetzen, denn andernfalls laufen sie in diesem Falle die Gefahr, daß die an sich vielleicht streitige Rechtsfrage auf ihre Kosten zu ihrem Nachteil entschieden werden könnte.

Ein fernerer Punkt, der noch kurzer Besprechung bedarf, ist die Frage, wie sich die Rechtslage bei einem Verlust des Sparkassenbuches gestaltet, da doch der Empfänger der Spareinlagen, also der Vorschußverein, nur gegen Rückgabe des Sparkassenbuches zur Zahlung verpflichtet ist.

Nach der jetzigen Gesetzgebung ist das gerichtliche Aufgebot eines verlorenen oder vernichteten Sparkassenbuches zulässig und zwar gestattet die C.P.O. auch für das Aufgebot einer derartigen Legitimationsurkunde die landesgesetzliche Einführung vereinfachter Vorschriften über die Veröffentlichung des Aufgebots.

Demgemäß ist in dem Preußischen Ausführungsgesetz zur C.P.O. für diese Fälle an Stelle der weitläufigen und kostspieligeren dreimaligen Bekanntmachung im Reichsanzeiger nur einmalige Einrückung im öffentlichen Anzeiger des Amtsblattes vorgesehen.

Auch wenn ein solches Aufgebot beantragt wird, erläßt das Gericht eine Sperrvorschrift, es darf also auch in diesem Fall bis zur Erledigung des Aufgebotsverfahrens der Vorschußverein nicht gegen Rückgabe des Buches Zahlung leisten.

Weiter ist aber gestattet und wird sich als praktisch empfehlen, daß an Stelle des gerichtlichen Aufgebots durch das Statut ein Aufrufverfahren der Kasse selbst gesetzt werden darf.

Endlich noch zwei Worte über eine Frage, die zwar nicht das Rechtsverhältnis zwischen Sparer und Vorschußverein betrifft, die aber für die Praxis unserer Vereine nach anderer Seite hin von Wichtigkeit ist, nämlich über deren Stellung, wenn ihnen von einem Kreditsuchenden ein Sparbuch einer andern öffentlichen oder nichtöffentlichen Kasse als Sicherheit angeboten wird. Aus meinen früheren Ausführungen über Abtretung von Sparguthaben ergibt sich, daß an sich Übergabe des Buches und formlose Willenseinigung mit dem berechtigten Gläubiger über die Abtretung genügt. Für eine Verpfändung dagegen bestimmt § 1280 B.G.B., daß die Verpfändung einer Forderung — im Gegensatz zu deren Abtretung — nur wirksam ist, wenn der — seitherige — Gläubiger sie dem Schuldner anzeigt. Hier ist also eine solche Anzeige, die der Gläubiger am besten schriftlich ausstellt und dem Vorschuß-Verein aushändigt, Bedingung der Wirksamkeit. Nützlich ist natürlich eine schriftliche Erklärung desselben auch im Falle der Abtretung, damit der Vorschußverein in der Lage ist, durch eine solche sein Recht an dem Guthaben zu beweisen. In keinem Falle aber genügt die bloße Übergabe des Buches selbst; es muß stets die Vereinbarung über Abtretung oder Verpfändung des Guthabens mit dem wirklichen Berechtigten hinzukommen. Ein Vorschußverein, der auf ein Sparbuch Kredit gewähren will, muß also streng darauf achten, daß er das Buch nur von dem entgegennimmt, der in dem Buch als Gläubiger genannt oder der sich als Rechtsnachfolger des darin genannten Gläubigers ausgewiesen hat. Der bloße tatsächliche Besitz des Buches genügt aber unter keinen Umständen für eine wirksame Übertragung oder Verpfändung desselben — durch die Annahme eines Buches von einem Nichtberechtigten erwirbt der Vorschußverein keinerlei Rechte an dem Buch, läuft also Gefahr, zu verlieren, was er darauf geliehen hat.

Mit diesen Ausführungen hoffe ich meiner Aufgabe im wesentlichen entsprochen zu haben. Wenn auch noch mancherlei andere Rechtsfragen im Sparkassenverkehr entstehen können, so glaube ich doch, Ihre Geduld bereits in überreichlichem Maße in Anspruch genommen zu haben und glaube deshalb auf weitere Ausführungen verzichten zu dürfen.

(Lebhafter Beifall.)

Verbandsdirektor Justizrat **Dr. Alberti** (Wiesbaden): Meine Herren, mit einem Punkte in den Ausführungen des Herrn Referenten kann ich mich nicht ganz einverstanden erklären, nämlich mit seinen Ausführungen über die Verpflichtung zur Legitimationsprüfung. Gewiß ist richtig: wir können, wenn das Buch präsentiert wird, Zahlung leisten, sofern nichts Besonderes vorausgegangen ist. Die Rechtsprechung hat aber diesen Fall anders entschieden, wenn der Verein Bedenken haben mußte, ob der Betreffende, der das Buch präsentierte, in der Tat der berechtigte Inhaber des Buches sei. Dieser Rechtsfrage lag folgender Sachverhalt zugrunde: Eine Sparkasse in Frankfurt a. M. bekam eines Tages formlos die Mitteilung von einem Spareinleger, daß ihm das Buch abhanden gekommen sei, er verwahre sich dagegen, daß die Auszahlung auf das Buch erfolge. Nach dieser kurzen Mitteilung war es kaum möglich, bei dem gewaltigen Verkehr der Kasse der Sache eine weitere Bedeutung beizumessen. Tatsächlich wurde das Buch präsentiert, man hatte aber an jene Mitteilung nicht mehr gedacht, und die Zahlung erfolgte. Darauf hat der Einleger die Kasse verklagt, worauf diese tatsächlich in zwei Instanzen verurteilt worden ist. In dem Urteile wurde davon ausgegangen, daß diejenigen Leute, welche mit uns in Geschäftsverkehr treten, auch erwarten dürfen, daß eine gewisse Aufmerksamkeit ihren Interessen gewidmet wird, und daß daher, wenn derartige Anzeigen kommen, Nachforschungen angestellt werden, und die Auszahlung nicht erfolgt. Es ist das eine sehr weitgehende Interpretation, die für unsern Sparkassenverkehr von großer Bedeutung ist; sie mahnt jedenfalls zu großer Vorsicht.

Vorsitzender Verbandsdirektor Justizrat **Wolski**-**Allenstein**: Das Wort wird nicht weiter verlangt, ein Antrag ist nicht gestellt, eine Abstimmung erübrigt sich also. Wir können diesen Gegenstand hiermit verlassen.

Bevor wir zu dem nächsten Gegenstand übergehen, gestatte ich mir, Ihnen mitzuteilen, daß bereits gestern auf das Huldiguugstelegramm an den Kaiser folgende Antwort eingegangen ist:

Wilhelmshöhe, Schloß, den 21. August.

Seine Majestät der Kaiser und König lassen für den treuen Gruß bestens danken.

Auf Allerhöchsten Befehl der Geheime Kabinettsrat von Lucanus.

(Lebhafter Beifall.)

II. Antrag des Gesamt-Ausschusses:

Der Allgemeine Genossenschaftstag stellt für die Behandlung der Giroverbindlichkeiten folgende Grundsätze auf:

1. Die Giroverbindlichkeiten sind nicht in die Bilanz einzustellen, wohl aber im Geschäftsbericht und zwar getrennt nach Verbindlichkeiten

a) aus Geschäftswechseln,

b) aus Primadiskonten

aufzuführen.

2. **Wird durch die Weiterbegebung von Geschäftswechseln für die Genossenschaft regelmäßig Betriebskapital beschafft, so sind die daraus entstehenden Giroverbindlichkeiten als Betriebskapital aufzufassen und als solches bei Berechnung des Verhältnisses der Reserven zum Betriebskapital in Ansatz zu bringen.**

Berichterstatter Anwalt **Dr. Crüger** (Charlottenburg): Meine Herren, es ist recht lange her, daß die Allgemeinen Genossenschaftstage sich mit den Giroverbindlichkeiten beschäftigt haben. Wenn aber behauptet ist, daß die Allgemeinen Genossenschaftstage zur Behandlung der Giroverbindlichkeiten noch nicht Stellung genommen haben, so ist dies unrichtig. Bereits der Allgemeine Vereinstag in München, im Jahre 1875, hat sich dahin schlüssig gemacht, daß die Kreditgenossenschaften in den Berichten die Haftsumme für die schwebenden Wechselverbindlichkeiten anzugeben haben. Schulze-Delitzsch hat selbst den Antrag begründet, er wies auf das Notenbankgesetz hin und machte darauf aufmerksam, daß bei Weiterbegebung der Wechsel die Vereine häufig nicht daran denken, daß sie aus ihren Giroverbindlichkeiten auch regreßpflichtig gemacht werden können, daß der Fall aber immerhin möglich bleibt. Es entbehrt nun nicht des Interesses, daß einer der Redner in jenen Verhandlungen Schulze-Delitzsch entgegentrat, indem er darauf hinwies, daß aus solcher Weiterbegebung der Wechsel wohl ein Obligo, aber kein Risiko entstehen kann. Nun, das ist die Ansicht, die heute auch noch vielfach vertreten wird; ich möchte aber doch meinen, daß mit dem Zugeständnis, daß ein Obligo vorliegt, ohne weiteres das Zugeständnis verbunden ist, daß daraus ein Risiko sich ergeben kann, ein Obligo ohne Risiko kann ich mir nicht gut denken.

Auf dem Allgemeinen Vereinstage in Wiesbaden, im Jahre 1877, wurde die Geschäftsanweisung für den Aufsichtsrat der Kreditgenossenschaften beschlossen, und in dieser Geschäftsanweisung findet sich die Vorschrift, daß der Aufsichtsrat verpflichtet ist, eine Untersuchung der Giroverbindlichkeiten der Genossenschaft vorzunehmen.

Damit enden die Verhandlungen der Allgemeinen Genossenschaftstage über die Behandlung der Giroverpflichtungen.

Um so intensiver aber ist die Frage in den Blättern für Genossenschaftswesen und in den letzten Jahren in den Revisorenkonferenzen behandelt worden. Das Material in den Blättern für Genossenschaftswesen ist ein außerordentlich reichhaltiges. In der Revisorenkonferenz in Hannover im Jahre 1900 wurde die Behandlung der Giroverbindlichkeiten besprochen unter Beziehung auf die Liquidität der Genossenschaften. Es wurde in der Revisorenkonferenz darauf aufmerksam gemacht, daß ohne Kenntnis des Umfanges der Giroverbindlichkeiten man sich kaum ein Bild von der Liquidität der Genossenschaft machen kann. In Wiesbaden auf der Revisorenkonferenz im Jahre 1896 wurden die Giroverbindlichkeiten mit Rücksicht auf die Beurteilung des Vermögensstandes der Genossenschaften behandelt. Es wurden damals von einigen der Herren Revisoren ganz besonders krasse Fälle mitgeteilt, es wurde auf Genossenschaften aufmerksam gemacht, bei denen der Umfang der Giroverbindlichkeiten außerordentlich hoch war, so hoch, daß man die Giroverbindlichkeiten zum Betriebskapital rechnen mußte; und es wurde darauf hingewiesen, daß ohne Kenntnis der Giroverpflichtungen es kaum möglich sei, den Vermögensstand der Genossenschaft richtig abzuschätzen. Endlich im Jahre 1903 in Danzig, in Breslau im Jahre 1904 wurde auf der Revisorenkonferenz in eingehender Weise die Behandlung der Giroverbindlichkeiten erörtert. Ich möchte daher annehmen, daß die Frage heute so weit spruchreif geworden ist, wenigstens nach verschiedenen Richtungen hin, daß nun der Allgemeine Genossenschaftstag sein Votum über die Behandlung der Giroverbindlichkeiten abgeben kann, wenigstens in dem Rahmen, der der Sache in dem Ihnen unterbreiteten Antrage, der dem vorjährigen Genossenschaftstage bereits vorlag, aber aus Mangel an Zeit von der Tagesordnung abgesetzt werden mußte, gezogen ist.

Meine Herren, daß die Behandlung der Giroverbindlichkeiten eine recht aktuelle Frage ist, darüber sind wir uns alle einig. Es ist auffällig, daß in der Literatur eine allzu große Ausbeute mit Bezug auf die Erörterung dieser Frage sich nicht findet. Ganz besonders aktuell war die Frage geworden nach dem Zusammenbruch der Leipziger Bank. Es wurde vielfach darauf aufmerksam gemacht, daß, wenn das Publikum, so weit es imstande ist, Bilanzen zu lesen, Kenntnis von dem außerordentlichen Umfange der Giroverbindlichkeiten dieses Instituts gehabt hätte, dann rechtzeitig oder doch wenigstens frühzeitiger auf die ungesunde Lage dieses Instituts aufmerksam geworden wäre.

Wenn wir an der Hand der Gesetzgebung die Frage der Behandlung der Giroverbindlichkeiten untersuchen, so läßt uns im großen und ganzen die Gesetzgebung dabei im Stich; wir werden nicht mit Hilfe der Gesetzgebung in der Lage sein, die Lösung der Frage zu finden. Wir müssen zunächst auf die Buchführung zurückgehen, und da ist von entscheidender Bedeutung oder wenigstens doch von großer Bedeutung eine Änderung in dem neuen Handelsgesetzbuch, und zwar in dem § 38, der den Artikel 28 des alten Handelsgesetzbuches abgelöst hat. In den Handelsbüchern werden nicht, wie die Fassung des früheren Artikels 28 des Handelsgesetzbuches anscheinend forderte, die Geschäftsabschlüsse als solche, sondern nur die infolge der Geschäftsabschlüsse eintretenden Vermögensveränderungen ersichtlich gemacht. Daher bestimmt jetzt der § 38 des Handelsgesetzbuches, daß die Grundsätze ordnungsmäßiger Buchführung für die Buchführung maßgebend sein sollen. Die frühere Bestimmung des Artikels 28 des Handelsgesetzbuches lautete, daß Bücher geführt werden müßten, aus welchen die Handelsgeschäfte und die Vermögenslage des Kaufmanns vollständig zu ersehen sind. In der Denkschrift zum Handelsgesetzbuch ist darauf aufmerksam gemacht, daß nicht etwa ein Zufall für die Änderung dieses Artikels 28 des Handelsgesetzbuches maßgebend gewesen ist, sondern, er ist geändert, weil man sich davon überzeugt hatte, daß der Artikel 28 nicht aufrecht erhalten werden konnte, weil eben die Handelsbücher nur die Vermögensveränderungen ersichtlich machen sollen. Daraus ergibt sich, daß außerordentlich wichtige Verbindlichkeiten aus den Büchern ihre Erklärung nicht finden.

Ich möchte hier nur auf einige ganz besonders in die Augen fallende Verbindlichkeiten hinweisen. Da ist z. B. die Gewährleistungspflicht, die beim Verkauf in die Erscheinung tritt. Es sind ferner Mietsverträge, die für ein Institut von sehr großer Bedeutung sein können; es können z. B. Mietsverträge von einem Institut unter so ungünstigen Bedingungen abgeschlossen sein, daß daraus für dasselbe sich recht weitgehende Verpflichtungen ergeben können, die Handelsbücher geben über denselben keine Auskunft. Dann ferner Lieferungsverträge, diese kommen wenigstens in ihren Verpflichtungen in den Handelsbüchern nicht zum Ausdruck; ferner Konsortiumsbeteiligungen, und was sonst noch in Betracht kommen kann.

Wie mit der Buchführung liegt es mit der Bilanz; die Bilanz ist ein Teil der Buchführung. Der Zweck der Bilanz erstreckte sich ursprünglich auf einen formalen Abschluß der Bücher. Heute, wie insbesondere Simon in seinen maßgebenden „Betrachtungen über Bilanzen und Geschäftsberichte" hervorhebt, ist der formale Standpunkt nicht mehr entscheidend; die Bilanz hat eine weitergehende Bedeutung; aber immerhin bleibt es für die Bilanz im wesentlichen bei der Feststellung des Rechnungssaldo. Ich habe soeben darauf aufmerksam gemacht, daß die schwebenden Verpflichtungen in der Bilanz nicht zum Ansdruck kommen. Ich möchte hier z. B. nur auf ein Moment aufmerksam machen: denken wir an die Verpfändung der Wertpapiere. Sie finden in den Bilanzen Wertpapiere als Aktivposten aufgeführt, in dem Glauben, daß sie einen Aktivposten der Bilanz darstellen, in Wirklichkeit sind die Wertpapiere weiter verpfändet, aus der Bilanz ergibt sich nichts darüber.

Meine Herren, aus dem großen Kreise der schwebenden Verpflichtungen wollen wir hier die Giroverbindlichkeiten herausgreifen, um zu ihnen Stellung zu nehmen.

Die weiter begebenen Wechsel verschwinden an und für sich aus den Büchern, und daher finden wir vielfach über die Verpflichtungen aus den weiter begebenen Wechseln keine Angaben in der Bilanz. Ich wies bereits einleitend darauf hin, daß aus den weiter begebenen Wechseln ein Risiko zurückbleibt, man begegnet zuweilen dem Einwand: der Verpflichtung stehen die Regreßansprüche gegenüber, und daher wäre es nicht notwendig, diese Verpflichtungen in der Bilanz bezw. im Geschäftsbericht zum Ausdruck zu bringen. Das mag im allgemeinen zutreffen; aber eins steht wiederum sofort fest: sobald sich zeigt, daß mit einiger Wahrscheinlichkeit die Inanspruchnahme aus dem Wechsel zu erwarten ist, ergibt sich hieraus ein Passivposten. Ich möchte auf Äußerungen von Simon Bezug nehmen, der nach meiner Auffassung mit vollem Recht hervorhebt, es wäre eigentlich unverständlich gewesen, wie derzeit die Buchführung der Leipziger Bank als eine ordnungsmäßige bezeichnet werden konnte, denn unter den Giroverbindlichkeiten befanden sich solche, für die, wie sich später herausgestellt hat, das Institut hätte eintreten müssen, die als Passivposten in der Bilanz in die Erscheinung hätten treten müssen. Man muß Simon um so mehr Recht geben, als wir es mit einer Rechtsprechung des Reichsgerichts zu tun haben, die zu außerordentlich weitgehenden Verpflichtungen der Vorstandsmitglieder mit Bezug auf die Bilanzaufstellung gelangt ist. Nach einer Entscheidung des Reichsgerichts z. B. sind Vorstandsmitglieder eines Kreditinstituts bestraft worden, weil sie einen Verlust aus eigenen Mitteln gedeckt und im Geschäftsbericht nicht angegeben haben! Man mag sich zu dieser Entscheidung des Reichsgerichts stellen wie man will, jedenfalls ist sie vorhanden und sie zeigt die Tendenz, die das Reichsgericht bei seiner Beurteilung von Bilanzen einnimmt.

Wenn nun vorhin von mir gesagt wurde, daß die schwebenden Verpflichtungen sich nicht aus den Büchern ergeben, so steht fest, daß wir es nur mit buchtechnischen Fragen dabei zu tun haben; es liegt auf der Hand, daß es sehr leicht möglich ist, die bücherliche Einrichtung so vorzunehmen, daß alle schwebenden Verpflichtungen in den Büchern zum Ausdruck kommen. Und was wiederum die Giroverbindlichkeiten anlangt, so ist in der für die Kreditgenossenschaften maßgebenden Vollbornschen Buchführung, die in der Handbibliothek für das Genossenschaftswesen enthalten, eine besondere Liste in Vorschlag gebracht, aus der die Giroverbindlichkeiten jederzeit erkannt werden können.

Ich hob die große Bedeutung hervor, die die Angabe der Giroverbindlichkeiten für die Beurteilung der Lage der Genossenschaften hat. Die Dinge liegen bei den Kreditgenossenschaften unseres Verbandes in der Beziehung sehr verschiedenartig. Während die Genossenschaften Süddeutschlands in der Regel ihren Bankkredit in der Weise befriedigen, daß sie die Bank um das Akzept bitten nnd dann dieses weiterbegeben, während sich bei den süddeutschen Genossenschaften vielfach das Konto-Korrent findet, und der Wechselverkehr außerordentlich zurücktritt, liegen die Dinge bei den norddeutschen Genossenschaften gerade umgekehrt; bei diesen kommt es verhältnismäßig selten vor, daß mit Hilfe des Akzepts der Bankkredit beschafft wird; man findet hier auch den Kontokorrentverkehr weniger ausgebildet; um so ausgebreiteter ist der Wechselverkehr, der dann auch dazu dient, den Genossenschaften bei der Bank Geld zu beschaffen, indem sie die Wechsel dort diskontieren. Die Genossenschaften, die Mangel an Betriebskapital haben, die benutzen selbst für die Vorschußgeschäfte den gezogenen Wechsel, um jederzeit Wechsel im Portefeuille zu haben, die sie an die Banken diskontieren können. Es geschieht dies freilich auch bei Genossenschaften, die streng daran festhalten, daß bei jeder Verlängerung ein neuer Wechsel ausgestellt wird; aber vor allem kommen die in Betracht, die dem gezogenen Wechsel vor dem eigenen Wechsel den Vorzug geben, weil sie mit jenem leichter sich Geld verschaffen können, als mit dem Eigenwechsel.

Herr Thorwart hat wiederholt die Frage der Giroverbindlichkeiten behandelt, insbesondere in sehr beachtenswerten Aufsätzen in der „Frankfurter Zeitung", und er hat dort darauf hingewiesen, daß man allerdings auch nicht die Kenntnis der Giroverbindlichkeiten überschätzen soll, und er hat eine Reihe Fälle aus der Praxis zum Beweise angeführt. Das ist zweifellos vollkommen zutreffend; denn wenn auch die Genossenschaft die Giroverbindlichkeiten angibt, kann man noch lange nicht mit Sicherheit daraus erkennen, wie die Lage der Genossenschaft ist, dazu müßte man wissen, welcher Art die Wechsel sind. Aber wenn wir auch nicht die Angaben überschätzen sollen, so herrscht darüber in unseren Kreisen nur eine Meinung: es muß darauf gesehen werden, daß die Genossenschaften, insoweit sie Giroverbindlichkeiten haben, dieselben im Geschäftsbericht zum Ausdruck bringen. —

Wie liegen die Dinge im Auslande, in Gesetzgebung und Praxis? Ich entnehme die weiteren Ausführungen der mehrfach erwähnten Simonschen Broschüre. Da haben wir z. B. für England die Praxis, daß, insoweit überhaupt ein Giroobligo vorhanden ist, dasselbe bei Banken im allgemeinen in der Bilanz zum Ausdruck kommt. Die Giroverpflichtungen englischer Banken pflegen aber nicht groß zu sein. Ganz anders wird die Frage in Belgien behandelt; dort ist sie durch Gesetz geregelt, und nach vielem Hin und Her ist die Entscheidung dahin gefallen, daß die schwebenden Verpflichtungen, die Giroverpflichtungen, in dem Geschäftsbericht und nicht in der Bilanz zum Ausdruck kommen sollen. In Deutschland haben wir das bereits von mir erwähnte Notenbankgesetz, das für die Notenbanken die Ersichtlichmachung der Giroverbindlichkeiten in der Veröffentlichung der Bilanz fordert. Es hat sich eine lange Kontroverse daran geknüpft: was ist hier unter Veröffentlichung der Bilanz zu verstehen? Hat der Gesetzgeber gewollt, daß die Giroverbindlichkeiten in der Bilanz oder in der mit der Bilanz verbundenen Veröffentlichung zum Ausdruck gebracht werden? Die allgemeine Auslegung des Gesetzes geht heute dahin, daß die Giroverpflichtungen außerhalb der Aktiv- und Passivposten zum Ausdruck gebracht werden sollen. In Österreich hat sich der österreichische Genossenschaftsverband bereits 1879 mit der Frage beschäftigt, und damals ist den österreichischen Genossenschaften aufgegeben worden, das Giroobligo unter den Passiven und die Regreßrechte unter den Aktiven zum Ausdruck zu bringen. Sie sehen: eine außerordentlich mannigfache Behandlung der Giroverbindlichkeiten im Auslande!

Wie die Dinge nun heute liegen, so glaube ich zunächst aussprechen zu dürfen, daß es für die deutschen Kreditgenossenschaften keines Gesetzes bedarf, um sie zu veranlassen, die Giroverbindlichkeiten in dem Geschäftsbericht zum Ausdruck zu bringen. Simon betont mit Recht, daß die kaufmännische Sitte an und für sich schon zwingender Natur für die Institute ist; mit einer gewissen Befriedigung werden wir dann vernehmen, daß Simon weiter bemerkt:

> „wie mächtig die Sitte wirkt, zeigen die Vorgänge bei den Kreditgenossenschaften, bei denen die Angabe der Verpflichtungen so allgemein geworden ist, daß man gegenüber Geschäftsberichten, die hierüber nichts enthalten, mißtrauisch geworden ist."

Aus der vor mir liegenden Aufstellung, die sich bis 1894 zurückerstreckt, kann ich entnehmen, daß die Angabe der Giroverbindlichkeiten sich immer mehr und mehr bei unseren Kreditgenossenschaften eingebürgert. Im Jahre 1894 haben 1047 Kreditgenossenschaften zur Statistik berichtet, und damals gaben 204 Genossenschaften den Umfang der Giroverbindlichkeiten an. Im Jahre 1905 sind es 333 Kreditgenossenschaften von 1020, die ihre Giroverbindlichkeiten angegeben haben; ein Beweis, daß die unaufhörlichen Mahnungen der Revisoren bei den Genossenschaften auf fruchtbaren Boden gefallen sind. Nun dürfte es für Sie interessant sein, zu erfahren, wie groß der Umfang der Giroverbindlichkeiten im Jahre 1894 und 1905 gewesen ist. Jene 204 Kreditgenossenschaften hatten rund $10^1/_4$ Millionen Mark Giroverbindlichkeiten, und die 333 Genossenschaften im Jahre 1905 hatten fast 37 Millionen Mark Giroverbindlichkeiten, ein Beweis, wie die Inanspruchnahme des Bankkredits durch Weiterdiskontierung der Wechsel im Laufe der Jahre angewachsen ist.

Meine Herren, die Frage: wohin mit den Giroverbindlichkeiten? — ob wir, wie es die österreichische Gesetzgebung getan, den Genossenschaften empfehlen sollen, sie in der Bilanz zum Ausdruck zu bringen, werden wir nach wie vor dahin beantworten, daß die Giroverbindlichkeiten nicht in die Bilanz, sondern in den Geschäftsbericht gehören.

(Sehr richtig!)

Nachdem die Genossenschaften sich daran gewöhnt haben, würde ich es für einen schweren Fehler halten, wenn wir diese Praxis verließen und ohne zwingende Notwendigkeit zu anderen Ratschlägen übergehen wollten.

Nun die weitere Frage: welcher Tag ist maßgebend für die Angabe der Giroverbindlichkeiten? Da möchte ich als Grundsatz aufgestellt wissen: der Tag des Verfalls, wenn auch dieser Tag nicht vollständig genau ist. Aber es würde doch die Behandlung der Giroverbindlichkeiten zu sehr komplizieren, wenn wir den Genossenschaften den Rat geben wollten, den Tag zugrunde zu legen, der entscheidend ist für den Ablauf der Verpflichtungen.

Es gibt für die Kreditgenossenschaften Giroverbindlichkeiten sehr verschiedener Art. Ich glaube, daß der Antrag, der Ihnen vorliegt, allgemein gefaßt und doch andererseits auch ziemlich präzis das zum Ausdruck bringt, was zum Ausdruck gebracht werden soll. Wenn Sie den Antrag, der Ihnen in diesem Jahre vorgelegt ist, mit dem Westerländer vergleichen, finden Sie einen vielleicht nicht ganz unerheblichen Unterschied. Im vergangenen Jahre war nämlich von den Kreditgenossenschaften auch noch die Angabe der Giroverbindlichkeiten aus den Inkassowechseln gefordert. Ich meine, wir brauchen diese Angabe nicht, weil doch tatsächlich die Inkassowechsel eine ganz andere Natur haben als die sonst im Portefeuille der Genossenschaften befindlichen Wechsel. Will eine Genossenschaft aus den Inkassowechseln die Verbindlichkeiten angeben, so mag sie es tun, aber dann ausdrücklich angeben, daß es sich um Inkassowechsel handelt, weil andernfalls unrichtige Schlüsse aus der Angabe dieser Giroverbindlichkeiten gezogen werden können.

Meine Herren, Sie finden in dem Antrage den Ausdruck „Geschäftswechsel". Geschäftswechsel ist aber gerade bei unseren Kreditgenossenschaften ein sehr dehnbarer Begriff; bei unseren Kreditgenossenschaften finden Sie Geschäftswechsel, die man nur gezwungen, möchte ich sagen, zu den Geschäftswechseln rechnen wird. Im gewöhnlichen geschäftlichen Leben, bei den Banken, werden unter Geschäftswechsel nur diejenigen Wechsel verstanden, auf deren Eingang mit Sicherheit zu rechnen ist, die aus einem tatsächlichen Geschäfte hervorgegangen sind. Nun äußerte ich aber vorhin bereits, daß bei unseren Kreditgenossenschaften zum Teil selbst im Vorschußgeschäft der gezogene Wechsel gebraucht wird, damit die Genossenschaft sich leichter Geld beschaffen kann.

Wenn in dem Antrage der Ausdruck „Geschäftswechsel" gebraucht ist, versteht es sich von selbst, daß dabei an Geschäftswechsel im weitesten Sinne des Wortes gedacht ist. Es handelt sich darum, den Umfang der Giroverbindlichkeiten der Genossenschaft überhaupt festzustellen; kommt es doch auch bei den Geschäftswechseln der Kreditgenossenschaften vielfach vor, daß diese nicht am Tage der Fälligkeit reguliert werden, sondern durch andere Geschäftswechsel ersetzt werden, sodaß wir selbst bei dem eigentlichen Geschäftswechsel das Prolongationsverfahren finden.

Was unter Primadiskonten zu verstehen ist, darüber werden die Ansichten nicht weit auseinandergehen. Ich denke, wir können uns ohne weiteres darüber verständigen, daß wir unter Primadiskonten verstanden wissen wollen Wechsel, die von ersten Bankinstituten akzeptiert oder giriert sind. Natürlich kann Streit darüber entstehen: was ist ein erstes Bankinstitut? Selbstverständlich können wir in dem Antrag nicht eine Definition darüber, was ein erstes Bankinstitut ist, aufnehmen, sondern müssen an dem börsenmäßigen Ausdruck „Primadiskonten" festhalten und uns bewußt sein, daß wir wissen, worauf es ankommt.

Meine Herren, in jenen Aufsätzen des Herrn Thorwart in der Frankfurter Zeitung wurde von diesem eine andere Einteilung der Wechsel für die Angabe der Giroverbindlichkeiten empfohlen, eine Einteilung nach der Laufzeit. Nun, für die Banken ist zweifellos eine solche Einteilung der von uns gewählten vorzuziehen; ich möchte aber annehmen, daß mit der im Antrage vorgeschlagenen Einteilung dem Geschäftsverkehr unserer Kreditgenossenschaften Rechnung getragen ist.

Insoweit, glaube ich wenigstens, kann eine Verständigung über die zu behandelnde Frage nicht allzu schwierig sein, zumal in dem vorliegenden Antrage in diesem Teile wesentlich das verwertet ist, was wir in der Praxis der Genossenschaften bereits besitzen.

Schwieriger erscheint mir die Frage: gehören die Giroverbindlichkeiten zu dem Betriebskapitale? Im ersten Augenblick ist man geneigt, darauf zu erwidern: nie und nimmer gehören sie dazu, es sind nur schwebende Verpflichtungen der Genossenschaften, wie kann eine solche zum Betriebskapital gehören? In Wirklichkeit liegen die Dinge anders. Ich habe bereits darauf aufmerksam gemacht, daß eine große Anzahl von Genossenschaften sich das Betriebskapital auf dem Wege beschafft, daß sie die Wechsel weiter diskontieren, ja, wir haben Genossenschaften, bei denen der Wechsel, der angenommen wird, nicht allzulange im Portefeuille liegen bleibt, sondern weiter wandert, um die Genossenschaft in die Lage zu versetzen, mit dem Gelde wieder neue Geschäfte zu machen. Mir ist vor Jahren auf einem Verbandstage, als ich die Einführung des Sparkassenverkehrs empfahl, sogar entgegengehalten worden, daß eine solche Geschäftspraxis, wie die hier bezeichnete, der sofortigen Weiterbegebung des Wechsels, der Genossenschaft unendlich mehr Sicherheit bietet als der Sparkassenverkehr; denn unter der Gesamtheit der Spareinleger kann sich einmal eine größere Unruhe entwickeln, die wollen ihr Geld zurückhaben und müssen es zurückbekommen, während das Bankinstitut, mit dem man arbeitet, nicht so leicht von heute auf morgen den Kredit entziehen wird. Nun, ich dächte, daß der Allgemeine Genossenschaftstag mit mir der Meinung ist, daß eine derartige Behauptung nicht richtig ist, sondern daß wir unter der Weiterdiskontierung von Wechseln immer die Inanspruchnahme des Bankkredits zu verstehen haben, daß daher auch die für die Bankkredite geltenden Grundsätze in solchem Falle zu beobachten sind.

Meine Herren, unser statistisches Material läßt uns im Stich, wenn wir die Frage beantworten sollen: wie groß sind eigentlich die Giroverbindlichkeiten, und zwar gerechnet als Betriebskapital? Ich habe Ihnen vorhin einige Zahlen angegeben, die sich aber auf den 31. Dezember beziehen, und es ist keineswegs gesagt, daß die $36^3/_4$ Millionen Giroverbindlichkeiten, die die 333 Kreditgenossenschaften am 31. Dezember 1905 gehabt haben, sich auch mit dem Umfange der Giroverbindlichkeiten vielleicht am 30. Juni decken. Nehmen wir z. B. die Kreditgenossenschaften an Badeorten, bei denen liegen die Geldverhältnisse ganz eigenartig, dort haben wir eine starke Geldanspannung in der Zeit, wo im Badeort alles vorbereitet wird für den Empfang der Gäste, und während der Sommermonate herrscht Geldüberfluß, das Geld strömt zur Kreditgenossenschaft zurück, die Angabe der Giroverbindlichkeiten am Jahresschluß gibt daher nicht immer ein zuverlässiges Bild. Herr Thorwart hat in der Frankfurter Zeitung den Vorschlag gemacht, es sollten die Kreditinstitute die sich aus dem Mittel der 12 monatlichen Bilanzen ergebenden Giroverbindlichkeiten verzeichnen. Das wäre zweifellos das erstrebenswerte Ziel, wir werden es wahrscheinlich jedoch nicht sobald erreichen; aber gleichviel — mögen die Kreditgenossenschaften für die Herausgabe der Geschäftsberichte derartige Berechnungen aufstellen, mögen sie feststellen, wie hoch der Umfang der Giroverbindlichkeiten in den einzelnen Monaten ist; es braucht ja nicht der Durchschnitt von 12 Monaten zu sein, es brauchen nur die markantesten Tage herausgegriffen zu werden, und es ist wahrscheinlich, daß die Leitungen der Genossenschaften ein wertvolles, zum mindesten sehr interessantes Material aus derartigen Berechnungen herausfinden werden. Die Hinzurechnung der Giroverbindlichkeiten zum Betriebskapital ist bedeutungsvoll für die Bemessung der Reserven.

In der Breslauer Revisorenkonferenz, wo die Frage eingehend behandelt wurde, wurde von einer Seite darauf aufmerksam gemacht: vor wenigen Jahren haben wir den Kreditgenossenschaften den Rat gegeben, den Reservefonds zu erhöhen, ihn in Verhältnis zum Betriebskapital zu setzen, und nun wird schon wieder herausgeklügelt, wie man einen höheren Faktor für das Betriebskapital findet, um dann auf eine weitere Stärkung der Reserven hinzuwirken. Ich gebe ohne weiteres zu, daß die Tendenz des Antrages schließlich darauf hinauskommt, auf die Genossenschaften, bei denen sich ergibt, daß die Giroverbindlichkeiten einen erheblichen Teil des Betriebskapitals bilden, einzuwirken, nun entsprechend ihre Reserven zu stärken. Ich meine aber, daß man den Bemühungen auf Stärkung der Reserven nicht mit Mißtrauen zu begegnen hat, sondern dieselben nur freudig begrüßen kann.

Untersuchen wir, welche Giroverbindlichkeiten zum Betriebskapital zu rechnen sind, so kann kein Zweifel darüber sein, daß Giroverbindlichkeiten aus Inkassowechseln nicht zum Betriebskapital gezählt werden können. Wenn allerdings, wie mir mitgeteilt worden ist, ich will nicht sagen vielfach, aber zuweilen die Genossenschaften das Girokonto auch in der Weise bei der Bank benutzen, um einen gewissen Kredit in Anspruch zu nehmen, so ist das nicht recht. Das Girokonto ist nicht dazu vorhanden, um einen Kredit bei der Bank in Anspruch zu nehmen, wir können ohne weiteres erklären, daß die Giroverbindlichkeiten aus den Inkassowechseln niemals als ein Teil des Betriebskapitals der Kreditgenossenschaften angesehen werden können. Ebenso verhält es sich mit den Primadiskonten; diese entstehen bei der Genossenschaft nicht aus einer Geldknappheit der Genossenschaft, sondern im Gegenteil aus einem Geldüberfluß. Giroverbindlichkeiten aus weiterbegebenen Wechseln sollen für die Genossenschaft nur insoweit als ein Teil des Betriebskapitals in Betracht kommen, als die Weiterbegebung regelmäßig zur Kapitalbeschaffung benutzt werden. Wir können in dem Antrage selbstredend nicht eine bestimmte Richtschnur geben, wir können nicht sagen, so und soviel Giroverbindlichkeiten gehören zum normalen Betriebe der Genossenschaft, wir müssen uns darauf beschränken, den Antrag allgemein zu fassen und darauf hinzuweisen, daß die Giroverbindlichkeiten insoweit als ein Teil des Betriebskapitals aufzufassen sind, als sie zur dauernden Kreditbeschaffung der Genossenschaft gebraucht werden. Es ist als normaler Umfang der Giroverbindlichkeiten der Satz von 20% genommen. Ich glaube aber, es ist dies schließlich willkürlich gegriffen, man wird die Geschäftsverhältnisse der Genossenschaft von Fall zu Fall zu untersuchen haben, um genau festzustellen, in welchem Umfange dic Giroverbindlichkeiten zum Betriebskapital gehören, und diese Arbeit werden wir den Verbandsrevisoren zuweisen, die an Ort und Stelle bei eingehender Prüfung der Bilanz sich ein Bild davon werden machen können, in welchem Umfange die Giroverbindlichkeiten zum Betriebskapital zu zählen sind.

Nun, meine Herren, endlich noch eine weitere Frage: Wie stellen wir uns zu § 49 des Genossenschaftsgesetzes? Der § 49 bestimmt in Nr. 1, daß die Generalversammlung den Gesamtbetrag, welchen Anleihen und Spareinlagen nicht überschreiten sollen, festzusetzen hat. Die Frage ist: Fallen die Giroverbindlichkeiten der Genossenschaft auch unter die von der Generalversammlung gezogene Grenze für die fremden Gelder? In der mehrfach erwähnten Breslauer Konferenz wurde von dem Referenten dieser Frage, Herrn Soerensen, ausgesprochen: dem Wortlaute nach findet der § 49 keine Anwendung darauf, wohl aber dem Sinne nach. Das stimmt; aber andererseits haben wir auch keine Veranlassung, heute für eine Verschärfung der Auslegung des § 49 des Genossenschaftsgesetzes einzutreten. Ich will keinen unnötigen Beschränkungen das Wort reden, ich meine, es genügt, wenn wir uns darüber klar werden, daß dem Wortlaute nach der § 49 des Genossenschaftsgesetzes auf die Giroverbindlichkeiten nicht auszudehnen ist; denn daß die Giroverbindlichkeiten weder zu den Anleihen noch zu den Spareinlagen gehören, darüber kann ein Zweifel füglich nicht bestehen.

Meine Herren, ich weiß wohl, daß, wenn dieser Antrag angenommen wird, die Frage der Behandlung der Giroverbindlichkeiten nicht endgültig gelöst ist, aber ich glaube, daß wir der Lösung der Frage mit der Annahme des Antrages nnd vor allen Dingen mit der Durchführung des Antrages in der Praxis einen ganz erheblichen Schritt näher gekommen sind. Wenn bereits anerkannt werden konnte, daß unsere Kreditgenossenschaften in der Behandlung der Giroverbindlichkeiten vielfach vorbildlich geworden sind, so wird es, denke ich, nur einer weiteren Anregung seitens des Allgemeinen

Genossenschaftstages bedürfen, um auch den Rest von Kreditgenossenschaften, der heute noch mit der Angabe der Giroverbindlichkeiten zurückhält, zu bestimmen, auch ihrerseits sich den Genossenschaften anzuschließen, die offen und frei den Umfang der Giroverbindlichkeiten in dem Geschäftsbericht angeben.

Meine Herren, ich möchte bei der Gelegenheit noch darauf aufmerksam machen, daß unsere Kreditgenossenschaften nach ihrer Gesamtentwicklung sich auch für die Bilanz anderen Aufgaben werden unterziehen müssen. Es werden heute bei der Aufstellung der Bilanz-Grundsätze Fragen aufgeworfen, an die vielleicht vor 15, 20 Jahren noch kein Mensch gedacht hat. Im Jahre 1889 bei der Verabschiedung des neuen Genossenschaftsgesetzes ist meines Wissens von keiner Seite angeregt worden, die für die Aktiengesellschaften geltenden Spezialbestimmungen auch auf die Genossenschaften zu übertragen. Sie werden in der Tagesordnung einen Antrag finden, der Ihnen empfiehlt, diese Spezialbestimmungen zu übernehmen. Es ergibt sich dies aus der Entwicklung der Kreditgenossenschaften, die im Laufe der Jahre eine derartige geworden ist, daß wir an die Bilanz der Kreditgenossenschaften die allerstrengsten Anforderungen stellen müssen. Im Jahre 1889 ist es niemand in den Sinn gekommen, zu verlangen, daß in das Genossenschaftsgesetz auch eine Vorschrift aufgenommen werden soll über die Behandlung von Sacheinlagen; denn es erschien geradezu widersinnig, daß bei der Genossenschaft Sacheinlagen an Stelle der baren Anteileinzahlungen treten könnten, wie bei der Kapitalgesellschaft. Auch da hat die Erfahrung gezeigt, wie die Entwicklung, die ein Institut nehmen kann, über den Rahmen der Gesetzgebung hinausgeht, und wenn wir uns wieder mit einer Revision des Gesetzes zu beschäftigen haben werden, wird auch zu dieser Frage Stellung genommen werden müssen. Doch wir wollen uns heute hier bescheiden, wir haben den Antrag, den Herr Justizrat Wolski begründen wird, noch vor uns, und wir haben es hier gleichfalls mit einem Bilanzantrag zu tun, der sich auf die Giroverbindlichkeiten beschränkt, also auf ein ganz bestimmtes in sich geschlossenes Gebiet.

Meine Herren, ich möchte Sie bitten, diesen Antrag anzunehmen. Ich hoffe, daß wir in der Vervollständigung und Klärung der Bilanzen und der Geschäftsberichte mit der Durchführung dieses Antrages einen ganz erheblichen Schritt weiterkommen werden.

(Lebhafter Beifall.)

Abstimmung.

Der Antrag wird einstimmig ohne Debatte angenommen.

Anwalt **Dr. Crüger** (Charlottenburg): Nun soll er aber auch einstimmig ausgeführt werden!

III. Antrag des Gesamtausschusses.

Der Allgemeine Genossenschaftstag empfiehlt den Kreditgenossenschaften:

1. **darauf bedacht zu sein, daß nicht nur dem Vorstande, sondern auch dem Aufsichtsrate kaufmännisch geschulte Kräfte angehören;**
2. **unter Abhaltung regelmäßiger Geschäftsstunden alle Geldgeschäfte — auch bei den kleinsten Genossenschaften — in Gegenwart von zwei Vorstandsmitgliedern zu erledigen, für alle Einnahmen und Ausgaben Belege, und für alle Soll- und Habenvorträge Anerkennungen zu beschaffen, sowie für deren Prüfung zu sorgen;**
3. **eine die gesamten Verbindlichkeiten eines jeden Kreditnehmers und Bürgen enthaltende „Belastungsliste“ zu führen und diese einer regelmäßigen Prüfung zu unterziehen;**
4. **sich durch die Geschäftshandhabung von Konkurrenzinstituten nicht bestimmen zu lassen, bei der Kreditgewährung von den durch die Allgemeinen Genossenschaftstage aufgestellten Grundsätzen abzuweichen, sowie auf ausreichende flüssige Mittel und Ausbedingung ausreichender Kündigungsfristen für Spareinlagen und Depositen bedacht zu sein.**

Berichterstatter Verbandsdirektor **Neugebauer** (Breslau): Meine Herren, als Sie den vorliegenden Antrag in den Blättern für Genossenschaftswesen gelesen hatten, werden Sie vielleicht den Gedanken gehabt haben: Wie kommt man heute, nach dem unsere Schulzeschen Genossenschaften eine bereits halbjahrhundertlange Entwickelung hinter sich haben, dazu, uns Lehren erteilen zu wollen, die seit Jahrzehnten unser Eigentum sind, Lehren, deren Erfüllung wir für selbstverständlich halten? Dasselbe Gefühl habe auch ich anfangs gehabt, als ich mit dem Herrn Anwalt über den Antrag in Schriftwechsel trat. Allein, wenn wir von der oberflächlichen Betrachtung absehen und nach den Gründen forschen, die den Antrag hervorgerufen haben, so werden wir finden, daß hierzu nicht nur eine Berechtigung, sondern sogar eine gewisse Verpflichtung vorlag.

Es scheinen mir hierfür zwei Momente maßgebend gewesen zu sein:

1. einige im letzten Jahre in dem eigenen Arbeitsfelde des Allgemeinen Verbandes gemachte Erfahrungen,
2. die Geschäftshandhabung auf kreditgenossenschaftlichem Gebiete außerhalb unseres Verbandes.

Wir haben es von alters her übernommen, daß wir unsere Fehler nicht künstlich verdecken, sondern offen besprechen, wozu insbesondere außer den Blättern für Genossenschaftswesen die Unterverbandstage uns die geeignete Stätte bieten. Es geschieht dies, damit wir aus den gemachten Fehlern eine Lehre ziehen und Vorsorge treffen, sie in Zukunft zu verhüten. — Im verflossenen Jahre hat der Verband an einigen seiner Glieder recht traurige Erfahrungen machen müssen. Die Vorgänge sind Ihnen allen bekannt, sie sind vom Herrn Anwalt in den Blättern für Genossenschaftswesen sachlich besprochen worden. Es ist daher an dieser Stelle nicht unsere Aufgabe, diese Vorgänge selbst in ihren Einzelheiten zu schildern — dies hätte keinen Wert —, sondern uns liegt es ob, aus ihnen die praktische Nutzanwendung zu ziehen. Vorerst aber will ich mich davor verwahren, daß es sich hier etwa um Fehler in unserem System, Fehler in unserer Organisation oder in unseren Grundsätzen handle; ich hebe deshalb ausdrücklich hervor, daß jene Vorgänge einzig und allein darin ihren Ursprung haben, daß man von unseren Grundsätzen trotz aller Ermahnungen und Belehrungen seitens der Anwaltschaft, der Verbandsleitung und der Verbandsrevision abgewichen ist.

Wir haben es erleben müssen, daß eine Genossenschaft, die scheinbar in gutem Gange war, plötzlich vor einer ganz enormen Unterbilanz stand. Bemerkt sei, daß dank dem tatkräftigen Eingreifen des Herrn Anwalts und der Mitarbeit einiger tüchtiger, opferwilliger Genossenschaften sowie einer Hilfsaktion seitens der Dresdner Bank es gelungen ist, die Genossenschaft wieder zur Gesundung zu führen, ohne daß eine Schädigung weiterer Kreise stattgefunden hat. Unsere Aufgabe ist es, den Ursachen, die zu solchem Unheil geführt haben, nachzugehen und danach unsere Schlüsse zu ziehen. So finden wir denn, daß ein Mann an der Spitze der Genossenschaft stand, der sich allenthalben der höchsten Achtung und des größten Ansehens erfreute. Er besorgte die Geschäfte der Genossenschaft, er allein zahlte Gelder aus, er allein vereinnahmte Gelder, er allein auch erteilte Quittung über die letzteren, kurz, das Wohl und Wehe der Genossenschaft ruhte im wesentlichen auf den beiden Augen dieses einen Mannes. Die Ermahnungen des Verbandsrevisors, für eine andere Art der Geschäftsführung Sorge zu tragen, blieben unbeachtet; man erwiderte, daß alle jene Maßnahmen, die der Revisor fordere, sehr wohl anderwärts am Platze seien, daß sie aber einem so hochangesehenen Manne, wie jenem Vorstandsmitgliede gegenüber, dem man in jeder Weise für seine Opferwilligkeit zu Dank verpflichtet sei, durchaus nicht angebracht seien. — Nur so konnte es kommen, daß von diesem einen Manne Veruntreuungen im großen Stile durch unterlassene oder falsche Buchungen und dergleichen auf den verschiedensten Konten bei anscheinend ordnungsmäßiger Buchführung geschahen. Nur aus der hochgradigen, vom kaufmännischen Standpunkte aus geradezu unverantwortlichen Vertrauensseligkeit der Vorstands- und Aufsichtsratsmitglieder, die diese allerdings mit der gesamten Bevölkerung und sogar mit den Behörden der Stadt teilten, ist das ganze Unglück herzuleiten. Von diesem Urgrunde werden wir also in unserer Erwägung auszugehen haben.

Wenn mir heute von einer Vereinigung, sei sie in privater oder amtlicher Natur, die Geschäftsführung und insbesondere die Kassenführung anvertraut wird, — gleichviel ob in honorierter oder in ehrenamtlicher Tätigkeit, — so habe ich als Kaufmann oder überhaupt als Mann von Ordnung und Gewissen ganz von selbst das Bedürfnis und den Wunsch nach einer gewissen Kontrolle. Erst dann, wenn auch andere sich von der Richtigkeit meiner Maßnahmen überzeugt und mir dies irgendwie bestätigt haben, werde ich mich beruhigt und entlastet fühlen. Dieses Gefühl muß m. E. ein jeder haben, der die finanziellen Interessen anderer vertritt, und so in hohem Maße auch jedes Vorstandsmitglied einer Kreditgenossenschaft. Wird eine Kontrolle seitens der berufenen Organe, das sind seine Kollegen und der Aufsichtsrat, nicht ausgeübt, weil man ihm als tadellos dastehendem und angesehenem Manne ein unbegrenztes Vertrauen schenkt und sich angeblich unter seiner Alleinherrschaft sehr wohl und glücklich fühlt, nun — so muß er auch das Vertrauen rechtfertigen, das man in ihn setzt, und als Mann von Pflicht handeln. Als solcher aber handelt er fraglos nur dann, wenn er unter allen Umständen den durch Gesetz und Statut dringendst gebotenen Vorschriften Geltung und Erfüllung verschafft. Er muß selbst für eine Kontrolle Sorge tragen, er muß Vorstand und Aufsichtsrat zu ihren Pflichten heranziehen: den ersteren zur Teilnahme an der Geschäftsführung, den letzteren zur Beaufsichtigung der Geschäftsführung. Tut er dies nicht, so verdient er um dessentwillen nicht das Ansehen, das er genießt, und nicht das Vertrauen, das man ihm entgegenbringt. Ein solcher Mann macht sich durch diese einzige, aber hochwesentliche Unterlassung, die einen Grundpfeiler unserer genossenschaftlichen Geschäftsführung umstößt, unwürdig und m. E. sogar verdächtig. Dessen müßte sich ein jeder Vorstand und ein jeder Aufsichtsrat bewußt sein, anstatt an einen solchen „Alleinherrscher" ehrfurchtsvoll heraufzublicken und die eigenen Hände in den Schoß zu legen.

Ich habe von der Geschäftsführung und von deren Beaufsichtigung gesprochen. Wenn auch die Grundlage einer Genossenschaft z. B. in bezug auf die Art, wie sie ihr Vermögen bildet, oder in bezug auf die Haftung des einzelnen und in so manchem anderen Punkte von den kaufmännisch-kapitalistischen Unternehmungen abweicht, so sind wir uns doch klar, daß unser Geschäft als solches ein rein kaufmännisches ist, und, wenn es gesund sein soll, auch nur nach kaufmännischen Grundsätzen geleitet werden kann: die Beurteilung der Kreditfähigkeit, die verschiedenen Arten der Kreditgewährung, die Beurteilung der mannigfaltigen Sicherheiten, die Art, wie diese Sicherheiten vollzogen werden, die verschiedenen Geschäftszweige, der Umgang mit Wechseln, Effekten und Urkunden aller Art, die Kassführung, die Buchführung, kurz alles, was zu einer handelsgesetzlich ordnungsmäßigen Geschäftsführung gehört, erfordert für die Leiter einer Kreditgenossenschaft unbedingt eine kaufmännische Vorbildung. Daß in unserem Verbande in den höher entwickelten Vereinen dieser Anforderung genüge geschieht, brauche ich nicht besonders zu erwähnen; sie wären sonst nimmermehr auf die Höhe gekommmen, auf der sie sich heute befinden. Aber auch bei kleinen Vereinen, sobald sie nur über die einfachsten Stadien hinausgekommen und zu einer gewissen Entfaltung gelangt sind, ist dies eine Notwendigkeit, um die Genossenschaft vor Mißgriffen und deren üblen Folgen zu bewahren. Da es aber sowohl von Gesetzes wegen als auch erfahrungsgemäß geboten ist, daß der Aufsichtsrat die Geschäftsführung des Vorstandes kontrollieren und tatsächlich, wie sein Name es sagt, beaufsichtigen muß, so ist es auch unbedingt erforderlich, daß im Aufsichtsrate Männer vorhanden sind von kaufmännischem Verständnisse und kaufmännischer Schulung. Sonst wird nur zu leicht die Aufsichtsführung und die Revision seitens des Aufsichtsrates zu einer bloßen, wertlosen Form herabgedrückt.

Wenn sich der erste Absatz des Antrages mehr auf kaufmännisch entwickelte Genossenschaften bezogen hat, so trifft der zweite Absatz vornehmlich solche Genossenschaften, die über einen gewissen engeren Kreis der Geschäftstätigkeit nicht hinausgekommen sind. Dies sind solche Genossenschaften, bei denen eine Vertrauensseligkeit einerseits und eine Alleinherrschaft andererseits in dem Sinne, wie wir ihn vorhin besprochen haben, am meisten zu befürchten ist. Und hier handelt es sich darum, daß der Genossenschaftstag nach den gemachten Erfahrungen erneut Stellung nimmt und erneut seine Mahnungen ausspricht, wenngleich Anwaltschaft, Verbandsleiter und Revisoren den gleichen Sinn ohne Unterlaß in ihrem stillen Wirken betätigt haben!

Von einer jeden Genossenschaft, auch von der kleinsten, müssen wir verlangen, daß Geldgeschäfte nur in Gegenwart und unter Verantwortung zweier Vorstandsmitglieder erledigt werden. Der eine hat das Geld in Empfang zu nehmen oder auszuzahlen und die entsprechende Buchung vorzunehmen, der andere hat die Kontrolle über diese Vorgänge auszuüben, während Quittungen und Urkunden jeder Art nie anders, als von zwei Vorstandsmitgliedern vollzogen werden dürfen. — Damit aber das unantastbar durchgeführt werden kann, ist es ebenso notwendig, daß regelmäßige Geschäftsstunden — mögen sie auch in Anbetracht des geringen Verkehrs sehr begrenzte sein — abgehalten werden. Das Mitglied soll und muß wissen, wann es seine Geschäfte bei vollgültiger Ordnung erledigen kann, und die Vorstandsmitglieder müssen untereinander gebunden sein, daß nicht etwa zu irgend einer beliebigen Zeit nur eines der Vorstandsmitglieder eine geschäftliche Handlung vorzunehmen in der Lage ist ohne Vorwissen des oder der anderen.

Setze ich nun den Fall, daß in einem kleinen Betriebe an einem kleinen Orte der Kassierer dennoch sich gezwungen sieht, geschäftliche Handlungen allein vorzunehmen, — dann ist die allerstrengste und weitestgehende Kontrolle erst recht und um so mehr geboten und unerläßlich. Der Kontrolleur hat sich unter allen Umständen von jedem Eingange und jedem Ausgange zu überzeugen und hat darauf zu halten, daß für jeden Posten der Ausgabe sowie der Einnahme ein glaubwürdiger Beleg vorhanden ist. Unabweisbare Pflicht des Aufsichtsrats ist es dann, jeden einzelnen Posten nachzuprüfen und mit dem entsprechenden Belege zu vergleichen. Fehlt ein solcher, oder erscheint er nicht vollgültig, so hat er der Sache auf den Grund zu gehen, bis die Richtigkeit klar erbracht ist. Es kann sich im vorliegenden Falle wohl nur um kleine Betriebe an kleineren Plätzen handeln, wo mit dem Publikum doch erheblich leichter umzugehen ist, wie an größeren Plätzen. Ich meine, es wird dort für ein Vorstandsmitglied gar nicht schwer sein, sogar das Publikum selbst zu einer gewissen Kontrolle heranzuziehen. Hierbei denke ich insbesondere an die Einzahlungen von Spareinlagen, die in dem Kassenbuche selbst durch den Einleger bestätigt werden können.

Im übrigen, um Wiederholungen zu vermeiden, beschränke ich mich darauf, auf die ausführlichen Besprechungen der Unterverbandstage von 1905 unter dem Thema „Kontrolle der Passivseite" hinzuweisen.

Ein kaufmännisch allgemein übliches Verfahren ist es, nach gewissen Zeitabschnitten — sei es vierteljährlich oder halbjährlich — Auszüge an die Kunden über den Stand ihrer Konten zu senden. Vielfach findet man, daß der Aussteller dieser Auszüge sich damit begnügt, daß der Kunde ihm antwortet, daß er den Auszug für richtig befunden habe. Oder aber er nimmt, wenn keine Antwort erfolgt, das stillschweigende Einverständnis an. Dies darf einer Genossenschaft keineswegs genügen! Ich erinnere an die unangenehmen Erfahrungen, die wir in Schlesien mit der längst zu Grabe getragenen Zentralkasse gemacht haben: die Veruntreuungen des damaligen Übeltäters, dessen Name Ihnen einst ehrenvoll bekannt war, sind bloß dadurch möglich gewesen, daß die Bestätigungen der Kontoauszüge nicht präzise erfordert worden waren. Erst als dieses geschehen war, wurde das Übel erkannt und beseitigt. Wir müssen — und dies geht auch die bestentwickelten Vereine an — verlangen, daß in der Bestätigung des Saldos ausdrücklich der Betrag genannt wird, der im Debet oder Kredit als vorgetragen anerkannt wird. Erst dann ist der Aufsichtsrat in der Lage, eine erschöpfende Kontrolle auszuüben, und es ist seine Pflicht, sie in dieser Weise auszuüben ganz ohne Ansehen der Person oder der Personen, die die Geschäfte zu führen haben!

Der dritte Punkt des Antrages, der von der Führung einer Belastungsliste spricht, berührt aufs engste die allerwichtigste nnd vornehmste Aufgabe unserer Genossenschaften, d. i. die Kreditgewährung.

Es ist wohl selbstverständlich, daß man vor Gewährung eines Kredits sich überzeugt, wie hoch der Antragsteller oder der vorgeschlagene Bürge bereits als Schuldner verpflichtet ist. Dies wird der Vorstand aus den Konten der verschiedenen Geschäftszweige unschwer feststellen können. Schwieriger schon ist dies für den Aufsichtsrat. Nun aber ist es doch von wesentlicher Bedeutung, ob und inwieweit der Antragsteller schon bei anderen Mitgliedern verpflichtet ist, sei es als Bürge im Darlehns- oder Kontokorrentverkehr, oder als Akzeptant oder Girant im Wechseldiskontverkehr und dergl. Hierzu ist die Belastungsliste ganz unentbehrlich. Bei Genossenschaften, bei denen die Geschäftsführung im wesentlichen in der Hand nur eines Mannes liegt, ist der Einwand dem Revisor gegenüber vorgekommen: Er brauche eine solche umständliche Liste nicht, er habe sämtliche Belastungen im Gedächtnisse gegenwärtig und sei jederzeit in der Lage, auch dem Aufsichtsrate darüber Auskunft zu geben. Wie unhaltbar und unverständig dieser Einwand ist, ergibt sich ohne weiteres bei der Erwägung, daß der Mann krank werden oder sterben oder auf Abwege geraten kann. Dann kommen wir wieder zu der vorhin besprochenen „Alleinherrschaft“, die als ungehörig und verderblich zu bekämpfen ist.

Wie oft ferner ist es mir vorgekommen, daß ich im Falle des Todes oder des Konkurses eines Mitgliedes gezwungen war, sofort über seine Verpflichtungen orientiert zu sein. Ohne eine solche Liste wäre ich hierzu gar nicht in der Lage gewesen. Ebenso unentbehrlich aber ist sie für den Aufsichtsrat, damit er seiner verantwortungsvollen Pflicht, der Überwachung der Kreditgewährung, nachkommen kann.

Bemerken möchte ich noch, daß man m. E. nicht gut tut, diese Liste durch einen Hilfsarbeiter in seiner mechanischen Weise führen zu lassen; der Vorstand muß sie selbst führen. Ich gebe zu, daß dies in größeren Betrieben eine zeitraubende und lästige Arbeit ist, zumal sie ohne Aufschub täglich geleistet werden muß, aber ich weiß auch aus Erfahrung, welchen hohen Wert dies für den Vorstand hat. Gar manche sogenannte Wechselreiterei kommt gerade dabei zutage, und gar manche zu hohe oder vielseitige Belastung fällt dabei auf, die abzustellen noch Zeit vorhanden ist.

Ich unterlasse es, auf das Formular für die Belastungs- und Bürgschaftsliste einzugehen. Es ist eine Kleinigkeit, sich von anderen Genossenschaften die Formulare zu erbitten und sich aus ihnen ein passendes Formular zusammenzustellen. Betont soll an dieser Stelle nur werden, daß die Liste für jede Kreditgenossenschaft eine Notwendigkeit ist, und daß es Pflicht von Vorstand und Aufsichtsrat ist, sie dauernder Kontrolle zu unterziehen.

Als zweiten Beweggrund zu dem vorliegenden Antrage bezeichnete ich die Geschäftshandhabung, die wir auf kreditgenossenschaftlichem Gebiete außerhalb unseres Verbandes wahrnehmen.

Wenn wir sehen, wie moderne Kreditgenossenschaften in Massen gegründet worden sind und noch gegründet werden ohne eine Frage nach ihrer Existenzberechtigung, — wenn wir sehen, wie in ganz kleinen Sprengeln 5, 6 und mehr Genossenschaften künstlich ins Leben gerufen werden, wo eine einzige, verständig geleitete Genossenschaft imstande wäre, jedes berechtigte Kreditbedürfnis zu befriedigen, — wenn wir ferner sehen, wie Wanderredner und Wandergründer an die einzelnen Mitglieder einer Gemeinde herantreten und sie — mitunter sogar unter einem gewissen Drucke — zur Mitgliedschaft direkt heranziehen, — wenn wir endlich sehen, wie leicht den Genossenschaften selbst der Kredit gemacht wird, indem man nicht nach dem Vermögen, den Reserven, dem eigenen Können der Genossenschaft fragt, sondern nur nach der vielfach bloß in der Luft schwebenden Haftsumme — dann kann es uns auch nicht wundernehmen, wenn in der Art der Kreditgewährung die Grundsätze locker werden oder verloren gehen, die seit ehedem für die Gewährung von Kredit als maßgebend gegolten haben. Wir unsererseits müssen unseren alten, gesunden Standpunkt wahren: daß Kredit nicht entgegengetragen werden darf, daß ferner nur der Kreditwürdige Anspruch auf Kredit haben kann, und daß für Kredit auch eine gewisse Sicherheit zu erfordern ist. — Im Warenhandel wird es ohne weiteres als ein Mißstand erkannt, daß viele kleine und mittlere Händler und Handwerker unter dem großen Angebote seitens der Fabrikanten, Grossisten usw. leiden und vielfach sogar zugrunde gehen. Dies wird niemand ändern, es liegt in der gewaltigen Konkurrenz, in dem Kampf ums Dasein, in dem Zwange, Umsatz zu schaffen. Wenn aber dieses übergroße Angebot durch die modernen Bestrebungen gewaltsam auch auf das Gebiet des Geldgewerbes übertragen wird, so ist das in hohem Grade ungesund und volkswirtschaftlich verderblich. Mit der Art, wie heute Kreditgenossenschaften in Massen gegründet werden und für sie unter allerhand Verheißungen Propaganda gemacht wird, kommt es, daß der kleinste Mann nicht mehr in Erwägung zieht, ob er vermöge seiner Fähigkeiten, seiner Kenntnisse oder seiner Leistungen kreditfähig, sagen wir kreditwürdig sei, — nein, er glaubt vielmehr ein Recht auf Kredit zu besitzen, und die Bestellung einer Sicherheit oder Bürgschaft wird vielfach bereits von dem irregeführten Publikum als unberechtigt angesehen. Habe ich es doch erlebt, daß in einer großen Versammlung von Genossenschaftern, die unter dem Vorsitz des Königlichen Oberpräsidiums von Schlesien einberufen worden war, es als Grundsatz aufgestellt wurde, daß dem kleinen Handwerker Kredit ohne jede Bürgschaft oder andere Sicherheit eingeräumt werden solle. Etliche wollten die Grenze bis 500 *M*, andere bis 1000 *M*, etliche noch höher oder gar nicht gezogen wissen!

Bei alledem ist es für unsere Genossenschaften schwer, sehr schwer, sich nicht beirren zu lassen und ihren alten, wirtschaftlich erprobten Standpunkt zu wahren. Sie müssen ihn aber wahren, weil sie eine gesunde Grundlage brauchen, um auch auf eine fernere Zukunft ihre volkswirtschaftlichen Aufgaben erfüllen zu können.

Zu dieser gesunden Grundlage aber gehört auch, daß die Genossenschaft für ausreichende flüssige Mittel und Ausbedingung ausreichender Kündigungsfristen Sorge trägt. Im wesentlichen gilt hierfür heute noch dasselbe, was Schulze-Delitzsch uns gelehrt hat: Man soll die Fristen für Kredite, die man Schuldnern gewährt, in Einklang bringen mit den Fristen, die man selbst vom Gläubiger bewilligt erhält. Umgekehrt heißt das: Wir müssen die Rückzahlbarkeit der Betriebsmittel, — Spareinlagen und Depositen, — in Einklang bringen mit der Realisierbarkeit der Außenstände. Schnell realisierbar sind in den Außenständen die diskontfähigen Wechsel und vielleicht auch ein gut Teil aus dem Kontokorrentverkehre. Diesen würden gegenüberstehen die sofort zahlbaren Spareinlagen und Depositen. Soweit aber das erstgenannte Material nicht ausreicht, müssen wir bedacht sein, eine entsprechende Menge der Spareinlagen und Depositen auf längere Fristen zu stellen, um gegebenen Falles Zeit zu haben, die erst allmählich flüssig zu machenden Außenstände hereinzubringen.

So lange das Geschäft der Genossenschaft seinen ruhigen, ungestörten Gang geht, wird die Notwendigkeit der hier gestellten Forderungen nicht in Erscheinung treten, wohl aber in Zeiten irgend einer Krisis, die in sehr verschiedener Art an uns herantreten kann, und gerade auch für solche Zeiten gerüstet zu sein, ist die Pflicht jeder Genossenschaft.

Hiermit will ich, um Wiederholungen zu vermeiden, meine kleine Betrachtung schließen und empfehle Ihnen den Vortrag des Gesamtausschusses zur Annahme mit der Bitte, mir noch ein kurzes Schlußwort zu gestatten.

Ich habe im Eingange die beiden Beweggründe genannt, die wohl zu dem Antrage geführt haben dürften; lassen Sie mich nun am Schlusse auch zwei entsprechende Folgerungen ziehen. Als ersten Beweggrund habe ich bezeichnet gewisse traurige Erfahrungen an einigen Genossenschaften innerhalb unseres Verbandes. Diesem entsprechend sollen die Genossenschaften ernstlich gemahnt werden, Maßnahmen zu treffen, um solche Vorgänge zu verhüten. Sie sollen die Überzeugung gewinnen, daß es keineswegs sich handle um ein Mißtrauen gegen Vorstandsmitglieder, sondern daß es sich lediglich handle um einen notwendigen Akt der Ordnung, den einer dem andern und jeder sich selbst schuldig ist.

Der zweite Beweggrund war die Handhabung auf kreditgenossenschaftlichem Gebiete außerhalb unseres Verbandes. Diesem gegenüber möge der Genossenschaftstag seinen alten Standpunkt bezüglich der Kreditgewährung erneut aussprechen vor der Öffentlichkeit, d. h. vor jedermann, der sich für deutsches Genossenschaftswesen interessiert und insbesondere vor den hohen Regierungen, deren Herren Vertreter wir heute wieder die Ehre haben, unter uns zu sehen. Mit Freude haben wir es verzeichnet, daß diese Herren auf Genossenschaftstagen und Verbandstagen die von uns vertretenen Grundsätze gebilligt haben. Meine Herren, wir haben noch nie einen Ruf nach Staatshilfe erschallen lassen; möge es mir gestattet sein, heute mit einem bescheidenen Wunsche zu schließen: Möchten die hohen Regierungen ebenso, wie sie die Mittel und Wege gefunden haben, zahllose Genossenschaften ins Leben zu rufen, auch ihren Einfluß geltend machen, um Übertretungen zurückzukämpfen und den Grundsätzen, die sie bei uns als richtig gewürdigt haben, Geltung zu verschaffen. Das wäre eine Staatshilfe, für die wir im Interesse des deutschen Genossenschaftswesens ihnen aufs innigste dankbar sein würden. Ich weiß, daß wir mit unseren soliden und strengen Grundsätzen gar vielen Modernen nicht gefallen; aber das darf uns nicht beirren lassen, an ihnen festzuhalten und auszuharren eingedenk des Goetheschen Trostwortes:

„Kannst du nicht allen gefallen durch deine Tat und dein Kunstwerk,
Mach' es wenigen recht, vielen gefallen ist schlimm."

(Lebhafter Beifall.)

Königl. Bankinspektor **Rager** (Berlin): Meine Herren, das interessante Referat des Herrn Verbandsdirektors Neugebauer veranlaßt mich, Ihnen ganz kurz einiges aus meiner Praxis in dem landwirtschaftlichen Genossenschaftswesen und dem Handwerker-Genossenschaftswesen mitzuteilen, weil ich der Ansicht bin, daß es von großem Werte ist, die Verhältnisse in dem deutschen Genossenschaftswesen vor der großen Öffentlichkeit doch nicht trüber darzustellen, als dies absolut nötig ist. Bezüglich der grundlegenden Ausführungen gehe ich mit Herrn Verbandsdirektor Neugebauer heute konform und bin, vor Jahren, als ich im landwirtschaftlichen Genossenschaftswesen an den verschiedenen Ecken des Deutschen Reiches — im Großherzogtum Hessen und in der Provinz Schlesien gearbeitet habe — mit den hier vorgetragenen Anschauungen ebenfalls schon konform gegangen. Für das landwirtschaftliche Genossenschaftswesen unterschreibe ich das, was Herr Neugebauer gesagt hat, und möchte sagen, daß jeder verständige Genossenschafter im landwirtschaftlichen Genossenschaftswesen — ich kann nur berichten speziell über meine Erfahrungen im Reichsverbande Deutscher landwirtschaftlicher Genossenschaften, will aber deshalb nicht sagen, daß die andern das nicht auch machen — Grundsätze vertritt, wie sie der Herr Berichterstatter vorgetragen hat, und zwar seit vielen Jahren, seit 17, 18 Jahren, so lange ich in der Genossenschaftsbewegung stehe. Daß es in jedem Lager Leute gibt, die ihre Sache nicht verstehen und Fehler machen, ist bekannt.

Wenn ich insoweit ganz konform gehe mit dem Herrn Berichterstatter, so trennen wir uns — und ich möchte da ganz besonders auf das Handwerkergenossenschaftswesen kommen — bezüglich der Zeit, in der man von Massengründungen usw. reden könnte. Ich kann nach meinen Erfahrungen nicht unterschreiben, daß in den letzten drei Jahren im gewerblichen Genossenschaftswesen Wanderredner durch die Lande gegangen sind, ich kann nicht unterschreiben, daß es so sehr leicht ist, Kreditgenossenschaften zu gründen und daß Kreditgenossenschaften ohne Besinnen gegründet werden. Dem widerspreche ich ganz besonders für den Hauptverband Deutscher gewerblicher Genossenschaften. Ich kann auch nicht unterschreiben, daß es so leicht ist für eine Genossenschaft, Geld zu bekommen, wie dies — ich darf da auch auf den Bericht des Herrn Anwalts kurz zurückgreifen — nach den hier erstatteten Berichten den Anschein hat. In dieser Beziehung muß ja mein Hauptamt als Bankinspektor der Preußischen Central-Genossenschafts-Kasse mir unbedingt manche Erfahrungen gebracht haben. Ich kann Ihnen versichern, man hört in den Kreisen, die ganz unter Ihren Grundsätzen arbeiten, allerdings mit dem einen Vorbehalt, daß sie es für erlaubt halten, auch mit der Preußischen Central-Genossenschafts-Kasse zu arbeiten, die Behauptung ganz und gar nicht, daß die Kreditbeschaffung zu leicht gemacht sei, und ich muß offen sagen, ich konnte das auch nicht feststellen. Wenn Sie sich die Bedingungen der Preußischen Central-Genossenschafts-Kasse für Verbandskassen ansehen, so werden Sie einen Fundamentalsatz finden, der Ihre Anerkennung ganz und gar findet, und das ist der: Eine Genossenschaft kann bei einer Verbandskasse niemals eine größere Haftsumme vertreten, als das Zehnfache ihrer Geschäftsanteile plus der Reserven ausmacht. Trotz Steuernachweis, trotz des Umstandes, daß die Mitglieder einer Genossenschaft mit unbeschränkter Haftpflicht etwa als Millionäre bekannt wären, würde die Preußische Central-Genossenschafts-Kasse sagen: das ist einmal geschäftlich richtig, wer ein Geschäft treibt, muß etwas einschießen, ganz wie Sie sagen, und wenn die Herren Millionäre sind, dann fällt es Ihnen ja ungeheuer leicht, ein angemessenes eigenes Kapital einzuschießen.

Ich mache diese Ausführungen hier, weil ich der Überzeugung bin, daß man in Ihren Kreisen doch etwas zu schlimm über andere denkt. Für den Hauptverband Deutscher gewerblicher Genossenschaften hoffe ich durch Statistiken, die vollständig auch die Schattenseiten offenlegen sollen, dazu beitragen zu können, daß man auch in Ihren Kreisen die Arbeit anerkennt, die außerhalb Ihres Verbandes getan wird. Ich habe nicht Ursache, für meine Person das besonders noch zu betonen, daß sowohl ich, wie sehr viele Herren, mit denen ich im landwirtschaftlichen Genossenschaftswesen gearbeitet habe, von jeher auf die Lehren Ihres Verbandes hingehört haben und die jedenfalls, ob sie hier anwesend sind oder ob sie es bei dem Studium Ihrer Berichte nachher tun, sehr darauf achten, was Sie sagen, wenn sie auch wie ich den Eindruck haben — das muß ich freimütig hier aussprechen — daß man in Ihren Kreisen den Außenstehenden oft zu ungünstig beurteilt.

Verbandsdirektor **Neugebauer** (Breslau): Nur ein paar Worte, meine Herren. Ich weiß, Herr Bankinspektor Mager hat ungemein gesunde Ansichten. Er sagt, jeder verständige Genossenschafter müßte eigentlich auch seiner Ansicht sein. Davon bin ich jedenfalls überzeugt, aber wir haben leider Erfahrungen gemacht, daß die Herren trotz aller ihrer Überzeugungen und Versicherungen dann hingehen und nicht desgleichen tun. Das wollte ich bloß erwähnen — ich meine nicht etwa Herrn Bankinspektor, sondern bloß im allgemeinen. (Große Heiterkeit.)

Anwalt **Dr. Crüger** (Charlottenburg): Meine Herren, es war bei der großen Bedeutung, die ich dem Antrage beilege, an und für sich schon meine Absicht, den Ausführungen des Herrn Referenten noch einige Worte hinzuzufügen. Nachdem jetzt auch Herr Bankinspektor Mager zu dem Antrage Stellung genommen hat, halte ich es selbstredend erst recht für meine Pflicht, insbesondere zu den letzten Bemerkungen des Herrn Bankinspektors mich zu äußern. Ich kann zunächst mich auch ganz in dem gleichen Sinne äußern, wie Herr Neugebauer es soeben getan hat. Daß Herr Bankinspektor Mager nicht erst seit gestern auf dem gleichen Standpunkt steht, das ist mir sehr wohl bekannt; es ist mir auch ebenso bekannt, daß die Leitung der Preußischen Central-Genossenschafts-Kasse eifrig bemüht ist, bei den Genossenschaften, mit denen sie arbeitet, auf die Beobachtung von Geschäftsgrundsätzen hinzuwirken, die vollkommen dem Schulze-Delitzschschen — nun ich möchte sagen Lehrplane — entsprechen. Ich gebe auch ohne weiteres zu, daß, wenn die Preußische Central-Genossenschafts-Kasse in dem Sinne gearbeitet hätte, in dem die Gründer damals von allen den Genossenschaften, die nach Staatshilfe riefen, begrüßt wurde, daß sie dann unendliches Unheil über das Genossenschaftswesen gebracht haben würde. Heute liegen die Dinge so, daß die Preußische Central-Genossenschafts-Kasse die Ungnade aller derer sich zuzieht, die da meinen, die Preußische Central-Genossenschafts-Kasse ist ein Institut, an das man sich nur zu wenden brauche, um dann denjenigen Kredit zu erhalten, für den man sich selbst als sicher eingeschätzt hat. Ich habe ja auch der Leitung der Preußischen Central-Genossenschafts-Kasse gegenüber niemals ein Hehl daraus gemacht, daß nach meinem Empfinden wir, die wir in keinem direkten Verkehr — wenigstens in der großen Mehrzahl der Genossenschaften — zur Preußischen Central-Genossenschafts-Kasse stehen, eigentlich miteinander viel besser fertig werden, als die Leitung der Preußischen

Central-Genossenschafts-Kasse mit jenen Kreisen, die da glauben, von Jahr zu Jahr wachsende Ansprüche an die Kasse stellen zu können. Ich erinnere an jene kleine Episode — sie liegt ungefähr drei Jahre zurück — als das preußische Abgeordnetenhaus mit Beschwerden von landwirtschaftlichen Genossenschaftsverbänden über die Leitung der Preußischen Central-Genossenschafts-Kasse förmlich überschwemmt wurde und damals hieß es: ja, wenn die Preußische Central-Genossenschafts-Kasse so arbeitet, dann hätten wir sie überhaupt nicht gründen sollen. Ich habe damals erklärt, daß ich Genugtuung darüber empfinde, daß die Preußische Central-Genossenschafts-Kasse so vorsichtig arbeitet, und nicht jedem Kreditgeber willig das Ohr leiht. Das stimmt vollkommen mit dem überein, was Herr Bankinspektor Mager hier soeben ausgeführt hat, daß sogar Beschwerden der Genossenschaften laut würden, weil die Preußische Central-Genossenschafts-Kasse nicht genug Geld gäbe. Aber dies Zugeständnis zeigt auch gerade die Schädigung, die dem deutschen Genossenschaftswesen zugefügt ist durch die Gründung der Preußischen Central-Genossenschafts-Kasse. Eine unendliche Begehrlichkeit ist hervorgerufen und das Vertrauen zur eigenen Kraft ist gelähmt. So sehr ich auch Wert darauf lege, daß wir in gutem Einvernehmen mit der Leitung der Preußischen Central-Genossenschafts-Kasse leben, so sehr ich es auch anerkenne, daß man heute bei der Leitung der Preußischen Central-Genossenschafts-Kasse bestrebt ist, die Genossenschaften zu Schulze-Delitzschschen Grundsätzen zu bekehren, so habe ich aber niemals mit meiner Ansicht darüber zurückgehalten, daß es besser um das deutsche Genossenschaftswesen bestellt gewesen wäre, wenn die Preußische Central-Genossenschafts-Kasse nicht ins Leben gerufen worden wäre.

(Sehr richtig!)

Denn, meine Herren, durch die Gründung der Preußischen Central-Genossenschafts-Kasse ist jene Ansicht erweckt worden, die Herr Direktor Neugebauer sehr richtig hervorgehoben hat, die Ansicht, es gebe ein Recht auf Kredit; nicht mehr die Kreditwürdigkeit und Kreditfähigkeit des einzelnen ist anscheinend für die Kreditbefriedigung maßgebend, sondern es wird als Verpflichtung des Staates bezeichnet für die Befriedigung des Kreditbedürfnisses der Gewerbetreibenden und Landwirte Sorge zu tragen! Dadurch sind jene schiefen Auffassungen in das deutsche Genossenschaftswesen hineingetragen. Oder will man vielleicht sagen, es ist ein Zufall, daß etwa 27 % jener Genossenschaften, die im Laufe von 10 Jahren gegründet sind, wieder eingegangen sind? Das ist doch vielmehr Beweis für eine treibhausartige Entwicklung! Es haben sich außerordentlich ungesunde Verhältnisse ergeben aus der leichtfertigen Gründerei von Genossenschaften. Die Leitung der Preußischen Central-Genossenschafts-Kasse wird natürlich mit meinen Ausführungen nicht übereinstimmen, — das nehme ich ohne weiteres an. Aber etwas anderes kann ich nicht verstehen, wenn der Herr Bankinspektor Mager bestreitet — wenigstens hat er gesagt, er könne diesen Teil der Ausführungen des Herrn Direktor Neugebauer nicht unterschreiben, in dem dieser bemerkte, es wären Wanderredner durch die Lande gezogen, die für die Gründung von Genossenschaften agitierten und gleichzeitig gegen die Schulze-Delitzschschen Genossenschaften, und zwar in unverantwortlicher Weise, gehetzt haben. Ich glaube — (zu Herrn Mager) — habe ich Sie mißverstanden?

(Bankinspektor Mager: Das ist längst vorüber!)

Also, meine Herren, die Zeit hat es gegeben.

(Heiterkeit.)

Ich würde sonst Herrn Bankinspektor bitten, sich bei seinem Kollegen aus dem Hauptverbande der gewerblichen Genossenschaften, bei Herrn Korthaus, zu erkundigen. Unsere Genossenschaften können gerade über dessen Agitation ein Liedchen singen. Ich habe auch damals im Preußischen Abgeordnetenhause mit der nötigen Bestimmtheit Protest gegen dieses Verfahren eingelegt. Heute freilich denkt man über das Genossenschaftswesen im Preußischen Handelsministerium ungefähr so wie — wir. Heute, glaube ich aussprechen zu dürfen, ist man im Preußischen Handelsministerium der Meinung, daß, wenn man überhaupt das gewerbliche Genossenschaftswesen fördern will, man dies in der wirksamsten Weise nur tun kann nach Maßgabe der Schulze-Delitzschschen Grundsätze.

(Bravo!)

Damals lagen die Dinge wesentlich anders, damals — unter der Ägide des Geheimrats Dr. Sieffert war es — als das Handwerkerkreditgenossenschaftswesen in Szene gesetzt wurde, mit dem man die Handwerker in Preußen erfreuen wollte. Nun, es ist gut, daß das gewesene Dinge sind. Ich wäre nicht nochmals darauf zurückgekommen, wenn ich nicht den Eindruck gewonnen hätte, als sollte in Abrede gestellt werden, daß es solche Verhältnisse gegeben hat. Es ist ein eigen Ding. In früheren Jahren war es gang und gäbe, daß man uns von allen Seiten angriff. Da wurde auf den Schulze-Delitzschschen Genossenschaften herumgehackt und der Allgemeine Deutsche Genossenschaftsverband, der sollte friedlich dastehen und stillhalten. Er hat vielleicht auch einige Jahre stillgehalten und sich nicht genügend gewehrt, dann aber hat er sich ganz energisch seiner Haut gewehrt und ist aus der Verteidigung zum Angriff übergegangen, er hat gezeigt, wie es in den andern Lagern aussieht. Da war man sehr entrüstet und sagte: was fällt dem Allgemeinen Deutschen Genossenschaftsverbande ein, was hat er sich aufzuregen über Dinge, die außerhalb seiner Zuständigkeit liegen. Ich habe gestern schon gesagt, wir leben nicht in einem isolierten Staat mit unserm Verbande, sondern wir werden von der gesamten Entwicklung der Genossenschaften mit betroffen und mit berührt. Deswegen ist es für uns Selbsterhaltungspflicht, Stellung zu nehmen zu allen Fragen, die im gesamten deutschen Genossenschaftswesen sich abspielen. Um so größer ist selbstverständlich unsere Befriedigung, daß heute die Dinge sich so gestaltet haben, daß die von uns vertretenen Grundsätze sich immer mehr Bahn brechen in jenen Kreisen, die bisher uns fernstanden. Daß wir im übrigen auch ein ganz ernstes Wort mit unseren eigenen Mitgliedern zu sprechen wissen, das lehrt dieser Antrag, der zur Annahme Ihnen hier unterbreitet ist, der aber auch wie alle unsere Beschlüsse für die Gesamtheit gilt, der jedoch in erster Reihe natürlich als Richtschnur dienen soll für die Genossenschaften unseres Verbandes. Es ist von Herrn Direktor Neugebauer durchaus zutreffend hervorgehoben: wir verheimlichen die Sünden nicht, die bei uns begangen sind. Schlagen Sie die Blätter für Genossenschaftswesen nach, meine Herren! Es ist mir freilich auch schon gesagt worden, ich möchte mir ein Beispiel nehmen an den übrigen Verbänden, in deren Zeitschriften man von genossenschaftlichen Unglücksfällen überhaupt niemals etwas finde. Nun, meine Herren, ich denke, wir wollen so fortfahren wie bisher, wir wollen offen zugeben, wenn Fehler bei uns gemacht werden, und danach streben, die Wiederkehr solcher Vorgänge zu verhindern, denn wir wissen sehr genau, daß von solchen Ereignissen — Herr Direktor Neugebauer hat ja auf eins derselben angespielt, ich nenne Kappelrodeck — nicht bloß geschädigt wird der betreffende Bezirk, sondern daß das gesamte Genossenschaftswesen davon berührt wird. Wenn bei einer Genossenschaft eine Krisis eintritt, und sie wird tatsächlich lokalisiert durch entsprechende Maßregeln — ausgebeutet wird die Krisis von den weitesten Kreisen, und es wird dieselbe benutzt, um ein gewisses Mißtrauen gegenüber dem Genossenschaftswesen zu erregen. Man vergißt vollkommen, daß es sich um vereinzelte Fälle handelt. Das sind Unglücksfälle, von denen jede Organisation getroffen werden kann, unsere, wie die Neuwieder oder der Reichsverband. Man tut seine Schuldigkeit, man sucht auf die Verwaltungen einzuwirken, — zwingen kann man sie nicht, ihre Schuldigkeit zu tun. Wir müssen untersuchen: welche Nutzanwendung für die Allgemeinheit aus den einzelnen Vorgängen zu ziehen ist! Was in dem Antrage Ihnen unterbreitet wird, das sind solche Nutzanwendungen aus den Katastrophen, die in den letzten Monaten sich in unserer Mitte und außerhalb unserer Organisation zugetragen haben. Herr Direktor Neugebauer hat recht: es sind zum Teil alte Bekannte, die hier Ihnen in dem Antrage wiederum mal vorgestellt werden. Aber es ist auch nötig, daß man sich alte Bekannte wieder einmal etwas genauer ansieht, denn diese alten Bekannten hat man inzwischen vielleicht aus dem Gedächtnis verloren. Nun, meine Herren, ich hoffe, daß diese Erinnerung an die alten Bekannten, die da wieder aufgefrischt wird, recht wohltätig auf jene Genossenschaften wirken wird, für die sie gilt.

Ich will selbstverständlich mich hier nur noch auf wenige Worte beschränken, nachdem Herr Direktor Neugebauer in so ausführlicher Weise den Antrag begründet hat. Ich möchte Sie darauf hinweisen, daß die Position 1 doch in gewisser Beziehung etwas neues enthält, indem eigentlich zum ersten Male in so scharfer Weise betont wird die Heranziehung kaufmännischer Kräfte zur Leitung der Genossenschaften. Und das gilt gerade für unsere Schulze-Delitzschschen Genossenschaften. Hier befinde ich mich wieder einmal in vollster Übereinstimmung mit Geheimrat Hugenberg, dessen Werk ich anzuführen mehrfach Gelegenheit hatte und der bei voller Anerkennung und Würdigung der Bedeutung der Schulze-Delitzschschen Kreditgenossenschaften darauf hinweist, daß nun aber auch bei den erhöhten Ansprüchen, die an die Leitung dieser Genossenschaften gestellt werden, die Genossenschaften darauf sehen müssen, auch wirklich Kräfte für die Verwaltung zu finden, die imstande sind, ihren Obliegenheiten in der Verwaltung der Genossenschaft nachzukommen.

(Sehr richtig!)

Wir können nicht bloß immer auf der einen Seite den Kreditgenossenschaften empfehlen: erweitert Eure Geschäftszweige, pflegt Diskontgeschäft, Scheckverkehr usw., wir müssen auch an die Möglichkeit der Ausführung und an die Kontrolle denken. Wir sehen vielleicht, daß im Aufsichtsrate Männer sich befinden, durchaus ehrliche, brave Leute, die den an sie gestellten Ansprüchen gerecht werden konnten zu jener Zeit, als die Genossenschaft sich im Rahmen eines einfachen Vorschußgeschäftes hielt, die aber vielleicht mit der Zeit nicht mitgegangen sind. Es liegt uns selbstverständlich vollkommen fern, diese Leute aus unseren Genossenschaften zu verdrängen, ihre Kenntnisse, ihre Persönlichkeit brauchen wir nach wie vor, aber man soll darauf bedacht sein, wenn es gilt, neue Stellen zu besetzen, aus kaufmännischen Kreisen geeignete Kräfte für die Genossenschaft zu gewinnen, nicht bloß für den Vorstand, sondern auch für den Aufsichtsrat, damit dort Männer sitzen, die imstande sind, den Vorstand in entsprechender Weise zu kontrollieren. Wenn ich hier noch eine Bemerkung anfügen dürfte, so mag es die sein, daß man auch nicht sich leiten lassen soll bei den Genossenschaften von übertriebenen Sparsamkeitsrücksichten.

(Sehr richtig!)

Wenn, meine Herren, unsre Genossenschaften sich zu Volksbanken entwickeln, dann müssen sie selbstverständlich die berufsmäßigen Vorstandsmitglieder auch entsprechend besolden.

(Sehr richtig!)

Wenn eine Genossenschaft ein tüchtiges Vorstandsmitglied hat, muß sie es so stellen, daß es auch der Genossenschaft erhalten bleibt und daß es nicht bei erster bester Gelegenheit abspringt und zu einem andern Institut abgeht, wo ihm vielleicht eine bessere Belohnung winkt. Daher habe ich auch gestern auf die große Bedeutung unserer Kassen verwiesen, der Ruhegehaltskasse, der Witwen- und Waisen-Pensionskasse. Mögen die Genossenschaften die Leiter, die sie haben, sicherstellen durch Versicherung bei den Kassen. Das tun sie nicht nur im Interesse der Männer, sondern das tun sie im Interesse ihrer selbst, um die geeigneten Kräfte für sich zu erhalten.

Meine Herren, Punkt 2. Sie werden ja jedenfalls den Antrag annehmen, aber ich bin doch begierig, bei wieviel Genossenschaften hernach der Rat auch zur Durchführung gelangen wird, für alle Einnahmen und Ausgaben Belege und für alle Soll- und Habenvorträge Anerkennungen zu beschaffen. Das letztere vielleicht noch, aber ich glaube, es werden sich Schwierigkeiten ergeben bei der Herbeischaffung der Belege für alle Einnahmen und Ausgaben. Der Antrag in den Blättern für Genossenschaftswesen war etwas anders formuliert. Die vorliegende Formulierung entspricht den Vorschlägen des Herrn Direktor Neugebauer. Ich hatte nämlich gesagt, daß diese Ratschläge für alle jene Genossenschaften erteilt werden sollen, die keine regelmäßigen Geschäftsstunden abhalten, bei denen der ganze Geschäftsgang nur vor dem Kassierer sich abwickelt. Herr Direktor Neugebauer machte den Vorschlag, dies zu generalisieren, und ich gebe ihm ohne weiteres recht, daß wir gut tun, das zu generalisieren und den Rat auf alle Genossenschaften zu erstrecken.

Meine Herren, nur noch ein Wort zu Punkt 3, zur „Belastungsliste". Meinetwegen nennen Sie es mein Steckenpferd, aber auf die Einführung der Belastungsliste muß mit aller Energie hingewirkt werden. Ich habe im Anfang dieses Jahres eine Umfrage bei den Revisoren veranstaltet, wie es mit der Einführung der Belastungsliste steht, und da habe ich merkwürdigerweise die verschiedensten Antworten bekommen; wir haben Verbände, in denen jede Genossenschaft, die kleinste wie die größte, durchweg eine Belastungsliste führt. Wir haben aber auch Verbände, in denen die Genossenschaften zu zählen sind, die eine Belastungsliste haben. Und der betreffende Revisor hat mir zugeben müssen: der Aufsichtsrat verläßt sich bei der Prüfung der Belastung der einzelnen Konten im wesentlichen auf das, was ihm der Vorstand sagt, und der Verbandsrevisor ist außerstande, bei den Genossenschaften eine entsprechende Nachprüfung vorzunehmen! Die Konten, die die Genossenschaft führt, ersetzen niemals die Belastungsliste. Ich habe mich ja vorhin geäußert über die schwebenden Verpflichtungen und die Bürgschaften. Die Bürgschaftsverpflichtungen kann ich natürlich nicht aus dem Konto des betreffenden Schuldners entnehmen. Daher muß eine Belastungsliste vorhanden sein, aus der sich die verschiedenartigsten Belastungen des einzelnen Mitgliedes ergeben.

Endlich noch ein Wort über die Liquidität der Genossenschaft. Ich brauche mich darüber nicht weiter auszulassen, nachdem in so gründlicher Weise die Dinge von Herrn Direktor Neugebauer beleuchtet sind und nachdem insbesondere ich auch gestern bei meiner Berichterstattung darauf aufmerksam gemacht habe, wie notwendig es ist, auf die Liquidität der Kreditgenossenschaft Rücksicht zu nehmen. Wir müssen mit der Möglichkeit ernster politischer Verhältnisse rechnen und die Kreditgenossenschaften dürfen sich nicht verlassen auf ihre Kreditquellen, die etwa die Verpflichtung haben, sie liquid zu halten — nein, es ist die Pflicht der Genossenschaft, für ihre Liquidität Sorge zu tragen. Selbstverständlich kann an die Liquidität einer Kreditgenossenschaft nicht der gleiche Maßstab gelegt werden wie etwa an die Liquidität einer großen Bank, aber immerhin im Rahmen kreditgenossenschaftlicher Verhältnisse muß die Liquidität eine günstige sein. Ich erwähnte gestern Vorgänge in den Reichslanden im vergangenen Winter, als dort ein gewisses Mißtrauen in der politischen Lage sich zeigte, und eine Panik sich schließlich entwickelte, sodaß Kreditgenossenschaften, insbesondere die Metzer, in die Lage kamen, ganz außerordentlich große Beträge in kürzester Zeit auszuzahlen. Dazu waren sie nur imstande, weil sie über die liquiden Mittel verfügten. Mir ist kürzlich entgegengehalten worden: das gälte nur für städtische Genossenschaften, für Genossenschaften in großen Städten; in kleinen Landstädten könne das nicht vorkommen. Meine Herren, ob Stadt, ob Land, ich meine, die Grundsätze der Liquidität müssen hier wie dort beobachtet werden. Auch das Land ist nicht davor gesichert, daß da nicht mal eine Panik ausbricht. Nehmen wir den schlimmsten Fall, nehmen wir an, daß Deutschland in einen Krieg verwickelt wird, dann werden an die ländlichen Kassen möglicherweise noch größere Ansprüche gestellt, als an die städtischen Kreditgenossenschaften. Ich sehe in der Liquiditätsfrage eine Frage von hoher, von großer Bedeutung. Wir wollen hoffen und wünschen, daß unsere Genossenschaften nicht durch gewaltsame äußere Ereignisse einmal auf die Probe gestellt werden und stets befähigt sind, allen an sie herantretenden Ansprüchen zu genügen.

Meine Herren, ein sorgsamer Hausvater beugt vor, und sorgt in guter Zeit dafür, daß, wenn einmal schlechte Zeiten eintreten, er auch diesen gewachsen ist, treten sie nicht ein, dann um so besser!

(Bravo!)

Stellvertr. Vorsitzender Verbandsdirektor Justizrat **Wolski** (Allenstein): Ich glaube kaum, daß wir den Antrag noch irgendwie in seine einzelnen Teile zu zerlegen brauchen. Ich bin der Ansicht, daß das, was in dem Antrage gefordert wird, von uns als ganz selbstverständlich angenommen wird. Falls also ein Abänderungsantrag nicht gestellt wird, würde ich den Antrag als einen geschlossenen zur Abstimmung bringen und bitte diejenigen, die dafür sind, die Hand zu erheben.

(Geschieht.)

Der Antrag ist einstimmig angenommen.

IV. Der Allgemeine Genossenschaftstag erklärt;

Unter § 49 Nr. 2 des Genossenschaftsgesetzes fallen Kreditgewährungen jeder Art ohne Rücksicht auf die Art der Sicherstellung.

Dagegen werden Bürgschaftsübernahmen von § 49 Nr. 2 nicht betroffen, sie sind jedoch bei der Beurteilung der Kreditfähigkeit des betreffenden Mitgliedes in Betracht zu ziehen.

Berichterstatter Verbandsdirektor Justizrat **Dr. Alberti** (Wiesbaden): Meine Herren, ich habe die Vermutung, daß unsere jetzige Debatte nicht so schließen wird, wie die vorherige, daß der Herr Vorsitzende von einer einstimmigen Annahme wird reden können.

Wir haben im § 49 des Genossenschaftsgesetzes, Pos. 2, die Bestimmung: „Die Generalversammlung hat festzusetzen 2. die Grenzen, welche bei Kreditgewährungen an Genossen eingehalten werden sollen“. Der Antrag, der Ihnen hier vorliegt, lautet nun:

> Der Allgemeine Genossenschaftstag erklärt: Unter § 49, Nr. 2, des Genossenschaftsgesetzes fallen Kreditgewährungen jeder Art ohne Rücksicht auf die Art der Sicherstellung. Dagegen werden Bürgschaftsübernahmen vom § 49, Nr. 2, nicht betroffen.

Wenn Sie hören, was ich beauftragt bin, Ihnen jetzt vorzutragen, dann kann ich sehr leicht in den Verdacht kommen, daß ich das mir zur Berichterstattung erteilte Wort mißbraucht habe, daß ich Ihnen etwas anderes bringe, als was Sie nach der angekündigten Tagesordnung erwarten. Ich möchte deshalb voranschicken, daß ich auch nach näherer Betrachtung zu der Ansicht gekommen bin, daß vielleicht die Fassung des Themas nicht ganz glücklich gewählt war. Ich wurde eigentlich erst hier auf dem Genossenschaftstage selbst des Näheren davon unterrichtet, welche Fragen der Anwalt mit diesem Antrag ganz besonders zur Debatte gestellt wissen wollte. Es handelt sich nämlich im großen und ganzen darum: was ist denn eigentlich unter einer Kreditgewährung im Sinne des § 49 Nr. 2 zu verstehen? Die Frage soll sich nicht darauf beschränken, daß etwa lediglich die Lombardkredite auch durch den § 49 getroffen werden. Der § 49 ist sehr allgemein gefaßt und hat namentlich nicht bestimmt, was nun als eine Kreditgewährung im Sinne der Vorschrift, die er in Pos. 2 trifft, anzusehen ist. Man sollte meinen, meine Herren, das sei sehr leicht festzustellen, und es würde sich, wenn diese Feststellung noch nicht erfolgt ist, eigentlich nur um theoretische Streitigkeiten handeln, die für die Praxis keine erhebliche Bedeutung hätten. Nein, wenn die Feststellung noch nicht erfolgt ist, so liegt das eben gerade daran, daß die praktischen Folgen so außerordentlich weittragende sind. Einmal haben wir ja im Genossenschaftsgesetz die Bestimmung, daß Kreditgewährung an Nichtmitglieder überhaupt nicht zulässig ist. Je nachdem wir also das einzelne Geschäft als Kreditgewährung ansehen oder nicht, kann der Kreis der Genossenschaft sehr erheblich begrenzt oder erweitert werden. Als weitere praktische Folge steht hiermit im Zusammenhang in den einzelnen Bundesstaaten die Frage nach der Steuerpflicht und endlich kam dann als weitaus wichtigste Frage diejenige: welche Geschäfte fallen unter § 49 des Genossenschaftsgesetzes, welche sind also bei der Kreditgewährung an einzelne Genossen mit einzubeziehen? Es wird wohl erforderlich sein, daß wir uns zuerst klar werden über den Zweck, den überhaupt die ganze Bestimmung hat. Ich sehe diesen Zweck als einen zweifachen an. Zunächst hat sie ähnlich wie die Bestimmung in Pos. 1, die da lautet: „Die Generalversammlung hat festzusetzen den Gesamtbetrag, welchen Anleihen der Genossenschaft und Spareinlagen bei derselben nicht überschreiten sollen" den Zweck, Fürsorge zu treffen, daß die Genossenschaft nicht über die natürliche Grenze hinausgeht, daß insbesondere die Generalversammlung mitzureden hat, wieweit denn überhaupt die Grenze des Geschäftsbetriebes gesetzt werden soll, sodaß also nicht unbeschränkt Geschäfte gemacht werden können und hierdurch die Genossenschaft über ihre Mittel hinausgeht. Weiter aber hat sie auch den Zweck, eine Beschränkung dahin festzulegen, daß nicht der einzelne die Mittel der Genossenschaft in einem Maße herausholt und dadurch den Geschäftsbetrieb mit den übrigen Mitgliedern einengt. Also, meine Herren, es könnte vorkommen, daß der eine die Mittel herausholt und daß nun anderen, die kommen und Geld haben wollen, gesagt werden muß: es ist kein Geld da. Wie notwendig eine solche Begrenzung ist, das ergibt sich aus der Beobachtung, daß tatsächlich so manche Kreditgenossenschaft gegründet wurde, um einem einzelnen vor allem für sein Geschäft den nötigen Kredit zu verschaffen. Das würde nicht allein zu einer Beeinträchtigung der Einzelnen führen, die auch als Mitglieder die Mittel der Genossenschaft in Anspruch nehmen wollen, sondern würde auch, wie Ihnen ja allen bekannt ist, das Risiko ganz außerordentlich erhöhen; denn wenn das Geld bei einem festgelegt ist, sind wir mit dem Schicksal der Genossenschaft an das Schicksal dieses Einzelnen gebunden. Die Bestimmung des § 49 soll also nach dieser zweifachen Richtung Vorsorge treffen.

Wenn wir von da aus an die Beurteilung der einzelnen Geschäfte herangehen, dann wird es wohl schließlich nicht allzu schwer werden, sich einen Begriff darüber zu machen, welche Geschäfte wir unter § 49, 2 zu verstehen haben. Zunächst will ich einiges über die Lombardgeschäfte sagen. Tatsächlich ist es vorgekommen und kommt es auch jetzt noch vor, daß manche Genossenschaften sagen, die Lombardgeschäfte fallen hier nicht herunter, denn der § 49 soll nur eine Sicherstellung der Genossenschaften bezwecken. Insoweit also ein Geschäft so gesichert ist, daß gar kein Zweifel an der Rückkunft des Geldes obwaltet, dann fällt es einfach nicht darunter. Noch jetzt wurde mir eine große Genossenschaft genannt, die gerade in diesem Sinne die Sache handhabt und erklärt, für Lombardgeschäfte wird eine Grenze überhaupt nicht gezogen. Ist denn ein Lombardgeschäft keine Kreditgewährung? Ich bin überzeugt, daß die große Mehrzahl von Ihnen mir ohne weiteres beipflichten wird, wenn ich sage, daß auch ein Lombardgeschäft eine Kreditgewährung enthält. Denn zu welchem Zwecke wird es gemacht? Doch eben um dem einzelnen Mitglied Mittel zu gewähren, seinen Kredit zu erhöhen, zu stärken. Er bekommt also das Geld, um es anderweit zu verwenden und später wieder zurückzuzahlen. Warum also hierin kein Kreditgeschäft zu finden wäre, ist nicht ersichtlich. Man wird zu einer anderen Anschauung lediglich kommen, wenn man das Geschäft nach der vorhin erwähnten einseitigen Richtung beurteilen will, ob es ganz sicher ist, und es deshalb herauslassen will. Tatsächlich ist bei jenen Genossenschaften dies das Motiv, aus dem sie so handeln. Daß dies Motiv falsch ist, ergibt sich ohne weiteres aus der Betrachtung, daß wir solche Geschäfte auch mit andern Mitteln ganz sicher stellen können, nicht allein durch Wertpapiere, sondern ebenso auch durch Bürgschaft und durch Hypotheken. Wenn man also davon ausgehen wollte, daß ein Geschäft deshalb kein Kreditgeschäft ist, weil es durch ein Wertpapier ganz sichergestellt ist, dann müßte man die Konsequenz auch für diese anderen Geschäfte ziehen. Daß das nicht sein darf, liegt auf der Hand, denn wo bliebe schließlich das Kreditgeschäft übrig? Im allgemeinen machen wir doch alle unsere Geschäfte in der Überzeugung, daß eine Sicherstellung erfolgt ist und daß das Geld einkommen wird. Wir können also hier nach der Sicherstellung den Unterschied nicht herleiten, sondern der muß gemacht werden aus dem Zwecke, aus der Natur des Geschäftes. Dieser Zweck geht aber dahin, daß Kredit gewährt wird. Deshalb fällt auch das Lombardgeschäft unter § 49 Pos. 2. Auch der bereits erörterte Zweck des § 49 Pos. 2 spricht hierfür, nämlich daß dem einzelnen nicht allzu viel gegeben wird, um dem andern auch etwas zu lassen. Das kann bei unbegrenztem Lombardgeschäft sehr leicht geschehen, und die anderen würden also leer ausgehen. Ich empfehle also dringend, wo noch irgendwelche Zweifel sind, sich die klar zu machen und von einem derartigen Geschäft abzusehen, das ganz zweifellos der Vorschrift des § 49 widerspricht.

Wesentlich zweifelhafter liegt die Sache aber bei dem Diskontkredit. Der Diskontkredit war es ja, der schon zu vielen Zweifeln Anlaß gegeben hat und der mehr oder weniger Debatten veranlaßt hat, die wir auf den Genossenschaftstagen und namentlich auch auf den Revisorenkonferenzen hatten. Behandelt wurde die Sache einmal auf dem Genossenschaftstage in Gotha. Dort wurde der Antrag gestellt:

Der Allgemeine Genossenschaftstag wolle beschließen:

Die Diskontierung von Geschäftswechseln ist ein dem Wechsel-Einreicher gewährter Kredit. Die Gesuche um Diskontierung von Wechseln unterliegen deshalb wie jedes andere Kreditgesuch den Vorschriften des Statuts über Kreditgewährung.

Die Diskontierung nicht akzeptierter Wechsel muß dringend widerraten werden, es sei denn, daß der Einreicher für den zu diskontierenden Betrag noch anderweitige ausreichende Sicherheiten bestellt.

Aus dem Bericht über den Genossenschaftstag in Gotha können Sie entnehmen, daß dieser Antrag damals ohne jede Debatte einstimmig angenommen wurde. Aber, meine Herren, nachher ging es los, und es knüpfte sich daran eine Preßpolemik, die in den allerheftigsten Formen geführt wurde, und dann auch zu einer eingehenden Aussprache hierüber führte. Damals wurde namentlich betont, daß das Geschäft anders aufzufassen sei; es sei ein Ankauf von Wechseln mit Gewährleistung für den Eingang. Meine Herren, als ein Kaufgeschäft kann man meines Ermessens ein Diskontgeschäft nicht beurteilen. Daß man die einzelnen Wechselgeschäfte verschieden betrachten muß, das hat sich ja auch schon aus der heutigen Erörterung über die Giroverbindlichkeiten ergeben. Da wurde insbesondere ein Unterschied gemacht zwischen Primadiskonten und zwischen den übrigen Wechseln, die wir weiter begeben. Es wird wesentlich darauf ankommen, zu welchem Zwecke eine Diskontierung erfolgt, zu welchem Zweck der betreffende Wechselverkehr gepflegt wird.

Den Verkehr mit Primadiskonten pflegen wir zu dem Zweck, um unsere Mittel sicher, nutzbringend anzulegen, und namentlich um in der Lage zu sein, jederzeit über das betreffende Geld zu verfügen. Die Anlage erfolgt nicht im Interesse dessen, dem wir den Wechsel abnehmen, sondern sie erfolgt im Interesse des Vereins, der den Wechsel kauft, um dadurch seine Verhältnisse sachgemäß zu ordnen. Anders aber liegt es bei dem Diskontgeschäft. Hier wird das Geld gegeben, um dem Einzelnen, der uns den Wechsel einreicht, Mittel zur Verfügung zu stellen, mit denen er weiter arbeiten kann. Hier wird das Geschäft gemacht im Interesse dessen, der den Wechsel einreicht. Dieser will die Mittel der Genossenschaft in Anspruch nehmen; er kommt nicht, um der Genossenschaft einen Dienst zu leisten, die Genossenschaft kommt nicht zu ihm, um ihr Geld anzulegen, sondern er kommt hin, um Geld zu holen und es für sich nutzbringend zu machen. Wenn Sie von diesem Gesichtspunkt ausgehen, werden Sie wohl auch im Sinne des Beschlusses von Gotha annehmen müssen, daß in der Diskontierung dieser Wechsel eine Kreditgewährung an den Einreicher des Wechsels liegt. Ich glaube, wenn Sie zurückgehen wollen auf den Begriff, den das Diskontgeschäft im allgemeinen Bankverkehr hat, wird das gar nicht in Frage kommen, denn ich glaube, kein Privatbankier wird je der Ansicht sein, daß der andere dadurch, daß er ihm den Wechsel einreicht, nicht von ihm Kredit bekommt. Ob er sich seinerseits dann Kredit geben läßt, ob er sich den Kredit sichern läßt, ob er ihn ungedeckt gibt, das ist für uns eine ganz andere Sache, die geht uns gar nichts an, das ist Sache des Bankiers, zu prüfen, wie weit er geht.

Wir haben nun noch andere Unterscheidungen, noch andere Momente, die in unserem Verkehr darauf hinweisen, daß der Wechseldiskont ebenfalls als Kreditgewährung angesehen wird. Zunächst weise ich darauf hin, daß doch wohl nur wenige Vereine auf die Idee verfallen sind, wenigstens sein sollten, daß sie etwa auch Nichtmitgliedern ihre Wechsel diskontieren könnten. Gewiß, es ist auch vorgekommen, aber sowohl in den Beratungen, die wir gepflogen haben, als auch namentlich seitens der Verbandsrevisoren ist das stets auf das entschiedenste gerügt worden. Ich glaube im großen und ganzen treffen wir doch derartige Vereine wenig mehr an; jedenfalls kann ich aus meinem Verband sagen, daß mir sehr selten Revisionsberichte vorkommen, in denen auf solche Ungehörigkeiten hingewiesen wird. Man pflegt den Geschäftszweig mit Nichtmitgliedern nicht, weil er eben als Kreditgewährung angesehen wird.

Wir haben aber auch Vereine, die sich lediglich darauf beschränken, Wechsel zu diskontieren. Nun, meine Herren, was hat denn eigentlich ein solcher Verein für eine Aufgabe, wenn wir das nicht als Kreditgewährung ansehen! Wir führen ja die Firma „Kreditgenossenschaft", und wenn das keine Kreditgewährung wäre, was ein solcher Verein mit seinen Mitgliedern macht, dann würde der Verein ja überhaupt gar keine Kreditgenossenschaft sein. Daß eine Genossenschaft, die sich den Titel Kreditgenossenschaft gibt, sich auf einen derartigen Geschäftsverkehr beschränkt, beweist eben, daß sie ihn als Kreditgewährung ansieht und angesehen haben will.

Wenn man nun das Diskontgeschäft als Kreditgeschäft behandelt und eine Grenze in Gemäßheit von § 49 Pos. 2 festsetzt, so kann man hierbei natürlich auf die besondere Art dieser Kreditgewährung entsprechende Rücksicht nehmen und die Grenze höher setzen, wie bei anderen Kreditgeschäften. Aber dringend möchte ich davor warnen, daß man etwa die Grenze für den Diskontkredit unverhältnismäßig höher setzt als für die anderen Kredite. Das würde dem Sinne des Gesetzes unter keinen Umständen entsprechen, ebenso auch den Traditionen nicht, die wir bisher beobachtet haben. Ich komme also zu der Ansicht, daß auch die Diskontierung der Geschäftswechsel als eine Kreditgewährung anzusehen und deshalb in die Kreditgrenze nach § 49, 2 einzurechnen ist.

Etwas anders selbstverständlich liegt es mit den Primadiskonten — ich habe das vorhin ausgeführt. Hier liegt keine Kreditgewährung vor. Es gibt aber noch eine andere Art des Kredits, die in neuerer Zeit bei manchen Genossenschaften auch schon eine recht erhebliche Rolle spielt, das ist der Kautionskredit. Auch hier wird wahrscheinlich in manchen Genossenschaften die Frage aufgeworfen werden: sollen wir denn wirklich auch den Kautionskredit hier einbeziehen? Das ist doch eigentlich gar kein Kredit, wir ermöglichen es dem Manne einfach, daß er eine Sicherstellung machen kann bei dieser oder jener Behörde usw.; wir wissen, daß uns dies Geschäft kaum in Anspruch nimmt und daß wir wohl ganz selten herangezogen werden sollen. Ist das in der Tat eine Kreditgewährung oder haben wir es hier mit einem neuen Geschäftszweig zu tun, den man bei Abfassung des § 49 eigentlich noch gar nicht gekannt und deshalb auch nicht hereingezogen hat? Auch hier stehe ich unbedingt auf dem Standpunkt, daß auch die Gewährung von Kautionskredit in dem Sinne wie wir ihn ja öfters erörtert haben — ich will auf die Definition nicht näher eingehen — in die Höchstgrenze einzubeziehen ist. Wir haben nun in dem Antrag, wie er heute vorliegt, noch einen weiteren Absatz, der lautet:

> Dagegen werden Bürgschaftsübernahmen von § 49 Nr. 2 nicht betroffen, sie sind jedoch bei der Beurteilung der Kreditfähigkeit des betreffenden Mitgliedes in Betracht zu ziehen.

Meine Herren, hier handelt es sich um eine Auslegung, die jedenfalls von den Vereinen außerordentlich willkommen geheißen wird, die aber auch durchaus nötig und richtig ist. Wir hatten vorgestern auf der Revisorenkonferenz einen Antrag, der ließ es zweifelhaft erscheinen, ob die Kreditnahme und Bürgschaft gleichmäßig behandelt, damals hieß es: gleichmäßig in die Belastungsliste eingetragen werden sollten. Wir haben uns dort schon dagegen erklärt, ohne auf die Sache näher einzugehen, zumal sie heute zur Debatte steht. Die Bürgschaftsleistung ist etwas anderes, als die Inanspruchnahme des Kredits. Das ergibt sich leicht auch aus dem Zweck des § 49, wie ich ihn vorhin erörtert habe, denn der Bürge nimmt die Genossenschaft nicht für sich in Anspruch, er beschränkt nicht ihre Mittel, und deshalb steht er schon von diesem Gesichtspunkt aus anders da als derjenige, der das Geld bekommt. Der Bürge ist auch nicht derjenige, der in erster Linie für die Zahlung zu sorgen hat, wenigstens nicht nach dem üblichen Gebrauch; selbstverständlich muß er dafür haften, aber die Rückgewähr fällt doch in erster Linie an den, der das Geld bekommen hat. Ich bin überzeugt, daß auch damals bei Erlaß des § 49 ohne weiteres angenommen wurde, daß die Bürgschaftsleistung hier nicht hineingehört, sonst würde das zweifellos deutlicher ausgedrückt sein. Wir können ohne weiteres sagen: Bürgschaftsleistung ist keine Kreditinanspruchnahme, die Heranholung eines Bürgen ist keine Kreditgewährung an diesen Bürgen. Selbstverständlich müssen wir uns hier auch dagegen verwahren, daß etwa Schiebungen vorgenommen werden, daß der, welcher seine etwa als Höchstgrenze festgesetzten 100 000 Mk. hat und noch weiteren Kredit haben will, einfach einen andern bringt und für den die Bürgschaft unterschreibt. Das kann vorkommen, und es kann auch möglich sein, daß wir bei dem Empfang des Kreditantrages auf die Geschichte nicht sofort aufmerksam werden. Ja, ein Mißbrauch ist wohl mit allen Einrichtungen möglich; ganz läßt sich dem auch hier nicht vorbeugen. Aber in sehr vielen Fällen wird die Sache doch so durchsichtig sein, daß wir das merken, und dann ist es eine Verpflichtung des Vorstandes und Aufsichtsrats, sich auch nicht hinter den Wortlaut zu verschanzen, sondern den Antrag abzulehnen. Wir haben im Laufe der letzten Jahre — das wurde auch vorhin schon vom Herrn Anwalt betont — manchmal Gelegenheit gehabt, unsere Vorschußvereine, unsere Kreditvereine darauf hinzuweisen, daß es ihre Aufgabe ist, sich zu Volksbanken auszuwachsen und alle die Geschäftszweige heranzuziehen, die hierzu erforderlich sind. Gewiß meine Herren, wir haben keine Mühe versäumt, und wir können auch sagen, der Erfolg ist ein voller gewesen. Aber gerade der schöne Erfolg, den wir hiermit erzielt haben, macht es uns andererseits auch zur dringenden Verpflichtung, darauf hinzuweisen, daß bei derartigen Geschäften alle diejenigen Grenzen eingehalten werden, welche die Erfahrung und namentlich auch das Gesetz zieht. In dieser Beziehung ist wohl bei manchen Vereinen nötig, etwas zu bremsen, und an diesem Bremsen wollen wir es nicht fehlen lassen, denn was die Folge ist, wenn hier ein Übermaß geschieht, das ist in diesen Tagen so ausgiebig erörtert worden, daß ich es hier nicht zu wiederholen brauche. Der Zweck des vorliegenden Antrages ist der, hier Vorsicht zu predigen, und darauf hinzuwirken, daß die nötigen Vorsichtsmaßregeln streng beobachtet werden.

Vielleicht kann hier noch die Frage aufgeworfen werden gerade bei den Diskontverpflichtungen: wie ist es mit der Verteilung auf die einzelnen, die auf dem Wechsel stehen? wer bekommt den Kredit, wem ist die Sache zur Last zu legen? Ich meinerseits habe mir darüber eine Ansicht gebildet, ich werde sie Ihnen aber nicht mitteilen, und zwar aus dem Grunde, weil wir uns heute streng beschränken wollen auf die Frage, wie sie hier gestellt ist und nicht die Folgerungen ziehen wollen, die nachher einzutreten haben, wenn der Antrag angenommen wird. Wir halten uns zu einer derartigen Beschränkung heute darum verpflichtet, weil gerade diese letzte Sache die Diskussionen ins Ungemessene ausdehnen und den Standpunkt verdunkeln kann, den wir in der ersten Sache einzunehmen haben. Machen Sie sich heute also, meine Herren, schlüssig, ob Sie den Antrag in dem Sinne, wie ich ihn eben befürwortet habe, annehmen wollen. Geschieht das, dann wird ein weiterer Genossenschaftstag nachher auch die Entscheidung bringen, wie die Verteilung auf die einzelnen erfolgt, die auf dem Wechsel stehen.

(Bravo!)

Verbandsdirektor **Kurz** (Stettin): Ich möchte eine Frage, die in dem Gehörten nicht Beantwortung gefunden hat, an den Herrn Referenten richten. Zunächst ist es nach meinem Gefühl selbstverständlich, daß die Kreditgewährung so aufzufassen ist, wie sie vom Herrn Referenten vorgetragen ist. Aber ich glaube volksbankmäßig entwickelte Genossenschaften können mit einem ein für allemal festgesetzten Höchstkredit unmöglich arbeiten. Diese Frage ist hier nicht erörtert worden. Wir machen das bei uns so, daß wir durch die Generalversammlung beschließen lassen, einmal die Höchstgrenze für Hereinnahme von diskontierten Wechseln, eine zweite Höchstgrenze für Kreditgewährung gegen Hinterlegung guter Effekten oder Hypotheken, und wir haben sogar beschlossen, daß gegen gute Bürgschaft Extrakredite gewährt werden können. Wir können bei uns, wenigstens nach meiner Überzeugung, anders nicht arbeiten, als daß wir eine Teilung der Höchstgrenze für die verschiedenen Geschäftszweige vornehmen. In dieser Grenze halten wir uns dann selbstverständlich. Wir greifen auch nicht willkürlich eine hohe Summe, sondern wir sagen, wir haben die Pflicht, auch bei besten Effekten und bei guten Hypotheken doch zu überlegen, daß wir dem einen nicht einen zu hohen Kredit geben, damit das Geld anderweitig nicht knapp wird. Aber ich möchte die Frage beantwortet wissen, ob nach der Überzeugung des Herrn Referenten eine derartige Teilung der Höchstkreditgrenze zulässig sein soll auch für die Zukunft.

Vorstandsmitglied **Stenger** (Traunstein): Meine Herren, nach meiner Ansicht sind die Anforderungen des Herrn Vorredners etwas zu weitgehend, es würden jedenfalls in der Praxis Verschiebungen innerhalb der, der Höchstkreditgrenze zugrundeliegenden Normierungen sich als recht notwendig erweisen. Meine Meinung geht dahin, daß Kredite gegen Hinterlegung von Wertpapieren nicht unter allen Umständen unter die Bestimmungen des § 49 Abs. 2 des Genossenschaftsgesetzes fallen, während es für mich zweifellos feststeht, daß Kredite gegen Bürgschaft, gegen Sicherungshypothek, wie auch Diskontkredit und Avalkredit unter die Bestimmungen des genannten Paragraphen fallen. Es gibt eben Genossenschaften, die fast ständig so liquid sind, daß es ihnen nur angenehm sein kann, wenn sie Gelegenheit haben, ihre zeitweilig verfügbaren Gelder gegen Hinterlegung von Wertpapieren zu einem Zinsfuß anzubringen, der doch in den meisten Fällen — oder in allen Fällen, darf ich sagen — höher ist, als der Privatdiskontsatz. Ich möchte daher den Vorschlag machen, den vorliegenden Antrag in Absatz 1 noch in dem Sinne zu erweitern, daß solchen Genossenschaften Ausnahmen von der Regel gestattet seien, deren Liquidität die Beleihung von reichsbankfähigen und börsengängigen Wertpapieren zuläßt. Wenn ich einem solchen Nachtrag das Wort rede, so geschieht es lediglich aus dem Grunde, weil ich für meine Person den Standpunkt vertrete, daß es gewissermaßen Ehrenpflicht der Genossenschaften ist, sich an die Beschlüsse der Verbandstage zu halten. Lassen Sie aber keine Ausnahmen zu, dann verfallen die Genossenschaften in den Fehler, daß sie entweder dieses Prinzip verlassen, oder, was noch schlimmer ist, von der Generalversammlung die Höchstgrenze des einem einzelnen Mitgliede einzuräumenden Kredits in einer Höhe bestimmen zu lassen, die nach banktechnischen und genossenschaftlichen Grundsätzen in keinem Verhältnis zu der Zahl der kreditbedürftigen Mitglieder und ebenso in keinem Verhältnis zu den Mitteln der Genossenschaft steht. Ich habe bereits gesagt, daß ein Nachtrag in dem Sinne angezeigt wäre, daß jenen

Genossenschaften, deren Liquidität es zuläßt, Ausnahmen von der Regel gestattet sind, und möchte bitten, diesen meinen Vorschlag der Diskussion zu unterstellen.

Berichterstatter Verbandsdirektor Justizrat **Dr. Alberti** (Wiesbaden): Eine kurze Bemerkung. Ich möchte den Herrn Vorredner bitten, seinen Antrag zu formulieren. Ich bin begierig, was dabei herauskommt. Dann können wir ja nachher darüber sprechen.

(Heiterkeit.)

Vorstandsmitglied **Parisius** (Kreuznach): Ich bin genau derselben Ansicht, wie der Herr Vorredner. Nehmen Sie den Fall an, daß ein Mitglied, das den von der Generalversammlung festgesetzten Höchstkredit voll in Anspruch nimmt, zu uns kommt und sagt, hier sind 20000 Mk. Preußische Konsols, gebt mir darauf ein Lombarddarlehen von 10 000 Mk. und wir würden sagen, wir bedauern, wir können Dir das Geld nicht geben, so ist es sicherlich arg darüber verstimmt und geht einfach zur Konkurrenz und die Gefahr ist groß, daß es auch seine andern Geschäfte künftig mit der Konkurrenz macht. Wir haben deshalb auch in unserm Statut die Bestimmung, daß der Vorstand für Lombarddarlehen nicht die Genehmigung des Aufsichtsrats einzuholen braucht, weil wir die Lombarddarlehen nicht als Kredit betrachten. Ich möchte auch bitten, daß ein Zusatz zu dem Absatz 1 des Antrages gemacht wird, in dem gesagt wird, daß mäßige Beleihung erstklassiger Wertpapiere nicht als Kredit im Sinne des § 49, 2 des Genossenschaftsgesetzes aufzufassen ist.

Anwalt **Dr. Crüger** (Charlottenburg): Meine Herren, ich verkenne ja durchaus nicht die Schwierigkeiten, die sich aus einer strikten Durchführung dieser Bestimmung ergeben. Ich stimme insbesondere auch den Herren Stenger aus Traunstein und Parisius aus Kreuznach bei. Die Herren haben ganz recht. Wenn ich mir z. B. die Traunsteiner und Kreuznacher Volksbank vorstelle, aber erwäge, daß, da die Maximalkreditgrenze — ich weiß nicht wie hoch — auf 100 000 oder 150 000 Mk. festgesetzt ist, daß dann jemand, der vielleicht noch 20 000 Mk. braucht und erstklassige Papiere dafür hinterlegt — nach Hause geschickt werden muß, weil die Genossenschaft die 20 000 Mk. nicht mehr geben darf, — so kann hierin eine ernste Schädigung der Genossenschaft liegen. Und dennoch, meine Herren, können Sie, glaube ich, nicht gut in den Antrag eine Bestimmung hineinbringen: Ausnahmen sollen zugelassen werden.

(Heiterkeit.)

Denn da fürchte ich, werden sich auf diese Ausnahmen nicht bloß Traunstein und Kreuznach berufen, bei denen ich keineswegs Furcht habe, daß daraus sich irgendwelche Mißstände ergeben werden, sondern es werden sich darauf gerade alle jene Genossenschaften berufen, die es heute schon mit der Befolgung der Statuten und der Generalversammlungsbeschlüsse etwas leicht zu nehmen belieben. Ich glaube, daß in derartigen Fällen, die gerade Herr Stenger im Auge hat, man ja auch mit jener Bestimmung des Genossenschaftsgesetzes auskommt, die sich bezieht auf die Anlage müssiger Bestände. Wir haben es bei der Festsetzung der Maximalkreditgrenze nur zu tun mit der Kreditgrenze, die beim regelmäßigen Kreditgeschäft gilt. Die beiden Herren Vorredner haben gar nicht das regelmäßige Kreditgeschäft im Auge, das sind Gelegenheitsgeschäfte, die sich den Genossenschaften bieten. Würde die Genossenschaft allerdings sich erst bei der Bank das Geld holen müssen, um den Kredit zu befriedigen, dann würde die Sache anders liegen — dann hat man den unzulässigen Kredit überschritten. Den Genossenschaften sind ja durch das Genossenschaftsgesetz in ihrer Bewegungsfreiheit gewisse Schranken gezogen. Kreditgenossenschaften sollen nicht eine so freie Bewegung haben wie Kapitalbanken. Und das mit gutem Recht. Hieraus resultiert jene Bestimmung des § 49, welche unter allen Umständen beobachtet werden muß. Herr Stenger versucht jetzt einen Abänderungsantrag zustande zu bringen. Ich glaube, er wird auch nichts an diesem Antrag ändern können, sondern man wird sich schließlich nur sagen: für derartige Fälle, wie sie angeführt sind, können wir keine Beschlüsse der Allgemeinen Genossenschaftstage fassen. Im übrigen ist es mir durchaus recht, daß die Herren hier ihre Bedenken geltend gemacht haben. Der Herr Vorsitzende fürchtete schon, dieser Antrag könnte ohne jeden Widerspruch durchgehen. Das wäre sehr gefährlich gewesen, denn wenn man dann hernach auf den Unterverbandstagen mit dem Beschluß hervorgetreten wäre, würde man wahrscheinlich als Entgegnung bekommen haben: auf den Allgemeinen Genossenschaftstagen riskiert es nur keiner, mit den Bedenken hervorzutreten. Ich freue mich, daß dieselben geltend gemacht sind.

Meine Herren, auf die Gefahr muß allerdings aufmerksam gemacht werden, die schon hervorgehoben wurde, auf die Übereinschätzung des Einzelkredits. Wenn tatsächlich die Genossenschaft, die Verwaltung, um nicht etwa sich der Gefahr auszusetzen, gegen Beschlüsse der Generalversammlung zu handeln, nun ins Blaue hinein den Einzelkredit festsetzt, da bin ich allerdings der Ansicht, daß ein derartiger, ich möchte sagen leichtfertiger Vorschlag, der der Generalversammlung für die Kreditfestsetzung unterbreitet wird, auch zur Folge haben würde, daß die Verwaltung sich daraus regreßpflichtig macht, und daß es in einem solchen Falle ähnlich liegen würde, als wenn überhaupt gar keine Kreditfestsetzung vorgenommen ist. Aber allerdings ist bis zu einer gewissen Grenze dabei der Vorstand gedeckt. Auch ich kann natürlich nicht dringend genug davor warnen, die Kreditfestsetzung in willkürlicher Weise vorzunehmen. Ich glaube jedoch, daß, wenn selbst solche Fälle berücksichtigt werden, wie sie von den beiden Herren Vorrednern vorgetragen sind, daß man dann auch noch nicht zu einer willkürlichen Kreditfestsetzung zu greifen gezwungen ist. Denn Sie kennen doch Ihre Mitglieder, Sie wissen, ob der eine oder andere gelegentlich auch mal höhere Kredite in Anspruch nehme, und derartige höhere Kredite können dann selbstverständlich bei der Kreditfestsetzung sofort ins Auge gefaßt werden. Man muß dann selbstverständlich zu der Verwaltung der Genossenschaft das Zutrauen haben, daß sie diese Maximalkreditgrenze nicht für alle Mitglieder anwenden wird. Also solche Fälle, wie die vorgetragenen, brauchen noch nicht ohne weiteres Ausnahmebestimmungen zu rechtfertigen. Doch der Antrag scheint ja vorzuliegen; ich behalte mir meine Stellungnahme vor.

Vorsitzender Verbandsdirektor Justizrat **Wolski** (Allenstein): Der Antrag Stenger lautet: Hinter „Sicherstellung" einzufügen:

> „wobei jedoch gestattet ist, Kredite gegen Hinterlegung börsengängiger und reichsbankfähiger Wertpapiere nur insoweit in Berechnung zu ziehen, als hierdurch die Liquidität der Mittel der Genossenschaft beeinträchtigt wird."

Berichterstatter Verbandsdirektor Justizrat **Dr. Alberti** (Wiesbaden): Ich komme zunächst zur Anfrage des Herrn Kurz. Er fragte, ob es richtig ist, daß man die Grenze für verschiedene Arten von Krediten verschieden bemißt. Ich kann sagen, ich halte das nicht nur für zulässig, sondern sogar für dringend erwünscht. Es ist das beste Mittel, um allen Schwierigkeiten zu begegnen, die vorhin zur Sprache gekommen sind. Wenn Sie die Kreditgewährung gegen Wertpapiere entsprechend höher setzen wie die gegen andere Sicherstellungen, so ist meines Ermessens dem in weitgehendem Maße Rechnung getragen, und es können auf diese Art die einzelnen Geschäfte, mit den sich die Genossenschaft befaßt, sehr wohl besonders berücksichtigt und Schwierigkeiten mit den Mitgliedern beseitigt werden. Daß diese Schwierigkeiten vorhanden sind, habe ich Ihnen gleich zu Anfang angedeutet. Aber ich kann mich trotzdem nicht mit dem einverstanden erklären, was Herr Stenger hier ausgeführt hat. Der Herr Anwalt bemerkte schon, daß Ausnahmestellungen ja nicht zulässig sind, denn sonst würde die Ausnahme zur Regel und das ganze reine Willkürwirtschaft werden. Eine solche Ausnahme soll aber hier gemacht werden nach dem Antrage, den Herr Stenger eingereicht hat. Danach sollen Beleihungen auf Wertpapiere zulässig sein, wenn hierdurch die Liquidität der Mittel der Genossenschaft nicht beeinträchtigt wird. Ja, wer soll denn das prüfen? Doch immer wieder der Vorstand, der die Genehmigung gibt. Eine statutenmäßige Verpflichtung, auf die hin man den Vorstand zur Rechenschaft ziehen könnte, haben wir dann gar nicht. Nein, ich glaube, wir werden doch nicht umhin können, hier festzulegen, daß im Lombard-Geschäft unter allen Umständen eine Kreditgewährung liegt, auch dann, wenn zufällig mehr Mittel vorhanden sind, als gerade in Anspruch genommen werden. Das ist auch eine zweifelhafte Frage: wer soll beurteilen, ob gerade damals überflüssige Mittel zur Verfügung standen, so daß infolgedessen der Vorstand berechtigt war, über die Grenze hinauszugehen. Ich möchte Ihnen eine Konsequenz vorführen. Würden Sie den Kreditgenossenschaften in Preußen raten, mit Nichtmitgliedern Lombardgeschäfte zu machen, wenn sie mal besonders viel Geld haben — würden Sie nicht befürchten, daß nachher die Steuerbehörde kommt und Sie ganz mächtig ans Ohr nimmt? Wenn ich bei einer meiner Genossenschaften etwas derartiges hören würde, würde ich sie ganz dringend warnen. Sie setzt sich ganz zweifellos der Gefahr aus, daß sie zur Steuer herangezogen wird. Was aber dort als Kreditgewährung angesehen wird, müssen Sie meines Ermessens auch hier als solche behandeln.

Herr Parisius führte die Furcht vor der Konkurrenz ins Feld. Wir haben aber doch heute schon gehört, daß wir uns vor der Konkurrenz nicht fürchten und uns dadurch nicht bestimmen lassen sollen, etwas zu machen, was wir an sich nicht für richtig halten. Ich habe übrigens auch in meiner Praxis nicht gefunden, daß diese Furcht so groß zu sein braucht. Wir haben in Wiesbaden auch derartig verschiedene Beleihungen für Wertpapiere und andere Sicherstellungen; die Beleihung auf Wertpapiere geht bis 150 000 Mk. Soweit können wir gehen. Es kommt nur ganz selten einmal ein Antrag vor, bei dem über diese Summe hinaus Kreditanspruch erhoben wird. Es sind wie gesagt ganz seltene Ausnahmefälle, und noch weniger ist mir bekannt, daß, wenn selbst ein darüber hinausgehender Anspruch abgelehnt worden wäre, das Mitglied sich nun irgend wie gekränkt gefühlt hätte. Also lassen Sie sich durch die Furcht vor der Konkurrenz nicht beeinflussen. Nehmen Sie aber bei Normierung der Höchstgrenze Rücksicht auf die Besonderheit des Lombardkredits.

Verbandsdirektor **Kurz** (Stettin): Ich möchte im Anschluß an die Erklärung des Herrn Referenten, wonach er zu dem Modus, den wir in unserer Genossenschaft anwenden, sich zustimmend ausgesprochen hat, mir gestatten, einen kleinen Zusatzantrag zu dem ersten Passus zu stellen, der lautet:

„Doch ist es zulässig, für die verschiedenen Geschäftszweige verschiedene Höchstkreditgrenzen festzusetzen."

Das würde nur eine Erläuterung sein.

Bankvorsteher **Andresen** (Uetersen): Ich möchte bitten, daß wir einen entsprechenden Zusatz zu dem vorliegenden Antrage machen; denn es ist ein Unding, wenn wir eine Schätzung vornehmen und sagen: dieses Mitglied soll meinetwegen nur bis 10 000 Mk. Kredit haben, weil diese Schätzung seinem Vermögen — 10% von 100 000 Mk. — entspricht. Hat ein solcher Mann zufällig eine Bürgschaft für diese Summe von 10 000 Mk. geleistet, und will 20—50 000 Mk. Preußische Konsols hinterlegen (also lombardieren) und sagt: ich für meinen eigenen Betrieb will Geld haben, — da sollen wir nun sagen nein, du bist mit 10 000 Mk. Bürgschaft engagiert, du kannst nichts mehr bekommen. Das geht doch nicht. In jedem kleinen Orte ist die Konkurrenz so, daß jeder kleine Bankier alle zehn Finger danach ausstreckt, wenn er ein Geschäft gegen Hinterlegung von Papieren machen kann, die bei der Reichsbank zu lombardieren sind. Ich möchte auch bitten, daß eine Höchstkreditgrenze festgesetzt wird mit dem Zusatz: der Verein hat die Berechtigung, sofern seine Mittel es erlauben, gegen Lombard eine höhere Grenze einzuräumen als die fixierte Summe.

Verbandsrevisor **Flach** (München): Ich glaube, ein Ausweg läßt sich finden, daß für jede einzelne Kreditgattung die Höchstgrenze in der Weise festgesetzt wird, daß Sie Beschluß darüber fassen lassen, wie hoch der Kontokorrentkredit, bezw. Darlehns- oder Vorschußkredit sich belaufen soll; dann könnte eine eigene Grenze für Lombard, für Bürgschaft bis zur Gesamtsumme eventuell als Höchstkreditgrenze angenommen werden.

Verbandsdirektor **Zademach** (Guben): Meine Herren, ich glaube, der Herr aus Schleswig-Holstein hat zweierlei miteinander verwechselt; er hat nicht unterschieden die Bewilligung von Kredit an die einzelnen Mitglieder, die dem Vorstande obliegt, und die der Generalversammlung zustehende Festsetzung einer Höchstkreditgrenze, um die es sich hier handelt und über die hinaus Kredit überhaupt nicht eingeräumt werden soll, d. h. innerhalb welcher sich die Bewilligungen des Vorstandes zu bewegen haben. Wie Herr Dr. Alberti richtig ausgeführt hat, ist der Zweck der Nr. 2 des § 49 der: es darf einem einzelnen Mitgliede nicht mehr als so und soviel Kredit überhaupt gewährt werden, damit nicht die Möglichkeit genommen ist, allen gleichzeitigen Ansprüchen auf Kredit entsprechen zu können. Das ist ein Unterschied.

Wenn der Herr aus Schleswig-Holstein meinte, wir haben verschiedene Verhältnisse, wir müssen gewisse Fragen daher auch verschieden behandeln, so ist das richtig; aber wenn das Statut bestimmt, die Generalversammlung hat zu beschließen, bis zu welcher Höchstgrenze Kredit überhaupt an einzelne gewährt werden kann, so ist das etwas anderes als das, was der Herr im Auge zu haben scheint. Man sorge nur für eine nicht zu enge Grenze. Eine Zerlegung der Höchstgrenze in verschiedene Sorten von Kreditgeschäften halte ich für unnötig erschwerend, ja unter Umständen sogar für falsch. Es ist Sache des Vorstandes, nach den obwaltenden Verhältnissen von Fall zu Fall innerhalb der gezogenen einen Gesamtgrenze zu sagen: wir bewilligen Dir auf dein Lombard so und soviel, auf die von Dir offerierte Bürgschaft usw. so und soviel, je nachdem bezügliche Anträge vorliegen. Das muß dem Vorstande allein überlassen werden.

(Sehr richtig!)

Anwalt **Dr. Crüger** (Charlottenburg): Meine Herren, es scheint mir, als wenn verschiedene Genossenschafter der Meinung sind, daß diese Beschlußfassung, die für die Generalversammlung in Vorschlag gebracht werden soll, irgendwie mit dem Statut in Zusammenhang steht. Das ist nicht der Fall; wir haben es mit dem einfachen Generalversammlungsbeschluß zu tun. Es kann sich für die Genossenschaft nur darum handeln, daß wenn sie sich überzeugt hat, daß die Kreditgrenze nicht ausreicht, sie einen neuen Generalversammlungsbeschluß faßt und so vorgeht, wie es Herr Verbandsdirektor Kurz vorgeschlagen hat. Wenn dieser Zusatz angenommen wird, glaube ich, daß die Bedenken, die verschiedene Herren geltend gemacht haben, hinfällig werden. (Sehr richtig!)

Ich habe auf die Gefahren willkürlicher Festsetzung der Kreditgrenze hingewiesen. Beschränkt sich diese willkürliche Festsetzung auf diejenigen Fälle, in denen der Kredit durch börsengängige Papiere gesichert wird, so liegt eine große Gefahr natürlich nicht vor. Ich glaube auch nicht, daß allzuhäufig der Versucher an die Genossenschaft herantreten wird, derartige Fälle werden immer nur die Ausnahme bilden. Ich meine daher annehmen zu dürfen, daß mit dem Zusatz des Herrn Verbandsdirektors Kurz wir wirklich zu einer allgemein befriedigenden Lösung kommen. Ich würde es für recht bedenklich halten, daß, wenn wir heute den Antrag zur Verabschiedung bringen, der Allgemeine Genossenschaftstag sich nicht ganz klar ist über die Tragweite. Daher wollen wir eine Deklaration herbeiführen, und diese bietet das Amendement Kurz. Ich meine, daß mit der Annahme dieses Amendements an der Tendenz des Antrages n chts geändert wird, die feststellen will, daß der von der Generalversammlung zu fassende Beschluß sich auf alle Kredite bezieht, sie mögen gesichert iein oder nicht. Wir haben nur noch die Befürchtung, daß die Genossensoiaften nun, weil sie mehr Bewegungsfreiheit haben wollen, willkürliche Grrnzen ziehen werden; diese beschränken wir aber dadurch, daß wir sagen, daß es sich nur um Lombardkredite handeln kann. Ich möchte mich meinerseits für die Annahme des Amendements Kurz erklären und Sie bitten, sich dem anzuschließen.

Verbandsdirektor **Zabemach** (Guben): Ich möchte an der Hand eines Beispiels meine Bedenken darzulegen suchen. Wird die Gesamtsumme eines zu gewährenden Kredits auf 100 000 Mk. festgesetzt, und will man diese Höhe dadurch einschränken, daß man die Gesamtsumme zergliedert derart, daß nur 25 000 Mk. auf Lombard, 50 000 Mk. auf Bürgschaft und 25 000 Mk. auf anderweitige Sicherheit gegeben werden, so ist doch leicht der Fall denkbar, daß jemand, der Kredit gegen Sicherstellung durch Bürgschaft gar nicht wünscht, wohl aber 50 000 Mk. Kredit auf Lombard benötigt. Haben Sie nun die Höchstgrenze für Lombardkredit auf 25 000 Mk. festgesetzt, so würden Sie nun erst recht in die unangenehme Lage kommen, dem Betreffenden sagen zu müssen: wir dürfen Dir auf Dein für das Doppelte ausreichende Lombardpfand nicht mehr als 25 000 Mk. Kredit gewähren, denn die Generalversammlung hat diese Teilgrenze festgesetzt. Unterziehe Dich daher der Dir möglicherweise unangenehmen Suche nach einem guten Bürgen. Der Mann verzichtet sicher lieber auf jedes Geschäft mit dem Verein. Daher, meine ich, hat die Generalversammlung die Gesamthöhe des Kredits im großen ganzen unbekümmert um Sicherstellungsarten festzusetzen. Welche Art von Sicherstellung man wählt und in welcher Höhe dem Wunsche des Genossen gegen solche innerhalb der gezogenen Gesamtgrenze entsprochen werden kann, zu erwägen und festzusetzen, muß dem Vorstande überlassen bleiben.

(Bravo.)

Direktor **Thorwart** (Frankfurt a. M.): Ich habe das Amendement Kurz anders verstanden, nämlich dahin, daß Herr Kurz sagen wollte, die verschiedenen bestimmten Kredite sollten nebeneinander bestehen, nicht zusammengefaßt werden; dann würde das, was Herr Zabemach gesagt hat, wegfallen. Es ist ein großer Unterschied, ob Sie zwei Kredite nebeneinander oder einen Gesamtkredit bewilligen wollen. Wir müssen einen Gesamtkredit bewilligen und es in die Hand des Vorstandes legen, wie dieser Gesamtkredit verteilt werden soll. Sowie Sie anders verfahren, habe ich die Befürchtung, daß Willkürlichkeiten entstehen.

Verbandsdirektor **Plonz** (Berlin): Ich hatte von vornherein die erheblichsten Bedenken gegen den Vorschlag des Herrn Zabemach und wundere mich nur, daß Herr Direktor Thorwart diesen Vorschlag noch unterstützt. Es wird nach meinem Dafürhalten dabei vollständig übersehen, daß diese Bestimmung im § 49 zum Schutz der Genossenschaft gegeben ist; der Vorstand bekommt dadurch gewissermaßen eine Vollmacht. Es unterliegt keinem Zweifel, daß, wenn im Sinne des Antrages Kurz eine Zergliederung der Höchstgrenze stattfindet, die Genossenschaft mehr geschützt ist, als wenn nach dem Vorschlage der Herren Zabemach und Thorwart nur einfach eine Höchstgrenze gegeben wird. Nehmen wir an, die Genossenschaft will den Wechselkredit bis 60 000 Mk., den Lombardkredit bis 100 000 Mk., Baugeldkredit bei Sicherstellung mit erststelligen Hypotheken bis zur Höchstgrenze von 250 000 Mk. festsetzen, dann haben Vorstand und Aufsichtsrat nicht das Recht, im einzelnen Falle den Wechselkredit bis auf 250 000 Mk. zu erhöhen, sondern sie dürfen nur nach Maßgabe der stattgehabten Zergliederung verfahren. Wenn der Vorstand die Mindestgrenze überschreitet, muß er nachweisen, daß eine entsprechende Sicherheit gegeben ist. In unserem Berliner Verbande haben wir eine Anzahl von Kreditgenossenschaften, die in dieser Weise die Kreditgrenze zergliedern; auch in meiner Genossenschaft stehen wir vor der Frage, wie wir die Sache für die Zukunft regeln sollen, und da werden wir in dem von mir gekennzeichneten Sinne verfahren.

Nur noch eine Bemerkung gegen [Herrn Stenger. Ich habe auch das Bedenken gehabt, daß das Überschreiten einer gewissen Höchstgrenze zu verwerfen ist, weil dadurch ein verhältnismäßig zu großer Teil der der Genossenschaft zur Verfügung stehenden Mittel nur zugunsten weniger Genossenschafter verwendet werden kann. Das hat auch der Herr Referent erwähnt. Die hier schon mehrfach erwähnte Leipziger Bank bietet nach der Richtung ein abschreckendes Beispiel. Es ist bekannt, daß die Leipziger Bank mehr als die Hälfte der Betriebsmittel bei der Casseler Trebertrocknungs-Aktiengesellschaft angelegt hatte. Sie werden nun sagen: das kann bei einer Genossenschaft nicht vorkommen, aber ich kenne eine Genossenschaft, die dem Allgemeinen Verbande früher angehört hat und die mehr als mit der Hälfte der Betriebsmittel bei einem Mitgliede und noch dazu einem Vorstandsmitgliede engagiert war. Solche Fälle will der Gesetzgeber vermieden haben.

Nun sagt Herr Stenger, dem kann vorgebeugt werden, weil ich Wert darauf lege, daß die Liquidität der Genossenschaft nicht beeinträchtigt werde. Herr Stenger hat den Fall im Auge, daß Effekten hinterlegt werden, die die Reichsbank als lombardfähig erachtet. Mir ist gestern auch von dem Vertreter einer Großbank auf meine Bedenken erwidert worden, daß man dadurch die Liquidität nicht beschränkt, weil man ja jederzeit in der Lage ist, diese Effekten weiter zu geben und sich dadurch die entsprechenden Mittel zu beschaffen. Das hat ungeheuer viel für sich, und ich glaube, daß mit Rücksicht darauf die Anregung des Herrn Stenger nicht ganz unberechtigt ist. Trotz alledem erkläre ich mich dagegen und möchte Sie bitten, dem Antrage des Herrn Referenten zu entsprechen. Die Vorstände in den einzelnen Genossenschaften werden, wenn dieser Antrag so angenommen wird, doch in speziellen Fällen — wie solche von den Herren aus Kreuznach und Traunstein angedeutet sind — über diese Grenze hinweggehen, namentlich wenn es sich um so kleine Summen handelt, wie die von Herrn Parisius genannte; aber das Verantwortlichkeitsgefühl des Vorstandes wird ein größeres sein; es wird nur ganz ausnahmsweise die Höchstgrenze überschritten werden. Also nochmals, nehmen Sie bitte den Antrag mit dem Amendement des Herrn Kurz an.

(Bravo!)

Vorsitzender des Aufsichtsrates **Meller** (Frankfurt a. M.-Bockenheim) [zur Geschäftsordnung]: Die Frage ist m. E. heute noch nicht spruchreif und ich würde empfehlen, solche im kommenden Jahre auf den Unterverbandstagen zur Verhandlung zu stellen. Ich beantrage deshalb: die Beschlußfassung über den Antrag des Herrn Anwalts zu vertagen. — Wenn Bürgschaftsübernahmen von § 49 Abs. 2 des Genossenschaftsgesetzes nicht betroffen werden sollen, jedoch Kreditgewährungen jeder Art ohne Rücksicht auf die Art der Sicherstellung, so sollten diese Fragen nochmals eingehend erwogen werden. Nehmen Sie, meine Herren, den Fall praktisch. Ein Genosse hat den Höchstkredit in Anspruch genommen, er übernimmt die Bürgschaft für einen anderen Genossen und der Vorschußwechsel kann nach dem Antrage ruhig ins Portefeuille gelegt werden. Derselbe Genosse, welcher seinen Höchstkredit in Anspruch nahm, hat für einen Dritten eine Arbeit ausgeführt oder Waren geliefert. Dieser Dritte ist Prima und gilt dem Genossen als Gegenleistung, sagen wir einmal, ein von ihm ausgestelltes Akzept der Dresdner Bank. Dieses Akzept muß nach dem Antrage, wenn es der Genosse an die Genossenschaft girieren will, zurückgewiesen werden, obgleich es der Genossenschaft eine weit größere Sicherheit bieten würde, wie der ins Portefeuille genommene Vorschußwechsel. — Ein anderer Fall. Der Genosse hat den Höchstkredit in Anspruch genommen. Er gebraucht vorübergehend einige Tausend Mark, ersucht um Erhöhung seines Kredits und bietet der Genossenschaft als Depot Konsols an, welche den doppelten Wert der Erhöhung repräsentieren. Nach dem vorliegenden Antrage des Herrn Anwalts muß das Gesuch abgewiesen werden, auch wenn die Genossenschaft noch so viel überflüssiges Geld hat. — Unsere Genossenschafter sind Kaufleute im Sinne des Gesetzes, sie sollen aber auch Kaufleute in ihren Handlungen sein, aber welcher Bankier würde so widersinnig handeln, wenn er die verfügbaren Mittel hat, die Beleihung der Konsols mit 50% abzulehnen, selbst wenn er sich vorher vorgenommen hätte, seinem Schuldner keine höheren Kredite zu bewilligen. — Mein Freund Neußer war früher in unserem Verband Revisor und war der gleichen Ansicht, wie der heute vorliegende Antrag kundgibt. Ich war auch damals anderer Meinung und wir konnten uns nicht einigen. Herr Neußer wurde später Direktor des Vorschußvereins in Höchst. Bei Gelegenheit eines Vereinstages saßen wir abends mit mehreren anderen Genossen beim Glase Wein und es kam die Sprache auch auf den Höchstkredit. Da die Meinungen sehr auseinandergingen, richtete ich an Herrn Neußer die Frage, was er denn jetzt als Direktor tun würde, wenn ein Genosse nach Inanspruchnahme des Höchstkredits, 10 000 Mk. Konsols deponiere und 5000 Mk. darauf geliehen habe wolle. Da antwortete Herr Neußer: „Ei selbstverständlich würden wir dem Mitgliede die 5000 Mk. bewilligen.“

(Heiterkeit.)

Sie sehen, meine Herren, dort Theorie, hier Praxis! Ich bitte Sie deshalb, meinem Antrage zuzustimmen und keinen Beschluß zu fassen, der in manchen Fällen Anlaß geben könnte, nicht beachtet zu werden.

Vorsitzender des Aufsichtsrates **Staedel** (Offenbach a. M.): Meine Herren, wir haben in unserem Verein die Frage eingehend besprochen. Unserem Gefühl hätte es entsprochen, wenn der Lombardkredit nicht in die Kreditgrenze hineinfällt, sondern außerhalb derselben bleibt. Wir konnten das aber nicht machen, weil im Gesetz vorgeschrieben ist, daß jeder Kredit berücksichtigt werden muß, — und über die gesetzlichen Bestimmungen können wir nicht hinaus. Wir haben schließlich die folgende Form gewählt: die Grenze des Kredits nach § 49 wird auf 200 000 Mk. festgesetzt; eingerechnet in diesen Kredit wird der Lombardkredit nicht, jedoch soll einschließlich des Lombardkredits der Gesamtkredit die Höhe von 300 000 Mk. nicht überschreiten. Das ist nicht der Wortlaut unseres Beschlusses, aber der Sinn. Ich habe auch nach den heutigen ausführlichen Besprechungen über diesen Gegenstand den Eindruck gewonnen, daß sich diese Formel am meisten empfiehlt, und ich möchte sie deshalb zwar nicht in Form eines Antrages einbringen, aber Ihnen zur Erwägung anheimgeben.

Königl. Rat **F. X. Proebst** (München): Meine Herren, aus den Äußerungen des Herrn Stenger haben mich einige Worte außerordentlich sympathisch berührt. Er sagte: die Genossenschaften betrachten es als eine Ehrenpflicht, die Beschlüsse des Allgemeinen Genossenschaftstages auch zu befolgen. Wir haben das früher noch etwas kräftiger ausgedrückt, und ich meine es heute noch so; ich sage immer: die Beschlüsse des Allgemeinen Genossenschaftstages galten früher den einzelnen Genossenschaften als ein Evangelium und ich wünschte von ganzem Herzen, es wäre noch durchweg so. Dann müssen aber auch die Beschlüsse des Allgemeinen Genossenschaftstages danach aussehen, daß sie als ein Evangelium überall beachtet werden können.

Meine Herren, wir hören von den verschiedensten Seiten Bedenken mannigfaltiger Art gegen den Antrag, und es sind auch Verbesserungsanträge dazu gestellt worden. Wir haben aus der Debatte zweifellos recht viel gelernt; jeder von uns wird nach Hause zurückkommen mit einer etwas bereicherten Auffassung dieser Frage; aber ich glaube nicht, daß wir imstande sind, heute eine Formel zu finden, die allgemein befriedigt und die den Beschluß dann so gestalten würde, daß er überall als maßgebend betrachtet werden könnte. Was hilft es, wenn wir eine Regel aufstellen, aber von vornherein die und die Ausnahmen in Aussicht nehmen? Was hilft es, wenn wir sagen: der Allgemeine Genossenschaftstag faßt den und den Beschluß, wir müssen aber unsere Vorstandsmitglieder bei passender Gelegenheit verwarnen, daß sie über den Beschluß hinausgehen? Das sind zu bedenkliche Formulierungen, auf die wir uns nicht einlassen sollten.

(Sehr richtig!)

Der Herr Anwalt hat den Wunsch ausgesprochen, daß die Sache heute zur Verabschiedung gelange. Ich würde dem Wunsche von Herzen gern beipflichten, wenn wir die Form fänden; aber es scheint, daß es nicht möglich ist. Deshalb möchte ich Ihnen die Bitte unterbreiten: Begnügen Sie sich für heute mit dem stattgefundenen Meinungsaustausch und überweisen Sie den Antrag zur Beschlußfassung an den nächsten Genossenschaftstag, wenn Sie nicht gleich unmittelbar zur Tagesordnung übergehen wollen. Ich glaube nicht, daß wir etwas Besseres tun können.

(Bravo!)

Berichterstatter Verbandsdirektor Justizrat **Dr. Alberti** (Wiesbaden): Meine Herren, die Sache ist etwas anders verlaufen, wie ich angenommen habe. Ich glaubte, die Hauptschwierigkeit würde erst kommen bei der Behandlung des Diskontgeschäfts, und ich bin überrascht, daß das so sanglos vorübergegangen ist, und wir an dem Lombardgeschäft hängen geblieben sind.

Herr Rat Proebst hat ausgeführt, daß die Sache so eilig nicht ist. Ich habe auch kein Bedürfnis, daß wir heute den Antrag erledigen. Der Herr Anwalt und ich gingen mit dem Gedanken hierher, daß wir uns gründlich darüber aussprechen und daß wir später nach längerer Diskussion auf den Unterverbandstagen zur Klärung und Übereinstimmung der Ansichten kommen würden. Es ist vielleicht gut. Daß wir das tun, ist wohl auch darum gut, weil dort das Diskontgeschäft bei der Erörterung nicht so sang- und klanglos verschwindet, wie hier.

Ich möchte noch kurz meine Stellungnahme zu den verschiedenen Einwürfen, die wir gehört haben, aussprechen. Meines Erachtens würde sich die Sache regeln lassen nach den Ausführungen der Herren Kurz, Plonz und Stenger. Ganz besonders möchte ich Herrn Stäbel beitreten, daß es sich nicht darum handelt, daß wir etwas einführen oder unterdrücken wollen, sondern um eine Auslegung des § 49. Was wir heute beschließen und reden, das würde unter keinen Umständen einen Richter binden, der über die Anwendung des § 49 in irgend einer Beziehung, im Zivil- oder Strafprozeß, zu urteilen hat; der würde sich gemäß dem Wortlaute des § 49 meines Ermessens auf den nackten Standpunkt stellen: das ist ein Kreditgeschäft, — und darin braucht er sich durch irgendwelche Beschlußfassung unsererseits nicht beirren zu lassen. Für uns handelte es sich jetzt darum, für die Bestimmung der Höchstgrenze des Lombardkredits eine Formulierung zu finden, welche sowohl dem Wortlaute des § 49 wie auch den Erfordernissen des Geschäftsverkehrs entspricht.

Hierbei werden die Vorschläge der Herren Städel und Plonz wertvoll sein.

Wenn Herr Meller sagt, große Genossenschaften halten sich doch nicht an unsere Beschlüsse, so muß ich als Vorsitzender des Aufsichtsrats einer großen Genossenschaft dem mit aller Entschiedenheit widersprechen. Ich stelle Herrn Meller unsere Bücher zur Verfügung und kann den Beweis führen, daß wir uns ganz genau an die Höchstgrenze halten. Die richtige Kreditgrenze muß gefunden werden, dann läßt sich die Sache auch machen. Deshalb glaube ich, daß bei näherer Aussprache sich das finden wird, was wir für angemessen erachten. Ich erkläre mich damit einverstanden, daß wir jetzt einen Beschluß nicht fassen, sondern daß wir auf den Unterverbandstagen die Sache erst in engerem Kreise besprechen.

Anwalt **Dr. Crüger** (Charlottenburg): Eilig scheint mir die Sache zu sein. Das Genossenschaftsgesetz datiert aus dem Jahre 1889, es wird bald sein 20jähriges Jubiläum feiern. Wir wollen den § 49 des Genossenschaftsgesetzes spruchreif auslegen — und wir sollen es nun wieder vertagen! Dazu kommt, daß Sie in dem vorhergehenden Beschlusse sich dahin ausgesprochen haben, die Belastungsliste einzuführen. Ich habe darauf hingewiesen, daß ich die Belastungsliste deshalb wünsche, damit Aufsichtsrat und Verbandsrevisor sich überzeugen können, ob die von der Generalversammlung gezogene Kreditgrenze auch beobachtet wird. Wenn wir über § 49 noch lange herumstreiten, wird den Verbandsrevisoren wohl bei allen den Genossenschaften, die den § 49 des Gesetzes so auslegen, wie es dem Vorstande am bequemsten ist, entgegengehalten werden: wir legen ihn anders aus, wir sind der Meinung, daß diese Kreditgewährung nicht darunterfällt. Aber gleichwohl, ehe wir einen Beschluß heute fassen, der nur von einer kleinen Minderheit befolgt wird, meine ich, ist es doch besser, wir vertagen die Angelegenheit. Ich werde sie im nächsten Jahre für den Engeren Ausschuß und vielleicht auch für die Revisorenkonferenz vorbereiten, vielleicht kommen wir dann zu einer Verständigung. Es wird vielleicht schwer sein, das liegt aber in der Materie, an den betreffenden Bestimmungen, die so kautschukartig sind.

Ich bin nicht sicher, daß wir widerspruchslos zu einer Verständigung kommen werden, aber gleichwohl will ich mich mit den verschiedenen Faktoren ins Einvernehmen setzen, vor allen Dingen auch die heutigen Erörterungen berücksichtigen und dann den Versuch machen, einen neuen Antrag zu formulieren. Ich ziehe hiermit den Antrag zurück.

Verbandsdirektor **Kurz** (Stettin): Ich möchte nur noch die Bitte aussprechen, daß die hierzu gestellten Anträge auch in den „Mitteilungen" veröffentlicht werden.

Vorsitzender Verbandsdirektor Justizrat **Wolski** (Allenstein): Der Antrag ist zurückgezogen; einer Beschlußfassung bedarf es daher nicht.

Damit sind wir mit unserer Tagesordnung fertig, ich schließe die Sitzung.

(Schluß der Sitzung 1 Uhr.)

IV. Hauptversammlung am Donnerstag den 23. August 1906.

(Gemeinsame Angelegenheiten aller Genossenschaften.)

Vorsitzender: F. X. Proebst (München);
Schriftführer: Gerichtsassessor Donath (Charlottenburg).

Der Vorsitzende **F. X. Proebst** (München) eröffnet die Sitzung um $9^1/_4$ Uhr vormittags.

Erster Gegenstand der Tagesordnung ist:

VII. Vortrag über Erfahrungen mit dem Genossenschaftsgesetz.

Berichterstatter Verbandsdirektor Justizrat **Gebhart** (Zweibrücken): Meine Herren, als ich im Juli 1903 mein Amt als Verbandsdirektor kaum angetreten hatte, überraschte mich alsbald der Revisor mit der angenehmen Eröffnung, daß es in einem meiner Vereine bedenklich krisele. Kolossale Kredite an ein paar Mitglieder, Beteiligung an unrentablen Unternehmungen und eine absolute Untätigkeit des Aufsichtsrats hatten bewirkt, daß eine bedenkliche Krisis eingetreten war, und schließlich eine Unterbilanz von über 900000 Mk. sich ergeben hatte. Nun, in diesem Vorstadium war die Sache noch wenig bekannt; es tropfte aber doch durch, und so hatten ungefähr 50 Mitglieder bis 1. Oktober 1903 ihren Austritt erklärt. Nun hieß es vor allen Dingen, dem Weiteraustritt der Mitglieder einen Damm zu setzen, um nicht eine Panik hervorzurufen und um nicht für die Zukunft der Mittel zu einer Sanierung in Form der Erhöhung der Geschäftsanteile beraubt zu werden. Zu diesem Zweck war zunächst eine Änderung der Statuten notwendig, die der Verein schon lange beabsichtigt hatte, es mußte die Kündigungsfrist, die bisher die gesetzliche Mindestfrist von drei Monaten betragen hatte, verlängert werden, und man kam dahin überein, sie auf 16 Monate festzusetzen. Die Generalversammlung ging darauf ein, so daß wir die Sicherheit hatten, daß vor dem 1. Januar 1906 niemand mehr austreten konnte.

Nun ging es weiter. Es mußten Mittel beschafft werden, um einen Teil der Unterbilanz zu decken, und da waren wir der Anschauung, daß es das Vernünftigste ist, wenn die ausscheidenden Mitglieder an der Erhöhung der Stammeinlagen partizipieren. Demgemäß wurde in der Generalversammlung vom 29. Dezember 1903 beschlossen: jedes Mitglied hat 1200 Mk. Stammanteilerhöhung zu bezahlen. Es gelang uns noch, am 31. Dezember diesen Generalversammlungsbeschluß in das Genossenschaftsregister eintragen zu lassen, und so hatten wir die Genugtuung, daß die 57 Mann, die das Schiff verlassen wollten, am 1. Januar 1904 mit diesen 1200 Mk. belastet werden konnten. Nun wurde die Frage aufgeworfen: sind diejenigen, die bis 1. Oktober 1903 gekündigt hatten, die aber bis 1. Januar 1904 Mitglieder waren, nachdem mittlerweile durch Generalversammlungsbeschluß eine 16monatliche Kündigungsfrist festgesetzt war, als am 1. Januar 1904 ausgeschieden zu betrachten? Diese Frage ist offenbar zu bejahen; denn diese Leute hatten noch unter der Herrschaft des alten Statuts, das eine dreimonatliche Kündigungsfrist vorschrieb, gekündigt, sie hatten diese dreimonatliche Kündigungsfrist eingehalten, nnd wenn auch hinterher im Laufe des Jahres diese Kündigungsfrist mit ihrem ausdrücklichen oder zu vermutenden Einverständnis — weil sie in der Generalversammlung nicht die Majorität erhalten konnten — auf 16 Monate festgesetzt war, so konnte ihnen doch das wohlerworbene Recht nicht genommen werden, daß sie als am 1. Januar 1904 ausgeschieden galten.

Damit allein war aber die Unterbilanz noch nicht zu decken; es mußten noch Vorstand und Aufsichtsrat herangezogen werden. Es wurde in der Generalversammlung einstimmig beschlossen, daß eine Kommission einzusetzen ist, welche die Ersatzfrage zu prüfen und eventuell durch Klage oder durch Vergleiche zu regeln hat. Nun war eine interessante Frage aufgetaucht: ein Mitglied war zwei Jahre Aufsichtsrat gewesen, gerade in der kritischen Periode. Wie wir an den herantreten wollten, sagte er: ja, was wollt ihr, ich bin mit Unrecht Aufsichtsrat gewesen; wie das Protokoll zeigt, habe ich nicht die nötige Anzahl von Stimmen bekommen.

(Heiterkeit.)

Es wurde nachgeforscht, und dem war so. Eingetragen war er als Aufsichtsratsmitglied und hatte zwei Jahre seine Tätigkeit ausgeübt. Der Mann ist haftbar; denn wenn er die Aufsichtsratsstelle übernommen und zwei Jahre hindurch geführt hat, so hat er damit die Verpflichtung übernommen, welche der § 41 des Genossenschaftsgesetzes jedem, der eine Aufsichtsratsstelle innehat, auferlegt. Wenn er das nicht tut, ist er haftbar. Der gute Mann hat gewußt, daß er nicht mit der nötigen Stimmenzahl gewählt war, er brauchte die Wahl nicht anzunehmen; hatte er sie aber einmal angenommen, konnte er sich nicht hinter Ausreden verschanzen. Nun kamen wir aber bei dieser Frage an einen andern Punkt. Der § 41 Abs. 3 bestimmt, daß die Schadensersatzansprüche an die Aufsichtsrats- und Vorstandsmitglieder in 5 Jahren verjähren; entscheidend ist der Zeitpunkt der Pflichtverletzung und der eingetretenen Schädigung. Es waren diese übermäßigen Kredite schon lange vor diesen 5 Jahren gewährt worden, und es fragte sich: können die Aufsichtsratsmitglieder für den Gesamtschaden, der entstanden ist, verantwortlich gemacht werden oder nur für den Schaden, der in den letzten 5 Jahren eingetreten ist? Bezüglich eines Teils der Frage ist die Sache ganz glatt. Es sind bekanntlich die Aufsichtsratsmitglieder verpflichtet, wenn mit ihrem Wissen Dividenden, die nicht berechtigt sind, verteilt werden, dieselben zurückzuerstatten. Hier ist natürlich der Schaden eingetreten jedenfalls mit dem Generalversammlungsbeschluß, der die Ausschüttung der Dividende veranlaßte. Hier muß man also sagen, was über 5 Jahre zurückliegt, darüber besteht keine Rückersatzpflicht, dafür haben sie das Benefizium der Verjährung. Im übrigen war die Sache zweifelhaft. Es waren diese Verluste durch eine einheitlich fortgesetzte Untätigkeit des Aufsichtsrats entstanden, und man könnte nun sagen, diese Pflichtverletzung ist als eine einmalige zu behandeln, denn der Schaden ist eigentlich eingetreten mit dem Augenblick, wo er durch die letzte Bilanz vollständig liquid festgestellt worden ist. Aber, meine Herren, dagegen sprechen auch wieder andere Gründe. Es ist doch eine etwas künstliche Konstruktion, daß man diese Pflichtverletzung als eine einmalige auffaßt; denn diese Pflichtverletzung ist jedes Jahr entstanden, insofern Vorstand und Aufsichtsrat dem Gesetz zuwiderhandelten und keinen Anlaß nahmen, endlich die Fehler zu rügen. Diese Sache wurde auf gütlichem Wege beigelegt dahin, daß die sämtlichen Aufsichtsratsmitglieder nach der Zeit, die sie im Aufsichtsrat zugebracht haben, jedoch nicht über 5 Jahre hinaus, sich bereit erklärten, einen ziemlich erheblichen Betrag zu zahlen.

Nun kamen wir daran, die Stammanteilerhöhung einzufordern. Die meisten — und das muß zur Ehre der betreffenden Genossen gesagt werden — haben gutwillig gezahlt, und sogar Leute, die nicht in guten Verhältnissen waren. Andere brachten den Armenschein ihres Bürgermeisters, daß sie nicht imstande seien, die geforderte Erhöhung zu zahlen; diesen wurden die betreffenden Beiträge gestrichen, und ihnen der Rat gegeben, am Ende des Jahres auszutreten. Viele haben aber das nicht getan, obwohl wir es ihnen mitgeteilt haben; sie waren zu bequem, sich diesen Schein geben zu lassen, obwohl bei uns in Süddeutschland der Bürgermeister nicht schwer zu erreichen ist.

(Heiterkeit.)

Weiter kam es zu einzelnen Klagen, und da können Sie sich denken, daß die Genossen mit findigen Advokaten alle möglichen Einreden der Klage entgegenstellten. Einer sagte: ich bin Mitglied geworden auf die Versicherung des Vorstandes hin, daß ich nichts zu riskieren habe. Diese Erklärung ist vor drei Jahren abgegeben worden, damals mußten die Vorstandsmitglieder wissen, wie die Sache steht. Ich wandte dieser Einrede gegenüber ein, daß diese Erklärung gleichgültig ist, die könne das Gericht nicht beachten, denn der Betreffende ist in die Genossenschaftsliste eingetragen, und die Eintragung wirkt nicht nur gegenüber dem Beteiligten, sondern auch gegenüber der Genossenschaft, denn auch diese hat ein großes Interesse, unabänderlich festgestellt zu sehen, wer ihre Mitglieder sind. Wenn jemand Genosse werden will und er will sich orientieren, ob für ihn ein Risiko mit dem Eintritt gegeben sei, schaut er sich die Liste seiner Mitgenossen an. Wenn er Leute findet, die nach seiner Ansicht gut situiert sind, wird sein Entschluß ein anderer sein, als wenn er solche findet, die nicht gutstehend sind. Es muß dem Betreffenden die Gewähr gegeben sein, daß die Liste eine unabänderliche und bombensichere Feststellung ist. Es wurde noch vom Beklagten Beweis über seine Behauptung erboten; das Gericht hat auch den Beweis zugelassen, um die Sache klarzustellen. Die

Beweisaufnahme ergab, daß die Vorstandsmitglieder allgemeine Redensarten gemacht hatten, die aber nicht das Essentiale einer Täuschung in sich trugen. Das Gericht hat aber aus einem Hauptgrunde die Klage abgewiesen, weil mittlerweile das Reichsgerichtsurteil vom 16. Mai 1904 ergangen war, welches im Gegensatz zu der früheren Entscheidung erkannt hatte, daß, wenn jemand wirklich Mitglied werden wollte und daraufhin seine Eintragung erfolgte, er dies nicht mehr bestreiten kann mit der Behauptung, er wäre im Irrtum gewesen.

In einem andern Falle hatte einer behauptet, er wäre auf irrtümliche Veranlassung hin eingetreten; er hat Beweis darüber erboten, in diesem Falle hat das Landgericht mit Rücksicht auf die eben erwähnte Reichsgerichtsentscheidung dem Betreffenden diesen Beweis abgeschnitten und ihn zur Zahlung verurteilt.

Ein Dritter machte die Einwendung: Ja, ich habe gar keine Beitrittserklärung unterschreiben wollen, sondern nur einen Bürgschaftsschein; ich bin mit meinem Schwager, der Geld brauchte, zur Genossenschaft gegangen, und da wurde mir gesagt: Unterschreiben Sie, damit Ihr Schwager Kredit bekommt. Das sollte aber ein Bürgschaftsschein sein — und nun bin ich auf einmal Mitglied geworden. Der Beklagte focht die Eintrittserklärung wegen Irrtums an. Ferner sagte er, er wäre über die Lage des Vereins getäuscht worden und machte eine ganze Reihe weiterer Einwände. Nun, wir hatten über all diese Einreden hin und her plädiert, als auf einmal der Referent zu mir kam und sagte: Herr Justizrat, Sie haben Paragraphen des Genossenschaftsgesetzes zitiert, die ich in meiner Ausgabe nicht finde. Nun hatte er die Ausgabe von Parisius nach dem Stande des Gesetzes vom 12. August 1896, während ich die Ausgabe in der Fassung des Gesetzes vom 29. Mai 1889 hatte. Wir verglichen und fanden in seiner Ausgabe die §§ 164/165, welche in der neuen Fassung nicht mehr standen.

(Heiterkeit.)

§ 164 in der Fassung von 1889 bestimmt: „Der Vorstand hat dem Gericht binnen einem Monat nach dem Tage des Inkrafttretens des Gesetzes anzuzeigen, welche Personen außer den in der gerichtlichen Liste aufgeführten bis zu dem bezeichneten Tage Mitglied der Genossenschaft geworden sind" — und § 165 besagt, daß das Gericht mittels öffentlicher Bekanntmachung eine allgemeine Aufforderung zu erlassen hat, nach welcher jeder, der in der Liste steht und nicht Mitglied zu sein behauptet, binnen einem Monat Widerspruch zu erheben hat. Ich sah die alten Genossenschaftsakten, die bei uns am Landgericht waren, ein, nach denen richtig die Ausschreibung ergangen war, ohne daß der Beklagte widersprochen hatte. Die Bekanntmachung war allerdings — das war ein Punkt, der nicht zur Sprache kam, ich hatte keinen Grund, ihn geltend zu machen — in den Blättern für gerichtliche Bekanntmachungen erfolgt, während sie nach dem Gesetz in den für die Bekanntmachungen der Genossenschaften bestimmten Blättern zu erfolgen hatte. Der Mann wurde auf Grund des § 164 verurteilt, und er hat ruhig bezahlt. Es wurde zwar gescholten, daß es keine Gerechtigkeit mehr auf der Welt gäbe, ich tröstete ihn aber damit, daß es beim Gericht nicht darauf ankomme, wer recht hat, sondern wer recht kriegt.

(Große Heiterkeit.)

In einem weiteren Falle behauptete der Beklagte: ich war so und so lange Jahre Mitglied, ich habe aber innerhalb der dreimonatlichen Frist, die das Statut vorsieht, meine Austrittserklärung schriftlich eingereicht; wenn ich in der Genossenschaftsliste nicht gestrichen worden bin, ist das auf ein Versehen des Vorstandes zurückzuführen; wenn ich verurteilt werde, die Stammanteilerhöhung zu zahlen, so werde ich Schadensersatz von der Genossenschaft fordern. Ich wandte in erster Linie dagegen ein, daß das alles ganz gleichgültig ist: du stehst in der Liste, wenn dein Austritt dem Gericht nicht mitgeteilt ist, so hättest du dich darum kümmern sollen; es ist Vorschrift des Gesetzes, daß das Gericht den Genossen von der Eintragung des Austritts zu benachrichtigen hat, diese Benachrichtigung hast du nicht erhalten, weswegen du dich hättest beschweren müssen; wenn die Vorstandsmitglieder etwas verbockt haben, so kannst du sie verklagen, aber keineswegs ist die Genossenschaft dafür verantwortlich. Das Gericht war hier anderer Ansicht. Es nahm zwar an, daß der Beklagte noch heute Mitglied sei und bleibe, bis sein Austritt im Register eingetragen sei, es war aber der Ansicht, daß dem Betreffenden ein Schadensersatzanspruch in gleicher Höhe an die Genossenschaft aus dem Versehen seiner Vorstandsmitglieder zustehe, der kompensiert werden könne, weswegen die Klage abgewiesen wurde. Ich hatte bereits darauf hingewiesen, daß das betreffende Mitglied ein erheblicher Teil des Verschuldens treffe, denn es sei gesetzliche Vorschrift, daß das Gericht sofort von der eingegangenen Austrittserklärung dem Betreffenden Mitteilung macht. Wenn er keine solche bekommen hat, hätte er dagegen protestieren müssen. Daraus konnte man wohl folgern, daß seine Behauptung, er habe eine schriftliche Austrittserklärung eingereicht, nicht wahr ist. Bevor die Klage abgewiesen wurde, wurde dem Betreffenden noch ein Eid darüber aufgegeben, ob er wirklich die schriftliche Austrittserklärung eingereicht habe. Er schwur auch den Eid. Leider konnte die Sache aber nicht in dritter Instanz an das Reichsgericht gebracht werden, weil die Stammanteilerhöhung nur 1200 Mk. betrug.

Ein weiteres Mitglied machte der Klage gegenüber geltend, daß die Generalversammlung überhaupt nicht berechtigt sei, die Geschäftsanteilserhöhung zu dem Zwecke vorzunehmen, um eine Unterbilanz zu decken; es handle sich hier um eine Genossenschaft mit unbeschränkter Haftpflicht, die bereits ihre Zahlungen eingestellt hätte, und es wäre Pflicht des Vorstandes gewesen, den Konkurs zu eröffnen; ein umgehendes Gesetz gebe es nicht, daher habe die Genossenschaft kein Recht gehabt, in der Weise vorzugehen und die Geschäftsanteile zu erhöhen. Das Gericht nahm jedoch an, daß es der Genossenschaft nach der ausdrücklichen Bestimmung des Gesetzes jederzeit freistehe, die Geschäftsanteile zu erhöhen, und daß es durchaus keine gesetzliche Bestimmung gebe, welche diese Stammanteilerhöhung zum Zwecke der Sanierung einer Genossenschaft mit unbeschränkter Haftung verbiete, und selbst wenn Zahlungseinstellung eingetreten wäre, so habe noch nicht mit Notwendigkeit eine Konkurseröffnung einzutreten, sondern es müsse erst ein Antrag hierauf gestellt werden. Zu dem Antrage wäre die Klägerin berechtigt gewesen, aber wenn sie es auch nicht getan habe, so könne ein Generalversammlungsbeschluß darum noch nicht ungültig sein. Der Mann wurde verurteilt. Es wurde noch weiter festgestellt, daß der Beweis einer Zahlungseinstellung der Genossenschaft nicht erbracht worden sei. Man hatte schon förmlich auf den Konkurs dieser Genossenschaft gelauert auf seiten der Konkursverwalteraspiranten und Forderungsvertreter. Es wurde gesucht, Wechsel, die auf den Vorschußverein liefen, sich diskontieren zu lassen, um diese Wechsel eventuell protestieren zu können. Für diesen Fall hatten wir aber auch vorgesorgt. Es war durch die Hilfe der Dresdner Bank und verschiedener Kreditgenossenschaften — auf einen Brief von mir hatte der Metzer Kreditverein 200 000 Mk. zur Verfügung gestellt — diesem Treiben ein Halt geboten. Weiter hatte der nämliche Beklagte behauptet, die Stammanteilerhöhung wäre zu hoch gegriffen, wir brauchten keine 1200 Mk. Stammanteilerhöhung zur Sanierung, die Bilanz sei falsch aufgestellt worden, es seien zu viel Forderungen als uneinbringlich eingestellt worden. Es wurde ihm jedoch erwidert: du bist Genosse, und diese Bilanz ist durch Generalversammlungsbeschluß genehmigt worden; ein Genosse kann die Generalversammlungsbeschlüsse nur im Wege der Klage binnen eines Monats anfechten. Diese beiden Requisite sind nicht gegeben, du bist also im Unrecht.

Ein weiterer Fall: Der Verein hatte im Oktober 1903 ein Mitglied durch Generalversammlungsbeschluß ausgeschlossen. Nach dem Gesetz gilt auch dieses als vom 1. Januar 1904 ausgeschlossen. Nun wurde der Betreffende auf Zahlung der in der Generalversammlung beschlossenen Stammanteilerhöhung von 1200 Mk. verklagt. Er machte in der Einrede geltend, daß die Unterbilanz viel niedriger sei, der Verlust zu hoch angegeben wäre, und daher auf seinen Stammanteil viel weniger als 1200 Mk. nachzuzahlen wäre. Da der Betreffende kein Genosse mehr war, und die Bilanz, die erst im März 1904 festgestellt worden war, jederzeit von ihm hätte angefochten werden können, auch Expertengutachten hätten eingeholt werden müssen, so haben wir uns statt mit 1200 Mk. mit 1000 Mk. begnügt, — und damit war die Sache erledigt.

Nun werden Sie fragen, was mit den Vorstandsmitgliedern geschehen ist? Gegen diese wurde eine strafrechtliche Untersuchung eingeleitet wegen Verfehlungen gegen das Genossenschaftsgesetz, und sie wurden zu drei, resp. zu vier Monaten Gefängnis verurteilt, der eine wegen fortgesetzter Handlungen, die zum Nachteil gegen die Genossenschaft waren, der andere wäre wahrscheinlich vollständig durchgeschlüpft, wenn er nicht im letzten Moment, im März 1904, nach Aufgabe seiner Stellung folgendes getan hätte: Er hatte 25000 Mk. Kaution gestellt, und der Kreditverein von Metz hatte auf die 200000 Mk. 25000 Mk. gesandt. Da meinte der Mann, daß er sich zuerst sanieren müsse, und nahm die 25000 Mk. an sich, um seine Kaution wieder zu haben. Wegen dieser einen Handlung hat er drei Monate Gefängnis bekommen. Das eine war aus der Gerichtsverhandlung sehr interessant: der Vorsitzende frug den Vorsitzenden des Aufsichtsrates: Haben Sie von der Geschäftslage keine Kenntnis gehabt? Da sagte er: Herr Präsident, selbstverständlich haben wir keine Ahnung gehabt.

(Heiterkeit.)

Das charakterisiert so vielfach die Ansicht der Aufsichtsratsmitglieder, daß sie sich um nichts zu kümmern brauchen.

Meine Herren, zum Schluß noch einen Fall, der sich vor einiger Zeit vor unserem Oberlandesgericht abgespielt hat, und der zeigt, wie vorsichtig man bei der Abfassung von Urkunden sein soll, daß man namentlich kein Wort zuviel hineinschreiben soll. Da war ein reicher Mühlenbesitzer, Mitglied eines Vorschußvereins, bei dem er einen Kredit von 10000 Mk. „zu seinem Geschäftsbetriebe" vor etwa 14 Jahren unter der Bürgschaft seiner Mutter erhalten hatte. Für seine Mühle hatte der Mann keinen Kredit nötig, aber er machte Effektengeschäfte; es wurden diese Effekten geliefert — kein Termingeschäft. Der Mann hatte im Anfang gewonnen, später verlor er. Er machte dann ein größeres Geschäft bei einem großen Bankunternehmen und erklärte dem Verein Mitte 1900: stellt zusammen, was ich schuldig bin. Es waren noch 200 Mk., die zahlte er. Er kam dann einen Monat später wieder und brauchte wieder 8000 Mk. Der Vorstand sagte, wir haben da noch einen alten Kreditschein, da geben wir sie ihm und er bekam die 8000 Mk. Auf einmal ging der Müller den Bach hinunter, es wurde der Konkurs erklärt, und nun wurde die Mutter in Anspruch genommen. Die sagte, ich hafte nicht als Bürge, es steht ausdrücklich in dem Kreditschein: wir gewähren dem Müller X. zu seinem Geschäftsbetriebe einen Kredit von 10000 Mk. Ich habe natürlich gemeint, mein Sohn braucht das Geld für sein Mühlengeschäft — obwohl sie genau wußte, daß er gar kein Geld zu dem kleinen Geschäft nötig hatte. Sie sagte also: ich habe gemeint, das ist für den Mühlenbetrieb, das hätte ich überblicken können, aber für ein Effektengeschäft wollte ich keine Bürgschaft geben. Zweitens sagte sie, der alte Kreditvertrag ist erloschen, ihr habt abgerechnet und der Saldo von 200 Mk. ist bezahlt. Wenn ihr einen Monat darauf wieder neues Geld gebt, so ist das ein neuer Vertrag, meine Bürgschaft ist erloschen In der ersten Instanz wurde die Frau verurteilt, die zweite Instanz hat beiden Einwendungen nachgegeben und die Klage der Genossenschaft abgewiesen. Sie führte aus, wenn einfach in die Bürgschaft hineingeschrieben worden wäre, ich leiste für X. in dessen laufender Rechnung Gewähr bis zur Höhe von 10000 Mk., so wäre der erste Einwand unbegründet; dagegen erwog das Gericht:

es ist ganz leicht möglich, daß die Frau wirklich nach der Fassung des Bürgschaftsscheines annehmen mußte, die Bürgschaft wäre nur für eine kleine Müllerei, die sie überblicken konnte, während die Vermutung nicht dafür spricht, daß sie ihrem Sohne auch für das Effektengeschäft diese Bürgschaft leisten wollte. Im Zweifel sind Bürgschaften eng auszulegen und es ist zugunsten des Bürgen auszulegen, ergo ist die Klage abzuweisen. Den zweiten Einwand hielt ich für viel durchgreifender, daß eigentlich das Kreditgeschäft erloschen sei durch den Abschluß im Kontokorrent und die Auszahlung des Saldo. Hätte im Zusammenhang damit der Mann damals erklärt: ich gehe zu einer andern Bank, so konnte daraus die Absicht entnommen werden, daß auf Grund dieses Vertrages, für den sich die Frau verbürgt hatte, weitere Geschäfte nicht mehr gemacht werden sollten; es wäre damit die Schuld aus dem Kreditvertrage des Mannes erloschen gewesen und damit eo ipso die Bürgschaft. Wenn sie aber übereinkamen: wir setzen das Kontokorrentverhältnis doch fort auf Grund des früheren Kreditvertrages, so konnte das nicht geschehen ohne Zustimmung des Bürgen. Sie sehen also: nur nicht zuviel aufnehmen in die Bürgschaft! Ich habe schon Bürgschaftserklärungen gesehen, die 2, 3 Seiten lang waren. Ja, meine Herren, wenn Sie da alles mögliche treffen wollen, riskieren Sie eben, daß Sie doch daneben treffen, denn das Leben und die Praxis ist so mannigfaltig, daß Sie nicht alle Umstände, die eintreten können, aufnehmen können. Nehmen Sie solche einzelnen Umstände auf, so liegt die Gefahr vor, daß der Richter in einem nicht vorgesehenen Punkte sagt: der Fall ist nicht vorgesehen, die Parteien aber haben offenbar alle Fälle, in denen die Bürgschaft gelten soll, vorsehen wollen, sie haben eine Masse einzelner Bestimmungen getroffen: es ist also anzunehmen, daß dieser Fall nicht darunter fällt.

Das sind so die Erfahrungen, die ich gelegentlich dieser Sache gemacht habe. Ich kann Ihnen nur noch weiter mitteilen, daß in der unglückseligen Affäre des ersten Vereins wir damals reichliche Unterstützung der Dresdner Bank erfahren haben; ohne diese wäre es nicht möglich gewesen, die Sache zu halten.

Ich danke Ihnen, meine Herren.

(Lebhafter Beifall.)

Mitberichterstatter Anwalt **Dr. Crüger** (Charlottenburg): Meine Herren, Sie finden mich auf der Tagesordnung als Mitberichterstatter bei diesem Gegenstande verzeichnet. Wenn ich mir aber die weitere Tagesordnung ansehe und die Fülle von Material, die heute noch erledigt werden soll, so scheint es mir richtig, auf die Mitberichterstattung zunächst zu verzichten, denn die anderen Gegenstände harren der Erledigung und müssen heute noch zu Ende geführt werden. Ich will daher auf die Mitberichterstattung verzichten und möchte mich nur zu den außerordentlich lehrreichen Ausführungen des Herrn Referenten noch mit einigen Worten wenden.

Meine Herren, Sie haben aus diesem Referat ersehen, welche große Zahl von Zweifeln und Streitfragen sich im kritischen Moment bei einer Genossenschaft ergeben. Ich glaube behaupten zu dürfen, daß es keine andere Gesellschaftsform gibt, bei der so viele zweifelhafte Rechts- und

Streitfragen zu verhandeln sind im kritischen Moment, wie gerade bei der Genossenschaft. Eine der wichtigsten Fragen ist: **welche Bedeutung hat die Eintragung in die Liste der Genossen?** Ist dem Mitgliede wirklich die Möglichkeit geblieben, die Rechtsgiltigkeit der Eintragung zu bestreiten, indem es behauptet, es sei durch Täuschung veranlaßt, bei der Genossenschaft Mitglied zu werden? Oder kann das Mitglied, das rechtzeitig gekündigt hat, wenn die Kündigung nicht eingetragen ist, sich seinen Verpflichtungen entziehen durch Berufung auf die rechtzeitige Kündigung? Für den ersten Fall haben wir eine Plenarentscheidung des Reichsgerichts, die Herr Justizrat **Gebhart** angeführt hat, mit dieser Entscheidung hat das Reichsgericht den in früheren Urteilen aufgestellten Grundsatz, daß die Mitgliedschaft angefochten werden könne mit der Behauptung, der Vorstand habe die geschäftlichen Verhältnisse derzeit unrichtig dargestellt, aufgegeben. Ist nun durch die Eintragung in die Liste der Genossen die Mitgliedschaft auch nicht gerade unanfechtbar geworden, so ist doch die Möglichkeit der Anfechtbarkeit ganz außerordentlich beschränkt. Wie liegen nun die Verhältnisse, wenn ein Mitglied gekündigt hat, doch der Vorstand die Kündigungserklärung zur Eintragung nicht weitergegeben hat? Das Bayrische Oberste Landesgericht in Zweibrücken und noch ein anderes Oberlandesgericht hat in solchen Fällen das Mitglied, wenn es aus seiner persönlichen Haftpflicht im Konkurse der Genossenschaft in Anspruch genommen wurde, für berechtigt erklärt, sich darauf zu berufen, daß es rechtzeitig die Mitgliedschaft gekündigt habe. Die Auffassung ist unhaltbar. Die gleichen Gründe, die das Reichsgericht bestimmt haben, in der Plenarentscheidung auszusprechen:

> „Die Eintragung in die Liste der Genossen, die nach § 15 des Gesetzes die Mitgliedschaft entstehen läßt, kann von dem Eingetragenen, wenn die zugrunde liegende Beitrittserklärung seinem Willen entspricht, nicht mit der Behauptung angefochten werden, daß er zur Abgabe dieser Erklärung durch eine von der Genossenschaft zu vertretende arglistige Täuschung bestimmt worden sei"

— die gleichen Gründe müssen auch dahin führen, daß das Mitglied nicht mit dem Einwande gehört wird, die Einreichung der Kündigung sei unterblieben infolge einer von der Genossenschaft zu vertretenden Nachlässigkeit des Vorstandes.

Es darf nicht übersehen werden, daß die Liste der Genossen nicht nur Bedeutung hat für die Genossenschaft, sondern auch für die Gläubiger. Die Gläubiger können selbstverständlich nicht kontrollieren, ob der Vorstand Kündigungen einreicht oder Kündigungen liegen läßt, sondern für die Gläubiger ist die Liste der Genossen maßgebend, und wenn die Gläubiger der Genossenschaft gewärtigen müssen, daß unter Umständen sich ihnen gerade die zahlungsfähigsten Mitglieder im entscheidenden Moment entziehen, weil der Vorstand die Kündigungen zwar bekommen, aber nicht an das Gericht eingereicht hat, so würde dem Kredit der Genossenschaft daraus ein Schaden entstehen. Als der feststehende Grundsatz muß betrachtet werden, daß alle in der Mitgliederliste aufgeführten Personen wirklich als Genossen haften und andererseits alle haftpflichtigen Genossen auch wirklich in der Liste aufgeführt sind.

Eine weitere, außerordentlich wichtige Frage ist die, wie die **Verlustdeckung im Fall der Unterbilanz** erfolgen kann. Wir wollen wünschen, daß unsere Genossenschaften nicht in die Lage kommen, darüber nachzudenken, wie der Fall zu regeln ist. Aber einige Vorgänge aus der letzten Zeit lassen es mir doch wünschenswert erscheinen, mit einigen Worten hierzu meinen Standpunkt darzulegen. Meine Herren, die **Verlustdeckung kann nach meiner Ansicht nur und allein geschehen durch Neubildung des Vereinsvermögens.** Einen anderen Weg zur Verlustdeckung hat die Genossenschaft nicht. Sie finden allerdings in der Begründung des Genossenschaftsgesetzes eine Stelle, an der von dem negativen Geschäftsanteil die Rede ist. Die Zulässigkeit eines negativen Geschäftsanteils würde zur Folge haben, daß die Genossenschaft Verluste in der Weise decken kann, daß sie sie einfach auf die Mitglieder repartiert und die Geschäftsanteile nach der negativen Seite entsprechend belastet!! Diese Praxis ist auch leider in den einzelnen Fällen bei Zusammenbrüchen von Genossenschaften beobachtet. Ich halte diese Praxis für außerordentlich gefährlich, denn dadurch wird die Krisis der Genossenschaft latent, und ihre Beseitigung eigentlich ausgeschlossen. Die Genossenschaft vegetiert fort mit dem negativen Geschäftsanteil, bis die Katastrophe hereinbricht, inzwischen wird der Kreis der Mitglieder immer kleiner. Die Mitglieder bekümmern sich nicht um das Minus auf ihrem Geschäftsanteil; und die Verwaltung hat kein Interesse daran, eine Beunruhigung unter den Mitgliedern hervorzurufen, so bleibt das Minus auf den Geschäftsanteilen, und die Mitglieder, die die Situation richtig überblicken, sehen sich rechtzeitig aus der Genossenschaft herauszuziehen. Mit dieser Auffassung decken sich die neuesten Entscheidungen des Reichsgerichts, die in Sachen der Berliner Milchzentrale ergangen sind. Das Reichsgericht hat ausgesprochen, daß die Mitglieder nur herangezogen werden können aus ihrer persönlichen Haftpflicht im Falle des Konkurses der Genossenschaft und im Falle des Ausscheidens, wenn sich dann eine Unterbilanz ergibt. Sonst sind die Genossen nur verpflichtet zur Einzahlung auf den Geschäftsanteil. Nur mit Einzahlungen auf den Geschäftsanteil kann also eine Unterbilanz bei der Genossenschaft nicht beseitigt werden. In dem hier vom Herrn Referenten erwähnten Falle hat man noch zu dem Mittel gegriffen, die Mitglieder zu veranlassen, für rückständige Einzahlungen auf Geschäftsanteile Wechsel der Genossenschaft zur Verfügung zu stellen. Solange dieser Wechsel nur den Charakter einer Sicherstellung hat, ist gewiß nichts dagegen einzuwenden. Sobald dieser Wechsel aber unter den Aktiven der Genossenschaft erscheint und im Portefeuille der Genossenschaft wirklich auch als Wechsel behandelt wird, entsteht eine sehr große Gefahr, denn die Genossenschaft sucht dann diese Wechsel ebenso zu behandeln, wie andere Wechsel; selbstverständlich werden diese Wechsel am Fälligkeitstage nicht bezahlt, es werden Prolongationen vorgenommen, und schließlich muß auch noch an diesen Wechseln ein Verlust abgeschrieben werden. Es gilt also, meine Herren, — und ich glaube aussprechen zu dürfen, daß das heute wohl die herrschende Ansicht ist, wenigstens hat der Reichsverband der deutschen landwirtschaftlichen Genossenschaften vor zwei Jahren ganz im gleichen Sinne einen Beschluß gefaßt —, als Grundsatz, daß Deckung einer Unterbilanz bei der Genossenschaft nur durch Neubildung des Vereinsvermögens erfolgen kann, und diese wiederum kann nur vor sich gehen durch Neubildung des Reservefonds, — die selbstverständlich nur sehr langsam sich vollzieht — und durch Neueinzahlungen auf Geschäftsanteil.

Auf diese Bemerkungen beschränke ich mich und behalte mir vor, wenn die Zeit es noch gestattet, sonst aber vielleicht auf einem späteren Genossenschaftstage auch meinerseits über Erfahrungen mit dem Genossenschaftsgesetz zu referieren. Ich halte derartige Referate gerade auf den Allgemeinen Genossenschaftstagen für außerordentlich wichtig. Es wird auf diese Weise Material gesammelt für eine Revision des Genossenschaftsgesetzes. Wenn wir auch — ich habe schon wiederholt darauf hingewiesen — zurzeit durchaus nicht eine Revision des Genossenschaftsgesetzes herbeiwünschen, so ist es doch selbstverständlich unseres Amtes, rechtzeitig Material für diese Revision herbeizuschaffen. Zu dieser Materialsammlung können insbesondere Referate dienen, wie wir sie heute hier gehört haben.

Verbandsdirektor Justizrat **Dr. Alberti** (Wiesbaden): Nur wenige Worte! Der Herr Berichterstatter hat ausgeführt, daß die Frage doch leider nicht zur Entscheidung gekommen ist, in welchem Moment die Verjährung beginnt, also mit welchem Moment der Schaden als eingetreten zu betrachten ist. Er scheint allerdings der Ansicht zuzuneigen, daß der Schaden eingetreten ist mit dem Moment, wo z. B. bei der Dividendenverteilung die Zahlung erfolgt, indem alsdann das Geld herausgegeben wird. Ich muß nun darauf aufmerksam machen, daß diese Auslegung äußerst bedenkliche Konsequenzen hat. Dann würde in allen den Fällen, wo es jemand gelingt, seine Betrügereien fünf Jahre geheim zu halten, eigentlich alles verjährt sein. Nehmen Sie an den Fall Kappelrodeck, wo die Betrügereien 10, 12 Jahre, wenn nicht noch länger, hingezogen wurden. Könnte man sagen: alles, was vor den fünf Jahren liegt, ist einfach vorüber, denn der Schaden ist damals schon eingetreten, dann würde ein Betrüger nur in Anspruch genommen werden können wegen der Geschäfte in den letzten Jahren. Ich habe mich als Gutachter auf einen anderen Standpunkt gestellt und sehe als entscheidend den Moment an, wo die Sache zutage kommt und nun die Abschreibung erfolgen muß. Ich will auf die ganze juristische Konstruktion der Sache hier nicht näher eingehen, stehe aber unbedingt auf dem Standpunkt, daß sich das durchaus rechtfertigen läßt. Meines Wissens ist diese Auffassung durch Entscheidungen anerkannt worden. Der andere Standpunkt bringt folgende Gefahr: der Aufsichtsrat findet, daß der Vorstand vor längerer Zeit Betrügereien gemacht hat; es gelingt ihm fünf Jahre die Geschichte zu verdecken. Dann könnte er mit der Sache hervortreten und sagen: jetzt ist Verjährung eingetreten, jetzt könnt ihr uns nachlaufen. Das geht unmöglich, und ich bin überzeugt, auch die Rechtsprechung wird eine andere Auslegung geben.

Berichterstatter Justizrat **Gebhart** (Zweibrücken): Das Reichsgericht hat in Band 39 seiner Entscheidungen, Seite 52, entschieden, daß die Verjährungsfrist auch während der Zeit läuft, während die Genossenschaft von dem Anspruch keine Kenntnis hat. Es scheint sich also der Ansicht zuzuneigen, daß der Beginn der Frist möglichst zugunsten der Vorstände und Aufsichtsratsmitglieder zu berechnen sei.

Haubensack (Charlottenburg): Ich möchte zu den Ausführungen des Herrn Berichterstatters nur kurz bemerken, daß m. E. in Fällen, in denen die zum Ersatz verpflichtende Vertragsverletzung, auch vom Anstellungsvertrage abgesehen, zugleich den Tatbestand einer durch das Vertragsverhältnis keine Rechtfertigung findenden unerlaubten Handlung enthält, neben der in §§ 34, 41 G.G. vorgesehenen Verjährung noch die Verjährung aus § 852 B.G.B. konkurriert. Nach § 852 a. a. O. verjähren nämlich Ansprüche auf Ersatz des aus einer unerlaubten Handlung entstandenen Schadens erst in 3 Jahren von dem Zeitpunkt an, in welchem der Verletzte von dem Schaden und der Person des Ersatzpflichtigen Kenntnis erlangt, außerdem ohne Rücksicht auf diese Kenntnis in 30 Jahren von der Begehung der Handlung an. Mithin kann das Vorstandsmitglied einer Genossenschaft, welches es verstanden hat, eine Unterschlagung länger als 5 Jahre zu verheimlichen, zwar nicht mehr auf Grund von § 34 G.G., wohl aber aus dem Gesichtspunkt der unerlaubten Handlung in Anspruch genommen werden.

Berichterstatter Justizrat **Gebhart** (Zweibrücken): Ich glaube, daß der Herr Vorredner im Irrtum ist. Wir haben ausdrücklich die Bestimmung, daß die Vorstandsmitglieder für einen Schaden 5 Jahre lang haften. Das ist ein Spezialgesetz. Gewöhnlich gilt der Grundsatz, das die lex specialis der lex generalis vorgeht.

Vorsitzender **F. X. Proebst** (München): Ich darf annehmen, daß der Gegenstand als erledigt gilt, wenn auch die Meinungen nicht durchaus zusammentreffen.

Wir kommen nunmehr zu

VIII. Antrag des Anwalts:

Zu § 43 Pos. b des Statuts des Allgemeinen Verbandes ist statt 1. Mai zu setzen 15. April.

Anwalt **Dr. Crüger** (Charlottenburg): Meine Herren, es scheint sich hier an und für sich um eine sehr belanglose, harmlose Statutenänderung zu handeln: es soll den Genossenschaften nur zugemutet werden, ihre Geschäftsberichte und die Tabellenformulare um ungefähr 14 Tage früher einzusenden als bisher. So harmlos, so einfach die Sache an und für sich erscheint, so fürchte ich doch, daß bei der Durchführung sich hier und da Schwierigkeiten ergeben werden,

(Sehr richtig!)

denn zurzeit ist es schon nicht ganz leicht, die rechtzeitige Einsendung der Tabellenformulare zu erreichen. Es können natürlich hierbei nur die Genossenschaften in Betracht kommen, die am 31. Dezember abschließen, bezw. Konsumvereine, deren Geschäftsjahr im September abläuft. Wir haben leider noch immer Kreditgenossenschaften, die am 30. April abschließen, ja sogar Genossenschaften, die so treu an den alten Überlieferungen festhalten, daß, weil sie vor Jahrzehnten mit dem 1. Mai abschlossen, sie nach wie vor an diesem Abschlußtermin festhalten. Vielleicht erreichen wir mit dieser Änderung der Statuten des Allgemeinen Verbandes, daß insbesondere die Kreditgenossenschaften alle zum Abschluß am 31. Dezember übergehen; dann sind sie auch meines Erachtens sehr wohl imstande, der neuen statutarischen Verpflichtung nachzukommen.

Was die übrigen Genossenschaftsarten anbelangt, so haben die Baugenossenschaften meines Wissens ausnahmslos das Kalenderjahr zum Geschäftsjahr gemacht, die Konsumvereine gehen immer mehr und mehr dazu über, das Geschäftsjahr auf den Herbst zu verlegen, auf den 30. September. Sie sind, wenn sie dieser Gepflogenheit entsprechen, imstande, der statutarischen Verpflichtung nachzukommen.

Meine Herren, ich glaube, daß es Ihrem Wunsche entspricht, wenn die Allgemeinen Genossenschaftstage nicht erst in der zweiten Septemberwoche abgehalten werden, sondern Sie haben im Gegenteil den Wunsch, daß die Allgemeinen Genossenschaftstage bereits im August stattfinden.

(Sehr richtig!)

Nun aber ist es für mich unbedingt notwendig, daß bis zum Genossenschaftstage das Jahrbuch vorliegt. Herr Direktor Jäger, der den statistischen Teil bearbeitet, wird es mir jedenfalls bestätigen, daß es nicht möglich ist, das Jahrbuch rechtzeitig vorzulegen, wenn nicht auch rechtzeitig die Tabellenformulare der Genossenschaften eingesandt sind. Ich hoffe, meine Herren, daß es Ihnen möglich sein wird, diesem Wunsche zu entsprechen, und möchte dabei gleich für das nächste Jahr darauf hinweisen, daß wir mit der Abhaltung des Allgemeinen Genossenschaftstages, was den Zeitpunkt anlangt, unter Umständen einige Schwierigkeiten haben können. Mir ist von Leipzig bereits gesagt, daß, wenn nicht schon sehr früh im August der Allgemeine Genossenschaftstag stattfindet, daß er dann der Messe wegen erst im September abgehalten werden kann. Also wenn Sie dahin mit mir einig sind, den Allgemeinen Genossenschaftstag bereits im frühen August stattfinden zu lassen, dann bitte ich Sie, auch die Möglichkeit dafür zu schaffen durch die rechtzeitige Einsendung der Tabellenformulare.

Meine Herren, ich möchte mir dann noch erlauben, einige Worte über die Bedeutung unserer Statistik hinzuzufügen. Man glaubt ja in gewissen Kreisen, daß die Statistik, insbesondere eine statistische Zusammenstellung von Geschäftsberichten, eigentlich nicht viel mehr als totes Zahlenmaterial bedeutet, und ich weiß wohl, daß in einer ganzen Anzahl von Genossenschaften, wenn die Zeit kommt, wo die Tabellenformulare auszufüllen sind, die Zuneigung zur Leitung des Allgemeinen Verbandes nicht gerade auf dem Höhepunkt angelangt ist,

(Heiterkeit.)

sondern daß man die Ausfüllung der Tabellenformulare als eine überflüssige Belästigung empfindet. Ich meine aber, meine Herren, daß, wenn man sich über den Wert der Statistik einmal eine klare Vorstellung macht, daß man dann auch freudig an die unbedingt notwendige Arbeit herantreten wird. Die Statistik, unser Jahrbuch, ist eine unserer wertvollsten Waffen sowohl für den inneren Ausbau der Genossenschaft, für den Ausbau der Organisation, wie für die Abwehr der Gegner, wie endlich zum Zweck der Agitation. Wir finden ähnliche Statistiken heute in allen großen Genossenschaftsverbänden; auch der erst vor zwei Jahren errichtete Hauptverband der gewerblichen Genossenschaften ist im vergangenen Jahre mit einer Statistik hervorgetreten. Ich will nur einige Punkte hervorheben, um die große Bedeutung der statistischen Arbeiten ins richtige Licht zu stellen.

Vergegenwärtigen wir uns die Geschichte der Kreditgenossenschaften. Einstmals hieß es: die Schulze-Delitzschschen Kreditgenossenschaften eignen sich nicht für die Landwirtschaft. Nicht in letzter Reihe mit Hilfe unserer Statistik ist es gelungen, dieser Behauptung wirksam entgegenzutreten, denn durch unsere Mitgliederstatistik konnten wir hinweisen auf die große Beteiligung der Landwirte an unseren Genossenschaften, die absolut sogar von Jahr zu Jahr gewachsen ist, und wir waren in der Lage, den Beweis zu erbringen, daß die Schulze-Delitzschschen Kreditgenossenschaften durchaus in der Lage sind, das landwirtschaftliche Kreditbedürfnis zu befriedigen — daß alle gegenteiligen Behauptungen vollkommen unrichtig waren. Erinnern Sie sich, meine Herren, an die Zeit, da es hieß, unsere Kreditgenossenschaften sind viel zu teuer, erinnern Sie sich daran, daß bei jener Enquête, die in den achtziger Jahren seitens des Vereins für Sozialpolitik angestellt wurde, der Berichterstatter für Thüringen davon gesprochen hat, daß die Schulze-Delitzschschen Kreditgenossenschaften des Thüringer Landes ihren Mitgliedern Wucherzinsen abnähmen, erinnern Sie sich ferner an alle die Äußerungen, die da verbreitet wurden über die hohen Unkosten, die bei unseren Genossenschaften erwachsen. Mit Hilfe des Jahrbuchs, mit Hilfe der Statistik waren wir in der Lage, den Beweis zu erbringen, daß alle jene Vorwürfe und Behauptungen unrichtig waren; und wenn die Gegner mit solchen Behauptungen heute nicht mehr hervortreten, so ist das darauf zurückzuführen, daß wir den Beweis der Unhaltbarkeit der Angriffe erbracht haben. Denken Sie daran, wie die Behauptung von der Höhe der Dividende eine große Rolle in der Agitation gegen unsere Kreditgenossenschaften gespielt hat, es wurde behauptet, daß die Schulze-Delitzschschen Kreditgenossenschaften auf die Erzielung hoher Dividende hinstrebten und es wurden Genossenschaften namhaft gemacht, die Dividenden von 8, 10, 12% geben. Mit Hilfe der Statistik konnten wir den Beweis erbringen, daß alle jene Genossenschaften, die derartig hohe Dividenden verteilen, hierzu nur in der Lage sind, weil das eigene Vereinsvermögen so minimal ist. Wir konnten nachweisen, daß sich unter den Genossenschaften, die 10% Dividende verteilen, solche befinden, die das Kreditbedürfnis zu dem denkbar billigsten Zinsfuß befriedigen. Wir zeigten, daß die Angriffe vollkommen ungerechtfertigt waren. Mit Hilfe der Statistik haben wir gezeigt, daß die Kreditgenossenschaften ihrer Aufgabe, das Kreditbedürfnis billig zu befriedigen, nicht untreu geworden sind.

Meine Herren, denken Sie an die innere Organisation, an die Zinsrückstände. Mit Hilfe unserer Statistik ist es möglich gewesen, den Zinsrückständen auf die Spur zu gehen, nachzuweisen, daß dort, wo der Wechselverkehr den Schuldschein ersetzt, nicht soviel Zinsrückstände sich ansammeln, wie in dem umgekehrten Falle. Es ist unter Berufung auf die Statistik uns gelungen, den Zinsrückständen nachzuspüren, ihnen mit Erfolg entgegenzutreten. Denken Sie an die Behandlung der Prolongation! Ohne die Statistik würden wir ganz gewiß nicht einen so tiefen Einblick in die Art und Weise der Prolongationsbehandlung erhalten haben, wie es tatsächlich der Fall ist. Denken Sie weiter an jene Auffassungen, die vor 10 Jahren verbreitet waren und darin gipfelten, einen Geldausgleich unter den Kreditgenossenschaften herbeizuführen. Schon damals waren wir imstande, mit Hilfe der Statistik den Nachweis zu erbringen, daß der Geldausgleich unter den Kreditgenossenschaften nicht bestehen kann, weil die einfachsten Voraussetzungen dafür fehlen. Wir haben in den letzten Jahren jenen Angriffen entgegentreten müssen, die abzielten auf unseren Sparkassen- und Depositenverkehr. Auch hier war es wieder die Statistik, mit der wir arbeiten konnten und die uns das Material in die Hand lieferte, um unsererseits zu beweisen, daß dort, wo der Sparkassen- und Depositenverkehr gepflegt wird, auch die Grundsätze der Liquidität entsprechende Beachtung finden.

So erkennt man mit Hilfe der Statistik die Leistungsfähigkeit der Genossenschaften, aber — auch das will ich hinzusetzen — die Schwäche der Genossenschaften. Ohne Zuhilfenahme der Statistik wäre es uns ganz gewiß nicht gelungen, die Kreditgenossenschaften in dem Umfange zu fördern, wie es glücklicherweise der Fall gewesen ist. Ich habe vorgestern in meinem Bericht aufmerksam gemacht auf eine Schrift, die kürzlich aus dem Thünenschen Archiv hervorgegangen ist, die Schrift des Dr. Ehlers: „Kreditgenossenschaftliche Probleme." In der Schrift werden außerordentlich wichtige, die Kreditgenossenschaften betreffende Fragen wissenschaftlich studiert, nur aber wiederum mit Hilfe der Statistik, denn nur diese, nur die von den Genossenschaften vorgelegten Geschäftsberichte bieten überhaupt die Möglichkeit zu einer exakten wissenschaftlichen Erforschung der Probleme.

Meine Herren, ähnlich liegen die Dinge bei den Baugenossenschaften. Daß es unbedingt erforderlich ist, die finanzielle Lage der Baugenossenschaft klar zu erkennen, darüber sind sich die Freunde der Baugenossenschaften vollständig einig. Wir werden heute Nachmittag uns über ein neues Bilanzschema für die Baugenossenschaften unterhalten, und ich habe in meinem Bericht auch darauf bereits hingewiesen, daß ich glaube, daß ein derartiges scharf gegliedertes Bilanzschema ganz wesentlich dazu beitragen wird, auf eine günstige Entwickelung der Baugenossenschaften hinzuwirken, daß die detaillierten Fragen, die im Bilanzschema im Gewinn- und Verlustkonto gestellt sind, auch den Baugenossenschaften die Möglichkeit bieten werden, in Verhältnisse hineinzuleuchten und hineinzublicken, die heute noch vielfach in ein gewisses Dunkel gehüllt sind. Je detaillierter das Bilanzschema, das Gewinn- und Verlustkonto ist, desto klarer müssen die Verhältnisse in die Erscheinung treten. Wie wollten wir ohne eine Statistik Klarheit schaffen über die Rentabilitätsberechnung bei den Baugenossenschaften, und doch ist diese das A und Z der baugenossenschaftlichen Bewegung, denn sobald die Baugenossenschaft in der Rentabilitätsberechnung, in der Mietenkalkulation sich geirrt hat, mit dem Augenblick beginnt auch der Rückschlag, und es ist gar nicht mehr daran zu denken, daß die Baugenossenschaft auf die Dauer ihren Aufgaben zu entsprechen imstande ist.

Nehmen wir dann die Konsumvereinsbewegung. Die Statistik liefert uns das Material, nachzuweisen die große Bedeutung, die diese Genossenschaft für ihre Mitglieder hat. Mit Hilfe der Statistik haben wir für die Barzahlung gewirkt und sind der Borgwirtschaft in den Konsumvereinen entgegengetreten. Die Statistik wiederum war es, die uns das Material bot, um die richtigen Grundsätze für die Mankovergütung aufzustellen, und endlich konnten wir mit Hilfe der eingehenden Angaben der Statistik den Nachweis erbringen, in welchem Umfange sich gerade diese Genossenschaftsart an sozialen Bildungszwecken beteiligt.

Dann wiederum ein anderes Bild: die Handwerkergenossenschaftsbewegung. Meine Herren, ich bin der Ansicht, daß nicht in letzter Reihe die Ursache für die recht schwache Entwickelung der Handwerkergenossenschaften und vor allen Dingen für die verhältnismäßig große Zahl von Rückschlägen in der Entwickelung der Handwerkergenossenschaftsbewegung darauf zurückzuführen ist, daß die Handwerkergenossenschaften die Statistik fast vollständig vernachlässigt haben, daß es kaum jemals gelungen ist, die Handwerkergenossenschaften zu unserer Statistik heranzuziehen. Wenn Sie einmal Gelegenheit haben, einen Blick zu tun in die Statistik des Hauptverbandes der gewerblichen Genossenschaften, dann werden Sie erkennen, daß auch dieser Verband außerordentlich vorsichtig in der Aufstellung der Tabellenformulare vorgehen mußte, daß er sich eine außerordentliche Beschränkung auferlegen mußte in den Fragen, die er den Handwerkergenossenschaften vorzulegen hatte. Das ist außerordentlich zu bedauern gerade vom Standpunkt der Handwerkergenossenschaften, denn ihre schwache Beteiligung an den statistischen Arbeiten erschwert den Genossenschaftsfreunden eine wirklich intensive Arbeit auf diesem Gebiete.

Ganz das gleiche gilt für die Genossenschaften der Kaufleute. Es besteht kaum die Möglichkeit, Genossenschaften der Händler für statistische Arbeiten heranzuziehen. Es soll alles mit einem Geheimnis umgeben werden, man will mit den Angaben nicht heraus, denn man fürchtet, es könnte der Genossenschaft daraus ein Schaden entstehen. Meine Herren, eine Gefahr, ein Schaden wird den Genossenschaften daraus nicht entstehen. Die Genossenschaft unterzieht sich mit den Angaben freilich der öffentlichen Kritik, aber sie kann daraus außerordentlich viel lernen.

Ich möchte allen Freunden der Handwerkergenossenschaften empfehlen, sich jenen Abschnitt im Jahrbuch anzusehen, in dem die Gründe für die Auflösung der Handwerkergenossenschaften angegeben sind. Es ist für die Handwerkergenossenschaften zweifellos einer der lehrreichsten Abschnitte. Sie finden dann in dem diesjährigen Jahrbuch eine neue Tabelle für Werkgenossenschaften, zum erstenmal überhaupt eine Statistik für Werkgenossenschaften zusammengestellt. Ich freue mich, daß eine verhältnismäßig so große Anzahl, 25 Werkgenossenschaften, sich an der Statistik beteiligt haben. Diese Tabelle der Werkgenossenschaften wird der Handwerkergenossenschaftsbewegung ganz gewiß wertvolles Material bieten.

Ich bin der Ansicht, daß, je mehr sich das Genossenschaftswesen ausbreitet, desto notwendiger eine sehr sorgfältige statistische Beobachtung desselben ist.

Das gebe ich ohne weiteres zu, meine Herren, ein Lesebuch stellt unser Jahrbuch nicht dar. Das Jahrbuch kann nur dienen den Zwecken des Studiums.

Ich möchte nicht unterlassen, allen Genossenschaften zu empfehlen, einen Blick in das Vorwort und in den allgemeinen textlichen Teil zu tun. Das Vorwort zum Jahrbuch enthält seit einer Reihe von Jahren einen kurzen Überblick über die Entwickelung des Genossenschaftswesens im letzten Jahre. Dem Vorworte in diesem Jahre sind überdies zwei Anlagen beigefügt, von denen ich wohl glaube, daß sie einen erheblichen Wert haben. Sie finden eine Zusammenstellung der in den einzelnen Bundesstaaten geltenden Steuervorschriften und ferner eine Zusammenstellung aller Bestimmungen, die in den einzelnen deutschen Bundesstaaten für die Förderung der Baugenossenschaften gelten.

Ich will nicht schließen, ohne allen den Genossenschaften zu danken, die in emsiger Arbeit sich an den Erhebungen beteiligen, die uns die Möglichkeit bieten, überhaupt mit einem derartigen Jahrbuch hervorzutreten, das nicht von uns, sondern, ich darf wohl sagen, von der Allgemeinheit, sowohl von den praktischen Genossenschaftern, wie von den wissenschaftlichen Kreisen als mustergültig angesehen wird, und ich möchte nur noch den Wunsch aussprechen, daß es das Bestreben jeder Genossenschaft sei, ihr eigenes Geschäft so auszugestalten, daß aus ihrer Beteiligung an der Statistik sich auch weiterhin die Möglichkeit für mich bietet, ein erfreuliches Bild über die Entwickelung der Genossenschaften in unserem Verbande den Genossenschaftstagen vorzuführen.

(Lebhafter Beifall.)

Der Antrag wird einstimmig ohne Debatte angenommen.

Vorsitzender **F. X. Proebst** (München): Wir kämen nun zu Punkt

IX. Vortrag über praktische Erfahrungen mit den Handwerkergenossenschaften.

Verbandsrevisor **Schumacher** (Stuttgart): Meine verehrten Herren! Gestatten Sie mir, daß ich mich zunächst eines Auftrages entledige. Als Vertreter des Revisionsverbandes Württembergischer Kreditgenossenschaften überbringe ich Ihnen im Auftrage des Verbandsvorstandes, Herrn Rechtsanwalt Oßwald I in Ulm, die Grüße der Württembergischen Genossenschaften; wenn auch etwas verspätet, so gebe ich Ihnen doch die Versicherung, daß diese Grüße nicht minder herzlich sind. Meine Herren! Wer die Geschichte des Allgemeinen Verbandes kennt, der weiß, daß vor jetzt über einem Jahrzehnt, noch unter der früheren Anwaltschaft, sich zwischen dem Allgemeinen Verbande und seinem Unterverbande in Württemberg eine Trennung vollzog. Dessenungeachtet kann ich Sie versichern, daß unsere württembergischen Genossenschaften dem Allgemeinen Verbande und seinen Bestrebungen die lebhaftesten Sympathien entgegenbringen.

(Bravo!)

Meine Herren! Wir haben uns im Jahre 1904 das letzte Mal auf dem Allgemeinen Genossenschaftstage in Breslau mit dem Handwerkergenossenschaftswesen beschäftigt. Die Leitsätze bei der Gründung und Einrichtung von Handwerkergenossenschaften wurden damals in Form eines Antrages dem Genossenschaftstag unterbreitet und zum Beschlusse erhoben. Entgegen unserer allgemeinen Gepflogenheit, bestimmte Anträge zu begründen und Beschlüsse zu fassen, will ich heute nur direkt aus der Praxis über Erfahrungen mit den Handwerkergenossenschaften referieren. Wird dann hieran anschließend auch kein Beschluß gefaßt, so hoffe ich doch über eine Frage einige Klarheit geschaffen zu haben, die selbst in Genossenschaftskreisen recht verschieden beurteilt wird, die häufig falsch beurteilt wird. Der eine sagt, das Genossenschaftswesen und nur das Genossenschaftswesen kann das Handwerk retten, der andere warnt und sagt, bleibe weg, das ist eine ganz gefährliche Einrichtung, die dir nichts nützen kann, du kannst höchstens dein Geld verlieren. Diese verschiedene Meinung zu hören, habe ich selbst gerade bei Handwerkern nicht selten Gelegenheit gehabt.

Nun, meine Herren, denke man aber nicht, daß mit meinen Ausführungen das ganze Gebiet erschöpft sein soll, das dürfte überhaupt nie möglich werden, denn man macht, wenn man wie ich mitten in der Arbeit des Kredit- und Handwerkergenossenschaftswesens steht, täglich neue Erfahrungen, und bei jeder Versammlung, bei der es sich um eine erste Aufklärung handelt, hört man neue Ansichten, die geeignet sind, sich mit dem Denken und Fühlen im Handwerkerstande wohl vertraut zu machen. Freilich beziehen sich meine Ausführungen nicht etwa nur auf den von mir vertretenen Bezirk und Verband allein; so oft nur neue Schwierigkeiten auftreten, die ohne Mühe und ohne Opfer lediglich durch Einigkeit ferngehalten werden könnten, wächst das Interesse an der Sache; man will wissen, ob das und jenes denn nur hier so ist, oder ob mißliebige Vorkommnisse auch in anderen Genossenschaften, in anderen Verbänden, in anderen Ländern im Bereich der Möglichkeit liegen. Und siehe da: es ist überall gleich; die Handwerkergenossenschaften bestehen eben aus Menschen, meist nur aus einem kleinen Kreis, die menschlichen Eigenschaften sind nicht gering ausgeprägt, mit Engeln wäre leichter zu arbeiten!

Meine Herren! Wollen wir den Handwerkergenossenschaften das Wort reden, dann müssen auch die Erfolge hierzu ermunternd wirken; das ist das beste Agitationsmittel; ich gebrauche zwar das Wort „Agitation" nie gerne, weil es den Eindruck erweckt, als wolle man damit nichts anderes, als eben eine große Zahl künstlicher Gebilde schaffen. Eine Agitation oder sagen wir eine Gelegenheit zu Aufklärungen muß dem Handwerker gegeben werden. Man irrt sich, wenn man glaubt, der Handwerker sei genügend informiert. Das ist absolut nicht der Fall, und ich widerspreche hier auch einer Handwerkerzeitung, einer reinen Fachzeitung, die vor einigen Jahren schrieb, man könne sich dieses Thema ganz ersparen, der Handwerker sei hierin vollständig auf dem laufenden, namentlich wenn er die geeigneten Fachschriften und die Literatur verfolgt. Ich frage nun, meine Herren, welcher Handwerker besitzt denn diese Fachschriften und die genossenschaftliche Bibliothek, und wenn er sie besitzt, liest er sie dann auch? Wir können hier gar keine Vergleiche mit Kreditgenossenschaften anstellen; bei ihnen halte ich eine Agitation oder sagen wir einen Aufklärungsdienst für überflüssig; die Kreditgenossenschaften blühen in ganz Deutschland dermaßen, daß die Entwickelung eine reine Selbstentwickelung sein kann, es sind so unendlich viele Vorgänge als Beispiel da, daß sich diese wichtigste Genossenschaftsart ganz von selbst empfiehlt, und daher mag es auch kommen, daß die Allgemeinen Genossenschaftstage sich stets nur mit der Gegenagitation und noch nie für eine Agitation beschäftigt haben. Einen festen Kitt hat die Kreditgenossenschaft schon in dem Umstand, daß in der Regel sofort eine geschulte Kraft angestellt werden kann, und daß durch die verschiedenartige Zusammensetzung der Mitglieder aus allen Berufsklassen keine

Sonderinteressen, keine Fachinteressen mitspielen. Das alles trifft bei der Handwerkergenossenschaft nicht zu, obwohl sie unter demselben Gesetze steht; aber dennoch vermag die Handwerkergenossenschaft unendlich viel zu leisten, direkte und indirekte Vorteile zu bieten, sofern Sache, sofern der gute Gedanke und die Mitglieder sich in wahrem genossenschaftlichem Geist vereinen zu einiger, ersprießlicher Tätigkeit.

Meine Herren, es mag sein, daß in dem von mir vertretenen noch jungen Handwerkergenossenschaftsverband mit seinen 35 Genossenschaften noch nicht durchweg das Leben pulsiert, das man wünscht; aber dennoch, sage ich, leisten diese Genossenschaften ihren Mitgliedern nicht unbedeutende Dienste. Ich habe vor wenigen Tagen die Ergebnisse von 31 Genossenschaften zusammengestellt; das Resultat befriedigte mich durchaus. 14 Werkgenossenschaften, 13 Einkaufs- und 4 Verkaufsgenossenschaften mit rund 1100 Mitgliedern haben per Ende 1905 137 000 Mk. Geschäftsanteile eingezahlt und 181 000 Mk. Reserven gesammelt. Der Verkaufserlös beziffert sich auf 2 300 000 Mk. Nach Abschreibung von 25 000 Mk. verbleibt noch ein Gewinn von 31 000 Mk., von denen 13 000 Mk. als Dividende verteilt, 8000 Mk. den Reserven überwiesen und 10 000 Mk. teils als Vortrag auf neue Rechnung, teils als Belohnungen, teils zu außerordentlichen Abschreibungen verwendet wurden. Ich bin kein Optimist, aber ich glaube mit Recht auf Grund dieser Zahlen, freilich unter Beachtung der vor zwei Jahren festgesetzten Grundsätze, dem deutschen Gewerbestand zuzurufen: schenkt dem Genossenschaftswesen mehr Beachtung; hört nicht nur schöne Vorträge, sondern verwirklicht auch den Gedanken, der nun schon seit 50 Jahren in den Kinderschuhen steckt.

Jahrelang beabsichtigt man eine Gründung, es treten mißliebige persönliche Verhältnisse ein, die Sache schläft wieder ein, sie wacht nach Verlauf weiterer Jahre wieder auf und auf einmal eilt die Sache unendlich, man berechnet den Fehler, den Schaden, den man durch diese Lässigkeit begangen; auswärtige große Geschäfte verdrängen den weniger leistungsfähigen einheimischen Handwerker, und erst, wenn dies geschehen, kommt die Tat, nur schnell eine Werkgenossenschaft, die möglichst schon übermorgen im Gange ist; wird man in solchen Fällen noch um Rat angegangen, dann ist es noch gut, dann kann man wenigstens ein Unglück verhüten. Meistens fallen solche Leute von einem Extrem ins andere; der Betrieb wird dann, fast könnte man meinen, um das Versäumte nachzuholen, größer als nötig angelegt und bleibt so unrentabel. Ich hatte im letzten Jahre einen Fall, wo 20 Jahre lang die Gründung einer Werkgenossenschaft im Gange war!

Man rechne überhaupt bei Handwerkergenossenschaften nie auf einen raschen Erfolg. Gottes Mühlen mahlen langsam. Ich habe die Wahrnehmung gemacht, daß einige Jahre der Beratung nach vorausgegangener Belehrung fast immer erforderlich sind, bis eine Gründung erfolgt, und ich kann Ihnen weiter mitteilen, daß solche Gründungen meist die besten sind; bei ihnen hat man beraten und geprüft nach jeder Richtung. Gefährlich halte ich jede rasche Gründung; erst rechnen und überlegen, ob die Mitglieder auch zusammen harmonieren, aber ja nie denken: jetzt ist das Eisen warm, jetzt nur rasch schmieden. Das Eisen muß so lange warm bleiben, daß ein rasches Eingreifen gar nicht nötig ist. Was hilft es, wenn im richtigen Augenblick geschmiedet wird, und bei Beginn der eigentlichen Geschäftseröffnung zerschellt der Amboß. Selbstverständlich ist dies auch möglich bei reiflicher, jahrelanger Überlegung und dies namentlich bei Werkgenossenschaften; Handwerker, die noch nie oder nur selten auf Maschinen gearbeitet haben, schätzen in der Regel ihren Bedarf an Kraft höher ein, als die nachherige Abnahme ergibt. Das ist auch begreiflich; wer noch nie auf Maschinen gearbeitet hat, kennt eben auch die hohe Leistungsfähigkeit derselben nicht.

Auch bei reiflicher Überlegung kann im letzten Augenblick eine nützliche Einrichtung scheitern. Von einem solchen Fall vermag ich ebenfalls aus meiner Praxis zu berichten; es handelte sich um eine glatte Rohstoffgenossenschaft, die nur große Bezüge bewerkstelligen sollte, ohne ein Lager zu halten; alle Interessenten waren überdies noch Leute, die nicht in den geringsten Verhältnissen sich befinden, die noch über einige Kraft verfügten. Der Vorstand jener gewerblichen Vereinigung hatte den Anstoß dazu gegeben und er war auch als Geschäftsführer dazu ausersehen. Dieser Umstand gab der Sache den Todesstoß. Jawohl, der möchte jetzt ein Pöstle, daß er nichts mehr schaffen muß, nein, das gibt es nicht! So verzichteten hier die Handwerker aus Pöstles-Neid einstweilen auf eigene Vorteile.

Nun, meine Herren, sagt das Sprichwort: aufgeschoben ist nicht aufgehoben. So schön das auch klingt, in puncto Handwerkergenossenschaften ist dies Sprichwort leider nicht immer ein wahres Wort. Und hierfür diene folgendes Beispiel: Vor etwa 12 Jahren begann eine Bewegung, die ihren Ursprung in Bayern hatte und die sich als Ziel „den genossenschaftlichen Großeinkauf ohne Gebietsbeschränkung oder event. auch die eigene Fabrikation“ steckte. Rein persönliche Verhältnisse hatten den Untergang des großen Plans zur Folge. Weil heute noch Verhandlungen in dieser Sache schweben, nenne ich absichtlich die Branche nicht. Vor etwa $1\frac{1}{2}$—2 Jahren tauchten in diesem ganz bedeutenden Gewerbe die Pläne des Großeinkaufs wieder auf; es hatte auf einmal recht große Eile; aber dennoch war es schon zu spät. Das längst geplante Syndikat kam unterdessen zustande, damit ist die freie Konkurrenz ausgeschaltet, die Preise werden einfach diktiert, der Verkauf der Waren erfolgt nicht direkt ab Fabrik, es geht durch eine Zwischenhand: Die Verkaufsstelle, die das Monopol in Händen hat und der es gar nicht einfällt, etwa großen Abnahmen Vergünstigungen einzuräumen. Ja, meine Herren, die Ringbildung, die Kartelle, die Syndikate, diese großkapitalistischen Gebilde, sie treffen auch den Handwerker immer mehr; in zahlreichen Artikeln ist den Produzenten das Monopol bereits gesichert, eine ganze Reihe der nötigsten Bedarfsartikel, nicht zum wenigsten aus der Lebensmittelbranche, drohen dem gleichen Schicksal anheimzufallen; was kann hiergegen der einzelne

Handwerker machen? Könnte er nicht auch ein Wort mitreden, wenn seine Bezüge gruppiert wären, und er so direkt durch die Genossenschaft mit dem Produzenten in Verbindung stünde? Gerade mit dieser Frage befaßte sich vor etwa 2 Monaten eine zahlreich besuchte Versammlung aus ganz Süd- und Mitteldeutschland. Überzeugend schilderte der Redner, ein Handwerker und wahrer Genossenschafter daneben, die Schäden, die in diesen Bestrebungen dem Handwerk drohen, und empfahl, durch Genossenschaften den Einfluß des Handwerks geltend zu machen; mit allem war man einverstanden; einstimmig nahm man eine diesbezügliche Resolution an. Das Thema war längst verlassen, als ein Teilnehmer sich erhob und riet, keine Genossenschaften zu bilden, da könne man sein Geld verlieren; ihm folgte ein zweiter, der sogar einmal gehört habe, daß eine Kreditkasse verkracht sei. Wer will nun da noch behaupten, das Thema „Genossenschaftswesen" sei genügend erörtert, nein, in jeder Handwerkerversammlung sollte diese Frage angeschnitten und Aufklärung gegeben werden.

Meine Herren, in seiner Begrüßungsansprache hat der Präsident der hiesigen Handelskammer ebenfalls auf die Wirkungen der Syndikate und Kartelle hingewiesen und die Genossenschaften als ein Mittel zur Abschwächung dieser modernen Strömung bezeichnet, und, ich glaube, wir können mit diesen Worten alle einig gehen.

Weiter aber, meine Herren, übersehe man auch nicht, daß namentlich an kleineren Plätzen, wo entweder noch keine Organisation besteht, oder wo der Handwerker sich zunächst zurückhält und an Handwerkerfragen kein Interesse zeigt — in der Regel sind es doch nur einzelne, die die Handwerkerfragen im Auge behalten — Verwirrungen und Begriffsverwechselungen insbesondere unter dem alten Geschlecht entstehen, die geeignet sind, nur Mißtrauen zu zeitigen. Der eine predigt, gründet nur Gewerbevereine, der andere empfiehlt, dem alten Gewerbeverein den Namen Gewerbe- und Handelsverein beizulegen, ein Dritter empfiehlt Handwerkervereinigungen mit wenigstens etwas — wenn auch nicht viel politischem Beigeschmack, und endlich erklärt ein weiterer Handwerkerfreund: das ist alles nichts, ihr braucht eine Fachorganisation, gründet doch eine Innung und bei alledem kommt die reine wirtschaftliche Organisation, die Innung der Zukunft, „die Genossenschaft", gewöhnlich schlecht weg. Wir müssen die Handwerkerorganisation haben; sie ist ja meistens die Vorstufe zur Genossenschaft, aber wir müssen auch die verschiedenen Zwecke und Ziele von Handwerkervereinigungen und Handwerkergenossenschaften bei jeder notwendigen Gelegenheit zunächst klären. Man denke auch nicht, daß es genügt, wenn man in einer Versammlung zwecks Besprechung genossenschaftlicher Fragen nur antworten kann auf spezielle Fragen dieser Art; nein, man muß wenigstens einigermaßen mit den gesamten Handwerkerfragen vertraut sein. Eine gewisse Unklarheit hat zur Folge, daß in der Regel in diesen Versammlungen noch Fragen gestellt werden betr. Gewerbefreiheit, Befähigungsnachweis, Lehrlingswesen, Meisterprüfungen, Aufgaben der Handwerkskammern 2c. 2c.

Weil die Absicht bestand, eine Schneidergenossenschaft zu gründen, zog ein Schneidermeister bei verschiedenen Genossenschaften über deren Erfolge Erkundigungen ein; auch an einen seiner Kollegen schrieb dieser Schneidermeister, weil er glaubte, jener sei Mitglied einer Genossenschaft. Der Anfragende erhielt hierauf eine Antwort, die ich Ihnen wörtlich zur Kenntnis bringen will:

„Lieber Freund! Du frägst hier in Deinem Briefe bei mir an betreffs der Genossenschaft. Du bist in einem kleinen Irrtum, ich erzählte zwar davon, aber Mitglied derselben war ich **»Gott sei Dank«** nicht. Weißt Du, mit den Genossenschaften hat es immer seine drei Seiten, die Licht- und Schattenseite und die gute Seite, wo derjenige, welcher etwas besitzt, für den anderen haften muß. Bei uns in der schönen Pfalz bestand eine solche Gesellschaft unter der Firma: **»Deutscher Schneiderverband«** mit dem Sitze in H. Nun ja, die Geschichte wäre schon gut gewesen, aber der Verband litt schon von vornherein an einem großen Herzfehler, und wenn das Herz nicht gesund ist, so stirbt das andere Leben auch bald, so ging es auch hier. Denke Dir, die armen Schneider in Hausmiete, wollen jetzt einen Verband gründen mit Tuchversand à la Seiler, Dessau, und verschiedene andere, und haben alle Löcher in der Hosentasche. (Heiterkeit.) Gedacht war ja die Sache ganz gut, aber leider waren die Herren nicht kaufmännisch gebildet und auch nicht eingerichtet, die christlichen Linsen fehlten. Der Verband wurde gegründet unter folgenden Bedingungen: Jeder Schneider kann Mitglied werden, er zahlt 3 Mk. Aufnahme und 200 Mk. zum Stammkapital als Betriebskapital; jetzt kommt aber der Zauberkünstler: Jedes Mitglied verpflichtet sich jetzt wieder, seinen ganzen Bedarf bei der Gesellschaft zu kaufen, übrigenfalls er 1000 Mk. einklagbare Konventionalstrafe bezahlen muß, und diese armen Schneiderlein, da könnte man auch sagen: »O, Du liebes Herrgöttle von Biberach!« (Heiterkeit.) So ging's auch hier, alles wurde auf Nachnahme versandt und keiner hatte Geld, denn die Guten waren nicht beigetreten. Als Geschäftsführer — jetzt kommt das Schönste — hatten sie einen Ziegelfabrikanten, welcher den Löwenanteil mit 14% einsteckte ohne Risiko und der die Herren so schön gebunden hatte, daß, wenn sich der Verband in den ersten 5 Jahren auflöst, an ihn selbst 20 000 Mk. als Entschädigung zu zahlen waren. (Hört! hört! und Heiterkeit.) Im ersten Jahre ging es soweit gut, im zweiten Jahre sehr schlecht, der Verband wurde liquidiert und erklärte im dritten Jahre Konkurs, nun ging's ans Schwitzen, Prozesse auf Prozesse, Kosten auf Kosten, bis der liebe Herr seine Entschädigung von 14 000 Mk. hatte, welche die — armen — Schneider bluten mußten, deshalb will ich von allen Genossenschaften nichts wissen."

(Heiterkeit.)

Ja, meine Herren, daß unter solchen Umständen eine Genossenschaft nicht gedeihen kann, ist doch selbstverständlich. Da hätte zur Rettung schon ein Auftrag à la Tippelskirch einlaufen müssen.

(Heiterkeit.)

Ich komme durch meine Tätigkeit auch als Gast, als Zuhörer in viele Handwerkerversammlungen und ich muß sagen, durch die mannigfachen Widersprüche, die man auf dem Gebiete des Genossenschaftswesens hört, kann sich niemand ein Urteil über den Nutzen der Handwerkergenossenschaften bilden, wenn er nur **eine** Versammlung einmal besucht hat; da kann es vorkommen, daß man heute den allereinseitigsten Pessimismus und morgen denselben einseitigen Optimismus zu hören bekommt. Und ich muß sagen, für den Praktiker schadet dies gar nichts; der Pessimismus ermahnt stets zu recht vorsichtiger Arbeit, während der Optimismus wieder dafür sorgt, daß der Arbeitsmut für diese soziale Tätigkeit nicht erlahmt.

Der Staat sollte einfach ein Gesetz schaffen — so hörte ich kürzlich einen Vorschlag zur Lösung der Handwerkerfrage — daß jedes Pumpen verboten und strafbar sei und daß derjenige, der nicht sofort bezahlte, gleich einem Zechpreller behandelt werde, dann brauche man keinen Kredit und auch keine Genossenschaften.

(Heiterkeit.)

Wenige Tage später war der deutsche Glasertag in Stuttgart versammelt, der sich ebenfalls mit dem Thema: Genossenschaftswesen beschäftigte. Der Referent, der Vorsitzende der Glasergenossenschaft in Berlin, schilderte in überzeugenden Worten die Einrichtungen und guten Erfolge seiner Genossenschaft und bezeichnete diese als ein Segenswerk für das Glasergewerbe, für dessen Errichtung Kinder und Kindeskinder noch dankbar sein werden; weitere ähnliche Stimmen folgten. Meine Herren, solche Worte, die man eben doch auch nicht selten hört und die direkt praktischen Erfolgen entspringen, geben Ansporn einzugreifen, wenn es sich darum handelt, wirtschaftliche Vorteile dem Kleingewerbetreibenden zuzuführen. Diese Vorteile liegen aber nach meiner Erfahrung nicht nur direkt in billigerer Beschaffung der Rohmaterialien, in der Möglichkeit der Maschinenbenutzung oder in besserem Absatz, nein, daneben laufen ganz stillschweigend noch andere wohl beachtenswerte Faktoren. Die Genossenschaft wird immer, wenn solide geführt, erzieherisch wirken, sie wird den Sparreiz anregen. In einer Schuhmachergenossenschaft wollte ich den Geschäftsanteil erhöhen; ich stieß auf Widerstand, die Mitglieder könnten eine Mark monatlich nicht weiter aufbringen; es bedurfte nur der Erinnerung daran, daß diese Beiträge nicht wie beim Gesangverein und bei der Narrhalla à fonds perdu, sondern als Ersparnisse zu betrachten seien, und nun gehen diese Beiträge recht prompt ein, und wo sie nicht eingehen, werden sie abgeholt.

Die Leute, die seither nur als Konkurrenten einander begegneten, werden zuweilen durch diesen Zusammenschluß so vernünftig in der

Wahrung ihrer Interessen, daß dem Konkurrenzkampf recht ersprießliche Erfolge im Submissionswesen weichen müssen. Ohne daß die Satzungen hierüber etwas bestimmen, kann ich zwei Beispiele anführen, wo die Leute aufrichtig rechnen und die Arbeit entsprechend verteilen; freilich will ich nicht gerade behaupten, daß dieser Zustand dauernd sein wird; ein Streithahn genügt, um diese schöne Einigkeit zu durchbrechen.

In verschiedenen Punkten weicht man von den Beschlüssen der Allgemeinen Genossenschaftstage ab und dabei habe ich die Wahrnehmung gemacht, daß dies unter Umständen nicht immer schädlich ist. In den Statuten der Rohstoffgenossenschaften ist überall der Verkauf zum Marktpreise vorgesehen. Das wird aber selten eingehalten. Die Mitglieder wollen eben im voraus schon etwas billiger einkaufen; zwei ganz bedeutende Genossenschaften, bei denen allerdings alles gegen Kasse läuft und die infolgedessen gar keine Außenstände haben, bedienen ihre Mitglieder derart, daß nur für Geschäftsanteil-Dividende und den Reservefonds etwas übrig bleibt; im übrigen fließt alles den Mitgliedern beim Verkauf sofort zu. Die Dividendenrechnung ist hier erspart. Man kann daher nach meiner Ansicht die Handwerkergenossenschaften nach ihren Gewinnresultaten auch nicht beurteilen. Der Verkauf an Nichtmitglieder ist nicht durchweg ausgeschlossen.

Eng verwandt ist die Arbeiter- und die Werkgenossenschaftsfrage; wo nicht mit Maschinen gearbeitet wird, bleibt einfach kein Arbeiter mehr; in Landstädten fehlen im Winter die Gesellen nicht, das Frühjahr aber lockt zur Wanderschaft in die großen Städte, wo bequemer zu arbeiten und leichter zu streiken ist. So kann der Handwerker auch in kleinen Städten ohne Maschinen nichts mehr leisten. Mit der Elektrizität ist allerdings eine bequeme Kraft geschaffen, aber sie ist auch die Ursache, daß sich in vielen Fällen an kleinen Plätzen eine ganze Anzahl von Holzhandwerkern vollständig maschinell einrichteten und die Maschinen stehen unrentabel da. Weit richtiger und wirtschaftlicher wäre in solchen Fällen eine Werkgenossenschaft.

Warnen möchte ich kraft meiner Erfahrung vor der reinen Produktivgenossenschaft, bei der die Mitglieder ihre selbständigen Einzelbetriebe aufgeben und eventuell mit fremden Hilfskräften auf gemeinsame Rechnung arbeiten. Ich habe an einer solchen Genossenschaft, die zwar außerhalb des Verbandes steht, nur zu deutlich gesehen, daß hierzu die vorhandene Vollkommenheit der Menschen nicht ausreicht und daß nicht die Geldfrage oder die Erfolge, sondern einzig und allein die mangelnde Einigkeit dieses Wort reden müssen.

Doch hierfür noch ein Beispiel. Einige Handwerker, die mangels hinreichender Mittel ihren eigenen Herd aufgeben mußten nebst einigen noch nicht selbständigen jüngeren Leuten, kamen zu mir, um über die beabsichtigte Gründung einer Produktivgenossenschaft zu unterhandeln. Zu dem Betrieb sind ebenfalls Maschinen erforderlich und ohne gemeinsame Werkstätte haben diese Maschinen keinen Wert; ich riet ernstlich ab, legte das Buch Häntschke vor und erklärte den Leuten, wie viel wichtiger hierfür Einigkeit und gegenseitige Verträglichkeit notwendig sei, als ein großes Kapital. Ich half bei der Gründung nicht mit und so kam es auch nicht dazu. Wiederholt wurden Rücksprachen gepflogen mit der Versicherung, daß sie als wohlorganisierte Leute niemals zu den Streitsüchtigen zu zählen sein werden. Die Leute begannen trotz meiner Abwehr das Geschäft, aber in einer anderen Gesellschaftsform, arbeiteten ein Vierteljahr ganz gut zusammen nnd nun liegen sie im Streit; jeder will der erste sein; die Erfolge sind ganz befriedigend, aber höchst schädlich und überflüssig ist die liebe Uneinigkeit.

Meine Herren, gerade umgekehrt scheint die Sache in Österreich zu liegen; ich hatte im vorigen Jahre Gelegenheit, eine Reihe österreichischer Genossenschaften zu besuchen. In Wien durften wir uns — mein Begleiter und ich — der Führung des uns allen bekannten Anwalts des Deutsch-österreichischen Verbandes, des Herrn Wrabetz, erfreuen. Und da waren gerade die Produktivgenossenschaften die ältesten und kräftigsten Vereinigungen.

Meine Herren, es sind auf unseren Genossenschaftstagen Männer versammelt, die mitten in der praktischen Arbeit stehen, Männer, die wir als die Pioniere des deutschen Genossenschaftswesens bezeichnen dürfen, und so dürfte es im Interesse der Sache liegen, wenn ich noch ein wenig eingehe auf die verschiedenen Vorarbeiten bei einer beabsichtigten Gründung. Gerade über diesen Punkt gingen mir auch verschiedene Anfragen von Genossenschaftern zu. Die betreffenden gewerblichen Vereinigungen verlangen in der Regel einen Vortrag; und dazu gibt es kein Schema A und B; man muß wissen, wo die Leute der Schuh drückt und muß sich informieren, ob die Interessenten schon irgend eine Ahnung von einer Genossenschaft haben; danach muß man seine Rede einrichten. Dabei wirkt immer gut, wenn nicht nur die guten bestehenden Genossenschaften und ihre zahlenmäßigen Erfolge angeführt werden, nein, man erzähle auch von Beispielen, an denen man sieht, wie man es nicht machen soll. Namentlich aber fordere man zur Diskussion auf; dadurch hört man dann die verschiedenen unrichtigen Ansichten und man kann — wo es nötig ist — belehrend eingreifen.

Es werden — das trifft wenigstens für meinen Bezirk zu — außerordentlich viele Vorträge begehrt, und jede Versammlung hat ein anderes Gesicht; es kommt sogar vor, daß direkte Gegner einer Genossenschaft anwesend sind und das können unter Umständen selbst Handwerker sein. Ich sage deshalb vorweg in jeder derartigen Versammlung in der Einleitung: „Meine Herren, Sie haben einen Vortrag über Genossenschaftswesen in Ihrem Gewerbe gewünscht; jede Vereinigung hat ihre Gegner und ich zweifle gar nicht daran, daß auch unter Ihnen solche Gegner sich befinden. Ich selbst bin der letzte, der Ihnen sagt, gründet ja eine Genossenschaft, dann sind alle Übel beseitigt, aber wenn durch die neue Vereinigung Ihnen die und dic Vorteile gesichert sind und Sie scheuen aus Gründen der Unkollegialität zurück, dann kann ich Ihnen auch nichts nützen.“ Handelt es sich um die Ausstattungsbranche, dann wird in der Regel auch an den kleinsten Plätzen eine Magazingenossenschaft beantragt werden, und da heißt es dann: nur tüchtig bremsen. Mit der Magazingenossenschaft an einem kleinen Platze ist eben das Absatzgebiet noch lange nicht vergrößert.

Ja, diese ersten Versammlungen, sagen wir der erste Aufklärungsdienst ist häufig ausschlaggebend für die Zukunft und wird leider oft recht ungeschickt angefaßt. So berichtet man mir in letzter Zeit aus einer größeren Stadt Deutschlands, daß, weil die Rohmaterialien immer teurer werden, die Absicht bestehe, eine Glasergenossenschaft zu gründen. Die Arbeiten würden trotz der Teuerung nicht besser bezahlt werden, von den Arbeitern werde ein starker Druck ausgeübt, mit zwei Gesellen sei man noch Meister, benötigt man aber drei, dann könne der Meister gehen, dann wird ihm schon alles diktiert. Auf indirektem Wege höre ich sodann, daß die Versammlung stattgefunden, daß es aber zu einem Beschlusse nicht kam — der Glashändler führte am Schlusse den Vorsitz. —

Eine ziemliche Verbreitung haben in Württemberg die freien Vereinigungen, das ist die nicht rechtsfähige Gesellschaft im Sinne des B.G.B. Es kommt daher auch in der Regel diese Gesellschaftsform anzuwenden in Vorschlag; ja sie imponiert den Leuten recht gut, weil man mit dem Gerichte nichts zu tun hat und auch keine Revision braucht! So lange es sich nur um Lieferungsverträge handelt, genügt diese Form; für einen entwickelten Betrieb ist jedoch dieser unsichere Rechtszustand untauglich.

Ich habe weiter die Erfahrung gemacht, daß es immer gut ist, wenn der Genossenschaft wenigstens ein Mann angehört, der mit dem betr. Gewerbe gar nichts zu tun hat; er ist dann gewissermaßen stets der unparteiische Schiedsrichter. Diesen Mann zu den Versammlungen zu berufen, darf natürlich nicht versäumt werden. In der Regel kann hier die Kreditgenossenschaft die besten Dienste leisten.

Und hier noch eine Erfahrung. Sie wissen ja, daß in Württemberg der Verband der Handwerkergenossenschaften wohl ganz selbständig, daß er aber an den Verband der Kreditgenossenschaften angelehnt ist, und daß völlige Personalunion besteht. Und das hat sich recht gut bewährt. Wo nur irgend eine Anregung gegeben wird, setze ich mich mit der Kreditgenossenschaft in Verbindung und häufig sind diese es auch, die den Anstoß zu einem Zusammenschluß geben. Personen- und Kreditfrage und letztere in vernünftigen Grenzen sind auf diese Weise besser zu regeln. Verfehlt wäre eine völlige Verschmelzung. Die Kreditgenossenschaften verursachen nur die Kosten der Revision, während bei den Handwerkergenossenschaften noch die Belehrung, die Instruktion eine große Rolle spielt und auch die Revision höhere Kosten verursacht; Besuche in zweijährigen Zwischenräumen genügen in der Regel nicht und deshalb ist wenigstens eine abgesonderte Verrechnung nötig.

Meine Herren, ich wiederhole, was ich Ihnen bereits mitgeteilt habe, meine Ausführungen wollen keinen Anspruch auf eine erschöpfende Behandlung machen; es sind der Erfahrungen, die man im Laufe der Jahre auf diesem Gebiete macht, so viele, daß eine einzelne Genossenschaft und ihr Werdegang allein Stoff genug bietet, um den Rahmen eines Vortrags auszufüllen. Ich blieb weg von allgemeinen Grundsätzen, die wir schon früher behandelt haben, ich nahm davon Abstand, einzelne Beispiele anzuführen, wer sich dafür interessiert, dem stehen meine Berichte, denen auch die Bilanzen beigefügt werden, zur Verfügung. Alles in allem habe ich die Erfahrung gemacht, daß bei all dem schwierigen Gebiet eben doch Erhebliches geleistet werden kann, wo die Leute zusammen harmonieren. Wer mit dem Handwerk in Fühlung kommt, wird sich bald klar werden, daß bei einem großen Teil mit der Kreditbefriedigung vieles, aber noch nicht alles geleistet ist, was der Handwerker erstrebt. Je mehr sich das Großkapital konzentriert, ein desto besseres und dankbareres Feld verbleibt den Kreditgenossenschaften, um so mehr werden sie die Volksbanken des gesamten Mittelstandes werden. Je mehr sich aber das Großkapital in Handel und Industrie betätigt, in eine um so schwierigere Stellung wird der Kleingewerbetreibende getrieben, ihm die Existenz durch genossenschaftlichen Zusammenschluß, wenigstens wo dies möglich, sichern zu helfen. Das sei mein Appell an den Casseler Genossenschaftstag.

(Lebhafter Beifall.)

Stadtrat **Kuetz** (Cassel): Die Frage der Errichtung von Handwerkergenossenschaften hat uns, soviel ich mich erinnere, seit dem Münchener Genossenschaftstag fortwährend beschäftigt. Damals wurde sie an die Unterverbände verwiesen, und ich hätte gewünscht, sie wäre dort mehr bearbeitet worden, als dies geschehen ist. Wenn der Herr Berichterstatter uns seine nicht sehr erfreulichen Erfahrungen hier mitgeteilt hat, so sind diese an sich nicht sehr ermunternd, wir kommen aber mit dieser Tatsache in der Frage selbst nicht weiter. Wir müßten doch einmal untersuchen, was zu tun ist — was wir machen können — um auf diesem Gebiete etwas vorwärts zu kommen. In allen den Gewerben, wo die Waren in handwerksmäßigem Betriebe hergestellt werden, sei es nun fabrikmäßig, sei es Kundenarbeit, wird die Sache immer viel schwieriger sein als in den Gewerben, wo es sich um die Verwertung von Nebenprodukten handelt, hauptsächlich kommt dies bei der Nahrungsmittelbranche in Betracht. Hier werden Sie immer bessere Erfahrungen machen als in den anderen Gewerben. Was nun die Genossenschaftsarten betrifft, so haben wir es nicht nötig, in verschiedenen Gewerbszweigen Werkgenossenschaften zu gründen, denn die Fortschritte der Technik ermöglichen es ihnen, mit den Großbetrieben in bezug auf die Erzeugung der Waren in Wettbewerb zu treten; es sei denn, daß es sich um Beschaffung von Maschinen für die Einzelbetriebe handelt. Bei Errichtung von Rohstoff- oder Magazingenossenschaften liegt der Hauptgrund des Versagens darin, daß dort, wo der kleine Handwerker in der Werkstatt selbst mitarbeitet, die Verhältnisse ganz anders liegen, als bei denen, die zwar auch handwerksmäßig arbeiten, deren Betrieb sich aber schon dem Fabrikbetrieb nähert, die nicht in der Werkstatt selbst mit tätig sein können. Diese Handwerker, die an derartigen Einrichtungen kein Interesse haben, die vor allem aber befähigt wären, derartige Handwerkergenossenschaften zu leiten, haben gar keine Ursache, den kleinen Handwerker zu unterstützen, um sich Konkurrenten heranzubilden. Hierin liegt die Hauptschwierigkeit der Schaffung lebensfähiger Handwerkergenossenschaften. Wo es sich aber in den vorerwähnten Betrieben um die Verwertung von Nebenprodukten, beispielsweise Fett- und Häuteverwertung usw. im Fleischergewerbe handelt, da werden immer bessere Resultate erzielt, da hier auch die größeren Betriebe geschäftlich gezwungen sind, sich dieser Einrichtungen zu bedienen. Hier ist eine besondere Unterstützung kaum nötig. Wir sollten uns deshalb zunächst darüber unterhalten, wie wir die Genossenschaftsbildung etwas mehr fördern können. Als wir hier im vorigen Jahre die Errichtung einer Gewerbeausstellung planten, habe ich mich mit dem Herrn Anwalt in Verbindung gesetzt, um dessen Meinung zu hören, in welcher Weise wir bei dieser Gelegenheit auch etwas für die Förderung des Genossenschaftswesens tun könnten. Die gemachten Erfahrungen waren aber so wenig darnach angetan auf große Erfolge zu rechnen, daß wir uns darauf beschränkt haben, große Tafeln aufzuhängen, in denen auf die Vorteile des Genossenschaftswesens hingewiesen wurde. Wir haben dann später einen Bericht über die Ausstellung herausgegeben, in dem auch nochmals auf die Wichtigkeit dieser Frage hingewiesen ist und da jede Innung und jeder gewerbliche Verband in Kurhessen einen derartigen Bericht bekommen hat, so hoffen wir hierdurch etwas für die Sache getan zu haben. Ich bin der Ansicht, der ursprünglich auf dem Genossenschaftstage in München beschrittene Weg muß wieder eingeschlagen und die ganze Behandlung der Frage mehr in die Unterverbände hineingelegt werden. Da trifft das zu, was der Herr Berichterstatter betont hat: daß die einzelnen Vorstands- und Aufsichtsratsmitglieder der Kredit- und Vorschußgenossenschaften am besten in der Lage sind, beurteilen zu können, ob sich die eine oder andere Art der Genossenschaft für dies oder jenes Gewerbe in dem betreffenden Ort eignet und ob die zur Führung dieser Geschäfte geeigneten Personen dort vorhanden sind; damit kämen wir der Sache doch etwas näher und wir hätten nicht nötig. uns in jedem Jahre über diesen Gegenstand zu unterhalten, das ist weder für uns, noch für die Handwerkerbewegung, noch für das Genossenschaftswesen besonders ermunternd.

Königlicher Bankinspektor **Mager** (Berlin): Meine Herren, als Bankinspektor der Preußischen Central-Genossenschafts-Kasse habe ich zum dritten Male den Vorzug, Ihrer Tagung beizuwohnen. Sie wissen auch, daß ich während dieser Zeit eine Mitverantwortung für das gewerbliche Genossenschaftswesen im Königreich Preußen habe, und gestatten mir vielleicht, trotzdem ich hier Gast bin, daß ich den Verbandsdirektor im Hauptverbande Deutscher gewerblicher Genossenschaften, der ja hauptsächlich in Preußen arbeitet, auch in dieser Versammlung nicht ablege. Im Anschluß an den interessanten Bericht des Herrn Schumacher, mit dem ich mich persönlich schon seit Jahren über Handwerker-Genossenschaftswesen und über Genossenschaftswesen im allgemeinen sehr gern und gut verständige, möchte ich einige scheinbare Widersprüche hervorheben zwischen dem Bericht, den Herr Schumacher im wesentlichen über Württemberg gegeben hat — was er ja hier eigentlich als zweites Musterländle uns geschildert hat,

(Heiterkeit.)

— und dem offiziellen schriftlichen und mündlichen Bericht Ihres Herrn Anwalts, der im wesentlichen Preußen behandelt oder mindestens Preußen unterstrichen behandelt. Ich möchte da nur an einige Wendungen anknüpfen und möchte den Satz aus dem schriftlichen Bericht herausnehmen: „In Preußen ist die Förderung des Handwerkergenossenschaftswesens völlig festgefahren.“ Dazu darf ich Ihnen im Interesse der weiten Öffentlichkeit mitteilen, daß der Hauptverband, nachdem er jetzt drei Jahre gearbeitet hat in seinem Ausschuß, der sich aus einer großen Anzahl von Handwerkerkammern aus ganz Deutschland und aus den Direktoren der verschiedenen Verbände zusammensetzt, daß dieser Ausschuß und der Vorstand des Hauptverbandes und daß die Generalversammlung, welche im Juni in Berlin getagt hat, heute nach drei Jahren der Ansicht sind, daß sie nie klarer gewußt haben, was sie in bezug auf das Handwerkergenossenschaftswesen für eine ganze Reihe von Jahren tun wollen als heute. Der Herr Anwalt sagte auch, er vermute, daß die Staatsbehörden keinen Gefallen an dem Handwerkergenossenschaftswesen finden. Dazu vermute ich, daß der Herr Anwalt falsch vermutet. Ich darf Ihnen sagen, daß der Hauptverband heute keine anderen Bedenken mehr bezüglich des Handwerkergenossenschaftswesens hat, als die, welche durch die Schwierigkeit des Arbeitsgebiets ganz von selbst bedingt sind. Ich darf, wiederum in Übereinstimmung mit Herrn Schumacher, erklären, daß ich absolut kein Optimist bin. Ich möchte auch zu der „gewaltsamen Förderung" des Genossenschaftswesens im Handwerk in einigen Staaten — ich glaube, da ist Preußen sehr wahrscheinlich damit gemeint — doch mitteilen, daß ich bestimmt versichern kann, daß innerhalb der drei letzten Jahre — ich dürfte auch ein Jahr mehr nehmen — von einer gewaltsamen Förderung des Handwerkergenossenschaftswesens nicht gesprochen werden kann. Wir im Hauptverband halten eine gewaltsame Förderung des Handwerkergenossenschaftswesens für gerade so schädlich wie Ihre Vertretung. — Ich komme noch auf die Statistik und freue mich, daß sie eine gewisse Würdigung seitens Ihrer Organisation gefunden hat. Wenn aber ihr Herr Anwalt heute meint, daß sich der Hauptverband in der Fragestellung doch noch große Beschränkung habe auferlegen müssen, so möchte ich daran erinnern, daß eine erstmalig aufgemachte Statistik vorliegt und möchte dann allerdings so anspruchsvoll sein, zu glauben, daß selten eine Statistik erstmalig so vollständig herausgekommen sein wird, als die des Hauptverbandes. Ich gebe gern zu, daß das nicht lediglich ein Verdienst des Hauptverbandes ist, es haben Ihr Allgemeiner Verband in erster Linie und der Reichsverband deutscher landwirtschaftlicher Genossenschaften auf dem Gebiete der Statistik zeitlich etwas vorgearbeitet. Im übrigen schätzen ich persönlich und auch der Hauptverband den Wert der Statistik so hoch ein, wie dies Ihr Herr Anwalt nach seinen heutigen interessanten, für den Freund der Statistik direkt erbaulichen Ausführungen über Statistik tut. Ich darf auch in Aussicht stellen, daß die diesjährige Statistik des Hauptverbandes wieder einige Fragen mehr beantworten wird. Zum Schlusse möchte ich wünschen, daß wir in der Förderung des Handwerkergenossenschaftswesens in jeder Beziehung so einig gehen könnten, wie wir meiner Ansicht nach vielleicht schon ganz bald in bezug auf die Statistik gehen werden.

Verbandsdirektor Justizrat **Dr. Alberti** (Wiesbaden): Von dem Vorschlage des Herrn Rueß, die Verhandlungen über diese Frage auf die Unterverbandstage zu verlegen, kann ich mir nach meinen Erfahrungen keinen Erfolg versprechen. Es handelt sich in unserem Verbande vorzugsweise um Kreditgenossenschaftsverbände, und die haben auf ihren Unterverbandstagen gewöhnlich ein ziemlich reichhaltiges Material von Angelegenheiten, die sie besonders als Kreditgenossenschafter interessieren. Die Herren, die dorthin kommen, haben auch als Vorstands- und Aufsichtsratsmitglieder ein lebhaftes Interesse, gerade über diese Fragen Aufklärung zu erhalten. Ich habe es erleben müssen, daß Sachen, die damit nicht in Zusammenhang stehen, im allgemeinen kein lebhaftes Interesse fanden. Ich glaube daher auch, daß wir damit in dieser Angelegenheit nicht vorankommen würden. Wenn derartige Vorträge und Anregungen gegeben werden sollen, so muß das meines Ermessens in Kreisen geschehen, die sich speziell aus Handwerkern zusammensetzen. Selbstverständlich müssen auch Personen hinzugezogen werden, die auch aus allgemeinen Gesichtspunkten ein Interesse an solchen Verhandlungen haben. Wir haben z. B. in Wiesbaden in früherer Zeit derartige Versammlungen abgehalten, insbesondere einmal im Anschluß an den Gewerbeverein. Dieser hatte die Versammlung berufen, ich habe einen Vortrag über die Handwerkergenossenschaften gehalten und glaubte wohl, daß sich weiteres daran knüpfen würde. Die Sache hat sich aber damit nachher erledigt, daß die Handwerkskammer die Sache in die Hand genommen hat. Seit der Zeit erfahren wir nichts mehr davon. Allerdings sind einige Genossenschaften gegründet, über deren Lage bin ich aber eigentlich gar nicht imstande, etwas mitzuteilen. Nur von einer Genossenschaft fühle ich mich allerdings veranlaßt, Ihnen eine kurze Mitteilung zu machen. Eine Schlossergenossenschaft hat sich zusammengetan zu dem Zwecke, ein gemeinschaftliches Lager zu halten; sie hat aber vorerst mit etwas anderem angefangen, nämlich mit der Erbauung eines großen Hauses, eines sehr stattlichen Hauses, bei dem, soviel ich weiß, aber überhaupt Räumlichkeiten für ein Lager gar nicht vorgesehen sind. Das Haus steht in der Schwalbacher Straße und es wurde gleich eingerichtet zum Wirtschaftsbetrieb. Man hat für den unteren Stock eine Wirtschaftskonzession bekommen und den oberen Stock vermietet. Damit ist bis jetzt die Tätigkeit der Genossenschaft vollkommen erledigt. (Heiterkeit.)

Für den Einkauf von Eisen und Stahl ist bis jetzt kein Pfennig ausgegeben worden. Wie es mit den übrigen Genossenschaften geht, weiß ich nicht. Ich wollte nur meine Ansicht dahin aussprechen, daß wir speziell vom kreditgenossenschaftlichen Standpunkt aus und von den Versammlungen aus, die für die Kreditgenossenschaften bestimmt sind, eine besondere Anregung nicht erwarten können. Bei den Konsumvereinen ist das wohl noch in höherem Maße der Fall, weil dort auch wieder ganz andere Interessen in Betracht kommen, und daß bei Versammlungen der Baugenossenschaften etwa derartige Anregungen besonders nutzbringend sein würden, möchte ich auch bestreiten. Wir müssen also doch einen andern Weg suchen.

Stadtrat **Ruetz** (Cassel): Ich habe meine Anregung nicht so verstanden, daß etwa die Unterverbände gehalten sein sollten, Personen in allen Städten herumziehen und Vorträge halten zu lassen, sondern ich habe nur gemeint, die Behandlung der Frage soll mehr den Unterverbänden überlassen werden, da hier die einzelnen Kreditgenossenschaften in ihren Kreisen sich der Sache nicht annehmen und versuchen können, in der Förderung der Sache tätig zu sein. Es ist nicht notwendig, daß das auf den Unterverbandstagen erledigt wird, ich weiß wohl, das hat seine Schwierigkeiten, aber daß die einzelnen Genossenschaften innerhalb der Unterverbände sich der Sache mehr annehmen und in ihren Städten tätig sein sollen, das hat ja auch der Herr Berichterstatter gesagt, und die berufensten Personen dazu werden immer die Aufsichtsrats- und Vorstandsmitglieder der einzelnen Genossenschaften sein.

Anwalt **Dr. Crüger**: Ich werde gern dem Wunsche des Herrn Ruetz entsprechen und für die nächstjährige Tagesordnung der Unterverbandstage den Herren Verbandsdirektoren wieder die Erörterung der Handwerkergenossenschaftsfrage in Vorschlag bringen. Aber, meine Herren, allzuviel verspreche ich mir nicht davon. Man muß die Dinge nehmen, wie sie sind; man kann sich nicht darauf beschränken, theoretisch festzustellen: mit Hilfe der genossenschaftlichen Organisation kann dem Handwerk geholfen werden, sondern man muß etwas genauer hineinleuchten und sich alle diejenigen Personen ansehen, die man nun für eine Förderung der Handwerkergenossenschaftsbewegung engagieren will. Da wird mir unvergeßlich bleiben ein Vortrag, den ich in einer vorpommerschen Stadt vor vielen Jahren gehalten habe auf Veranlassung der Kreditgenossenschaft. Wir saßen Vorstand, Aufsichtsrat und meine Wenigkeit hernach noch beisammen, neben mir ein Aufsichtsratsmitglied der Kreditgenossenschaft, der dann im Laufe des Abends an mich die Frage richtete: ja, Herr Doktor, ich bin Lederhändler, verlangen Sie nun wirklich, daß ich mich für die Gründung einer Schuhmacherrohstoffgenossenschaft begeistern soll?

(Heiterkeit.)

Ich muß offen gestehen, ich war in einiger Verlegenheit mit der Antwort. Ich konnte ihm nur in Aussicht stellen, daß er zweifellos bei der Bedeutung seines Geschäftes der Lieferant der Rohstoffgenossenschaft werden würde.

(Heiterkeit.)

Wir dürfen doch nicht übersehen, meine Herren, daß in den Kreisen der Kaufmannschaft die Abneigung gegen die Rohstoffgenossenschaft der Handwerker genau ebenso groß ist wie gegen die Konsumvereine und die landwirtschaftlichen Genossenschaften und daß, wenn die Kreditgenossenschaft auch an und für sich bereit ist, sich für die Handwerkergenossenschaft zu interessieren und ihr über die ersten Schwierigkeiten hinwegzuhelfen, doch immer im Vorstand und jedenfalls im Aufsichtsrat eine ganze Anzahl Personen sich finden, die durchaus gegen die Gründung einer derartigen Genossenschaft sind. Herr Schumacher hat meines Erachtens den springenden Punkt ganz scharf bezeichnet: es ist der Konkurrenzneid,

(Sehr richtig!)

der Konkurrenzneid unter den Handwerkern und der Konkurrenzneid aller derjenigen Stände, die durch die Gründung der Genossenschaft irgendwie berührt werden, ob nun diese Genossenschaft so heißt oder anders, ist ganz egal.

Meine Herren, es ist hier hingewiesen worden auf die Entwickelung der Genossenschaften im Fleischergewerbe, die allerdings eine ganz außerordentliche ist, jener Genossenschaften, die der Verwertung der Tierabfälle, Häute usw. dienen. Aber heute macht sich auch bereits im Gerbergewerbe eine gewisse Strömung gegen diese Genossenschaften geltend, denn diese Genossenschaften werden dem Gewerbe unbequem, und wer weiß, ob nicht alsbald auch eine Agitation gegen diese Genossenschaften einsetzt, die deren Entwickelung hindern wird.

Die Kreditgenossenschaft ist eigentlich die einzige, die unangefochten von jeder Konkurrenz dasteht oder jedenfalls nur eine Konkurrenz hat, mit der sie jederzeit in Wettbewerb treten kann und den Konkurrenzkampf durchzufechten imstande ist. Die Kreditgenossenschaft hat allerdings wohl auch wenigstens ihre latente Gegnerschaft gehabt, und ich bin persönlich auch der Meinung, daß jener Paragraph im Genossenschaftsgesetz, der den Kreditgenossenschaften die Ausdehnung der Darlehnsgewährung auf Nichtmitglieder untersagt, nicht bloß entsprungen ist einer innigen Fürsorge für eine gesunde Entwickelung der Kreditgenossenschaften, sondern als wenn hinter jener Bestimmung des Genossenschaftsgesetzes Kreise steckten, die da meinten, nun, eine zu weitgehende Ausdehnung der Kreditgenossenschaften würde uns nicht bequem sein.

(Sehr richtig!)

Der Unterschied zwischen der Gegnerschaft gegenüber Kreditgenossenschaften und anderen Genossenschaften ist der, daß die Gegner der Kreditgenossenschaften im kleinen und mittleren Bankiergewerbe zu finden sind, während die Gegner der Handwerkergenossenschaften, landwirtschaftlichen Genossenschaften und der Konsumvereine im Lager der Kleingewerbetreibenden anzutreffen sind, und daß die Regierung stets ihre liebevolle Hand hält über den Kleingewerbestand, daß man aber niemals gehört hat, daß etwa auch der kleine Bankierstand sich der besonderen Fürsorge der Regierung zu erfreuen gehabt hat. Wenn im Genossenschaftsgesetz damals vielleicht ein kleiner Seitenweg eingeschlagen ist, mag das seine besonderen Ursachen haben. Wenn wir aber die Dinge nun einmal so sehen, wie sie sich hier darstellen, glaube ich, werden wir auch die Situation richtiger beurteilen, werden aber allerdings auch sofort erkennen, wie schwierig die Förderung der Handwerkergenossenschaftsbewegung ist.

Wir dürfen auch nicht übersehen, daß im Jahre 1891 der Allgemeine Deutsche Handwerkertag sich direkt gegen jede Anwendung der genossenschaftlichen Organisation ausgesprochen hat. Als wir, meine Herren, im Jahre 1892 in München auf dem Allgemeinen Vereinstag, nach dem von mir gehaltenen Referat nicht etwa neu hineinsprangen in die Handwerkerbewegung, sondern nur wieder das in Erinnerung riefen, was Schulze-Delitzsch Jahrzehnte vorher schon vorausgesagt hatte, da waren wir eigentlich zunächst einmal wieder Pioniere auf diesem Gebiete, denn dank einer sehr eigenartigen Handwerkerbewegung war das Genossenschaftswesen vollständig zurückgedrängt in den Handwerkerkreisen. Inwieweit dabei Stimmungen mitgesprochen haben, die ich in meinem Berichte näher kritisiert habe, wie sie der Vorsitzende des Ausschusses des Hauptverbandes der gewerblichen Genossenschaften im Preußischen Abgeordnetenhause näher dargelegt hat, will ich hier dahingestellt sein lassen. Ich glaube allerdings, daß hier politische Strömungen mit im Spiele gewesen sind, daß man meinte, der Allgemeine Deutsche Genossenschaftsverband solle, um es deutsch zu sagen, eine Hochburg des Fortschrittes sein und daß man die Handwerker im zünftlerischen Lager halten und von dieser sogenannten Hochburg des Fortschritts fernhalten wollte. Daß man aber den Handwerkern, indem man den Allgemeinen Deutschen Genossenschaftsverband in jenen Kreisen derart verdächtigte, — anders kann ich es nicht bezeichnen — daß man gerade dem Handwerkerstande damit den denkbar schlechtesten Dienst erwiesen hat, darüber werden heute auch alle diejenigen Kreise im klaren sein, die sich mit dieser Frage beschäftigt haben. Im Jahre 1895 setzte die staatliche Förderung des Genossenschaftswesens ein, und ich muß das wiederholen, was ich gestern ausgesprochen habe: jene Förderung ging vor sich unter den schwersten Angriffen auf die Schulze-Delitzschschen Genossenschaften. Ich habe bereits damals darauf hingewiesen: diese Förderung könnte nur den Erfolg haben, eine heillose Verwirrung in den Köpfen der Handwerker hervorzurufen. Die Handwerker wußten tatsächlich nicht, wohin sie sich wenden sollten. Die Schulze-Delitzschschen Genossenschaften erschienen ihnen als verdächtig, es wurden neue Rezepte zum Besten gegeben, nach denen die Genossenschaftsfrage gelöst werden sollte. Mit diesen Rezepten hat man eine Reihe von Jahren gearbeitet und die denkbar schlechtesten Erfolge erzielt, und seit etwa 3 Jahren besinnt man sich wieder auf unsere Schulze-Delitzschschen Grundsätze. Und da ist man heute darüber erstaunt, daß man nicht weiter gekommen ist! Ich muß sagen: ich bin überrascht, daß man überhaupt so weit gekommen ist, daß die Handwerker, nachdem von den verschiedensten Seiten auf sie eingeredet ist, nun noch imstande sind, sich darauf zu besinnen, wie die Dinge tatsächlich liegen. Ich wäre nicht darauf gekommen, wenn nicht die Ausführungen des Herrn Bankinspektor Mager mich geradezu veranlaßt hätten, hier zu dieser Angelegenheit Stellung zu nehmen. Denn sonst könnten sich Legenden entwickeln, die dem Ansehen unseres Allgemeinen Verbandes nicht nützlich, vor allen Dingen aber der weiteren Handwerkergenossenschaftsbewegung nicht förderlich sind. Ich kann nur heute das wiederholen, was ich in den einzelnen Berichten auf den Allgemeinen Genossenschaftstagen ausgesprochen, was ich in dem Vorwort zum Jahrbuch so und so oft ausgeführt, was ich in den Neujahrsartikeln in den Blättern für Genossenschaftswesen dargelegt habe: die Sache wird erst besser werden, wenn auf dem Gebiet der staatlichen Förderung ernstlich Umkehr gehalten wird, wenn man nicht bloß theoretisch sondern auch in der Praxis sich dazu bekennt: wir waren 10 Jahre auf falschem Wege, wir wollen jetzt die Handwerker das Genossenschaftswesen nach den Schulze-Delitzschschen Grundsätzen lehren, wir haben nach anderen Rezepten zu arbeiten versucht, aber wir haben uns überzeugt, die Dinge gehen so nicht. Aufhören müßten dann natürlich auch die Angriffe auf unsere Organisation und jede Verdächtigung derselben insbesondere auch in den Kreisen der Handwerker. Dann wird Klarheit geschaffen werden. Dann wird eine Verständigung möglich sein, von der vor allem die Handwerker selbst den größten Vorteil haben, in deren Augen heute die Schulze-

Delitzschischen Genossenschaften noch immer als eine Art Handwerkerfeinde erscheinen müssen.

Wenn mir das Wort „festgefahren" im Vorwort übelgenommen wird, so berufe ich mich da auf keinen anderen als den Dezernenten für Genossenschaftswesen im Finanzministerium, den Herrn Geheimrat Hugenberg. Dieser gibt den gewerblichen Genossenschaften den guten Rat, sich heute anzuschließen an unsere Organisation; und jener Herr, der keineswegs mit allzugroßer Sympathie an den Allgemeinen Verband herantritt; Herr Dr. Peters, kommt genau zu dem gleichen Resultat wie Herr Geheimrat Hugenberg. Ich bin keineswegs erstaunt darüber, daß die Dinge sich so entwickelt haben. Ich erinnere nur an die Lage des Handwerkergenossenschaftswesens in Westpreußen und Posen. Mißlichere Zustände als dort sind überhaupt nicht denkbar. Ferner erinnere ich an die Zustände im Erfurter Bezirk, die Herrn Bankinspektor Mager genau so bekannt sind wie mir. Das sind Mißerfolge, unter denen das gesamte Handwerkergenossenschaftswesen auf das schwerste gelitten hat. Wir haben den Brief eines braven Schneidermeisters gehört, in dem er schilderte, wie die Gründung des großen Schneiderverbandes auf ihn gewirkt hat. Diese Gründung haben wir, sofort nach dem sie erfolgte, richtig als groben Unfug bezeichnet; aber Sie sehen, wie das weiter wirkt; wie nicht bloß die paar Schneider, die in finanzielle Mitleidenschaft gezogen sind, vollständig genug bekommen von der genossenschaftlichen Organisation, sondern wie allgemein die Rede entsteht: nur keine genossenschaftliche Organisation! Meine Herren, auf keinem Gebiete rächen sich verfehlte Experimente so wie auf dem Gebiet des Genossenschaftswesens, dem die kleinen Handwerker schon mit einem großen Mißtrauen entgegentreten: denn es ist die Haftpflicht, die sie fürchten. Wenn derartig trübe Erfahrungen mit der Genossenschaft gemacht werden, dann ist es erklärlich, daß in weiten Kreisen des Handwerks eine gewisse Beunruhigung Platz greift, wenn sie hören, sie sollen an die Genossenschaft Anschluß suchen.

Ich habe auch in meinem Bericht auf die unglückliche Experimentiererei aufmerksam gemacht. Im Königreich Sachsen ist z. B. beschlossen worden, eine Handwerkergenossenschaft ins Leben zu rufen, wenn als Grundstock ein Kapital von 1 Million Mark angesammelt ist. Meine Herren, die Handwerker sollen eine Mark wöchentlich beisteuern, um eine Million aufzubringen!

(Bewegung.)

Das wird durch die Organe der Handwerkskammer im Königreich Sachsen verbreitet. Nun frage ich Sie: was sollen wir derartigen Bestrebungen gegenüber unternehmen? Die Handwerker im Königreich Sachsen warten zunächst auf die eine Million, dann werden sie die Genossenschaft gründen. Ich habe gestern in meinem Bericht darauf hingewiesen, wie man im Schneidergewerbe bestrebt ist, eine Zentral-Einkaufsstelle ins Leben zu rufen. Erst sollte man Genossenschaften gründen, dann wird sich vielleicht die Zentral-Einkaufsstelle ganz von selbst ergeben — wenn ein Bedürfnis vorhanden ist.

Meine Herren, so wenig erfreulich die augenblicklichen Verhältnisse im Handwerkergenossenschaftswesen liegen, so bin ich doch der Meinung, daß wir deshalb noch nicht zu dem Resultat zu kommen brauchen, daß auf diesem Gebiet überhaupt nichts zu machen ist. Sie haben den Vortrag des Herrn Schumacher gehört und werden daraus entnommen haben, was mit einer intensiven sachverständigen Förderung auf diesem Gebiet, das allerdings in Württemberg von Gewerbevereinen vorbereitet war, geschaffen werden kann. In anderen Bundesstaaten wird in ähnlicher Weise vorgegangen; es würde mich zu weit führen, in alle Einzelheiten einzugehen, ich habe sie im wesentlichen bereits in meinem Bericht erwähnt.

Ich möchte nur noch zum Schluß wiederholt darauf hinweisen, daß, wenn wirklich nun auf dem Gebiet des Handwerkergenossenschaftswesens etwas Tatsächliches zuwege gebracht werden soll, dann alle diejenigen Stellen, die entweder einen Einfluß auf die Bewegung haben, oder die da glauben, einen Einfluß gewinnen zu können, sich über die zu beobachtenden Grundsätze verständigen. Es ist nicht damit getan, wie wir z. B. soeben von Herrn Bankinspektor Mager gehört haben, wir wollen uns verständigen, wir wollen ein einheitliches Programm herbeiführen, und wenn dann gleichzeitig in dem Organ des Hauptverbandes der gewerblichen Genossenschaften ein Artikel in zwei Nummern erscheint, der mit Verdächtigungen gegen die Schulze-Delitzschschen Genossenschaften gespickt ist, in dem deren Grundsätze heruntergezogen werden. Man verlangt von uns Ruhe und Frieden; gleichzeitig bringt der Hauptverband der gewerblichen Genossenschaften einen solchen Artikel, dessen Verfasser ich übrigens nach der zweiten Fortsetzung schon kannte, er brauchte nicht erst den Namen zu nennen, er war mir von seinen Bestrebungen in Ostpreußen her bekannt. Die Gedanken dieses Herrn sind nicht dazu angetan, die Köpfe der Handwerker aufzuklären, sondern das sind Bestrebungen, bestimmt, neue Verwirrungen hervorzurufen. Auch ich plädiere für Verständigung mit den übrigen Organisationen, aber auf Grundlage der Schulze-Delitzschschen Grundsätze, nicht etwa aus besonderer Eigenliebe und theoretischer Vorliebe für unsere wirtschaftlichen Grundsätze, sondern weil die Erfahrung für die Richtigkeit unserer Grundsätze spricht, und sich die Unrichtigkeit der von anderer Seite vertretenen genossenschaftlichen Grundsätze in der Praxis gezeigt hat. Es wird das Handwerkergenossenschaftswesen nur wirksam gefördert werden können, wenn sich auch jene genossenschaftlichen Kreise, die außerhalb unserer Organisation stehen, offen hierzu bekennen — wenn man aufhört mit Experimenten — und zurückkehrt zu den bewährten Schulze-Delitzschschen genossenschaftlichen Grundlehren.

(Lebhafter Beifall.)

Kassierer **Herbst** (Bützow): Meine Herren, ich habe auch seit Jahren die Bewegung auf dem Gebiete des Handwerkergenossenschaftswesens verfolgt und bin vielfach in Mecklenburg, meiner Heimat, für Gründung von Handwerkergenossenschaften tätig gewesen. Wir hatten vor Jahren eine Agitation mit Hülfe des Herrn Anwalts eingeleitet, welcher Vorträge gehalten hat, und wir haben auch gesehen, daß einige Früchte gezeitigt worden sind. So sind in Wismar, in Schwerin und in Güstrow Schuhmacher-Rohstoffgenossenschaften gegründet worden, auch sind ein paar Schneidergenossenschaften entstanden, die recht gut gehen. Bei uns in Mecklenburg ist in Innungskreisen eine Wandelung nach der Richtung hin eingetreten, daß diese sich jetzt sehr dem Genossenschaftswesen zuneigen. Unsere Handwerkskammer fördert auch das Genossenschaftswesen; so hat sie an drei Schuhmachergenossenschaften je 300 Mk. gegeben, welche diese zu Einrichtungen usw. verwendet haben. Dieses Verfahren ist mir nicht sympathisch, in dieser Weise sollte die Handwerkskammer keine Aufwendungen machen. Ich halte für das beste Agitationsmittel den folgenden Weg: In Mecklenburg hat die Handwerkskammer für Schuhmacher und Schneider je einen Meisterkursus in der Weise veranstaltet, daß die Teilnehmer in der neuesten Methode Maß zu nehmen unterrichtet und mit sonstigen Neuerungen und Fortschritten in ihrem Gewerbe bekannt gemacht wurden. Nun meine ich, es wäre gut, wenn in ähnlicher Weise genossenschaftliche Kurse abgehalten würden, und zwar am Orte einer gutgehenden Rohstoffgenossenschaft. Es könnten dann die Handwerker eines größeren Umkreises zur Teilnahme veranlaßt werden, dorthin zu kommen; auch könnten die Innungen geeignete Mitglieder auswählen, und wenn dann die Handwerkskammern und die Regierungen für diese Kurse und zu Reisestipendien für die Teilnehmer Mittel bewilligten, so würden diese Kurse sicher den besten Erfolg haben. Denn wenn dem hingeschickten Manne die Vorzüge der Genossenschaft praktisch vorgeführt werden, dann wird er für die Sache interessiert, und wenn er dann nach

Hause kommt und seine Erfahrungen mitteilt, so werden auch die anderen Handwerker für die Sache gewonnen; dann ist sicher viel mehr Gewähr dafür gegeben, daß das Samenkorn auf fruchtbareren Boden fällt, als wenn in den verschiedenen Orten Vorträge gehalten werden, welche die Leute wohl anhören, mit denen sie aber in der Praxis nichts anzufangen wissen. Ich wiederhole: wenn in der von mir angeführten Weise die Leute aufgeklärt würden, so wäre das die wirksamste Agitation.

(Bravo!)

Regierungsdirektor **Conrad** (Speyer): Nur ein kurzes Wort! Die Mitteilungen des Herrn **Herbst** zeigen uns, daß es zwar sehr schwierig ist, auf dem Gebiete des Handwerkergenossenschaftswesens etwas zu tun, daß aber doch etwas geschehen kann.

Die Ausführungen des Herrn Berichterstatters haben mir namentlich in einem Satz recht gut gefallen, in dem er sagte: nur nicht gleich hingehen und eine Genossenschaft gründen, lieber zuwarten und sich die Sache näher überlegen. Daraus geht das eine positiv hervor, wie schwierig die Sache ist. Aus den Mitteilungen, die er daran geknüpft hat, ist aber auch ersichtlich, wieviel Unklarheit und Konfusion noch auf diesem Gebiete herrscht. Ich darf Ihnen verraten, daß mir die Ehre eines Generalgeschäftsführers in dem pfälzischen Schneiderverbande zugedacht war; man stellte mir eine hübsche Geldsumme in Aussicht, nur hätte ich natürlich aus meinem Berufe auszuscheiden gehabt. Ich ließ mir das Statut zeigen, muß aber gestehen: mir war es verwunderlich, daß hier eine Genossenschaft als solche zur Eintragung gelangte.

(Hört, Hört!)

Das Statut enthielt ein Sammelsurium von Bestimmungen, deren wichtigste und notwendigste dem Verfasser die war, wie die Sache sich geschäftlich weiter ausbeuten ließ. Daß es zum Zusammenbruch kommen mußte, war mir klar. Ich dankte für die Ehre eines Generalgeschäftsführers und bemühte mich, die Gründungslustigen auf die Schwierigkeiten und Unklarheiten aufmerksam zu machen, fand aber, daß ich es eigentlich mit durch und durch konfusen Köpfen zu tun hatte. Und darin liegt mir eben eine Hauptschwierigkeit. Was segelt nicht alles unter dem Namen „Genossenschaft“! Da habe ich nun aber den lebhaften Wunsch: tut sich da und dort ein ähnliches Bestreben auf, so müssen wir im Interesse des guten Namens unserer Genossenschaften alles ablehnen, was diesen schaden könnte. Es ist jetzt einmal die Zeit der Genossenschaftsgründungen, man könnte das gegenwärtige Jahrhundert das Jahrhundert der Genossenschaften nennen. Und doch dürfen wir uns nicht ganz zur Seite stellen, wo in Wirklichkeit etwas zu machen ist. Hier hat mir Herr **Herbst** die Gedanken weggenommen. Auch ich wollte darauf hinweisen, daß wir doch eine stille, vorsichtige Arbeit nicht ablehnen dürfen, wo wir die Überzeugung gewinnen können, daß in einem gegebenen Orte eine Handwerkergenossenschaft möglich ist; wo also der vom Herrn Anwalt gezeichnete Geschäftsneid nicht vorhanden ist und ein auch von uns anzuerkennendes Bedürfnis besteht. Dort sollen und können wir mitarbeiten, sei es auf Verbandstagen, sei es durch anderweitige Einflußnahme auf unsere Leute, im Anschluß und in nächster Berührung mit den Handwerkskammern, mit den bestehenden Innungen und ähnlichen Organisationen, die wir in unserem Sinne heranziehen können. Gar zu große Hoffnungen werden wir allerdings nicht hegen dürfen, denn es ist, wie bereits gesagt, ein außergewöhnlich schwieriges Gebiet. Ich meine aber doch, wir sollten uns der Sache nicht ganz fernhalten und nach ruhiger Vorprüfung der gegebenen Verhältnisse dort mittun, wo wir einen wirklichen reellen Erfolg erwarten dürfen.

Verbandsdirektor **Kolte** (Lüdenscheid): Meine Herren! Herr **Ruetz**-Cassel appellierte an die Mitwirkung der Unterverbände zur Förderung des Handwerkergenossenschaftswesens. Es ist bereits von Herrn Justizrat

Dr. Alberti darauf hingewiesen worden, daß die Kreditgenossenschaften gern bereit sein würden, eventuell anregend und helfend einzugreifen. Ich als Direktor eines Konsumvereinsverbandes kann mich dem nur anschließen, obwohl ich mir gerade durch die Hilfe der Konsumvereinsverbände allzugroßen Erfolg nicht verspreche. Wenn auch zu unseren Konsumvereinen recht viele Handwerker gehören, so ist doch eine Förderung des Handwerkergenossenschaftswesens in den Unterverbänden aus naheliegenden Gründen kaum möglich.

Nun sieht sich Herr Ruetz nach einer Stelle um, die in besonderer Weise dazu berufen wäre, das Genossenschaftswesen innerhalb des Handwerks zu unterstützen und zu fördern. Und da möchte ich darauf hinweisen, daß eine derartige amtliche Stelle ja schon längst geschaffen ist, und zwar in den Handwerkskammern. Ich habe bei Gelegenheit meines vorjährigen Referats über die Stellungnahme der Handwerkskammern zu den Konsumvereinen eine große Zahl Handwerkskammerberichte durchstudiert und habe mich gefreut, zu sehen, in welch nachdrücklicher Weise dort immer wieder auf die Vorteile des genossenschaftlichen Zusammenschlusses, auf die Bildung von Handwerkergenossenschaften hingewiesen wird. Und doch haben leider fast sämtliche Handwerkskammern trotz aller Bemühungen nur über ein negatives oder doch nur wenig erfreuliches Resultat dieser Bemühungen berichten können. Wenn nun aber die für das Handwerk geschaffenen amtlichen Stellen nicht in der Lage sind, etwas Ersprießliches auf genossenschaftlichem Gebiete zu erreichen, so wird den Konsumvereinsunterverbänden erst recht der Erfolg mangeln. Wenn nun aber etwas geschehen soll, so kann es nur geschehen auf Grund des von Herrn Herbst gemachten Vorschlages, indem Meisterkurse und genossenschaftliche Kurse ins Leben gerufen werden. Diese anzuregen und zu pflegen ist vor allem Sache der Handwerkskammern, die ihre Sekretäre und ihre Kommissionen für das Genossenschaftswesen haben, deren Mitglieder auf die verschiedenen Städte des Kammerbezirks verteilt sind und die in den Kreisen des Handwerks die beste Fühlung haben.

Direktor **Peter** (Karlsruhe): Meine Herren, gestatten Sie mir, Ihnen auch meine Erfahrungen aus dem Großherzogtum Baden mitzuteilen. Da muß ich feststellen, daß die Bedeutung des Handwerkergenossenschaftswesens für den gewerbetreibenden Mittelstand in immer weiteren Kreisen anerkannt wird, und daß die Handwerker selbst das Bedürfnis haben, sich genossenschaftlich zusammenzutun. So sind bei uns in Karlsruhe in den letzten 10 Jahren nicht weniger als fünf Handwerkergenossenschaften entstanden, teils Einkaufsgenossenschaften, teils Werkgenossenschaften und Magazingenossenschaften. Bei Gründung dieser Handwerkergenossenschaften hat die Vereinsbank mit Rat und Tat zur Seite gestanden. Sie hat ihnen vor allen Dingen auch Kredit gegeben in der Weise, daß er gegen Bürgschaft der Vorstands- und Aufsichtsratsmitglieder gewährt wurde. Es hat sich allerdings auch das gezeigt, was der Herr Berichterstatter ausgeführt hat, daß die Entwickelung dieser Handwerkergenossenschaften eine langsame ist, aber vorwärts sind sie gekommen. Insbesondere hat sich eine vor sechs Jahren entstandene Genossenschaft, eine Vereinigung der Wagner von Karlsruhe, in den letzten Jahren gut entwickelt. Es ist eine Werkgenossenschaft, die sich eine neue Maschine angeschafft hat; da war es im Anfange neben anderen Gründen wohl auch der Konkurrenzneid der betreffenden Handwerkergenossen, der sie abhielt, sich dieser Maschine zu bedienen, trotzdem sie eminente Vorteile bot. So haben wir ferner ein Möbelmagazin vereinigter Schreinermeister, welches Möbel herstellt, teils gegen Bestellung, teils solche auf Lager hält. Auch diese Genossenschaft ist sehr gut vorwärts gekommen. Ferner eine Genossenschaft der Tapezierer usw. Und da muß ich sagen, gerade dadurch, daß die Vereinsbank diese Genossenschaften unterstützt hat, waren sie in der Lage, die genossenschaftlichen Grundsätze zur Geltung zu bringen, und aus Feinden sind Freunde geworden. Diese Unterstützung ist aber auch der Kreditgenossenschaft zum Vorteil geraten, sie hat in diesen Handwerkergenossenschaften nicht schlechte Kunden bekommen. Was in Karlsruhe ausgeführt werden konnte, kann auch, meine ich, in anderen Orten geschehen. Im übrigen bin ich mit dem Herrn Anwalt der Ansicht, daß nur dort eine Genossenschaft gegründet werden darf, wo die Voraussetzungen dazu gegeben sind; eine künstliche Züchtung ist ein Unding.

Verbandsdirektor Justizrat **Dr. Alberti** (Wiesbaden): Ich muß meine Mitteilungen von vorhin ergänzen. Ich habe vorhin ausgeführt, daß wir in Wiesbaden die Sache zwar angefangen haben, die ganze Angelegenheit dann aber in die Hände der Handwerkskammer gekommen ist, und ich daher hierüber nichts weiter berichten kann. Ich halte mich aber doch für verpflichtet, hier nachzutragen, daß wir eine Handwerkergenossenschaft haben, die unserm Verbande angehört und sich ganz ausgezeichnet bewährt. Die weiteren Ausführungen hierüber will ich dem Herrn Vorsitzenden dieser Genossenschaft, der hier anwesend ist, überlassen.

Mitglied des Aufsichtsrats **Rumpf** (Wiesbaden): Wenn mir die Frage vorgelegt wird, wie Handwerkergenossenschaften gegründet werden sollen, damit sie sich lebensfähig erhalten, so kann ich mich in der Antwort nur dem anschließen, was der Herr Referent gesagt hat. Man soll sie nicht gründen, wo man nicht die richtigen Leute hat, die eine solche Genossenschaft leiten können, und wo nicht das Bedürfnis vorhanden ist. Dann darf man aber auch die Handwerkergenossenschaft nicht mit allen anderen möglichen Genossenschaften verquicken. Herr Bankinspektor Mager war in Wiesbaden und hat auch dort einen Vortrag gehalten, aber ich habe nicht gehört, daß er Einspruch erhoben hat gegen die Verquickung von Handwerkergenossenschaften mit Kreditgenossenschaften. Es ist das eine ganz gefährliche Sache. Eine Genossenschaft soll sich nach und nach entwickeln. So lange die richtigen Leute an der Spitze stehen, werden auch der Genossenschaft Mittel zur Verfügung gestellt. Sind aber diese Mittel sehr reichlich vorhanden, so wird oft damit in einer Weise gewirtschaftet, die nicht im Interesse der Genossenschaft liegt.

Dann veranstaltet die Handwerkskammer Vorträge über Buchführung und Genossenschaftswesen. Es sind dafür schon Tausende Mark ausgegeben worden. Diese Vorträge finden in allen Teilen unseres Vaterlandes statt, in Frankfurt, Berlin, Hannover. Fragen Sie aber die Herren — ich kenne verschiedene, die die Kurse mitgemacht haben — was sie dort gelernt haben: in vier Wochen wissen sie gar nichts mehr.

(Heiterkeit.)

Ich will nicht sagen, daß es keine Ausnahmen gibt, aber ein ganz großer Teil weiß gar nichts mehr davon. Hier ist ein Vorschlag gemacht worden, den ich nur als praktisch begrüßen kann, daß nämlich die Handwerkskammern und auch der Verband Leute dorthin schicken soll, wo eine Genossenschaft gut geleitet wird, um sie praktisch dort ein oder zwei Monate ausbilden zu lassen. Dann können diese Leute ihren Genossen nachher sagen, wie es dort zugeht, sie werden dann einsehen, daß sich nichts mit Gewalt aus der Erde stampfen läßt, sondern daß alles erst nach und nach Nutzen bringt; sie werden dort Einsicht nehmen in alle Verhältnisse. Nur so kann man weiter kommen. Man soll auch die Handwerker nicht immer auf die Staatshilfe hinweisen, sonst glauben sie, wenn die Sache nicht gut geht, dann hilft der Staat. Man soll die Handwerker nicht auf die Staatshilfe verweisen, die dann wahrscheinlich doch nicht ausreicht, um die Existenz der Genossenschaft zu sichern, sondern man soll ihnen sagen: helft Euch selbst, so ist Euch am besten geholfen. Man braucht ja nicht auf die Staatshilfe zu verzichten, aber man soll nicht von vornherein darauf verweisen. — Ich bin also der Ansicht, wenn Sie praktisch vorgehen wollen, schicken Sie Ihre Handwerker nach einzelnen gut geleiteten Genossenschaften; da werden sie am meisten lernen.

(Bravo!)

Verbandsdirektor **Luber** (München): Der Empfehlung des Herrn Ruetz, die Handwerkergenossenschaftsfrage in den Unterverbänden zur Sprache zu bringen, schließe ich mich vollständig an. Der Bayrische Genossenschaftsverband hat neben seinen Kreditgenossenschaften eine Reihe von Rohstoffgenossenschaften, Baugenossenschaften und allen möglichen anderen Arten vereinigt. Ich glaube, es ist nahezu notwendig, daß wir die Handwerkergenossenschaftsfrage auf unseren Unterverbandstagen zur Sprache bringen, umsomehr, als nicht nur Handwerker-, sondern auch Kreditgenossenschaften davon großen Nutzen ziehen können. Ich würde Ihnen empfehlen, auf den nächstjährigen Unterverbandstagen unter allen Umständen diese Frage zu erörtern.

Verbandsdirektor Justizrat **Dr. Harnier** (Cassel): Mit Rücksicht auf die mehrfache Anregung, die Frage auf den Unterverbandstagen zu erörtern, drängt sich mir eben die Frage auf, ob es nicht richtig ist, wenn die Unterverbände ihr Statut dahin ändern, daß sie auch Handwerkergenossenschaften aufnehmen. Wir haben z. B. einen Unterverband, der grundsätzlich bloß Vorschußvereine aufnimmt, und andere Unterverbände sind bloß für Konsumvereine und dergleichen. Ich muß gestehen, wenn ich mir denke, es bildete sich hier eine Handwerkergenossenschaft und wollte zu unserm Unterverband kommen — es würde vielleicht infolge der Anregung auf unserem nächsten Unterverbandstag eine solche Handwerkergenossenschaft sich bilden — ich wäre in Verlegenheit, ob ich sie nach dem Statut aufnehmen dürfte. Eine weitere Frage allerdings ist, ob ein Unterverband, der sich so entwickelt hat, wie der unsrige, einer solchen Handwerkergenossenschaft das Nötige bieten kann; aber es ist ja möglich, daß mit den größeren Zielen auch die größere Kraft kommt und daß man auch das noch wird leisten und zulernen können. Aber vor allen Dingen glaube ich, daß, wenn die Handwerkergenossenschaften sich uns weniger anschließen, als man es vielleicht wünschen möchte, dafür wohl ein Grund mit der ist, daß sie sich sagen: da gehören wir nicht hin, das ist ein Unterverband der Vorschußvereine. Und ein allgemeiner Unterverband von Handwerkergenossenschaften als Unterverband in unserm Allgemeinen Verband ähnlich wie der Verband der Baugenossenschaften, der sich über das ganze Vaterland erstreckt, möchte doch seine großen Bedenken haben aus anderen praktischen Gründen. Es wird kaum möglich sein, da Unterverbandstage zusammenzubringen. Ich wollte wenigstens diese Fragen in die Diskussion hineinwerfen.

Verbandsdirektor **Kurz** (Stettin): Ich wollte Ihnen nur mitteilen, daß ich seit Jahren zu den Verhandlungen unseres Unterverbandstages die Handwerkskammer Stettin einlade und daß ganz regelmäßig ein bis zwei Herren, und zwar gerade die, die sich in der Handwerkskammer mit dem Genossenschaftswesen befassen, an unseren Verhandlungen teilnehmen und, wie sie mir wiederholt gesagt haben, uns außerordentlich dankbar dafür sind, daß wir sie eingeladen haben, damit sie unsere Grundsätze kennen lernen. Wie es bisher mit der Verwertung dieser bei uns gehörten Prinzipien ist, das steht allerdings auf einem andern Blatt. An mich als Verbandsdirektor ist von neuzugründenden Genossenschaften wiederholt die Bitte gerichtet, ihnen in dieser oder jener Frage zur Seite zu stehen. Ich habe in einem Falle sogar einen Herrn aus dem Vorstande der Stettiner Bank, E. G. m. b. H., gebeten, dieser Genossenschaft zunächst einmal die Bilanz zu fertigen. Der Herr hat sich der Mühe gern unterzogen und hat der Genossenschaft auch nachher noch ihre Bücher vollständig eingerichtet. Wir haben eine andere Genossenschaft gehabt, die sich von mir

Rat und Vorschläge geholt hat für die Statuteneinrichtung, und wie sie alles genossen hatte, dann sagte sie danke schön und ging ihrer Wege.

(Sehr wahr!)

Im übrigen waren wir nicht mehr für sie da. Ich muß nun andererseits auch sagen, daß gerade bei uns in Stettin, abgesehen von einigen Rohstoffgenossenschaften, die zwar klein sind, und sich langsam entwickeln, aber doch entwickelt haben, die übrigen Handwerkergenossenschaften bisher absolut nicht floriert haben. Vor Jahren bestand bei uns eine Werkgenossenschaft, sie ist in Konkurs geraten; vor zwei Jahren, glaube ich, wurde eine Magazingenossenschaft gegründet, sie liquidiert jetzt schon wieder. Derartige Erfahrungen sprechen natürlich nicht dafür. Aber das hat die Stettiner Bank nicht abgehalten, ihrerseits zur Förderung des Handwerks in eigenartiger Weise beizutragen. Wir haben uns im letzten Jahre von der Generalversammlung 1000 Mark bewilligen lassen, die der Handwerkskammer überwiesen wurden zur Förderung des Handwerks in Stettin. Wir werden abwarten, wie diese 1000 Mark verwandt werden und werden dann versuchen, in Zukunft Einfluß auf die weitere Verwendung der etwa der Handwerkskammer zu überweisenden Beträge zu gewinnen. Dabei denken wir selbstverständlich in erster Reihe daran, daß wir auch für Belehrung über das Genossenschaftswesen unter den Handwerkern gewirkt wissen wollen. Wenn das Geld, das wir dort hingeben, nutzbringend angewandt wird, dann glauben wir auch für unsere Genossenschaft einen großen Vorteil davon zu erringen, denn uns, die wir in der Hauptsache auf die Handwerker und die kleinen Kaufleute angewiesen sind, muß daran liegen, diese Handwerker so ausgebildet zu sehen, daß sie ihren Betrieb in der richtigen Weise handhaben können. Wenn das der Fall ist, dann werden wir durch die Geschäfte, die wir mit den Handwerkern wieder in unserer Kreditgenossenschaft machen, für die 1000 oder 2000 Mark, die wir hier hingeben, reichlich Ersatz haben.

(Bravo!)

Königl. Bankinspektor **Mager** (Berlin): Ich bitte um Entschuldigung, wenn ich Ihre Zeit noch kurz in Anspruch nehme. Ich hatte mit Rücksicht auf die Zeit einige Punkte ausgelassen, auf die der Herr Anwalt noch eingegangen ist. Und ich glaube, daß es einiges zur Klärung beiträgt, wenn ich kurz sage, wie wir uns die Schneiderzentrale denken, daß wir da nicht mit Riesenschritten vorgehen wollen und daß wir keinesfalls seitens des Hauptverbandes diese Zentrale züchten. Wir gehen da nur mit recht großer Vorsicht vor und sehen uns sehr genau die Leute bezw. die Genossenschaften an. Allerdings muß ich sagen, wenn etwa 70 Genossenschaften in diesem Gewerbe bestehen und eine große Anzahl und zwar die besten dieser Zentrale beitreten wollen und wenn diese Zentrale im Zusammenhang und in engster Anlehnung an eine Schneidergenossenschaft in Berlin zustande kommt — sie ist noch nicht zustande gekommen — dann sage ich persönlich, unter dieser Voraussetzung und so lange so vorsichtig vorgegangen wird und unter der weiteren Voraussetzung, daß der Grundsatz der Barzahlung, der anerkannt ist in dem Beschluß, der diese Zentrale in Aussicht nimmt, auch praktisch zur Durchführung kommt, wie es bei der Genossenschaft, an die die Zentrale sich anlehnen soll, seit Jahren der Fall ist — unter allen diesen Voraussetzungen sehe ich keine Gefahr darin, den Versuch zu machen.

Der Artikel von Amtsrichter Hetz, in dem vom Hauptverband herausgegebenen Genossenschaftlichen Korrespondenzblatt, könnte den Eindruck erwecken, als wenn der Hauptverband Kreditgenossenschaften, die ausschließlich Handwerker zu Mitgliedern haben sollen, jemals das Wort reden wollte. Daran denken wir nicht, schon sehr lange nicht. Ich habe noch nie nach dieser Richtung denken können, und wenn dieser Artikel doch im Korrespondenzblatt erschienen ist, so darf ich die Versicherung geben, daß von mir auch nicht die leiseste Spitze in diesem Artikel gegen

Ihren Allgemeinen Verband gefunden worden ist. Bis jetzt habe ich jedes Wort in dieser Zeitung gelesen, aber es wird immerhin mal vorkommen können, daß da etwas stehen bleibt, was den anderen nicht gefällt. Also nach dieser Richtung hin dürfte wohl allzu große Empfindlichkeit nicht am Platze sein. Ich muß übrigens in den Blättern für Genossenschaftswesen Dinge lesen, die sind, glaube ich, deutlicher wie dieser Artikel.

(Heiterkeit.)

Ich hoffe, daß auch der Herr Anwalt noch mit Interesse die Arbeiten verfolgen wird, die der Verfasser dieses Artikels in mühsamer Weise vorbereitet hat. Wenn ich mich persönlich und ich glaube auch der Hauptverband absolut nicht vollständig identifizieren mit allen diesen Ansichten, so halte ich es doch auch nicht unter allen Umständen für verwirrend, daß man im Fachblatt einmal einen andern denken läßt. Der Herr Anwalt sagte: der Herr ist dieser Ansicht vielleicht bloß um gegenteiliger Ansicht zu sein wie der Allgemeine Verband. Da habe ich doch das Vertrauen zu dem Verfasser, daß er von höheren Motiven geleitet ist; jedenfalls darf ich versprechen, daß im Hauptverbande nie prinzipielle Opposition getrieben werden wird. Ich glaube, wir haben auch in der Zeit von drei Jahren gezeigt, daß wir uns nirgends herbeigedrängt haben und Ruhe halten können. Wir haben anderes zu tun. Was wir vielleicht nicht verstehen, ist, daß Sie uns nicht loslassen wollen von früheren Fehlern im Handwerkergenossenschaftswesen, die uns nur zum Teil angehen, trotzdem Sie ja doch einmal wissen, daß ich nichts damit zu tun habe und zum andern, daß man auf allen Seiten Umkehr gehalten hat. Wir haben es übernommen, in ernster Weise mit den Handwerks- und Gewerbekammern in Preußen und Deutschland die Genossenschaftsfrage für das Handwerk, wenn Sie wollen in Ihrem Sinne, wenn Sie wollen in genossenschaftlich gesundem Sinne, manchmal in nicht leichter Arbeit, zu fördern. Es ist hier von Posen, Danzig und Erfurt gesprochen worden. Wenn wir heute diese Fälle von uns abwehren, und genau wissen, das war falsch, so weisen wir besonders darauf hin, daß Erfurt nie in einer Beziehung zum Hauptverband gestanden hat und daß die Organisationen mit dem Sitz zu Posen und Danzig dem Hauptverband erst sehr spät beigetreten sind, nachdem man die gemachten Fehler die wesentlich in der falschen Wahl der führenden Personen lagen, eingesehen hatte. Sie weisen, wenn Fehler vorkommen, ja auch immer nach, daß nicht Ihre Grundsätze fehlerhaft sind, sondern, daß die Verwaltungsorgane der Genossenschaften gefehlt haben, so war es auch hier. Dem Hauptverband ist im wesentlichen nun noch die Aufgabe zugefallen, die Folgen der Fehler für die nächsten Interessenten nach Möglichkeit zu mildern und dadurch auch die Schädigung für das allgemeine Genossenschaftswesen. — Es wurden Genossenschaftskurse erwähnt. Der Hauptverband hat im Januar dieses Jahres in Berlin einen 14tägigen Genossenschaftskursus abgehalten. Da hat sehr gearbeitet werden müssen; es mußte besonders viel geschrieben werden, weil wir der Ansicht sind, daß noch sehr oft eine gründliche Kenntnis der Buchführung fehlt. Wenn man dem Handwerker in dieser Beziehung etwas beibringen will, muß man ihm ähnlich wie dem Landwirt sehr weitgehend helfen. Wir haben auch eingehend diskutiert, und da möchte ich mich speziell berufen auf die Vertreter Ihrer Organisation. Ich glaube, die Herren haben nicht das Geringste einzuwenden gegen unsere Auffassung über Genossenschaftswesen. Wir wollen nicht mit Ihnen konkurrieren, es sei denn, daß man in unserem Bestreben, dem Handwerk zu dienen, eine Konkurrenz sehen wolle.

Herr Rumpf (Wiesbaden) hat heute hier auf eine Versammlung in Wiesbaden Bezug genommen, in der ich über Fragen des Handwerkergenossenschaftswesens gesprochen habe. Herr Rumpf hat in diesem Zusammenhang gemeint, ich habe gewissermaßen eine Stellungnahme gegenüber dem Grundsatze, die Zwecke des Einkaufs und der Kreditgewährung in einer Genossenschaft zu vereinigen, vermieden.

Diesen Ausführungen gegenüber weise ich darauf hin, daß Herr Rumpf in der Wiesbadener Versammlung festgestellt hat, daß meine Ausführungen in jeder Beziehung mit den Auffassungen, die im Schulze-Delitzschschen Verbande bestehen, übereinstimmen.

Welchen praktischen Fall Herr Rumpf in bezug auf Verfolgung der beiden verschiedenen wirtschaftlichen Zwecke des Einkaufs und der Kreditgewährung in derselben Genossenschaft meint, ist mir im Augenblick nicht gegenwärtig.

Trotz einer sehr eingehenden Verhandlung ist diese Frage jedenfalls in Wiesbaden von keiner Seite angeregt worden, sonst hätte ich nicht unterlassen, von einer solchen Vereinigung zweier wesentlicher wirtschaftlicher Zwecke in einer Genossenschaft entschieden abzuraten.

Vorsitzender des Aufsichtsrats **Meller** (Frankfurt a/M.-Bockenheim): Ich will mich bei der vorgerückten Zeit sehr kurz fassen. Es ist ohne Zweifel klar, daß, wenn seinerzeit Schulze-Delitzsch die Produktivgenossenschaften empfohlen hat, er von dem Standpunkte ausgegangen ist, daß sie zu damaliger Zeit gerechtfertigt waren. Wenn er heute Genossenschaften gründen würde, können Sie überzeugt sein, daß er den Produktivgenossenschaften nicht mehr so freundlich gegenüberstehen würde aus dem einfachen Grunde, weil die Großindustrie durch die maschinellen Vervollkommnungen solch außergewöhnliche Fortschritte gemacht hat, daß der handwerksmäßige Betrieb in einzelnen Zweigen nicht mehr mitkommen kann. Ich lasse gelten, was auch Herr Rumpf hervorgehoben hat, Einkaufsgenossenschaften und Verkaufsgenossenschaften, die können prosperieren, wenn Sie aber den Einzelbetrieb, den Großbetrieb in die Hand nehmen wollen auf genossenschaftliche Weise, rate ich Ihnen entschieden davon ab. Ich tue das deshalb, weil ich mir sage, daß, wenn eine derartige Genossenschaft, sie mag Produktivgenossenschaft heißen oder sonst wie, zusammenbricht, dadurch immer ein Schatten auf unsere gesamte Genossenschaftsbewegung geworfen wird. Vor 5 Jahren fragten in Frankfurt — ich war früher Schuhfabrikant — eine Anzahl Schuhmachermeister mich um Rat wegen der Errichtung einer Produktivgenossenschaft; sie wollten die Sache im Großbetriebe mit allen maschinellen Einrichtungen machen. Ich habe den Herren, obgleich ich ein warmer Freund des Genossenschaftswesens bin, ganz entschieden abgeraten, habe ihnen die Schattenseiten vor Augen geführt und ihnen klargelegt, daß es mit dem maschinellen Betriebe allein nicht getan ist, habe sie darauf aufmerksam gemacht, daß erstens die Uneinigkeit unter den betreffenden Handwerkern solche Sache nicht aufkommen läßt, daß in zweiter Linie die Kenntnisse in der Kalkulation, daß drittens die kaufmännische Leitung fehlt und daß es viertens schwierig ist, Autorität und Disziplin in einer derartigen Produktivgenossenschaft aufrecht zu erhalten. Daran scheitern die meisten dieser Genossenschaften. Ich habe ihnen also entschieden abgeraten. Sie sagten aber: daß wir 50 Praktiker die Fabrikation nicht besser verstehen sollen, wie Sie als Kaufmann, das werden Sie uns nicht weismachen können. Man hatte auch durchblicken lassen, daß ich ihre Konkurrenz fürchtete, ich sagte aber, Ihre Konkurrenz brauche ich nicht zu fürchten, Sie werden bald aufhören. Sie haben dann das Lokal sehr billig von der Stadt bekommen, weil nun einmal die Strömung für Genossenschaften ist, sie haben sich für 20000 Mk. Maschinen gekauft, haben angefangen zu produzieren, aber alsbald ist Uneinigkeit unter den einzelnen entstanden, in zwei Jahren war der Zusammenbruch da, sie haben aufhören müssen; die Gelder waren alle, die Maschinen wurden verschleudert und jeder einzelne hat schwer bluten müssen. — Ein Herr aus Mecklenburg hat die Genossenschaftskurse hervorgehoben. Auch die Stadt Frankfurt hat vor zwei, drei Jahren Handwerkerkurse angeregt, sie sind nicht zur Ausführung gekommen, weil es an der genügenden

Teilnahme der Handwerker fehlte. Das ist ein bedauerliches Zeichen. Die Handwerker sind heute sich noch völlig unklar darüber, was sie wollen. Jetzt ist in Frankfurt eine Agitation für die Mittelstandspartei, die auch bei den Wahlen zum Ausdruck kommt. Man hat die Idee gehabt, ein großes Warenhaus zu gründen, die Stadt sollte das Warenhaus bauen und die verschiedenen Branchen sollten da hinein. Glauben Sie denn, daß diese Handwerker, wenn jeder etwas produziert, ein Stück Möbel, Stiefel usw. und das da zum Verkauf bringen will, daß die mit den großen Fabriken und Bazaren konkurrieren können? Was macht denn heute den Erfolg der Warenhäuser aus? Die höfliche aufmerksame Bedienung, daß sie für jedes Ressort einen eigenen Chef haben, einzelne minderwertige Gegenstände unter üblichen Preisen verkaufen und das kolossale Kapital, das hinter ihnen steht! Wer ist denn eigentlich der größte Freund der Handwerker? Diese Frage ist zu meinem Erstaunen noch nicht angeschnitten worden — das sind unsere Kreditgenossenschaften.

(Sehr richtig!)

Das wird noch nicht überall anerkannt. Wir haben in unserer Genossenschaft im Stadtteile Bockenheim in Frankfurt a/M. einen Umsatz von über 60 Millionen: ich bin überzeugt, daß mehr als 30 Millionen davon in die Hände unserer Handwerker fließen. Wir stehen auf dem wahren genossenschaftlichen Standpunkt, daß, wenn wir sehen, es etabliert sich ein junger braver fleißiger Handwerker, der die nötige Energie und Intelligenz hat, wir ihm unter die Arme greifen. Wiederholt haben wir gesagt, wir wollen dem Manne im Anfang einige Hundert Mark kreditieren, wenn auch der Bürge uns nicht die völlige Garantie zu bieten scheint, das Schlimmste ist, daß wir mal ein paar Mark verlieren. Wir haben noch nie einen Pfennig bei derartigen Geschäften verloren, wir haben den Leuten aber auf die Beine geholfen und haben einen kräftigen, guten Handwerkerstand in unserm Stadtteile, der blüht und gedeiht auch ohne Handwerkergenossenschaften.

(Bravo!)

Verbandsdirektor **Oppermann** (Magdeburg): Meine Herren, in den beinahe 40 Jahren, wo ich an der Spitze des Verbandes stehe, habe ich viele Handwerkergenossenschaften entstehen und vergehen sehen, ich habe also einige Erfahrung in dieser Frage. In einigen Städten bestanden gleich drei, vier derartige Genossenschaften. Nun fragt es sich: wie fördern wir die Sache? Da ist das Hauptgewicht auf das Halten von Vorträgen gelegt worden. Meine Herren, das Wort verhallt, und die Auffassung der verschiedenen Leute ist manchmal so schwach, daß dabei niemals etwas Gutes herauskommt. Nun ist hier ein Herr aufgetreten, der den richtigen Weg gezeigt hat. Er sagte, da, wo gute Handwerkergenossenschaften bestehen, soll man sich informieren. Das ist das Richtige. Herr Direktor Jäger, der seinerzeit wegen der Rohstoffgenossenschaften eine Reise durch verschiedene Plätze gemacht hat, ist auch bei uns in Magdeburg gewesen und hat die Einrichtungen der Rohstoffassoziation der Schneidermeister untersucht. Er wird gefunden haben, daß dort die allerschönste Ordnung herrscht, wenn ich auch gegen das Pumpsystem manches einzuwenden habe. Aber er hat sich überzeugen können, daß die Leute, was die Buchführung anlangt, ganz vorzüglich arbeiten. Nun sage ich, wenn die Handwerker nur das gesprochene Wort hören, so fassen sie das entschieden nicht so leicht auf, als wenn sie selbst vor sich sehen, wie es zu machen ist. Wer ist der Hauptfeind der Handwerker? Meine Herren, Sie mögen lachen, aber ich sage: das sind die Handwerker selbst.

(Sehr richtig!)

Der Herr Anwalt hat sehr richtig gesagt, der Konkurrenzneid ist schuld. Nun hat der Herr Bankinspektor auch von dem wunderbar schönen Kursus in Berlin gesprochen. Da ist auch ein Magdeburger gewesen, welcher dann mit Weisheit beladen zurückgekommen ist und hat alsbald herausgefunden, daß die ganz vorzügliche, wahrhaft vollkommene Buchführung, die sie in Magdeburg hatten, nichts taugt, sie müßten es so und so machen. Sie sehen, was aus solchen Kursen herauskommt, die Leute verstehen es gar nicht. Er ist 14 Tage dagewesen, hat Kosten gehabt und das Resultat?!

Vorsitzender des Aufsichtsrats **Schnabel** (Bischofsburg): Meine Herren, es ist heute im Laufe der Debatte eine Äußerung gefallen und die ist auch von dem letzten Herrn Redner wieder erwähnt worden über die Bedeutung der theoretischen Meisterkurse,

(Widerspruch.)

die jetzt nicht nur in einzelnen, sondern in allen Teilen Deutschlands von den Handwerkskammern in Szene gesetzt werden. Meine Herren, ich möchte das absprechende Urteil des ersten Redners doch nicht bestehen lassen, das er hierüber gefällt hat. Ich kann aus meiner Erfahrung sagen, daß wir Genossenschafter den theoretischen Meisterkursen doch recht freundlich gegenübertreten sollten; ich meine, aus diesen Meisterkursen soll, wenn sie richtig gehandhabt werden, die Saat hervorgehen, aus der ein gesundes Handwerkergenossenschaftswesen erblühen kann, es entsteht zum mindesten eine Vorfrucht dafür. Die Handwerkskammer im Regierungsbezirk Königsberg hatte sich, da sie in meinem Heimatsstädtchen kein geeignetes Organ besitzt, an mich gewandt, um Teilnehmer für die Meisterkurse zu sammeln und ein Lokal und Lehrer zu beschaffen, und es ist kein Zufall, daß die Lehrer, die ich der Handwerkskammer dafür besorgen konnte, unter den Vorstandsmitgliedern unserer Genossenschaft zu finden waren. Der Erfolg dieser Kurse ist nicht unbedeutend gewesen. Die Handwerker haben mich später noch angesprochen und mir ihre Befriedigung ausgedrückt über das, was sie gelernt haben in Sachen der Buchführung und Gesetzeskunde und last not least des Genossenschaftswesens, denn über dieses hatte ihnen, wie ich schon sagte, eins unserer Vorstandsmitglieder Vortrag gehalten. Ich meine also, meine Herren, Sie können das Handwerkergenossenschaftswesen nicht besser fördern, als wenn Sie die Kenntnisse verbreiten helfen, die notwendig sind, um Männer zu schaffen, die fähig sind, in einer Genossenschaft tätig zu sein und sie zu leiten.

Verbandsdirektor Justizrat **Dr. Alberti** (Wiesbaden): Zunächst muß ich ein Mißverständnis berichtigen, das dem Herrn Vorredner unterlaufen ist. Es ist von keiner Seite das Geringste gegen Meisterkurse gesagt worden; Meisterkurse wurden nicht genannt, es wurden Genossenschaftskurse genannt.

(Zuruf.)

Dann war es nur ein Sprechfehler. Meine Herren, ich lege den größten Wert darauf, das festzustellen, damit nicht nachher irgend ein Mißverständnis nach außen aufkommt.

(Sehr richtig!)

Daß wir unsererseits durchaus für Meisterkurse sind, ergibt sich daraus, daß unser Herr Anwalt im Abgeordnetenhause die Sache angeregt und unterstützt hat.

Was die Sache selbst betrifft, so kann man allerdings zweifelhaft sein, ob einem Genossenschaftskurse ein großer Wert beizumessen ist. Sofern die Meister einen Begriff von der Bedeutung des Genossenschaftswesens bekommen, ist es zweifellos recht gut. Ein Fehler ist es nur, wenn die Herren nach einem Kursus von 14 Tagen glauben, sie wären Meister geworden, verständen die Sache und könnten nach eigenem Ermessen vorgehen.

Ich möchte nun noch antworten auf die Anfrage des Herrn Justizrats Harnier. Er trug Bedenken gegen die Unterverbände. Ich kann nur sagen, das Statut unseres Unterverbandes am Mittelrhein ist derartig, daß wir solche Genossenschaften aufnehmen können. Wir haben solche Genossenschaften gehabt, die sehr gut arbeiten. Ich möchte auch dringend bitten, daß in denjenigen Verbänden, wo die Statuten irgend ein Hindernis in dieser Richtung bieten, eine Abänderung erfolgt, denn ich halte es für außerordentlich wertvoll, daß solche Genossenschaften in unsere Verbände hineinkommen, wenn wir auch Kreditgenossenschaftsverbände sind. Wir haben ein Interesse dafür und sind bereit, die Leute zu unterstützen; wir haben dann in diesen Verbänden auch mehr Lokal- und Personalkenntnis. Es ist natürlich vorbehalten, daß, wenn die Bewegung recht groß werden sollte, man spezielle Verbände gründen könnte. Nicht empfehlen würde ich einen Verband, der sich über ganz Deutschland erstreckte; denn dazu fehlt nachher die Personalfühlung, die bei einem solchen Verbande durchaus notwendig ist.

Noch eins. Wir werden uns stets bemühen, diese Genossenschaften in unsere Verbände aufzunehmen; aber hier ist nur zu bedauern die Konkurrenz der anderen Verbände, die erklären, sie geben die Revision kostenlos. Das können wir nicht. Die Sache soll keine Geldsache für uns sein, aber wir haben stets den Grundsatz hochgehalten: was nichts kostet, ist nichts wert. Deshalb müssen wir darauf dringen, daß diese Genossenschaften von Anfang an den Mindestbetrag bezahlen. Das können Sie auch, 10 Mk. können Sie aufbringen für den Unterverband wie für den Allgemeinen Verband. Wir lehnen allerdings eine Konkurrenz ab, die sagt: Ihr braucht bei uns die 10 Mk. nicht zu bezahlen.

Verbandsrevisor **Schumacher** (Stuttgart) [Schlußwort]: Meine Herren, nur ein ganz kurzes Schlußwort; es müßte zwar nach den verschiedenartigen Erörterungen, die das Referat hervorgerufen hat, außerordentlich umfangreich werden, aber mit Rücksicht auf die vorgerückte Zeit will ich mich bescheiden.

Zunächst einmal hat Herr **Ruetz**, der sich an den Debatten über das Handwerkergenossenschaftswesen auf unseren Genossenschaftstagen stets lebhaft beteiligt hat, die Frage aufgeworfen: wie können wir die Sache fördern. Ich gestatte mir, Ihnen da ein Mittel zur Förderung zu nennen und zwar aus meiner Praxis heraus. Es ist gesagt worden: die Kreditgenossenschaften sind der größte Freund des Handwerks.

(Sehr richtig!)

Das sind sie, ich kann das aus meiner Erfahrung bestätigen, denn ich arbeite bekanntlich auch in Kreditgenossenschaften. Die Kreditgenossenschaften als Pioniere des Genossenschaftswesens können und sollen den Handwerkergenossenschaften an die Hand gehen. Ich habe aber auch schon die Wahrnehmung gemacht, daß der eine oder andere Handwerker kommt und um Rat fragt; man zuckt mit den Schultern, weil man über die Sache einfach nicht informiert ist, und deshalb ist es zu begrüßen, daß wir auf dem Allgemeinen Genossenschaftstage uns auch über diese Frage allgemein unterhalten. Die Frage wird dadurch geklärt. Unrichtig ist es, wenn wir den Handwerkern alles schwarz vormalen und von den guten Erfolgen nichts sagen. Vielleicht mag in Cassel kein Bedürfnis dafür vorhanden sein, bei uns liegt aber ein Bedürfnis vor. Mit Einzelheiten wollte ich Sie nicht aufhalten, mein Referat wäre sonst ins Unendliche gewachsen. Ich erinnere aber daran, daß wir arme Gemeinden haben, die durch genossenschaftlichen Zusammenschluß von der Landstraße so manchen Hausierer entfernt und einem geordneten Familienleben zugeführt haben. Das danken wir der Genossenschaft; unserem Handelsstand, der gewiß auch kein Freund vom Hausierergewerbe ist, ist dadurch ebenfalls ein Dienst erwiesen.

Sodann fiel im Laufe der Debatte, als es sich um Württemberg handelte, der Ausdruck „Musterländle". Meine Herren, ich war seither stets der Meinung, Baden nehme Anspruch auf diese Bezeichnung;

(Heiterkeit.)

liegt hier nicht eine Verwechselung vor?

Meine Herren! Ich habe mir die verschiedenen Organisationen und zahlreiche Einzelgenossenschaften bis nach Brünn in Mähren angesehen. Jede dieser Genossenschaften arbeitet unter anderen Verhältnissen und mit verschiedenartigen Erfolgen. Gerade so ist es auch bei uns in Württemberg. Wir haben Genossenschaften, deren Besichtigung ich Ihnen nur empfehlen möchte; auf einmal stirbt der Hauptmann, man bekommt keinen geeigneten Ersatz in der Gemeinde und dann ist der Rückgang nicht aufzuhalten. So entstehen dann Sorgenkinder, die es überall, die es auch bei uns gibt. Aus diesem Grunde, oder weil ab und zu eine Handwerkergenossenschaft sich auflöst, dürfen wir diese Frage nicht beiseite werfen; das wäre gewiß nicht konsequent und wir müßten dann z. B. auch sagen, weil Kappelrodeck so viele Leute so schwer geschädigt hat, dürfen wir keine Kreditgenossenschaften mehr gründen. Einen solchen einseitigen Standpunkt dürfen wir nicht einnehmen.

Nun noch eine Frage. Der Herr Anwalt Dr. Crüger hat an das großartig organisierte Fleischergewerbe erinnert und dabei hervorgehoben, daß die Häute- und Fell-Verkaufsgenossenschaften dem Metzgerwerbe nützen, das Gerbergewerbe aber schädigen; damit kann ich nicht einverstanden sein. Ich habe in meinem Verbande eine Gerbergenossenschaft, die u. a. auch eine Lohmühle besitzt, gemeinschaftlich ein- und teilweise auch verkauft. Weil ich auch der Meinung des Herrn Anwalts war, warf ich selbst die Frage auf, ob die Kleingerber nicht geschädigt werden durch die erwähnten Verkaufsgenossenschaften, und da wurde mir die Antwort, daß gerade diese Auktionen auch den Käufern nützlich seien, weil ein einheitlicher Preis dadurch geschaffen werde und der kleine Gerber seine Rohmaterialien gerade so billig einkauft wie die große Lederfabrik.

Wie schon des öfteren, so lenkte auch heute die Debatte auf die Bildungsfrage ein, und man hat nebenbei bemerkt, Meister- und Genossenschaftskurse verwechselt. Das sind doch zwei ganz verschiedene Dinge.

Daß allerdings die Arbeit auf dem Gebiete des Handwerkergenossenschaftswesens eine schwere ist, unterliegt keinem Zweifel und schwer wird diese Arbeit wohl auch bleiben.

Vorsitzender **F. X. Proebst** (München): Der Gegenstand gibt zu einer Beschlußfassung keine Veranlassung, ich darf annehmen, daß er damit erledigt ist.

Wir gehen zum letzten Gegenstande der Tagesordnung über:

X. Antrag des Anwalts:

Der Allgemeine Genossenschaftstag der auf Selbsthilfe beruhenden deutschen Erwerbs- und Wirtschaftsgenossenschaften anerkennt, obwohl er die in einzelnen Punkten weitergehenden Beschlüsse des vorjährigen Genossenschaftstages aufrecht erhält und zur nachträglichen Berücksichtigung empfiehlt, daß der im Reichsanzeiger vom 23. Juli 1906 veröffentlichte vorläufige Entwurf eines Gesetzes betreffend die Erleichterung des Wechselprotestes den Wünschen der Handelskreise in allen wesentlichen Punkten Rechnung trägt. Er spricht die Hoffnung aus, daß die gesetzgebenden Körperschaften einer baldigen endgültigen Vorlage ihre Zustimmung erteilen, und auf eine billige Regelung der Kostenfrage hinwirken werden.

Berichterstatter Bankdirektor **Malz** (Frankfurt a/M.): Meine sehr geehrten Herren! Ich hatte von vornherein die Absicht, mich kurz zu fassen, ich werde die vorgerückte Zeit noch besonders berücksichtigen und kann Ihnen daher versprechen, daß ich Sie nur wenige Minuten aufhalten werde.

Die Bestrebungen, welche darauf gerichtet sind, eine Reform des Wechselprotestverfahrens herbeizuführen, haben im vorigen Jahre einen Gegenstand unserer Beratungen in Westerland gebildet; in ausführlichen Referaten, die Herr Direktor Stüben und meine Wenigkeit erstattet haben, ist der Gegenstand beleuchtet worden. Wir haben die Gründe untersucht, welche zu dieser Bewegung geführt haben, und wir konnten den damaligen Stand der Frage dahin präzisieren, daß eigentlich keine Meinungsverschiedenheit darüber bestehe, daß eine Reform des Wechselprotestverfahrens notwendig sei; wir wußten nur, daß die Meinungen geteilt waren über den Umfang, den diese Reform annehmen müßte. Insbesondere aber mußten wir Stellung nehmen zu der von hervorragender juristischer Seite vielfach gestellten Forderung einer vollständigen Beseitigung des Protestes für Inlandwechsel. Zwischen Herrn Stübeu und mir bestand allerdings Übereinstimmung darin, daß die Forderung auf Beseitigung dieses Protestes abzulehnen sei.

Die Ihnen im vergangenen Jahre von dem Herrn Anwalt vorgelegten „Grundsätze über die Neuregelung des Wechselprotestverfahrens", die ich seinerzeit in seinem Auftrage verfaßt hatte, enthielten demnach an ihrer Spitze die Forderung, daß der Protest an sich beizubehalten sei; dagegen wurde eine wesentliche Vereinfachung des Verfahrens und eine Verbilligung der Kosten beansprucht. Es wurde ferner verlangt, daß neben den Notaren und Gerichtsvollziehern auch die Postbeamten (Briefträger) für zuständig erklärt werden sollten, Wechselproteste aufzunehmen. Schließlich erachteten wir, daß eine einheitliche Regelung der Proteststunden anzustreben bleibe.

Diese Grundsätze haben seinerzeit die einstimmige Billigung des Genossenschaftstages gefunden, und über die weitere Entwickelung der Sache hat Ihnen bereits der Herr Anwalt in seinem Berichte mitgeteilt, daß er die Beschlüsse und Verhandlungen des Westerlander Genossenschaftstages dem Herrn Staatssekretär des Reichsjustizamts eingereicht hat, der umgehend erwiderte, daß er mit Interesse von diesen Verhandlungen und Beschlüssen Kenntnis genommen habe und daß er hoffe, den diesbezüglichen Wünschen bald gerecht zu werden, da die Frage der Reform des Wechselprotestes bereits seit längerer Zeit im Reichsjustizamt erörtert werde. Nach wenigen Tagen schon erschien zu unserer Genugtuung im „Reichsanzeiger" eine Mitteilung der Beschlüsse des Allgemeinen Genossenschaftstages; sie wurden ausdrücklich in Gegensatz gestellt zu denjenigen Bestrebungen, welche wir als zu weitgehend zurückgewiesen hatten. Es wurde namentlich auch die Abschaffung des Wechselprotestes abgelehnt, unsere Stellung aber im ganzen recht wohlwollend beurteilt. Es hieß, nachdem die Ablehnung begründet war:

Um so mehr Interesse verdienen die Bestrebungen, die, ohne an dem Institut des Wechselprotestes zu rütteln, einer Vereinfachung das Wort reden. Auch unter den deutschen Genossenschaften ist man nicht untätig geblieben, der Allgemeine Verband der auf Selbsthilfe beruhenden deutschen Erwerbs- und Wirtschaftsgenossenschaften hat auf seinem diesjährigen Allgemeinen Genossenschaftstage zur Reform des Wechselprotestes Stellung genommen.

— Folgt der wesentliche Inhalt unserer Leitsätze. —

Die angekündigte Reform hat inzwischen einen entscheidenden Schritt vorwärts getan. Der „Reichsanzeiger" vom 23. Juli hat den vorläufigen Entwurf eines Gesetzes betreffend die Erleichterung des Wechselprotestes veröffentlicht, welcher ausdrücklich nicht als verbindliche Vorlage, sondern als Ergebnis der im Reichsjustizamt angestellten Vorarbeiten bezeichnet wird und welcher den beteiligten Kreisen Gelegenheit bieten solle, Stellung zu jenen Vorschlägen zu nehmen, Kritik zu üben und gegenteilige Auffassungen geltend zu machen. Auch in dieser Vorlage bezw. den Erläuterungen dazu ist ausdrücklich auf die Beschlüsse „der Verbände der Erwerbs- und Wirtschaftsgenossenschaften" Bezug genommen.

Die gegebenen Vorschläge in dem Entwurf zu prüfen und dazu Stellung zu nehmen, lag für uns naturgemäß außerordentlich nahe. Ich habe mich deshalb dem Auftrage des Herrn Anwalts gern unterzogen und den Entwurf in einem kurzen Aufsatz in den Genossenschaftsblättern zur Erörterung gestellt.

Inwieweit entspricht nun der Entwurf den Leitsätzen, die wir in Westerland aufgestellt haben?

Zunächst hält der Entwurf wie bereits erwähnt an dem Protest selbst fest, und er begründet die Ablehnung gegenteiliger Anregungen mit denselben Erwägungen, die auch wir dafür geltend gemacht haben; er will, wie wir, auf das ausgezeichnete Beweismittel, welches wir in dem Protest besitzen, nicht verzichten und die hervorragende Eigenschaft des Wechsels als Zahlungsmittel und als Kreditinstrument, aus dem die Forderungen ohne Schwierigkeiten zu realisieren sind, nicht in Frage stellen.

Eine Vereinfachung des Verfahrens wird dagegen für zulässig und zeitgemäß und als im Interesse des Handelsstandes wünschenswert anerkannt, da eine Abschwächung der Bedeutung des Protestes hieraus nicht resultiert.

Wir haben ferner gefordert eine Vereinfachung des Verfahrens und als entscheidenden Punkt bezeichnet — ein Vorschlag, den vor einer Reihe von Jahren zuerst Makower gemacht hat — daß der Protest auf dem Wechsel selbst beurkundet werde. Diese Forderung hat der Entwurf der Regierung akzeptiert für die Wechsel mangels Zahlung, und damit ist das Wesentliche erreicht, was wir in dieser Beziehung vorgeschlagen haben.

Es ist ferner zugestanden, daß der Kreis der Protestbeamten erweitert werde, indem die Postbeamten als zuständig zur Protestaufnahme erklärt werden. Unerledigt ist in der Vorlage freilich die Kostenfrage geblieben, die wir für wichtig halten, und deren Regelung einer Verordnung des Herrn Reichskanzlers bezw. der zuständigen Behörden in Württemberg und Bayern vorbehalten ist.

Die einheitliche Regelung der Protestſtunden, die wir empfohlen haben, wird wohl mit einem gewissen Zugeständnis erkauft werden müssen. Bekanntlich schlägt der Entwurf für die Proteststunden die Zeit von 8 Uhr vormittags bis 7 Uhr abends vor, eine Zeit, welche über die eigentliche Geschäftszeit hinausgeht und insoweit zu Unbequemlichkeiten führen kann; aber wir werden die Errungenschaft des Postprotestes damit erkaufen müssen, und die Erläuterungen motivieren ausdrücklich diese Festlegung der Proteststunden mit der Rücksicht auf den Postdienst, es wird aber betont, daß die Protestbeamten innerhalb der gesetzlichen Proteststunden jede mögliche Rücksicht auf die übliche Geschäftszeit nehmen werden.

Den Postprotest hatten wir ausdrücklich an die Voraussetzung geknüpft, daß der Fiskus die Haftung für Versehen der Postbeamten übernehme. Diese Haftung ist anerkannt in einem nach meinem Empfinden ausreichenden Umfange, denn man kann nicht verlangen, daß der Postfiskus eine weitere Haftung übernehme als diejenige, für den Verlust aufzukommen, der sich aus einem unrichtigen Protest selbst ergibt; Ersatz für indirekte Verluste, über den wechselmäßigen Regreßanspruch hinaus, Schadensersatz usw., sowie die Verantwortung für rechtzeitige Briefbeförderung lehnt er ab. Es wäre unbillig, eine Haftpflicht über den Rahmen der Vorlage hinaus zu beanspruchen.

Wir hatten weiter verlangt, daß die Post die Übernahme des Wechselprotestes nicht in der Weise einschränken dürfe, daß sie sage: ich protestiere nur diejenigen Wechsel, die mir zum Inkasso übergeben werden. Davon steht in dem Entwurf nichts, es besteht keine Einschränkung; die Postbeamten sind ohne weiteres als Protestbeamte bestimmt, und daraus ergibt sich von selbst, daß die Überlassung des Inkassos nicht die Bedingung für den Postprotest ist. Der Postprotest ist durch die Einschaltung der Postbeamten in die Reihe der protestfähigen Beamten festgestellt. Die weiteren Bestimmungen der Vorlage behalten aber dem Reichskanzler und den zuständigen Bayerischen und und Württembergischen Behörden vor, gewisse Wechsel von dem Postprotest auszuschließen. Auch ich habe im vorigen Jahre schon den Standpunkt vertreten, daß durchaus nicht erwartet werden könne und dürfe, daß etwa der Postprotest für alle Wechsel zugelassen werde. Das habe ich schon deswegen für ausgeschlossen erklärt, weil die Einschränkung des Postauftrages auf Wechsel bis zu 800 Mk. von selbst eine derartige Grenze auch bezüglich der Protestwechsel als berechtigt erscheinen läßt; denn sonst müßte der Briefträger als Protestbeamter Beträge annehmen, die er als Inkassomandatar nicht einziehen darf.

Ich muß aber als bedeutungsvoll noch hervorheben, daß der Postprotest nach den Erläuterungen nur in Aussicht genommen wird für Proteste mangels Zahlung, nicht auch für andere Proteste, insbesondere nicht für solche mangels Annahme. Ich würde glauben, daß man auch in dem Postprotest mangels Annahme eine weitere Erleichterung des Verkehrs würde gewähren können.

Bezüglich der Interventionsproteste habe ich in meinem Aufsatz in den Genossenschaftsblättern die Frage gestellt: wie wird die Post diese behandeln? Ich kann die Frage nur wiederholen; es wäre interessant gewesen, zu sehen, ob der Postprotest für solche Wechsel dem Interesse der Regreßberechtigten dienen wird, weil durch die eventuelle verspätete Rückgabe eines Interventionsprotestes die Zeit für den Kontraprotest leicht versäumt werden könnte. Nun, ich möchte einen Wunsch auf Erweiterung der Vorlage aussprechen, daß nämlich die Frist für den Kontraprotest hinausgeschoben werde, weil man fast stets außerordentliche Schwierigkeiten hat, einen Kontraprotest zur richtigen Zeit aufzunehmen.

Daß noch eine Verordnung in bezug auf die Kostenfrage zu erwarten ist, habe ich bereits erwähnt. Es ist deshalb in dem vorliegenden Antrage des Herrn Anwalts auch die Hoffnung ausgesprochen, daß die gesetzgebenden Körperschaften. wenn sie einer baldigen endgültigen Vorlage ihre Zustimmung erteilen, auf eine billige Regelung der Kostenfrage hinwirken werden. Das möchte ich unterstreichen, weil wir ja auch eine Verbilligung des Verfahrens beabsichtigt haben.

Die weitere Forderung, die wir erhoben haben, daß der Postprotest möglichst nicht mit der ersten Präsentation des Wechsels verbunden sein soll, hat weder eine Berücksichtigung, noch eine Zurückweisung gefunden. Ich möchte daher diese Forderung von neuem aufstellen.

Abweichungen von unseren vorjährigen Beschlüssen ergaben sich in bezug auf den Inhalt des Protestes. Es wird, hinausgehend über unsern Antrag, bestimmt, daß in den Protest aufgenommen wird, nicht nur mit wem und an welcher Stelle verhandelt wird, sondern auch für wen der Protest aufgenommen wird. Diese Bestimmung bedaure ich, weil sie geeignet erscheint, den Postprotest zu gefährden, und in der Tat haben seinerzeit die Verhandlungen des Deutschen Notartages in München da eingesetzt, daß sie sagten, man dürfe von einem Briefträger nicht verlangen, daß er Indossamente, die in fremder Sprache ausgefertigt sind, lesen und hiernach die Legitimation seines Auftraggebers prüfen könne. Ich wüßte nicht — und ich befinde mich da in Übereinstimmung mit Bernstein — welche Bedenken geltend zu machen wären gegen die Beschränkung des Protestinhaltes nach unserem Vorschlage und ich würde es begrüßen, wenn auch in dieser Beziehung eine Berücksichtigung unserer Wünsche möglich wäre.

Eine weitere abweichende Bestimmung enthält der Entwurf in bezug auf den Inhalt der Interventionserklärung. Während wir gewünscht hatten, es solle ersichtlich gemacht werden, von wem und zu wessen Gunsten die Intervention angeboten wird, wird hier gefragt auch wie sie angeboten und wie sie geleistet worden ist. Ich habe mich vergeblich bemüht, mich in den Gedankengang des Verfassers hineinzufinden. Von dem Protestbeamten zu verlangen, daß er beurkunde, wie die Intervention angeboten ist, das wäre noch verständlich, aber wie sie geleistet wird? Geleistet kann sie bekanntlich erst viel später werden auf Grund einer Ausfertigung des Protestes und erst dann ist eventuell zu beurkunden, daß sie nicht geleistet wurde. Ich glaube nicht, daß es möglich sein wird, diese Bestimmung aufrecht zu erhalten. Sie enthält eine Auflage für den Protestbeamten, die zu erfüllen er meines Erachtens außer stande sein wird. Eine fernere Abweichung ist die, daß die Beurkundung des Interventionsprotestes auf einer Wechselabschrift, wie von uns vorgeschlagen war, abgelehnt und für diesen Fall ein gesonderter Protest vorgeschrieben wird. Man kann diese Abänderung unbedenklich als den besseren Vorschlag anerkennen. Jedenfalls ist es gleichgültig, ob der Protest auf der Wechselabschrift steht oder ob Abschrift des Wechsels in den Sonderprotest aufgenommen wird.

Die Vorschriften, die sonst über den Protestinhalt und den Ersatz des Protestregisters gegeben werden, darf ich hier übergehen.

Wir haben im vorigen Jahre gemeint, auch die Frage zur Entscheidung stellen zu müssen, ob der Protestbeamte berechtigt und verpflichtet sei, eine eventuell angebotene Zahlung in Empfang zu nehmen, weil wir gesagt haben, es ist nur logisch, nur sachgemäß, daß der, welcher den Wechsel „zur Zahlung" präsentiert, auch die Zahlung entgegennehmen muß, wenn sie angeboten wird. In diesem Sinne entscheidet auch der Entwurf, nur macht er keinen Unterschied, wie wir es wollten, dahin, daß nur gezahlt werden darf, wenn die Wechsel mit einer Quittung versehen sind, während nicht gezahlt werden darf an den Protestbeamten, wenn die Wechsel nicht quittiert sind. Die Erläuterungen lehnen diese Unterscheidung ausdrücklich ab. Ich bedauere das aber deswegen, weil ich dann nicht mehr die Möglichkeit habe, die Zahlung an den Protestbeamten auszuschließen. Es kann sein, weun die Wechsel hohe Beträge haben, daß ich gewisse Bedenken trage, die Zahlung an den Protestbeamten leisten zu lassen, und diese Möglichkeit, die Berechtigung zur Empfangnahme der Zahlung auszuschließen, geht uns verlustig, wenn statt unserer Vorschläge diejenigen der Regierung angenommen werden.

Der Entwurf bringt noch einige Neuerungen, die ich nur sehr begrüßen kann. Ich habe mich darüber in den Blättern für Genossenschaftswesen schon ausgesprochen: die Gleichstellung der Domizil- und Zahlstellenwechsel und die Aufhebung der gegenwärtigen Bestimmung des Artikel 43 Abs. 2 der Wechselordnung, daß Domizilwechsel ihre Wechselkraft auch gegen den Akzeptanten verlieren, wenn sie nicht protestiert werden.

Es ist ferner eine Erleichterung für den protestierenden Beamten vorgesehen dahin, daß künftig nicht mehr unter allen Umständen die Ermittelung der Wohnung durch persönliche Nachfrage auf dem Polizeibureau erfolgen muß. Es genügt der Vermerk, ohne Rücksicht darauf, ob er sachlich richtig ist oder nicht, daß die Wohnung nicht hat ermittelt werden können, nur bleibt der Beamte für die Richtigkeit verantwortlich. Er schließt diese Verantwortung aber aus, wenn er entsprechende Nachfrage auf dem Einwohnermeldeamt oder beim Polizeibureau hält.

Bisher bestand ein Mißstand in der Beziehung, daß, wenn bei zusammenhängenden Ortschaften auf den Wechseln der Zahlungsort falsch bezeichnet war, ein Windprotest erforderlich wurde, während der im wirklichen Geschäftslokale aufgenommene Protest ungültig war. Beispiel: Ein Wechsel lautet auf Berlin W., Kurfürstendamm 20. Die Adresse ist unrichtig, weil der Kurfürstendamm nur bis Haus Nr. 19 zu Berlin, von Nr. 20 ab aber zu Charlottenburg gehört. Die Feststellung, daß in Berlin ein Haus Kurfürstendamm 20 nicht existiert, genügt für einen gültigen Protest, dagegen wäre ein Protest ungültig, der die Präsentation in dem tatsächlichen Geschäftslokal dartut. Künftig sollen auch solche Proteste gültig sein.

Im ganzen kann ich also mein Urteil dahin zusammenfassen, daß alle wesentlichen Forderungen, die der vorjährige Genossenschaftstag aufgestellt hat, erfüllt worden sind. Außerordentlich wünschenswert würde es sein, daß auch die weiteren Anregungen, die ich heute erneuert habe, berücksichtigt werden. Falls der Genossenschaftstag sich hierin mit mir in Übereinstimmung befindet und, wie ich Sie bitte, dem Antrag des Herrn Anwalts seine Zustimmung erteilt, so wird er seinerseits dazu beitragen, der Geschäftswelt eine Erleichterung im Wechselverkehr, die von vielen Seiten gewünscht wird und die sich als dringend notwendig erweist, zu verschaffen. Wir wissen ja selbst, daß nicht nur unsererseits die Frage auf die Tagesordnung gestellt ist. Insbesondere ist die letzte Welle der Bewegung, die mit diesem überflüssigen Ballast im Protestverfahren aufräumen wird, durch eine Broschüre von Justizrat Stranz: „Der Protest gegen den Wechselprotest" ausgelöst worden. Wir wollen das heute anerkennen, wenn wir uns auch in wesentlichen Punkten auf einen anderen Standpunkt gestellt haben, wie Justizrat Stranz. Dies aber nicht etwa, weil wir geglaubt hätten, mehr sei doch nicht zu erreichen, sondern weil wir überzeugt sind, daß dasjenige, was wir in unserem vorjährigen Beschluß festgelegt haben, am besten geeignet ist, den am Wechselverkehr beteiligten Kreisen zu dienen.

Ich bitte Sie um Ihre Zustimmung zu dem Antrage des Herrn Anwalts.

(Bravo!)

Vorsitzender **F. X. Proebst** (München): Ich darf wohl Ihre Zustimmung zu dem Antrag annehmen.

(Zustimmung.)

Wir kommen dann zu einem weiteren Punkt der Tagesordnung.

Verbandsdirektor Justizrat **Dr. Alberti** (Wiesbaden): [Zur Geschäftsordnung.] Meine Herren, ich bitte Sie, die Berichterstattung und Beschlußfassung über die Rechnung auf morgen früh zu vertagen. Wir werden das als ersten Punkt vornehmen.

(Zustimmung.)

(Schluß der Sitzung 1 Uhr.)

V. Hauptversammlung am Donnerstag, den 23. August 1906.

(Angelegenheiten der Baugenossenschaften.)

Stellvertretender Vorsitzender: Verbandsdirektor Landrat Berthold (Blumenthal).

Schriftführer: Haubensack (Charlottenburg).

Eröffnung 2¼ Uhr nachmittags.

Stellvertretender Vorsitzender Verbandsdirektor Landrat **Berthold** (Blumenthal): Meine verehrten Herren und Freunde! Wenn ich hiermit die Sondersitzung für Baugenossenschaften des 47. Genossenschaftstages eröffne, so möchte ich daran erinnern, daß diese uns in Breslau gewidmete Glocke uns mit dem Spruche übergeben ist: Friede dieser Stadt bedeute usw. Da wir heute nicht über Handwerkergenossenschaften reden,

(Heiterkeit.)

sondern über Baugenossenschaften, denke ich, wird der Ton des Friedens, der bisher stets unsere Verhandlungen ausgezeichnet hat, von selbst bestehen bleiben, ohne daß die Glocke besonders daran zu erinnern braucht. Ich freue mich außerordentlich, und ich habe von verschiedenen von Ihnen schon den Ausdruck der gleichen Freude gehört darüber, daß wir heute einmal eine so stattliche Versammlung von Baugenossenschaftsmitgliedern und Baugenossenschaftsfreunden zusammen haben, wie es uns bisher auf einem Allgemeinen Genossenschaftstage noch nicht beschieden gewesen ist. Ich freue mich auch sehr, daß die Vertreter der hohen Behörden uns die Ehre ihrer Anwesenheit gönnen, und ich hoffe, daß das, was sie hier hören, sie interessieren und sie uns weiter als Freund unserer Bewegung erhalten wird.

Auf der Tagesordnung, meine Herren, steht nicht ein besonderer Vortrag von mir als dem Leiter der Versammlung. Ich möchte aber doch um die Erlaubnis bitten, einige Worte der heutigen Sitzung voranschicken zu dürfen, und zwar deswegen, weil wir heute eine Art Jubiläum feiern. Vor 10 Jahren ist zum erstenmal der Verband der Baugenossenschaften Deutschlands als selbständiger Unterverband des Allgemeinen Verbandes der auf Selbsthilfe beruhenden deutschen Genossenschaften ins Leben getreten, und so können wir hier heute zum erstenmal zurückblicken auf einen größeren Zeitabschnitt baugenossenschaftlicher Arbeit in unserm Allgemeinen Verband. Gerade mit Rücksicht auf dies Jubiläum, das ja erfreulicherweise mit dem Jubiläum unsers Herrn Anwalts zusammenfällt, der auch seit 10 Jahren unsere Geschicke mit weiser Hand leitet, möchte ich kurz einleitend hervorheben, daß unsere genossenschaftliche Arbeit, die des Verbandsanwalts, des Verbandsdirektors und eigentlich, kann ich sagen, aller Beteiligten in diesem Jahrzehnt nach einer Richtung hin gegangen ist. Wir haben mit allem Nachdruck hingewirkt auf verständiges Maßhalten, auf ernste Selbstprüfung, auf gewissenhafte Geschäftsgebahrung, und ich glaube aussprechen zu dürfen, daß diesen Bestrebungen der Erfolg nicht völlig gefehlt hat, daß unser Allgemeiner Verband sich ein entschiedenes Verdienst um die baugenossenschaftliche Bewegung erworben hat.

Als vor 10 Jahren der Baugenossenschaftsverband durch die Bemühungen meines verewigten Herrn Vorgängers, des Baumeisters Wohlgemuth in Berlin, ins Leben gerufen wurde, stand die Baugenossenschaftsbewegung auf der Höhe ihrer zweiten Blüteperiode, die, nach dem Abebben der ersten Entwickelungsperiode Ende der 60er und Anfang der 70er Jahre, im Anfang der 90er Jahre eingesetzt hatte. Ich habe auf dem Allgemeinen Genossenschaftstage 1902 in Kreuznach einen kurzen Überblick über diese zweite Blüteperiode gegeben, deswegen möchte ich hier nur folgendes erwähnen: Die Gründe der heftigen, fast explosiven Entwickelung, die wir vom Beginn der 90er Jahre ab auf baugenossenschaftlichem Gebiete erlebt haben, lagen einmal in dem Schärferwerden des Wohnungsnotstandes in den Städten und Industriebezirken, in denen die aufblühende Industrie große Menschenmassen plötzlich zusammenströmen ließ; zweitens in dem gesteigerten Verständnis für soziale Mißstände und für die Pflicht ihnen abzuhelfen; drittens endlich in dem Zusammentreffen zweier gesetzgeberischer Maßnahmen von hoher Bedeutung, der Änderung des Genossenschaftsgesetzes, welches die beschränkte Haftpflicht zuließ, und der Einführung der Invalidenversicherung, deren Kapitalansammlung unerwartet reiche Mittel für den Arbeiterwohnungsfonds lieferte. Das Verdienst, die gesetzgeberische Bestimmung angeregt zu haben, welche einen Teil dieser angesammelten Gelder dem Arbeiterwohnungsbau dienstbar machte, kann der Mitbegründer unseres Unterverbandes, Direktor Schrader in Berlin, für sich in Anspruch nehmen. Unter den Männern, die als Leiter von Landesversicherungsanstalten — unseren verehrten Nährammen, wie wir sie nennen — die Schätze, die dort angesammelt werden, mit weiser und wohlwollender Hand dem Wohnungsbau zugewandt haben, darf ich nennen den heut anwesenden Herrn Landesrat Dr. Schroeder, der auch zu unserer großen Freude seit einiger Zeit in der Leitung des Verbandes mitwirkt. Es liegt in der Natur der Dinge, daß, wenn ein Zusammenwirken so verschiedener Ursachen eine ungewöhnlich rasche Entwickelung hervorruft und fördert, im Anfang in diese Entwickelung eine gewisse Stürmer- und Drängerstimmung hineinkommt, die da glaubt, ein Allheilmittel gefunden zu haben und mit ihm alle Mißstände aus der Welt schaffen möchte. Das sind schöne Zeiten voll froher Hoffnung, welche die Zukunft im rosigen Lichte sieht, aber auch gefährliche Zeiten, in denen unmittelbar nebeneinander liegen die Anfänge des Weges, der zum Segen, zum Erfolge, und des Weges, der zur Enttäuschung, zum Fehlschlagen der Unternehmung führt. Wir haben diese Zeiten bei uns im Baugenossenschaftswesen damals auch gehabt; Zeiten, für deren rührenden Optimismus mir immer ein Wort bezeichnend gewesen ist, das seinerzeit viel zu hören war: wer die Wohnungsfrage löst, hat die soziale Frage gelöst! Wir sind seit 10 Jahren etwas bescheidener geworden in der Beurteilung dieses Einflusses der Wohnungsfrage. Als unser Unterverband vor zehn Jahren gegründet wurde, hat es noch eine ganze Menge vortrefflicher Männer gegeben, die fest davon überzeugt waren, in den Baugenossenschaften das richtige Mittel zur Heilung der Schäden dieser Zeit zu finden, und die deshalb möglichst überall und möglichst sofort Baugenossenschaften auf die Beine gestellt zu sehen wünschten. Dann gab es auch eine ganze Menge Leute, die das zwar selber nicht glaubten, aber die ganz einverstanden waren, wenn die große Menge dies glaubte, weil sie persönlich als Grundstücksbesitzer oder Bauunternehmer oder Baumaterialienlieferanten daraus Vorteil zu ziehen hofften. So sind damals ohne Prüfung der Notwendigkeit und ohne Prüfung, ob die Bedingungen für eine gedeihliche Entwickelung vorhanden waren, Baugenossenschaften allgemein gefordert und wirklich auch vielfach errichtet worden. Und, meine Herren, ein gefährliches Ding ist das — ich glaube, es ist in wenig anderen Sachen so großer und so bleibender Schaden anzurichten, wie mit einer unzweckmäßig begonnenen und durchgeführten Häuserbauerei. Ganz besonders bedenklich war es aber, daß auch bei so vielen, die mit der allerbesten Meinung in die Baugenossenschaftsbewegung hineingingen, mit dem vortrefflichsten Willen, doch das Maß von praktischer Erfahrung, das zum Bauen einerseits und zum Betriebe der Genossenschaft andererseits gehört, nicht immer voll vorhanden war. Meine Herren, ich brauche bloß jetzt daran zu denken, mit welcher jugendlichen Unerfahrenheit ich selbst in die Dinge hineingetaumelt bin. Es waren schöne Zeiten, aber es war, wie gesagt, die Unerfahrenheit zum Teil doch recht, recht groß. Unter den Umständen ist es nach meinem Dafürhalten ein wirkliches Verdienst um die Baugenossenschaftsbewegung gewesen, daß der Allgemeine Verband eingriff und diesen Unterverband aus sich hervortrieb, um nun all die Erfahrungen, die der Allgemeine Verband in einer Arbeit von 4 Jahrzehnten angesammelt hatte, dieser jüngsten Genossenschaftsgattung zugänglich zu machen. Unsere erste und oberste Aufgabe haben wir, wie gesagt, in vollster Übereinstimmung mit dem verehrten Herrn Anwalt, darin erblickt, daß wir aufgefordert haben zur Vorsicht: zur Vorsicht bei der Auswahl der Genossen, zur Vorsicht bei der Kalkulation, bei der Verwaltung, zur alleräußersten Vorsicht vor allen Dingen bei der Gründung. Indem wir zuerst im Jahre 1902 in Kreuznach die richtige Grenze zu finden gesucht haben für das Gebiet, auf dem Baugenossenschaften wirken können, für die richtigen Lebensbedingungen, deren sie bedürfen, um zu gedeihen, haben wir stets als das Wichtigste betont die Prüfung der Bedürfnisfrage. Nur da, wo ein offenbarer Mangel an Kleinwohnungen vorhanden ist, ein Mangel, dessen Beseitigung durch die private Bautätigkeit überhaupt nicht oder doch nicht ausreichend schnell zu erwarten steht, nur da soll man einen Versuch mit der Baugenossenschaftsgründung machen. Ich habe das auch so ausgedrückt: die Baugenossenschaft soll sein eine Reserve im Kampf gegen das Wohnungselend, und das weiß jeder, der gedient hat, daß in der Verwendung von Reserven dem Führer immer die alleräußerste Vorsicht zur Pflicht gemacht wird. Ich habe diese Vorsicht, dieses Maßhalten immer und immer wieder betont. Nun ist es mir eine große Freude gewesen, daß im vorigen Jahre der Allgemeine Genossenschaftstag in Westerland nach dem ganz ausgezeichneten Referat des Herrn Scheidt, das denen, die es gehört haben, in bleibender Erinnerung stehen wird, einstimmig diese Grundsätze gebilligt hat; daß seitens der Königlichen Staatsregierung in den Direktiven für die Verwendung von Staatsmitteln zum Kleinwohnungsbau eben diese nämlichen Grundsätze ausdrücklich vorgeschrieben sind, und daß im Preußischen Landtag die Parteien durch Erklärungen aus sachkundigem Munde sämtlich zu der gleichen Anschauung sich bekannt haben. Ich halte es auch heute für meine Pflicht, diese Mahnung zur Vorsicht zu wiederholen. Die Baugenossenschaft ist nicht Selbstzweck, sondern sie ist lediglich Mittel zum Zweck, ein Mittel zugleich, dessen Wirksamkeit ganz bestimmte, verhältnismäßig eng begrenzte Voraussetzungen hat. Von allen Sports, welche ich kennen gelernt habe, ist die Baugenossenschaftsgründung, wenn man sie als Sport betreiben will, einer der allergefährlichsten.

In diesem Zusammenhang würde ich hier zu sprechen haben von der Stellung, welche die Hausbesitzervereinigungen gegenüber der Baugenossenschaftsbewegung einnehmen. Ich darf als bekannt voraussetzen, was die Herren Hausbesitzer an uns auszusetzen haben. Wir haben uns bereits einmal, in Hannover 1900 mit den Angriffen beschäftigen müssen, die von dieser Seite gegen die Baugenossenschaften gerichtet waren. Es handelte sich damals um eine Eingabe der Hausbesitzervereinigungen an die beiden Häuser des Preußischen Landtages, in der die Baugenossenschaften unter

anderm als eine Gefahr für Thron und Altar — eine mir besonders liebe Erinnerung — (Heiterkeit.)
hingestellt wurden. Ich darf auch erwähnen, daß ein dickes Buch in der Zeit darüber geschrieben worden ist, worin ich als einer der bedenklichsten Wucherer Deutschlands hingestellt wurde.

(Heiterkeit.)

Ich habe damals diese Angriffe nicht tragisch genommen, sondern darauf vertraut, daß die strengen Auffassungen, die der Allgemeine Verband in bezug auf die Einrichtung und Verwaltung von Baugenossenschaften hat, auf die Dauer auch in den verständigen und anständigen Hausbesitzerkreisen Anerkennung finden, und daß man auch von dort aus in den von uns gezogenen Grenzen die baugenossenschaftliche Tätigkeit als berechtigt anerkennen würde. Wir haben dann auch auf dem letzten Allgemeinen Genossenschaftstage, als wir die schon erwähnten, von Herrn Scheidt vertretenen Thesen angenommen hatten, die Freude gehabt, daß ein anwesender Zuhörer sich zum Worte meldete, sich als Vorstandsmitglied eines Hausbesitzervereins zu erkennen gab und ganz offen die Anerkennung aussprach darüber, daß wir so verständige Ansichten hätten. Nun scheint man ja die Anerkennung, die er uns zollte, in den Hausbesitzervereinigungen allgemein noch nicht uns zuzubilligen, wenn die Zeitungsnachrichten richtig sind über die Tagung, die ihre Vereinigung vor kurzem in Eisenach gehalten hat. Ich halte es aber nicht für zweckmäßig, auf bloße Zeitungsnachrichten hin auf einer Versammlung wie der heutigen, auf dem Allgemeinen Genossenschaftstage, der mit einer gewissen Autorität sprechen soll, Erklärungen abzugeben oder Verwahrungen einzulegen, und zwar um so weniger, als in dem Manifest, welches die Hausbesitzervereinigungen im Oktober 1904 dem Wohnungskongreß in Frankfurt zugehen ließen, ganz ausdrücklich die Bitte ausgesprochen wurde, nur solche Äußerungen als authentisch zu betrachten, welche in ihrem offiziellen Organ zu finden wären. Das ist ein ganz berechtigter Wunsch. Da dies Organ über jene Verhandlungen, über die Stellungnahme der Hausbesitzer zu den Baugenossenschaften noch nichts gebracht hat, so muß ich mich bescheiden. Nur das eine will ich sagen, daß wir von unserm Standpunkt aus im Allgemeinen Verband ganz und gar damit einverstanden sind, wenn die Hausbesitzervereinigungen von Fall zu Fall durch geeignete Anträge bei der zuständigen Stelle auf sorgfältige Prüfung der Bedürfnisfrage nachdrücklich hinweisen, wie das dieser Zeitungsnachricht nach beschlossen sein soll. Da glaube ich auf folgendes hinweisen zu dürfen. Ich habe selber, infolge einer Anregung aus kommunalen Kreisen heraus, in einem besonderen Falle meinerseits Bedenken erhoben, ob denn wirklich die Bedürfnisfrage zu bejahen sein möchte, und diese Bedenken haben Beachtung gefunden, das gewünschte Baudarlehen ist damals nicht gegeben. Die betreffende Hausbesitzervereinigung schreibt sich das auf ihr Konto, ich will ihr das Verdienst nicht schmälern, aber ich habe es in derselben Weise getan, und ich will nicht untersuchen, welche Äußerung eigentlich die einflußreichere in dem Falle gewesen ist. Indem die Hausbesitzervereinigungen geeignetes Material für die Beurteilung der Bedürfnisfrage herbeischaffen, indem sie vor unnötiger oder unvorsichtiger Gründung warnen, handeln sie nicht bloß in ihrem eigenen Interesse, sondern ebensogut im wohlverstandenen baugenossenschaftlichen Interesse. Wir wünschen volle und strenge Erziehung zur geschäftlichen Solidität, und da sind uns auch die gegnerischen Kritiker und Mahner dienlich und deshalb müssen sie uns willkommen sein.

Was nun die Erziehung zur geschäftlichen Solidität anlangt, so ist der Kernpunkt, auf den in diesem Jahrzehnt unserer Arbeit wir in erster Linie unsere Bestrebungen gerichtet haben, die Erziehung zu einer nüchternen und vorsichtigen Mietenkalkulation gewesen. Auf dem Allgemeinen Genossenschaftstage in Kreuznach 1902 hat Oberrevisor Wollenweber diese Frage in einem eingehenden Referat erörtert und, wie ich glaube, zu einem vorläufigen Abschluß gebracht. Leider steht nach dieser Richtung noch lange nicht überall die Sache so, wie sie soll. Fehler, die im Anfange aus einem gewissen Optimismus heraus in der Mietenberechnung gemacht worden sind, lassen sich, wenn überhaupt, nur sehr schwer und ganz allmählich wieder gutmachen. Ich hoffe, daß die bei jeder Revision wiederkehrende Warnung und Mahnung schließlich in den meisten Fällen wirken wird: steter Tropfen höhlt den Stein. Viel besser gegenüber dem Zustand vor 10 Jahren ist es doch immerhin in diesem Jahrzehnt — das darf ich offen aussprechen — bei uns geworden durch die unermüdlichen Bemühungen unserer Verbandsrevisoren und des Herrn Verbandsanwalts.

Meine Herren, der Erziehung zur Solidität soll auch das neue Bilanzschema dienen, über das nachher noch berichtet werden wird; ihr haben auch die Verhandlungen dienen sollen, die wir über die schwierige Frage der Abschreibung gehabt haben; Verhandlungen, die einen gewissen Abschluß gefunden haben im letzten Mai auf einer Konferenz, die in Berlin von sämtlichen baugenossenschaftlichen Verbänden abgehalten worden ist und wo wir uns geeinigt haben auf eine Reihe von Leitsätzen. Ich möchte bei dieser Gelegenheit nicht unterlassen, zum Ausdruck zu bringen, daß es Fälle geben kann, in denen man einer Baugenossenschaft keinen zu schweren Vorwurf machen darf, wenn die Grundlage der Mietenkalkulation nicht von vornherein einwandfrei gewesen ist. Wir haben eine Reihe von Fällen erlebt, in welchen das Reich, der Staat oder sonstige große Arbeitgeber mit einem Schlage große Arbeiter- und Beamtenmassen an Orte hingeworfen haben, in denen der erforderliche Bestand an Wohnungen weder vorhanden war, noch auch nur annähernd durch die private Bautätigkeit gedeckt werden konnte. Wenn der Staat in diesen Fällen davon absieht, als Arbeitgeber den Arbeitern in eigener Regie den Wohnungsbedarf zu beschaffen, so ist das ein Verfahren, für das sich viel sagen läßt. Ich brauche hier in baugenossenschaftlichen Kreisen nicht besonders die Gründe darzulegen, aus denen es oft entschieden richtiger ist, wenn der Arbeitgeber nicht selber baut, sondern sich der Vermittelung einer Baugenossenschaft bedient. Übernimmt aber in Fällen dieser Art, in solchen gar nicht sicher zu überblickenden Verhältnissen, die Baugenossenschaft die Aufgabe zu bauen, so steht sie dann Schwierigkeiten gegenüber, deren Umfang nur derjenige richtig verstehen kann, der selbst einem solchen Zustande gegenübergestanden hat. Ich kann sagen, daß der gute Wille und die Opferwilligkeit, die ich dann in aller Stille an der Arbeit gefunden habe, mir oft bewunderungswürdig erschienen ist. Kommen dann Mißgriffe vor, weil die eingesetzte Verwaltung tatsächlich die Verhältnisse nicht übersehen kann, so bin ich der Meinung, daß der große Arbeitgeber die Pflicht hat, solche Baugenossenschaften, die ihm seine Arbeitgeberpflicht abgenommen haben, nach Möglichkeit zu unterstützen, ihnen zu helfen, ihnen insbesondere bei der Frage der Abtragung auf die Hypothekarschulden entgegenzukommen. In diesem Sinne haben wir schon in Frankfurt und Fulda uns nachdrücklich ausgesprochen, und ich glaube es ist gut, wenn das hier nochmals geschieht. Ich hoffe, daß, wenn diese Baugenossenschaften die Rücksichtnahme finden, auf die sie billigen Anspruch haben, mit der Zeit eine völlige Gesundung auch bei ihnen sich vollziehen wird, und vor allen Dingen, daß das Lehrgeld, welches sie haben zahlen müssen, denen zugute kommen wird, die zukünftig unter gleich ungünstigen Verhältnissen Baugenossenschaften zu gründen haben werden. Wir wollen uns alle die Mahnung daraus entnehmen: Vorsicht bei der Gründung, zweitens Vorsicht und drittens Vorsicht.

Eine Hoffnung meine Herren — und damit möchte ich schließen — welche, als dieser Baugenossenschaftsverband gegründet wurde, mein Herr Vorgänger und dann auch ich hegte, ist leider nicht in Erfüllung gegangen. Es war gedacht worden, daß dieser Baugenossenschaftsverband als Unterverband des Allgemeinen Verbandes die sämtlichen deutschen

Baugenossenschaften umfassen sollte, und daß diese Baugenossenschaften, die zweifellos nach der gewerblichen Hälfte des Genossenschaftswesens hinübergehören, sich dem großen Verbande anschließen würden, der die Mehrheit der gewerblichen Genossenschaften umfaßt. Nun sind wir Deutsche, und als solche haben wir vor allen Dingen auf theoretische und landmannschaftliche Unterschiede Rücksicht zu nehmen, und vermöge dieser Unterschiede ist es uns nicht geglückt, die Einheit zu bewahren, es sind Spaltungen vorgekommen. Wenn Sie in die Statistik hineinsehen, die uns vom Herrn Verbandsanwalt überreicht ist, so finden wir die nicht erfreuliche Tatsache, daß sieben Verbände jetzt bestehen. Da ist unser Verband, der ein Unterverband des Allgemeinen Verbandes ist, mit 116 Mitgliedern, dann der Verband, der auf Grundlage des gemeinschaftlichen Eigentums stehenden deutschen Baugenossenschaften, der Albrechtsche Verband mit 104 Mitgliedern, der Verband der Rheinischen Baugenossenschaften mit 70, der Verband der Westfälischen Baugenossenschaften mit 55, der Verband der Schleswig-Holsteinschen Genossenschaften mit 33, der Verband der Bauvereine des Großherzogtums Hessen mit 28, und schließlich der Revisionsverband der Baugenossenschaften des Verbandes deutscher Beamtenvereine mit 16 Mitgliedern. Wir sehen auch hier wieder das Bild der Zersplitterung, das so alt ist, als es eine deutsche Geschichte gibt. Ich für meinen Teil habe festgehalten an dem Gedanken, daß der Augenblick kommen wird, wo wir unter dem Zwange der Verhältnisse zusammengehen werden; ich habe allen Versuchungen, die an mich herangetreten sind, auch meinerseits das Kriegsbeil aufzunehmen, glücklich widerstanden und bin überzeugt, daß ich im Sinne sämtlicher Herren hier gehandelt habe. (Zustimmung.)

Es ist aber das eine zu meiner Freude erreicht worden, daß wir uns im Mai dieses Jahres in Berlin zu gemeinsamer Beratung zusammengefunden haben über die schwierige und delikate Frage der Abschreibungen. Der günstige Eindruck, den alle Teilnehmer von diesen Verhandlungen gehabt haben, kann sich umsetzen in den Wunsch, daß wir einen Zusammenschluß finden möchten, und ich gehe in das zweite Jahrzehnt des Bestehens unseres Baugenossenschaftsverbandes hinein mit dem festen Entschluß und mit der zuversichtlichen Hoffnung: erst mal Schulterfühlung und später eine organische Vereinigung, daß wir alle dahin kommen, wohin wir gehören.

Ich schließe mit dem Ausdruck des Dankes gegen alle diejenigen, die in den verflossenen zehn Jahren unsere Tätigkeit unterstützt haben, und mit der Bitte, in dem folgenden Jahrzehnt uns in gleicher Weise zu unterstützen und, soviel Sie können, in Ihrem Bekanntenkreise dafür zu sorgen, daß auf der einen Seite Solidität und Redlichkeit im Baugenossenschaftswesen hochgehalten und auf der andern Seite die Brüderlichkeit und das Gefühl der Zusammengehörigkeit unter uns wachgerufen wird.

(Lebhafter Beifall.)

Zuguterletzt möchte ich noch darauf aufmerksam machen, daß der Verein zur Verbreitung guter volkstümlicher Schriften mich ersucht hat, seine Ankündigungen zur Verteilung zu bringen. Ich meine, wir sollen auch in den guten und netten Häusern, die wir herstellen, dafür sorgen, daß die Leute etwas Gutes und Verständiges selber lesen und auch ihren Frauen vorlesen. Die Bestrebungen des genannten Vereins können wir also gern unterstützen.

Landesrat **Dr. Schroeder** (Cassel): Meine Herren, gestatten Sie mir zunächst einige Worte in meiner Eigenschaft als Mitglied des Vorstandes der Landesversicherungsanstalt Hessen-Nassau, die in Cassel ihren Sitz hat. Sie wissen alle, daß die Landesversicherungsanstalten die Mitarbeit auf dem Gebiete des Wohnungsbaues und speziell des Arbeiterwohnungsbaues als eine ihrer vornehmsten Aufgaben betrachten, und so hat auch meine Heimatsanstalt auf diesem Gebiete seit Jahren angestrengt mitgearbeitet, so daß wir augenblicklich sehr große Kapitalien in diesen Arbeiterwohnungsbauten angelegt haben. Es liegt also auf der Hand, daß die Landesversicherungsanstalten Ihren heutigen Verhandlungen ganz besonderes Interesse entgegenbringen, und so möchte ich im Namen des Vorstandes der Landesversicherungsanstalt Hessen-Nassau Sie willkommen heißen und Ihren Verhandlungen einen segensreichen Verlauf wünschen.

Sodann möchte ich zu einigen Punkten, die Ihr Herr Vorsitzender erwähnt hat, Stellung nehmen. Ihr Herr Vorsitzender hat dringend zur Vorsicht gemahnt, einmal in der Gründung von Baugenossenschaften, und zweitens nach der Richtung hin, daß, wenn die Baugenossenschaft gegründet oder in der Gründung begriffen ist, sie vorsichtig in der Kalkulation der Mieten sein soll. Diese Worte kann ich nur unterstreichen, und ich habe auch schon im preußischen Landtage Veranlassung genommen, darauf hinzuweisen. Die Vorwürfe der Hausbesitzervereine werden am sichersten gegenstandslos, wenn wir in der Gründung von Baugenossenschaften vorsichtig sind, und Gründungen nur da vornehmen, wo die Mieten nicht normal sind, und eine Mitwirkung von Baugenossenschaften zur Herabdrückung der Mieten unbedingt notwendig ist. Wird in dieser Weise vorsichtig verfahren, so werden die Angriffe der Hausbesitzer, die zum Teil nicht unberechtigt sind, verschwinden oder auf ein geringes Maß zurückgehen. Die Kalkulation der Mieten ist ganz außerordentlich wichtig. Ihr Herr Vorsitzender hat recht: sind die Mieten von Anfang an falsch kalkuliert, so ist es unmöglich, später helfend einzugreifen. Jedenfalls wird es langer Zeit bedürfen, bis der normale Zustand hergestellt ist, und es läßt sich meistens auch nur so machen, daß, wo ein Mieter auszieht, der neue Mieter, der einzieht, höhere Miete zahlt. Aber auch dieses Verfahren wird Schwierigkeiten begegnen; die Hauptsache ist eben, daß die Mieten von Anfang an richtig kalkuliert sind.

Meine Herren, wie gesagt, die Versicherungsanstalten betreiben die Beförderung des Arbeiterwohnungsbaues seit vielen Jahren, und wir sind im großen und ganzen mit den Ergebnissen zufrieden, die wir in städtischen und industriellen Gegenden erzielt haben; aber was uns noch fehlt, ist die Unterstützung des Arbeiterwohnungsbaues auf dem Lande. Die Versicherungsanstalten sind nicht etwa ausschließlich industrielle Anstalten, sondern sie umfassen auch die landwirtschaftliche Bevölkerung, und wir haben die Verpflichtung, unsere reichen Mittel in derselben Weise wie den großen Städten und Industriegegenden, so auch den landwirtschaftlichen Kreisen zuzuwenden. Und da komme ich auf zwei Bemerkungen zurück, die der Herr Verbandsanwalt gestern gemacht hat. Er hat nämlich in dem Bericht, den er erstattet hat, wenn ich ihn recht verstanden habe, die Bemerkung einfließen lassen, daß der Bau von Mietswohnungen auf dem Lande sich nicht bewährt habe. Auf welche Erfahrungen sich das bezieht, kann ich nicht sagen. Ich kann aber in dieser Allgemeinheit die Bemerkung nicht für richtig halten, ich würde auch den umgekehrten Satz nicht unterschreiben, daß sich der Bau von Mietswohnungen auf dem Lande bewährt habe. Das wird in jedem Falle von den örtlichen Verhältnissen abhängen, man wird vor allen Dingen unterscheiden müssen die rein landwirtschaftlichen Gegenden und die gemischten Gegenden, wo Industrie und Landwirtschaft nebeneinander bestehen. Ich weiß aus meiner eigenen Praxis, daß dort, wo Industrie auf dem Lande vertreten ist, sich der Bau von Mietswohnungen durchaus gut bewährt hat; dagegen läßt sich gar nichts sagen. Sind aber nur große Güter in einer Gegend, so wird man mit dem Bau von Mietswohnungen in der Tat nicht weit kommen.

Weiter hat der Herr Verbandsanwalt gesagt, daß eine Lösung der Arbeiterwohnungsfrage auf dem Lande darin bestände, daß man für die industriellen Arbeiter auf dem Lande Eigenhäuser schafft und sie mit Hypotheken beleiht. Damit steht in gewissem Widerspruch eine Stelle in dem Vorwort S. IX. Da heißt es:

Für recht bedenklich erachte ich, daß von seiten der Versicherungsanstalten an einzelne Personen Baudarlehen gewährt werden unter Garantie von Darlehnskassen, denn ebensowenig wie diese Kassen in der Lage sind, bei einer Entschuldung des ländlichen Besitzes mitzuwirken, können sie nach ihrer rechtlichen und wirtschaftlichen Natur eine Garantie, wie sie hier verlangt wird, übernehmen. Es ist im einzelnen Falle richtiger, das Darlehen direkt an die Person gegen hypothekarische Sicherheit zu gewähren, wie es durch einen Erlaß des Preußischen Eisenbahnministers an die Eisenbahndirektionen in Aussicht genommen ist.

Meine Herren, wir haben ganz genau in dieser Weise in Hessen-Nassau gewirtschaftet, und der Erlaß, der vom Preußischen Eisenbahnminister an die Eisenbahndirektionen ergangen ist, stützt sich unmittelbar auf das Vorgehen der Landesversicherungsanstalt Hessen-Nassau. Nur sind die Voraussetzungen des Herrn Anwalts in den ersten Sätzen nicht richtig. Wir geben nicht etwa die einzelnen Baudarlehen gegen Schuldschein an die betreffenden Arbeiter unter Bürgschaft dieser Darlehnskassen — es kommen in erster Linie die Raiffeisenkassen in Frage — sondern das, was der Herr Verbandsanwalt im Nachsatz verlangt, verlangen wir auch, daß nämlich in erster Linie eine Hypothek bestellt werde, und neben dieser hypothekarischen Sicherheit besteht die Garantie des Darlehnskassenvereins, und dabei sind uns als solche Bürgen selbstverständlich nicht nur die Raiffeisenvereine erwünscht und willkommen, sondern jeder andere Darlehnskassenverein auch, ob Schulze-Delitzschscher oder sonstiger Richtung. Ich kann aber nur sagen, daß unser Verkehr mit den Raiffeisenvereinen ein ausgezeichneter ist, wir verdanken diesen außerordentlich viel.

Nun wird bemängelt, daß diese Darlehnskassen sich durch Übernahme einer Bürgschaft beteiligen, und es wurde davon ausgegangen, daß die Übernahme von Bürgschaften nicht zu den Aufgaben von Darlehnskassen gehöre. Darüber will ich nicht rechten, denn ich verhandle mit jenen Kassen vom Standpunkte des Hypothekariers, und dementsprechend habe ich nicht zu fragen, ob derjenige, der eine Bürgschaft übernimmt, dieses auch verantworten kann. Wenn wir unsern Zweck erreichen wollen, wenn wir eine große Menge von Arbeiterwohnungen auf dem Lande errichten wollen, sind wir genötigt, eine Mittelsperson für uns in Anspruch zu nehmen. Die Landesversicherungsanstalt kann nicht hunderte von kleinen Hypotheken auf dem Lande hergeben. Das ist nicht möglich, dann würde die Versicherungsanstalt eine Hypothekenbank werden. Wir sind also darauf angewiesen, die Mitwirkung irgendwelcher Mittelspersonen zu finden und zu suchen, und die Aufgabe dieser Mittelspersonen ist es, die Baulust auf dem Lande zu wecken und den Leuten die Wege zu ebnen. Dann müssen wir durch diese Organe prüfen lassen, ob überhaupt ein Baubedürfnis besteht; wir müssen ferner sehr vorsichtig prüfen lassen, ob der betreffende Darlehnsnehmer kreditwürdig und sicher ist, dann aber vor allen Dingen — und das ist die Hauptsache, weshalb diese Bürgschaft und Mitwirkung der Darlehnskassen erwünscht und notwendig ist — die Versicherungsanstalt kann das spätere Schicksal der einzelnen Hypotheken nicht im einzelnen verfolgen. Dazu sind die Darlehnskassen vor allen Dingen berufen, sie müssen sich für etwaige Ausfälle verpflichten und dafür sind sie berechtigt, $^1/_8$% Zinsen mehr zu nehmen. Das ist sicher kein Erwerbsgeschäft, das die Raiffeisenvereine machen, $^1/_8$% Mehrzins ist knapp das, was ihnen an baren Auslagen entsteht, und infolgedessen ist die Mitarbeit der Raiffeisenvereine auf diesem Gebiete eine außerordentlich segensreiche und dankenswerte.

Die Bauvereine, die in unserer Provinz vorhanden sind, sind auf mein dringendes, zum Teil zwingendes Zureden Mitglieder Ihres Revisionsverbandes geworden. Die Versicherungsanstalt hat ein hohes Interesse daran, daß es den Baugenossenschaften gut geht, denn unsere großen Kapitalien stecken in ihren Bauten. Dementsprechend habe ich auch mit Freude die Gelegenheit ergriffen, mich an den Revisionen dieser Baugenossenschaften zu beteiligen, weil ich nur auf diese Weise eine Einwirkung auf die wirtschaftlich richtige Einrichtung und die sparsame und geordnete Verwaltung der Baugenossenschaften gewinnen kann; denn so lange die Genossenschaften die Zinsen pünktlich zahlen, hat der Hypothekarier keine rechtliche Einwirkung, die Genossenschaften können bei jedem Versuch der Einwirkung sagen: die Zinsen sind bezahlt, im übrigen ist unsere Verwaltung selbständig. Aber es ist gut, wenn man einer Baugenossenschaft zu sagen berechtigt ist: du bist auf einem falschen Wege, der allerdings erst in vielleicht 15 Jahren zu einer Katastrophe führen kann, wo dann aber ein Eingreifen nicht mehr möglich ist. Aber als stellvertretender Vorsitzender des Revisionsverbandes habe ich die Möglichkeit, rechtzeitig gute Ratschläge zu erteilen, und diese Ratschläge werden, wie ich Ihnen versichern kann, auch immer befolgt.

Diese Zugehörigkeit zum Verbande hat freilich einen Haken. Selbstverständlich müssen unsere Bauvereine die Kosten der Revision bezahlen, und das tun sie gern. Daneben kommen Beiträge zum Allgemeinen Verbande in Betracht, und so weit diese Beiträge klein sind, werden sie auch gern bezahlt; 10 Mk., die spielen keine große Rolle. Wir haben aber auch eine Reihe von Aktiengesellschaften und Vereinen, die nicht auf genossenschaftlicher Grundlage beruhen. Nun sollen meine Aktiengesellschaften und nichtgenossenschaftlichen Vereine neben den Kosten zu dem Revisionsverbande noch einen festen Beitrag von 100 Mk. an den Allgemeinen Verband zahlen. Das ist nicht möglich; damit treiben Sie meine Aktiengesellschaften aus dem Verbande, und wir wollen sie doch dem Verbande gewinnen. Ich möchte daher die dringende Bitte an Sie richten, diesen Austritt zu verhindern und aus diesem Grunde die Beiträge anders zu normieren. Meinem persönlichen Gefühl würde es am meisten entsprechen, wenn ein kleiner, sich gleichbleibender Betrag von 10 Mk. an den Allgemeinen Verband gezahlt würde.

Es wird allerdings geltend gemacht, daß dem hohen Beitrage an den Allgemeinen Verband gewisse Gegenrechte gegenüberstehen, daß man berechtigt wäre, den Verbandsanwalt in Anspruch zu nehmen und alle Gutachten kostenfrei zu bekommen. Dieses Recht besteht zwar, aber es ist ein Recht, das nicht ausgeübt wird.

(Zuruf!)

— Ich spreche nur von meiner Provinz, von meinen heimischen Verhältnissen. Hier ist die Zugehörigkeit zum Allgemeinen Verbande den Genossenschaften noch nicht in Fleisch und Blut übergegangen; wenn hier die Baugenossenschaften Rat brauchen, kommen sie zu uns, zur Versicherungsanstalt, oder gehen zum Landrat oder zum Bürgermeister; aber ich habe noch nie den Fall erlebt, daß sie tatsächlich von dem an sich sicher wertvollen Recht Gebrauch gemacht und sich an den Anwalt des Allgemeinen Verbandes gewendet hätten. Ich muß deshalb dringend bitten, daß die Beiträge herabgesetzt werden.

(Bravo!)

Vorsitzender Verbandsdirektor Landrat **Berthold** (Blumenthal): Dieser Punkt scheidet am besten aus, weil er morgen geprüft wird bei Gelegenheit der Etatsberatung. Hätte ich voraussehen können, daß mein Referat, das nicht auf der Tagesordnung steht, eine verhältnismäßig umfangreiche Debatte entfesseln würde, hätte ich es mir versagt. Nachdem einmal von der einen Seite die Diskussion angeregt ist, muß sie von der andern Seite fortgesetzt werden. Ich habe nur die Bitte, knapp und kurz zu sein, damit wir noch an die eigentliche Tagesordnung herankommen, denn die beiden Punkte sind wichtig und bedeutungsvoll. Ich möchte, daß wir nicht zu lange die Beratungen ausdehnen, damit die Herren noch nach der Gartenbauausstellung hinkommen.

Anwalt **Dr. Crüger** (Charlottenburg): Meine Herren, wenn wir alle die Gegenstände verhandeln, die jetzt in die Erörterung hineingeworfen sind, und die nicht auf der Tagesordnung stehen, würden wir auch nicht zum Beginn der Erledigung der Tagesordnung kommen. Es sind eine Reihe Fragen angeschnitten, deren Lösung außerordentlich schwierig ist, und die zum Teil nicht zur Zuständigkeit der Baugenossenschaften gehören, sondern der Kreditgenossenschaften bezw. der Darlehnskassen.

Ich will beginnen mit der letzten Frage, den Beiträgen. Wenn vor acht Tagen Herr Landesrat Schroeder mir seine Wünsche mitgeteilt hätte, würden wir im Gesamtausschuß auch die Höhe der Beiträge der Aktiengesellschaften neu geregelt haben. Jetzt hat der Gesamtausschuß über die Beitragsfrage sich schlüssig gemacht, und ich kann mir nicht denken, daß der Genossenschaftstag morgen, am letzten Tage, dem Antrage des Gesamtausschusses zuwider beschließen wird. Es wäre richtiger gewesen, diese Frage unter der Hand zu erledigen, anstatt sie vor den Allgemeinen Genossenschaftstag zu bringen. Im übrigen beschäftigt uns die Frage der Regelung der Beiträge der Baugenossenschaften schon seit längerer Zeit; die Schwierigkeit liegt darin, den richtigen Modus für die Bemessung des Beitrages zu finden. Der Gesamtausschuß hat sich dahin erklärt, dem Allgemeinen Genossenschaftstage den Vorschlag zu machen, den Beitrag auf $1/2$% vom Reingewinn herabzusetzen. An dem Mindestbeitrag von 10 Mk. und dem Maximalbeitrag von 100 Mk. soll nicht gerüttelt werden, und zwar aus dem einfachen Grunde: was dem einen recht ist, ist dem andern billig. Wenn den Baugenossenschaften ein geringerer Beitrag als 10 Mk. bewilligt wird, so sehe ich nicht ein, wie man den Handwerkergenossenschaften, deren Existenz oft nicht so leicht ist, wie die der Baugenossenschaften, sondern die zuweilen viel schwerer um ihre Existenz zu ringen haben, zumuten soll, einen höheren Beitrag zu zahlen. Wenn der Allgemeine Verband den einzelnen Genossenschaften die Beiträge auf ein Minimum reduzieren soll, wie es zuweilen verlangt wird, müßte er, wenn er noch weiter arbeiten will — Staatshilfe in Anspruch nehmen, und er hört auf, eine freie unabhängige Organisation zu sein. Ich übrigen muß ich gestehen, daß, wenn der Beitrag im richtigen Verhältnis zur Leistungsfähigkeit der Genossenschaft steht, es mir vollkommen unbegreiflich ist, wie dann der Beitragsfrage eine solche Bedeutung beigelegt werden kann. Der Allgemeine Verband hat doch seit 50 Jahren durch die Beiträge der Genossenschaften erhalten werden können, und nun können gerade die Baugenossenschaften nicht mehr die Beiträge aufbringen!! Eine Genossenschaft oder Aktiengesellschaft, deren Reingewinn niedrig ist, kommt selbstverständlich nicht auf den Maximalbeitrag, und wenn Sie berechnen wollten, wieviel Reingewinn eine Genossenschaft oder Aktiengesellschaft haben muß, die bei $1/2$% Reingewinn den Maximalbeitrag von 100 Mk. zahlt, werden Sie herausbekommen, daß das eine ganz anständige Summe ist. Eine Genossenschaft mit einem derartigen Reingewinn wird die 100 Mk. Beitrag nie und nimmer als eine Last empfinden. Was im übrigen die Frage nach dem Beitrag der gemeinnützigen Aktiengesellschaften anbelangt, würde sich ein Ausweg schon finden, um für diese Gesellschaften den gleichen Maßstab zugrunde zu legen wie für die Genossenschaften.

Nun sagte Herr Landesrat Schroeder, nach dem Statut haben die Genossenschaften das Recht auf unentgeltliche Raterteilung, aber sie nehmen es nicht in Anspruch. Dafür kann der Allgemeine Verband nichts, wenn die Genossenschaften sich an den Landrat und nicht an die kompetente Stelle wenden. Das bedauere ich außerordentlich, daß die Genossenschaften nicht wissen, welche Bedeutung der Allgemeine Verband für sie hat. Ich will keinem Landrat und niemandem zu nahe treten; aber ich glaube, daß der Allgemeine Verband zuständiger in Genossenschaftsangelegenheiten sein wird als eine Behörde, die mit genossenschaftlichen

Dingen doch nur gelegentlich zu tun hat und jedenfalls nicht über die Materialien und Erfahrungen verfügt wie der Allgemeine Verband. Ich will und kann hier nicht im einzelnen auf die Tätigkeit des Allgemeinen Verbandes zugunsten der Baugenossenschaften eingehen, ich müßte auf die Gesetzgebung, die Organisation usw. zurückgreifen, nur darauf will ich aufmerksam machen, daß eine der wichtigsten Fragen, nämlich die Frage der Mietenkalkulation, von dem Allgemeinen Verbande zuerst aufgeworfen und ich glaube sagen zu dürfen, gelöst ist. Der Allgemeine Verband hat zuerst die Bedeutung der richtigen Mietenkalkulation betont. Das ist sehr erklärlich. Wir stehen in dem Allgemeinen Verbande nicht seit 10 Jahren in der Baugenossenschaftsbewegung, sondern seit 40 Jahren. Im Anfange der 60er Jahre war es der Deutsche Genossenschaftstag, der überhaupt zuerst die Baugenossenfrage behandelt hat; auf dem Vereinstage zu Stettin wurde dargelegt, daß man mit der genossenschaftlichen Organisation, wenn auch nicht die Wohnungsfrage lösen, so doch der Befriedigung des Wohnungsbedürfnisses näher treten könne. Es ist richtig: die Vereine können von der Behörde die Hilfe, den Rat billiger erhalten als vom Allgemeinen Verbande. Dann können wir aber auch schließlich zu dem Resultate kommen, daß alle derartigen freien Organisationen überflüssig sind und ersetzt werden können durch Organe des Staates, der Kommunen oder der Provinzen. Ich meine aber, so gering werden wir doch die Selbsthilfe und die freie unabhängige Tätigkeit nicht einschätzen — wir haben alle das lebhafteste Interesse, die freien Organisationen zu erhalten und sie nicht auszuschalten oder ihnen Bedingungen zu stellen, unter denen sie nicht leben können. Im übrigen muß ich die erfreuliche Tatsache konstatieren, daß eine ganze Anzahl von Baugenossenschaften sich in recht intensiver Weise der Gutachten des Allgemeinen Verbandes bedient; ich klage nicht darüber, sondern ich freue mich über derartige engere Beziehungen, die angeknüpft werden. Ich habe gerade deswegen, um in engere Beziehung mit den Baugenossenschaften zu kommen, wiederholt den Wunsch ausgesprochen, daß mehr als bisher Sektionen innerhalb der einzelnen Bezirke gebildet werden, sodaß mir Gelegenheit gegeben wird, in nähere Fühlung wit den Baugenossenschaften zu treten.

Dann die Frage betreffend die Befriedigung des Wohnungsbedürfnisses auf dem Lande. Darüber kann man einige Stunden sich unterhalten. Ich war durchaus nicht vorbereitet, daß die Frage hier angeschnitten werden wird, sonst hätte ich mich mit dem nötigen Material versehen, vor allen Dingen aus den Gebieten, die der Herr Landesrat Schroeder ins Auge gefaßt hat, aus den sogenannten agrarischen Gebieten; nur auf diese bezieht sich die angezogene Stelle in dem Vorwort. Ich habe in meinem Bericht hervorgehoben, daß ich der Befriedigung des Wohnungsbedürfnisses auf dem Lande deswegen eine so große Bedeutung beilege, weil meines Erachtens damit die Lösung der ländlichen Arbeiterfrage im engsten Zusammenhange steht, wir finden einen Weg, die Arbeiter auf dem Lande festzuhalten oder sie dahin zurückzuführen. Ich habe mich freilich gegen die ostpreußischen Versuche des Herrn Passarge bereits im vergangenen Jahre ausgesprochen, ich habe gesagt, das sind verfehlte Unternehmungen; denn wenn auf dem Lande den Arbeitern der Aufenthalt angenehm gemacht werden soll, kann ich nicht, um sein Wohnungsbedürfnis zu befriedigen, Zehnfamilienhäuser errichten, wie Passarge will, sondern ich muß einzelne Häuser bauen und den Arbeitern einiges Land zur Verfügung stellen. Die Dinge haben auch den Verlauf genommen, der von mir vorausgesagt wurde: entweder sind die Baugenossenschaften gar nicht ins Leben getreten, oder sie sind bald der Auflösung verfallen. Natürlich ist die Lösung dieser Frage um so schwieriger, nachdem das erste Experiment sich als vollkommen verfehlt herausgestellt hat. Man glaubt aber wieder einmal sich über alle Erfahrungen hinwegsetzen zu können und das Gegenteil von dem tun zu sollen, was der Allgemeine Verband empfahl. Ich verweise auf die Verhandlungen des Allgemeinen Genossenschaftstages zu Hannover über diesen Gegenstand. Daß im übrigen die Dinge in gemischt industriellen und landwirtschaftlichen Gegenden wesentlich anders liegen wie in agrarischen, versteht sich vollkommen von selbst. Wie gesagt, die Stelle im Vorwort bezieht sich auf die agrarischen Gebiete, und damit ist der Widerspruch beseitigt.

Der Herr Landesrat Schroeder sagt, wir wollen auch dem einzelnen direkt Kredit geben, aber dann bedürfen wir einer Mittelsperson, der Darlehnskasse. Zur Erörterung dieser Frage halte ich nicht die Baugenossenschaften für kompetent, sondern das ist eine Frage für die Kreditgenossenschaften, ob sie in der Lage sind, eine Bürgschaft für die Amortisationshypothek zu übernehmen; um die handelt es sich doch. Und da möchte ich betonen, daß, als im Abgeordnetenhause die Frage der Entschuldung des ländlichen Besitzes erörtert und dabei die Frage aufgeworfen wurde: inwieweit können die Genossenschaften in den Dienst der Entschuldung einbezogen werden, darüber Übereinstimmung bei allen Parteien des Hauses herrschte — und auch die Erklärung des Vertreters des Finanzministers ging dahin — daß es bedenklich wäre, die Genossenschaften eine Bürgschaft übernehmen zu lassen,

(Sehr richtig!)

weil die Genossenschaften die Bürgschaft geschäftlich gering achten und nicht daran denken würden, daß ihnen daraus ernstliche Verpflichtungen entstehen können. Die Bürgschaft kommt nicht in der Bilanz zum Ausdruck, höchstens im Geschäftsbericht; aber die Tatsache bleibt, daß die Genossenschaft sich mit einer Verpflichtung belastet, der sie nach ihrer rechtlichen und wirtschaftlichen Natur nicht gewachsen ist. Die Genossenschaft ist eine Personalgesellschaft, deren Mitglieder mit Einhaltung der statutarischen Kündigungsfrist der Genossenschaft den Rücken wenden können — wie soll eine solche Gesellschaft auf Jahrzehnte hinaus Verpflichtungen eingehen! Man wendet ein, das mag für die Stadt gelten, auf dem Lande ist es anders, dort halten die Mitglieder fest zusammen.

Ich habe in meinem Berichte aber die Zahlen der Auflösungen für die einzelnen Jahre mitgeteilt, und nach diesen Zahlen kommen prozentual Auflösungen landwirtschaftlicher Genossenschaften eher häufiger vor als solche städtischer Kreditgenossenschaften. Sie können sicher sein, diese Zahl der Auflösungen wird nicht zurückgehen, sondern ganz entschieden noch steigen.

Sollte es sich aber nur darum handeln, in der Genossenschaft eine Mittelsperson zu haben, die Auskunft erteilt, Recherchen anstellt, die Amortisationsraten, die Zinsen einzieht, so habe ich selbstverständlich dagegen nichts zu erinnern. Es ist erklärlich, daß die Versicherungsanstalten solche Mittelspersonen haben wollen. Aber man kann der Genossenschaft nicht die Bürgschaft auferlegen. Das ist für mich der entscheidende Differenzpunkt. Der Gedanke ist früher schon vielfach ventiliert worden. Die ersten Versuche sind im schleswig-holsteinischen Verbande gemacht.

Wie bemerkt, ich bin der Ansicht, daß wir es hier mit einer Angelegenheit zu tun haben, die zu beurteilen in erster Linie Sache der Kreditgenossenschaften ist, ob sie die Last auf sich nehmen können, die von der Versicherungsanstalt verlangt wird.

Damit habe ich, glaube ich, die Differenzpunkte behandelt, die sich aus den Ausführuugen des Herrn Landesrat Dr. Schroeder für mich ergeben haben,

Was im übrigen die vom Herrn Vorsitzenden angeregten Dinge anlangt, die auch Herr Landesrat Dr. Schroeder in den Bereich seiner Erörterungen gezogen hat, so kann ich meine vollste Übereinstimmung damit aussprechen, daß bei der Mietenkalkulation die größte Vorsicht anzuwenden ist. Und wenn auch die Meinung vertreten wird, daß die Baugenossenschaften sich verhältnismäßig selten an den Allgemeinen Verband wenden, — wenn es ihnen schlecht geht, wissen sie schon, wo sie am besten Rat einzuholen haben, — so habe ich doch wiederholt Gelegenheit gehabt, mich mit solchen Genossenschaften zu beschäftigen, die infolge verfehlter Mietenkalkulation in die größten Schwierigkeiten hineingeraten sind; und da habe ich die Überzeugung gewonnen, daß eine Genossenschaft, die ihre Mieten falsch kalkuliert hat, außerordentlich schwer in geordnete Verhältnisse wieder hineinzubringen ist. Ich hoffe, daß das Bilanzschema und die Gewinn- und Verlustrechnung, die Ihnen zur Vorlage unterbreitet sind, wenn sie Allgemeingut bei den Baugenossenschaften werden sollten, wesentlich dazu beitragen werden, die Genossenschaften zu einer richtigen Kalkulation der Mieten zu veranlassen; denn ich habe wenigstens recht häufig gefunden, daß sich die Gründer von Baugenossenschaften kein klares Bild von der Gewinn- und Verlustrechnung haben machen können; ich habe bei einer Konferenz z. B. die Beobachtung gemacht, daß, als ich auf die Rentabilität zu sprechen kam, weder der Vorstand noch ein Mitglied des Aufsichtsrats sich ein klares Bild haben machen können, welche Posten als feste Ausgaben zu behandeln seien, und mit welchen Einnahmen sicher zu rechnen ist. Es ist dabei vor allen Dingen mit in Rücksicht zu ziehen, daß die Baugenossenschaften heute noch unter verhältnismäßig sehr günstigen Bedingungen arbeiten. Eine eigentliche Wohnungskrisis haben wir nur in ganz wenig Städten. Das hängt selbstverständlich zusammen mit der Hochkunjunktur des wirtschaftlichen Lebens. Lassen Sie aber auf die fetten Jahre die magern Jahre folgen, in denen die industrielle Bevölkerung aus den Städten wiederum abzieht, weil sie dort nicht genügend Arbeit findet, und lassen Sie dann darunter ganz naturgemäß auch die Baugenossenschaften in Mitleidenschaft gezogen werden, die Miethäuser errichtet haben, — dann wird sich zeigen, ob die Baugenossenschaften auch wirklich die innere Kraft in sich haben, über eine derartige wirtschaftliche Krisis hinwegzukommen. Von allen Genossenschaftsarten ist es die Baugenossenschaft, die am allerschwersten von einer wirtschaftlichen Krisis betroffen werden würde. Es ist von meinen beiden Herren Vorrednern hervorgehoben worden, und ich stimme ihnen darin vollkommen bei, daß bei der Förderung der Baugenossenschaftsbewegung man nur die Lichtseiten der Baugenossenschaften ins Auge gefaßt hat, daß man glaubte, über die Schwierigkeiten, die sich da ergeben können, mit Leichtigkeit hinwegzukommen. Ich erkenne es ganz besonders als Verdienst der Landesversicherungsanstalten, wenigstens vieler und nicht zuletzt gerade der hiesigen hessen-nassauischen an, daß sie die Schwierigkeiten richtig erkannt und auf eine gesunde Entwickelung des Baugenossenschaftswesens einzuwirken bestrebt gewesen sind.

Meine Herren, dann endlich noch ein Wort zu einer Verständigung zwischen den verschiedenen Baugenossenschaftsverbänden. Ich habe seit Jahr und Tag darüber mein Bedauern ausgesprochen, daß die Zersplitterung immer weiter um sich greift. Wir haben bereits, 1897, glaube ich, in Neustadt uns dahin schlüssig gemacht, daß gar keine Veranlassung vorliegt, die Genossenschaften für Mietshäuser und für eigene Häuser zu trennen, sondern daß man am besten ihre Interessen wahrnimmt, wenn man sie zusammenfaßt. Die Genossenschaften, die Eigenhäuser nur bauen, wenigstens soweit sie in großen Städten ihren Sitz haben, werden heute auch gedrängt dazu, Mietshäuser zu bauen. Diese Genossenschaften zeigen also am allerbesten, daß man beide Zwecke zugleich verfolgen kann. Schließlich hat in der Großstadt die Entwickelung des Baues von Eigenhäusern für die Baugenossenschaft ihre natürliche Grenze in der Verteuerung des Grund und Bodens und des Bauens selbst. So ist mir eine der bedeutendsten Baugenossenschaften bekannt, die wahrscheinlich in absehbarer Zeit keine Eigenhäuser mehr bauen wird, weil der Bau derselben so teuer geworden ist, daß die Häuser für die Kreise wenigstens nicht mehr käuflich zu haben sind, die gerade durch die Baugenossenschaft in den Besitz eines Hauses kommen sollen. Das mag man bedauern, aber die Tatsache steht fest. Also meine Herren, Sie sehen, daß gar kein Gegensatz zwischen den verschiedenen Baugenossenschaftsarten besteht. Ich glaube, daß eine Genossenschaft nicht gut tut, von vornherein sich auf ein bestimmtes System hin festzulegen, sondern sie muß sich sagen: wir werden so bauen wie die wirtschaftlichen Verhältnisse es von uns verlangen.

Es sind in der letzten Zeit insbesondere in den westlichen Provinzen neue Verbände entstanden. Ob ein Bedürfnis für diese Gründungen vorhanden war, möchte ich nicht bloß dahingestellt sein lassen, sondern ohne weiteres verneinen. Wir würden jedenfalls, wenn es uns beschieden gewesen wäre, diese Baugenossenschaften bei uns aufzunehmen, unsern Unterverband in so und so viele Sektionen haben spalten können und dadurch die verschiedenen Genossenschaften innerhalb der Provinzen in engere Beziehung und Berührung miteinander bringen können. Wir wären in der Lage gewesen, die Interessen der Baugenossenschaften viel intensiver zu vertreten als heute, wo der Verband sich über ganz Deutschland erstreckt, und wir nur viele Sektionen bilden konnten. Natürlich ist nicht darauf zu rechnen — es bestehen 500 oder 600 Baugenossenschaften — daß sie alle unter einen Hut zu bringen sind. Aber nehmen Sie den Fall an, daß wir gut die Hälfte zusammenhaben, dann würden wir sofort 5, 6 Sektionen bilden können, und den Interessen der Genossenschaften würde in bester Weise Rechnung getragen sein. Ich glaube, daß dann auch vor allen Dingen die Erörterung der Beitragsfrage, die wirklich nicht die entscheidenste ist — daß man der dann nur eine sehr geringe Bedeutung überhaupt noch beilegen würde, denn die verschiedenen Sektionen würden so durchdrungen sein von dem großen Werte, den der Anschluß an das große Ganze für sie hat, daß sie gern an dem großen Ganzen mitarbeiten würden. Sie würden Ihre Freude daran haben, und für mich handelt es sich doch auch nicht darum, eine große Zahl von Genossenschaften im Allgemeinen Verbande zu haben. Wenn das mein Bestreben gewesen wäre, hätte ich bloß 1895 dahin zu streben brauchen, daß der Allgemeine Verband sich zur Staatshilfe bekennt, und der Allgemeine Verband würde heute vielleicht auch 3—4000 Genossenschaften umfassen. Wir haben unsere Aufgabe anders aufgefaßt. Wir legen den größten Wert darauf, daß die Mitglieder des Allgemeinen Verbandes sich auch der Zugehörigkeit zu der Organisation bewußt sind und Nutzen daraus ziehen — sie sollen sich nicht als Verpflichtete fühlen, die drückende Lasten zu tragen haben, sondern sollen sich des Wertes der Zugehörigkeit bewußt sein. Ich möchte daher diese Gelegenheit benutzen, um alle die Herren, die einen Einfluß auf die Baugenossenschaftsbewegung besitzen, zu bitten, ihren Einfluß dahin geltend zu machen, daß die Genossenschaften, wenn sie Rat und Auskunft brauchen, sich an die Leitung des Allgemeinen Verbandes zu wenden. Meine Herren, ich bin überzeugt, das wird wesentlich auch im Interesse unser gesamten deutschen Baugenossenschaftsbewegung liegen.

(Bravo!)

Vorsitzender Verbandsdirektor Landrat **Berthold** (Blumenthal): Meine Herren, es ist vielleicht doch wünschenswert, die Pandorabüchse, die ich mit meinem Referat eröffnet habe, zu schließen. Es hat sich noch zum Wort gemeldet Herr Landesrat Dr. Schroeder; aber ich glaube, nach den Erklärungen, die der Herr Verbandsanwalt gegeben hat, daß sich seine Ausführungen im Bericht nur auf agrarische Verhältnisse bezogen haben, dürfte die Sache wohl erledigt sein.

Landesrat **Dr. Schroeder** (Cassel): Nur noch wenige Worte. Zunächst hat der Herr Verbandsanwalt erklärt, daß seine Bemerkung, Mietshäuser hätten sich nicht auf dem Lande bewährt, sich auf Ostpreußen bezieht.

Ich kenne die Verhältnisse dort nicht im einzelnen, weiß aber, daß erst seit 2 Jahren Versuche im Gange sind, in der dortigen Provinz die Landarbeiterfrage zu lösen. Ich meine, diese Zeit ist zu kurz, um ein endgültiges Urteil zu gewinnen, man sollte sein Urteil also zurückstellen, ehe man absprechend urteilt.

Auf die Entschuldungsfrage will ich nicht eingehen, das ist eine sehr schwierige Frage und bezüglich der Bürgschaft habe ich schon betont, daß ich mich im wesentlichen von meinem Standpunkt als Hypothekarier leiten lasse, und es mir eine willkommene Mitwirkung ist, wenn Darlehnskassenvereine mit mir arbeiten wollen. Ob sie es können und dürfen, müssen sie selber beurteilen.

Was die Beiträge anlangt, so hat der Herr Verbandsanwalt erklärt, ich hätte früher kommen sollen mit dieser Sache. Ich habe es aber gar nicht gewußt, weder gewußt, daß die Sache am Sonntag verhandelt werden würde, noch gewußt, daß unsere Aktiengesellschaften für den Allgemeinen Verband neuerdings zu solch hohen Kosten herangezogen werden sollen. Ich habe das erst vorigen Sonnabend aus einem Schreiben erfahren, in dem für das vorige Jahr so und soviel Beiträge von unsern Aktiengesellschaften nachgefordert wurden. Und jetzt, meine Herren, wird mir gesagt, die Aktiengesellschaften sollen ein für allemal hundert Mark zahlen! Werden dieselben behandelt wie Genossenschaften, so kann ich mich nicht beschweren, alsdann werden sie je nach dem Gelingen ihres Unternehmens im einzelnen besteuert. Wogegen ich mich wende, ist, daß sie ein für allemal, ob sie gut oder schlecht stehen, hundert Mark zu zahlen haben. Das kann ich nicht gutheißen. Ich habe unsere Baugenossenschaft nur dadurch zum Eintritt in den Allgemeinen Verband gebracht, daß ich sagte: geht Ihr nicht zum Revisionsverband, dann kriegt Ihr kein Geld mehr. Wenn ich sie so zum Eintritt gezwungen habe, bin ich auch verpflichtet, dafür einzutreten, daß sie nicht zu hohe Beiträge zu zahlen haben. Wohin führt es denn, wenn Sie hier den Aktiengesellschaften zuviel Geld abnehmen? Das führt dahin, daß Sie noch mehr Zersplitterung in den Revisionsverbänden haben werden, wie augenblicklich. Ich würde es mit Freuden begrüßen, wenn wir in diesem Verband wie bisher einmütig und segensreich zusammenarbeiten können, aber, meine Herren, ich kann mich dem Drängen meiner Baugenossenschaften nicht verschließen, wenn sie sagen: es kommt uns zu teuer, wozu brauchen wir den Anschluß, wir wollen wie Westfalen, Rheinprovinz, Schleswig-Holstein einen eigenen Revisionsverband gründen, dafür bekommen wir sicher die Genehmigung vom Minister. Dann haben wir also, wie gesagt, noch mehr Zersplitterung. Ich möchte Sie deshalb wirklich freundlichst bitten, hierauf Rücksicht zu nehmen und die Beiträge für die Aktiengesellschaften nicht in dieser Weise hinaufzuschrauben.

Vorsitzender Verbandsdirektor Landrat **Berthold** (Blumenthal): Ich glaube verstanden zu haben, daß der Herr Verbandsanwalt auch nach der Richtung schon seine Bereitwilligkeit erklärt hat, die Wünsche zu berücksichtigen.

Verbandsdirektor Justizrat **Dr. Alberti** (Wiesbaden): Meine Herren, das Ganze ist keine Geldfrage, wir wollen für den Verband bei der Sache nichts herausschlagen, sondern es handelt sich darum, die Sache in einer Weise zu regeln, die den beiderseitigen Interessen entspricht. Es wäre zweckmäßig gewesen, wenn das etwas früher zu positiven Vorschlägen geführt hätte, dann wäre es im Gesamtausschuß ganz glatt zustande gekommen. (Sehr richtig!)

Ich hoffe deshalb auch, daß sich eine Lösung finden läßt, wenn nicht in diesem Jahre, so unter allen Umständen, wenn der Gesamtausschuß sich damit befaßt hat.

Ich wollte namentlich zu einem Punkt kurz sprechen, behalte mir aber eine nähere private Besprechung darüber vor. Ich bin nämlich der

Ansicht, daß die Stellung des Herrn Schroeder bezüglich der Bürgschaft durch Kreditgenossenschaften nicht richtig ist. Ich würde als Direktor des Kreditverbandes unter allen Umständen einem Vereine raten: verquicke deine Existenz doch nicht mit der Baugenossenschaft, du hast für dich Risiko genug und wenn die Baugenossenschaft verkracht, bist du auch hin. Ich stehe auch auf dem Standpunkte, daß diese Bürgschaft für den Geldgeber durchaus ungenügend ist.

(Zuruf.)

Wenn die Bürgschaft an sich nicht verlangt wird, dann soll man sie nicht geben, dann soll man die Genossenschaft als Auskunftsperson, als Vermittlungsstelle behandeln. Die Bürgschaft wird niemals in Anspruch genommen werden können.

Geschäftsführer **Schulze** (Göttingen): Da hier die Beitragsfrage zum Allgemeinen Verbande angeschnitten ist, und der Herr Verbandsanwalt gesagt hat, daß es besser gewesen wäre, es wäre früher schon eine Eingabe in dieser Form gemacht worden, so liegt uns in Göttingen ein Schreiben der Landesversicherungsanstalt Hannover vor, vom 2. April, das an den Allgemeinen Verband gegangen ist und das sich mit den Ausführungen deckt, die Herr Landesrat Schroeder zur Kenntnis gebracht hat. Also am 2. April d. J. ist dem Allgemeinen Verband schon genau der Sachverhalt von der Landesversicherungsanstalt Hannover mitgeteilt, daß der Beitrag der Baugenossenschaften zu hoch wäre und daß sie ihn nicht mehr verantworten könnte. Ich begreife deshalb nicht, wie hier gesagt werden kann, die Sache wäre nicht früh genug eingereicht und es hätte immer hier noch eine Antwort darauf erfolgen können.

(Zuruf: Das ist alles geschehen.)

Vorsitzender Verbandsdirektor Landrat **Berthold** (Blumenthal): Hier liegt ein Mißverständnis vor. Diese Frage, wie die Baugenossenschaften als solche herangezogen werden sollen zu den Kosten, ist zur Kenntnis des Engeren Ausschusses gebracht, dort im Mai beraten und jetzt auch im Gesamtausschuß beraten. Was hier zur Kenntnis gebracht, ist die Frage der Besteuerung der Aktiengesellschaften. Der den letzteren auferlegte Zuschlag, um den es sich bei den Erörterungen des Herrn Landesrat Dr. Schroeder handelt, soll, wie wir nun hören — die Herren stellen es in Aussicht — in einer entgegenkommenden Weise erledigt werden. Deswegen möchte ich bitten, daß wir die Frage auf sich beruhen lassen, sonst kommen wir zu den Referaten nicht mehr. Wir können uns auf unserm Göttinger Tage auch noch darüber unterhalten. Für uns kann es genügen, daß von dem Herrn Verbandsanwalt und dem Vorsitzenden des Engeren Ausschusses Erklärungen abgegeben sind, aus denen wir entnehmen können: die Frage wird in freundschaftlicher und den Wünschen und billigen Ansprüchen entsprechender Weise erledigt werden.

So möchte ich bitten, daß wir nun die Pandorabüchse zumachen und in die Tagesordnung eintreten. Jedenfalls ist es mir eine Lehre: ich werde doch für die Zukunft einen solchen improvisierten Vortrag nicht mehr voranschicken. Ich will zur Rechtfertigung nur bemerken, daß ich dem Herrn Anwalt Kenntnis davon gegeben hatte, was ich sagen würde.

Der erste Punkt der Tagesordnung lautet:

I. Antrag des Anwalts:

Denjenigen Baugenossenschaften, die Häuser zum Eigentumserwerb für die Genossen — sogenannte Erwerbshäuser — bauen, wird empfohlen, die für den Erwerber vielleicht gegebene Möglichkeit, den Eigentumserwerb später in spekulativer Weise auszunützen, soweit angängig auszuschließen.

Als Ausschließungsmaßregeln können in dieser Beziehung in Betracht gezogen werden:

1. **Die grundbuchmäßige Eintragung des Vorkaufsrechts für die Genossenschaft gemäß §§ 1094 ff. B.G.B.**
2. **Die grundbuchmäßige Eintragung des Wiederkaufsrechts zugunsten der Genossenschaft für die ersten 30 Jahre nach der Auflassung.**
3. **Die Inanspruchnahme eines Teils des bei einem späteren Verkaufe erzielten Gewinns für die Genossenschaft. (Zuwachssteuer.)**

Verbandsrevisor **Scheidt** (Hannover): Der vorliegende Antrag des Herrn Anwalts beschäftigt sich mit der Frage, ob bezw. inwieweit und durch welche Mittel es möglich und ratsam ist, die von Baugenossenschaften erbauten, an Genossen verkauften Hausgrundstücke — d. h. also die sog. Erwerbshäuser — vor der Spekulation zu schützen.

Der Zweck aller Baugenossenschaften ist ja derselbe. Sie wollen durch die Errichtung von Häusern ihren Genossen gesunde und billige Wohnungen verschaffen. Dabei zerfallen aber die Baugenossenschaften in 3 verschiedene Gruppen, je nachdem ob sie ausschließlich Mietshäuser, ausschließlich Erwerbshäuser oder ob sie Mietshäuser und Erwerbshäuser errichten. Grundsatz einer jeden Baugenossenschaft muß es natürlich sein, dauernd ihren sozialpolitischen Zweck zu erfüllen. Die Baugenossenschaft muß also so begründet werden, daß sie in der Lage ist, die von ihr errichteten Häuser möglichst dauernd ihrem Zwecke zu erhalten. Das ist aber nur möglich, wenn die Genossenschaft entweder dauernd Eigentümer der von ihr erbauten Häuser bleibt, oder wenn die Genossenschaft — falls sie Erwerbshäuser baut — in der Lage ist, diese Erwerbshäuser auch dann noch vor der Spekulation zu schützen, wenn sie bereits grundbuchmäßig das Eigentum der Genossen geworden sind. Die vielumstrittene Frage, ob die Baugenossenschaften — um ihren sozialpolitischen Zweck möglichst erschöpfend erfüllen zu können — lediglich Mietshäuser bauen dürfen oder ob auch durch die Erbauung sog. Erwerbshäuser eine dauernde Besserung der Wohnungsverhältnisse für die für die Genossenschaft in Frage kommenden Bevölkerungsschichten zu erreichen ist, spitzt sich denn auch im wesentlichen auf die Frage zu, ob es möglich ist, die Erwerbshäuser dauernd ihrem Zwecke zu erhalten.

Die Frage, ob Mietshaus, ob Erwerbshaus, steht deshalb in unmittelbarem Zusammenhange mit dem vorliegenden Antrage und muß wenigstens in ihren Hauptpunkten hier kurz erörtert werden. Allerdings ist diese Frage in der Fachliteratur schon vielfach besprochen. So haben z. B. die „Blätter für Wohnungswesen“ eine Reihe von Aufsätzen gebracht, die zweifellos zur Klärung dieser Frage beigetragen haben.

Indem ich auf diese Artikel verweise, möchte ich zunächst kurz auf die Erfahrungen eingehen, die bislang mit den Erwerbshäusern gemacht sind. Der erste praktische Versuch in dieser Richtung wurde im Jahre 1850 in Mühlhausen im Elsaß gemacht. Hier wurde die sog. Mühlhäuser Arbeiterstadt begründet, die ausschließlich aus Erwerbshäusern bestand. Schon damals war man sich darüber klar, daß vertragliche Vorkehrungen getroffen werden mußten, um eine Spekulation mit den Häusern möglichst zu unterbinden. Man traf deshalb die Bestimmung, daß die Erwerber die Häuser innerhalb der nächsten 10 Jahre nicht verkaufen durften. Einen dauernden Einfluß auf die Gestaltung der Verhältnisse konnte diese Bestimmung natürlich nicht haben. Es muß denn auch festgestellt werden, daß jetzt — also nach Verlauf von etwa 50 Jahren — kaum ein einziges Haus seinem ursprünglichen Zwecke dient, vielmehr ist das ganze Unternehmen der Spekulation anheimgefallen.

Auch von den im Anfange der 70er Jahre auf genossenschaftlichem Wege erbauten Erwerbshäusern dient wohl nur noch ein sehr geringer Teil den Arbeitern als billige Wohnung. Die Häuser sind eben auch der Spekulation verfallen. Die Genossenschaften aber, die diese Häuser erbaut haben, sind fast sämtlich aufgelöst.

Das schnelle Verschwinden dieser Genossenschaften, die anfangs mit gutem Erfolge arbeiteten, ist zum großen Teile in dem Systeme der damaligen Genossenschaften, die ausschließlich Erwerbshäuser bauten, begründet. Denn eine Genossenschaft, die nur Erwerbshäuser baut, trägt von vornherein den Todeskeim in sich. Eine Baugenossenschaft, die Mietshäuser baut, befriedigt ein dauerndes Bedürfnis ihrer Mitglieder. Anders bei einer Baugenossenschaft, die nur Erwerbshäuser baut. Das Mitglied einer solchen Genossenschaft, das ein Haus zu Eigentum erworben hat, hat kein Interesse mehr an der Mitgliedschaft und an dem Fortbestande der Genossenschaft. Angesichts dieser wenig günstigen Erfolge, die die älteren Versuche mit den Erwerbshäusern gemacht haben, nimmt es nicht wunder, wenn sich in der heutigen Baugenossenschaftsperiode eine Richtung geltend macht, die das Erwerbshaus streng verwirft.

Die Spaltung unter den Baugenossenschaften hat so weit geführt, daß sich heute zwei Richtungen gegenüberstehen. Die eine hält an dem kleinen Eigenhause als Ideal der Baugenossenschaft fest. Natürlich wird dieses Ideal nur da verwirklicht, wo die Voraussetzungen für die Rentabilität der Einfamilienhäuser gesichert sind. Im übrigen werden unter bestimmten Voraussetzungen auch Eigenhäuser mit zwei Familienwohnungen und auch dauernd im Besitze der Genossenschaft verbleibende Mietshäuser zugelassen. Die andere Richtung erkennt nur das Mietshaus als geeignet für Baugenossenschaften an. Die Gegner des Erwerbshauses führen als Beweis für die Richtigkeit ihrer Ansicht namentlich den Umstand an, daß der Arbeiter, der ein Haus als Eigentum von einer Genossenschaft erworben hat, unter Umständen die Möglichkeit hat, sein Anwesen mit Vorteil zu verkaufen. Ein Verkauf mit erheblichem Vorteil wird allerdings nur da möglich sein, wo infolge des Bevölkerungszuwachses eine erhebliche und unvorhergesehene

Steigerung der Bodenpreise stattfindet. Kann der Eigentümer unter diesen Verhältnissen mit erheblichem Gewinn verkaufen, so wird ihm das niemand übelnehmen können. Im übrigen braucht es aber keineswegs immer Gewinnsucht zu sein, die den Arbeiter zum Verkaufe seines Hauses verleitet. Veränderte Familienverhältnisse machen häufig eine größere oder kleinere Wohnung, wie man sie in dem Eigenhause hat, wünschenswert; die Wohnung in dem Erwerbshause kann nach längeren Jahren vielleicht gar nicht mehr den Bedürfnissen des Eigentümers entsprechen.

Mehr noch als veränderte Familienverhältnisse werden veränderte Arbeitsverhältnisse den Arbeiter häufiger zum Verkaufe seines Hauses drängen. Das Gebundensein an das Eigentum kann für den Arbeiter insofern einen Nachteil mit sich bringen, als der Arbeiter, der ein Haus besitzt, in der Auswahl der Arbeitsgelegenheit oft beschränkter ist, als der zur Miete wohnende Arbeiter. Bietet sich einem Arbeiter, der Grundeigentümer ist, eine Arbeitsgelegenheit, die zwar recht günstig aber von seinem Hause weit entfernt ist, so wird er sich die Frage vorlegen müssen: Willst du auf die günstige Arbeitsgelegenheit verzichten oder willst du dein Haus verkaufen. In vielen Fällen wird auch eine durch Arbeitslosigkeit, Krankheit oder durch andere Umstände hervorgerufene wirtschaftliche Notlage der Grund des Verkaufes sein bezw. den Arbeiter verhindern, die mit der Genossenschaft vereinbarten Zins- und Tilgungszahlungen zu leisten, sodaß er vor der grundbuchmäßigen Übereignung aus dem Erwerbsverhältnisse ausscheiden muß. Diese Gefahr liegt um so mehr vor, als die Erwerbung eines Eigenhauses von der Genossenschaft an die Leistungsfähigkeit des Arbeiters hohe Ansprüche stellt, denn die von dem Anwärter zu zahlende Summe an Zinsen, Tilgung und Reparaturkosten ist meist höher, als die von einem Mieter der Genossenschaft für gleiche Räume zu zahlende Wohnungsmiete. Die verhältnismäßig hohen Mieten in den Erwerbshäusern gegenüber den Mieten in den großen Mietshäusern ergeben sich — ganz abgesehen von der Verzinsung der höheren Baugrundkosten — aus zwei Umständen: Einmal aus den höheren Baukosten und weiter aus dem Zwange, die Kaufsumme verhältnismäßig schnell zu tilgen.

Was zunächst die höheren Baukosten anlangt, so bedingen mancherlei Umstände die größere Billigkeit des Massenquartiers. Ein, nur aus einem Erdgeschoß bestehendes Einfamilienhaus braucht gegenüber einem Fünffamilienhause mit gleicher Bodenfläche fünfmal so viel Kosten für das Fundament und Dach. Ebenso belasten die Kosten der Straßenpflasterung, Rohrleitungen, der Waschküche, etwaiger Treppen, Staketts 2c. die Baukosten der kleinen Häuser mehr, sodaß die Gesamtbaukosten einer Wohnung bei gleicher Dauerhaftigkeit und Ausstattung des Gebäudes für eine Wohnung im großen Mietshause geringer sind, als im kleinen Erwerbshause. Aus den höheren Baukosten ergeben sich natürlich auch höhere Mieten. Und diese Feststellung ist wichtig, weil die Mieten in den Erwerbshäusern schon durch die Verzinsung des Baugrundes und die Tilgung der gesamten Kaufsumme belastet werden.

Kann nun auch der gut gelohnte Arbeiter in der Zeit des gewöhnlichen Wirtschaftslebens die Miete für sein Erwerbshaus aufbringen, so wird er doch in vielen Fällen zur Aufgabe des Anwärterverhältnisses gezwungen, sobald ein wirtschaftlicher Notstand durch Arbeitslosigkeit, Krankheit oder andere Umstände über ihn hereinbricht. Das vorzeitige Ausscheiden aus dem Anwärterverhältnisse bringt aber für den Anwärter stets Verluste mit sich. Die Errichtung von Erwerbshäusern ist deshalb nur da zu empfehlen, wo hoch gelohnte Arbeiter und durchaus ständige Arbeitsverhältnisse vorhanden sind.

Übrigens wird gegen das Erwerbshaus noch ein Einwand erhoben, der sehr beachtenswert ist. Es liegt die Möglichkeit vor, daß der durch die Hilfe der Genossenschaft zum Eigentümer gewordene Genosse selbst ein kleiner Mietstyrann wird. Es kommen tatsächlich Fälle vor, wo Hausanwärter in bezug auf Abvermieten Erstaunliches leisten und der Genossenschaft fehlt — sobald sie nicht mehr Eigentümerin des Hauses ist — meist eine wirksame Handhabe, den unerwünschten Zustand zu beseitigen.

Man sieht also, daß sich die gegen das Erwerbshaus vorzubringenden Bedenken keineswegs allein auf die Spekulationsmöglichkeit beziehen, sondern daß neben dieser noch in Frage kommen:

1. Die Möglichkeit, daß der Anwärter durch seine wirtschaftlichen Verhältnisse gezwungen wird, aus dem Erwerbsverhältnisse unter Verlust auszuscheiden oder das Haus mit Verlust zu verkaufen.
2. Die Gefahr, daß der Eigentümer möglichst viele Räume zu möglichst hohen Preisen aftervermietet, sich selbst aber mit den allernotwendigsten Räumen begnügt.
3. Die Möglichkeit, daß das Gebundensein an das Eigentum wirtschaftliche Nachteile für den Arbeiter mit sich bringt.
4. Das Mehr an Miete gegenüber einer Wohnung mit gleichem Rauminhalt und Ausstattung in einem großen Mietshause.

Die angeführten Bedenken sind gewiß sehr beachtenswert, aber nicht hinreichend, das Erwerbshaus ohne weiteres aus dem Baugenossenschaftsprogramm auszuschließen, denn das Erwerbshaus hat gegen das Mietshaus einen Vorteil, der unter gewissen Umständen schwerer wiegt, als alle die gegen das Erwerbshaus vorgebrachten Bedenken. Da nämlich, wo das Erwerbshaus am Platze ist, stärkt es nicht nur das Heimatsgefühl und den Familiensinn, sondern es leitet auch zur Häuslichkeit und Sparsamkeit an. Jeder Baugenossenschafts-Praktiker wird beobachten können, daß die Wohnungen in den Erwerbshäusern viel sorgsamer und sauberer gehalten werden, als in den Mietshäusern. Man hat in den Erwerbshäusern stets das Gefühl, daß es den Mietern hier gefällt und daß sie Freude an ihrer Wohnung haben. Das Erwerbshaus ist daher zweifellos geeignet, nicht nur das soziale, sondern auch das geistige Niveau der Insassen zu heben.

Überdies sind wohl die meisten Wohnungspolitiker davon überzeugt, daß das kleine Eigenhaus auch in sanitärer Beziehung den Vorzug vor dem Mietshause verdient. Jedenfalls sind allein schon die idealen Vorzüge des Eigenhauses so groß, daß es im heutigen Baugenossenschaftsprogramm unentbehrlich erscheint.

Man wird deshalb das Erwerbshaus nicht ohne weiteres grundsätzlich abtun dürfen, wie es viele Baugenossenschafter wollen, sondern man wird versuchen müssen, die nicht in Abrede zu stellenden Bedenken gegen das Prinzip des Erwerbshauses möglichst zu beseitigen oder doch wenigstens abzuschwächen.

Den vorhin erörterten Bedenken wird man am wirksamsten begegnen, wenn man Erwerbshäuser nur da errichtet, wo folgende Voraussetzungen zutreffen:

1. **Billiger Baugrund**, damit nicht die Verzinsung des wenig ausgenützten Baugrundes den Erwerber zu stark belastet.
2. **Hohe, gleichmäßige Arbeitslöhne**, damit die Erwerber die Verzinsung und Tilgung der Kaufsumme dauernd bezahlen können.
3. **Feststehende Arbeitsverhältnisse**, damit die Erwerber nicht zeitweise arbeitslos sind oder mit dem Beschäftigungsorte wechseln müssen.

Treffen diese Voraussetzungen zu, so ist weiter zu beobachten, daß

1. durch eine geeignete Bauweise möglichst das Aftervermieten unterbunden wird, daß also namentlich nicht über das unmittelbare Bedürfnis des Erwerbers hinausgebaut wird und daß
2. ein spekulativer Verkauf möglichst ausgeschlossen wird.

Auf den letzteren Punkt, den wichtigsten Einwand gegen das Erwerbshaus, richtet sich der Antrag des Herrn Anwalts.

Die Notwendigkeit von Schutzmaßregeln zur Vermeidung der Spekulation mit dem durch die Genossenschaft erworbenen Hause glaube ich bereits nachgewiesen zu haben. Es fragt sich nur, welche Schutzmaßregeln stehen denn in dieser Beziehung zur Verfügung und wie sind sie anwendbar?

Der Antrag des Herrn Anwalts bezeichnet bereits die in Frage kommenden Schutzmaßregeln.

Es sind das:

1. Die grundbuchmäßige Eintragung des Vorkaufsrechts für die Genossenschaft gemäß §§ 1094 ff. B.G.B.
2. Die grundbuchmäßige Eintragung des Wiederkaufsrechts zugunsten der Genossenschaft für die ersten 30 Jahre nach der Auflassung.
3. Die Inanspruchnahme eines Teiles des bei einem späteren Verkaufe erzielten Gewinnes für die Genossenschaft.

Was zunächst das Vorkaufsrecht anlangt, so ist darauf hinzuweisen, daß das B.G.B. neben dem obligatorischen Vorkaufsrecht, das nur für den persönlich Verpflichteten bezw. dessen Erben gilt, auch noch ein dingliches Vorkaufsrecht kennt, das unabhängig von dem jeweiligen Eigentümer auf dem Grundstücke als solchem ruht. Dieses dingliche Vorkaufsrecht braucht also nicht auf den Verkauf durch den Eigentümer, dem das Grundstück zurzeit gehört, beschränkt zu bleiben, sondern kann auf alle Zeiten und für alle Verkäufe, die das Grundstück überhaupt jemals erfährt, ausgedehnt werden. Im Systeme des Grundbuchrechts hat das eingetragene Vorkaufsrecht die Wirkung einer Vormerkung. In der Praxis wickelt sich die Sache so ab, daß die Genossenschaft, sobald sie ein Hausgrundstück an einen Anwärter aufläßt, gleichzeitig mit der Auflassung das Vorkaufsrecht eintragen läßt. Verkauft später der Eigentümer das Haus, so ist er nach den Bestimmungen des B.G.B. verpflichtet, der Genossenschaft den Inhalt des zwischen ihm und dem Käufer abgeschlossenen Kaufvertrages unverzüglich mitzuteilen.

Diese Mitteilung setzt nun eine Ausschlußfrist für die Ausübung des Vorkaufsrechts in Lauf, die mangels einer anderen Vereinbarung 2 Monate beträgt. Unterläßt der Eigentümer die Benachrichtigung, so macht er sich der Genossenschaft gegenüber schadenersatzpflichtig.

Die Genossenschaft hat in den Regelfällen also 2 Monate Zeit, um prüfen zu können, ob die Inanspruchnahme des Vorkaufsrechts für sie vorteilhaft ist oder nicht. Kommt sie zu dem Entschluß, daß sie das Grundstück zurückerwerben will, so hat sie dem Käufer den Kaufpreis zu ersetzen, soweit er bereits bezahlt ist; im übrigen tritt die Genossenschaft an die Stelle des Käufers. Die Genossenschaft braucht aber die Kosten des zwischen dem Eigentümer und dem Käufer zustande gekommenen Kaufvertrags nicht zu ersetzen.

Das Vorkaufsrecht bietet zur Sicherstellung des sozialpolitischen Zwecks der durch die Genossenschaft errichteten Häuser den unverkennbaren Vorteil, daß es an eine bestimmte Dauer nicht gebunden ist, also nach beliebig langer Zeit im Verkaufsfalle zur Geltung gebracht werden kann. Es hat aber den Nachteil, daß es den Eigentümer unter Umständen zu Scheinverkäufen veranlassen kann. Diese Möglichkeit kommt bei dem Wiederkaufsrechte weniger in Frage. Das Wiederkaufsrecht weist dagegen andere Mängel auf. Es wirkt nämlich rein obligatorisch. Ein dingliches Wiederkaufsrecht ist im B.G.B. nicht vorbehalten. Im übrigen ist die Dauer des Wiederkaufsrechts beschränkt und zwar auf 30 Jahre. Es versagt also gerade dann, wenn es die Genossenschaft wahrscheinlich am meisten braucht. Allerdings hat das Wiederkaufsrecht gegenüber dem Vorkaufsrechte noch einen bemerkenswerten Vorteil, der darin besteht, daß als Wiederkaufspreis nicht ohne weiteres der von einem dritten gebotene Preis anzunehmen ist, sondern daß es möglich ist, Bestimmungen in dem Statute zu treffen, nach denen als Wiederkaufspreis der Schätzungswert des Hausgrundstücks zur Zeit der Veräußerung anzunehmen ist. Hierdurch werden nicht nur Scheinkäufe mit ungewöhnlich hohen Kaufsummen vermieden, sondern die Genossenschaft wird überhaupt vor Überteuerung bewahrt. Deshalb bedeutet auch das Wiederkaufsrecht — trotz der zeitlichen Beschränkung immerhin eine wesentliche Ergänzung zur Sicherung des sozialpolitischen Zwecks der Erwerbshäuser-Baugenossenschaften. Die Eintragung einer Vormerkung zur Sicherstellung des Wiederkaufsrechts sollte deshalb niemals unterlassen werden. Es ist sogar dringend zu empfehlen, bereits in den Statuten bezw. in den Erwerbsbedingungen die Grundsätze festzulegen, nach denen Vorkaufs- und Wiederkaufsrecht vorbehalten und ausgeübt werden sollen, und nach welchen Grundsätzen beim Wiederkauf der Schätzungswert zu ermitteln ist.

Da ferner die Möglichkeit ausgeschlossen werden muß, daß auf dem Erwerbshausgrundstücke eine Schankwirtschaft, ein Kaufladen oder andere Gewerbebetriebe errichtet werden, ist es empfehlenswert, nach dem Muster der von der Landes-Versicherungs-Anstalt Hannover begründeten Baugenossenschaften in den Statuten bezw. Erwerbsbedingungen der Genossenschaft folgende Rechte vorzubehalten:

1. Für die ersten 30 Jahre nach der Auflassung des Grundstückes an den Anwärter das Wiederkaufsrecht.

   Zur Sicherung dieses Rechts ist sofort bei der Eigentumsübertragung zugunsten der Genossenschaft gemäß § 883 des B.G.B. eine Vormerkung zur Erhaltung des Anspruchs auf Auflassung des Grundstückes im Grundbuche einzutragen. Ob die Genossenschaft von dem Wiederkaufsrechte Gebrauch machen will, bestimmt zunächst der Genossenschaftsvorstand; gibt er eine dahin gehende Erklärung ab, so steht dagegen den Beteiligten die Berufung an den Aufsichtsrat der Genossenschaft zu, dessen Entscheidung endgültig ist. Als Regel soll dabei gelten, daß das Wiederkaufsrecht nur dann auszuüben ist, wenn eine der Genossenschaft nicht angehörende Person Eigentumsrechte an dem Grundstücke erworben hat oder erwerben soll.

   Erwirbt ein Genosse solche Eigentumsrechte, so ist er auf Verlangen der Genossenschaft verpflichtet, die dem Wiederkaufsrecht entsprechenden Verbindlichkeiten des ursprünglichen Käufers unter Fortbestand der eingetragenen Vormerkung auch persönlich zu übernehmen. Macht die Genossenschaft von dem Wiederkaufsrechte Gebrauch, so hat sie als Wiederkaufspreis den Schätzungswert des Hausgrundstücks zu zahlen.

   In Ermangelung gütlicher Vereinbarung wird dieser Wert durch drei Schätzer ermittelt, von denen jede Partei je einen ernennt, während der dritte als Obmann von den beiden Ernannten gewählt wird; zu schätzen ist der gemeine Wert des Hausgrundstücks zur Zeit des Wiederkaufs.

2. Das Vorkaufsrecht, kraft dessen die Genossenschaft unbeschadet des Wiederkaufsrechts in allen Verkaufsfällen gemäß §§ 1094 fg. des B.G.B. zum Vorkauf berechtigt sein soll. Es ist zugunsten der Genossenschaft als dingliches Recht im Grundbuche einzutragen.

3. Das Recht zu verlangen, daß ohne schriftliche Genehmigung des Genossenschaftsvorstandes weder auf dem Grundstück vorhandene oder noch zu errichtende Gebäude anders als zu Wohnzwecken verwendet werden dürfen, noch sonst das Grundstück zu anderen Zwecken benutzt werden darf als zu dem Genossenschaftszwecke: gute und billige Arbeiterwohnungen zu beschaffen. Dieses Recht ist zugunsten der Genossenschaft als beschränkte persönliche Dienstbarkeit B.G.B. §§ 1090 fg.) im Grundbuche einzutragen.

Praktische Erfahrungen mit dem Vor- und Wiederkaufsrechte der Genossenschaften liegen meines Wissens zurzeit noch so gut wie gar nicht vor. Jedenfalls sind sie nicht zahlreich genug, um aus ihnen bestimmte Schlüsse ziehen zu können. Die heutige Baugenossenschaftsbewegung ist noch zu jung, um in so weitschichtigen Fragen eine bestimmte Antwort erteilen zu können. Aber soviel wird man doch voraussagen können, daß es sehr zweifelhaft ist, ob Vorkaufsrecht und Wiederkaufsrecht ausreichen werden, um in allen Fällen die Spekulation auszuschließen.

Hat eine Baugenossenschaft Erwerbshäuser in der Nähe einer Großstadt oder eines Industrieorts erbaut und erfahren diese Häuser infolge der Steigerung der Bodenwerte und einer regen Spekulation einen ganz bedeutenden Wertzuwachs, so ist es sehr fraglich, ob die Genossenschaft nicht auf ihre Rückkaufsrechte verzichtet, weil der Kaufpreis bezw. Schätzungswert so hoch ist, daß auch die Genossenschaft die fraglichen Grundstücke nicht mehr ihrem Zwecke, d. h. nicht mehr als billige Arbeiterwohnungen erhalten kann.

Diese Erwägungen haben den Gedanken entstehen lassen — unbeschadet der etwaigen Ausübung von dem Vor- und Wiederkaufsrechte — bei Weiterverkäufen mit großem Gewinn eine Veräußerungsabgabe zugunsten der Genossenschaft zu erheben. Diese Veräußerungsabgabe würde auf denselben Grundsätzen beruhen, wie die bereits von mehreren großen Kommunen bei Grundstücksverkäufen eingeführte Wertzuwachssteuer. Es würde sich also darum handeln, daß die Genossenschaft im Falle des Weiterverkaufs eines Erwerbshausgrundstücks eine Abgabe von dem Veräußerer erhebt, deren Höhe sich nach dem erzielten Gewinne zu richten hätte. Als Gewinn würde der Unterschied zwischen dem an die Genossenschaft bezahlten Kaufpreise und dem Veräußerungspreise anzunehmen sein, wobei spätere Neuaufwendungen des Eigentümers für Verbesserungen des Grundstücks, Straßenbaukosten sowie die Kosten für Neu- und Umbauten dem ursprünglichen Kaufpreise hinzuzurechnen sein würden. Für aufgewendete Straßenbaukosten würden auch noch 4% Zinsen ohne Zinseszinsen hinzugerechnet werden können. Ferner würden dem ursprünglichen Kaufpreise 5% der Erwerbskosten als Ersatz für die aufgewendeten Kosten hinzuzurechnen sein, dagegen würden die dem Veräußerer etwa zur Last fallenden Veräußerungskosten vom Verkaufspreise in Abzug zu bringen sein. Die sich dann noch ergebende Differenz ist der wirkliche Wertzuwachs, sie bildet den Maßstab für die Veräußerungsabgabe.

Es fragt sich nun, welcher Bruchteil dieses Wertzuwachses soll von der Genossenschaft in Anspruch genommen werden? Soll durch diese Veräußerungsabgabe wirklich der Zweck der Genossenschaft sichergestellt werden, so muß sie verhältnismäßig hoch, jedenfalls weit höher sein, als die von den Gemeinden zur Erhebung gelangenden Zuwachssteuerprozente.

Vielleicht könnten folgende Grundsätze für die Höhe der Abgabe festgestellt werden:

1. Ein Wertzuwachs bis zu 10% des ursprünglichen Kaufpreises einschließlich der hinzuzurechnenden Beträge für Neuaufwendungen und Ankaufskosten bleibt von der Veräußerungsabgabe frei.
2. Bei einem Wertzuwachs von mehr als 10% bis 25% beträgt die Veräußerungsabgabe ein Drittel des Wertzuwachses.
3. Bei einem Wertzuwachs von mehr als 25% beträgt die Veräußerungsabgabe die Hälfte des Wertzuwachses.
4. Der Wertzuwachs wird vom Vorstande der Baugenossenschaft festgestellt. Gegen die Feststellung des Vorstandes ist die Berufung an den Aufsichtsrat zulässig, der endgültig entscheidet.

Natürlich müßten von den Genossenschaften noch Bestimmungen getroffen werden, die die Einzelheiten bei der Erhebung dieser Veräußerungsabgabe regeln. Im übrigen stellen die genannten Sätze für die Abgabe unverbindliche Vorschläge dar, die ich mit größter Reserve mache.

Hier kommt es zunächst auch nur auf die Feststellung an, ob das Prinzip einer Veräußerungsabgabe überhaupt geeignet ist, neben dem Vor- und Wiederkaufsrechte den Zweck der durch die Baugenossenschaft erbauten Erwerbshäuser sicherzustellen und die gegen die Erwerbshäuser vorgebrachten Bedenken weiter einzuschränken. M. E. ist diese Frage zu bejahen. Begründete Einwendungen gegen eine solche Abgabe lassen sich nicht vorbringen. Anders liegt die Sache bei Beurteilung der Zweckmäßigkeit der von einzelnen Städten eingeführten Wertzuwachssteuer. Für und gegen diese Steuer lassen sich viele Gründe vorbringen, je nachdem man die Sachlage vom Standpunkte des Bodenspekulanten, des Grundstückeigentümers oder des Bodenreformers betrachtet.

Die Gründe, die gegen eine städtische Zuwachssteuer anzuführen sind, treffen aber bei der Veräußerungsabgabe der Baugenossenschaften nicht zu.

In dieser Beziehung ist namentlich zu bedenken, daß

1. die städtische Zuwachssteuer eine öffentliche Einrichtung allgemeiner Natur ist, sodaß sich kein in der Gemeinde wohnender Eigentümer dieser Neuordnung entziehen kann, während sich an einer Baugenossenschaft niemand zu beteiligen braucht, der ihre Einrichtungen nicht für zweckmäßig hält.

2. Die Eigentümer der sog. Erwerbshäuser genießen vielfach den Vorteil, daß sie von den Versicherungsanstalten Hypotheken zu billigem Zinsfuße erhalten. Dieser Vorteil soll lediglich dazu dienen, den betr. Eigentümern gesunde und billige Wohnungen zu verschaffen. Es ist durchaus gerecht, wenn ein sich aus der billigen Beleihung ergebender weiterer Vorteil wenigstens zum Teil für die Gesamtheit in Anspruch genommen wird.

3. Die Berechnung des Wertzuwachses kann in einer Genossenschaft stets so erfolgen, daß Härten vermieden werden, denn Vorstand und Aufsichtsrat können allen einschlägigen Verhältnissen Rechnung tragen. Ob das in einer größeren Gemeinde auch möglich ist, wird von mancher Seite bezweifelt.

Man sieht also, daß zwischen dem Grundsatz einer städtischen Zuwachssteuer und einer genossenschaftlichen Veräußerungsabgabe wesentliche Verschiedenheiten bestehen. Man kann also wohl für diese, aber gegen jene sein. Deshalb braucht auch die Frage, ob eine städtische Zuwachssteuer zweckmäßig ist oder nicht, hier gar nicht angeschnitten zu werden.

Ich bin im übrigen — wie bereits gesagt — der Ansicht, daß die Erwerbshäuser — auch wenn sie mit einem verhältnismäßig großen Grundstücke ausgestattet sind — nur in seltenen Fällen so erhebliche Wertsteigerungen erfahren werden, daß ein Verkauf mit großem Vorteil möglich ist. In der Nähe schnell aufblühender Städte und Industriebezirke werden solche Fälle allerdings vorkommen. Hier könnte man — wenn die Genossenschaft infolge der hohen Grundstückspreise von dem Wieder- und Vorkaufsrechte keinen Gebrauch machen will — durch Erhebung einer Veräußerungsabgabe den Eigentümer entweder von dem Verkaufe zurückhalten oder aber wenigstens einen Teil des Gewinns für die Genossenschaft in Anspruch nehmen.

Da es sich bezüglich der Veräußerungsabgabe um eine völlig neue Materie handelt, für die jede Erfahrung fehlt, ist der Antrag des Herrn Anwalts allgemein gehalten. Es handelt sich zunächst nur um die Anerkennung des Grundsatzes, daß eine von den Baugenossenschaften erhobene Veräußerungsabgabe neben dem Vor- und Wiederkaufsrechte unter Umständen geeignet ist, den sozialpolitischen Zweck der Erwerbshäuser-Baugenossenschaften sicherzustellen. Selbstverständlich ist das Vor- und Wiederkaufsrecht neben der Veräußerungsabgabe nicht zu entbehren, da sonst durch das Zwischenschieben eines Scheinkäufers die Veräußerungsabgabe leicht umgangen werden könnte. Vorkaufsrecht, Wiederkaufsrecht und Veräußerungsabgabe sind drei Faktoren, die in ihrem *Zusammenwirken* das gewünschte Ergebnis erzielen sollen.

Ich bitte dem Antrage des Herrn Anwalts in der vorliegenden allgemeinen Fassung zuzustimmen. Dem nächstjährigen Verbandstage bleibt es dann vielleicht vorbehalten, den Baugenossenschaften eine bestimmte Anleitung für den Erlaß spezieller Bedingungen in bezug auf die Vorbehaltung des Vor- und Wiederkaufsrechts sowie auf die Einführung einer Veräußerungsabgabe zu geben.

(Lebhafter Beifall.)

Vorsitzender Landrat **Berthold** (Blumenthal): Meine geehrten Herren, wir sind alle dem Herrn Referenten dankbar dafür, daß er in der klaren und sachlichen Art, wie wir das von ihm kennen, hier sein Referat erstattet hat. Ich möchte um die Erlaubnis bitten, meinerseits auf Grund der Erfahrungen, die ich an verschiedenen Stellen gemacht habe, einige Worte sagen zu dürfen.

Die Frage ist eine der allerschwierigsten, die wir haben, und namentlich ist es eine Frage, von deren Behandlung sehr häufig der innere Frieden in der betreffenden Baugenossenschaft auf das schwerste beeinflußt wird. Wir haben es erlebt — die Baugenossenschaften sind gar nicht selten, wo das vorgekommen ist — daß Sicherungsmaßregeln, die zur Verhütung von Grundstückswucher getroffen waren, zu förmlichen kleinen Revolutionen, zu Versuchen, den Verein zu sprengen, geführt haben. Denn es ist in der Natur des Menschen begründet: wenn er die Möglichkeit hat, einen für seine Verhältnisse erheblichen Gewinn zu machen, denkt er nicht immer an Rücksichten auf die Allgemeinheit, sondern wünscht soviel wie möglich selber Vorteile einzuheimsen. Gegenüber den Konflikten, die da nur zu leicht entstehen können, ist es wichtig, daß solche Sicherungsmaßregeln nichts anderes fordern, als das wirklich durchführbare und wirksame, daß sie nicht übermäßig hart in die Freiheit des Einzelnen eingreifen. Nun ist, wie schon der Herr Referent gesagt hat, der Antrag in zwei Teile geteilt. Der erste allgemeine Teil enthält den Grundsatz: denjenigen Baugenossenschaften, die Häuser zum Eigentumserwerb für die Genossen bauen, wird empfohlen, die für den Erwerber vielleicht gegebene Möglichkeit, den Eigentumserwerb später in spekulativer Weise auszunützen, soweit angängig, auszuschließen. Ich glaube, das ist ein Satz, den wir wohl alle unterschreiben können. Die Frage dann: was nun für Sicherungsmaßregeln getroffen werden sollen, kann vorläufig offen bleiben. Dazu hat der Herr Referent selber uns auch nur Anregungen geben wollen. Ich möchte bitten, die Diskussion in dieser Weise zu teilen, daß wir zunächst uns verständigen über die Frage: liegt es im Interesse der Baugenossenschaftsbewegung, daß ein spekulativer Mißbrauch mit den Genossenschaftsgrundstücken, soweit angängig, ausgeschlossen wird? Wenn wir das bejahen, werden wir weiter auf die Einzelheiten einzugehen haben. Ich will einmal fragen: besteht darüber nicht volle Übereinstimmung, daß wir diesen aus dem Gedanken des Genossenschaftswesens sich eigentlich von selbst ergebenden Satz aufstellen, oder ist einer der Herren dagegen?

(Brinkmann-Blumenthal: Ich bin dagegen!)

Vorstandsvorsitzender **Brinkmann** (Blumenthal): Ich bin gegen diesen Satz, weil ich es für ungerecht halte, daß derjenige, der Arbeit und Geld in das Grundstück hineingesteckt hat und es auf diese Weise erst wertvoll gemacht hat, nun um die Früchte seiner Arbeit gebracht werden soll. Ist der Betreffende genötigt, das Grundstück zu verkaufen, so soll er oder seine Familie auch den Vorteil davon haben. Aus diesem Grunde bin ich gegen diesen Satz und gegen den ganzen Antrag.

Vorsitzender Verbandsdirektor Landrat **Berthold** (Blumenthal): Das ist der niedersächsische Standpunkt: selbst ist der Mann. — Ich glaube, daß der Obersatz des Antrages besagt: es soll nach Möglichkeit eine wucherische Ausbeutung des Besitzes, zu dem die Genossenschaft dem Genossen verholfen hat, verhindert werden: das Grundstück soll erhalten werden zu dem Zwecke, zu dem es dem Manne gegeben worden ist: er soll darin wohnen und er soll es nicht um des Gewinnes willen für andere Zwecke dienstbar machen. Unter Umständen — wenn der Grundwert zu hoch geworden ist, so daß das Grundstück für den Arbeiter zum wohnen zu teuer ist — kann und soll meiner Meinung nach der Arbeiter diesen sich bietenden Vorteil wahrnehmen und das Haus veräußern dürfen. Darin soll er nicht beschränkt werden. Aber im allgemeinen muß daran festgehalten werden: Wenn jemand zum Zwecke des Wohnens ein Grundstück mit genossenschaftlicher Hilfe bekommen hat, soll er es nicht spekulativ ausschlachten zu anderen Zwecken. Damit werden Sie auch, mein lieber Brinkmann, einverstanden sein.

Anwalt **Dr. Crüger** (Charlottenburg): Ich meine auch, für den ersten Satz könnte doch eigentlich ein jeder stimmen, auch wer auf dem Standpunkt steht, daß das Mitglied, das vielleicht 20, 30 Jahre in der Genossenschaft gewesen ist, das die ersten Schwierigkeiten der Gründung der Genossenschaft mit auf sich genommen hat, nun auch seinen Vorteil haben soll, wenn es fortgeht oder fortziehen muß. Oder das Mitglied ist gestorben und hat vielleicht eine kinderreiche Familie, warum soll die nicht den Vorteil aus der Steigerung des Grund- und Bodenwertes ebenso haben wie die Gesamtheit, die vielleicht eine ganz andere im Laufe der 30 Jahre geworden ist. Das ist der Standpunkt des Herrn Brinkmann und er ist wohl gerechtfertigt. Dann möchte ich aber darauf aufmerksam machen, daß unter den Ausschließungsmaßregeln verschiedene aufgeführt sind, die auch diesem Standpunkte durchaus gerecht werden, z. B. das Vorkaufsrecht. Wenn die Genossenschaft den höheren Wert dann auslegen will und das Haus zurückkauft, mag sie es tun. Die Hauptsache liegt doch darin, daß der Genossenschaft immer die Möglichkeit gegeben sein soll, das Grundstück für die Zwecke zu erhalten, für die es ursprünglich bestimmt gewesen ist. Es wurde vorhin so eine Art Teilungsmodus in Vorschlag gebracht: einen Teil des steigenden Grund- und Bodenwertes soll die Genossenschaft behalten, den übrigen dagegen das Mitglied bekommen. Das läßt sich auch durchführen. Wie der Herr Vorsitzende eben bemerkte: wir wollen uns hier nur über den Grundsatz verständigen, daß das Erwerbshaus spekulativen Zwecken entzogen wird, und dann werden den Genossenschaften gewisse Verhaltungsmaßregeln für die Erreichung dieses Zweckes mit auf den Weg gegeben. Wenn Sie noch andere Verhaltungsmaßregeln haben, gut.

Der Vorsitzende hat eben bemerkt, wir sollen den zweiten Teil nur zur Kenntnis nehmen, uns nicht auf bestimmte Punkte festlegen, sondern sagen, vielleicht findet ihr noch ganz andere Dinge, die vielleicht zweckmäßiger sind.

Vorsitzender Landrat **Berthold** (Blumenthal): Ich glaube, es liegt eine Art Mißverständnis des Herrn Brinkmann vor. Sie sind der Meinung, daß das, was dem Arbeiter gegeben worden ist, damit er dort wohnen soll, nach Möglichkeit für Wohnzwecke erhalten bleiben soll. Das wollen wir auch und zu dem Zwecke wollen wir eine spekulative Ausbeutung der Sache verhindern, damit nicht das Geld, welches dem Arbeiter für Wohnzwecke billig zur Verfügung gestellt ist, nachher für ganz andere Zwecke nutzbar gemacht wird. Ich glaube, damit sind Sie auch einverstanden: es soll für Wohnzwecke erhalten werden?

(Brinkmann-Blumenthal: Ein vernünftiger Familienvater wird nicht spekulieren, ausgenommen es sind Eckplätze.)

Und wenn er es doch tut?

(Brinkmann: Dann ist er nicht vernünftig; dann versündigt er sich gegen seine Familie.)

Darin liegt es. Es gibt eben auch unverständige Leute, und gegen diese unverständigen Leute und deren Treibereien wollen wir eine Schutzmauer ziehen. Wie wir das im einzelnen machen, das soll überlegt werden, aber der Grundsatz muß der sein, die Genossenschaftsgebäude sollen nach Möglichkeit für die Zwecke erhalten bleiben, für die sie geschaffen sind. Ich darf wohl annehmen, daß darin die ganze Versammlung mit mir einverstanden ist. (Zustimmung.)

Nun würden wir also zu dem zweiten Punkt kommen: was sind für Maßregeln zu ergreifen? Da haben wir uns den Kopf zerbrochen — es gibt wohl keine Sache, in die ich im Leben soviel Nachdenken hineingelegt habe, wie in diese Frage — was ist vorzuschreiben, damit dieser Zweck erreicht und doch die wirtschaftliche Verwendung nicht zu sehr gehemmt wird und damit vor allen Dingen eine gerechte Verteilung eines Konjunkturgewinnes eintreten kann? Wir haben sowohl das Vorkaufsrecht wie das Wiederkaufsrecht. Was das Vorkaufsrecht anbetrifft, so bin ich geneigt, es fallen zu lassen, weil es gar zu leicht umgangen werden kann durch Scheinverträge. Beim Wiederkaufsrecht ist die Schätzung eine außerordentlich schwierige Frage. Es kann unter Umständen auch geradezu illusorisch werden, wenn inzwischen der Grund und Boden sehr stark gestiegen ist, wenn die Schätzungswerte, die der Verein anlegen müßte, sehr hoch sind. Kommt in solchen Falle eine ganze Anzahl Genossen gleichzeitig mit der Erklärung: wir wollen verkaufen, jetzt schätzt mal, dann wird der Verein das nicht bezahlen können. Weil also auch das Wiederkaufsrecht praktisch versagen kann, ist die Anregung gekommen von einem Beamtenverein, daß man sagt: der Genosse soll verkaufen können, gut, er soll Gewinn erzielen können. Dann soll aber wenigstens die Gesamtheit auch einen Vorteil davon haben. Der Genosse soll an die Genossenschaft etwas zahlen, gewissermaßen als Dank dafür, daß sie ihn in den Stand gesetzt hat, einen derartigen Gewinn zu erzielen. Das ist eine Grundlage, über die sich reden lassen wird, und wenn man den Genossen sagt: lieben Leute, wir lassen Euch von der bisherigen Verpflichtung frei, Ihr könnt verkaufen wie Ihr wollt, wir bedingen uns nur aus, daß Ihr eine bestimmte Abgabe an uns zahlt, so bin ich überzeugt, daß viele von den Genossen sehr gern diesen Modus, der ihnen größere Freiheit wiedergibt, wählen werden. Dann würden beide Teile zu ihrem Recht kommen: der Genosse, der nicht mehr die sogenannte Sklavenkette am Bein mit sich schleppt, und der Verein, der später vom Konjunkturgewinn doch noch einigen Vorteil hat, welchen er der Gesamtheit zugute kommen läßt.

In unserem Verein bauen wir nicht bloß Erwerbshäuser, sondern — und das möchte ich allen Vereinen, die den Erwerbshäuserbau betreiben, nachdrücklich empfehlen — wir schließen diejenigen Gebäude, deren Lage und Beschaffenheit einen besonderen Anreiz zur Spekulation bieten würden, z. B. die Eckhäuser, von dem Übergang in das Eigentum der Genossen aus. Sie bleiben Genossenschaftseigentum und dienen nur als Mietshäuser. In unserem Verein macht der Wert der Mietshäuser ein gutes Drittel vom Wert der Erwerbshäuser aus. Es handelt sich also um einen verhältnismäßig großen Häuserbestand, dessen Hypotheken in demselben Tempo abgetragen werden, in welchem der Abtrag der Erwerbshäuser-Hypotheken vor sich geht. Wir hoffen, hiermit ein doppeltes zu erreichen Einmal wird die Versuchung zu spekulativem Mißbrauch der Vereinshäuser wesentlich eingeschränkt; zweitens und vor allen Dingen wird durch den Schuldenabtrag, der auf die Mietshäuser erfolgt, allmählich ein recht bedeutendes Vereinsvermögen angesammelt. Die Nutzungen dieses Vereinsvermögens kommen demnächst den Genossen, wie wir hoffen, sehr merkbar zugute, und wir denken, daß schließlich es sich doch ein jeder ziemlich überlegen wird, ob er aus dem Verein herauslaufen und auf diese Nutzung Verzicht leisten soll.

Ganz und gar wird man natürlich hierdurch die Lockungen des Spekulationsgewinnes auch nicht beseitigen können. Es liegt in der Natur der Dinge, daß die Aussicht auf einen einmaligen, verhältnismäßig großen Gewinn stärker zieht, als die Lockungen eines regelmäßig wiederkehrenden kleinen Vorteils. Steht aber ein Mann in der Überlegung: wobei befinde ich mich besser? wenn ich den einmaligen Gewinn jetzt einstreiche? oder wenn ich meinen Anteil an den Nutzungen des Genossenschaftsvermögens behalte? dann kann allerdings die Abgabe, die der Herr Referent vorschlägt — diese Wertzuwachssteuer, die der Verein einführt – den Ausschlag geben und den Mann von dem Einstreichen des Spekulationsgewinns abschrecken. Jedenfalls ist in der Einführung einer solchen Abgabe die Möglichkeit gegeben, bei Wahrung aller zulässigen Bewegungsfreiheit für den Genossen doch auch die Interessen der Genossenschaft wirksam zu schützen, und es wird nur darauf ankommen, die Grenze richtig zu ziehen und die Abgabe angemessen zu bestimmen. Die vom Herrn Referenten vorgeschlagenen Sätze scheinen verständig zu sein. Ich weiß aber natürlich nicht, ob sie für alle Fälle zutreffen.

Indem wir durch eine verständige Grenzregulierung dieser Art, den Genossen, die Eigentümer eines Erwerbshauses geworden sind, eine vernünftige Bewegungsfreiheit gewähren, beugen wir zugleich einer Gefahr vor, die in späterer Zukunft sicher eintreten wird, und die ich volkswirtschaftlich nicht für unbedenklich halte. Bei dem raschen Wachsen der Bodenwerte in den Städten und Industriebezirken wird zweifellos vielfach, hier früher, da später der Fall eintreten, daß der Grundbesitz der Baugenossenschaften einen Wert erlangt, der es als unrentabel erscheinen läßt, diesen Grund und Boden weiter für Arbeiterwohnungen zu verwenden. Ich glaube, daß hieraus sich für die Genossenschaften, die lediglich Mietshäuser bauen, einmal ernstliche Schwierigkeiten ergeben werden. Aber auch die Genossenschaften, welche Erwerbshäuser bauen, würden, wie ich glaube, volkswirtschaftlich verkehrt handeln, wenn sie den Arbeiter zwingen wollten, nun in alle Ewigkeit in dem betreffenden Häuschen zu wohnen und damit vielleicht eine für Arbeiterverhältnisse unsinnig teuere Miete zu verwohnen. Das Richtige ist dann zweifellos, dem Manne zu gestatten, daß er sich die Konjunktur dienstbar macht und den Gewinn einstreicht. Hat er dabei die Gelegenheit ein kleiner Kapitalist zu werden, so ist das etwas, was mich nicht nur nicht schrecken, sondern sogar aufrichtig freuen würde. Aber ebenso gern, wie ich dem Genossen seinen Vorteil gönne, ebenso entschieden bin ich dafür, daß die Genossenschaft als Gesamtheit in ihren Interessen geschützt wird, und aus diesem Grunde halte ich es für wünschenswert und selbst für notwendig, daß neben dem Vereinsvermögen, welches die Genossen zum Bleiben lockt, etwas anderes sein muß, das ihn abschreckt vom Verkauf.

Verbandsrevisor **Dr. Fritz Schneider** (Potsdam): Wenn mich mein Gedächtnis nicht täuscht, ist der Vertreter einer Baugenossenschaft hier anwesend, die den Punkt 3 bei sich eingeführt hat. Es wäre interessant ihn zu hören. Ich möchte auch ausdrücklich erklären, daß ich in dieser Allgemeinheit, worauf der Herr Referent schon ganz mit Recht aufmerksam gemacht hat, diesen drei Punkten durchaus zustimmen würde. Namentlich scheint mir die Allgemeinheit der Fassung bei Ziffer 3 wichtig zu sein mit Rücksicht auf die verschiedenen Motive, aus denen jemand dazu kommen kann, sein Haus, das er von der Genossenschaft übernommen hat, nachher wegen veränderter Verhältnisse in der Familie oder in seinen wirtschaftlichen Verhältnissen zu verkaufen. Es wäre dann meines Erachtens unbillig, wenn nach der Lage des Falles klar ist, daß der Verkauf nicht irgendwie spekulativen Zwecken dient, dem Manne eine solche Zuwachssteuer von einer feststehenden Höhe aufzuerlegen, von einer feststehenden Höhe, die in diesem Betrage bestimmt ist ausdrücklich zu dem Zwecke, um einer spekulativen Verwertung des Hausbesitzes vorzubeugen. Wenn der Mann gar nicht die Absicht hat, mit dem Verkauf Spekulation zu betreiben, sondern wenn klar aus den Verhältnissen hervorgeht: er muß von da fortziehen und da ist es ihm natürlich nicht wünschenswert, weiter Hausbesitzer dort zu bleiben, während er sich anderweitig seinen Erwerb zu suchen hat, so muß man doch sagen, wäre es unbillig, da ihn durch bestimmte Prozentsätze, die man ihm abnehmen will, zu binden. Ich meine, daß die Bemessung dieser Zuwachssteuer am zweckmäßigsten von Fall zu Fall festzusetzen wäre. Vielleicht ist Herr Syring in der Lage, über die Berliner Baugenossenschaft etwas mitzuteilen.

Geschäftsführer **Syring** (Berlin): Herr Brinkmann befindet sich im Irrtum, wenn er meint, daß durch die Tätigkeit des Erwerbers des Grundstücks eine wesentliche Preissteigerung gezeitigt würde. Die entsteht vielmehr aus der Verteuerung des Grund und Bodens und aus der Preisdifferenz, die wir namentlich in den letzten Jahren gehabt haben infolge der Steigerung der Materialpreise und der Arbeitslöhne. Die Berliner Baugenossenschaft hat bereits im Jahre 1888/89 folgende Bestimmungen getroffen: Wir machen im Grundbuch Baubeschränkungen, welche verhindern, daß kleinere Erwerbshäuser, die jedoch gewöhnlich ein bis drei Wohnungen enthalten, zu Mietshäusern ausgebaut werden können. Wir lassen auch das Vorkaufsrecht eintragen und lassen uns bei Verkäufen innerhalb der ersten 10 Jahre, die in gewinnbringender Absicht erfolgen, eine Vergütung bis 5% des ersten Erwerbspreises zahlen. Ich persönlich lege auf die grundbuchmäßige Eintragung von Baubeschränkungen das Hauptgewicht, damit das, was die Genossenschaft mit dem Bau von Erwerbshäusern beabsichtigt hat, auch erhalten bleibt.

Landesrat **Dr. Schroeder** (Cassel): Nicht nur die Baugenossenschaften, sondern auch die Hypothekarier, die Landesversicherungsanstalten, haben naturgemäß ein wesentliches Interesse daran, daß die Gemeinnützigkeit auch bei Weiterverkäufen erhalten bleibt. Wir haben unsererseits diesen Gedanken ebenfalls für die Dauer zu sichern versucht und haben dementsprechend überall die Kündbarkeit der Hypotheken vorgesehen, sobald ein spekulativer Verkauf vorliegt. Aber ich bin mir vollständig dessen bewußt, daß dieser Vorbehalt der Kündigung nicht viel hilft, denn wenn der Betreffende einen sehr hohen Gewinn machen kann, so wird er einfach die Hypothek zurückzahlen und den Spekulationsgewinn einstecken. Also das führt nicht zum Ziel. Wir haben dann nur die Sicherheit, daß wir unser billiges Kapital bei dem spekulativen Verkauf nicht mitwirken lassen. Das ist ein gewisser Erfolg, aber ein geringer. Nun sind hier drei Vorschläge gemacht worden: Vorkaufsrecht, Rückkaufsrecht und Zuwachssteuer. Mit den ersten beiden Mitteln sind schon seit langer Zeit Versuche gemacht worden, man kommt nicht viel weiter mit ihnen. Dagegen lege ich dem dritten Vorschlag ein großes Gewicht bei. Ich glaube, das ist ein Weg, der zum Ziele führen kann. Etwas ähnliches haben wir unsererseits in unsern Verträgen auch schon vorgesehen. Wir haben nämlich Muster zu Kaufverträgen entworfen, deren Benutzung Baugenossenschaften empfohlen wird, die ihrerseits Häuser an Erwerber weiter verkaufen wollen. In diesen Vertragsmustern ist vorgesehen, daß, wenn der erste Erwerber eines Hauses weiter verkauft, er alsdann an den Bauverein 10% Zuschlag zu dem ursprünglichen Erwerbspreise zahlen muß. Das ist etwas ähnliches wie Zuwachssteuer, aber natürlich nicht dasselbe. Es liegt ungefähr derselbe Gedanke darin, daß der Bauverein eine gewisse Beteiligung am Gewinn haben soll. Aber ich muß anerkennen, daß der heutige Vorschlag ein sehr viel besserer ist. Er gibt die Möglichkeit, dem einzelnen Falle gerecht zu werden. Es ist schließlich noch die Berufung an den Aufsichtsrat zulässig, wenn in der Tat nach Ansicht des neuen Erwerbers oder Verkäufers kein Spekulationsgeschäft vorliegt.

Aufsichtsratsmitglied der Schöneberger Bank **Lebbin** (Schöneberg bei Berlin): Ich möchte empfehlen den Vorschlag betreffend die grundbuchmäßige Eintragung des Wiederkaufsrechts nicht fallen zu lassen aus folgenden Gründen.

(Zuruf: Das wollen wir auch nicht!)

Dann bin ich befriedigt. Ich möchte also bitten, die beiden Anträge nicht fallen zu lassen.

Verbandsdirektor **Feierabend** (München): Ich lege auf Punkt 1 und 2 auch keinen besonders großen Wert, denn ich bin der Überzeugung, im entscheidenden Moment werden diese Bestimmungen versagen. Ich würde Ihnen aber empfehlen, unter allen Umständen diese Schutzmaßregeln mit in die Bestimmungen aufzunehmen, denn unter Umständen können sie recht wertvolle Dienste leisten. Was nun Punkt 3 anlangt, so hätte ich auch gewünscht, daß hierüber diejenigen Herren, welche auf diesem Gebiete Erfahrungen gesammelt haben, ihre Anschauungen kundgegeben hätten. Auf die Apostrophierung des Herrn Dr. Schneider hat uns der Vertreter der Berliner Baugenossenschaft mitgeteilt, daß dort solche Vorsichtsmaßnahmen getroffen sind. Wenn ich richtig verstanden habe, besteht dort das Vorkaufsrecht auf 10 Jahre. Ich habe aber das Gefühl, diese Zeitbestimmung dürfte etwas zu gering bemessen sein. Ich hätte auch gewünscht, daß, wenn die Zwecke der Baugenossenschaft erreicht werden wollen, eine längere Dauer vorgesehen werden sollte. Ob wir gerade 30 Jahre akzeptieren, wie hier vorgeschlagen ist, ist eine Frage, die ich nicht glattweg bejahen oder verneinen will, sondern ich hätte lieber gesehen, wenn auf Grund gemachter Erfahrungen uns ein Anhaltspunkt geboten werden könnte. In der Münchener Baugenossenschaft sind in dieser Beziehung auch noch keine Erfahrungen gesammelt worden. Obgleich der Erwerb der hergestellten Wohnhäuser nicht als ausgeschlossen gilt, so ist doch seit Gründung der Genossenschaft ein Erwerbsanspruch noch nicht erhoben worden.

Was nun den Punkt 3 bezüglich der Höhe der sogenannten Wertzuwachssteuer anbelangt, so hat Herr Syring davon gesprochen, daß in der Berliner Baugenossenschaft bis zu 5% Beteiligung am Gewinn vorgesehen sind. Das heißt doch wohl, daß es dem Vorstande und Aufsichtsrat überlassen bleibt, eine Wertzuwachssteuer zu erheben. Der Herr Referent hat Ihnen ungleich höhere Prozentsätze vorgeschlagen; ich möchte es jedoch als bedenklich erachten, solch hohe Sätze zu billigen. Wenn die Verkaufsbedingungen zu hoch bemessen werden, wird es kaum möglich sein, daß eine Genossenschaft Häuser verkaufen kann. Jeder Käufer wird sich die Bedingungen genau ansehen, wenn er ein derartiges Genossenschaftseigentum für seine Person erwirbt.

Ich möchte den Herrn Referenten ersuchen, aus dem heute Gehörten uns vielleicht einen Vorschlag zu unterbreiten, der einen Mittelweg einschlägt, und ich möchte ferner bitten, den Bogen nicht allzu stark zu spannen, insolange nicht auf Grund gemachter Erfahrungen uns bestimmte Anhaltspunkte unterbreitet werden können.

Geschäftsführer **Voigt** (Elberfeld): Meine Herren, der Herr Vorredner hat ausgeführt, daß, wenn die Verkaufsbedingungen zu hoch geschraubt werden, eine Genossenschaft dann nicht mehr in die Lage kommen würde, Häuser zu verkaufen. Gerade, um den spekulativen Verkauf zu verhindern, bin ich dafür, daß harte Bedingungen festgesetzt werden. Man kann ja Ausnahmen machen, wenn bestimmte Gründe vorliegen, daß man verkaufen muß. Daß die Häuser im Besitze der Genossenschaft bleiben, erachte ich gleichfalls für richtig; denn dann bleiben die Gebäude dem Zweck erhalten, für den sie bestimmt sind.

Vorsitzender Verbandsdirektor Landrat **Berthold** (Blumenthal): Meine Herren, über die Höhe des Tarifs, der aufzustellen ist, können wir heute absolut noch nichts sagen; das muß aus den örtlichen Verhältnissen hervorgehen.

(Sehr richtig!)

Erst später nach einer Reihe von Jahren werden wir sagen können: die und die Tarife, die aufgestellt sind, haben sich bewährt oder nicht bewährt, und auf Grund der Erfahrungen, die gesammelt werden, können wir dann ein Urteil abgeben. Heute können wir weiter nichts sagen, als daß es ein Gedanke ist, mit dem etwas zu machen ist, und daß es einen Versuch damit lohnt. Nicht wahr, das ist auch Ihre Meinung?

(Zustimmung.)

Verbandsdirektor **Feierabend** (München): Meine Herren, ich wollte nur kurz bemerken, daß ich keine Zahl festgelegt habe. Wenn aber der Herr Referent der Versammlung nahelegt, es solle ein bestimmter Prozentsatz genannt werden, so ist es am Platze, wenn über die Höhe des Prozentsatzes gesprochen wird. Es ist ja nicht notwendig denselben definitiv festzustellen. Ich stehe ebenfalls auf dem Standpunkte, daß eine Baugenossenschaft viel zweckdienlicher arbeitet, wenn sie keine Häuser zum Erwerb herstellt. Ich habe auch betont, daß die Baugenossenschaft München bisher nur Mietshäuser gebaut hat. Hier handelt es sich aber um solche Baugenossenschaften, die ausschließlich oder zum Teil Häuser auf Erwerb herstellen. Da muß aber mit aller Entschiedenheit ausgesprochen werden, daß man beim Verkauf die Bedingungen nicht zu hoch schrauben soll; denn was hat es für einen Wert. wenn eine Baugenossenschaft erklärt: wir bauen zwar Häuser auf Erwerb, erschweren aber die Verkaufsbedingungen so sehr, daß sich kein Käufer finden wird! Das ist ein Unding.

Anwalt **Dr. Crüger** (Charlottenburg): Ich möchte auch davor warnen, den Bogen zu überspannen, sonst finden sich keine Käufer für die Häuser; dann kann man ein schönes Ziel verfolgen, kommt aber nicht in die Lage, den Weg zu versuchen, der zum Ziele führt. Über einen bestimmten Satz werden wir uns wohl heute nicht verständigen können; man wird wahrscheinlich dabei verschiedene Momente in Betracht zu ziehen haben, bei denen es sich nicht um einen spekulativen Verkauf handelt, so z. B. bei einem Erbfall. Beim Erbfall die gleichen rigorosen Bedingungen zu stellen, wie beim Spekulationsverkauf, ist doch nicht angängig.

Nun möchte ich mich aber nicht mit fremden Federn schmücken. Es ist immer die Rede von dem Antrage des Anwalts; der Antrag ist aber genau so geistiges Eigentum des Herrn Referenten wie das vorzügliche Referat, das er eben erstattet hat.

(Hört, hört!)

Geschäftsführer **Syring** (Berlin): Der vom Herrn Referenten vorgeschlagene Prozentsatz dürfte sich nicht wesentlich von dem von der Berliner Baugenossenschaft erhobenen unterscheiden. Wenn ich den Herrn Referenten recht verstanden habe, hat er den Prozentsatz von dem erzielten Gewinn gemeint. Wir nehmen den Zuschlag bis zu 5% nicht vom Gewinn, sondern, wie ich schon vorher sagte, vom ersten Erwerbspreise in dem Falle, wo der höhere Preis nach unserer Meinung der Anreiz zum Verkauf gewesen ist; in Erbfällen nehmen wir grundsätzlich nichts. Nun meine ich, ist der Unterschied zwischen unserer Praxis und dem Vorschlage des Herrn Referenten der, daß der Herr Referent sich mit dem Verkäufer über die Höhe des Gewinnes ins Einverständnis setzen muß, und da wird er bei dem Erwerber eine andere Auffassung vorfinden. Das haben wir nicht nötig. Der Aufsichtsrat prüft: ist nach seiner Meinung ein Spekulationskauf vorhanden oder nicht? Danach bemißt er die Höhe des Zuschlages, und nur bei großen Gewinnen nimmt er die 5%.

Vorsitzender Verbandsdirektor Landrat **Berthold** (Blumenthal): Soweit mir bekannt ist, haben wir keine Baugenossenschaft, bei der im Falle des Erbganges derartige Erschwerungen gemacht werden, nur, wenn das Haus auf einen Dritten außerhalb der Genossenschaft Stehenden veräußert wird, treten diese Erschwerungen ein. Aber wie im einzelnen das auszugestalten ist, muß der Abmachung vorbehalten bleiben.

Haubensack (Charlottenburg): Soweit ich den Herrn Referenten verstanden habe, soll der Vorstand die Höhe der Wertzuwachssteuer berechnen und der Aufsichtsrat endgültig unter Ausschluß des Rechtsweges darüber zu entscheiden haben. Eine solche Bestimmung würde rechtlich unwirksam sein, weil der ordentliche Rechtsweg nur durch Vereinbarung eines nach den Bestimmungen der Z.P.O. zusammengesetzten und verfahrenden Schiedsgerichts ausgeschlossen werden darf. In ständiger Rechtsprechung des Reichsgerichts ist als Grundsatz aufgestellt, daß niemand in eigener Sache Richter sein darf. Es dürfte sich empfehlen, die Einsetzung eines solchen Schiedsgerichts analog der in den soeben verlesenen Bedingungen der Landesversicherungsanstalt Hannover enthaltenen Bestimmung vorzusehen.

Vorsitzender Verbandsdirektor Landrat **Berthold** (Blumenthal): Wenn es sich um Streitigkeiten zwischen den Organen der Genossenschaft handelt, darf der ordentliche Rechtsweg nicht ausgeschlossen sein, oder es muß ein Schiedsgericht eingesetzt werden. Es besteht meines Wissens eine reichsgerichtliche Entscheidung dieses Inhalts.

Vorsitzender Verbandsdirektor Landrat **Berthold** (Blumenthal): Ich glaube die Meinung des Herrn Referenten dahin verstehen zu sollen, daß es wahlweise gemacht werden kann.

Ich darf wohl annehmen, daß hiermit die Diskussion erschöpft ist, und möchte nochmals für die Anregungen, die uns durch den Herrn Referenten gegeben sind, danken. Die Herren, welche Baugenossenschaften mit Erwerbshäusern vertreten, möchte ich bitten, sich zu überlegen, was für ihre Vereine das Zweckmäßigste und Beste ist. Daß mit dem heutigen Referate nur ein Anstoß gegeben ist, und daß die Sache auf den Unterverbandstagen, in der Literatur usw. noch eingehend durchgearbeitet werden muß, ist klar; aber wenn sich jeder in seiner Genossenschaft überlegt, wie das am besten zu machen ist, so ist das als Vorbereitung auf künftigen Unterverbandstagen oder Genossenschaftstagen wertvoll.

Berichterstatter Verbandsrevisor **Scheidt** (Hannover) [Schlußwort]: Herr Brinkmann hat geäußert, daß es ungerecht sei, diese Wertzuwachssteuer von demjenigen zu erheben, der durch Opfer an Zeit und Geld das Grundstück verbessert, also durch sein Verdienst den höheren Wert herbeigeführt habe. Dem gegenüber erinnere ich daran, daß ich gesagt habe, daß die Aufwendungen für die Verbesserungen des Grundstücks dem Veräußerer angerechnet werden sollen. Die Einwendung des Herrn Brinkmann dürfte also nicht zutreffend sein, sie beruht auf einem Mißverständnisse. Wir wollen nur eine reine Konjunkturwertbesteuerung.

Herr Syring hat dann gesagt, eine ähnliche Einrichtung bestände bei seinem Verein, und zwar in der Weise, daß bei Verkäufen innerhalb der nächsten 10 Jahre nach der Auflassung bis 5% des Kaufpreises von der Genossenschaft in Anspruch genommen werden. Was zunächst den Zeitraum anlangt, so bin ich der Meinung, daß ein Zeitraum von zehn Jahren zu kurz ist. Schon der Zeitraum, der für das Wiederkaufsrecht mit 30 Jahren gesetzlich festgelegt ist, dürfte zu kurz sein; wir dürfen uns m. E. an eine bestimmte Zeit überhaupt nicht binden. Wie hoch nun aber die Summe sein soll, die die Genossenschaft billigerweise für sich in Anspruch nehmen kann, so werden allerdings zwischen den Sätzen, den die Berliner Baugenossenschaft nimmt, und meinen Vorschlägen meistens große Differenzen entstehen. Zu beachten ist aber, daß meine Sätze unter Umständen viel geringer sein können, als der von Herrn Syring genannte Höchstsatz von 5% des Kaufpreises; ich nehme für meinen Vorschlag in Anspruch, daß er mehr der Gerechtigkeit entspricht. Zurzeit ist aber die Frage so wenig geklärt, daß wir über die Höhe heute noch nicht schlüssig werden können. Ich habe ausdrücklich gesagt, daß mein Vorschlag mit der größten Reserve gemacht ist. Selbstverständlich ist es, daß in bestimmten Erbfällen eine Wertzuwachssteuer nicht erhoben werden darf.

Herr Haubensack hat nun gesagt, mein Vorschlag, daß die Wertzuwachssteuer in der Weise berechnet werden soll, daß sie zunächst vom Vorstande festgestellt und dann vom Aufsichtsrat endgültig bestimmt wird, verstoße gegen das Gesetz. Anscheinend schwebte ihm dabei die Reichsgerichtsentscheidung vor, in der gesagt ist, daß die Genossenschaft nicht Richter in eigener Sache sein kann. Diese Reichsgerichtsentscheidung ist mir bekannt, es ist mir aber zweifelhaft, ob sie hier anwendbar ist. Jedenfalls handelt es sich um eine Rechtsfrage, die nachzuprüfen ist, die aber nicht von grundsätzlicher Bedeutung ist für die Frage, ob die vorgeschlagene Wertzuwachssteuer zweckmäßig ist.

Was überhaupt den dritten Punkt des Antrags, nämlich die Wertzuwachssteuer anlangt, so sollen meine Vorschläge — das betone ich wiederholt — nach keiner Richtung hin positiver Art sein. Namentlich bedürfen die Einzelheiten noch einer genauen Nachprüfung. Ich habe nur einen gangbaren Weg zur Sicherstellung des sozialpolitischen Zwecks der Erwerbshäuser zeigen wollen, und so hat es mich sehr gefreut, daß ich allseitig Zustimmung gefunden habe. Ich bin der Ansicht, daß die Frage der Wertzuwachssteuer außerordentlich wichtig ist, und der Allgemeine Verband kann meines Wissens für sich in Anspruch nehmen, daß er es gewesen ist, der auf diese Maßregel zur Unterbindung der Spekulation zuerst hingewiesen hat. (Bravo!)

Der Antrag wird einstimmig angenommen.

II. Antrag des Anwalts:

Den Baugenossenschaften wird empfohlen, bei der Bilanzaufstellung sich des folgenden Schemas zu bedienen:

Aktiva.

Kassenbestand . .

Bankguthaben . .

Zinsbar angelegte Kapitalien, Wertpapiere sowie sonstige Forderungen der Genossenschaft . .

Hypotheken- und Kaufgelder-Forderungen für verkaufte Häuser und sonstige Immobilien . .

Unbebauter Grund und Boden (Grundstückkonto) . .

Der Buchwert der fertigen, im Besitze der Genossenschaft befindlichen Gebäude — Gebäudekonto I und II — beträgt insgesamt . .

Er setzt sich wie folgt zusammen:

A. Buchwert der zur Vermietung der Wohnungen an die Mitglieder bestimmten Gebäude (sog. Mietshäuser) — Gebäudekonto I —:

I. Ursprünglicher Gesamt-Herstellungspreis der Mietshäuser einschließlich nachträglicher Aufwendungen . .

Von dieser Summe entfällt auf:

a) Grunderwerbskosten für die Mietshäuser einschl. nachträglicher Aufwendnngen . .

Passiva.

Eigenes Betriebskapital.

Geschäftsguthaben der Mitglieder . .

Reservefonds insgesamt . .

und zwar entfallen auf:

a) den gesetzlichen Reservefonds . .

b) den Hilfsreservefonds . .

c) andere Fonds (unter Angabe des Zwecks) . .

Fremde Gelder.

Hausanteilscheine (unter Angabe ob unkündbar) . .

Hypothekenschulden . .

(Die Hypotheken sind mit . . pCt. zu verzinsen und mit . . pCt. und mit (oder ohne?) zuwachsenden Zinsen zu tilgen.)

Anleihen mit mindestens 12 monatlicher Kündigungsfrist . .

Anleihen mit kürzerer Kündigungsfrist einschl. Spareinlagen . .

Erwerbshäuser — Tilgungskonto (Anzahlungen und Tilgungsbeträge der Hauserwerber) . .

und zwar:

A. Anzahlungen u. Tilgungsbeträge im abgelaufenen Geschäftsjahr . .

B. Anzahlungen u. Tilgungsbeträge aus früheren Geschäftsjahren . .

b) Ursprüngliche Baukosten der Mietshäuser einschl. nachträglicher Aufwendungen . .

II. Darauf sind abgeschrieben insgesamt . .

und zwar:

a) bereits in früheren Geschäftsjahren . .

b) am Schlusse des letzten Geschäftsjahres . .

Buchwert der Mietshäuser am Schlusse des Geschäftsjahres (Summe I weniger Summe II) . .

B. Buchwert der zum Erwerb durch die Mitglieder bestimmten Gebäude (sog. Erwerbshäuser, einschl. Grunderwerbskosten) — Gebäudekonto II —:

I. Kaufpreis der Erwerbshäuser, die noch nicht aufgelassen, über die aber bereits Erwerbsverträge abgeschlossen sind . .

und zwar:

a) Kaufpreis der Erwerbshäuser, über die in dem abgelaufenen Geschäftsjahre Erwerbsverträge abgeschlossen sind . .

b) Kaufpreis der Erwerbshäuser, über die in früheren Geschäftsjahren Erwerbsverträge abgeschlossen sind,

II. Kaufpreis der Erwerbshäuser. über die keine Erwerbsverträge abgeschlossen sind . .

Buchwert der Erwerbshäuser am Schlusse des Geschäftsjahres (Summe I und Summe II) . .

Buchwert der Neubauten (Neubaukonto) . .

Hiervon entfällt auf:

A. Buchwert der im Bau befindlichen Mietshäuser . .

B. Buchwert der im Bau befindlichen Erwerbshäuser . .

Geschäftsinventar . .

Rückständige Mieten . .

und zwar sind rückständig:

A. Aus dem letzten Vierteljahr des abgelaufenen Geschäftsjahres . .

B. Aus früherer Zeit . .

Schulden für Baumaterialien und Bauarbeiten (Neubauschuldenkonto) einschl. einbehaltener Kautionen . .

Sonstige Schulden insgesamt . .

und zwar:

A. noch zu zahlende Geschäftsunkosten, Tantiemen, Verbandsbeiträge . .

B. noch zu zahlende Dividenden und andere Schulden . .

Soll.	Gewinn- und Verlustberechnung.	Haben.

Soll

Abschreibungen:
- a) .. pCt. auf die ursprünglichen Baukosten der Mietshäuser (Gebäudekonto I) Mk...
  Insoweit die Amortisationsquoten höher als die Abschreibungsquoten und daher bei der Mietenberechnung in Ansatz zu bringen sind, sind sie hier besonders anzugeben.
- b) .. pCt. auf den Buchwert des Inventars . . . . . . Mk...

Geschäftsunkosten (Gehälter, Bureaumiete, Bureau-Utensilien, Verbandsbeiträge, Insertionskosten) . . , ... Mk...

Betriebsunkosten (Steuern, Abgaben, Lasten, Reparaturkosten) . . . . Mk...

Zinsen:
- a) Hypotheken- und Anleihezinsen . . . . Mk...
- b) Zinsen auf die Abträge der Anwärter Mk...
- c) Zinsen auf Spareinlagen . . . . . . Mk... Mk...

Verluste . . . . Mk...

Reingewinn . . . . Mk...

Haben

Gewinnvortrag aus dem Vorjahr Mk...

Gewinn aus verkauften Immobilien . . . . Mk...

Ertrag aus vermieteten Immobilien . . . . Mk...
- a) Wohnungsmieten a. den Mietshäusern . Mk...
- b) Wohnungsmieten a. den Erwerbshäusern ausschließlich der in d. vertragsmäßigen Mietssätzen enthaltenen Tilgungs-Beträge (Netto-Wohnungsmieten) . . . Mk...

Zinsen aus angelegten Kapitalien . . . . Mk...

Pachteinnahmen . . . . Mk...

Sonstige Einnahmen . . . . . . Mk...

Berichterstatter Gerichtsassessor **Donath** (Charlottenburg): Meine Herren! Der Antrag, den ich vor Ihnen zu vertreten die Ehre habe, hat eine Vorgeschichte, die bis auf das Jahr 1904 zurückgeht. Auf dem Allgemeinen Genossenschaftstage zu Breslau wurde ein Antrag eingebracht, der sich mit der Form der Bilanz für diejenigen Baugenossenschaften beschäftigte, welche die von ihnen errichteten Gebäude in das Eigentum von Mitgliedern übergehen lassen und zu diesem Zweck mit den Hauserwerbern Miet- und Kaufverträge abschließen. Dieser Antrag, der von dem Spar- und Bauverein Blumenthal, e. G. m. b. H., eingebracht wurde, lautete in den Teilen, die uns heute hier interessieren, wie folgt:

> Der Allgemeine Genossenschaftstag empfiehlt den Baugenossenschaften, welche die von ihnen errichteten Gebäude in das Eigentum von Mitgliedern übergehen lassen und zu diesem Zweck mit den Hauserwerbern Miet- und Kaufverträge abschließen, diesen Geschäftszweig in der Bilanz und dem Geschäftsbericht nach folgenden Grundsätzen zur Darstellung zu bringen:
>
> 1. Die Erwerbshäuser sind, soweit über dieselben schon Erwerbsverträge abgeschlossen sind, gesondert unter den Aktiven in der Bilanz aufzuführen, und zwar zu dem von den Genossen zu zahlenden Erwerbspreise.
> 2. Die Anzahlungen der Erwerber sind unter geeigneter Bezeichnung, z. B. „Hauserwerbskonto", „Amortisation der Hauserwerber" unter den Passiven aufzuführen.
> 3. In der Bilanz oder im Geschäftsbericht ist zum Ausdruck zu bringen:
>   a) welche Erhöhung der unter 1 erwähnte Posten der Aktivseite durch Neuabschluß von Verträgen und der unter 2 erwähnte Posten der Passivseite durch Zahlungen im letzten Geschäftsjahre erfahren hat,

b) welche Verminderung bei den Posten zu 1 und 2 durch Bewirkung der Auflassungen und durch Aufhebung von Erwerbsverträgen eingetreten ist.

Der Antrag ist nicht zur Verhandlung gekommen, er wurde damals wegen der Schwierigkeit der zu behandelnden Materie, und da die Frage noch nicht genügend geklärt war, einer Kommission zur Vorberatung überwiesen. Leider hat sich die Tagung dieser Kommission nicht ermöglichen lassen; aber die Leitsätze, die der Beschlußfassung des Allgemeinen Genossenschaftstages unterbreitet waren, haben eine außerordentlich rege Korrespondenz zwischen der Anwaltschaft und insbesondere den Herren Landrat Berthold und Verbandsrevisor Michelmann sowie verschiedenen anderen Herren veranlaßt, die viel zur Klärung beigetragen hat.

Meine Herren, zu Ende des vorigen Jahres wurde der Neudruck unserer statistischen Tabellenformulare, die Ihnen alljährlich zwecks Ausfüllung für das Jahrbuch des Allgemeinen Verbandes zugehen, notwendig. Aus diesem Anlaß erwuchs wieder eine recht lebhafte Korrespondenz zwischen dem Herrn Anwalt bezw. mir und dem Herrn Verbandsrevisor Scheidt; das Resultat dieser Korrespondenz war das Tabellenformular, welches Ihnen in diesem Jahr zum erstenmal zur Ausfüllung zugegangen ist zwecks Verwertung im Jahrbuch für 1905. Dieses Formular enthält auch dasselbe Bilanzschema, welches heute Ihrer Beschlußfassung unterbreitet wird, und über das ich zu Ihnen sprechen möchte.

Meine Herren! Über eine Reihe von Positionen des Schemas können wir flüchtig hinweggehen, weil sie selbstverständlich sind und zu einer Diskussion keine Veranlassung geben werden.

Sehen wir uns die Aktivseite an, so dürften die Positionen:

Kassenbestand . . . .
Bankguthaben . . . .
Zinsbar angelegte Kapitalien, Wertpapiere sowie sonstige Forderungen der Genossenschaft . . . .
Hypotheken- und Kaufgelder-Forderungen für verkaufte Häuser und sonstige Immobilien . . . .

keinen Anlaß zu weiterer Besprechung geben. Desgleichen der folgende Punkt: Unbebauter Grund und Boden — Grundstückskonto. Ich möchte hierbei nur flüchtig erwähnen, daß bei dieser Position darauf zu achten ist, daß nur der buchmäßige Wert in die Bilanz eingesetzt wird.

Nun finden Sie in dem Schema eine lange Position, beginnend mit den Worten:

Der Buchwert der fertigen, im Besitze der Genossenschaft befindlichen Gebäude — Gebäudekonto I und II —,

auf die ich näher eingehen muß. Die Bezeichnung „Gebäudekonto I und II" ist auf Allgemeinen Genossenschaftstagen wiederholt erörtert worden; ich erinnere nur an die Verhandlungen des Allgemeinen Genossenschaftstages in Kreuznach, woselbst Herr Wollenweber-Hannover einen eingehenden Vortrag über „Buchführung und Bilanz der Baugenossenschaften" gehalten und hierbei gleichfalls die genannte Bezeichnung angewandt hat. Ich gehe indessen über diese ganze Position vorläufig hinweg, weil sie uns später noch näher beschäftigen wird, und komme gegen Schluß der Aktiva auf die Position:

Buchwert der Neubauten (Neubaukonto) . . . .

Hiervon entfällt auf:

A. Buchwert der im Bau befindlichen Mietshäuser . . . .
B. Buchwert der im Bau befindlichen Erwerbshäuser . . . .

Auch das sind alles Punkte, die uns weiter zur Diskussion keinen Anlaß geben werden.

Weiter:
Geschäftsinventar . . . .
Rückständige Mieten . . . .
und zwar sind rückständig:
A. Aus dem letzten Vierteljahr des abgelaufenen Geschäftsjahres . . . .
B. Aus früherer Zeit . . . .

Der Vollständigkeit halber ist hier der rückständigen Mieten gedacht sowohl aus dem letzten Vierteljahr des abgelaufenen Geschäftsjahres als auch aus früherer Zeit, um über die rückständigen Mieten der Genossenschaft ein klares Bild zu schaffen.

Sehen wir uns die Passivseite an, so finden wir zunächst eine Trennung des eigenen Betriebskapitals und der fremden Gelder, wodurch eine größere Übersichtlichkeit geschaffen ist.

Eigenes Betriebskapital.

Geschäftsguthaben der Mitglieder . . . .
Reservefonds insgesamt . . . .
und zwar entfallen auf:
a) den gesetzlichen Reservefonds . . . .
b) den Hilfsreservefonds . . . .
c) andere Fonds (unter Angabe des Zwecks) . . . .

Der Klarheit und Verständlichkeit halber sind die Reservefonds spezialisiert.

Unter den fremden Geldern finden wir:
Hausanteilscheine (unter Angabe ob unkündbar) . . . .
Hypothekenschulden . . . .
(Die Hypotheken sind mit . . . . pCt. zu verzinsen und mit . . . . pCt. und mit (oder ohne?) zuwachsenden Zinsen zu tilgen)
Anleihen mit mindestens 12monatlicher Kündigungsfrist . . . .
Anleihen mit kürzerer Kündigungsfrist einschl. Spareinlagen . . . .

Die folgende Position:
Erwerbshäuser — Tilgungskonto (Anzahlungen und Tilgungsbeträge der Hauserwerber) . . . .
und zwar:
A. Anzahlungen und Tilgungsbeträge im abgelaufenen Geschäftsjahr . . . .
B. Anzahlungen und Tilgungsbeträge aus früheren Geschäftsjahren . . . .

will ich jetzt außer Betracht lassen, weil ich darauf nachher noch speziell zu sprechen komme.

Den Schluß auf der Passivseite bilden die Positionen:
Schulden für Baumaterialien und Bauarbeiten (Neubauschuldenkonto) einschl. einbehaltener Kautionen . . . .
Sonstige Schulden insgesamt . . . .
und zwar:
A. noch zu zahlende Geschäftsunkosten, Tantiemen, Verbandsbeiträge . . . .
B. noch zu zahlende Dividenden und andere Schulden . . . .

Diese werden uns kaum zu Erörterungen Anlaß geben.

Kehren wir nunmehr zu den Positionen zurück, deren Besprechung uns notwendig erscheint, die wir aber vorhin ausgesetzt haben, so ist es zunächst auf der Aktivseite die Position:
Der Buchwert der fertigen, im Besitze der Genossenschaft befindlichen Gebäude — Gebäudekonto I und II —,
auf die ich näher eingehen muß.

Meine Herren, insoweit eine Genossenschaft bloß Mietshäuser baut, würden hier weiter keine Schwierigkeiten entstehen; dann finden Sie in der Bilanz selbstverständlich bloß den Teil „A. Buchwert der zur Vermietung der Wohnungen an die Mitglieder bestimmten Gebäude (sog. Mietshäuser)", der wieder der Ausführlichkeit halber in verschiedene Unterabteilungen zerlegt ist. Schwieriger aber wird die Sache, wenn die Genossenschaft entweder nur Erwerbshäuser baut, oder neben Mietshäusern auch Erwerbshäuser. Das letztere ist das weitgehendere und infolgedessen der Bilanz zugrunde gelegt. Meine Herren, wenn eine Genossenschaft Erwerbshäuser baut, so würden auch dann hier in der Bilanz sich weiter keine Schwierigkeiten ergeben, wenn für die Häuser sich noch kein Erwerber gefunden hat. Dann finden Sie in der Bilanz bloß die Position BII „Kaufpreis der Erwerbshäuser, über die keine Erwerbsverträge abgeschlossen sind". Anders dagegen wieder, wenn schon Erwerbsverträge mit den Mitgliedern abgeschlossen sind. Meine Herren, auf die Erwerbsverträge selbst, die die Genossenschaft mit den Mitgliedern abzuschließen pflegt, brauche ich hier nicht näher einzugehen. Ihnen ist ja der Mustererwerbsvertrag im Wohlgemuth-Schneiderschen Taschenbuch für Baugenossenschaften bekannt; auf Seite 278 finden Sie dort ein ausführliches Vertragsmuster. In § 2 dieses Vertrages verpflichtet sich das Mitglied, das Haus zunächst mietsweise zu benutzen und dann zu Eigentum zu erwerben, während die Genossenschaft die Verpflichtung eingeht, dem Mitglied das Grundstück unter den gleichen Bedingungen mietsweise und eigentümlich zu überlassen.

Wir kommen damit zu der Kernfrage: wie sind diese Erwerbshäuser in die Bilanz einzustellen, über die bereits Erwerbsverträge abgeschlossen worden sind? Das ist die Frage, die den Allgemeinen Genossenschaftstag in Breslau im Jahre 1904 beschäftigen sollte und die damals leider nicht zu einer endgültigen Beantwortung gelangte. Aber, wie gesagt, die aufgestellten Thesen haben Anlaß gegeben zu einer sehr ausführlichen Korrespondenz. Der Gedankenaustausch war ein außerordentlich lebhafter, und ich möchte Ihnen hierüber einen kurzen zusammenfassenden Bericht erstatten.

Es wurde damals von einem der beteiligten Herren vorgeschlagen, die Genossenschaften sollten diejenigen Häuser, über die sie zum Zweck demnächstigen Eigentumserwerbs durch die Mitglieder Kauf- und Mietsverträge der genannten Art mit den Mitgliedern abschließen, überhaupt nicht als Immobiliarbesitz in der Bilanz behandeln, sondern sie sollten den für die fraglichen Hausgrundstücke vereinbarten Erwerbspreis als Forderung in der Aktivseite der Bilanz erscheinen lassen und dieser Forderung als Gegenposten die Summe der auf sie gemachten Abzahlungen auf der Passivseite gegenüberstellen. Diesem Vorschlag konnte nicht entsprochen werden, denn die Genossenschaft ist und bleibt trotz des Abschlusses des Erwerbsvertrages immer noch rechtlich so lange Eigentümer des Hausgrundstückes, bis die Auflassung erfolgt ist. Man kann also auch vor erfolgter Auflassung nicht das Immobiliarrecht der Genossenschaft in der Bilanz einfach verschwinden lassen und durch ein Forderungsrecht persönlicher Art ersetzen. Es muß also das Immobiliareigentum, das Hausgrundstück, über das zwar der Erwerbsvertrag schon abgeschlossen, dessen Auflassung aber noch nicht erfolgt ist, als Hausgrundstück, als Immobiliareigentum der Genossenschaft in der Bilanz tatsächlich erscheinen.

Es wurde hiergegen wieder geltend gemacht, es bestehe aber doch eine Forderung des Vereins, und auf der Aktivseite der Bilanz müsse deswegen doch diese Forderung jedenfalls zum Ausdruck gebracht werden. Dem ist folgendes entgegenzuhalten: Nehmen wir, meine Herren, folgendes Bild einer Bilanz an: Auf der Aktivseite haben wir einen Posten: Grundstückskonto mit 10000 Mk., auf der Passivseite als Gegenwert ein Hypothekenkonto von ebenfalls 10000 Mk. Wollte man nun auch die Kaufgeldforderung auf der Aktivseite zum Ausdruck bringen, so müßte hierfür natürlich auch auf der Passivseite wieder ein Gegenwert geschaffen werden, und zwar in Gestalt der Bewertung und Verbuchung der Schuld des

Vereins auf Auflassung des betreffenden Hausgrundstückes. Es würde also dann auf der Aktivseite zu dem Posten „Grundstückskonto" mit 10 000 Mk. noch ein weiterer Posten „Kaufgeldforderungen" mit 10000 Mk. kommen; auf der Passivseite müßte zu dem Posten „Hypothekenkonto" mit 10 000 Mk. der weitere Posten „Verbindlichkeit der Genossenschaft auf Auflassung" mit 10 000 Mk. treten. Sie finden also damit eine Verdoppelung der Werte, indem auf der einen wie auf der anderen Seite je 10 000 Mk. hinzugetreten sind. Man mag vom juristischen Standpunkte darüber denken, wie man will, und meinetwegen diesen Modus für rechtsgültig halten; vom kaufmännischen Standpunkte aus dürfte er kaum zu rechtfertigen sein. Der Kaufmann verbucht Verträge immer erst nach ganzer oder teilweiser Erfüllung; der Kaufmann schreibt den Kaufpreis erst gut, wenn er ihn empfängt, erst dann belastet er das Konto des Kunden, wenn er etwas gibt. Daraus folgt, meine Herren, daß die Abzahlungen, die das Mitglied auf das Erwerbshaus macht, zunächst dem Mitglied gutzuschreiben sind; sie müssen also als Passiven in der Bilanz erscheinen, während das Haus — als Immobiliareigentum der Genossenschaft — in die Aktivseite der Bilanz einzustellen ist. Wird dann nachher dem Mitgliede das Haus aufgelassen, dann wird sein Konto mit dem Preise des Hauses belastet, der Wert der übernommenen Hypothek wird ihm gutgeschrieben und dann gleicht sich das Konto aus. Auf der Aktivseite ist der bisherige Posten „Immobiliareigentum" verschwunden und auf der Passivseite das Hypothekenkonto.

Ich glaube, daß diese Art der Buchung um so richtiger ist, wenn der Miet- und Kaufvertrag — und das wird die Regel sein — nicht gerichtlich oder notariell abgeschlossen ist; denn nach § 313 B.G.B. besteht ein gesetzlicher Anspruch auf Auflassung nur bei gerichtlichem oder notariellem Abschluß. Die Anzahlungen, die das Mitglied in Erwartung der demnächstigen Auflassung gemacht hat, sind in diesem Falle — also wenn kein notarieller Vertrag abgeschlossen ist — rechtlich nur Rückforderungsansprüche des Mitgliedes an die Genossenschaft, mithin reine Schulden der Genossenschaft, und damit dürfte es wohl auch gerechtfertigt sein, daß dieser Posten als Passivposten in der Bilanz erscheint. Dieser Art der Buchung haben sich auch schon eine ganze Reihe von Baugenossenschaften angeschlossen.

Meine Herren, aus alledem, glaube ich, können wir folgern, einmal daß die Erwerbshäuser, über die Erwerbsverträge in der von mir erwähnten Art abgeschlossen sind, gesondert unter den Aktiven aufgeführt werden müssen (wie es auch in dem Antrag, der dem Allgemeinen Genossenschaftstag zu Breslau unterbreitet werden sollte, heißt), und daß für die Erwerbshäuser der Erwerbspreis, der von einem Genossen zu zahlen ist, eingestellt werden muß — das ist Pos. 1 des vorhin verlesenen Breslauer Antrages. Es folgt aber auch weiter daraus, daß unter die Passiven die Anzahlungen des Erwerbers aufzunehmen sind — das ist Pos. 2 des Breslauer Antrages.

Der Breslauer Antrag sah als Wortbeispiele vor die Ausdrücke „Hauserwerbskonto" bezw. „Amortisation der Hauserwerber". Wir haben hier den Ausdruck gewählt „Erwerbshäuser-Tilgungskonto" mit einem in Paranthese beigefügten entsprechenden erklärenden Zusatz. Auch dieser Ausdruck wird den meisten Herren noch von dem erwähnten Vortrag des Verbandsrevisors Wollenweber her bekannt sein. Ich habe diesen Ausdruck nach Rücksprache mit Herrn Scheidt eingesetzt, der sich ebenfalls für ihn entschied.

Sehen wir uns nun daraufhin das Bilanzschema und insbesondere zunächst auf der Aktivseite die Position B: „Buchwert der zum Erwerb durch die Mitglieder bestimmten Gebäude" nochmals an. Sie finden hier die bereits erwähnte Zweiteilung in: „Kaufpreis der Erwerbshäuser, über die keine Erwerbsverträge abgeschlossen sind" und in „Kaufpreis der Erwerbshäuser, die noch nicht aufgelassen, über die aber bereits Erwerbsverträge abgeschlossen sind". Die letztere Rubrik ist wieder eingeteilt in

a) Kaufpreis der Erwerbshäuser, über die in dem abgelaufenen Geschäftsjahre Erwerbsverträge abgeschlossen sind . . . .
b) Kaufpreis der Erwerbshäuser, über die in früheren Geschäftsjahren Erwerbsverträge abgeschlossen sind . . . .

Ich glaube, daß der Wert dieser Spezialisierung sich aus sich selbst erklärt. Zu den Aktivposten habe ich wohl nichts mehr hinzuzusetzen. Auf der Passivseite finden Sie dann entsprechend meinen Ausführungen den Gegenposten: „Erwerbshäuser-Tilgungskonto" („Anzahlungen und Tilgungsverträge der Hauserwerber") und auch hier wieder eine Zweiteilung, nämlich:

A. Anzahlungen und Tilgungsbeträge im abgelaufenen Geschäftsjahr . . . .
B. Anzahlungen und Tilgungsbeträge aus früheren Geschäftsjahren . . . .

Ich gehe dann, meine Herren, über zu der Gewinn- und Verlustberechnung. Auch hier werden wir über einzelne Punkte flüchtig hinweggehen können. Auf der Soll-Seite sehen Sie zunächst die Position „Abschreibungen", auf die ich nachher ausführlich zurückkommen muß, da ganz besonders wichtige und bestrittene Fragen hierbei zur Erörterung kommen müssen. Die übrigen Posten werden wahrscheinlich zur Diskussion kaum Anlaß geben. Auf der Haben-Seite werden die Posten: „Gewinnvortrag aus dem Vorjahre" und „Gewinn aus verkauften Immobilien" ebenfalls kaum Beanstandung finden. Die Position „Ertrag aus vermieteten Immobilien" wollen wir wieder besonders erörtern. Mit den drei letzten Positionen „Zinsen aus angelegten Kapitalien", „Pachteinnahmen" und „Sonstige Einnahmen", die keine Schwierigkeiten bieten, sind dann die einzelnen Posten der Gewinn- und Verlustberechnung erschöpft.

Wenn Sie sich nun zunächst den Posten „Abschreibungen" auf der Soll-Seite ansehen, so finden Sie dort eine Anmerkung:

„Insoweit die Amortisationsquoten höher als die Abschreibungsquoten und daher bei der Mietenberechnung in Ansatz zu bringen sind, sind sie hier besonders anzugeben."

Es ist also gesagt, daß auf der Soll-Seite der Gewinn- und Verlustrechnung noch ein weiterer, die Amortisationsquote betreffender Zusatz zu machen ist, wenn und insoweit die Amortisation bei der Mietenberechnung besonders in Ansatz gebracht werden soll. Wir müssen uns also darüber verständigen: wann sind die Amortisationsquoten bei der Mietenberechnung in Ansatz zu bringen? Wir kommen damit zu einer sowohl außerordentlich wichtigen, wie auch vielumstrittenen Frage, die gerade in der letzten Zeit besonders häufig baugenossenschaftliche Verbandstage beschäftigt hat und die, wie Ihnen schon der Herr Vorsitzende vorhin mitteilte, auch eine Konferenz beschäftigt hat, die im Mai dieses Jahres im Abgeordnetenhause in Berlin tagte, auf der auch der Allgemeine Verband vertreten war und bei der insbesondere Herr Landrat Berthold und Herr Landesrat Dr. Schroeder Stellung zu der Frage nahmen. Die Behandlung dieser Frage hat zu einem außerordentlich lebhaften schriftlichen Meinungsaustausch zwischen dem Herrn Anwalt, Herrn Landrat Berthold und insbesondere den Herren Verbandsrevisoren Scheidt und Wollenweber geführt. Es ist ja auch, wie Sie wissen, in den Blättern für Genossenschaftswesen darüber wiederholt geschrieben worden; ich möchte Sie insonderheit an den ausführlichen Artikel aus der Feder des Herrn Verbandsrevisors Scheidt in den Nrn. 48—50 des vorigen Jahrgangs erinnern. Es würde hier zu weit führen, auf alle Streitpunkte und alle die Meinungsverschiedenheiten einzugehen, die sich bei dieser Korrespondenz ergeben haben — ich sehe, auch Herr Scheidt winkt heftig ab —; es war eine außerordentlich umfangreiche Korrespondenz, die sich mit der lebhaft umstrittenen Frage beschäftigte, und ich muß mich daher hier auf das Notwendigste beschränken.

Es muß davon ausgegangen werden, daß grundsätzlich Amortisation der Hypothekendarlehen und Abschreibung von den Hausgrundstücken an sich absolut nichts miteinander zu tun haben, daß beides vollkommen verschiedene Dinge sind. Darüber ist man sich wohl jetzt vollkommen einig, und von diesem grundlegenden Satz ist auch die erwähnte Konferenz im Mai dieses Jahres ausgegangen. Nebenbei bemerkt, glaube ich, war man sich auch schon auf dem Allgemeinen Genossenschaftstage in Danzig 1903 gelegentlich eines Referates des Herrn Kuckuck über diese Frage im Allgemeinen Verbande einig.

Was ist denn Abschreibung, was ist Amortisation? Ich glaube, man wird den Satz aufstellen können: die Abschreibung ist der buchmäßige Ausdruck der Wertminderung, welche die Häuser im Laufe der Zeit erfahren; sie erfolgt auf Grund von gesetzlichen Vorschriften. Die Amortisation dagegen können wir als eine Kapitalsbildung bezeichnen, welche zur Tilgung der Hypothekenschuld in Raten dienen soll; sie erfolgt auf Grund von vertraglichen Abmachungen zwischen der Genossenschaft als Schuldnerin einerseits und dem Hypothekengläubiger andererseits. Es ist also die Abschreibung auf der einen Seite eine Kapitalsminderung, die Amortisation auf der anderen Seite eine Kapitalserhöhung. Wenn nun auch, wie ich schon sagte, Abschreibung und Amortisation begrifflich absolut nichts miteinander zu tun haben, so stehen sie doch in einer ziemlich engen Wechselbeziehung, insofern als der Kapitalsminderung auf der einen Seite eine Kapitalserhöhung auf der anderen Seite gegenübersteht. Der Abschreibungsbetrag belastet in jedem Falle die Gewinn- und Verlustrechnung und muß daher auch von dem Geschäftsertrag, also bei der Baugenossenschaft durch die Mieten, aufgebracht werden. Es muß also bei der Mietenberechnung der Abschreibungsbetrag jedenfalls in Betracht gezogen werden.

Aber damit ist nicht gesagt, daß die Amortisationsquote nicht in Betracht gezogen werden müsse. Die Baugenossenschaften müssen sich vergewissert halten, daß sie auch die vertragsmäßigen Amortisationsraten in der ihnen gestellten Frist ordnungsmäßig bezahlen können. Es ist auch hier vom praktischen Standpunkte aus nur möglich, die Amortisationsraten durch den Geschäftsertrag, also bei Baugenossenschaften durch die Mieten, aufzubringen. Theoretisch sind schließlich wohl auch noch andere Wege denkbar, aber nicht gangbar. Man könnte sich die Zahlung der Amortisationsraten in der Weise denken, daß wieder neue fremde Gelder aufgenommen werden. Als Regelfall wird dies aber nicht möglich sein; denn es dürfte ausgeschlossen sein, daß die Baugenossenschaft an Stelle der amortisierten Beträge noch andere Hypothekenbeträge zu einigermaßen günstigen Bedingungen wird bekommen können. Und wenn man vielleicht daran denken wollte, die Amortisationsraten zu tilgen durch die Aufnahme kurzfristiger Gelder, so würde dies eine Verbesserung der Verhältnisse der Baugenossenschaft zweifellos nicht bedeuten. Endlich wäre es theoretisch denkbar, die Amortisationsraten durch Bildung eigenen Vermögens aufzubringen. Auch das aber hat seine zwei Seiten; die Vermögensbildung würde nur geschehen können durch Bildung von Geschäftsguthaben. Diese sind aber dem Wechsel sehr unterworfen, weil jedes Mitglied mit Jahresschluß austreten kann und ihm demnach sein Geschäftsguthaben ausgezahlt werden muß. Es bleibt also für die Baugenossenschaft als einzig zuverlässiger Weg, die Amortisationsraten durch den Bruttogewinn zu tilgen, mithin regelmäßig durch die Wohnungsmieten.

Wenn ich nun kurz das rekapituliere, was ich vorhin festgestellt habe, nämlich, daß Amortisation und Abschreibung an sich zwar nichts miteinander zu tun haben, aber immerhin in Wechselbeziehung zueinander stehen, insofern der Kapitalsminderung auf der einen Seite eine Kapitalserhöhung auf der anderen Seite gegenübersteht, so werden wir zu der

Folgerung kommen können: soweit Abschreibung und Amortisation in ihrer Höhe sich decken, bedarf es bei der Mietenkalkulation nur der einmaligen Einstellung des betreffenden Betrages in die Mietenberechnung. Es kann also, wenn die Abschreibung eingesetzt ist, die Amortisation außer Betracht bleiben. Dies wird in der Regel der Fall sein; denn die Genossenschaft wird soviel als möglich darauf bedacht sein, mit ihren Gläubigern so günstige Bedingungen zu vereinbaren, daß keine höhere Amortisationsquote verlangt wird, als die Abschreibung beträgt. Wird aber die Amortisationsquote höher als die Abschreibung, dann muß auch die Differenz zwischen den beiden bei der Mietenkalkulation Berücksichtigung finden. Hieraus erklärt sich der gewählte Zusatz:

„Insoweit die Amortisationsquoten höher als die Abschreibungsquoten und daher bei der Mietenberechnung in Ansatz zu bringen sind, sind sie hier besonders anzugeben."

Und ich glaube, zur Begründung des Schemas für die Gewinn- und Verlustberechnung nichts mehr hinzusetzen zu brauchen.

Und nun kurz noch auf der Haben-Seite zu dem Posten:

Ertrag aus vermieteten Immobilien . . . .
a) Wohnungsmieten aus den Mietshäusern . . . Mk.
b) Wohnungsmieten aus den Erwerbshäusern ausschließlich der in den vertragsmäßigen Mietssätzen enthaltenen Tilgungsbeträge (Nettowohnungsmieten). . . . . Mk.

Ich brauche hierbei nur den Ausdruck „Nettowohnungsmieten" zu berühren. Der Ausdruck ist in baugenossenschaftlichen Kreisen wohl mehr und mehr üblich geworden und wird Ihnen auch noch aus den Verhandlungen des Allgemeinen Genossenschaftstages zu Kreuznach durch das wiederholt erwähnte Referat des Herrn Wollenweber in Erinnerung sein.

Meine Herren, ich habe mich bemüht, Ihnen in möglichster Kürze alles das, was ich zur Begründung der Zweckmäßigkeit des vorliegenden Bilanzschemas für erforderlich hielt, vorzutragen. Ich glaube, daß mit diesem Bilanzschema auf jeden Fall ein Schema gewählt ist, das klar und erschöpfend ist, und ich halte mich daher für berechtigt, Sie zu bitten, dem Antrage zuzustimmen.

(Lebhafter Beifall.)

Vorsitzender Landrat **Berthold** (Blumenthal): Wir danken dem Herrn Referenten herzlich für das Referat. Es ist wirklich ein Vergnügen gewesen, mal zu hören, wie diese spröde Materie in so klarer Weise hier zur Darstellung gebracht worden ist. Indem ich die Diskussion über den Antrag eröffne, möchte ich meinerseits hinzufügen, was ich vorhin schon gesagt habe: mit der Annahme dieses Schemas tun wir wieder einen Schritt weiter in der Erziehung der Baugenossenschaften zur Klarheit, Nüchternheit und Solidität ihrer Geschäftsgebahrung. Wenn die Genossenschaften an der Hand eines derartigen Formulars ihre Bilanz und Gewinn- und Verlustrechnung aufstellen, werden sie selbst merken, was für große Vorteile sie davon haben.

Verbandsrevisor **Kuckuck** (Berlin): Es wird einem großen Teil von Ihnen in Erinnerung sein, daß wir seinerzeit erhebliche Schwierigkeiten hatten, ein einheitliches Schema für Kreditgenossenschaften festzusetzen. Wir haben uns mehrere Jahre damit beschäftigt und dann schließlich ein Schema zustande gebracht, welches möglichst weitgehenden Wünschen Rechnung tragen soll. Aber wie es dort auch gegangen ist, ein solches Schema läßt sich nicht für alle Genassenschaften einheitlich gestalten, und ich hätte es deshalb gern gesehen, wenn in dem Antrag nicht gesagt worden wäre, daß den Baugenossenschaften empfohlen wird, bei den Bilanzaufstellungen sich des folgenden Schemas zu bedienen. Das Schema ist so außerordentlich umfangreich, daß Sie selbst wohl sich sagen werden: wir haben es angenommen, aber in der Praxis durchführen werden wir es kaum. Allerdings bin ich der Ansicht, daß es jedenfalls zweckmäßig ist, wenn wir ein derartiges Schema überhaupt beschließen, es möglichst ausführlich zu gestalten. Ich würde aber vorschlagen, den Antrag zu fassen: den Baugenossenschaften wird empfohlen, bei der Bilanzaufstellung das folgende Schema „zugrunde zu legen". Man kann darüber z. B. schon verschiedener Meinung sein, ob die Anordnung der Konten richtig ist. Ich will nur darauf hinweisen, daß Geschäfte oder Genossenschaften, wie überhaupt Institute, welche Immobilien haben, nicht mit dem Kassenbestand anfangen, sondern mit dem, was eigentlich der Zweck des Geschäftsbetriebes ist, nämlich mit den Anlagewerten. Das halte ich aber lediglich für eine Formsache.

Auf einige Ausführungen des Herrn Referenten will ich noch etwas näher eingehen, zunächst bezüglich der Erwerbshäuser. Die Frage der bücherlichen Behandlung ist schwierig, wenn zwar Verträge abgeschlossen aber noch Zahlungen rückständig sind, kurz und gut, wenn die Überschreibung an den betreffenden Erwerber noch nicht erfolgen kann. Ich bin mit dem Herrn Referenten vollständig einverstanden, daß er sagt: die Grundstücke sind zunächst vollständig als Aktiva einzustellen und die Zahlungen, welche die betreffenden Leute bereits geleistet haben, werden in einem Erwerbshäuser-Tilgungskonto auf der Passivseite eingestellt in der Trennung, wie hier angegeben. Die weiteren Ausführungen des Herrn Referenten an dem Beispiel der Verbuchung von 10000 Mk. kommen für die Praxis nicht in Betracht.

Nun vermisse ich in den Passivis bei den fremden Geldern unter Hypothekenschulden etwas, worauf der Herr Referent nachher näher eingegangen ist, nämlich die Amortisationsquote. Soweit ich mich entsinne, sind wir uns vor Jahren schon einmal darüber einig geworden, daß es zweckmäßig sei, die Hypotheken in voller Höhe in die Passiven aufzunehmen und dann extra ersichtlich zu machen: minus so und so viel Tilgung. Deswegen halte ich es für zweckmäßig, daß wir hier sagen: Hypothekenschulden, und dann extra die Tilgung absetzen. Dann ist auch das zum Ausdruck gebracht, was seinerzeit als Bedenken geltend gemacht wurde, daß unter Umständen die Genossenschaft für die vollen Hypotheken aufzukommen hat, wenn die Tilgungsquoten nicht im Grundbuch gelöscht sind.

Nun zur Gewinn- und Verlustrechnung noch wenige Worte, speziell zur Frage der Amortisationsquoten. Der Herr Referent hat Ihnen ausgeführt, daß wir uns darüber einig sind, daß die Amortisation mit der Abschreibung nicht zu verquicken ist. Dann soll man doch aber eine derartige Verquickung nicht wieder in die Gewinn- und Verlustrechnung hineinbringen. Der Herr Referent hat weiter ausgeführt, daß die Amortisation eine Verminderung der Schulden ist, also eine Verbesserung des Vermögensstandes bedeutet. Aber eine solche Rückzahlung der Schulden hat doch im Gewinn- und Verlustkonto nichts zu tun, wenn auch allerdings, was zugegeben werden muß, bei Berücksichtigung der Mieten die Amortisationsquote bis zu einem gewissen Grade, aber aus anderen Gründen, kalkuliert werden muß. In das Gewinn- und Verlustkonto gehört sie nicht hinein, und ich würde raten, sie vollständig da herauszulassen.

Verbandsrevisor **Dr. Fritz Schneider** (Potsdam): Ich will nur wenige Bemerkungen machen. Unter den Passiven befindet sich ein Konto: Schulden für Baumaterialien und Bauarbeiten. Daraus geht hervor, daß die Voraussetzung des Formulars die ist, daß die Genossenschaft Baumaterialien kauft, sonst könnte sie keine Schulden darin haben. Es ist ja auch, wie ich aus meiner Erfahrung konstatieren kann, in neuerer Zeit scheinbar bei den Baugenossenschaften in Aufnahme gekommen, selber Mauersteine zu kaufen, weil sie die Erfahrung gemacht haben — das habe ich wenigstens überall gehört, wo man dazu übergegangen ist — daß sie dabei Vorteile erzielen, weil, wenn das dem Maurermeister überlassen wird, dieser dann etwas mehr verdient an dem, was er nicht liefert, und diesen Verdienst hat natürlich die Genossenschaft lieber für sich. Es wird aber jedenfalls, wenn man diesen Posten unter den Aktiven aufrecht erhält, auch richtig sein, unter den Aktiven die Baumaterialien, nämlich den vorhandenen Vorrat bei Jahresschluß ebenfalls einzustellen. Das Schema würde nur zutreffen, wenn am Jahresschluß auch alle Mauersteine bis auf den letzten wirklich aufgebraucht sind, was die Genossenschaft gar nicht in der Hand hat. Es wird dann diese Position der Baumaterialien eventuell in der Gewinn- und Verlustrechnung nicht ganz übergangen werden können, denn es ist ja ein Posten, der natürlich zu den Unkosten der Genossenschaft gehört.

In betreff des Gewinn- und Verlustkontos muß ich dem Herrn Vorredner insoweit beistimmen, als mir die Anmerkung, die unter a) der Abschreibungen eingeschaltet ist, namentlich in dieser Formulierung nicht recht verständlich ist. Wenn es heißt: „Insoweit die Amortisationsquoten höher als die Abschreibungsquoten und daher bei der Mietenberechnung in Ansatz zu bringen sind . . . .", so ist diese Schlußfolgerung nicht recht verständlich. In welcher Weise die Amortisationsquoten aufgebracht werden von der Genossenschaft, ist eine Frage für sich. Aber Herr **Kuckuck** hat recht, daß an und für sich die Amortisationsquoten kein Teil der Geschäftsunkosten sind, wenn ich so sagen soll, und insofern nicht in die Gewinn- und Verlustberechnung hineingehören. Ich würde auch der Meinung sein, daß dieser Satz besser fortfiele, weil er dazu beitragen kann, sehr leicht bei den Baugenossenschaften eine Unklarheit hervorzurufen. Früher war es allgemein verbreitet, daß man die Amortisation der Hypothekenschulden durchaus aus den Erträgen decken zu müssen meinte. Man ist zu diesem Irrtum vielfach gekommen, weil man die Forderungen der Landesversicherungsanstalten damit in Verbindung brachte. Je höher die Forderungen einzelner Landesversicherungsanstalten und einzelner Hypothekengläubiger in bezug auf die Höhe der Amortisation geworden sind, um so mehr hat man sich darauf besonnen, daß diese beiden Dinge nicht mehr zusammengehören, und man ist meines Erachtens zu der richtigen Auffassung gekommen, daß sie auseinanderzuhalten sind. Wenn die Hypothekengläubiger zu hohe Anforderungen in bezug auf die Amortisation der Hypotheken stellen, so bleibt der Genossenschaft nichts anderes übrig, als daß sie diese Amortisationsquoten, um sie zu bezahlen, anderweitig anleiht, ohne daß ein Einfluß auf die Gewinn- und Verlustrechnung ausgeübt wird; denn es ist nicht möglich, die Amortisationsquoten ins Blaue hinein zu bemessen und alles auf Gewinn- und Verlustkonto zu berechnen. Davor muß man sich in acht nehmen.

Verbandsrevisor **Scheidt** (Hannover): Meine Herren, ich kann mich mit den Ausführungen des Herrn Assessors D o n a t h in allen Beziehungen einverstanden erklären und habe wesentliche Bemerkungen zu dem vorliegenden Schema der Bilanz und der Gewinn- und Verlustberechnung nicht zu machen.

Ich möchte nur auf einiges eingehen, was Herr **Kuckuck** vorgebracht hat. Er hat gesagt, daß es nicht üblich sei, bei Instituten, die Immobilien haben, mit dem Kassenbestand zu beginnen. Das ist doch reine Geschmacksache. Ich glaube, Herr **Kuckuck**, Sie selbst haben dieser Frage so wenig Wert beigelegt, daß ich gar nicht näher darauf eingehen will.

Herr **Kuckuck** hat — wenn ich ihn recht verstanden habe — dann ferner gesagt, es sei zweckmäßig, nicht bloß den Saldo der Hypotheken in die Passiva einzustellen, sondern den u r s p r ü n g l i c h e n Betrag der Hypothekenschuld. Die Amortisation würde bei dieser Methode auf der Aktivseite der Bilanz erscheinen. Mit diesem Verfahren würden wir uns aber in Widerspruch setzen mit dem Kreuznacher Beschluß; dort ist den Baugenossenschaften empfohlen worden, die Tilgungsquoten von dem Hypothekenkonto in Abzug zu bringen.

Herr Dr. Schneider hat bemängelt, daß auf der Schuldenseite ein Posten figuriere: „Schulden für Baumaterialien“, aber auf der Aktivseite kein „Bestand an Baumaterialien“ zu finden sei. Ich kann daraus, daß eine Baugenossenschaft Schulden für Baumaterialien hat, nicht folgern, daß sie notwendigerweise einen Bestand an Baumaterialien haben muß, denn die unbezahlten Baumaterialien können doch sämtlich zu den Neubauten verbraucht sein, in welchem Falle ihr Ankaufspreis auf Neubaukonto verrechnet wird. Die meisten Baugenossenschaften kaufen übrigens keine Mauersteine oder andere Materialien auf eigene Rechnung, sondern vergeben die Bauten entweder in Generalsubmission oder in beschränkter Submission; sie haben also wohl Schulden für Baumaterialien an den oder die Bauunternehmer, bekommen aber niemals einen Bestand an Baumaterialien. Auf diesen Regelfall soll wohl das Schema zugeschnitten sein. Wenn Bestände an Materialien in Ausnahmefällen da sind, sind sie natürlich aufzuführen. Es ist übrigens ausgeschlossen, daß in ein Bilanzschema alle möglichen Posten aufgenommen werden, die überhaupt jemals vorkommen können. Dann würde das Schema so umfangreich werden, daß der Überblick verloren ginge.

Herr Dr. Schneider hat dann bemängelt, daß in der Gewinn- und Verlustberechnung sich eine Anmerkung findet, die mit der Gewinn- und Verlustrechnung in keinem Zusammenhange steht. Ich muß ihm beistimmen: Diese Anmerkung paßt nicht recht an diesen Platz, und ist auch wohl nur aus Versehen dorthin gekommen. Soll sie überhaupt in dem Schema untergebracht werden, so muß sie jedenfalls an eine andere Stelle gerückt werden.

Vorsitzender Verbandsdirektor Landrat **Berthold** (Blumenthal): Meine Herren, im Druck ist das Formular nicht besonders schön ausgefallen; es müssen ein paar Posten auf der Aktivseite weiter nach links herausgerückt werden. Das kann selbstverständlich bei dem Druck richtig gemacht werden.

Dann können wir uns, glaube ich, mit dem Vorschlage des Herrn Kuckuck einverstanden erklären, daß wir sagen: bei der Bilanzaufstellung „das folgende Schema zugrunde zu legen“. Der Sinn, daß es ein Vorbild sein soll, ist damit klar zum Ausdruck gebracht.

Anwalt **Dr. Crüger** (Charlottenburg): Meine Herren, sehr gern gehe ich nicht darauf ein, zu sagen: „Zugrunde zu legen“, und zwar gerade nach der Begründung, die Herr Kuckuck dem Antrage gegeben hat; denn danach muß man sagen: wir empfehlen zwar das Bilanzschema, im übrigen aber könnt Ihr es machen, wie Ihr wollt. Das wollen wir nicht, sondern wir wollen, daß das Schema Gemeingut der Baugenossenschaften wird. Ich hoffe ferner, daß dieses Bilanzschema in den andern Baugenossenschaftsverbänden angenommen wird, und vor allen Dingen auch, daß die Behörden die Baugenossenschaften, die mit ihnen in Verbindung stehen, zur Benutzung dieses Schemas veranlassen werden. Sollten übrigens in jenen Kreisen besondere Änderungen gewünscht werden, so ist es nicht ausgeschlossen, daß wir nach Jahr und Tag eine Revision vornehmen. Zunächst möchte ich raten — diesmal haben sich 140 Baugenossenschaften an unserer Statistik beteiligt, ungefähr 25% aller Baugenossenschaften — dieses Bilanzschema erst einmal anzunehmen. Im übrigen glaube ich, daß wir über die meisten Anregungen uns leicht verständigen werden. Der Herr Vorsitzende hat bereits darauf hingewiesen, daß die letzten Konten auf der Aktivseite herausgehoben werden müssen. Ich habe nichts dagegen, wenn der Posten „Baumaterialien“ eingefügt wird, und zwar hinter dem Buchwert der Neubauten; aber ich gebe zu, daß es ein Gebot der Logik ist, daß, wenn auf der Passivseite die Schulden stehen, auf der Aktivseite eine entsprechende Rubrik sein muß.

Die „Amortisationsfondsfrage“ ist von Herrn Scheidt bereits beantwortet, ich möchte aber noch folgendes anführen. Wir haben aus den eingereichten Tabellenformularen festzustellen gesucht, welche Praxis bei den Baugenossenschaften üblich ist, und da scheint mir bei den Baugenossenschaften, die berichtet haben, die Praxis üblich zu sein, daß sie die Hypotheken einstellen nach Abzug der durch Amortisation getilgten Beträge. Kommen wir mit anderen Vorschlägen, rufen wir eine heillose Verwirrung hervor. Ich habe eine gewisse Neigung für den besonderen Amortisationsfonds, aber ich will diese Neigung zurückstellen, weil sie Verwirrung bei den Baugenossenschaften hervorrufen würde; wir würden die Klarheit der Statistik nicht fördern, sondern nur Unklarheit schaffen. Die Baugenossenschaften müssen gleichmäßig vorgehen, sonst gelangen wir zu falschen Ziffern.

Nun bleibt übrig die Anmerkung zur Gewinn- und Verlustberechnung. Auf diese Anmerkung würde ich ungern verzichten, denn sie ist das Resultat eines umfangreichen Werkes, das allerdings noch nicht gedruckt, aber vorläufig zusammengeschrieben ist. Mit dieser Anmerkung soll zum Ausdruck gebracht werden, daß, wenn die Amortisationsquoten den Betrag der Abschreibungen übersteigen, dieser Betrag bei der Mietenkalkulation mit in Betracht gezogen werden soll. An diesem Grundsatz wollen wir festhalten, zu diesem Grundsatz haben sich alle Kreise, die bisher darüber verhandelt haben, bekannt. Dieser Grundsatz ist auch in der Konferenz, die Herr Professor Albrecht einberufen hat, angenommen worden. Aber wir können diese Anmerkung von dieser Stelle herausnehmen, wir können sie an den Schluß bringen und vielleicht nicht ganz so kurz fassen wie hier. Ich bin damit einverstanden.

Meine Herren, ich hoffe, daß wir dann im großen und ganzen ein Einverständnis erzielt haben werden. Der Wunsch des Herrn Dr. Schneider betreffend Baumaterialien, wird berücksichtigt, und Herr Kuckuck wird einsehen, daß, selbst wenn seine Ansicht die richtige ist, wir nicht gut tun, sie im Tabellenformular zu verwirklichen, da bei den Baugenossenschaften eine andere Praxis üblich ist. Wir müssen uns dahin bescheiden, daß wir uns der heutigen Praxis der Baugenossenschaften im Formular anzuschließen suchen. Je mehr wir das tun, desto mehr haben wir auch Aussicht, daß das Formular bei den Baugenossenschaften zur Anwendung kommt.

Verbandsrevisor **Michelmann** (Blankenburg): Meine Herren, ich kann über den Punkt der Anmerkung hinweggehen, ich stehe in dieser Hinsicht im allgemeinen auf dem Standpunkte des Herrn Dr. Schneider.

Einen Punkt möchte ich zur Sprache bringen, der bisher noch nicht berührt ist. Da steht auf der Aktivseite unter B. II: „Kaufpreis der Erwerbshäuser, über die keine Erwerbsverträge abgeschlossen sind". Ich bin überzeugt, es möchte ein Streit darüber entstehen, was als Kaufpreis anzusehen ist; ich glaube, es würde besser sein, zu sagen „Errichtungswert"; denn Häuser, über die noch keine Verträge abgeschlossen sind, haben für die Gesellschaft keinen andern, als den Errichtungswert. Deshalb kann man mit der Bewertung solcher Gebäude nicht höher gehen und sollte Zweifel hierüber ausschließen. Ich stelle dem Herrn Referenten anheim, ob er nicht den Punkt nach dieser Richtung ändern will.

Vorsitzender Verbandsdirektor Landrat **Berthold** (Blumenthal): Sind Sie damit einverstanden, Herr Michelmann, wenn wir sagen „Kaufwert"?

Verbandsrevisor **Michelmann** (Blankenburg): Nein, das würde nicht meinem Gefühl entsprechen. Ich möchte ausschließen, daß wir einen Wert konstruieren können.

Vorsitzender Verbandsdirektor Landrat **Berthold** (Blumenthal): Ich darf zu dieser Anregung sagen, daß ich mir nicht gut denken kann, was sonst für ein Ausdruck gewählt werden soll. Es kommen nicht bloß die Selbstkosten zum Ausdruck, sondern es kann auf den Grund und Boden, der in den betreffenden Baustellen steckt, ein Aufschlag gemacht werden. Ich stelle die Häuser ein zu dem Preise, zu dem sie abgegeben werden.

(Zuruf: Das geht nicht!)

Verbandsrevisor **Dr. Fritz Schneider** (Potsdam): Das kommt mir so vor, als wenn ein Konsumverein seine Waren zum Verkaufspreise in die Bilanz einstellen will.

Vorsitzender Verbandsdirektor Landrat **Berthold** (Blumenthal): Das Schema muß anders gruppiert werden. Darüber sind wir uns klar: wir können es jetzt nur salva redactione annehmen.

Anwalt **Dr. Crüger** (Charlottenburg): Meine Herren, wir wollen uns bloß über die Grundsätze klar werden. Es sollen unter die Aktiven noch aufgenommen werden: Baumaterialien, ferner soll bei B. II nicht von dem Kaufpreis der Erwerbshäuser die Rede sein, sondern von dem Erwerbspreise derjenigen Häuser, die noch keinen Käufer gefunden haben, und ferner soll die Anmerkung herauskommen. Das, meine ich, sind die Abänderungen.

Verbandsrevisor **Kuckuck** (Berlin): Meine Herren, ich bin anscheinend ganz falsch verstanden worden. Ich will nicht einen Amortisationsfonds einsetzen, sondern nur spezialisiert in die Passiva aufnehmen: Hypothekenschulden als eine Kolonne und davon absetzen die bisherigen Tilgungsbeträge. In Kreuznach habe ich den Standpunkt damals genau so vertreten, wie er heute zum Ausdruck kommt. Die Klammer weist eigentlich schon darauf hin, daß hier noch etwas zu sagen notwendig ist, und ich hatte das Gefühl, daß der Herr Referent sich ebenfalls gesagt hat: hier müßte auch angegeben werden, wieviel amortisiert ist. Übrigens habe ich die Beobachtung gemacht, daß namentlich Behörden großen Wert darauf legen, festzustellen, wieviel von den Hypotheken amortisiert ist, um beurteilen zu können, ob die Genossenschaft in der Lage ist, sich weiter auf Grund der amortisierten Beträge neue Mittel zu beschaffen.

Verbandsrevisor **Schulz** (Cassel): Zunächst wollte ich dasselbe sagen, was Herr Verbandsrevisor Kuckuck eben seinen früheren Ausführungen hinzugefügt hat, die meinerseits unterstützt werden.

Sodann möchte ich einige weitere Fragen berühren. Auf der Aktivseite heißt es „Bankguthaben". Wenn nun zufällig am Jahresschluß eine Bankschuld vorhanden ist, was doch vorkommen kann, wo soll diese dann gebucht werden?

(Zuruf: Unter der Rubrik „Sonstige Schulden"!)

Dann brauche ich auch auf der Aktivseite kein besonderes Bankkonto, wenn ich nicht auch auf der Passivseite das entsprechende Konto haben soll.

Ferner heißt es auf der Aktivseite: Zinsbar angelegte Kapitalien, Wertpapiere usw. Ich meine, für die Beurteilung der Verwaltung und Vermögenslage der Genossenschaften wäre es gerade nötig, mehr zu spezialisieren und hier die sonstigen Forderungen der Genossenschaften von den in Wertpapieren angelegten Kapitalien zu trennen, um einen Überblick über die Höhe der Wertpapierbestände einerseits und der sonstigen Forderungen andererseits zu ermöglichen.

Ebenso steht hier: Hypotheken und Kaufgelderforderungen für verkaufte Häuser und sonstige Immobilien. Da wäre es doch wertvoll, zu wissen, wieviel diese Hypotheken und Kaufgelderforderungen erstens für verkaufte Häuser und zweitens für verkaufte sonstige Immobilien betragen, was ebenfalls nur durch eine Trennung möglich zu machen ist. Denn nur so kann aus der Bilanz, wie es wünschenswert ist, einzeln ersehen werden, ob und welche Häuser- und Grundstücksverkäufe stattgefunden haben, sowie ob und welche Werte die betreffende Genossenschaft an Häusern, unbebautem Gelände und sonstigen Sachen noch besitzt.

Ferner haben wir auf der Passivseite noch ein Konto: Schulden für Baumaterialien und Bauarbeiten einschließlich einbehaltener Kautionen.

Meiner Ansicht nach werden die Kautionen in der Regel doch nur als Depositen behandelt, welche in den meisten Fällen in Sparkassenbüchern und Wertpapieren gestellt und hinterlegt, aber in einem solchen Sammelkonto nicht mitverrechnet werden.

Auch habe ich nicht gefunden, wo z. B. die bis zum Jahresschlusse aufgelaufenen, aber erst im nächsten Jahre fälligen Zinsen der von der Genossenschaftsleitung erborgten Kapitalien zur Verrechnung kommen sollen.

Ich meine, die ganze Sache ist noch nicht so spruchreif, daß wir uns heute darüber schlüssig machen können. Es wird sich daher empfehlen, über die Gruppierung und Spezialisierung noch eine Beratung stattfinden zu lassen. Für die Genossenschaften, die kaufmännisch und fachmännisch geleitet werden, brauchen wir kein Schema. Die Mitglieder, die an der Spitze solcher Genossenschaften stehen, wissen ganz genau, wie sie eine Bilanz aufzustellen haben. Darüber haben wir Verbandsrevisoren niemals zu klagen; aber für die Laien und Anfänger im Vorstand nnd Aufsichtsrat der kleinen und neuen Genossenschaften haben wir ein Schema nötig, das deutlich und präzis sein muß. Es sind meines Erachtens — nehmen Sie es mir nicht übel — vielzuviel Worte in dem Schema, und ich möchte Sie bitten, sich dieses Schema erst noch einmal anzusehen und dann es so knapp und übersichtlich wie möglich zu gestalten.

Anwalt **Dr. Crüger** (Charlottenburg): Das ist vollkommen zutreffend; ich bin auch dafür, daß die Worte „einschließlich einbehaltener Kautionen" aus dieser Position heraus müssen.

Vorsitzender Verbandsdirektor Landrat **Berthold** (Blumenthal): Es sieht nur so gefährlich aus, weil eins in das andere zusammengedrängt ist. Ich habe eigentlich die Empfindung gehabt, wie ich den Antrag durchgelesen hatte, daß ich selbst in der gänzlichen Unerfahrenheit in Kassendingen, die ich besaß, als ich eintrat in die Baugenossenschaftsbewegung, mich hätte herausfinden können an der Hand dieses Schemas. Nachdem indes noch verschiedene Fragen redaktioneller Natur angeregt worden sind, möchte ich glauben, daß es richtiger ist, wenn Sie die endgültige Redaktion dem Verbandsanwalt, dem Herrn Referenten und mir übertragen. Wir werden uns dann mit sachverständigen Kreisen, den Herrn Verbandsrevisoren in Verbindung setzen. Nur möchte ich das eine erreichen, daß wir diese wichtige Grundlage einer gewissenhaften und genauen Bilanz heute schon schaffen, damit wir in das zweite Jahrzehnt wieder mit einer ordentlichen Arbeit eintreten. —

Anwalt **Dr. Crüger** (Charlottenburg): Die Wünsche, die Herr Oberrevisor Schulz ausgesprochen hat, und die dahingehen, eine weitere Spezialisierung von Nr. 3 und 4 auf der Aktivseite vorzunehmen, wollen wir gern erfüllen. Je weiter die Konten spezialisiert werden, desto angenehmer ist es auch mir.

Verbandsrevisor **Scheidt** (Hannover): Die Sache ist so zu verstehen, daß oft die Baugeldforderungen nicht voll zur Auszahlung gekommen, sondern zum Teil als Kaution einbehalten wurden. Der Fall, den Herr Schulz im Auge hat, ist ein anderer, nämlich der, daß eine Kaution von der Genossenschaft hinterlegt ist. Dieser Posten müßte natürlich auf der Aktivseite erscheinen.

Anwalt **Dr. Crüger** (Charlottenburg). Das muß durch eine Randbemerkung klargestellt werden, daß nicht diejenigen Kautionen hier gemeint sind, an die Herr Schulz gedacht hat.

Verbandsrevisor **Scheidt** (Hannover): Das liegt schon in dem Worte „einbehaltene Kautionen". Das sind Summen, die vorderhand nicht ausgezahlt, also bilanzmäßig als Schulden der Genossenschaft aufzuführen sind.

Verbandsrevisor **Michelmann** (Blankenburg): Das eben von Herrn Scheidt Gesagte dürfte zu Irrtümern Veranlassung geben. Wenn es sich um eine tatsächlich hinterlegte Kaution handelt, würden wir einen Posten auf der Aktiv- wie auf der Passivseite haben müssen.

Anwalt **Dr. Crüger** (Charlottenburg): Die Kaution gehört nicht in die Bilanz.

Verbandsrevisor **Michelmann** (Blankenburg): Dann trifft das nicht zu, was Herr Schulz gesagt hat. Man könnte so verfahren, daß dieser Posten auf beiden Bilanzseiten erscheint, oder, wie wir im allgemeinen seit Jahren verfahren, daß wir die Kaution nicht mehr in die Bilanz einstellen, sondern sie als uns anvertrautes Depot behandeln.

Anwalt **Dr. Crüger** (Charlottenburg): Wir wollen es durch eine Anmerkung klarstellen.

Berichterstatter Gerichtsassessor **Donath** (Charlottenburg) [Schlußwort]: Meine Herren, es ist alles erörtert worden, ich habe nichts besonderes mehr hinzuzufügen. Herrn Kuckuck will ich nur erwidern, daß der Fall mit den 10000 Mk., den ich erwähnte, nur ein Schulbeispiel zur Instruktion bilden sollte; ich ging davon aus, daß man in dieser Weise nicht praktisch verfahren würde. Die Anregung des Herrn Michelmann ist zweifellos berechtigt. Im übrigen dürfte es sich im großen und ganzen nur um Änderungen redaktioneller Natur handeln.

Vorsitzender Verbandsdirektor Landrat **Berthold** (Blumenthal): Dann würden wir jetzt zur Entscheidung zu kommen haben, ob wir den Antrag des Herrn Anwalts annehmen wollen mit der Maßgabe der Änderungen, die in der Debatte hervorgetreten und die von einer besonderen Redaktions-Kommission zu erledigen sind. Es würde dann die seit drei Jahren in Fluß befindliche Materie zu Anfang des zweiten Jahrzehnts in Ordnung gebracht werden. — Es erhebt sich dagegen kein Widerspruch; dann würde ich die einstimmige Annahme dieses Antrages hiermit feststellen.

Ich danke zum Schluß der Versammlung für die Ausdauer, die sie an den Tag gelegt hat, insbesondere Ihnen, verehrter Herr Anwalt, der Sie jetzt schon neun Stunden in voller Frische gewirkt haben. Auf Wiedersehen auf dem nächsten Genossenschaftstage!

(Schluß der Sitzung 6 Uhr 15 Minuten.)

VI. Hauptversammlung am Freitag, den 24. August 1906.

(Gemeinsame Angelegenheiten aller Genossenschaften.)

Vorsitzender: Königlicher Rat F. X. Proebst (München);
Schriftführer: Haubensack (Charlottenburg).

Eröffnung 9 Uhr.

Vorsitzender **F. X. Proebst** (München): Wir wollen gleich in die Tagesordnung eintreten, damit wir heute rechtzeitig schließen können. Ich bitte den Herrn Berichterstatter Oppermann um seinen Vortrag. Es war eine alte Übung, diesem Finanzreferat mit möglichst wenig Aufmerksamkeit zu folgen, (Heiterkeit.)
ich möchte Sie aber bitten, heute einmal eine Ausnahme zu machen und mit möglichst großer Aufmerksamkeit das Ihnen Gebotene zu würdigen.

Berichterstatter Verbandsdirektor **Oppermann** (Magdeburg): In diesem Jahre waren Herr Finckh und ich beauftragt, die Rechnung, wie auch in früheren Jahren, wieder einer Revision zu unterziehen. Sie haben gehört, daß zu unserm großen Bedauern unser lieber Freund Herr Finckh erkrankt war und sich an der Revision nicht beteiligen konnte. Die Rechnung ist von mir vielmehr allein revidiert, aber mit der allergrößten Aufmerksamkeit und Genauigkeit. Über den Befund der Revision ist dann auch von mir ein Protokoll bei der Anwaltschaft eingereicht worden. Die Erinnerungen, die ich gezogen habe, waren allerdings nicht von Bedeutung, sie waren vielfach ganz unbedeutend, aber ich habe sie hineingeschrieben, damit, wenn nachher einmal eine Superrevision stattfindet, nicht gesagt wird, es ist nicht genau revidiert worden. Mein Revisionsbericht ist dann von der Anwaltschaft beantwortet, und ich muß sagen, die Beantwortungen sind so ausgefallen, daß ich dadurch die Erinnerungen für erledigt betrachte. Übrigens will ich ja bemerken, es ist nicht das erstemal, daß ich diesen Bericht erstatte. Ich habe ihn zuerst im Engeren Ausschuß in Berlin seinerzeit im Mai gehalten, das zweitemal im Gesamtausschuß, und hier ist es das drittemal. Also ich kann sehr genau darüber unterrichtet sein.

Was die Rechnung selbst anlangt, die ich Ihnen wohl nicht vorzulesen brauche, (Zuruf: Nein!)
so fällt Ihnen da wahrscheinlich ein Posten auf in der Einnahme, der 1469,50 Mk. beträgt; das sind Beiträge von ausgetretenen Konsumgenossenschaften, die nicht geneigt waren, Gesetz und Statut zu achten, sie mußten teilweise eingeklagt werden. Dazu kommen 1374 Mk., die im vorigen Jahre schon eingeklagt waren, das macht 2843,50 Mk.

Bei den Einnahmen könnte es auffallen, daß 500 Mk. nicht vermerkt sind, die wir in früheren Jahren aus dem Schulze-Delitzsch-Stiftungs-Fonds eingenommen haben. Im letzten Jahre ist aber aus diesem Fonds keine Zuwendung gemacht.

Was die Einnahmen für Flugblätter anlangt, so wurde bei den Verhandlungen der Konsumvereine am Dienstag wieder beantragt, eine besondere Broschüre herauszugeben über die gewerberechtlichen Bestimmungen, worüber Herr Assessor Donath einen schönen Vortrag gehalten hatte. Ich habe schon darauf aufmerksam gemacht, wohin soll das führen, wenn wir einen solchen Beschluß fassen und nachher bloß ganz wenige Exemplare bestellt werden. Das hat keinen Zweck, wenn die Herren sich nicht endlich einmal entschließen, von diesen mühsam ausgearbeiteten Broschüren Kenntnis zu nehmen und die Herstellungskosten dadurch zu vermindern, daß sie eine größere Anzahl von Exemplaren kaufen. Das wollte ich bei dieser Gelegenheit nochmals besonders erwähnen.

Erfreulich ist auch die Zunahme der Einnahmen aus den Genossenschaftsblättern, die etwa 300 Mk. mehr betragen hat, als in früheren Jahren. Hoffentlich wird es auch im laufenden Jahre damit ebenso gehen.

Wenn ich nun zu den Ausgaben übergehe, so werden Sie finden, daß der im höchsten Norden abgehaltene Genossenschaftstag in Westerland uns recht viel Geld gekostet hat. Das war aber zu erwarten, denn er lag so, daß wir große Reisekosten aufwenden mußten. In diesem Jahre wird sich das ja wohl viel besser machen, da wir in Mitteldeutschland tagen.

Rechnen wir nun von den Einnahmen die Ausgaben ab, so ist erfreuerlicherweise eiu Überschuß vorhanden von 3780 Mk. Im Vorjahre haben wir allerdings einen erheblich größeren Überschuß gehabt. Aber das liegt nicht in unserer Hand, das gestaltet sich mal so, mal so. Immerhin ist es angenehm, daß wir überhaupt einen Überschuß haben, und daß wir unsere Reserven etwas stärken können, kann gewiß nur vorteilhaft für den Allgemeinen Verband sein. Man kann immer nicht wissen, was uns in Zukunft für Ausgaben bevorstehen.

Dann, meine Herren, werden Sie auch finden, daß wir einen Spezial-Dispositionsfonds, also außerhalb der Rechnung des Allgemeinen Verbandes haben von 7180 Mk. 79 Pf. Dieser Fonds ist zum großen Teil angesammelt durch die eingeklagten Beiträge der Konsumvereine und würde dereinst Verwendung finden bei dem 1908 zu feiernden 100. Geburtstage Schulze-Delitzschs, in welcher Form, darüber kann ich Ihnen zunächst keine Auskunft erteilen. Es ist von seiten des Anwalts veranlaßt worden, zusammenzustellen, welche Beträge überhaupt noch im Rest sind; ich bedauere, daß wir immerhin eine Anzahl von Verbandsgenossenschaften haben, die nicht rechtzeitig ihre Beiträge einzahlen. Aus dem Jahre 1902 restieren z. B. noch 20 Mk., 1903 97 Mk., 1904 939 Mk. Das ist ja allerdings Sache der einzelnen Genossenschaften, aber der Verbandsdirektor soll dafür sorgen, daß die Beiträge rechtzeitig eingesandt werden. Ich meinerseits fordere die Genossenschaften meines Verbandes ganz energisch auf, die Beiträge einzuschicken.

Wir haben bisher von ausgeschiedenen Konsumvereinen rückständige Beiträge vereinnahmt: 3788 Mk. Aber wir sind zu dem Beschluß gekommen, auch die kleineren Beiträge von den ausgetretenen Konsumvereinen einzuziehen, also auch die Beiträge unter 30 Mk. Es ist gar nicht unerheblich, was wir da noch vereinnahmen werden. Erstens sind noch einzuklagen Beiträge über 30 Mk.: 1471 Mk., dann Beiträge unter 30 Mk.: 3697 Mk. Wenn die Herren so wenig Gesetz und Statut achten, muß man es ihnen mal beibringen, daß sie ihren Verpflichtungen nachkommen.

Wir können wohl zunächst die Entlastung aussprechen, was ich hiermit beantrage.

Vorsitzender F. X. Proebst (München): Es ist die Entlastung des Herrn Anwalt beantragt. Wünscht einer der Herren das Wort? Das scheint nicht der Fall zu sein. Dann darf ich annehmen, daß Sie mit dem Antrage des Herrn Berichterstatters einverstanden sind, und wir können zum nächsten Punkt übergehen:

XII. Bericht über die Einnahmen und Ausgaben für das Jahr 1907.

Berichterstatter Verbandsdirektor **Oppermann** (Magdeburg): Darüber ist auch nicht allzuviel zu sprechen. Die Beiträge sind gegen das Vorjahr etwas erhöht, auf 61 000 Mk. Der Herr Anwalt glaubt, daß sie diesen Betrag noch übersteigen werden. Die Gesamteinnahmen sind auf 68 200 Mk. geschätzt.

Was die Ausgaben betrifft, die Gehälter, so ist es selbstverständlich, daß die Gehälter sich allmählich erhöhen. Vielfach ist in unseren Verträgen, die wir mit den Beamten abgeschlossen haben, eine Steigerung alle zwei Jahre vorgesehen. Dadurch erklärt es sich auch, daß hier ein höherer Betrag von 2960 Mk. eingestellt ist. Allerdings ist das auch kein feststehender Betrag, denn es kommen auch bei den Beamten der Anwaltschaft mancherlei Wechsel vor. Die Bureaukosten stehen, wie wir sie gehabt haben; ebenso: Reisen des Anwalts, der Verbandsdirektoren. Wir werden diesmal sehr gut auskommen mit dem eingesetzten Betrage. Jahrbuch unverändert. „Mitteilungen", Porti, Engere Ausschußsitzungen — alles das unverändert; so daß ich beantragen kann, den zukünftigen Etat, wie er vorliegt, zu genehmigen.

Vorsitzender **F. X. Proebst** (München): Wünscht einer der Herren das Wort zu dem Antrage? — Das scheint nicht der Fall zu sein. Ich nehme an, daß Sie die Zustimmung zu dem Antrage erteilt haben.

Der Herr Referent hat noch einen Punkt?

(Verbandsdirektor Oppermann (Magdeburg): Ja.)

Berichterstatter Verbandsdirektor **Oppermann** (Magdeburg): Wie Sie wissen, meine Herren, sind ja die Baugenossenschaften in unserem lieben deutschen Vaterlande ziemlich ausgebreitet. Leider gehören sie nur zum Teil zu unserm Verband. Herr Verbandsdirektor Landrat Berthold hat ja die Neigung, immer mehr und mehr die Baugenossenschaften dem Verbande zuzuführen, allerdings meint er, ein Haupthindernis bestände darin, daß die Beiträge für die Baugenossenschaften zu hoch seien. Wir haben das allerdings gerade nicht anerkennen können, geben aber zu, daß durch eine kleine Ermäßigung, ein Entgegenkommen den Baugenossenschaften gegenüber vielleicht eine Reihe von außerhalb des Allgemeinen Verbandes stehenden Baugenossenschaften zu uns übertreten werden, so daß also die kleine Mindereinnahme, die wir daraus haben könnten, die gar nicht bedeutend sein kann, sich in einen Überschuß verwandeln würde. Herr Landrat Berthold hat das sehr warm befürwortet, und wir sind dann zu dem Beschluß gekommen: eine kleine Minderung wollen wir eintreten lassen. Das dauert ja nur ein Jahr, und es ist auch keine Veränderung des Statuts unseres Allgemeinen Verbandes. Ich möchte Ihnen also vorschlagen, daß wir die Beiträge für die Baugenossenschaften mit dem Minimalbetrage von 10 Mk. allerdings bestehen lassen, daß wir dagegen von den Baugenossenschaften, die diesen Betrag nach ihrem Gewinn übersteigen, dafür nur ½% Beitrag erheben. Das ist eine kleine Erniedrigung des Beitrages, die für unsere

Finanzen gar nicht von Bedeutung sein wird. Ich bin also der Meinung, wir können diese Ermäßigung ruhig zulassen, im nächsten Jahre sprechen wir wieder darüber, und da wird sich zeigen, ob wir das erreicht haben, was wir wollen. — Zum Schluß will ich noch bemerken, daß gewisse Sonderrechnungen geführt werden, die auch revidiert sind.

Vorsitzender **F. X. Proebst** (München): Wünscht einer der Herren zu dem Antrage des Herrn Berichterstatters das Wort?

(Zuruf: Nein!)

Es handelt sich also um die Ermäßigung der Beiträge für die Baugenossenschaften, und zwar für die prozentualen Beiträge auf ½% auf die Dauer eines Jahres. Es ist keine Erinnerung laut geworden, ich darf die Zustimmung der geehrten Versammlung annehmen.

Herr Oppermann hat vorhin bemerkt, es sei nicht das erstemal, daß er über die Rechnung und den Voranschlag Bericht erstattet. Er hat das dahin erläutert, daß er es bereits im Engeren Ausschuß und im Gesamtausschuß getan habe. Es war aber auch in anderer Hinsicht nicht das erstemal, denn schon vor 25 Jahren in Cassel war Herr Oppermann Finanzreferent, und seit der Zeit hat er ununterbrochen unsere Rechnungen mit großem Fleiß und großer Mühewaltung revidiert. Wer sich diese Rechnungen mit den Bänden von Belegen einmal ein bischen mehr ansieht, oder gar mit der Hand zu wiegen versucht, wird eine ungefähre Idee davon bekommen, was es heißt, durch diese Menge von Ziffern und Belegen sich durchzuarbeiten und die Richtigkeit der Rechnungen daraufhin zu konstatieren. Ich glaube, daß es durchaus am Platze ist, nach einer 25jährigen Tätigkeit in dieser Richtung dem Herrn Finanzreferenten unseren verbindlichsten und herzlichsten Dank auszusprechen. Wenn Sie damit einverstanden sind, bitte ich Sie, sich von den Sitzen zu erheben.

(Geschieht.)

Verbandsdirektor **Oppermann** (Magdeburg): Ich danke Ihnen, meine Herren, und bedauere nur, daß Sie die Bemühung gehabt haben.

Vorsitzender **F. X. Proebst** (München): Ist der Herr Verbandsdirektor Neugebauer anwesend? — Sehen Sie sich den Herrn einmal recht genau an, ob Sie eine Ahnung davon bekommen, daß er heute seinen Geburtstag feiert? Ich glaube in Ihrem Sinne zu handeln, wenn ich ihm unsern allerherzlichsten Glückwunsch ausspreche.

(Zustimmung.)

Verbandsdirektor **Neugebauer** (Breslau): Danke ganz gehorsamst, kann nicht dafür, daß ich geboren bin.

(Heiterkeit.)

Wir können nun in der Tagesordnung weiter gehen.

XIV. Antrag des Anwalts:

Den Genossenschaften wird empfohlen, die Anwendung der Bilanzgrundsätze des § 261 Nr. 1, 2, 3 H.G.B. statutarisch vorzusehen.

Berichterstatter Verbandsdirektor Justizrat **Wolski** (Allenstein): Meine Herren, ich glaube Sie werden es mir erlassen mit Rücksicht auf den heutigen Tag und die Bedeutung des Antrages, der nach diesem Punkte der Tagesordnung noch verhandelt wird, die Begründung dieses an und für sich ziemlich selbstverständlichen Antrages des Herrn Anwalts in extenso Ihnen zu geben. Ich will mich daher möglichst beschränken.

Der § 40 des Handelsgesetzbuchs verlangt von jedem Kaufmann, daß er bei der Aufstellung des Inventars und der Bilanz sämtliche Vermögensgegenstände und Schulden nach dem Werte ansetzt, der ihnen in dem Zeitpunkte beizulegen ist, für welchen die Aufstellung stattfindet. Wie viele der einzelnen Bestimmungen im Handesgesetzbuch, so hat auch diese Bestimmung nicht etwas Definitives, bestimmt Umgrenztes gegeben, sondern hat der Wertansetzung einen gewissen Spielraum freigelassen, der nun, sei es durch die Praxis, sei es durch die Ansichten des Handelsstandes ergänzt werden muß. Wir haben in dem älteren Handelsgesetzbuch nur diese eine gesetzliche Bestimmung gehabt, wir haben auch im älteren Aktienrecht ebenso eine Bestimmung, nach welcher man sich etwa bei der Ansetzung des Wertes des näheren richten könnte, nicht gehabt, indessen war man wohl in der Praxis wie auch in den Handelskreisen der Ansicht, daß der Wert der Vermögensgegenstände, welchen man bei der Bilanz einzusetzen hat, den objektiven Wert der einzelnen Stücke repräsentieren soll, den diese Stücke für das Geschäft haben und daß man im Hinblick darauf, daß das Geschäft weiter existiert, auch den Wert der Stücke, die im Besitz des Geschäfts weiterverbleiben, nach dem Werte zu bemessen hat, den sie bei etwaiger Realisierung durch das Geschäft erreichen könnten. Das waren so die allgemeinen Grundsätze, nach denen der Kaufmann zu jener Zeit, als es noch keine, wenigstens keine gesetzlich anerkannten Genossenschaften gab, sich richtete. Sehr bald schon hat sich einmal das Reichsgericht mit der Frage beschäftigen müssen, ob diese Vorschrift des Handesgesetzbuchs auch auf die Genossenschaften Bezug hat. Nun, es war ja ganz zweifellos: jede Genossenschaft ist Kaufmann, sie muß sich nicht bloß nach dem Handelsgesetzbuch, sondern auch nach kaufmännischen Grundsätzen richten und muß auch danach handeln; sie mußte also auch damals schon ganz unabhängig von irgend welchen sonstigen Bestimmungen diese Grundsätze, die damals im Handelsstande und auch in der gerichtlichen Praxis vollständig gangbar waren, anwenden. Nichtsdestoweniger finden wir beim Studium der Bilanzen unserer Genossenschaften, daß dieselben doch verschiedenartig den Wert ihrer Wertpapiere und auch der Waren ansetzen. Ich möchte von vornherein gleich ausschließen, daß wir uns noch hier unterhalten darüber, wie etwa die Wechselbestände oder Kontokorrentkredite anzusetzen sind, denn darüber herrscht eine Ansicht bei allen unsern Genossenschaften, daß jeder einzelne Wechsel, jeder Kontokorrentkredit darauf geprüft werden muß, ob er auch den Wert, den er nominell trägt, wirklich am Tage der Bilanzfeststellung hat. Und wir handeln auch sämtlich danach, indem wir die Forderung insoweit abschreiben, als Verluste an ihr entstehen könnten. Anders wie gesagt bei Wertpapieren und Waren. Da setzt ein Teil unserer Genossenschaften, allerdings nicht ein großer Teil, in die Bilanz den nominellen Wert. Das ist von vornherein namentlich bei Wertpapieren — bei Waren ist es ja etwas anderes — grundfalsch. Ein anderer Teil unserer Genossenschaften setzt ein den Tageskurs der Papiere, den

Marktpreis der Waren, wie er sich am 31. Dezember beziehentlich an dem Tage, an dem vielleicht einige Genossenschaften anders ihr Geschäftsjahr schließen, stellt, ganz unbekümmert aber darum, ob der Börsenpreis resp. der Marktpreis etwa dem Anschaffungspreis der Papiere resp. Waren entspricht oder nicht. Ein anderer Teil der Genossenschaften setzt den Anschaffungspreis hinein und kümmert sich wiederum gar nicht darum, wie der Börsenpreis resp. der Marktpreis am Tage der Bilanzaufstellung sich stellt. Nun, meine Herren, wenn wir hier die Grundsätze, die sich im kaufmännischen Leben entwickelt haben, annehmen wollen, so sind alle diese Maßnahmen, die die Genossenschaften treffen, wohl zeitweise richtig, zeitweise können sie aber falsch sein. Es kann dadurch, daß jemand den Anschaffungspreis in die Bilanz einstellt, falls an diesem Tage der Tageskurs der Wertpapiere oder der Marktpreis der Waren niedriger ist, unbedingt gegen das Gesetz verstoßen werden, denn wir dürfen nach § 40 höchstens den Wert einsetzen, den die Waren an dem Tage haben, an welchem die Bilanz aufgestellt wird. Man würde also über diesen Börsen- resp. Marktpreis, falls er niedriger wäre als der Anschaffungspreis, überhaupt nicht hinausgehen können. Wenn Sie wieder auf der andern Seite den Börsen- oder Marktpreis einsetzen, der zufällig an dem Tage sehr viel höher sein kann als der Anschaffungspreis früher gewesen ist, so entsteht für die Genossenschaft unbedingt ein gewisser Gewinn, der zeitweise recht hoch sein kann. Es würde ja vielleicht gegen diese Ansetzung als solche nichts einzuwenden sein, aber es gibt Genossenschaften, welche diesen nur augenblicklich buchmäßig erscheinenden Gewinn über Gewinn- und Verlustkonto gehen lassen, und dann bei der Verteilung des Gewinns einfach mitverteilt haben. Es war dadurch für das Jahr ein Gewinn entstanden, der an die Mitglieder verteilt wurde, die in diesem Jahre gerade noch Mitglieder waren. Das Stück, die Ware selbst, der Wertgegenstand selbst fiel aber in seinem Werte gleich nach dem Tage der Bilanzeröffnung wieder zurück auf seinen alten Stand. Im nächsten Jahre entstand dann, wenn am 31. Dezember vielleicht wieder der alte Stand oder ein gar noch niedrigerer erreicht war, ein Verlust, der nun von dem Reingewinn dieses Jahres zu tragen war und von Genossen, die an dem Gewinn des vorigen Jahres vielleicht gar nicht partizipiert hatten, sondern in diesem Jahre erst Genossen geworden waren, getragen werden mußte.

Die Praxis und auch die Gesetzgebung hat dann doch schließlich eingesehen, daß man diese Begrenzung des Wertes der Wertgegenstände und der Waren nach oben und nach unten etwas einschränken müsse dadurch, daß man durch die Gesetzgebung eine Richtschnur dafür aufstellte. So fand man schon in dem älteren Aktiengesetz in zwei Artikeln Bestimmungen darüber, wie Aktiengesellschaften sich bei dem Einsatz dieser Werte zu stellen haben. Späterhin ist dann das neue Handelsgesetzbuch in Kraft getreten und in diesem hat man nun für Aktiengesellschaften und für Kommanditgesellschaften auf Aktien diese Bestimmungen, welche den Wert des Einsatzes nach unten und nach oben möglichst begrenzen sollten, auch dann zur Tat gemacht, und hat für Aktiengesellschaften und für Kommanditgesellschaften auf Aktien in § 261 und zwar in den ersten drei Nummern — die anderen interessieren uns hier gar nicht — bestimmt:

1. Wertpapiere und Waren, die einen Börsen- oder Marktpreis haben, dürfen höchstens zu den Börsen- oder Marktpreisen des Zeitpunktes, für welchen die Bilanz aufgestellt wird, sofern dieser Preis jedoch den Anschaffungs- oder Herstellungspreis übersteigt, höchstens zu dem letzteren angesetzt werden;

das entspricht vollständig den damals allgemein üblichen kaufmännischen Ansichten —

2. andere Vermögensgegenstände sind höchstens zu dem Anschaffungs- oder Herstellungspreis anzusetzen;
3. Anlagen und sonstige Gegenstände, die nicht zur Weiterveräußerung, vielmehr dauernd zum Geschäftsbetriebe der Gesellschaft bestimmt sind, dürfen ohne Rücksicht auf einen geringeren Wert zu dem Anschaffungs- oder Herstellungspreis angesetzt werden, sofern ein der Abnutzung gleichkommender Betrag in Abzug gebracht oder ein ihr entsprechender Erneuerungsfonds in Ansatz gebracht wird.

Also die Sache liegt so: man soll niemals etwas höher in die Bilanz einsetzen, als der Anschaffungspreis beträgt. Man soll aber, falls der Börsen- und Marktpreis ein niedrigerer geworden ist, auch unbedingt diesen niedrigeren Preis in die Bilanz einsetzen.

Damit eben den Genossenschaften irgend eine Richtschnur nach dieser Richtung gegeben und den Fehlern, die gemacht werden, entgegengetreten wird, hat der Herr Anwalt diesen Punkt auf die Tagesordnung gesetzt und Ihnen vorgeschlagen, den Genossenschaften zu empfehlen, diese nur für Aktiengesellschaften und Kommanditgesellschaften auf Aktien bezüglichen Bestimmungen statutarisch für die Genossenschaften festzulegen. Dadurch würden dann Vorstände, die trügerische, ich will nicht sagen: betrügerische Bilanzen aufstellen, verhindert werden, diese Werte beliebig nach oben oder nach unten, je nachdem es für ihre Bilanzen paßt, einzusetzen. Wir sind Kaufmann und müssen uns mit kaufmännischen Anschauungen in Einklang setzen. Und wenn die allgemeine kaufmännische Praxis sich dahin verdichtet, daß man in dieser Weise die Wertpapiere und die Waren in die Bilanz einsetzt, dann werden wir uns auch selbstverständlich danach zu richten haben. Das Reichsgericht selbst hat sich hinterher noch zweimal mit dieser Frage beschäftigen müssen, einmal in einem Zivilurteil, das andere Mal in einem Strafurteil. In dem Zivilurteil wurde die Frage untersucht, ob die jetzt im Handelsgesetzbuch befindliche Bestimmung des § 45, wie ich schon ausgeführt habe, unbedingt auf die Genossenschaften Anwendung findet, und da hat das Reichsgericht entschieden, daß selbstverständlich dieser Paragraph auf die Genossenschaften Anwendung findet, aber auch mit Maßgabe der handelsrechtlichen Gebräuche, die im § 40 als Erläuterung gegeben sind, und das sind die Bestimmungen, die für Aktiengesellschaften in das Gesetz direkt aufgenommen sind. In dem Strafurteil gegen Vorstandsmitglieder, die dagegen gefehlt hatten, daß sie anderweitig den Wert der Papiere in die Bilanz eingesetzt hatten und die in erster Instanz wegen Verfehlung gegen diese handelsrechtlichen Gebräuche bestraft worden waren, hat das Reichsgericht erkannt, daß nicht abzusehen ist, weshalb diese in das Gesetz, wenn auch nur für Aktiengesellschaften und Kommanditgesellschaften auf Aktien, aufgenommenen, aus der allgemeinen Rechtsansicht von Handelskreisen herrührenden Bestimmungen für die Abgrenzung des Wertes nicht auch auf Kaufleute im allgemeinen und auf Genossenschaften im besonderen Anwendung finden sollten. Das Reichsgericht hat die Revision der Vorstandsmitglieder verworfen, so daß diese bestraft blieben. Sollte irgend einer von uns der Ansicht sein, diese Bestimmungen, die dort für Aktiengesellschaften und Kommanditgesellschaften auf Aktien gegeben sind, brauchten wir als Genossenschafter uns nicht zunutze zu machen, sondern wir könnten auf Grund des § 40 des Handelsgesetzbuchs anderweitig die Werte für unsere Wertpapiere und Waren einsetzen, dann würden wir gegebenenfalls mit dem Strafgesetzbuche in Konflikt kommen. Dies allein müßte genügen, daß die Genossenschaften diese Bestimmungen sich zu eigen machen und danach handeln. Ich kann Ihnen nur empfehlen, daß Sie diese drei Bestimmungen des § 268 des Handelsgesetzbuchs, die sich zwar nur auf Aktiengesellschaften und Kommanditgesellschaften auf Aktien beziehen, auch für Ihre Genossenschaften in Anwendung bringen.

Nun weiß ich ja, daß diese statutarische Änderung in den Genossenschaften mit großen Schwierigkeiten verknüpft ist. Es ist vielleicht nicht dringend notwendig, daß wir statutarisch diese Bestimmungen festlegen, wenn wir uns nur klar machen, daß wir nach diesen Bestimmungen zu handeln haben. Wir sollten aber den Genossenschaften, die draußen stehen, die hier nie vertreten sind — und dazu gehört eine große Anzahl kleiner Genossenschaften, in denen auch juristisch vorgebildete Mitglieder kaum oder nur wenig vorhanden sind, und die sich um die Sache nicht kümmern — eine Richtschnur dahin geben, daß sie dies statutarisch festlegen, damit die Vorstandsmitglieder, die nicht Juristen sind, wissen, wie sie den § 40 auszulegen haben.

Ich möchte mich auf diese Worte beschränken und empfehle Ihnen, den Antrag anzunehmen.

(Beifall.)

Vorsitzender **F. X. Proebst** (München): Wünscht einer der Herren das Wort zur Sache? — Das scheint nicht der Fall zu sein. Eine Erinnerung dagegen ist nicht erhoben; ich darf annehmen, daß die Versammlung dem Antrage ihre Zustimmung erteilt.

Dann können wir zum letzten Gegenstande unserer Tagesordnung, aber nicht dem unwichtigsten übergehen.

XV. Antrag des Gesamtausschusses:

Die durch § 53 und 55 des Genossenschaftsgesetzes vorgeschriebene „Verbandsrevision" hat lediglich den Zweck, die Organe der Genossenschaft in der Vervollkommnung der geschäftlichen Einrichtungen und der Beseitigung von Mißständen zu unterstützen. Die Erfüllung der Aufgabe kann nicht gesichert werden durch Einführung von Zwangsmaßregeln in die Organisation, sondern nur durch Hebung des Verständnisses der Organe der Genossenschaft für die Zwecke der Revision.

Die in den Beschlüssen des Allgemeinen Vereinstages zu Plauen (1887)*), der Allgemeinen Genossenschaftstage zu Gotha (1894)*), zu Augsburg (1895)*), zu Baden-Baden (1901)*) festgelegten Revisionsgrundsätze sind auch den heutigen Verhältnissen entsprechend. Der Allgemeine Genossenschaftstag empfiehlt deshalb den Revisionsverbänden wie den Genossenschaften deren strengste Beachtung.

Berichterstatter Anwalt **Dr. Crüger** (Charlottenburg): Meine Herren, durchaus erklärlich ist es, daß bei jeder wirtschaftlichen Krisis Theoretiker und Praktiker bemüht sind, die Ursachen derselben festzustellen, nicht nur aus rein wissenschaftlichem Interesse, sondern auch in der Hoffnung, praktisches Material zu gewinnen, um erforschen zu können, ob und wie die Wiederkehr einer solchen Krisis in Zukunft zu verhindern ist. Nun aber wiederholt sich die Geschichte bekanntlich niemals vollständig, sondern es treten immer wieder andere Momente in die Erscheinung und es ist feststehend, daß auf die fetten Jahre die mageren folgen, und daß der Übergang von den fetten auf die mageren Jahre mit zum Teil großen wirtschaftlichen Erschütterungen verbunden ist.

Die Genossenschaften sind ein Glied des großen Ganzen, und infolgedessen werden auch sie von jeder wirtschaftlichen Krisis mehr oder weniger betroffen. Eins aber, meine Herren, steht dabei wohl fest, daß die Gesamtheit der Genossenschaften oder, sagen wir richtiger, die überwiegend große Mehrzahl der Genossenschaften in ihrem Bestande durch allgemein wirtschaftliche Krisen nicht erschüttert wird, sie werden zwar mehr oder weniger in Mitleidenschaft gezogen, aber ihre Existenz wird nicht etwa in der gleichen Weise berührt wie die Existenz sonstiger geschäftlicher Unternehmungen. Eine Ausnahme gilt für ganz bestimmte Genossenschaftsarten; ich will erwähnen die Produktivgenossenschaften, soweit sie überhaupt im industriellen wirtschaftlichen Leben eine Rolle spielen, oder auch die Magazingenossenschaften, vor allen auch die Baugenossenschaften, die mit am ehesten von jeder allgemeinen Krisis in Mitleidenschaft gezogen werden. Dann kommen noch alle jene Genossenschaften in Betracht, für die überhaupt die genossenschaftliche Organisation nicht als die richtige Organisationsform zu betrachten ist. Ich denke da z. B. an Kartelle. Tatsächlich wird die genossenschaftliche Organisation für Kartellbildungen heute gar nicht so selten gebraucht. Daß dort, wo das der Fall ist, eine wirtschaftliche Krisis die Genossenschaften in Mitleidenschaft zieht, liegt auf der Hand.

Es ist jedoch nicht diese Frage, die dem Studium des diesjährigen Allgemeinen Genossenschaftstages unterbreitet werden soll; wir wollen uns zwar auch mit Krisen im Leben der Genossenschaften be-

*) Die angezogenen „Beschlüsse" sind am Schluß der Verhandlungen über diesen Gegenstand (S. 328) mitgeteilt.

schäftigen, jedoch mit solchen, die ihren Ursprung nicht in der allgemeinen wirtschaftlichen Lage haben, sondern auf Fehler in der Organisation der Genossenschaften zurückzuführen sind.

Die Genossenschaften erreichen zu einem ganz erheblichen Teil ein recht hohes Alter. Ich habe kürzlich in den Blättern für Genossenschaftswesen einen Aufsatz gebracht, aus dem Sie ersehen konnten, wie groß die Zahl der Genossenschaften ist, die auf eine längere Geschäftstätigkeit als 25 Jahre zurückblicken können; wir dürfen sagen, daß wir heute in die Zeit der 50jährigen Jubiläen eingetreten sind. Die Zahl der Genossenschaften, die auf eine 50jährige Tätigkeit zurückblicken können, ist eine ziemlich erhebliche, und wenn wir in der Lage wären, festzustellen, wie groß die Zahl von kaufmännischen Unternehmungen überhaupt ist, die auf eine gleich lange Zeit der Tätigkeit zurückblicken können, so würden wir wahrscheinlich finden, daß unsere Genossenschaften bei einem solchen Vergleiche jedenfalls nicht schlecht abschneiden. Aber andererseits können wir uns selbstverständlich nicht der Tatsache verschließen, daß auch eine ganz erhebliche Anzahl von Genossenschaften im Laufe der letzten Jahre dahingegangen ist, ich erinnere an die Zahlen, die ich in meinem Berichte angegeben, aus denen Sie entnommen haben werden, daß die Zahl der Auflösungen zurzeit eine ganz bedeutende ist, ja, ich glaube, daß man vielleicht eine gewisse Beunruhigung empfinden kann, wenn man sich die Entwicklung der Genossenschaftsbewegung etwas näher betrachtet. Es finden aber nicht nur Auflösungen von Genossenschaften statt, weil kein Bedürfnis für die Gründung vorhanden war, oder weil nicht die geeigneten Kräfte für die Leitung der Genossenschaften aufzufinden waren, sondern wir haben es auch mit Auflösungen zu tun, die auf eine innere Krisis zurückzuführen sind. Der schlimmste Ausgang der Auflösung ist der Konkurs. Und aus dem von mir beigebrachten Zahlenmaterial haben Sie ersehen, daß die Konkursfälle keineswegs so selten sind. Erfreulicherweise sind wir im Allgemeinen Verbande selten davon betroffen, aber der Konkurs einer Genossenschaft ergreift weite Kreise, und wir empfinden die Verpflichtung, solche Vorgänge zu verfolgen uns mit diesen Dingen zu beschäftigen, wir wollen untersuchen, worauf jene Konkurse, überhaupt der Eintritt großer Verluste bei Genossenschaften zurückzuführen sind, und welche Maßregeln sich ergreifen lassen, um die Wiederkehr derartiger Vorgänge möglichst zu verhindern. Vollkommen die Wiederkehr solcher Vorgänge zu verhindern, liegt außerhalb der Möglichkeit; es kann sich nur darum handeln, zu untersuchen, ob man die Wiederkehr solcher Vorgänge auf ein ganz kleines Maß beschränken kann.

Meine Herren, die Ursachen, die zu Krisen bei der Genossenschaft führen, sind außerordentlich verschiedener Art, sie liegen zum Teil in der Organisation der Genossenschaft, und da müssen wir, wollen wir auf diese Frage eingehen, die einzelnen Genossenschaftsarten besonders betrachten. Bei der Magazingenossenschaft haben wir ganz andere Ursachen der Entwickelung einer Krise wie bei der Kreditgenossenschaft. Bei der Magazingenossenschaft genügt, daß verkehrte Grundsätze gelten für die Hereinnahme der Waren in das Magazin der Genossenschaft, verkehrte Grundsätze für die Bezahlung der Waren, und man kann mit Sicherheit voraussagen, daß die Magazingenossenschaft sich in recht unglücklicher Weise entwickeln wird. Ähnlich liegt es bei der Kornhausgenossenschaft. Anderer Art sind die Organisationsfehler bei den Konsumvereinen. Wenn wir einen Konsumverein mit einer starken Borgwirtschaft finden, wo das Schwergewicht in der Tätigkeit des Lagerhalters liegt, dann ist nach den Erfahrungen, die wir gemacht haben, das Ergebnis, daß der Konsumverein ein böses Ende nimmt. Wenn wir einer Rohstoffgenossenschaft begegnen, die in ganz außerordentlichem Umfange Waren auf Kredit abgibt, wo das Schwergewicht in dem Verkehr mit Nichtmitgliedern liegt, dann ist es auch klar, daß die Rohstoffgenossenschaft nicht der allerbesten Zukunft entgegengeht. Und wenn wir eine Kreditgenossenschaft beobachten, die in der Kreditgewährung die bewährten Grundsätze außer acht läßt, dann wissen wir, daß die Sache dort kein gutes Ende nehmen wird.

In allen diesen Fällen haben wir es mit Verstößen gegen die Grundsätze in der Organisation der Genossenschaft zu tun.

Daneben spielen eine nicht ganz unerhebliche Rolle bei der Entwickelung kritischer Situationen die Unterschlagungen. Diese Unterschlagungen können vielleicht ihre Erklärung darin finden — wenigstens zuweilen —, daß Fehler in der Organisation begangen sind. Wäre die Organisation die richtige gewesen, würde es dem Betrüger nicht möglich gewesen sein, in so großem Umfange Unterschlagungen zu verüben. Andererseits aber können Unterschlagungen vorkommen, ohne daß ein Organisationsfehler vorliegt. Es bleibt die Möglichkeit, daß Unterschlagungen auch dort vorkommen, wo die Organisation der betreffenden Genossenschaft vollkommen einwandfrei ist. Die Regel in solchen Fällen bildet aber eine mangelhafte Organisation. Und die Leitung des Allgemeinen Verbandes oder der Unterverbände wird sich vorkommendenfalls mit diesen Dingen zu beschäftigen haben, begegnen sie doch recht häufig noch bei den Organen der Genossenschaften einer ganz erheblichen Unkenntnis der Grundsätze, die für das Genossenschaftswesen maßgebend sind. Wir begegnen aber auch einer gewissen Unfähigkeit der Organe, die sich darin zeigt, daß die Organe nicht imstande sind, die richtigen Grundsätze auch zur Anwendung zu bringen. Es kommt auch beides vor. Solchen Dingen begegnet man natürlich auch bei anderen Unternehmungen; wenn wir eine Statistik hätten, in der die Verluste der Genossenschaften verglichen wurden mit den Verlusten bei anderen gleichartigen Unternehmungen, so würden wir ganz zweifellos finden, daß die Genossenschaften dabei nicht schlecht abschneiden. Wenn Sie prozentual die Verluste bei unseren Genossenschaften vergleichen im Verhältnis zu den Millionen und Milliarden, die durch die Hände der Leitungen unserer Genossenschaften gehen, so ergibt sich ein immerhin verhältnismäßig günstiger Prozentsatz. Es genügt uns aber nicht, das festzustellen, sondern wir wollen diesen günstigen Prozentsatz noch weiter verbessern aus der einfachen Erwägung heraus — wir können von allem anderen absehen — weil die Verluste, die bei unseren Genossenschaften eintreten, Kreise treffen, die am schwersten unter den Verlusten zu leiden haben. Unsere Genossenschaften setzen sich zum großen Teil nicht aus kapitalkräftigen, sondern aus kapitalschwachen Personen zusammen, für die ein Verlust von 50 oder 500 Mk. viel bedeutender ist, als in anderen Kreisen das 10fache oder 100fache. Also ist es unsere Aufgabe, nachzuforschen, wie der günstige Prozentsatz der Verluste etwa noch günstiger zu gestalten wäre.

Wenn ich vorhin bemerkte, daß alle diese Momente, von denen ich sprach, bei den Genossenschaften eine ganz besondere Rolle spielen, so ist dies durch die Entstehungsgeschichte der Genossenschaften zu erklären, und nicht bloß durch die Geschichte die rückwärts liegt, sondern auch durch die Art und Weise, wie heute noch Genossenschaften ins Leben gerufen werden. Nehmen Sie den Fall an, es will jemand Bankier werden — und schließlich ist doch die Kreditgenossenschaft z. B. mehr oder weniger ein Bankgeschäft —, so wird man es für ganz selbstverständlich erachten, daß der Betreffende, der ein Bankgeschäft betreiben will, erst im Bankgeschäft gelernt hat, er wird nicht daran denken, ein Geschäft früher aufzumachen, ehe er nicht mit der Buchführung vertraut ist und in die Geheimnisse des Geschäftes gründlich eingeweiht ist. Nehmen Sie den Warenhandel an. Wem wird es einfallen, diesen oder jenen Warenhandel zu beginnen, ehe er genaue Kenntnis von den Waren sich erworben und sich mit den Gebräuchen des Warengeschäfts vertraut gemacht hat! Wie ist es aber bei den Genossenschaften? Diejenigen, die eine Kreditgenossenschaft gründen und sich an die Spitze stellen, haben nur in den allerseltensten Fällen genügende Kenntnisse von dem Bankgewerbe, und diejenigen, die eine Rohstoff- oder Handwerkergenossenschaft ins Leben rufen, können wohl über die Warenbeschaffenheit sich aus ihrem eigenen Geschäft heraus unterrichten, aber die eigentliche Warenkunde, die Kenntnis des Warenhandels, alles das liegt ihnen zunächst vollkommen fern.

Meine Herren, selbstverständlich will ich nicht in meinen weiteren Ausführungen darauf hinauskommen, daß ich wünsche, es soll ein Befähigungsnachweis für alle die geschaffen werden, die an die Spitze von Genossenschaften treten wollen; das liegt mir durchaus fern. Ebenso verspreche ich mir auch nicht allzu viel von der heut zum Teil üblichen Züchtung, wenn ich mich so ausdrücken darf, von Leitern der Genossenschaft. In einem Kursus von 14 Tagen läßt sich ein Leiter der Genossenschaft nicht heranbilden. Wie die Dinge nun einmal liegen, hängen die Mängel zusammen mit dem System, auf dem die Genossenschaften beruhen. Das System der Genossenschaft ist aufgebaut auf der Mitarbeit von Personen, die oft nichts anderes einbringen, als ein lebhaftes Interesse. Das ist an und für sich sehr schön und gut, doch unter Umständen für die Sache gefahrvoll. Und vielleicht heute noch gefahrvoller als in früherer Zeit, denn die Genossenschaften stehen mitten im wirtschaftlichen Leben, sie spielen in demselben heute eine ganz andere Rolle wie früher. Ich brauche mir nur zu vergegenwärtigen einen Vorschußverein in seiner Tätigkeit vor 35 Jahren und eine Kreditgenossenschaft der heutigen Zeit. Früher war ein einfacher Gewerbetreibender in der Lage, eine solche Genossenschaft zu leiten, heute werden bei Genossenschaften mit bankähnlichem Betriebe an die Kenntnisse der Geschäftsführer ganz andere Ansprüche gestellt, und irrt man sich in der Auswahl der Personen, so ist es klar, daß die Gefahren, die sich daraus ergeben, unendlich viel größer sein können und müssen als in früherer Zeit. Aber selbstverständlich, alles läßt sich lernen, und wenn wir da einmal Umschau halten und wir sehen jene Genossenschaften, die von einfachen Handwerksleuten gegründet, die mit der Entwickelung der Genossenschaften zu hervorragenden Fachleuten geworden sind, so haben wir die Bestätigung dafür, wie gut sich geschickte Männer in das genossenschaftliche Geschäft einarbeiten können. Deswegen wird man aber zur Leitung einer hochentwickelten Genossenschaft niemanden berufen, der von dem Geschäft nichts versteht. Wie nun auch die Dinge in dem Genossenschaftswesen sich gestalten mögen, darüber kann kein Zweifel bestehen: wir werden in der Genossenschaftsbewegung nach wie vor zum großen Teil auf Leute angewiesen sein, die im wesentlichen nur mit dem guten Willen begabt sind, sich einzuarbeiten. Abgesehen von allem anderen, wird auch die Unkostenfrage dabei eine große Rolle spielen, denn eine neugegründete Genossenschaft muß sehr mit den Unkosten rechnen. So lebhaft ich in meinem Berichte dafür eingetreten bin, daß die entwickelte Genossenschaft bei ihrem Unkostenetat nicht allzu sparsam vorgehe, daß sie insbesondere nicht sparen solle bei der Festsetzung der Gehälter, so verkenne ich nicht, daß dies nur für entwickelte Genossenschaften gilt, und daß eine Genossenschaft, die ihre Tätigkeit erst beginnt, sparsam rechnen muß.

Meine Herren, es war eine der wichtigsten Aufgaben der Verbände, sich mit der Lösung der Frage zu beschäftigen: wie wird es möglich sein, Schädigungen vorzubeugen, die aus den mangelnden Erfahrungen der Leiter der Genossenschaften entstehen können, was hat zu geschehen, um Vorstandsmitglieder und Mitglieder des Aufsichtsrates mit ihren Obliegenheiten vertraut zu machen? Es war zweifellos eins der hervorragendsten Verdienste von Schulze-Delitzsch, daß er nicht bloß die Genossenschaften ins Leben rief, sondern sich gleichzeitig auch der Lösung dieser Frage zuwandte. Er schuf zu diesem Zweck unsere Organisation, er veranlaßte die Genossenschaften auf den Verbandstagen ihre Erfahrungen auszutauschen. Die Mitteilungen aus den einzelnen Vereinen, die auch heute noch eine so bedeutende Rolle bei uns spielen, haben selbstverständlich in früheren Jahren noch eine viel größere Bedeutung für die Genossenschaften gehabt. Heute kann man auf den Verbandstagen von den Genossenschaftern zuweilen hören: das alte abgedroschene Zeug kennen wir zur Genüge — allerdings ist zwischen „kennen" und „befolgen" ein Unterschied. Ja, heute „kennen" wir es, oder, ich will hinzusetzen, sollten wir es kennen, in früheren Zeiten lagen die Dinge anders. Die Genossenschaften mußten sich erst ins wirtschaftliche Leben hineinarbeiten, und alles was zum täglichen Handwerkszeug gehört, die Geschäftsanweisung, Musterstatuten usw. mußten erst, möchte ich sagen, erfunden werden. Die Genossenschaften haben Jahrzehnte gearbeitet, ohne daß ihre Rechtsform der gesetzlichen Anerkennung sich erfreute — sie wurden nicht „gefördert" sondern „gehemmt"! Nun stellte sich aber bald heraus, daß diese Mitteilungen aus den einzelnen Vereinen nicht genügten, um die Leiter der Genossenschaften genügend mit ihren Arbeiten vertraut zu machen, insbesondere für die Buchführung machte es sich erforderlich, daß mal hier, mal dort ein Vertrauensmaun zu Genossenschaften berufen wurde, mit Rat und Tat zur Seite zu stehen. Die Belehrung an Ort und Stelle wurde unbedingt notwendig, und bereits im Jahre 1864 ist es der Mittelrheinische Verband gewesen, der einen Antrag zum Beschluß erhob: der Vorstand des Verbandes soll sachverständige Revisoren — so war damals der Ausdruck — bereithalten, um auf Erfordern diese den Genossenschaften zuzuschicken. Viel Gebrauch soll nicht davon gemacht worden sein, wie mir der zeitige Revisor jenes Verbandes, Herr Seibert, erklärt. Aber die Tatsache, daß ein solcher Beschluß damals in jenem Verbande gefaßt worden ist, ist ein Beweis dafür, daß ein Bedürfnis für einen derartigen sachverständigen Revisor in dem Verbande vorhanden war. Zehn Jahre gingen dahin, ohne daß in diesem Zeitraume in Sachen der Revision etwas geschehen wäre. Im Jahre 1874 beschäftigte sich der Allgemeine Vereinstag in Bremen mit der Frage, und Schulze-Delitzsch erklärte sich damals gegen die Beschickung von Vereinen durch Kontrollbeamte und betonte, nur auf freiwillige Meldungen soll eine Revision der Bücher seitens der Genossenschaften vorgenommen werden. Die Situation änderte sich sehr bald. Im Jahre 1878 auf dem Allgemeinen Vereinstage zu Eisenach hatte Schulze-Delitzsch selbst einen Antrag eingebracht, der dahin ging:

> „Sachverständige, im kaufmännischen Rechnungswesen erfahrene und mit der genossenschaftlichen Organisation vertraute Männer zum Behufe von Geschäftsrevisionen und Inventuren auf Anrufen der einbezirkten Vereine, unter vorheriger Vereinbarung über die zu gewährenden Honorarsätze, bereitzuhalten, und die Vornahme solcher Revisionen im allgemeinen zu befördern."

Damals verlangte Schulze-Delitzsch — vier Jahre später, nachdem er sich der Sache gegenüber ablehnend verhalten hatte — von den Unterverbandstagen, einen sachverständigen Revisor für die Genossenschaften zur Verfügung zu halten, — allerdings noch auf Anrufen der Genossenschaften! Dann, meine Herren, ist es der Allgemeine Genossenschaftstag zu Cassel gewesen, der im Jahre 1881 hier stattfand, auf dem Schulze-Delitzsch es für eine Pflicht der Verbände erklärte, regelmäßige Revisionen bei den Genossenschaften vorzunehmen. Was war inzwischen passiert? Es drohte der bekannte Antrag Ackermann. Meine Herren, 1881 — das Jahr sagt es uns schon — lagen hinter den Genossenschaften die 70er Jahre, der Rückschlag auf die Hochkonjunktur der Milliardenzeit, der Rückschlag, von dem auch eine erhebliche Anzahl Genossenschaften getroffen wurde, und es waren ganz erhebliche Verluste bei einzelnen Genossenschaften eingetreten, eine gewisse Beunruhigung hatte

Platz gegriffen, und in konservativen Kreisen trug man sich mit dem Gedanken, die Genossenschaften unter Kommunalaufsicht zu stellen. Daraufhin zielte der bekannte Antrag Ackermann, und wohl diesem Umstande ist es zuzuschreiben, daß Schulze-Delitzsch es für eine Pflicht der Verbände erklärte, regelmäßige Revisionen bei den Genossenschaften vorzunehmen; denn er glaubte, daß, wenn die Revision bei den Verbänden läge, die Regierung nicht bereit sein würde, dem Antrage Ackermann stattzugeben, und eine behördliche Revision der Genossenschaften zu verlangen. Im Jahre 1882 auf dem Allgemeinen Vereinstage zu Darmstadt wurde allen Vereinen empfohlen, sich die Vorteile der Revision zu sichern, und in den meisten Verbänden wurde nun die Revision obligatorisch eingeführt. Der Allgemeine Vereinstag zu Halberstadt 1883 beschäftigte sich mit der Novelle Schulze-Delitzsch zum Genossenschaftsgesetz, und in dieser Novelle finden Sie jene Vorschrift über die Superrevision, die wenigstens der Tendenz nach dann auch später Eingang gefunden hat in das Genossenschaftsgesetz von 1889.

Es ist der Allgemeine Vereinstag zu Plauen vom Jahre 1887, auf dem die Grundsätze für die Verbandsrevision beraten und beschlossen wurden, und weil es mir heute darauf ankommt, Zweck und Ziel der Verbandsrevision festzustellen, und weil nach meinem Dafürhalten Zweck und Ziel der Verbandsrevision nur historisch zu erfassen und zu begründen ist, möchte ich hier mit wenig Worten die wichtigsten jener Grundsätze festlegen. Da heißt es:

> „daß bei der ordentlichen Revision in der Regel nicht eine kalkulatorische Prüfung der einzelnen Geschäfte vorzunehmen ist, daß der Revisor aber ganz besonders darauf sein Augenmerk zu richten hat, ob die Bestimmungen des Gesetzes überall beobachtet sind, ob die Geschäftsführung den Vorschriften des Gesellschaftsvertrages entspricht und ob die Beschlüsse der Vereinstage und der Verbandstage die erforderliche Beachtung gefunden haben;
>
> daß der Revisor überall da, wo die Verwaltungen in einzelnen Teilen, wie z. B. bei der Vornahme von Revisionen oder bei der Geschäftsinventur am Jahresschlusse usw. mangelhaft geführt ist, gehalten sein solle,

— die folgende Stelle bitte ich besonders in Erinnerung zu behalten: —

> die betreffende Geschäftstätigkeit in Gegenwart von Vorstand und Aufsichtsrat selbst vorzunehmen und dabei die erforderliche Anleitung zu erteilen."

Ich bitte diesen Satz in Erinnerung zu behalten, ich werde später noch auf denselben zurückkommen. — Alsdann sind als ganz besonders wichtige Grundsätze des Plauener Vereinstages hervorzuheben das Verlangen einer gemeinschaftlichen Sitzung von Vorstand und Aufsichtsrat, in der der Revisor über den Befund der Revision Bericht erstattet und ferner, daß der schriftliche Bericht dem Revisor zur Pflicht gemacht ist, den er also der Genossenschaft als solcher erstattet und von dem eine Abschrift der Verbandsdirektor erhalten soll.

Weiter 1894 in Gotha wurde die Direktive an die Vorstände der Verbände gegeben, 1895 in Augsburg die Ausführung der Direktive beschlossen, 1901 in Baden-Baden beschäftigte sich der Allgemeine Genossenschaftstag mit dem § 63 des Gesetzes mit der Erklärung des Aufsichtsrats über die Revision, die der Generalversammlung zu erstatten ist, endlich im vergangenen Jahre 1905 hat sich der Gesamtausschuß eingehend mit der Verbandsrevision beschäftigt. Ich habe das Resultat der Besprechung in den Blättern für Genossenschaftswesen 1905 Nr. 44, den Genossenschaften zur Kenntnis gebracht.

Und nun, meine Herren, betrachten wir uns das Genossenschaftsgesetz von 1889. Das Genossenschaftsgesetz von 1889 ist im großen und ganzen auf unserer Verbandsrevision aufgebaut. Wir dürfen auch nicht vergessen, daß der Revision, wie sie sich im Genossenschaftsgesetz findet, bereits vorgearbeitet ist durch die Novelle zum Genossenschaftsgesetz von Schulze-Delitzsch, der selbst die Aufnahme entsprechender Bestimmungen verlangt hat. Der Allgemeine Genossenschaftstag zu Erfurt im Jahre 1888 hatte über die Vorlage des Genossenschaftsgesetzes beraten. Schenck konnte sich damals nicht dafür entscheiden, für die Aufnahme der Revisionsbestimmungen in das Genossenschaftsgesetz einzutreten, und wenn man heute jene Verhandlungen, die bald 20 Jahre zurückliegen, nachliest, und vergleicht das, was die Gegner einer Aufnahme jener Vorschriften in das Gesetz ausgeführt haben. mit den Erfahrungen der letzten 20 Jahre, dann glaube ich, daß man vielfach zu dem Resultat kommt, daß die Gegner der Aufnahme jener Bestimmungen in das Gesetz im großen und ganzen das richtige getroffen. Meine Herren, alle auf dem Erfurter Vereinstag vertretenen Genossenschaften haben sich freilich gegen eine sogenannte gerichtliche Revision ausgesprochen, gegen den sogenannten Staatsrevisor, und da ist ganz besonders interessant eine Stelle. Herr Thorwart hatte zu der Frage Stellung genommen, er meinte, es sei gar nicht daran zu denken, daß so viele in genossenschaftlicher Beziehung tüchtige Revisoren zur Verfügung ständen, als bei der Gesamtzahl der deutschen Genossenschaften angenommen werden müßten. Nun bitte, vergegenwärtigen Sie sich: das war 1888, da bestanden 5950 Genossenschaften, und damals meinte ein Praktiker wie Thorwart, daß es wahrscheinlich nicht so viele tüchtige Revisoren geben würde, um alle die Genossenschaften in sachgemäßer Weise revidieren zu können. Heute haben wir 24 652 Genossenschaften! Es sind also jährlich 12 000 zu revidieren, und wir müssen allerdings herrlich weit gekommen sein, wenn wir wirklich in der Lage sind, heute soviel sachverständige Revisoren aufzuweisen, wie die Revision der 12 000 Genossenschaften jährlich erforderlich macht! Allerdings, die Zahl der außerhalb der Verbände stehenden Genossenschaften ist ja verhältnismäßig gering, wir haben in den Verbänden rund 21 000 Genossenschaften und außerhalb der Verbände rund 3600. Ob außerhalb, ob innerhalb der Verbände, meine Herren, Revisor ist Revisor, und die Frage zu prüfen möchte nun vielleicht nicht so schwer sein, ob es denn überhaupt denkbar ist, daß heute so viel geschulte Kräfte zur Verfügung stehen, um jährlich bei 12 000 Genossenschaften die sachgemäße Revision vorzunehmen! Ja, man kann wohl die Frage aufwerfen, ob nicht die Zwangsrevision, denn anders können wir die durch das Genossenschaftsgesetz vorgesehene Revision nicht benennen, ob nicht die Zwangsrevision dadurch ihren Zweck eingebüßt hat, daß die staatlicherseits erfolgte Förderung des Genossenschaftswesens zu so zahlreichen Gründungen geführt hat, daß eine sachgemäße Revision unmöglich wurde, und zwar einfach aus dem Mangel an dazu geeigneten Personen! Meine Herren, an derartige Fragen hat man ja selbstverständlich bei der Förderung der Genossenschaftsbewegung nicht gedacht.

Wie liegt es nun mit der Qualifikation der Verbandsrevisoren? Das Gesetz läßt sich natürlich über die Qualifikation der Verbandsrevisoren nicht aus, wir müssen schon die Begründung des Genossenschaftsgesetzes hinzunehmen. Aber wir haben noch ein anderes Material für diesen Zweck, das ist nämlich ein Musterstatut, das das Preußische Ministerium entworfen hat als Grundlage für zu bildende Revisionsverbände. Da heißt es in bezug auf die Qualifikation: der Revisor muß kaufmännisch gebildet sein, er muß mit dem Genossenschaftswesen vollkommen vertraut sein — ich bitte, vollkommen vertraut! — er muß mit einer ausreichenden Kenntnis der einschlägigen gesetzlichen Bestimmungen ausgerüstet sein. Meine Herren, das sind allerdings auch die Grundsätze, die wir bei einer Beurteilung der Qualifikation zugrunde zu legen haben, aber daraus ergibt sich auch, wenn wir dann noch im übrigen die schwierige Aufgabe der Revision selbst ins Auge fassen, daß doch wahrscheinlich die Zahl von Männern, die nun wirklich über die entsprechende Qualifikation verfügen, nicht so groß sein wird, um bei einer so erheblichen Zahl von Genossenschaften in ordnungsmäßiger Weise die Revision durchzuführen. Quassowski bemerkte damals in Erfurt: „wer wird der Staatsrevisor sein? Der Sekretär, der Amtsrichter, der das Kalkulatorexamen gemacht hat, von Genossenschaften und deren Einrichtungen aber gar nichts verstehen könne. Die Revision durch den Staatsrevisor könne nie Nutzen bringen, sondern nur Schaden, weil sich die Mitglieder durch den Staatsrevisor in falsche Sicherheit wiegen lassen würden." Meine Herren, es ist gar nicht so selten der Fall gewesen, daß mir Berichte von Revisionen von Genossenschaften, die keinem Verbande angehören, in die Hände gekommen sind, bei deren Lektüre ich die Überzeugung gewann, daß der Qualifikation, die in dem Ministerialmusterstatut vorgesehen ist, nicht entsprochen war, sondern daß vielmehr die Diagnose zutreffend war, die Quassowski damals gestellt hatte. Der preußische Justizminister hat vor einer Reihe von Jahren sich übrigens veranlaßt gesehen, dagegen Stellung zu nehmen und hat in einem Runderlaß darauf hingewiesen, daß Gerichtsschreiber in der Regel, falls sie nicht zufälligerweise gerade über genügende genossenschaftliche Kenntnisse verfügen, nicht zur Revision von Genossenschaften bestellt werden sollen.

So liegen die Dinge bei der staatlichen, oder nennen wir sie gerichtlichen Revision — weder die eine Bezeichnung noch die andere ist vollkommen zutreffend. Ob die Dinge in den Revisionsverbänden überall ganz anders liegen? — Wir, meine Herren, können aus Erfahrung mitreden, wir kennen die Geschichte unserer Revisionsverbände, und wir haben dabei auch Gelegenheit gehabt, zu beobachten. Wir haben auch in einzelnen Verbänden die Nutzanwendung ziehen können, wie schädlich eine ungeeignete Verbandsrevision wirkt.

In dem Abschnitt über die Verbandsrevision finden Sie übrigens eine ganz eigenartige Auffassung. Es besteht gar kein Zweifel, daß der Gesetzgeber, als er jenen Abschnitt ausarbeitete, von einem gewissen Mißtrauen gegen die Revisionsverbände erfüllt war. In der Vorlage, die zunächst zur Begutachtung den Genossenschaften unterbreitet wurde, ist eine Bestimmung enthalten, daß die Sitzungen, die die Verbandsvorstände abhalten sollen, bei der Behörde vorher angezeigt werden, und ferner war dort die Vorschrift enthalten, daß eine Abschrift des Revisionsberichtes stets dem Registergericht eingereicht werden soll.

Es war Thorwart, der in Erfurt auf dem Allgemeinen Vereinstag zu diesem Abschnitt des Genossenschaftsgesetzes erklärte, der staatliche bestellte Revisor ist bei der privatrechtlichen Stellung der Genossenschaft undenkbar. Nun, meine Herren, die Entwickelung des Genossenschaftswesens ist seitdem eine ganz andere geworden, und man möchte beinahe geneigt sein, zu dem Schluß zu gelangen, daß sich aus der Entwickeluug, die unter dem Einfluß des Staates erfolgt, auch Konsequenzen für die Revisionen ergeben werden. Wenn der Staat seinerseits in die Förderung des Genossenschaftswesens weiter so eingreift wie bisher und mehr und mehr die daraus erwachsende Verantwortung fühlt, wird er auch das Bestreben haben, in die Verhältnisse der Genossenschaften einzugreifen, die Verhältnisse der Genossenschaften zu ordnen. Ich erinnere daran, daß der Engere Ausschuß in Voraussicht der Folgen vor etlichen Jahren einen Beschluß faßte gegen die Gründung eines Revisionsverbandes, auf dessen Zustandekommen die Leitung der Regierung einen maßgebenden Einfluß ausübte — und ausübt. Aber die Verhältnisse sind stärker wie unsere Beschlüsse und Wünsche, und so haben wir denn eine Entwickelung zu verzeichnen, die den Bedenken durchaus recht gibt, die damals in Erfurt auf dem Allgemeinen Vereinstag geäußert wurden. Die Gefahren, die sich aus der staatlichen Förderung des Genossenschaftswesens für dessen Selbständigkeit ergeben, werden immer größer! — —

Wenn wir nun die Wirkung der Verbandsrevision, überhaupt der Revision etwas näher ins Auge fassen, so werden wir vor allem die Beobachtung machen, daß in den Kreisen des Volkes und vielfach auch in den Kreisen der Gerichte eine vollkommen falsche Auffassung über den Zweck der Revision herrscht. Gar nicht so selten wird, wenn Unterschlagungen, die bei einer Genossenschaft vorgekommen sind, zur gerichtlichen Aburteilung gelangen, von dem Vorsitzenden des Gerichts die Frage aufgeworfen: ja, welchen Zweck hat denn überhaupt die Revision gehabt, wenn solche Dinge bei der Genossenschaft möglich sind, Dinge, die nicht gestern sich zugetragen, sondern die sich vielleicht vor Jahr und Tag zugetragen haben! Meine Herren, man übersieht bei einer solchen Frage, einer solchen Auffassung der Bedeutung der Verbandsrevision, daß die Revision nicht sein soll ein Schutzmittel gegen Defraudation. Das muß meines Erachtens in erster Reihe mal festgestellt werden, damit wir den Zweck der Revision überhaupt klar bestimmen können. Meine Herren, daß die Revision kein Schutzmittel gegen Defraudationen sein kann, ergibt sich aus folgenden beiden Momenten. Erstens man muß sich vergegenwärtigen, daß der Revisor der Genossenschaft doch immer nur einen verhältnismäßig kurzen Besuch abstatten kann, und zweitens, daß niemand in der Lage ist, dafür zu sorgen, daß die Ratschläge des Verbandsrevisors Beachtung finden. Ich will den allerkrassesten Fall nehmen: der Revisor hat eine Unterschlagung entdeckt bei der Genossenschaft, er teilt dem Aufsichtsrat das Nähere mit. Der Aufsichtsrat ist nicht gezwungen, jetzt gegen den betreffenden Beamten der Genossenschaft vorzugehen, wenigstens nicht nach Maßgabe des Genossenschaftsgesetzes — es würden die allgemeinen strafrechtlichen Bestimmungen dabei in Betracht kommen. Die Defraudation ist durch den Revisor festgestellt. Was daraus wird, wie die Dinge geregelt werden sollen, liegt in der Hand der Organe der Genossenschaft. Daß es so ist, ist gut, meine Herren, denn jede andere Regelung der Dinge halte ich wenigstens von meinem Standpunkt aus für vollkommen unmöglich, für unvereinbar mit der Verantwortung der Organe der Genossenschaft, für unvereinbar mit der Verantwortung insbesondere der Leitung der Revisionsverbände. Ich werde später noch darauf zurückkommen.

Über die Aufgaben der Verbandsrevision selbst, über deren Zweck, ergibt sich also aus dem Genossenschaftsgesetz an und für sich nichts, sondern wir müssen zurückgreifen auf die Begründung des Gesetzes. Dort finden Sie den Satz: die periodische Revision darf sich keineswegs auf eine bloß kalkulatorische Kontrolle der Bilanz und der Geschäftsbücher beschränken, die Untersuchung der Revision muß sich wesentlich auf die materielle Seite der Geschäftsführung und die hierbei befolgten Grundsätze der Genossenschaft richten. Das also ist Ziel und Zweck der Revision. Wenn hier jedoch gesagt ist: nicht nur auf eine kalkulatorische Revision, so sollte damit aber nicht etwa zum Ausdruck gebracht werden, daß eine kalkulatorische Revision stets mit der Revision verbunden ist. Ich beziehe mich dafür auf jenes ministerielle Musterstatut, in dem ausdrücklich der gleiche Grundsatz aufgestellt ist, der bei uns gilt, daß eine kalkulatorische Revision in der Regel nicht mit der Revision verbunden ist, sondern daß die Revision der Genossenschaft im wesentlichen materieller Art ist.

Nun, meine Herren, ist für die Revision zu unterscheiden zwischen der Anregung zu Verbesserungen und der Feststellung von Mißständen in der Geschäftsführung. Wir haben uns zu vergegenwärtigen, daß der Revisor nicht zu der Genossenschaft hinkommt als ein Oberkontrolleur, sondern daß er bei der Genossenschaft erscheint als Freund, als

Berater. Der Revisor kommt nicht zur Genossenschaft hin, wenn etwa der Revisionsverband oder sonst irgend ein Organ ein gewisses Mißtrauen der Genossenschaft entgegenbringt, sondern er erscheint bei der Genossenschaft als Freund, um dort Anregungen zu geben für Verbesserungen, um zu erkunden, ob irgendwo Fehler in der Organisation liegen und dann wiederum Anregung zu geben zur Beseitigung dieser Fehler. Es liegt durchaus nicht im Wesen der Revision, Veruntreuungen nachzuspüren. Ich habe bereits hervorgehoben, daß es nicht zu den Zwecken der Revision gehört, Defraudationen aufzudecken und damit geht Hand in Hand, daß es nicht Zweck der Revision sein kann, Veruntreuungen nachzuspüren. Würde man diesen Zweck mit der Revision verfolgen wollen, dann könnte es sich nicht darum handeln, daß alle 2 Jahre der Revisor vielleicht auf 1, 2, 3 Tage zur Genossenschaft kommt, sondern er müßte eigentlich wochenlang bei ihr sitzen, müßte kalkulatorisch alle Einzelheiten durchsehen, müßte alsbald wiederum sein Erscheinen bei der Genossenschaft in Aussicht stellen, müßte zuweilen auch sein Erscheinen nicht in Aussicht stellen, sondern unangemeldet zur Revision kommen.

Die Frage der Feststellung von Unterschlagungen und Defraudationen spielt selbstverständlich eine große Rolle bei der Prüfung von Zweck und Ziel der Verbandsrevision. Ich werde mich daher mit dieser Frage etwas genauer zu beschäftigen haben. Der Revisor hat nach dem Gesetz sich davon zu überzeugen, daß bei der Inventur, bei der Kontrolle, bei der Buchführung überall die richtigen Grundsätze befolgt sind. Die Richtigkeit der Bilanz selbst wird bestätigt durch den Aufsichtsrat. Der Revisor kann nicht die Richtigkeit der Bilanz bestätigen, er kann sich nur davon überzeugen und er kann nur seine Überzeugung aussprechen, daß bei der Handhabung der Geschäftsführung, bei der Kontrolle, bei der Bilanzaufstellung nach den richtigen Grundsätzen verfahren wird. Aber meine Herren, damit ist dann auch zum Ausdruck gebracht, daß der Revisor sich mit der Bilanz der Genossenschaft zu beschäftigen hat. Der Revisor muß selbstverständlich feststellen, daß die Bilanz der Genossenschaft, d. h. die Bilanz, welche sie bekannt gegeben hat, daß sie mit den Büchern der Genossenschaft sich auch in Übereinstimmung befindet. In einer der letzten Nummern der Blätter für Genossenschaftswesen (1906 Nr. 33) hat der Herr Verbandsrevisor Soerensen die Grundsätze festgelegt, die für den Revisor wohl maßgebend sein dürften bei Prüfung der Bilanz. Ich möchte jenen Aufsatz aus den Blättern für Genossenschaftswesen den Verbänden ganz besonders zur Beachtung empfehlen. Es kann sich selbstverständlich nicht darum handeln, daß wir ein Schema feststellen, nach dem der Verbandsrevisor in die Prüfung der Bilanz einzutreten hat, denn wie er die Prüfung der Bilanz vornimmt, um sich die Überzeugung zu verschaffen, daß die Bilanz nach richtigen Grundsätzen aufgestellt ist, daß sie nach richtigen Grundsätzen kontrolliert ist, das wird selbstverständlich vielfach auch davon abhängen, mit welchen Eigenschaften der Verbandsrevisor begabt ist. Ein Schema können wir ihm nicht mit auf den Weg geben. Die Hauptsache ist, daß der Revisor sich überhaupt darüber klar wird, daß es zu seinen Obliegenheiten gehört, in die Prüfung der Bilanz nach der eben von mir bezeichneten Richtung einzutreten, und in dem Artikel des Herrn Sörensen werden m. E. manche praktischen Winke dabei dem Revisor mit auf den Weg gegeben. Also ich hoffe mich klar genug ausgedrückt zu haben: die Feststellung der Richtigkeit der Bilanz ist Sache der Organe der Genossenschaft; Sache der Revisoren ist es, sich davon zu überzeugen, daß Vorstand und Aufsichtsrat bei Aufstellung und Prüfung der Bilanz nach richtigen Grundsätzen vorgegangen sind, und daß die Bilanz, wie sie bekannt gegeben ist, mit den Büchern der Genossenschaft sich in Übereinstimmung befindet.

Will man sich vollständig klar werden über die Bedeutung der Revision, meine Herren, dann muß man sich die Frage vorlegen: was wird denn, wenn der Revisor Unregelmäßigkeiten entdeckt hat. Ich habe vorhin schon einen ganz krassen Fall angeführt und die Antwort gegeben: in einem solchen Fall ist es Sache der Organe der Genossenschaft, für Abstellung dieser Mißstände Sorge zu tragen. Ich habe aber auch der Plauener Grundsätze gedacht, daß unter Umständen der Revisor mitwirken soll bei der Abstellung der Mißstände, das heißt in allen den Fällen, in denen sich der Revisor davon überzeugt, daß die Vorstands- und Aufsichtsratsmitglieder nicht imstande sein werden, nach seinen Ratschlägen jetzt die Arbeit durchzuführen. Begegnet dem Revisor eine Genossenschaft, deren Aufsichtsrat und Vorstand gar nicht imstande ist, eine Inventur aufzunehmen, dann bleibt dem Revisor nichts übrig, als dort zu bleiben und mit beiden zunächst eine Inventaraufnahme vorzunehmen, damit Vorstand und Aufsichtsrat in der Praxis selbst Gelegenheit haben, kennen zu lernen, wie die Dinge gemacht werden. Es würde natürlich nicht der Sache gedient sein, wenn etwa der Revisor erklären sollte, es müsse eine Inventur vorgenommen werden, und dann zieht er fort und überläßt die Genossenschaft ihrem Schicksal!

Das Genossenschaftsgesetz verlangt nun einen schriftlichen Bericht des Verbandsrevisors, den er der Genossenschaft zu erstatten hat, und da muß ich sagen, daß m. E., so gut diese Bestimmung gemeint ist, sie doch wohl eine der verfehltesten in dem ganzen Abschnitt über Verbandsrevision ist. Meine Herren beabsichtigt ist mit dieser Bestimmung des Genossenschaftsgesetzes, daß die Generalversammlung Kenntnis erhält von dem Resultat der Revision. Nun soll der Revisor seinen Bericht so ausarbeiten, daß er zur Kenntnis der Generalversammlung gebracht werden kann, denn die Generalversammlung ist in der Lage, zu verlangen, daß der Revisionsbericht vorgelesen wird. Wir haben eine ganz erhebliche Anzahl von Genossenschaften, bei denen es gang und gäbe ist, den Revisionsbericht vorzulesen. Das sind aber natürlich die Genossenschaften, die vor ihrer Generalversammlung nichts zu verschweigen haben. Bei jenen Genossenschaften, bei denen der Revisionsbericht auf arge Mißstände hinweist, bei denen — greifen wir z. B. eine Kreditgenossenschaft heraus — festgestellt ist, daß 2 oder 3 Aufsichtsratmitglieder die Hauptkreditnehmer bei der Genossenschaft sind, hält man an jener Gepflogenheit, den Revisionsbericht zu verlesen, keineswegs fest. Und nun denken Sie sich in die Lage des Revisors. Er soll in vollster Offenheit den Revisionsbericht erstatten. Er muß sich aber auch darüber klar werden: welchen Effekt wirst du hervorrufen, wenn der Revisionsbericht verlesen wird, wird nicht möglicherweise der Effekt viel stärker sein, als du beabsichtigt? Verschweigen sollst du nichts, wenn du aber diese Tatsachen mitteilst, kann ein Sturm unter den Mitgliedern hervorgerufen werden. Ich muß gestehen, daß m. E. diese Berichterstattung eine der schwierigsten Arbeiten für den Revisor ist. Wir haben aber die gesetzliche Bestimmung, und die muß ausgeführt werden, aber ich glaube, daß, wenn es einstmals zu einer Änderung der Gesetzgebung kommt, daß man dann auch sich mit diesem Paragraphen sehr eingehend wird beschäftigen müssen. Auffallenderweise hat das österreichische Genossenschaftsgesetz, das vor wenigen Jahren die Revision eingeführt hat, nicht nur diese Bestimmung aus unserm Gesetz übernommen, sondern es geht sogar so weit, zu bestimmen, daß der Revisionsbericht in der Generalversammlung vorgelesen werden muß. Nun, meine Heeren, ob man damit mehr erreichen wird, erscheint mir im höchsten Grade zweifelhaft.

Wir haben bisher uns mit der Ausgestaltung der Revisionsberichte auf den Allgemeinen Genossenschaftstagen nie beschäftigt, wir haben auf den Unterverbandstagen nur gelegentlich die Frage gestreift, und zwar aus dem einfachen Grunde: wenn wir auch für alle übrigen Paragraphen des Genossenschaftsgesetzes eine Deklaration, eine Geschäftsanweisung dem Revisor, dem Verband oder der Genossenschaft mit auf den Weg geben könnten — bei diesem Paragraphen nach meinem Dafürhalten niemals.

(Sehr richtig!)

Wir können dem Revisor nicht Vorschriften machen, wie er den Revisionsbericht vorzunehmen hat oder nicht, denn er erstattet ihn auf seine Verantwortung.

Meine Herren, nun liegen die Dinge einmal so, daß Genossenschaften in schwere Verluste geraten sind, die vielleicht vier-, fünfmal oder noch häufiger die Revision über sich haben ergehen lassen, und es sind Vorschläge mannigfacher Art gemacht worden, um der Verbandsrevision eine größere Wirksamkeit zu verleihen.

Man hat verlangt, es sollen unangemeldete Revisionen vorgenommen werden. Es war mir interessant, aus einer Korrespondenz zu lesen, daß auf dem diesjährigen Verbandstage des Reichsverbandes der landwirtschaftlichen Genossenschaften der Generalanwalt Haas mitgeteilt hat, es würden dort überall einjährige unvermutete Revisionen durchgeführt werden. Diese unvermuteten unangemeldeten Revisionen haben auch in unseren eigenen Kreisen Freunde. Ich muß gestehen, nach meiner Ansicht steht die unangemeldete Revision in direktem Widerspruch mit Zweck und Ziel der vom Gesetz vorgesehenen Revision,

(Sehr richtig!)

ganz abgesehen davon, daß bei einer großen Anzahl von Genossenschaften die unangemeldete Revision auf unüberwindliche Schwierigkeiten stoßen würde. Der Revisor kommt zu einer Genossenschaft. Wie soll er wissen, daß gerade an diesem Tage die Vorstandsmitglieder alle Hände voll zu tun haben? Jetzt soll er die Revision vornehmen. Ich glaube, daß zwischen dem Revisor und den voll beschäftigten Vorstandsmitgliedern nicht der angenehmste Verkehr sich in den ersten Stunden entwickeln wird. Dann verlangen wir die Zuziehung des Aufsichtsrats. Nun erfährt morgens um 9 Uhr der Vorstand, daß der Verbandsrevisor kommt und will die Revision vornehmen; die Aufsichtsratsmitglieder sollen zugezogen werden. Ja, woher in wenigen Stunden diese bekommen? Diese haben selbst ihre Geschäfte, denen sie nachgehen müssen. Häufig ist es jetzt schon sehr schwierig, die angemeldete Revision ohne Störung durchzuführen. Ich muß gestehen, daß ich der Meinung bin, daß die unangemeldete Revision praktisch undurchführbar ist und mit Zweck und Ziel des Gesetzes in Widerspruch steht. Die unangemeldete Revision ist eine Kassenrevision.

(Sehr richtig!)

Da kommt es darauf an, ob die Kasse in Ordnung ist, ob etwa ein Defizit vorhanden ist; ob dieses vorhanden ist, das festzustellen ist nicht Sache des Verbandsrevisors, sondern des Aufsichtsrats.

(Sehr richtig!)

Die jährlichen Revisionen — ja, wenn wir die erreichen könnten! Dagegen hätte ich nichts einzuwenden. Aber, meine Herren, es ist eine Kostenfrage; schon heute wird über die hohen Revisionskosten geklagt. Ich verneine aber auch für unsere Verbände das Bedürfnis. Wir sind glücklicherweise in der angenehmen Lage, einen hohen Prozentsatz von Genossenschaften zu haben, bei denen es vollkommen ausreicht, wenn der Revisor alle zwei Jahre die Revision vornimmt. Aber die schwachen Genossenschaften müßten allerdings einer häufigeren Revision unterzogen werden, und da darf man der Kostenfrage keine zu hohe Bedeutung beilegen. Mit dieser Beschränkung bin ich für die einjährigen Revisionen und kann feststellen, daß in verschiedenen Verbänden einzelne Genossenschaften noch häufiger revidiert werden! Ich komme darauf noch zurück.

Unmögliches würden wir fordern, wenn wir verlangten, daß mit der Revision eine kalkulatorische Prüfung verbunden ist. Wie denkt man sich da die Dinge? Es kommt z. B. der Revisor nach Cassel und soll eine kalkulatorische Revision des Allgemeinen Vorschußvereins oder des Kreditvereins vornehmen. Ja, wie lange müßte sich denn der Revisor festsetzen, um zu bestätigen, daß alles kalkulatorisch bis in die einzelnen Konten vollständig richtig ist! Ein Ding der Unmöglichkeit! Wir brauchen uns aber mit dieser Frage nicht weiter zu beschäftigen; denn die kalkulatorische Revision ist nicht der Hauptzweck der Verbandsrevision, sondern sie geht nur nebenher, sie soll dort vorgenommen werden, wo bei der Revision sich ein Bedürfnis dazu herausgestellt hat.

Meine Herren, wir kommen nun zu dem Zeitpunkt, in dem die Revision ausgeführt ist, der Revisor seine Bescheinigung ausgestellt hat — dann übermittelt der Vorstand der Genossenschaft die Bescheinigung dem Gericht, und die Revision hat ihr Ende erreicht. Die Genossenschaft bleibt sich überlassen und, ich setze hinzu, **sie muß sich überlassen bleiben**, wenn nicht aus der **privatrechtlichen** eine **öffentlich-rechtliche** Genossenschaft werden soll. Freilich wer weiß, wohin die heutige Förderung des Genossenschaftswesens führt! Sobald wir dahin streben, einen Zwang zu erreichen, die Genossenschaft zu zwingen, diese oder jene Änderung vorzunehmen, mit diesem Augenblick haben wir den privatrechtlichen Charakter der Genossenschaft beseitigt und ihr einen öffentlich-rechtlichen beigelegt.

Bei den Genossenschaften, die keinem Verbande angehören, ist die Revision mit ihrer Ausführung auch in der Wirkung fertig, denn keine Kontrolle wird von irgend einer Seite darüber ausgeübt, ob dem Bericht des Revisors Beachtung geschenkt wird. —

Wie liegen die Dinge bei den Genossenschaften, die im Verbande sind? Ich möchte zuvor folgendes bemerken: daß die sogenannten gerichtlichen Revisionen durch den staatlichen Revisor für die Genossenschaft eine viel geringere Bedeutung haben als die Verbandsrevision, ergibt sich aus dem Anteil der Konkurse, die auf die von gerichtlichen Revisoren revidierten Genossenschaften entfallen. Im Jahre 1905 und in den ersten 6 Monaten des Jahres 1906 sind 61 Genossenschaften in Konkurs geraten; von diesen 61 Genossenschaften entfallen 34 auf jene Kategorie von Genossenschaften, die der staatlichen Revision unterliegen und dabei — das sind 50% der sämtlichen Konkurse — haben wir 25000 in Verbänden und nur 3600 Genossenschaften außerhalb der Verbände; also der Prozentsatz der Genossenschaften außerhalb der Verbände, die in Konkurs geraten sind, ist ein außerordentlich größerer als bei den Genossenschaften in Verbänden.

Ich komme also zu der Frage: wie sich die Dinge bei den Genossenschaften gestalten, die Revisionsverbänden angehören. Die Genossenschaft bleibt, wenn der Revisor sie verlassen hat, nicht ganz sich selbst überlassen; denn nun beginnt die Tätigkeit des Verbandes und des Verbandsdirektors. Sehen wir uns daraufhin das Gesetz an, was dieses uns darüber sagt. Es bestimmt in § 63, daß der Revisor eine Abschrift des Berichts, den er der Genossenschaft erstattet hat, dem Verbandsvorstande zu übermitteln verpflichtet ist. § 55 des Gesetzes bezeichnet den Zweck des Verbandes. Da heißt es: „Der Verband muß die Revision der ihm angehörigen Genossenschaften . . . . zum Zweck haben." Also nur die Revision selbst der Genossenschaften soll der Verband zum Zweck haben. § 56 bezeichnet die Essentialien des Statuts. Auch hier keine Bestimmung, daß das Statut erkennen lassen muß, daß der Verband über die unmittelbare Revisionspflicht hinauszugehen verpflichtet ist. Nach dem Gesetze besteht für den Verband nur die Verpflichtung, dafür Sorge zu tragen, daß die Revision in einer dem Gesetz entsprechenden Weise ausgeführt wird. Wenn der Verband nach der Richtung hin gearbeitet hat, hat er nach der Gesetzgebung seine Schuldigkeit getan. Und wir finden im Gesetz keinen Anhalt, was der Verbandsvorstand mit dem ihm nach § 63 übermittelten Revisionsbericht zu machen hat.

Anders nach der Geschichte unserer Revisionsverbände; nach derselben beginnt die Tätigkeit des Verbandsdirektors nach der durchgeführten

Revision, und der **Verbandsdirektor soll nach Kräften bemüht sein, die Genossenschaft auf den richtigen Weg zu bringen.**

Der § 64 des Gesetzes erklärt, daß der Reichskanzler eine Anweisung erlassen soll, nach welcher die Revisionsberichte anzufertigen sind. Wie diese Bestimmung in das Gesetz hineingekommen ist, das ist aus der Begründung nicht ersichtlich. Ich bemerkte bereits, daß wir nicht in der Lage sind, ein Schema für die Berichterstattung zu erteilen, auch der Reichskanzler kann den Revisoren keine Anweisung erteilen, wie sie ihren Bericht für die Generalversammlung auszuarbeiten haben. Ich glaube aber auch, daß es sich wahrscheinlich um irgend ein Mißverständnis handelt. Man hat offenbar an Mustergeschäftsanweisungen für die Revisionsverbände gedacht. Ein solches Schema ist, wie ich bereits erwähnte, im Jahre 1897 in jenem Preußischen Ministerialerlaß ergangen. Die von dem preußischen Minister entworfenen Statuten und Geschäftsanweisungen decken sich fast vollkommen mit den maßgebenden Statuten und Geschäftsanweisungen unserer Verbände.

Wie weit die Befugnisse des Verbandsvorstandes gehen, um auf die Genossenschaft einzuwirken, daß sie die vom Revisor festgestellten Mißstände beseitigt, hängt allein von dem Statut ab — und von der Geneigtheit des Verbandsvorstandes die betreffenden Bestimmungen anzuwenden.

Bezeichnete ich jenen Teil des Abschnitts 4 des Gesetzes über die Revision als verfehlt, der sich auf den staatlichen Revisor bezieht, so kann ich den anderen Teil des Abschnitts 4 des Genossenschaftsgesetzes, der die Verbandsrevision behandelt, eine gewisse Bedeutung nur insofern beilegen, als viele Genossenschaften veranlaßt sind, den Verbänden beizutreten, um sich dadurch unter deren Kontrolle und Einfluß zu begeben.

Da man sich nun vielfach davon überzeugt hat, daß, wie die Dinge liegen, die Verbände nicht imstande sind, die Genossenschaften vor einem Zusammenbruch zu bewahren, wird die Forderung aufgestellt — **Zwangsmaßregeln** einzuführen. Der Verbandsdirektor muß heut zuweilen mit sehenden Augen erleben, daß die Verhältnisse der Genossenschaften von Jahr zu Jahr sich weiter verschlechtern — er kann nichts ändern. Nun fragt man: kann man denn nicht dem Verbande irgend eine Zwangsmaßregel in die Hand geben, um intensiver auf die Genossenschaften einzuwirken, als es bisher der Fall war? In den Blättern für Genossenschaftswesen ist in der letzten Zeit ein Aufsatz erschienen, dessen Verfasser sehr lebhaft für die Einführung von Zwangsmaßregeln eingetreten ist. Und in der Österreichischen Genossenschaftszeitung, dem Organe des dortigen Allgemeinen Verbandes der auf Selbsthilfe beruhenden deutschen Erwerbs- und Wirtschaftsgenossenschaften, ist ein Artikel erschienen über die bisherigen Erfolge der obligatorischen Revision, in dem gleichfalls Zwangsmaßregeln gefordert werden. Ich habe bereits bemerkt, daß die obligatorische Revision in Österreich noch jüngeren Datums ist; der Verfasser des Aufsatzes ist über die bisherigen Erfolge der obligatorischen Revision verzweifelt, er sagt: zum zweiten Male sind die Genossenschaften nun revidiert, und die Revisoren fanden im großen und ganzen die Dinge so, wie sie sie bei der ersten Revision festgestellt hatten. Der Kritiker meint, eine solche Revision hat keinen Zweck — das müsse anders werden! Dabei enthält das Österreichische Genossenschaftsgesetz eine ganze Reihe von Zwangsmaßregeln; z. B. hat der Revisor die Verpflichtung, der Behörde eine Abschrift des Revisionsberichts zu übermitteln, wenn die Genossenschaft wiederholt ablehnt, seinen Anregungen Folge zu leisten. Da haben wir also bereits die Behörde engagiert — jedoch erfolglos. Die Behörde ist mit der Genossenschaft nicht weiter gekommen wie vorher der Revisor. Der Verfasser des Aufsatzes meint, man brauche eine Schutzwehr, und er plädiert dafür, daß ein aus anerkannt tüchtigen Genossenschaftern gewähltes Forum eingesetzt werde, das gleichzeitig als Appellinstanz zu fungieren hat, und dessen Anordnungen die Genossenschaften unweigerlich sich zu fügen haben. Ich kann mir nicht denken, daß irgend ein Genossenschafter das Verlangen verspüren wird, sich in dieses Forum hineinwählen zu lassen und die Verantwortung zu übernehmen, die damit verbunden ist. Wir wissen ja, wie die Dinge liegen: man macht die Genossenschaften auf Mißstände aufmerksam und man bekommt den Bescheid: jawohl, das ist richtig, die Maximalkreditgrenze ist um das Drei- oder Vierfache überschritten, aber der Betreffende ist ein schwerreicher Mann, es besteht nicht das geringste Risiko, im übrigen ist alles eingeleitet, um den Kredit abzuwickeln. Die nächste Revision ergibt, daß die Kreditüberschreitung noch größer geworden! Nun nehme man den Fall an, es soll zwangsweise eingegriffen werden. Ja, welche Verantwortung ist damit verbunden! Es ist ja sehr wohl möglich, daß aus jener dreifachen Kreditüberschreitung der Genossenschaft kein Risiko erwächst, wenn man ihr die Abwickelung überläßt. Aber das Mitglied der Genossenschaft bricht zusammen, wenn das Forum eingreift! Vielleicht ist bei Krediten, die nicht an die Maximalgrenze reichen, die Gefahr viel größer! Wer will das aus der Ferne erkennen? Ein Eingriff ist vollständig unmöglich — oder man verstaatlicht gleich das ganze Genossenschaftswesen und macht die sämtlichen Vorstandsmitglieder zu Staatsbeamten, gegen die man dann disziplinarisch vorgehen kann!

(Sehr gut!)

Ich glaube nicht, daß das Verlangen nach Einführung derartiger Zwangsmaßregeln viel Anhänger bei unsern Genossenschaften finden wird. Ich glaube aber auch, daß wir nicht zu befürchten brauchen, daß, wenn wir nicht selbst nach Zwangsmaßregeln rufen, ein Ausbau des Genossenschaftsgesetzes nach dieser Richtung erfolgt. Erstens liegen die Dinge im Genossenschaftswesen nicht so schlimm, daß man Staatsaufsicht zu wünschen nötig hat, und ferner erinnere ich daran, daß in der Begründung des Genossenschaftsgesetzes der Gesetzgeber mit bestimmten Worten erklärt hat, daß weder die Staatsbehörde noch die Kommunen sich mit der Revision der Genossenschaften beschäftigen können, weil sie davon nichts verstehen und die damit verbundene Verantwortung zu übernehmen nicht in der Lage sind. Ich möchte aber dringend davor warnen, daß unsererseits die Rufe nach Zwangsmaßregeln ertönen; denn schließlich, wenn aus Genossenschaftskreisen ein solcher Wunsch laut wird und wenn gesagt wird: wir sind zu schwach, wir wollen schärfere Gesetzesbestimmungen — wir wollen wenigstens für die Verbände Zwangsmaßregeln — so könnte uns eines schönen Tages doch einmal ein derartiges Geschenk präsentiert werden, und zwar in einer Weise, daß uns das Geschenk den Rest von Selbstverwaltung nimmt.

Meine Herren, worauf es mir ankommt, ist, darauf hinzuweisen, daß man sich vor einer Überschätzung der Bedeutung der Revision hüten soll. Ich habe mich deshalb in dem einleitenden Teil meines Vortrages so ausführlich über Zweck und Ziel der Revision ausgelassen; ich wollte diese möglichst scharf umgrenzt haben, weil ich der Meinung bin, daß, wenn der Zweck der Revision erkannt ist, dann auch in den Kreisen des Publikums, der Richter und der Behörden eine schiefe Auffassung über die Revision nicht Platz greifen wird; dann wird man nicht im Falle der Aufdeckung von Unterschlagungen die Frage aufwerfen: wie war es möglich, daß alle diese Dinge dem Revisor haben entgehen können?

Wir wollen an der Selbstverantwortlichkeit der Genossenschaft festhalten. Daß jeder außerhalb der Genossenschaft liegende Zwang unvereinbar ist mit der Selbstverwaltung und Selbstverantwortlichkeit der Genossenschaften, darüber ist kein Wort zu verlieren. Ich sage: Selbst wenn wir Zwangsmaßregeln bekommen könnten, von denen wir im voraus wissen, daß sie einen gewissen Erfolg haben, dann würden sie mir viel zu teuer erkauft sein — denn sie würden erkauft sein mit der Preisgabe der Selbstverantwortlichkeit der Genossenschaft. Am meisten ist also der Sache gedient, wenn man die Revision auf ihren richtigen Wert prüft, und ich glaube behaupten zu dürfen, daß sie dabei noch eine sehr große Bedeutung behält.

Je entwickelter das Genossenschaftswesen, desto bedeutungsvoller die Revision, desto mehr ist darauf Wert zu legen, daß die Revision in **sachverständiger Weise** bei den Genossenschaften zur Ausführung gelangt. Das ist das Entscheidende! Und da nützen uns keine Zwangsmaßregeln.

Und nun, meine Herren, gestatten Sie mir, zum Schluß kommend, erst mal das negative Ergebnis festzustellen, es scheint in diesem Falle zweckmäßig, damit zu beginnen. Da komme ich zu folgendem Resultat:

> Die sogenannte gerichtliche Revision ist ohne erhebliche, ich will nicht sagen, ohne jede Bedeutung geblieben. — Der Revisor kann einen Zusammenbruch der Genossenschaft nicht verhindern, und er ist auch keineswegs immer in der Lage, alle Defraudationen aufzudecken, und selbst wenn dies geschehen ist, und der Revisor sich sagt, hier müssen Unregelmäßigkeiten vorliegen, auch dann ist noch keine Sicherheit dafür gegeben, daß Abhilfe geschaffen wird. — Alle Mahnungen, die gegeben werden, sie scheitern in erster Reihe an der Vertrauensseligkeit der Mitglieder von Vorstand und Aufsichtsrat. So wie wir gestern in voller Übereinstimmung darin waren, daß die größte Schwierigkeit der Förderung des Handwerkergenossenschaftswesens in dem Konkurrenzneid der einzelnen Handwerker liegt, so werden wir uns heute wohl in voller Übereinstimmung darin befinden, daß das größte Hindernis für die zweckmäßige Durchführung der Verbandsrevision wie der Revision überhaupt in der Vertrauensseligkeit der Mitglieder von Vorstand und Aufsichtsrat liegt.

Nun aber die positive Seite der Sache und positive Wirkung hat nur die Verbandsrevision.

> Alle Erfolge auf dem Gebiete der Verbandsrevision hängen im wesentlichen ab von der Person des Revisors und des Verbandsdirektors. Das ist die Folge der Eigenart der ganzen Organisation; in unserem gesamten Genossenschaftswesen spielt die Person eine Hauptrolle, vielleicht eine wichtigere Rolle als in anderen wirtschaftlichen Betrieben. Was da für die Genossenschaft gilt, gilt in noch größerem Umfange für den Verband und die Personen, die in dem Verbande den maßgebenden Einfluß haben, den Verbandsrevisor und den Verbandsdirektor. Wir können kein Schema erfinden, das wir dem Verbandsdirektor in die Hand drücken, mit dem Ersuchen, nach diesem Schema zu arbeiten. Der Verbandsdirektor kann: empfehlen, raten, mahnen und warnen — mehr kann der Verbandsdirektor nicht tun.

Des weiteren ist meines Erachtens dringend notwendig — und das erwähnte ich auch schon vorhin — es ist dies ein Ergebnis der Beobachtungen und Erfahrungen,

> daß mit den außerordentlichen Revisionen häufiger vorgegangen werde als bisher, daß in allen den Fällen, wo der Verbandsdirektor sich überzeugt hat, daß bei der Genossenschaft ernstliche Mißstände vorhanden sind, aus denen unter Umständen eine kritische Situation für die Genossenschaft sich ergeben kann, der Verbandsdirektor die Genossenschaft nicht zwei Jahre dem Schicksal überläßt und sich mit den oft vollkommen inhaltlosen Erklärungen der Genossenschaft zur Verbandsrevision begnügt — sondern selbst feststellt, ob den Erinnerungen des Revisors die entsprechende Beachtung geschenkt ist.

> **Schließlich hängt die in der Befolgung der vom Revisor und Verbandsdirektor erteilten Ratschläge beruhende Wirkung von dem guten Willen und dem Verständnis der Genossenschaft ab.**

Ich wiederhole, daß die Kostenfrage keine entscheidende Rolle dabei spielen darf. Aus einem der Verbände ging mir mal die Mitteilung zu, daß die Genossenschaften die Kosten für die außerordentliche Revision nicht tragen wollen, und der Verband wäre zu schwach, die Kosten auf sich zu nehmen. Dann müssen eben die Beiträge so reguliert werden, daß die Unterverbände nicht zu schwach sind, die Kosten für die Revision auf sich zu nehmen. An der Kostenfrage darf die Durchführung der Revision niemals scheitern. Bei der Kostenfrage kommt allerdings noch in Betracht, daß für uns eine große Schwierigkeit darin liegt, daß Verbände außerhalb unserer Organisation zum Teil wenigstens mit erheblich billigeren Kosten arbeiten können. Entweder subventioniert der Staat die Verbände oder — was bei den landwirtschaftlichen Genossenschaften vielfach der Fall ist — der Verband treibt einen so schwunghaften Handel mit Dünger und Futtermitteln, daß damit ein Teil der Revisionskosten gedeckt wird, dabei sind dann die Genossenschaften vielfach so harmlos, als Verbandsbeitrag nur das zu betrachten, was sie an barem Gelde zahlen, sie lassen außer Betracht, daß jene Beiträge auch zum Teil auf den Warenbezug aufgeschlagen werden.

Ich habe nicht selten ein rigoroseres Vorgehen seitens der Verbandsleitung empfohlen, — daß, wenn die Genossenschaft sich nicht fügt, sich der Verbandsdirektor an den Unterverbandstag wendet und dort die Verhältnisse der Genossenschaft klarlegt. Es ist von unserm Herrn Vorsitzenden in den Blättern für Genossenschaftswesen die Frage angeregt worden, ob die Verhandlungen hierüber auf den Unterverbandstageu öffentlich stattfinden sollen, in der Meinung, es wäre besser, unter Ausschluß der Öffentlichkeit zu verhandeln. Das mögen die einzelnen Verbände halten wie sie wollen. Ich bin jedenfalls der Meinung, daß die Verbandsdirektoren nicht allzu lange zögern sollen, sondern möglichst bald dem Verbande Mitteilung machen, wie die Dinge bei der Genossenschaft sich gestalten; bleibt die Genossenschaft nach wie vor renitent, muß mit dem Ausschluß der Genossenschaft vorgegangen werden. Selbstverständlich handelt es sich hierbei immer um Mißstände, die geeignet sind, den Bestand der Genossenschaft zu gefährden.

Meine Herren, **positiv steht vor allen Dingen fest, daß ein großer Teil, wenn nicht der größte Teil der bedeutenden Entwicklung der Genossenschaften auf das Konto der Verbandsrevisionen zurückzuführen ist.** Wenn ich einerseits warne vor der Überschätzung der Verbandsrevision im Interesse des Ansehens der Verbandsdirektoren und im Interesse der Verantwortlichkeit der Verbandsrevisoren, so möchte ich nicht den Glauben aufkommen lassen, daß ich die Verbandsrevision unterschätze, daß ich deswegen die außerordentlich große Bedeutung der Verbandsrevision nicht vollkommen würdige. Meine Herren, es sind die Verbandsrevisoren, die die Grundsätze zu den Genossenschaften hinausgetragen, die für dieselben in den einzelnen Genossenschaften gewirkt, die auf eine Verbesserung der Organisation unermüdlich hingearbeitet haben. **Wenn wir bei vielen Genossenschaften sehen, wie von Jahr zu Jahr die Entwicklung eine immer mannigfaltigere wird, so ist das nicht in letzter Reihe auf das Verdienst der Verbandsr visoren zurückzuführen, die unaufhörlich auf Vorstand und Aufsichtsrat eingewirkt haben, um die geschäftlichen Einrichtungen zu verbessern und zu vervollkommnen.**

Was ist die Voraussetzung für diese Wirkung? **Das Verständnis bei den Genossenschaften selbst.** Wo das Verständnis der Genossenschaft fehlt für die große Bedeutung der Verbandsrevision, da werden wir mit ihr niemals einen nennenswerten Erfolg erzielen. Auch deswegen bin ich mit aller Entschiedenheit gegen jede zwangsweise Ausgestaltung der inneren Einrichtung der Organisation.

Meine Herren, die Geschichte der Revision wie die Geschichte des Genossenschaftswesens selbst zeigt uns, daß jeder gesetzliche Eingriff in das Genossenschaftswesen im höchsten Grade bedenklich ist. Auch aus dieser Erwägung heraus sollen wir uns wohl davor hüten, den Gesetzgeber anzurufen, um hinzustreben nach einer etwaigen vermeintlichen Vervollkommnung der Einrichtung der Verbandsrevision.

Halten wir das Erreichbare bei der Verbandsrevision fest im Auge, dann glaube ich, können wir vollkommen mit den Resultaten zufrieden sein.

Meine Herren, es war nicht meine Absicht, diesen Vortrag mit einem Antrag zu schließen. Ich hatte nur den Wunsch, Ihnen darzulegen, wie sich die Verbandsrevision, die Revision der Genossenschaften überhaupt entwickelt hat, was wir von ihr erwarten können und was wir nicht von ihr erwarten dürfen, und ich glaubte, daß mit einem derartigen Vortrag eine genügende Klärung herbeigeführt würde. Nachdem aber nun von verschiedenen Seiten ein weiterer Ausbau der Verbandsrevision angestrebt ist, habe ich denn doch dem Gesamtausschuß den Antrag unterbreitet, der in die Tagesordnung aufgenommen ist, und den ich Sie anzunehmen bitte. Wenn auch dieser Antrag vielleicht in dem einen oder anderen Satz Ihnen etwas zu schwächlich gefaßt erscheint, bitte, bedenken Sie dabei nur, daß es sich bei diesem Antrag darum handelt, Zweck und Ziel der Revision zu begrenzen, Stellung zu nehmen gegen die weitere Ausgestaltung der Revision, vor allen Dingen Protest einzulegen gegen die Verbindung mit irgendwelchen Zwangsmaßregeln. Ich glaube, wir können gar nicht frühzeitig genug dagegen Protest einlegen; ich meine, daß unsere Erfahrungen so reichhaltig sind, daß wir heute uns bereits über jene Forderungen schlüssig machen können. Ich bitte Sie daher, den Antrag so, wie er Ihnen hier unterbreitet ist, anzunehmen, und im übrigen möchte ich allerdings dann auch noch den Wunsch anknüpfen: lassen Sie die Begründung meines Antrages nicht unberücksichtigt, denken Sie nicht bloß etwa an den Teil meiner Begründung des Antrages, in dem ich mich historisch ausgelassen und Stellung genommen habe gegen Zwangsmaßregeln, sondern bitte, berücksichtigen Sie auch jenen Teil der Begründung, in dem ich mich ausgelassen habe über den inneren Ausbau der Revision, in dem ich besonders hingewiesen habe auf die Verantwortlichkeit der Revisoren und Verbandsdirektoren, in dem ich besonders dringend gebeten habe, nicht die Kostenfrage in den Vordergrund zu stellen, nicht etwa daran zu denken, daß es mit der Durchführung der zweijährigen Revision auf alle Fälle genug ist, sondern daß es unter Umständen auch geboten sein kann, zu einer häufigeren Revision überzugehen. Alles in allem glaube ich aussprechen zu dürfen, daß die Grundsätze, auf denen unsere Verbandsrevision sich aufgebaut hat, die richtigen sind, und deshalb bitte ich um Annahme dieses Antrages. (Lebhafter Beifall.)

Verbandsdirektor Justizrat **Dr. Alberti** (Wiesbaden): Meine Herren, der Herr Anwalt hat Ihnen sowohl in seinem Vortrage als in dem Antrage die Genossenschaftstage namhaft gemacht, auf denen wir uns mit der Verbandsrevision beschäftigt haben. Ich möchte nun aber nach außen hin nicht etwa den Eindruck aufkommen lassen, als wenn wir z. B. seit dem Jahre 1901 uns mit diesen Dingen nicht mehr befaßt hätten. Allerdings auf den öffentlichen Genossenschaftstagen nicht, wohl aber in den Sitzungen des Gesamtausschusses, ebenso in den Sitzungen der Revisoren, weiter aber auch auf unseren Verbandstagen haben wir diese Fragen ständig behandelt. Ich glaube, es hat kaum eine Sitzung des Gesamtausschusses stattgefunden, wo sie nicht erörtert und namentlich ins Auge gefaßt worden ist, ob weitere Maßregeln, insbesondere auch Vorschläge für die Gesetzgebung anzuraten sind. Ich verstehe sehr wohl, daß nach so manchen Ereignissen der letzten Jahre, namentlich auch bei dem gewaltigen Umfange, den das Genossenschaftswesen genommen hat, sich einzelne Staatsregierungen die Frage vorlegen, ob denn nichts geschehen kann, um Schädigungen zu vermeiden, die hier und dort in erschreckender Weise auftreten. Ich kann es nur begrüßen, wenn sich die Staatsregierungen hiermit befassen, denn wir wollen ja im Ausbau des Genossenschaftswesens mit ihnen Hand in Hand gehen. Umsomehr aber halte ich uns auch verpflichtet, daß wir darauf hinweisen, welche Maßregeln zu vermeiden sind, weil sie tatsächlich nicht durchgeführt werden können. Herr Dr. Crüger hat bereits auf die Schwierigkeit hingewiesen, im entscheidenden Moment das Richtige anzuordnen. Ich glaube, daß es wenige Sachverständige gibt, die überhaupt dazu geeignet sein würden, denn es handelt sich hier nicht allein um eine Kenntnis des Genossenschaftswesens, es handelt sich auch darum, die lokalen Verhältnisse zu beurteilen, insbesondere die Leute, die in Betracht kommen, kurzum eine ganze Menge von Faktoren mit in Berechnung zu ziehen, die man einfach gar nicht schablonisieren kann. Wenn wirklich bei irgend einer Regierung die Absicht besteht, eine derartige gesetzgeberische Maßnahme zu treffen, so würde ich recht dringend wünschen, daß der betreffende Herr, der mit der Ausarbeitung beauftragt ist, einmal die Gelegenheit wahrnimmt, einer Versammlung beizuwohnen, die den Zweck hat, einen plötzlich hervorgetretenen Schaden zu beseitigen, eine Genossenschaft zu sanieren. Wenn man einmal dabei gewesen ist und gesehen hat, wie ein solches Ereignis wirkt, wie unendlich verantwortungsvoll schon der Rat ist, den man dort zu geben hat, und wie die Geschädigten geneigt sind, den Revisor verantwortlich zu machen, dann wird man sich ohne weiteres überzeugen, daß es unmöglich ist, einen einzelnen, sei es nun Revisor oder Verbandsdirektor, mit Befugnissen und Pflichten zu belasten, die das ganze Schicksal der Genossenschaft und ihrer Mitglieder an seine Entschließungen binden.

(Sehr richtig!)

Suchen Sie einen, der diese Verantwortung übernimmt. Wir waren im Gesamtausschuß stets einstimmig der Ansicht, daß unter uns ein solcher Mann nicht zu finden ist, der diese unübersehbare Verantwortung zu übernehmen bereit wäre. Ich glaube, auch jeder, der einigermaßen die Verhältnisse kennt, wird auf dem gleichen Standpunkte stehen. Wer würde es also sein, der solche Maßnahmen zu treffen hat? Wahrscheinlich einer, der die Sache noch nicht mitgemacht hat, und sie nicht versteht. Und was soll dabei herauskommen? — der denkbar größte Schaden würde das sein. Nein, wir sind fest überzeugt, daß die Männer gar nicht zu finden wären, die eine solche Arbeit, eine solche Verantwortung auf sich nehmen würden. Und wieviel verantwortungsvoller ist noch die Stellung des Mannes, der die Maßregeln zu treffen hat, ehe überhaupt die Sache in die Öffentlichkeit gekommen ist. Wenn letzteres geschehen ist, wenn man in den Verhandlungen drinsteht, hat man wenigstens nicht die Verantwortung, daß man die bisher geheimen Dinge in die Öffentlichkeit bringt. Aber vorher nun den Entschluß zu fassen: hier muß die Brandfackel hineingeschleudert werden, die Öffentlichkeit muß die ganze Sache erfahren — das ist eine Verantwortung, die niemand übernehmen wird.

(Sehr richtig!)

Wie soll die Sache überhaupt durchgeführt werden? Bei einer Genossenschaft Maßnahmen durchzuführen mit Gewalt von einer einzelnen Stelle aus, das ist vollkommen unmöglich. Wir sind doch angewiesen auf die Mitwirkung derer, die in der Genossenschaft drin sind, die ihrerseits vielleicht das Geld gegeben haben, die den einzelnen Vorstand abzusetzen, einen anderen Aufsichtsrat zu berufen haben. Das kann doch unmöglich einer machen, der hingeschickt wird, das muß wieder nur gemacht werden von denen, die in der Genossenschaft stehen. Diese Maßnahmen werden nur getroffen werden können, wenn einer dort hinkommt als Vertrauensmann und nicht als — ich möchte sagen als Büttel, der nun seinerseits Ordnung schaffen soll von Staatswegen. Lassen Sie also gar nicht den Gedanken aufkommen, daß, sei es ein Verbandsrevisor, sei es ein Verbandsdirektor, hier irgend etwas gewaltsam machen kann. Das widerspricht der ganzen Natur der Genossenschaft, das widerspricht der Stellung der Leute, die als Revisoren, als Verbandsdirektoren tätig sind. Ich will das nicht wiederholen, was der Herr Anwalt gesagt hat, sondern noch zu einem Punkte Stellung nehmen. Wir wollen uns nicht darauf beschränken, hier zu sagen, was nicht geschehen darf, sondern wir wollen ruhig ins Auge fassen: wie können wir an sich in der Sache weiterkommen, wie können wir denn doch so viel wirken, daß auch hier eine Besserung eintritt? Darüber haben wir ja, wie ich erwähnte, im Gesamtausschuß und in den Revisorenkonferenzen oft genug beraten. Ich hatte manchmal Gelegenheit, dort meine Ansicht auszusprechen, und ich halte mich auch hier umsomehr dazu berufen, als wir gerade in unserm Verband am Mittelrhein schon sehr frühzeitig an die Einführung einer freiwilligen Revision gegangen sind. Welche Stellung soll der Revisor haben, der in unserem Verbande tätig ist? Ich will bemerken, es liegt mir fern, in einzelnen Verbänden, wo die Sache anders geordnet ist, irgend welches Mißtrauen zu wecken. Wir müssen Leute engagieren ersten Ranges, die kaufmännisch und genossenschaftlich geschult sind, kurzum alle die Eigenschaften haben, die vorhin erwähnt wurden. Sie müssen es verstehen, auch kraft ihrer persönlichen Liebenswürdigkeit sich das Vertrauen der Einzelnen zu erwerben. Es müssen allerdings erstklassige Leute sein, die, wie das vorhin erwähnt wurde, dann allerdings auch beanspruchen können, dementsprechend gestellt zu werden. Insofern ist ja die Verbandsrevision vielfach eine Kostenfrage, aber vollkommen muß ich dem Herrn Anwalt beistimmen, wenn er sagt: hier kann die Kostenfrage nicht entscheidend sein. Ich hatte Gelegenheit, auf einem der letzten Unterverbandstage mich zu überzeugen, daß wir sehr wohl in der Lage sind, diese Kosten aufzubringen. Da handelte es sich darum, in dem Verbande Stellung zu nehmen zu einem neuen Steuergesetz, das meines Erachtens die Genossenschaften erheblich mehr belastet hat, als in der Ordnung war. Dort haben sich die Genossenschaften auf den Standpunkt gestellt: wir müssen die Lasten wie jeder andere aufbringen. Dabei handelte es sich um viele viele Tausende, mit denen der Verband belastet wurde. Ich wies darauf hin: schön, wenn ihr das Geld habt, um euren Staatspflichten nachzukommen, dann kann das Geld nicht fehlen, um die Revision durch einige tausend Mark besser auszugestalten als bisher. Was dort gilt, gilt auch anderswo. Das Geld, was hier angelegt ist, ist gut angelegt; es wird allen zum Vorteil gereichen. Außerdem ist die Sache gar so arg nicht. Wenn wir als Verbandsrevisoren, wie ich erwähnte, erstklassige Leute berufen, dann sind sie durchaus nicht allein angewiesen auf das Geld, das sie bei uns beziehen, sondern sie werden es verstehen — die Erfahrung haben wir glücklicherweise im Verbande recht zahlreich gemacht — sich eine angesehene Stellung im ganzen Kreise zu erwerben, sie werden angesehen Kaufleute, angesehene kaufmännische Sachverständige sein, und dann gibt es genug Gelegenheit, auch noch anderen Verdienst zu bekommen, der vollständig in der Ordnung ist. Man sagt vielleicht, wollen wir denn die Verbandsrevisoren auf Nebengeschäfte hinweisen? Ich bin durchaus der Ansicht, daß es nicht nötig ist, daß die Herren nur bei uns tätig sind, sondern daß es sehr gut ist, wenn sie, sagen wir einmal durch Revisionen bei Aktiengesellschaften und dergleichen mehr, voll im geschäftlichen Leben drin bleiben, und nicht allein nur nach unseren Verhältnissen urteilen, sondern auch nach andern. Wir wissen, daß gerade solche Herren schon jetzt vom Gericht als berufene Sachverständige angesehen werden, nicht nur in genossenschaftlichen, sondern auch in anderen Dingen. Wenn wir in der Weise vorgehen, allerdings dabei auch die Herren nicht allzusehr belasten, daß sie zuviel Verbände übernehmen, dann wird es recht wohl gehen, ihnen eine Stellung zu verschaffen, in der sie alles leisten können, was ich erwähnt habe. Wir wollen ja und werden nicht etwa einen Beschluß fassen: das muß so und so sein, sondern auch hier sind wir auf den Boden der Freiwilligkeit, der Selbsthilfe gestellt. Aber ich will betonen, daß sich doch schon jetzt die ganze Ausbildung und Stellung der Verbandsrevisoren bei uns in diesem Sinne entwickelt hat, und alle diejenigen Verbände, die schon seit längerer Zeit den Weg gegangen sind, können auch mit Genugtuung den Erfolg feststellen. Wenn wir in dieser

Weise fortfahren, werden wir jedenfalls für die Genossenschaft am besten sorgen. Ich kann feststellen, daß in den letzten, sagen wir 10, 15 Jahren gerade auf diesem Gebiete ganz bedeutendes geschehen ist. Wir sind nicht stehen geblieben meine Herren, das ergibt sich am besten auch daraus, daß verhältnismäßig die Zusammenbrüche doch vereinzelt waren. Wenn wir auf dem Wege fortfahren, dann wird die Sache besser werden. Zwangsmaßregeln, staatliche Maßregeln können wir unter keinen Umständen gebrauchen.

(Bravo!)

Verbandsrevisor **Kuckuck** (Berlin): Meine Herren, der Herr Anwalt hat den Antrag so ausführlich begründet, daß gar kein Zweifel darüber besteht, daß Sie über die Tendenz desselben sich vollständig klar sind. Immerhin möchte ich mir doch gestatten, mit Rücksicht darauf, daß ich in den vergangenen Tagen Gelegenheit hatte, verschiedentlich zu hören, man glaube, der Antrag bezwecke, daß in den Vereinen die Revision noch strenger vorgenommen werden solle usw., darauf hinzuweisen, daß das die Tendenz des Antrages ganz gewiß nicht ist. Obgleich sich der Antrag beschränkt auf die Verbandsrevision, so können wir doch nicht anders, als auch kurz darauf hinzuweisen, daß außerhalb der Verbandsrevision — ich möchte sagen leider — sehr viel geschieht, was auch einwirkt auf unsere Tätigkeit. Ich habe verschiedentlich Gelegenheit gehabt zu sehen, daß die Tätigkeit der gerichtlichen Revisoren zum Teil ganz unzulänglich ist, wie der Herr Anwalt ebenfalls schon erwähnt hat. So hat sich beispielsweise ein gerichtlich bestellter Revisor lediglich beschränkt auf die Vornahme eines Kassensturzes. Er hat einfach konstatiert: die Kasse hat gestimmt — fertig war die Arbeit, und das hat 9 Mk. gekostet.

(Heiterkeit.)

Als ich gerade in diesem Falle den Vorsitzenden eines Vereins bestimmen wollte, unserm Revisionsverband beizutreten, da hat man mir gesagt: Ach, was Sie uns sagen, das wissen wir alles, wir lassen uns vom Gericht revidieren. Da kommt der Sparkassenverwalter, der uns bescheinigt, daß die Sache in Ordnung ist, und das kostet 9 Mk. Vier Wochen nach der Revision stellte sich dann heraus, daß sowohl der Kassierer wie auch der Kontrolleur nicht unerhebliche Unterschlagungen begangen hatten. Da kam der Verein zu uns: schicken Sie uns den Revisor, wir müssen uns revidieren lassen, die Karre ist nicht in Ordnung! Darin liegt der Schwerpunkt, und wir haben das bereits früher schon ausgesprochen: man möge auch die berufenen Instanzen veranlassen, zu Revisoren nur solche Leute zu bestellen, die fachmännisch gebildet sind. Inwieweit nun diese damalige Mahnung Anklang gefunden hat bei den Behörden, kann ich nicht sagen. Ich habe immerhin gefunden, daß auch jetzt noch Leute vom Gericht als Revisoren bestellt werden, die sich als absolut unfähig für Beurteilung kaufmännischer und noch viel mehr genossenschaftlicher Fragen erwiesen. Die Personen würden schon zu finden sein, wenn man auch seitens der Behörden Gewicht darauf legen wollte, nur tatsächlich sachverständige Leute dazu herauszusuchen.

Nun, meine Herren, die Tendenz des Antrages geht dahin, nur allgemein festzulegen, daß die Revision sich im allgemeinen beschränken soll auf die Hebung des Verständnisses der Organe der Genossenschaft für die Zwecke der Revision. In dieser Beziehung habe ich tatsächlich in der Praxis gefunden, daß da mitunter ganz wunderbare Ansichten bestehen. Es gehört zweifellos zu den Aufgaben des Revisors, die Bilanzaufstellung zu prüfen, soweit das bei der beschränkten Zeit möglich ist. Aber wir dürfen doch unbedingt aussprechen, daß es nicht Aufgabe der Verbandsrevision sein kann, dem Aufsichtsrat etwa seine Arbeit abzunehmen. Es ist mir wiederholt passiert, daß man mir gesagt hat, wenn sich herausstellte, daß die Buchführung im ganzen Jahre nicht revidiert war: Sie kommen ja, da brauchen wir doch nicht zu revidieren. Das ist durchaus falsch. Der Revisor soll eine Art Oberinstanz bilden, der kontrolliert, ob auch der Aufsichtsrat ebenfalls seinen Verpflichtungen in entsprechender Weise nachkommt.

Was nun die Zwangsmaßregeln anlangt, so bin ich der Ansicht — ich bitte das aber nicht als pro domo gesprochen anzusehen — daß damit gar nichts auszurichten ist. Wir haben schon alle möglichen Maßnahmen getroffen, um durchzusetzen, daß die Revision den richtigen Zweck erfüllt, aber trotzdem kommt es immer wieder vor, daß das nicht geschieht. Erst in letzter Zeit ist es passiert, daß z. B. der Kassierer im Verein mit dem Direktor, der ein großes Vertrauen genoß, den Revisionsbericht einfach unterschlagen hat. Wir helfen uns ja in der Weise, daß wir eine Mitteilung an den Vorsitzenden des Aufsichtsrats gelangen lassen. Das funktioniert natürlich nur so lange, als der Vorsitzende des Aufsichtsrats nicht mit den Vorstandsmitgliedern unter einer Decke steckt. Es ist mir sogar passiert, daß der Direktor eines Vereins — in diesem Falle ein Postbeamter — die an den Vorsitzenden des Aufsichtsrats adressierte Mitteilung einfach dem Kassierer gegeben hat. Das ist natürlich auch nicht richtig und hat im vorliegenden Falle zu einer Inanspruchnahme des Direktors geführt. Aber in dem erstgenannten Falle, den ich speziell erwähnte, ist der Bericht angeblich unterschlagen worden und nirgends zum Vorschein gekommen.

Wir müssen uns demgegenüber auf den Standpunkt des Gesetzes stellen, daß der Revisionsbericht der Generalversammlung zur Beschlußfassung zu unterbreiten ist. Demnach ist es Pflicht jedes Vorstands- und Aufsichtsratsmitgliedes, darüber zu wachen, daß der Revisionsbericht in der Verwaltung zur Besprechung und demnächst zur ordnungsmäßigen Erledigung in der Generalversammlung kommt. Wer in der Praxis steht, weiß, wie viele, zum Teil arge Mißstände durch die Revision beseitigt werden, ohne daß die Öffentlichkeit etwas davon erfährt.

Wenn wir das festlegen, meine Herren, daß wir, soweit es im Rahmen der gesetzlichen Bestimmungen möglich ist, bemüht sind, die Revision so sachgemäß auszuführen, wie es unter den gegebenen Verhältnissen möglich ist, so glaube ich, haben wir dem Rechnung getragen, was auch in diesem Antrage liegt. Wir können auf keinen Fall zugeben, daß etwa bei der Revision, die alle 2 Jahre stattzufinden hat, eine solche Prüfung des Rechnungswesens stattfinden kann, wie sie bei einer speziellen Bilanzrevision stattzufinden hat. Es ist mir passiert, daß man mich gefragt hat: sind Sie allein? — Ja freilich! Später hat man mir dann gesagt: der vorige Revisor hatte zwei Leute dabei, die haben 5 Tage kollationiert und dann bescheinigt, daß die Sache in Ordnung ist. Das ist entschieden eine ganz falsche Auffassung der Revision im allgemeinen und speziell auch unserer Verbandsrevision. Ich stehe vollständig auf dem Standpunkte des Antrages und kann Sie nur ebenfalls bitten, ihn anzunehmen.

Direktor **Thorwart** (Frankfurt a. M.): Der Herr Anwalt hat im Eingang seines Referats darauf hingewiesen, daß die Zusammenbrüche und Verfehlungen bei den Genossenschaften an Bedeutung und an Summe zurücktreten gegenüber gleichen Katastrophen bei anderen Organisationen, bei Aktiengesellschaften. Aber, meine Herren, wir dürfen nicht den großen Unterschied zwischen der Wirkung vergessen, welche durch die Zusammenbrüche von Genossenschaften und diejenigen von Aktiengesellschaften hervorgerufen wird. Während bei dem Zusammenbruch einer Aktiengesellschaft nur die Aktionäre mit einem bestimmten Anteil ihres Vermögens, nämlich ihren Aktienbesitz, geschädigt werden, ist es möglich, daß durch den Zusammenbruch einer Genossenschaft die Mitglieder mit sehr viel erheblicheren Summen in Mitleidenschaft gezogen werden, ja vielleicht ihr ganzes Vermögen verlieren. Diesen Unterschied müssen wir uns vor Augen halten, wenn wir uns fragen, warum der Ruf nach einer strengeren Revision, ja nach einer Zwangsrevision in weiten Kreisen so ungemein populär ist. Nach den Erfahrungen, die wir leider gerade in Süddeutschland in mehreren Fällen in den letzten Jahren gemacht haben, haben sogar große angesehene Organe der öffentlichen Meinung sich zur Forderung einer Zwangsrevision oder wenigstens der Ausgestaltung der Revision dahin geäußert, daß der Revisor gleichsam die Stelle eines Kalkulators vertreten soll, der die einzelne Genossenschaft einer ganz besonders eingehenden Untersuchung zu unterziehen hat. Ich stehe auch heute noch auf demselben Standpunkte, den ich seinerzeit in Erfurt vertreten habe und den ich keineswegs damals nur durch die Frage rechtfertigte: werden wir genügend Personen als Revisoren finden?, sondern weil ich überzeugt bin, daß wir durch eine Zwangsrevision die Verantwortung der Aufsichtsorgane unserer Genossenschaften in den Hintergrund drängen würden. Daran muß man immer festhalten: worauf es ankommt, ist, das Verantwortlichkeitsgefühl der Aufsichtsratsmitglieder und der Verwaltungsorgane der Genossenschaft zu stärken und ihnen zu sagen: an euch liegt es und nicht an dem Revisor, der alle 2 Jahre einmal hinkommt, um zu sehen, daß bei euch alles rechtens ist. Es handelt sich ja keineswegs immer um Defraudationen, die den Gegenstand des Anstoßes des Revisors bilden. Auch schlechte nachlässige Geschäftsführung hat nicht wenige unserer Vorschußvereine in große Schwierigkeiten gebracht. Im Badischen haben wir neuerdings gesehen, daß ein Vorstandsmitglied in unverantwortlicher Pflichtvergessenheit ohne jede Sicherheit, nachdem der Revisor eben das Lokal verlassen hatte, in den nächsten 3 Monaten ungeheure Summen an einen vorher schon schwachen schlechten Schuldner hingegeben hat, nur um den Konkurs des betreffenden Mitglieds, der schon damals unvermeidlich war, hintanzuhalten. Wie soll der Revisor, der alle 2 Jahre hinkommt, in der Lage sein, diese Zustände zu verhindern? Er kann sie höchstens nachträglich feststellen und nur sagen: das ist falsch gewesen; aber er kann hier nicht vorbeugen, und diejenigen Vorstandsmitglieder, die das Ihrige dazu tun, um diese Sache vor dem Revisor zu verbergen, um sich in ein besseres Licht zu setzen, haben zu allen Zeiten ihre Vorbilder gehabt. Schon zu Schulze-Delitzsch' Zeiten haben wir solche Zusammenbrüche in den Genossenschaften erlebt. Ich erinnere daran, daß in den allerersten Jahren in Dresden ein großer Zusammenbruch stattfand. Ein anderer wie Schulze-Delitzsch hätte sich von diesen Mißständen niederdrücken lassen. Aber eine so kraftvolle Persönlichkeit, wie es Schulze-Delitzsch war, konnte durch solche Mißerfolge in seiner Anschauung nicht wankend gemacht werden, sie blieb stets bei dem, was sie für richtig erkannt hatte. Ebenso ist selbst ein so gewiegter Geschäftsmann, ein so genauer Kenner der Buchführung wie Spergel, in Düsseldorf schmählich getäuscht worden. Er fuhr hin auf Veranlassung Schulze-Delitzsch', um die Verhältnisse der dortigen Gewerbebank zu untersuchen, kam und fand alles in Ordnung, da man ihm versichert hatte, daß die angeblich gefährdeten Posten nur momentan nicht eingezogen werden könnten. Aber kaum hatte er den Rücken gekehrt, so stellte sich die dort eingerissene ungeheure Mißwirtschaft heraus. Wie kann der Revisor all diese Dinge erkennen in der kurzen Zeit, die er da ist? Heute schon wird dem Revisor zu viel aufgebürdet; er ist manchmal gar nicht in der Lage, alles gründlich zu machen, und deshalb bin ich allerdings der Meinung, daß wir häufiger Revisionen vornehmen lassen müssen, als jedesmal nach 2 Jahren, damit der Revisor imstande ist, alle Einzelheiten zu prüfen.

Meine Herren, daß wir die Forderung unangemeldeter Revisionen zurückweisen, ist selbstverständlich. Der Herr Anwalt hat in ausführlicher Weise dargelegt, daß das nicht die Aufgabe unserer Revisoren ist; ebensowenig kann von kalkulatorischen Revisionen die Rede sein. Herr Kuckuck hat mit Recht gesagt, daß, wenn wir diese vornehmen wollten, wir ein ganzes Bureau hinsetzen müssen. Schon die Frage, inwieweit der Revisor bei der Inventur mitwirken soll, ist für mich eine offene. Ich habe gelegentlich einen Vorschußverein revidiert; als ich hinkam, war keine Inventur vorhanden, und wie ich fragte, wie das denn möglich sei, wurde mir gesagt: der Revisor hat uns das immer gemacht; warum sollen wir die Inventur aufstellen, wenn der Revisor die Güte hat, sie vorzunehmen?!

Es handelt sich also bei allen diesen Fragen darum, daß wir dem Aufsichtsrat sagen: Ihr seid diejenigen, die verantwortlich sind; der Revisor kann nur ein Urteil über den Stand der Genossenschaft abgeben. Und wenn Sie, meine Herren, von dem Revisor mehr verlangen, dann kommen Sie zum Staatsrevisor, ob Sie wollen oder nicht. Weil wir aber gegen die staatliche Revision sind, können wir weitergehenden Vorschriften nicht zustimmen!

Meine Herren, ein anderes ist — und der Herr Anwalt hat darauf schon hingewiesen —, ob die Mißstände, die in den einzelnen Vereinen von den Revisoren aufgedeckt werden, öffentlich zur Sprache gebracht werden sollen. Man scheut sich vielfach, diese Dinge auf den Unterverbandstagen zu berühren, indem man sagt: dadurch verbessern wir nichts, wir veranlassen vielmehr nur die Betreffenden, wegzubleiben und aus dem Verbande auszutreten. Ich habe trotzdem stets das Gefühl gehabt, daß man hierbei nicht zu ängstlich sein soll. Die ersten Verbandstage, die ich in Thüringen besuchte, haben mir insofern imponiert, als damals Verbandsdirektor Schwanitz bei Aufruf eines jeden Vereins sagte: bei euch haben sich die und die Dinge vorgefunden, sie sind trotzdem nicht geändert, woher kommt das? Ich habe nie gehört, daß die betreffenden Vereine deshalb ausgetreten wären oder das übelgenommen hätten. Diejenigen, die auf einen solchen Appell nicht hören wollen, soll man sich nicht scheuen, auszuschließen. In dieser Beziehung sollten wir strenger sein; wir dürfen uns in der Tat nicht vor Selbstkritik scheuen, sondern müssen sagen, wenn etwas nicht in Ordnung ist: steht Rede und Antwort; auf den Unterverbandstagen ist das Forum, wo ihr euch verantworten müßt!

Schon auf dem Genossenschaftstage in Mainz im Jahre 1864 hat Schulze-Delitzsch in Anlehnung an ein bekanntes Wort Lessings sich bei Erörterung einer ähnlichen Frage dahin ausgesprochen: „Wenn die Vorschußvereine die Wahl zwischen Vorschriften hätten, bei denen sie ihre Selbständigkeit einbüßen würden aber keine Fehler machen könnten, und zwischen ihrer Selbständigkeit, bei denen Fehler unvermeidlich sind, so müssen sie sich für die Selbständigkeit entscheiden." Und das ist der Standpunkt, an dem wir auch heute nach wie vor festhalten wollen.

(Bravo!)

Worauf es also ankommt, ist, daß wir das Gefühl für die Selbstverantwortlichkeit aller Beteiligten stärken, indem wir uns bewußt sind, welch große wirtschaftliche Aufgaben unsere Genossenschaften nicht nur für ihre Mitglieder, sondern auch für die außerhalb dieser stehenden Kreise haben. Aber nicht dadurch können wir auf die Kräftigung dieses Pflichtgefühls einwirken, daß wir die Verantwortung für die Leitung der Genossenschaften auf andere Schultern abwälzen, sondern indem wir selbst unsere Schuldigkeit immer mehr und mehr tun!

(Lebhafter Beifall.)

Vorsitzender **F. X. Proebst** (München): Meine Herren, ehe ich das Wort weiter gebe, möchte ich Sie bitten, trotz der großen Bedeutung der Sache, über die wir sprechen, doch daran zu denken, daß wir in einer bestimmten Zeit Schluß machen müssen. Ich möchte also die Herren Redner bitten, sich möglichst kurz zu fassen.

Direktor **Lorenzen** (Speyer): Fürchten Sie nicht, meine Herren, daß ich Sie lange aufhalten werde; ich habe hier nur einige Notizen, die ich nicht gut entbehren kann.

Der Antrag der Anwaltschaft, wie er uns heute vorliegt, ist in einer Fassung eingebracht worden, die uns vorher nicht bekannt war; es war vorher über diesen Gegenstand bereits verhandelt worden. Weshalb nun diese neue Fassung gewählt worden ist, weiß ich nicht. Die Herren im Gesamtausschuß haben sich darüber verständigt und haben aus den einfachen Referat einen Antrag gemacht. Meine Herren, ich kann diesen Antrag nicht in allen Punkten für meine Person gutheißen; ich meine vor allen Dingen, daß man sich in der Umgrenzung der Revisionstätigkeit doch etwas zu kurz ausgedrückt hat. Es steht da:

Die durch § 53 und § 55 des Genossenschaftsgesetzes vorgeschriebene „Verbandsrevision" hat lediglich den Zweck, die Organe der Genossenschaft in der Vervollkommnung der geschäftlichen Einrichtungen und der Beseitigung von Mißständen zu unterstützen.

Nach meiner Ansicht steht im Genossenschaftsgesetz, daß die Revision den Zweck hat, die Einrichtungen und die Geschäftsführung der Genossenschaft in allen Zweigen der Verwaltung mindestens in jedem zweiten Jahre einer Prüfung durch einen Revisor zu unterziehen. Also diese Prüfung gehört zu den wesentlichen Obliegenheiten der Revision, und ich möchte nicht, daß man diesen Antrag annimmt, ohne ihn wenigstens in dieser Hinsicht zu erweitern. Vielleicht ist ein kleiner Artikel in den Genossenschaftsblättern, der aus meiner Feder herrührt, zur Besprechung gekommen, als man den Antrag in der Weise formulierte, wie er heute vorliegt. Ich will auf diesen kleinen Artikel nicht weiter eingehen, der nur meine Erfahrungen, die ich in meiner Revisionstätigkeit gesammelt hatte, wiedergeben sollte. Es wird Ihnen aber vielleicht neu sein, wenn ich Ihnen sage, daß diese Erfahrungen eigentlich nicht die Veranlassung waren, daß ich überhaupt mit diesem Artikel in die Genossenschaftsblätter ging, sondern daß die direkte Veranlassung dazu ein Artikel der „Frankfurter Zeitung" bezüglich Kappelrodecks war. Meine Absicht, die durch einen der „Frankfurter Zeitung" eingesandten Artikel klargelegt worden ist, ging etwa nicht dahin, wesentliche Vorschläge für weitere Maßregeln zu bringen, sondern ich wollte vielmehr weitergehenden Forderungen in der Richtung entgegentreten. Der Artikel der „Frankfurter Zeitung" schließt mit den Worten:

> Drängt denn aber die für das ganze badische Achertal furchtbare Katastrophe nicht unabweislich die Forderung auf:
> 1. Daß man derartigen Instituten die gesetzliche Auflage macht, ihre Statuten dahin zu ändern, daß bei den Aufsichtsratswahlen unbedingt Sachverständige aller Zweige des Geschäftsbereichs jedes in Betracht kommenden Instituts gewählt werden müssen?
> 2. Daß die Funktionen eines Verbandsrevisors mindestens dahin zu erweitern sind, daß Belege und Bestände durch ihn in Anwesenheit des Aufsichtsrats und Vorstandes genau geprüft werden?
>
> Wird man diesen Ratschlägen entsprechen oder im alten Gleis weiterfahren, bis neue Fälle sich den vergangenen anreihen?

Also diese Ansprüche, die man in der „Frankfurter Zeitung" stellte, brachten mich eigentlich dahin, der „Frankfurter Zeitung" eine Erwiderung auf den Artikel einzusenden. Diese Erwiderung ist nicht zur Veröffenlichung gelangt mit der Motivierung, es wären noch mehrere Erwiderungen eingegangen, und die „Frankfurter Zeitung" würde die Sache in zusammenfassender Weise erledigen. Während ich also der „Frankfurter Zeitung" eine Erwiderung schickte, worin ich erklärte, daß die von ihr an die Revision gestellten Ansprüche unberechtigt seien, besaß ich gleichzeitig eine Notiz, die wochenlang vorher schon von mir gemacht worden, nach einer schlaflosen Nacht, in welcher die Gedanken über die traurigen Vorkommnisse von Landstuhl und anderen Plätzen mich nicht verlassen wollten. Jetzt bei dieser Gelegenheit habe ich mir diese Notiz nun herausgesucht und nochmals durchgelesen und mir gesagt, daß sie dieselben Gedanken enthalte wie meine Einsendung an die „Frankfurter Zeitung". Ich habe sie dann den „Blättern für Genossenschaftswesen" übersandt, und der Herr Anwalt war so liebenswürdig, sie zu veröffentlichen und zu kommentieren. Ich hatte einen ähnlichen Kommentar erwartet, weil ich wußte, daß der Herr Anwalt nicht dieselben Ansichten mit mir teilte. Einen späteren

Kommentar von einem anderen Herrn kann ich übergehen, ich glaube nicht, daß ich darauf einzugehen brauche.

Zusammenbrüche können nicht vermieden werden. Wir sind bemüht, sie auf eine möglichst geringe Zahl zurückzuführen. Fast alle unsere Verhandlungen drehen sich in letzter Linie darum. Nur auf dem Gebiete der Revision will man nichts neues. Man stützt sich auf das Gesetz; man fürchtet, daß die Selbständigkeit und die Selbstverantwortlichkeit der genossenschaftlichen Organe darunter leiden würden, wenn dem Revisor weitere Befugnisse zugelegt werden. Ohne weiteres ist zuzugeben, daß bei den größeren Genossenschaften die Tätigkeit des Revisors nur eine sehr beschränkte sein wird, sobald man sieht, daß die Verhältnisse geordnet sind. Ein Revisor hat — das wird mir jeder bestätigen — mehr bei einer kleinen Genossenschaft zu tun als bei einer großen. Es gibt derartige Genossenschaften, die eine ungenügende Organisation besitzen, die von Männern geleitet werden, die ein geringes Verständnis für die Lehren unseres Schulze-Delitzsch bekunden. Durch Belehrung allein kann man bei diesen Genossenschaften nichts erreichen; nur die Sorge: der Revisor kommt! — wird vielleicht irgend einen Einfluß auf sie haben. Ich glaube, daß die Furcht vor dem Revisor, möchte ich sagen, in solchen Fällen ein besseres Mittel ist, als der Versuch des Revisors, zu belehren, weil dieser doch fehlschlägt.

Von allen Mitteln, die ich vorgeschlagen habe, die ich nicht als ein unteilbares Ganzes hinstelle — wie seinerzeit die Steuervorlagen — lege ich einen großen Wert vornehmlich auf die unangemeldete Revision, die der Herr Anwalt vorhin zu meinem Bedauern bekämpft hat. Trotzdem habe ich gefunden, daß der Herr Anwalt die unangemeldete Revision durch eine Hintertür hat hereinschlüpfen lassen; denn er hat die außerordentliche Revision erwähnt, und die wird in der Regel unangemeldet sein. Ich fürchte auch nicht, daß die Markttage so sehr störend auf diese Tätigkeit einwirken; ich kann nur sagen: wenn die Herren vom Vorstand und Aufsichtsrat recht stark beschäftigt waren, ist mir die Revision am besten gelungen; ich habe ganz gern Herren vom Vorstand und Aufsichtsrat nach diesem und jenem gefragt, aber am wohlsten habe ich mich gefühlt, wenn ich mich ein paar Stunden zurückziehen und meine Notizen mir selber machen konnte. Wenn ich einmal einen solchen unglückseligen Meß- und Markttag getroffen habe, dann habe ich niemals bedauert, daß die Zahl der teilnehmenden Aufsichtsratsmitglieder eine so kleine war; denn zu viel Aufsichtsratsmitglieder um den Revisor herum, ist nicht erwünscht. Es ist auch von dem Gesetz nicht verlangt, daß der Aufsichtsrat vollzählig der Revision beiwohnen soll, er soll sich nur an der Revision beteiligen, und wie weit, das wird sich nach den Verhältnissen richten. Es liegt an dem Revisor, wenn er sich mit einzelnen Aufsichtsratsmitgliedern in Verbindung setzen will. Sind diese nicht anwesend, wird er die Wohnung der Aufsichtsratsmitglieder finden können, und er kann sich unter vier Augen besser über das, was er wissen will, informieren.

(Rufe: Schluß!)

Die Verantwortlichkeit des Revisors und des Vorstandes wächst mit jeder neuen Einrichtung auf dem Gebiete der Revision. Wer will aber daraus beweisen, daß die Verantwortlichkeit der genossenschaftlichen Organe damit eine geringere wird?

Mich persönlich hat es eigentümlich berührt, daß man in der Praxis bisher ganz anders vorgegangen ist, als es diesem Antrage des Gesamtausschusses entsprechen würde. Man scheut sich keineswegs, Zwangsmaßregeln zu ergreifen, wenn eine Genossenschaft in Schwierigkeiten geraten ist. Vereine sind gezwungen worden, durch die Verbandsleitung empfohlene sachkundige Männer als Geschäftsführer aufzunehmen. Es erfolgen tatsächlich unangemeldete Revisionen, man besucht die Generalversammlungen und klärt die Mitglieder auf. Man hat sogar ungeeignete Vorstandsmitglieder gewaltsam beseitigt, und niemand wird behaupten wollen, daß man damit etwas Ungerechtfertigtes oder das Ansehen der Genossenschaft Schädigendes begangen hat. Bedauerlich ist nur, daß man hierdurch gegen die bestehenden, öffentlich gepriesenen Grundsätze verstößt! — Warum soll denn erst die Notlage eintreten, ehe man zu solchen Mitteln greift?

Meine Herren, erschweren Sie durch Annahme des vorliegenden Antrages nicht, daß solche Maßregeln ergriffen werden können; geben Sie durch weitere Ausbildung der Revision die Möglichkeit, schon früher einzugreifen, damit solche schwere Krisen, wie wir sie erlebt haben, gemildert oder verhindert werden. Wenn wir durch eine weitere Ausgestaltung der Revision nur diesen einen Erfolg erreichen, haben wir schon viel erreicht. Ich bitte Sie, den vorliegenden Antrag in dieser Fassung nicht anzunehmen, und stelle den Antrag, auf dem nächsten Genossenschaftstage über den Ausbau der Revision weiter zu verhandeln.

Petitjean, Direktor des Verbandes der nassauischen landwirtschaftlichen Genossenschaften (Wiesbaden): Meine Herren, ich werde mich sehr kurz fassen. Herr Anwalt Dr. Crüger hat in seiner ausführlichen Begründung dieses Antrages gesagt, daß der Anwalt des Reichsverbandes der deutschen landwirtschaftlichen Genossenschaften, Herr Geheimrat Haas, auf unserm Genossenschaftstage in Oldenburg in der letzten Woche ausgeführt habe: es würde in den Kreisen des Reichsverbandes die jährliche Revision immer mehr eingeführt, und Herr Dr. Crüger ging dabei von der Annahme aus, es sei die gesetzliche Revision damit gemeint. Das ist nicht der Fall. Wir stehen im Reichsverbande ganz auf dem Boden der Resolution, wie Sie sie vorgeschlagen haben; aber wir haben die Notwendigkeit erkannt, daß bei unseren Genossenschaften mit der außerordentlichen, der unvermuteten Revision,, auch hier und da etwas zu leisten ist, besonders dann, wenn begründeter Anlaß zu dieser Maßnahme vorliegt und wo Unregelmäßigkeiten in der Geschäftsführung vorhanden sind, oder wo solche vermutet werden. Man kann nicht Ungleichartiges miteinander vergleichen, und so wird auch die Revision in städtischen Kreditgenossenschaften in ihrer technischen Konstruktion nicht in Vergleich gezogen werden können mit der in landwirtschaftlichen Genossenschaften.

Natürlich haben wir Einrichtungen treffen müssen, die ganz anderer Art sind, wie Sie sie besitzen, und die Sie vielleicht von Ihrem Standpunkte aus verwerfen. So haben wir Kurse für Vorstands- und Aufsichtsratsmitglieder, wo diesen die Art der Erfüllung ihrer Pflichten vorgetragen wird, damit sie zu Hause danach verfahren. Ebenso haben wir zur intensiven Ausbildung der bereits im Außendienst gewesenen Revisoren eine Fachschule mit Unterrichtskursen von vier- bis sechswöchiger Dauer. Wir haben ferner in dem Normalstatut des Reichsverbandes auch die Bestimmung, daß dem Verbandsdirektor und Verbandsrevisor in der Generalversammlung einer jeden Genossenschaft beratende Stimme zuzuerkennen sei, um Genossenschaften, die auf Abwege geraten, in gedeihlicher Weise wieder auf den richtigen Weg zurückzuführen um eventuell am gegebenen Platze dahin zu wirken, daß Vorstandsmitglieder, die nichts taugen, beseitigt werden.

Meine Herren! Es ist mir in den Ausführungen des Herrn Anwalts Dr. Crüger aufgefallen, daß er sagte, die Revisionen können niemals als ein Schutzmittel gegen irgend welche Defraudationen betrachtet werden. Ich glaube, wir werden im allgemeinen kein Verständnis in den Kreisen des Publikums finden, wenn wir sagen: die Revision wird zwar vorgenommen, sie bildet aber kein Schutzmittel gegen grobe Verfehlungen in der Geschäftsführung. Es ist wohl nicht gut in der Öffentlichkeit zu sagen, daß die Revision kein Mittel zur Aufdeckung irgend welcher Unebenheiten in der Geschäftsführung sei resp. daß sie das nicht sein könne.

Und dann noch eines in bezug auf die Personenfrage. So lange Geldinstitute bestehen, werden sich meines Erachtens stets Defraudationen ereignen, und diese werden eine stehende Rubrik in der Tagespresse sein. Wir haben die Notwendigkeit erkannt, unseren Revisoren zu sagen, daß sie neben dem Revisionsbericht noch einen vertraulichen Separatbericht an den Verbandsdirektor zu erstatten haben, in welchem zur Kenntnis zu bringen ist, wie hoch Vorstands- und Aufsichtsratsmitglieder durch Darlehnsaufnahmen 2c. engagiert sind, in welchem er weiter zu berichten hat, welchen moralischen Ansehens 2c. der Rechner sich in seinem Bezirk erfreut, und dergleichen Hinweise mehr.

Meine Herren! Wir streben zweifellos alle nach demselben Ziel, und ich meine, man soll da auch jedem Kreise die Bestimmungen zu treffen überlassen, die er für sich als zweckdienlich hält, um dahin zu kommen, wohin wir alle streben, nämlich zur Sicherheit der Geschäftsführung bei allen unseren Genossenschaften.

(Bravo!)

Anwalt **Dr. Crüger** (Charlottenburg) [Schlußwort]: Meine Herren, Herr Petitjean hat vollkommen darin recht, daß jeder Verband sehen muß, wie er seine Organisationen durchführen will, wie es für seine Genossenschaften am zweckmäßigsten ist. In unserm Antrage nehmen wir auch nicht Stellung gegen die Organisationen in anderen Verbänden, sondern nur Stellung vor allem gegen die Forderung auf Einführung von Zwangsmaßregeln, und ich glaube, daß wir da vollkommen konform gehen mit dem Reichsverband landwirtschaftlicher Genossenschaften, insbesondere mit Herrn Petitjean, der wohl ganz den von uns eingenommenen Standpunkt teilt, — er ist auch nicht nach Zwangsmaßregeln lüstern. Herr Petitjean ist der Meinung, daß für ländliche Darlehnskassen unter Umständen auch einjährige, unvermutete Revision am Platze sein kann, bei unregelmäßigen Verhältnissen. Die Verhältnisse sind ja allerdings zum Teil wesentlich verschieden von unseren. Bilanzaufstellung und dergleichen mehr gehen in anderen Formen vor sich, wie bei unsern Genossenschaften. In meinen Besitz ist eine Korrespondenz über den Oldenburger Vereinstag gelangt. Nach dieser Korrespondenz hat der Generalanwalt erklärt, überall solle künftig die einjährige, unvermutete Revision, wie sie einige Verbände schon haben, eingeführt werden. Für mich lag es nahe, daraus den Schluß zu ziehen, daß Generalanwalt Haas die Meinung vertritt, es solle an Stelle der heutigen zweijährigen, wohl in der Regel angemeldete Revision, die jährliche unangemeldete Revision treten.

Nun meinte Herr Petitjean, wir sollten hier nicht vor dem Publikum erklären, die Revision wäre kein Schutzmittel zur Aufdeckung von Unregelmäßigkeiten. Ich habe allerdings ein gewisses Interesse daran im Publikum aber auch nicht unrichtige Auffassungen aufkommen zu lassen, ich meine, man hat heute dahin zu wirken, der Überschätzung der Verbandsrevision entgegenzutreten, und da gehen wir wieder vollkommen in Übereinstimmung. Herr Petitjean hat vollkommen recht: wo Kreditgeschäfte gemacht werden, werden auch immer Verluste eintreten, und es gibt auch keine absolute Garantie dafür, daß nicht unreelle Elemente sich in die Verwaltung eindrängen, die ihre unreellen Manipulationen so verdecken, daß der Revisor sie gar nicht auffinden kann. Tatsächlich glaubt man heute in gewissen Kreisen, die Verbandsrevision sei ein solches Schutzmittel für das Publikum, für die Gläubiger und auch für die Mitglieder. Man meint, es wäre Pflicht des Verbandsrevisors, die Sache aufzudecken!

Im übrigen noch ein Wort. Wenn gesagt ist — von Herrn Kuckuck glaube ich — er hätte in der Versammlung gehört, der Antrag bedeute eine Verschärfung der Verbandsrevision, so ist mir von anderen Herren gesagt worden, es wäre in der Versammlung die Meinung verbreitet, ich hätte erklärt, der Revisor kann nichts finden. Das wäre nun allerdings ein Widerspruch, und ich wäre im höchsten Grade betrübt, wenn wirklich meine Ausführungen die Möglichkeit offen gelassen hätten, daß der eine Teil der Versammlung in diesem Antrag eine Verschärfung, der andere eine Minderung der Revisionsaufgaben erblickte. Ich glaube, daß es sich wohl nur um ein Mißverständnis handeln kann. Eine Verschärfung liegt schon deswegen in dem Antrage nicht, weil er sich mit der Durchführung der Revision nicht weiter befaßt, als daß er bezug nimmt auf frühere Beschlüsse von Genossenschaftstagen, und diese werden selbstredend in die „Mitteilungen" aufgenommen werden, sodaß die Genossenschaften Gelegenheit haben, in unmittelbarem Zusammenhang mit dem Referat sich die nötige Kenntnis zu verschaffen.

Nun soll ich gesagt haben: der Revisor kann nichts finden. Meine Herren, wenn ich in der Weise etwa mich ausgedrückt habe, so wollte ich damit dann selbstverständlich nur sagen: es besteht keine Garantie dafür, daß der Revisor in jedem Falle auch hinter die Unterschlagung kommt, es sei denn, der Revisor bleibt mehrere Wochen bei der Genossenschaft und man läßt ihn kalkulatorisch alle Einzelheiten nachprüfen, Inventaraufnahme vornehmen, genaueste Kassenrevision usw. Daß der Revisor hinter Unreellitäten kommen kann, das beweisen ja im übrigen doch verschiedene Vorgänge in unseren Verbänden, und es ist durch das energische Eingreifen der Verbandsleitung auch gelungen, Genossenschaften wieder auf den richtigen Weg zu bringen. Ich habe gerade mit besonderer Schärfe betont, daß der Revisor sich auch um die Bilanz der Genossenschaft zu kümmern hat, habe auf die Grundsätze, die Verbandsrevisor Sörensen in den Blättern für Genossenschaftswesen dargelegt hat, hingewiesen, habe die zur Nachachtung empfohlen und bemerkt, daß jeder da wahrscheinlich seine eigene Art hat, aber daß der Revisor an der Bilanz unter keinen Umständen vorübergehen darf.

Im übrigen scheint es mir meine Herren, als wenn, abgesehen von Herrn Lorenzen, prinzipiell die sämtlichen Vorredner sich mit mir in vollster Übereinstimmung befinden.

(Zustimmung.)

Daß ich Widerspruch bei ihm erfahren würde, darauf war ich selbstredend gefaßt. (Heiterkeit.)

Dieser Widerspruch war nicht überraschend nach meiner Kritik seines Artikels in den Blättern für Genossenschaftswesen. Herr Lorenzen hat in seinen Schlußworten darauf hingewiesen: wir scheuen ja nicht davor zurück, wenn die Genossenschaft sich in kritischen Verhältnissen befindet, auf der Generalversammlung zu erscheinen, ja, dann entwickeln wir sogar eine ganz fabelhafte Energie: Vorstandsmitglieder beseitigen wir und zwingen die Genossenschaft, andere Vorstandsmitglieder einzusetzen. Weswegen — sagt Herr Lorenzen — wir denn diese Energie nicht bereits auch anwenden vielleicht ein Jahr oder zwei Jahre vorher, so lange noch die Möglichkeit besteht, einen schweren Zusammenbruch zu vermeiden? Ja, meine Herren, zur Operation schreitet man in der Regel erst dann, wenn wirklich die Sache dafür reif geworden ist. Man kann nicht hinter die Kulissen sehen, man weiß nicht mit Bestimmtheit, wie die Dinge bei der Genossenschaft sich entwickeln werden, und daher haben wir auch gerade betont, wir wollen die Verantwortung nicht durch unser Eingreifen auf uns nehmen. Allerdings, wenn der Revisor uns bereits gesagt hat, hier liegt eine Unterschlagung von 100 000 Mk. vor, dann braucht sich die Verbandsleitung nicht mehr über ihre Verantwortung den Kopf zu zerbrechen, dann greifen wir ein. — Nun sagt Herr Lorenzen: dann fürchten wir doch nicht das Ansehen der Genossenschaft zu schädigen. Nun meine Herren, dann ist das Ansehen der Genossenschaft bereits so geschädigt, daß wir durch unser Eingreifen das Ansehen der Genossenschaft nicht schädigen, sondern im Gegenteil heben.

Alles in allem, meine Herren, meine ich, welche Stellung man auch zur Sache einnimmt, es kommt schließlich darauf hinaus, das Verständnis bei den Genossenschaften zu wecken für die große Bedeutung der Verbandsrevision. Ich möchte da nur hinweisen auf das, was in beredten Worten Herr Thorwart dargelegt hat: es kommt darauf an, das Verantwortlichkeitsgefühl bei den Mitgliedern der Verwaltung, beim Vorstand und Aufsichtsrat zu stärken und zu heben. Solange die Leute in der Verwaltung selbst sich nicht darüber klar sind, welch schwere Verantwortung sie gerade als Leiter der Genossenschaft den Mitgliedern der Genossenschaft gegenüber übernehmen, werden alle Zwangsmaßregeln zur Verschärfung der Verbandsrevision keinen Erfolg haben. Deswegen betonte ich auch vorhin: das größte Hindernis, das sich uns entgegenstellt bei der Durchführung der Revision, ist die Vertrauensseligkeit unter den Mitgliedern des Vorstandes und Aufsichtsrates, mit der wir so lange zu kämpfen haben, bis die Dinge so klipp und klar liegen, daß die Herren nichts mehr bestreiten können.

Stärken wir also das Verständnis bei den Genossenschaften für die Bedeutung der Revision, stärken wir das Verantwortlichkeitsgefühl. Ich hoffe im übrigen, daß dieser Antrag nicht bloß negative Bedeutung hat, indem wir entgegenwirken etwaigen Bestrebungen auf Einführung von Zwangsmaßregeln, sondern daß wir die Durchführung der Revision mit dem Antrage erleichtern werden, indem wir die Genossenschaften wieder einmal aufmerksam machen auf die große Bedeutung und den großen Wert der Revision — auf Zweck und Ziele derselben.

(Bravo!)

Vorsitzender **F. X. Proebst** (München): Wir kommen zur Abstimmung. Herr Lorenzen hat beantragt, den Antrag dem nächsten Allgemeinen Genossenschaftstage zu überweisen. Dieser Antrag wurde nicht schriftlich eingereicht und wird deshalb nicht zur Abstimmung kommen können. Es liegt also nur der Antrag des Gesamtausschusses vor. Ich bitte die Herren, die dem Antrage ihre Zustimmung erteilen wollen, die Hand zu erheben. (Geschieht.)
Danke. Bitte um die Gegenprobe. — Der Antrag ist gegen 2 Stimmen angenommen.

Die Beschlüsse der früheren Allgemeinen Vereins- bezw. Genossenschaftstage, auf die im Antrag (S. 299) der „Mitteilungen" Bezug genommen ist, lauten:

I. Der Beschluß (**Plauen 1887**) lautet:

„In Erwägung,

1. daß die weitere erfolgreiche Entwicklung der Verbandsrevision zunächst davon abhängt, daß zu dem verantwortlichen Amte eines Verbandsrevisors überall nur tüchtige, leistungsfähige und taugliche Männer berufen werden, daß in der Person des Revisors ein öfterer Wechsel ausgeschlossen ist, und daß die gesamte Tätigkeit aller in dem allgemeinen Verbande angestellten Revisoren einer fortwährenden, eingehenden, gewissenhaften Kontrolle unterstellt ist,

2. daß die Revisionstätigkeit gefördert wird, wenn die einzelnen Revisoren nicht nur die geschäftlichen Einrichtungen in einem Verbande kennen lernen, sondern wenn dieselben Gelegenheit und Veranlassung finden, die geschäftliche Behandlung und deren Erfolge in Genossenschaften verschiedener Unterverbände zu beobachten,

3. daß die zweckentsprechende Durch- und Weiterführung der Verbandsrevisionen erfordert, daß in allen Unterverbänden über die Anstellung, die Rechte und die Verpflichtungen der Verbandsrevisoren in den wesentlichen Punkten gleichmäßige Bestimmungen, wie solche auf dem Allgemeinen Vereinstage zu Weimar von dem Anwalte angeregt worden sind, erlassen werden — und

4. daß endlich die fernere segensreiche Wirksamkeit der Verbandsrevision wesentlich dadurch bedingt ist, daß in allen Unterverbänden — entsprechend dem Beschlusse des Vereinstages zu Karlsruhe — Anordnungen getroffen werden, welche, ohne die Selbständigkeit der einzelnen Genossenschaften anzutasten, für die bereitwillige, rasche und pünktliche Befolgung der Ratschläge des Revisors in geeigneter Art Fürsorge treffen,

wird den Unterverbänden empfohlen:

1. bei der Anstellung der Verbandsrevisoren darauf bedacht zu sein, daß zu diesem Amte nur kaufmännisch gebildete, mit dem Genossenschaftswesen und den

Bestimmungen des Genossenschaftsgesetzes vertraute, praktische Genossenschafter, und — soweit als dieses möglich ist — nur solche praktische Genossenschafter berufen werden, welche bereit und imstande sind, ihre ganze Kraft und Zeit der Revisionssache zu widmen,

2. überall, wo die Revision der Genossenschaften eines Verbandes nicht die ganze Arbeitskraft eines Revisors in Anspruch nimmt, für mehrere Unterverbände einen gemeinsamen Revisor zu bestellen,

3. in jedem Unterverband über die Anstellung, die Rechte und die Pflichten des Verbandsrevisors Bestimmungen zu erlassen, welche Vorschriften darüber enthalten:

a) daß der Revisor Beamter des Unterverbandes ist und als solcher den Anordnungen des Verbandsdirektors unterworfen ist; daß der Revisor insbesondere nur auf Anweisung des Verbandsdirektors ordentliche und außerordentliche Revisionen vornehmen darf;

b) daß der Revisor von dem Verbandstag auf Vorschlag des Verbandsdirektors gewählt und entlassen wird, und daß in Fällen gröblicher Pflichtverletzung der Verbandsdirektor berechtigt ist, den Revisor vorläufig und unter Vorbehalt der Genehmigung des nächsten ordentlichen Verbandstages seines Amtes zu entheben;

c) daß der Revisor für seine Leistungen aus der Verbandskasse nach Anweisung des Verbandsdirektors bezahlt wird und daß demselben untersagt ist, von einzelnen Vereinen oder von Mitgliedern derselben Bezahlung, Gratifikation oder Geschenke anzunehmen; und daß derselbe auch Nebenbeschäftigungen, welche mit einer Einnahme verbunden sind, nur mit Zustimmung des Verbandsdirektors übernehmen darf;

d) daß der Revisor bei allen ordentlichen Revisionen nach Vorschrift der ihm gegebenen Instruktion zu verfahren hat; daß bei den ordentlichen Revisionen in der Regel nicht eine kalkulatorische Prüfung der einzelnen Geschäfte vorzunehmen ist, daß der Revisor aber ganz besonders darauf sein Augenmerk zu richten hat, ob die Bestimmungen des Gesetzes überall beobachtet sind, ob die Geschäftsführung den Vorschriften des Gesellschaftsvertrages entspricht, und ob die Beschlüsse der Vereinstage und der Verbandstage die erforderliche Beachtung gefunden haben;

e) daß der Revisor überall da, wo die Verwaltung in einzelnen Teilen, wie z. B. bei der Vornahme von Revisionen oder bei der Geschäftsinventur am Jahresschlusse usw. mangelhaft geführt ist, gehalten sein soll, die betreffende Geschäftstätigkeit in Gegenwart von Vorstand und Aufsichtsrat selbst vorzunehmen und dabei die erforderliche Anleitung zu erteilen;

f) daß der Revisor die unabweisbare Verpflichtung hat, nach vollendeter Revisionsarbeit dem Vorstand und Aufsichtsrate der revidierten Genossenschaft in gemeinschaftlicher Sitzung über seinen Revisionsbefund genaue Mitteilung zu machen und über die Beseitigung vorhandener Mängel und die Herbeiführung besserer Einrichtungen seine Ratschläge zu erteilen und nach dieser Verhandlung mit Vorstand und Aufsichtsrat über das Ergebnis seiner Revision schriftlichen Bericht an die revidierte Genossenschaft zu erstatten und eine Abschrift dieses Berichtes an den Verbandsdirektor einzusenden;

g) und daß der Revisor dem ordentlichen Verbandstage in jedem Jahre über seine Tätigkeit als Verbandsrevisor und deren Erfolge schriftlichen Bericht zu erstatten hat;

und

4. in jedem Unterverbande Anordnungen zu treffen, durch welche der Vorstand jeder revidierten Genossenschaft verpflichtet wird, innerhalb einer bestimmten Zeit nach stattgehabter Revision dem Verbandsdirektor Mitteilung zu machen, inwieweit die Erinnerungen und Mahnungen des Verbandsrevisors befolgt worden sind, oder aus welchen Gründen dieses in einzelnen Fällen nicht geschehen ist oder nicht geschehen konnte und durch welche dem Verbandsdirektor ausdrücklich des Recht erteilt und die Verpflichtung auferlegt wird,

etwa vorhandene Irrtümer und Mißverständnisse über die Ausstellungen und Ratschläge des Verbandsrevisors aufzuklären, sodann aber zur Befolgung dieser

Ratschläge durch Beseitigung der vorhandenen Übelstände und Herbeiführung besserer Einrichtungen aufzufordern, und sofern diese Aufforderungen ohne Erfolg bleiben sollten, in geeigneter Weise dem nächsten ordentlichen Verbandstage Mitteilung zu machen."

II. Der Beschluß (**Gotha 1894**) lautet:

„Die Erhaltung der segensreichen Wirksamkeit und die weitere Entwickelung der Verbandsrevision ist bedingt durch die bereitwillige und gewissenhafte Berücksichtigung der Ratschläge des Verbandsrevisors durch die Genossenschaften; die Bestimmungen des Genossenschaftsgesetzes und der Verbandsstatuten, welche zur Herbeiführung und Sicherung dieser bereitwilligen Berücksichtigung der Ratschläge des Revisors durch die Genossenschaften gegeben sind, müssen deshalb überall sorgsame Beobachtung finden.

1. An die Vorstände der Unterverbände wird deshalb das Ersuchen gestellt, streng darüber zu wachen, daß den Vorschriften in § 61 des Genossenschaftsgesetzes und den von den Genossenschaften selbst durch die Verbandsstatuten und durch Verbandstagsbeschlüsse zu diesem Zweck getroffenen Anordnungen pünktlich Folge geleistet wird;

2. die Vorstände der Genossenschaften werden aufgefordert, nach der Vorschrift in § 61 des Genossenschaftsgesetzes den Bericht des Verbandsrevisors stets zur Beschlußfassung auf die Tagesordnung der nächstfolgenden Generalversammlung zu setzen, und

3. den Aufsichtsräten wird dringend empfohlen, an den Revisionen sich zu beteiligen und über das Ergebnis der Revision der Generalversammlung eingehenden Bericht zu erstatten."

III. Der Beschluß (**Augsburg 1895**) lautet:

„1. den Vorständen der Unterverbände wird zur Ausführung der auf dem Allgemeinen Genossenschaftstag in Gotha gefaßten Beschlüsse empfohlen, darüber zu wachen:

a) daß keine Revision abgehalten wird, ohne die in § 61 des Genossenschaftsgesetzes vorgeschriebene Zuziehung des Aufsichtsrats;

b) daß der Verbandsrevisor nach Vollendung der Revisionsarbeit in gemeinschaftlicher Sitzung mit dem Vorstand und dem Aufsichtsrat der revidierten Genossenschaft das Ergebnis der Revision bespricht und erst nach dieser Besprechung den schriftlichen Bericht über die Revision erstattet;

c) daß der Bericht über die Revision zur Beschlußfassung auf die Tagesordnung der nächsten Generalversammlung gesetzt wird.

2. Den Unterverbänden wird empfohlen, in die Verbandsstatuten Bestimmungen darüber aufzunehmen:

a) daß der Vorstand jeder revidierten Genossenschaft verpflichtet ist, dem Verbandsdirektor anzuzeigen, wann die nächste Generalversammlung nach der Revision stattfindet, in deren Tagesordnung nach der Vorschrift in § 61 des Genossenschaftsgesetzes der Bericht über die Revision als Gegenstand der Beschlußfassung aufzunehmen ist;

b) daß nach der Abhaltung der Generalversammlung dem Verbandsdirektor aus dem Protokoll der Generalversammlung eine Abschrift der Verhandlung über diesen Gegenstand mitzuteilen ist;

c) daß in allen Fällen, in welchen durch die Revision schwere Mißstände sich ergeben haben, der Verbandsdirektor eine Abschrift des Revisionsberichtes an den Anwalt einzusenden hat."

IV. Der Beschluß (**Baden-Baden 1901**) lautet:

„Der Allgemeine Genossenschaftstag erachtet es für notwendig, daß die nach Maßgabe des § 63 des Reichsgesetzes betreffend die Erwerbs- und Wirtschaftsgenossenschaften von dem Aufsichtsrat über das Ergebnis der Revision abzugebende Erklärung zu dem Protokoll der Generalversammlung genommen wird."

Vorsitzender **F. X. Proebst** (München): Wir sind am Schluß unseres Allgemeinen Genossenschaftstages angelangt. Ich glaube, wir können alle mit großer Befriedigung auf die Arbeit der letzten Tage zurückblicken.

Sie war ernst und gründlich, wie wir das an ihrem Beginn angekündet haben, und was erzielt wurde, das wird auch nach jeder Richtung befriedigen können. Wir haben deshalb allen Teilnehmern für ihre Ausdauer unsern Dank auszusprechen, ganz besonders aber danke ich dem Herrn Anwalt und den sämtlichen Herren Berichterstattern für den aufgewandten Fleiß.

Meine Herren, eine andere Dankespflicht obliegt uns gegenüber dem Ortsausschuß, gegenüber der Einwohnerschaft dieser schönen Stadt.

(Sehr richtig!)

Es ist alles geschehen, was nur möglich war, um uns den Aufenthalt hier angenehm zu machen. (Bravo!)

Ich glaube aber, meine Herren, ein Wort freundschaftlicher Mahnung aussprechen zu dürfen. Man kann selbst in solcher liebenswürdigen Gastfreundschaft hie und da einmal einen Schritt zu weit gehen, und ich meine fast, man ist hier wenigstens an die äußerste Grenze gegangen.

(Sehr richtig!)

Man hat so viel Unterhaltung und landschaftlichen Genuß vorbereitet, daß selbst Männer, von denen man das nicht vermuten sollte, der Versuchung nicht widerstehen konnten, diesen Vergnügungen und Verlockungen zu folgen, und ihre Pflicht, hier an den Verhandlungen teilzunehmen, wenigstens einen halben Tag lang zu vergessen.

(Heiterkeit.)

Das möchten wir ein andermal nicht wieder erleben. Deshalb bitte ich die kommenden Ortsausschüsse, in ihrer Liberalität nicht gar zu weit zu gehen. — Es hat aber noch eine andere Seite, meine Herren, ich will nicht sagen, daß die ernster ist, denn nach meiner Auffassung ist die eben erwähnte, wenn ich sie auch humoristisch darzustellen suchte, schon ernsthaft genug. Meine Herren, ein Ortsausschuß sucht schon seit einer Reihe von Jahren immer wieder die vorangegangenen zu übertreffen. Wo sollen wir da eigentlich hinkommen? Höchst wahrscheinlich zu dem Ziel, daß dann schließlich die Vertreter der anderen Städte, die nun an die Reihe kommen sollen und wollen, sagen: ja, das können wir nimmer überbieten. Und wie es einer machen soll, um das zu überbieten, was in Cassel geleistet wurde und vor zwei Jahren in Breslau, das auszudenken wird Ihnen allen ziemlich schwer erscheinen. Also eine gewisse Mäßigung und Einschränkung in der Gastfreundschaft wäre wohl am Platze.

Aber das, meine Herren, kann und darf nicht im geringsten etwa einem Vorwurf gegen den Casseler Ortsausschuß gleichen, das kann uns nicht der Verpflichtung überheben, für all das, was uns geboten wurde — und wir wissen, daß es von Herzen geboten wurde — den innigsten Dank auszusprechen. (Bravo!)

Ich glaube, auch der Presse dürfen wir unsern herzlichsten Dank aussprechen; sie hat uns sehr freundlich begrüßt und unsere ganze Tätigkeit hier mit großem Verständnis und großer Aufmerksamkeit verfolgt. Auch dafür sind wir immer zu Dank verpflichtet.

Ihnen allen noch einmal ein herzliches Lebewohl und, wenn es möglich ist, auf fröhliches Wiedersehen in Leipzig!

(Lebhaftes Bravo!)

Verbandsdirektor **Kurz** (Stettin): Noch ein paar Worte. Auf meinem letzten Verbandstag beklagte sich ein Mitglied, das den letzten Genossenschaftstag besucht hatte, darüber, daß seines Erachtens die Herren Genossenschafter an den Verhandlungen nicht so rege teilnehmen, wie es sein müßte. Der Herr Anwalt bat ihn, er möchte nur recht treu an seiner Seite bleiben, dann würde seine reiche Arbeitslust schon gestillt werden. Es mag ja sein, im letzten Augenblick tritt der Fall ein, daß eine Anzahl Herren sich entfernen, aber im großen ganzen müssen wir feststellen, daß bei uns in der eifrigsten und kräftigsten Weise gearbeitet wird. Aber wenn wir Teilnehmer eine große Freiheit darin haben, an welchen Arbeiten wir uns beteiligen wollen, wenn wir in der Lage sind, stundenlang von dannen zu gehen und zurückzukommen, wann es uns gefällt, so gibt es eine Anzahl von Personen unter uns, denen diese Freiheit nicht vergönnt ist, die verpflichtet sind auszuharren vom ersten Anbeginn der Verhandlung bis zum letzten Augenblick. Aber nicht nur das, meine Herren: was vorausgegangen ist, die Vorarbeiten, die sind noch viel umfangreicher und viel sorgfältiger auszuführen wie das, was unsern Augen sich darstellt. Meine Herren, ich möchte Sie nur an eines erinnern. Ich kann sagen, es ist für mich immer ein Ohrenschmaus, am ersten Tage der Eröffnungsverhandlung von unserm verehrten Herrn Rat Proebst die Begrüßungsworte zu hören, die er an jede einzelne Behörde und an jeden einzelnen Gast in so fein abgestufter und so überaus treffender Weise zu richten weiß, daß ich das gar nicht entbehren möchte. Auch dafür wollen wir ihm doch auch unsern ganz besonders herzlichen Dank aussprechen.

(Bravo!)

Dann, meine Herren, wissen Sie ja, daß die Hauptarbeit für die ganze Vorbereitung bei unserm verehrten Herrn Anwalt liegt, und, wenn ich der gesamten Leitung unseres Genossenschaftstages, den Herren Vorsitzenden den Dank darzubringen bitte, so bitte ich nicht zu vergessen, den Herrn Anwalt mit einzuschließen. noch dazu, wo er auf eine zehnjährige, so erfolgreiche Tätigkeit zurückblicken kann. Ich bitte allen diesen Herren durch Erheben von den Plätzen Ihren Dank auszusprechen.

(Bravo!)

Verbandsdirektor Justizrat **Dr. Harnier** (Cassel): Meine Herren, gestatten Sie mir mit einem Worte nur meinerseits zu danken für die freundlichen Gesinnungen, denen Sie vorhin zugestimmt haben. Wenn der Wunsch, daß die Tagung des 47. deutschen Genossenschaftstages erfreulich verlaufen möchte, und daß Sie einen angenehmen Eindruck aus unserer Stadt mitnehmen möchten, in Erfüllung geht, so befriedigt uns das in reichstem Maße. Den kleinen, leisen Tadel, der zwar ein solcher nicht sein sollte, aber ein begründeter war, habe ich mir natürlich sehr wohl gemerkt. Aber ich darf auf mildernde Umstände plädieren: es war eigentlich die Gewalt der Verhältnisse, die uns unbewußt dahin drängte, das Programm in einer reichhaltigeren Weise auszugestalten, wie es allerdings ursprünglich im Ortsausschuß gar nicht geplant war. Ich hoffe, daß das der Harmonie dieser Tage weiter keinen Abbruch tun wird und daß der Ausflug heute Nachmittag dem ganzen Fest einen guten Abschluß gibt.

(Bravo!)

Vorsitzender **F. X. Proebst** (München): Ich schließe den 47. Allgemeinen Genossenschaftstag.

Schluß 12¼ Uhr.

III.

Zusammenstellung

der gefaßten Beschlüsse usw.

A. Gemeinsame Angelegenheiten aller Genossenschaften.

I. Bericht des Anwalts. – (Seite 38–69.)

IIa. Der Allgemeine Genossenschaftstag nimmt den Bericht über die Tätigkeit des Engeren Ausschusses durch den Vorsitzenden des Ausschusses entgegen. – (Seite 70/71.)

IIb. Der Allgemeine Genossenschaftstag wählt zu Mitgliedern des Engeren Ausschusses die Herren:
Justizrat Wolski (Allenstein) – Justizrat Dr. Alberti (Wiesbaden) – Stadtrat Feldheim (Burg b. Magd.) – (Seite 72.)

III. Der Allgemeine Genossenschaftstag wählt Leipzig als Ort für die Abhaltung des Allgemeinen Genossenschaftstages des Jahres 1907. – (Seite 73.)

IV. Der Allgemeine Genossenschaftstag nimmt den Bericht über die Hilfskasse – die Ruhegehaltskasse – die Witwen- und Waisen-Pensionskasse deutscher Erwerbs- und Wirtschaftsgenossenschaften entgegen. – (Seite 73–75.)

V. Der Allgemeine Genossenschaftstag wählt zu Mitgliedern des Vorstandes der Hilfskasse deutscher Erwerbs- und Wirtschaftsgenossenschaften nach § 8 des Statuts der Hilfskasse die Herren:
J. Kurz (Stettin), A. Jordan (Görlitz) und Konr. Neugebauer (Breslau). – (Seite 76.)

VI. Der Allgemeine Genossenschaftstag beschließt die Aufnahme:
1. Der „Gemeinnützigen Baugesellschaft des Kreises Höchst a/M., Akt.-Ges.", zu Höchst a/M.,
2. des „Biebricher Bau-Verein, Akt.-Ges.", zu Biebrich a/Rh.,
3. des „Verein Arbeiterheim", zu Frankfurt a/M.

in den Allgemeinen Verband gemäß § 4 des Statuts des Allgemeinen Verbandes. – (Seite 76.)

VII. Der Allgemeine Genossenschaftstag schließt zwei Kreditgenossenschaften und eine „sonstige" Genossenschaft wegen Nichterfüllung ihrer Verpflichtungen aus dem Allgemeinen Verbande aus. – (Seite 76/77.)

VIII. Vortrag über „Erfahrungen mit dem Genossenschaftsgesetz". – (Seite 190–200.)

IX. Der Allgemeine Genossenschaftstag beschließt folgende Abänderung des Statuts des Allgemeinen Verbandes:

In § 43 Pos. b des Statuts des Allgemeinen Verbandes ist statt 1. Mai zu setzen 15. April. — (Seite 201—205.)

X. Vortrag über „Praktische Erfahrungen mit den Handwerkergenossenschaften". — (Seite 205—233.)

XI. Der Allgemeine Genossenschaftstag der auf Selbsthilfe beruhenden deutschen Erwerbs- und Wirtschaftsgenossenschaften anerkennt, obwohl er die in einzelnen Punkten weitergehenden Beschlüsse des vorjährigen Genossenschaftstages aufrecht erhält und zur nachträglichen Berücksichtigung empfiehlt, daß der im Reichsanzeiger vom 23. Juli 1906 veröffentlichte vorläufige Entwurf eines Gesetzes betreffend die Erleichterung des Wechselprotestes den Wünschen der Handelskreise in allen wesentlichen Punkten Rechnung trägt. Er spricht die Hoffnung aus, daß die gesetzgebenden Körperschaften einer baldigen endgültigen Vorlage ihre Zustimmung erteilen, und auf eine billige Regelung der Kostenfrage hinwirken werden. — (Seite 235—239.)

XII. Der Allgemeine Genossenschaftstag nimmt den Bericht über die Prüfung der Jahresrechnung für 1905 entgegen und erteilt die Entlastung. — (Seite 291—292.)

XIII. Der Allgemeine Genossenschaftstag setzt den Voranschlag der Einnahmen und Ausgaben für 1907 fest. — (Seite 293—294.)

XIV. Der Allgemeine Genossenschaftstag beschließt:

Den Genossenschaften wird empfohlen, die Anwendung der Bilanzgrundsätze des § 261, Nr. 1, 2, 3, H.G.B. statutarisch vorzusehen. — (Seite 294—298.)

XV. Die durch § 53 und 55 des Genossenschaftsgesetzes vorgeschriebene „Verbandsrevision" hat lediglich den Zweck, die Organe der Genossenschaft in der Vervollkommnung der geschäftlichen Einrichtungen und der Beseitigung von Mißständen zu unterstützen. Die Erfüllung der Aufgabe kann nicht gesichert werden durch Einführung von Zwangsmaßregeln in die Organisation, sondern nur durch Hebung des Verständnisses der Organe der Genossenschaft für die Zwecke der Revision.

Die in den Beschlüssen des Allgemeinen Vereinstages zu Plauen (1887)*), der Allgemeinen Genossenschaftstage zu Gotha (1894)*), zu Augsburg (1895)*), zu Baden-Baden (1901)*) festgelegten Revisionsgrundsätze sind auch den heutigen Verhältnissen entsprechend. Der Allgemeine Genossenschaftstag empfiehlt deshalb den Revisionsverbänden wie den Genossenschaften deren strengste Beachtung. — (Seite 299—330.)

*) Der Wortlaut der Beschlüsse ist an der entsprechenden Stelle der Verhandlungen Seite 328 ff. zum Abdruck gebracht.

B. Angelegenheiten der Konsumvereine.

XVI. Der Allgemeine Genossenschaftstag empfiehlt den Konsumvereinen für die Dividendenverteilung folgende Grundsätze anzuerkennen:

a) Zunächst wird auf die Geschäftsguthaben, wie sie am Schlusse des Vorjahres ermittelt sind, höchstens eine den landesüblichen Zinsfuß nicht übersteigende, für volle Mark berechnete Kapitaldividende verteilt;

b) der verbleibende Überschuß wird, wie schon der Vereinstag Deutscher Konsumvereine (1869) empfohlen hat, an die Mitglieder als Einkaufsdividende nach Verhältnis ihrer Warenentnahme aus dem Verein gewährt;

c) die Warenentnahme der Mitglieder wird nachgewiesen durch den am Schlusse der Rechnungsperiode bis zu dem vom Vorstande festgesetzten Tage abgelieferten Betrag an Dividendenmarken. — (Seite 78—90.)

XVII. Der Allgemeine Genossenschaftstag empfiehlt den Konsumvereinen nach Maßgabe der nachstehenden Grundsätze das Arbeitsverhältnis der Lagerhalter zu regeln.

1. Die Anstellung der Lagerhalter erfolgt durch den Vorstand, nachdem der Aufsichtsrat sich mit der Anstellung des betreffenden Lagerhalters einverstanden erklärt hat.
2. Die Entscheidung über die Entlassung erfolgt durch den Vorstand, der dem Aufsichtsrat von der Entlassung Kenntnis zu geben hat.
3. Die Entlohnung geschieht nach festen Grundsätzen; das Mindesteinkommen ist vertragsmäßig zu regeln. Die Entlohnung des Lagerhalters soll zum Teil in einem festen Gehalt, zum Teil in einer Tantieme bestehen, die nach der Höhe des Umsatzes berechnet wird.
4. Gehilfen oder Gehilfinnen des Lagerhalters werden durch den Vorstand nach vorheriger Verständigung mit dem Lagerhalter angestellt und entlassen.
5. Wird die Arbeitskraft der Frau oder der Kinder des Lagerhalters in Anspruch genommen, so gelten diese als Gehilfinnen im Sinne der Nr. 4, jedenfalls ist die Entschädigung für diese Personen selbständig zu bemessen.
6. Die Genossenschaft übernimmt die Zahlung für Kranken- und Invalidenversicherung, versichert die Lagerhalter gegen Unfall im Betriebe und tritt der Ruhegehaltskasse deutscher Erwerbs- und Wirtschaftsgenossenschaften und der Witwen- und Waisen-Pensionskasse deutscher Erwerbs- und Wirtschaftsgenossenschaften bei.
7. Die Verpflichtungen zu 6 erstrecken sich tunlichst auch auf die zu 4 und 5 bezeichneten Personen.

8. Für die Mankovergütung gilt:

1. Das zulässige Manko kann zwar nach den besonderen Verhältnissen der Vereine verschieden hoch sein, doch sollte dasselbe über 1% des mankoberechtigten Warenausganges, auch wenn auf Zählwaren kein Manko gewährt wird, in der Regel nicht hinausgehen.

2. Zu widerraten ist, durch höheres Gehalt die Mankogewährung zu ersetzen.

3. Der Lagerhalter hat keinen Anspruch auf Auszahlung des die Höhe des Mankos nicht erreichenden Betrages; auch soll ein erzielter Überschuß nicht auf ein späteres oder früheres Manko verrechnet werden.

9. Für die Kündigungsfrist gelten die handelsgesetzlichen Bestimmungen, wenn nicht vertraglich eine längere Kündigungsfrist vorgesehen ist.

10. Dem Lagerhalter ist auf Verlangen eine Abschrift der Jahresinventuraufnahme zu übergeben.

11. Es ist auf die Einführung des Geschäftsschlusses an Sonn- und gesetzlichen Feiertagen sowie auf die Einführung des Achtuhr-Ladenschlusses hinzuwirken. Dem Lagerhalter ist jährlich ein Urlaub von mindestens einer Woche zu gewähren. Nach Möglichkeit ist die Mittagspause auf 2 Stunden auszudehnen.

12. Bare Kaution muß sicher und außerhalb des eigenen Geschäfts zinsbar angelegt werden. — (Seite 91—119.)

XVIII. Vortrag über „Gewerberechtliche Bestimmungen". — (Seite 120 bis 137.)

C. Angelegenheiten der Kreditgenossenschaften.

XIX. Vortrag über „Wichtige Rechtsfragen aus dem Sparkassenverkehr". — (Seite 138—147.)

XX. Der Allgemeine Genossenschaftstag stellt für die Behandlung der Giroverbindlichkeiten folgende Grundsätze auf:

1. Die Giroverbindlichkeiten sind nicht in die Bilanz einzustellen, wohl aber im Geschäftsbericht und zwar getrennt nach Verbindlichkeiten a) aus Geschäftswechseln,
b) aus Primadiskonten,
aufzuführen.

2. Wird durch die Weiterbegebung von Geschäftswechseln für die Genossenschaft regelmäßig Betriebskapital beschafft, so sind die daraus entstehenden Giroverbindlichkeiten als Betriebskapital aufzufassen und als solches bei Berechnung des Verhältnisses der Reserven zum Betriebskapital in Ansatz zu bringen. — (Seite 147—158.)

XXI. Der Allgemeine Genossenschaftstag empfiehlt den Kreditgenossenschaften:

1. darauf bedacht zu sein, daß nicht nur dem Vorstande, sondern auch dem Aufsichtsrate kaufmännisch geschulte Kräfte angehören;
2. unter Abhaltung regelmäßiger Geschäftsstunden alle Geldgeschäfte — auch bei den kleinsten Genossenschaften — in Gegenwart von zwei Vorstandsmitgliedern zu erledigen, für alle Einnahmen und Ausgaben Belege, und für alle Soll- und Habenvorträge Anerkennungen zu beschaffen, sowie für deren Prüfung zu sorgen;
3. eine die gesamten Verbindlichkeiten eines jeden Kreditnehmers und Bürgen enthaltende „Belastungsliste“ zu führen und diese einer regelmäßigen Prüfung zu unterziehen;
4. sich durch die Geschäftshandhabung von Konkurrenzinstituten nicht bestimmen zu lassen, bei der Kreditgewährung von den durch die Allgemeinen Genossenschaftstage aufgestellten Grundsätzen abzuweichen, sowie auf ausreichende flüssige Mittel und Ausbedingung ausreichender Kündigungsfristen für Spareinlagen und Depositen bedacht zu sein. — (Seite 159 — 173.)

XXII. Der Antrag des Anwalts:

„Der Allgemeine Genossenschaftstag erklärt:

Unter § 49 Nr. 2 des Genossenschaftsgesetzes fallen Kreditgewährungen jeder Art ohne Rücksicht auf die Art der Sicherstellung.

Dagegen werden Bürgschaftsübernahmen von § 49 Nr. 2 nicht betroffen, sie sind jedoch bei der Beurteilung der Kreditfähigkeit des betreffenden Mitglieds in Betracht zu ziehen,“ wurde nach dem Referat des Herrn Verbandsdirektor Justizrat Dr. Alberti und nachfolgender Debatte, durch den Anwalt **zurückgezogen**. — (Seite 173 — 189.)

D. Angelegenheiten der Baugenossenschaften.

XXIII. Denjenigen Baugenossenschaften, die Häuser zum Eigentumserwerb für die Genossen — sogenannte Erwerbshäuser — bauen, wird empfohlen, die für den Erwerber vielleicht gegebene Möglichkeit, den Eigentumserwerb später in spekulativer Weise auszunützen, soweit angängig auszuschließen.

Als Ausschließungsmaßregeln können in dieser Beziehung in Betracht gezogen werden:

1. Die grundbuchmäßige Eintragung des Vorkaufrechts für die Genossenschaft gemäß §§ 1094 ff. B.G.B.
2. Die grundbuchmäßige Eintragung des Wiederkaufrechts zugunsten der Genossenschaft für die ersten 30 Jahre nach der Auflassung.
3. Die Inanspruchnahme eines Teiles des bei einem späteren Verkaufe erzielten Gewinns für die Genossenschaft. (Zuwachssteuer.) — (Seite 255 — 274.)

XXIV. Antrag des Anwalts:

„Den Baugenossenschaften wird empfohlen, bei der Bilanzauf-

Aktiva.

	M	₰
Kassenbestand		
Bankguthaben		
Zinsbar angelegte Kapitalien		
und zwar:		
A. Wertpapiere . . . . M ..... Pf		
B. sonstige Forderungen der Genossenschaft ..... M ..... Pf		
Hypotheken- und Kaufgelder-Forderungen		
und zwar:		
A. für verkaufte Häuser . . . . M ..... Pf		
B. für sonstige Immobilien . . . . M ..... Pf		
Unbebauter Grund und Boden		
(Grundstücks-Konto) Flächengröße ..... ha ..... a ..... qm		
Zur Vermietung an die Mitglieder bestimmte Gebäude (sog. Mietshäuser — Gebäudekonto I)		
I. Ursprünglicher Gesamtherstellungspreis der Mietshäuser*) . . . . M ..... Pf		
und zwar:		
a) Grunderwerbskosten*) ..... M ..... Pf		
b) Ursprüngliche Baukosten*) . . . . M ..... Pf		
II. Darauf sind abgeschrieben insgesamt . . .. M ..... Pf		
und zwar:		
a) in früheren Geschäftsjahren . . . . M ..... Pf		
b) am Schlusse des letzten Geschäftsjahres . . .. M ..... Pf		
Zum Erwerb durch die Mitglieder bestimmte Gebäude (sog. Erwerbshäuser — Gebäudekonto II)		
I. Kaufpreis der Erwerbshäuser, die noch nicht aufgelassenen, über die aber bereits Erwerbsverträge abgeschlossen sind ..... M ..... Pf		
und zwar:		
a) im **abgelaufenen** Geschäftsjahr . . . . M ..... Pf		
b) in **früheren** Geschäftsjahren . . . . M ..... Pf		
II. Herstellungspreis der Erwerbshäuser, über die **keine** Erwerbsverträge abgeschlossen sind . . . . M ..... Pf		
Neubauten (Buchwert der im Bau befindlichen Häuser . . .		
und zwar:		
A. der im Bau befindlichen Mietshäuser . ..... M ..... Pf		
B. der im Bau befindlichen Erwerbshäuser ..... M ..... Pf		
Übertrag . . .		

*) einschließlich nachträglicher Aufwendungen.

stellung sich des folgenden Schemas zu bedienen:*)

Passiva.

		M	Pf
Eigenes Betriebskapital.			
Geschäftsguthaben der Mitglieder			
und zwar:			
A. der im neuen Geschäftsjahr verbleibenden Mitglieder	........M ....Pf		
B. der mit Schluß des Geschäftsjahres Ausscheidenden	........M ....Pf		
Reservefonds			
und zwar:			
A. gesetzlicher Reservefonds	........M ....Pf		
B. Hilfsreservefonds	........M ....Pf		
C. andere Fonds (unter Angabe des Zwecks)	........M ....Pf		
Fremde Gelder.			
Hausanteilscheine (unter Angabe, ob unkündbar)			
Hypothekenschulden			
Die Hypothekenschulden betrugen ursprünglich	........M ....Pf		
Es sind darauf getilgt	........M ....Pf		
(Die Hypotheken sind mit ....% zu verzinsen und mit ....% und mit (oder ohne?) zuwachsenden Zinsen zu tilgen).			
Anleihen			
A. mindestens mit 12 monatlicher Kündigungsfrist	........M ....Pf		
B. mit kürzerer Kündigungsfrist (einschl. Spareinlagen)	........M ....Pf		
Anzahlungen und Tilgungsbeträge der Hausanwärter (Erwerbshäuser-Tilgungskonto)			
und zwar:			
A. aus dem abgelaufenen Geschäftsjahre .	........M ....Pf		
B. aus früheren Geschäftsjahren	........M ....Pf		
Schulden für Baumaterialien und Bauarbeiten (Neubauschuldenkonto) einschl. der von den Handwerkern pp. einbehaltenen Kautionen**)			
	Übertrag . . .		

*) Das hier abgedruckte Schema ist durch die in Cassel eingesetzte Kommission (vgl. S. 289/90) bereits redigiert.

**) Hierunter sind sämtliche Kautionen zu berücksichtigen, die der Genossenschaft von Handwerkern etc. für die Ausführung von Arbeiten und Lieferungen geleistet worden sind.

	ℳ	₰
Übertrag . . .		
Baumaterialien		
Geschäftsinventar		
Rückständige Mieten (einschl. rückständiger Abgaben der Hausanwärter)		
A. aus dem letzten Vierteljahr des abgelaufenen Geschäftsjahres . . . .ℳ ....₰		
B. aus früherer Zeit . . . .ℳ ....₰		
Kautionskonto		
Sa. . . .		

Soll. **Gewinn- und**

	ℳ	₰
Abschreibungen		
a) ....% auf die ursprünglichen Baukosten der Mietshäuser (Gebäudekonto I)*) . . . .ℳ ....₰		
b) ....% auf den Buchwert des Inventars ....ℳ ....₰		
Geschäftsunkosten		
(Gehälter, Bureaumiete, Bureauutensilien, Verbandsbeiträge, Insertionskosten.)		
Betriebsunkosten		
(Steuern, Abgaben, Lasten, Reparaturkosten.)		
Zinsen		
und zwar:		
a) Hypotheken- und Anleihezinsen**) . . . .ℳ ....₰		
b) Zinsen auf die Abträge der Anwärter . ...ℳ ....₰		
c) Zinsen auf Spareinlagen . . . .ℳ ....₰		
Verluste		
a) aus Mieten		
b) sonstige Verluste		
Reingewinn		
Sa. . . .		

*) Insoweit die Tilgungssätze höher als die Abschreibungssätze und daher bei der Mietenberechnung in Ansatz zu bringen sind, sind sie hier besonders anzugeben.

**) Einschließlich der bis zum Jahresschluß aufgelaufenen, aber erst im nächsten Jahre zu zahlenden Zinsen.

		ℳ	₰
Übertrag . . .			
Sonstige Schulden			
und zwar:			
A. Bankschulden	......ℳ......₰		
B. noch zu zahlende Geschäftsunkosten, Tantiemen, Verbandsbeiträge	......ℳ......₰		
C. noch zu zahlende Dividenden und andere Schulden	......ℳ......₰		
Kautionskonto*)			
Reingewinn			
Sa. . . .			

Verlustrechnung. Haben.

		ℳ	₰
Gewinnvortrag			
Gewinn aus verkauften Immobilien			
Mieteinnahmen			
und zwar:			
a) aus den Mietshäusern	......ℳ......₰		
b) aus den Erwerbshäusern, ausschließlich der in den vortragsmäßigen Mietssätzen enthaltenen Tilgungsbeträge (Nettowohnungsmieten)	......ℳ......₰		
Zinsen aus angelegten Kapitalien			
Pachteinnahmen			
Sonstige Einnahmen			
Sa. . . .			

*) Die der Genossenschaft von ihren Angestellten geleisteten Kautionen.

IV.

Bericht

über die

Verhandlungen der Verbandsrevisoren

auf dem

47. Allgemeinen Genossenschaftstag in Cassel

am 20. August 1906.

Der Vorsitzende Justizrat **Wolski** (Allenstein) eröffnete die Verhandlungen nachmittags um 2¼ Uhr. In den Begrüßungsworten bedauerte er gleichzeitig, daß die gedruckten Referate zu den einzelnen Punkten leider erst jetzt erschienen seien.

Nach der Präsenzliste waren 70 Personen anwesend.

Die Tagesordnung lautete:

1. Lose Konten. — Berichterstatter: Direktor Jäger-Berlin.
2. Trennung der Dividende in den Konsumvereinen für Warenhandel und Produktion. — Berichterstatter: Verbandsrevisor Michelmann-Blankenburg a. H.
3. Die Geschäftsanweisung für die Einschätzungskommission. — Berichterstatter: Verbandsrevisor Soerensen-Berlin.
4. Deckung von Verlusten bei Vorhandensein einer Spezialreserve. — Berichterstatter: Direktor Thorwart-Frankfurt a. M.
5. Sind die Bilanzen der Genossenschaften stets zu veröffentlichen, wie sie sich vor der Verteilung des Reingewinns oder vor Beseitigung des Verlustes durch entsprechende Abschreibungen ergeben?

Thorwart (Frankfurt a. M.) ist der Meinung, daß die Anwaltschaft auf eine frühere Zustellung der Referate Bedacht nehmen möge, damit man dazu Stellung nehmen könne. Er beantragt, die Konferenz auf einen späteren Zeitpunkt zu verlegen.

Dr. Crüger meint, er könne die Referate nicht früher drucken lassen, ehe die Manuskripte nicht in seinen Händen seien. Eine Vertagung der Konferenz sei aber wegen der festgelegten Zeiteinteilung nicht gut angängig.

Es wurde hierauf in die Verhandlung eingetreten.

Punkt 1: „Lose Konten."

Direktor **Jäger** (Berlin) hat zu dem von ihm zur Besprechung gestellten Punkte folgende Ausführungen vorgelegt:

Die Frage der „losen" oder „fliegenden" Konten wird in neuerer Zeit lebhaft erörtert. Es ist erklärlich, daß bei der fortdauernden

Zunahme der Geschäfte im allgemeinen der Kreis der Interessenten an dieser Frage ein immer größerer wird. Die bücherliche Bearbeitung der Geschäftsvorfälle stellt in größeren Betrieben — und diese kommen hier nur in Betracht — hohe Anforderungen schon in rein technischer Richtung. Diese Tatsache wird verschärft durch den Umstand, daß die Bücher, welche die Geschäftsvorfälle in ihrer zahlenmäßigen Wirkung zuerst darzustellen haben, von verschiedenen Beamten zu gleicher Zeit benötigt werden. Je größer das Geschäft, desto größer die Arbeitsteilung und Hand in Hand mit dieser die vermehrte Benötigung der Grundbuchungen zur Bearbeitung der Hilfsbücher. Darin liegt der Schwerpunkt.

Die verschiedenen Vorschläge, Mittel und Wege, um bei dieser bücherlichen Bearbeitung in der Zeiteinteilung auszukommen und gleichwohl dabei nicht gegen kaufmännische Anschauungen und Grundsätze und gegen die gesetzlichen Vorschriften zu verstoßen, haben sich u. a. in der überschriebenen Frage verdichtet. Ein anderer großer Teil der Interessenten steht aber auf dem Standpunkt, daß das Auskunftsmittel der fliegenden Konten mit der gesetzlichen Vorschrift in § 43 Absatz 2 des Handelsgesetzbuches nicht vereinbart werden könne. Wenn an dieser Gesetzesstelle gesagt werde, daß die Handelsbücher gebunden sein sollen, so bedeute die Bearbeitung derselben auf losen Blättern so ziemlich das Gegenteil. Unter die Handelsbücher gehören u. a. jene Bücher, welche, wie das Kassabuch, das Memorial, die Prima-Nota und wie sie sonst benannt werden, die Grundbuchungen enthalten. Darüber besteht kein Zweifel. Auf Grund dieser Bücher allein ist die Vermögenslage festzustellen. Daß Beibücher und Kontobücher, welche den Verkehr mit den Arbeitern oder Geschäftskunden im einzelnen feststellen, zu den Handelsbüchern nicht gerechnet werden, geht aus den bis jetzt nicht modifizierten Erkenntnissen des vormaligen Reichs-Oberhandelsgerichts Bd. 2 S. 273, Bd. 14 S. 260 hervor.

Die Ansicht, daß lose Konten der Gesetzesvorschrift nicht entsprechen, wird unterstützt durch eine Entscheidung des Reichsgerichts von 1888 in Strafsachen, Bd. 17 S. 301. Kaufmännische Bücher, heißt es dort, sind nicht geführt, wenn die vorhandenen Aufzeichnungen von der im Handelsgesetzbuch vorgeschriebenen Form wesentlich abweichen, sollten sie selbst eine vollständige Übersicht über den Vermögensstand gewähren. Ein für einzelne Handelszweige (Buchhändler) bestehender Brauch rechtfertigt nicht, statt der gebundenen Handelsbücher lose Zettel (fliegende Konten) zu führen. (Blätter für Genossenschaftswesen 1890, S. 250.)

Nach diesem Senatsspruch, der, soweit bekannt, durch Plenar-Entscheidung einer Abänderung bis jetzt nicht unterzogen wurde, neigt sich die Wage zugunsten jener, die gegenüber den fliegenden Konten eine ablehnende Stellung einnehmen.

Das Handelsgesetzbuch vom 10. Mai 1897 bestimmt in § 43 Absatz 2: „Die Bücher sollen gebunden sein", während im früheren Allgemeinen Deutschen Handelsgesetzbuch die Stelle lautete: „Die Bücher müssen gebunden sein." Hieraus folgerte der bekannte Kommentator des Allgemeinen Deutschen Handelsgesetzbuches, Staub, die Änderung sei beabsichtigt, um klarer als früher zum Ausdruck zu bringen, daß der Gesetzgeber nur eine instruktionelle Vorschrift geben wolle, nicht eine Vorschrift, deren Verletzung ohne weiteres Strafbarkeit zur Folge habe. In einem Artikel der Deutschen Landwirtschaftlichen Genossenschafts-Presse in Nummer 9 von 1906, welcher das Staubsche Gutachten zitiert, wird ausgeführt, daß dieser Argumentierung, so scharfsinnig sie auch sein möge, eine entscheidende völlig durchgreifende Bedeutung nicht beigelegt werden könne, denn es handele sich hier nicht allein darum, ob im Konkurs, dieser letzten Konsequenz eines kaufmännischen Zusammenbruchs, die spezielle Tatsache der Führung loser Konten an und für sich strafbar sei, sondern darum, ob nach den strengen Anschauungen des Kaufmannstandes von der gesetzlichen Buchführungspflicht, „wie sie in ihrem innersten Wesen in § 38 des Handelsgesetzbuches statuiert wurde", die Führung loser Konten zulässig sei. Gegner wie Verteidiger der losen Konten, so auch Staub, hätten sich zur rechtlichen Begründung lediglich auf § 43 Absatz 2 a. a. O. beschränkt, während der Sitz der Sache, worauf es ankomme, nicht in § 43, sondern in § 38 des Handelsgesetzbuches gefunden werde. Durch Heranziehung dieses Paragraphen kommt der Verfasser zu dem Ergebnis der Zulässigkeit fliegender Konten.

Wenn auch dem ersten Teile dieser Ausführungen zugestimmt werden könnte, so würde die schließliche Verbindung des § 38 mit der hier vorliegenden Frage diese Wirkung wieder aufheben. Der Meinung kann nicht beigepflichtet werden, daß § 38 die Entscheidung zur Frage enthalte. Der erste Absatz des Paragraphen lautet: „Jeder Kaufmann ist verpflichtet, Bücher zu führen und in diesen seine Handelsgeschäfte und die Lage seines Vermögens nach den Grundsätzen ordnungsmäßiger Buchführung ersichtlich zu machen." Dieser Wortlaut und der Sinn ergibt ohne weiteres, daß es sich hier überhaupt um das Festlegen der Verpflichtung des Kaufmanns zur Führung von Handelsbüchern handelt. Diese Verpflichtung hat weder mit der Zahl, noch der Gattung, noch der Art der Bücher etwas zu tun, sie hat rechtlich-öffentliche Bedeutung.

Der § 43 hingegen befaßt sich mit der Beschaffenheit der Handelsbücher, mit der äußeren Form und diese äußere Form ist es, um welche die Meinungen auseinandergehen. „Die Bücher sollen gebunden . . . sein", diese Vorschrift besteht und kann durch eine irrtümliche Verwertung des § 38 nicht außer Kraft gesetzt werden. Die Beibehaltung der Formvorschrift des § 43 würde übrigens bei solcher Auslegung des § 38 sinnwidrig gewesen sein. Staub, wie die übrigen Gegner und Freunde der fliegenden Konten, haben daher aus gutem Grunde lediglich den § 43 für ihre Betrachtungen benutzt.

Der Meinung des Verfassers jenes Artikels, daß lose Konten bei den Hilfsbüchern zulässig erscheinen, ist beizutreten. Die Formvorschrift des § 43 richtet sich nur gegen die Handelsbücher. Eine andere Frage ist es, ob die Anwendung loser Konten bei den Hilfsbüchern, wie Spar-, Depositen- und Kontokorrentkonten speziell in unseren Genossenschaften als Notwendigkeit erscheint. Es ist richtig, das „Lose Blätter-System“, welches von einigen Bücherfabriken (J. C. König u. Ebhardt, Soennecken u. a.) auf Geschäftsbücher angewandt wird, weist Vorzüge auf, u. a. wird das Leergehen von Blättern oder die Mitführung ausgeschriebener Konten in gebundenen Büchern beseitigt. Die nach diesem System gearbeiteten „Bücher“ enthalten nur lose Blätter, die, auf Stäbchen gereiht, genau wie bei einem Registrator oder Briefordner, beliebig entfernt uud ergänzt werden können. Das nicht mehr benötigte Blatt wird herausgenommen und in einem verschließbaren Sammelkasten aufbewahrt. Die gesamte Einrichtung scheint besonders geeignet für Warengeschäfte. Preis-, Lager- und Musterbücher, Kundenregister können nach diesem System jedenfalls vorteilhaft bearbeitet werden. Ob aber in Bankgeschäften die wichtigeren Hilfsbücher, wie Spar-, Depositen- und Kontokorrentkonten in dieser Form die geeignete Bearbeitung finden, darf als zweifelhaft gelten. Zunächst wird im Bankgeschäft das Bestreben darauf gerichtet bleiben, so weit es möglich ist, das gebundene Buch zu verwenden. Dieses Bestreben findet in der Natur der Sache ihre Begründung. Das Ganze zusammenzuhalten und zur jederzeitigen Verfügung im täglichen Verkehr zu haben, ist ein Vorzug, der durch die beschriebenen Neuerungen nicht in den Schatten gestellt werden kann. Im Gegenteil, die Praxis lehrt im Depositenverkehr, daß das Zurückgreifen auf frühere Jahre bei stark ausgeprägtem Geschäft fast tagtäglich vorzukommen pflegt. Welche Umständlichkeiten wären damit verknüpft und welche Verzögerung in der Abfertigung des Publikums würde eintreten, die abgelegten, losen Blätter erst wieder aus dem Archiv herbeizuschaffen. Dieses eine Moment ist schon allein geeignet, in dieser Richtung den Wert der Anwendung des „Losen Blätter-Systems“ in Bankgeschäften als zweifelhaft zu betrachten. Das gebundene Buch gewährleistet außerdem in weit höherem Grade die Vollständigkeit der Aufzeichnungen, namentlich in späteren Jahren, als jenes System, bei welchem durch Zufälligkeiten aller Art Stücke von auseinandergenommenen Bestandteilen abhanden kommen können.

Das Organ des Deutschen Sparkassen-Verbandes, „Die Sparkasse“, enthält in Nummer 555, Jahrgang 1905, einen Artikel: „Lose Konten für die Aktiv-Kapitalien“. Daraus ist zu entnehmen, daß das „Lose Blätter-System“ in den Sparkassen Aufnahme gefunden hat und weiter ausgebaut wird, sogar in der Richtung, daß die losen Blätter auch auf die Aktiv-Außenstände zur Anwendung gebracht werden. Von einem solchen Vorgehen, wenn auch kontrolliert durch sogenannte Manual-Einträge, kann unseren Genossenschaften aus den angeführten Gründen nur abgeraten werden. Bekanntlich unterstehen die Sparkassen nicht dem Handelsgesetzbuch.

Die Direktionen von 10 unserer größten Aktienbanken, von 12 der größten Genossenschaftsbanken, sowie einige der namhafteren

Privatbankiers haben auf eine Rundfrage des Verfassers ihre Handhabungen in der ganzen in Frage kommenden Richtung freundlichst wissen lassen.

Im Anschluß an obige Mitteilung über die Anwendung der losen Blätter bei den Sparkassen sei hervorgehoben, daß sämtliche an der Rundfrage beteiligten Stellen die Frage, ob auch Aktiv- beziehungsweise Passivkonten auf losen Blättern bearbeitet werden, verneint haben. Daraus geht unzweifelhaft hervor, daß unter den größeren Bankinstituten, die bei den fliegenden Konten überhaupt nur in Frage kommen, Übereinstimmung darüber herrscht, daß eine derartige „fliegende" Bearbeitung keinesfalls auf die Aktiv- und Passivkonten auszudehnen ist.

Die große Mehrzahl der befragten Stellen (17 von 22) behandelt die Grundbuchungen für alle Geschäftsvorfälle baren wie nichtbaren Charakters in gebundenen Büchern. Die übrigen 5 Stellen lassen die auf losen Blättern bewirkten Grundbuchungen zum Teil originaliter, zum Teil nach Reinschriften bearbeiten, nach Gebrauch aber werden die losen Blätter im festen Einband vereinigt.

Es ist daraus zu schließen, daß im allgemeinen noch die Praxis vertreten wird, die Vormerkung der Grundbuchungen nach dem üblichen kaufmännischen Brauch in gebundenen Büchern vorzunehmen. Die Benutzung der losen Konten an den wenigen Stellen, bedingt durch den im Laufe der Zeit riesenhaft angeschwollenen Geschäftsverkehr, gelangt dadurch, daß die Einzelblätter alsbald nach den Übertragungsarbeiten in Bücher gebunden werden, zu einer nachträglichen Heilung ihres Mangels, falls ein solcher festzustellen ist.

Die kleinen und mittleren unserer Genossenschaften werden durch die Frage kaum berührt. Sie kommen mit den Eintragungen in das Kassabuch bezw. in das Memorial vollständig zurecht. Entwickeltere Genossenschaften mit lebhaftem Verkehr finden einen empfehlenswerten Ausweg in der Führung zweier Exemplare des Kassabuchs und nach Bedürfnis auch des Memorials, je eins für die geraden und ungeraden Tage (Blätter für Genossenschaftswesen 1892, S. 12). Nur in einigen ganz vereinzelten Fällen ergab die Rundfrage in genossenschaftlichen Kreisen die Notwendigkeit, „lose Konten" wegen der Übertragungen zu Hilfe zu nehmen, aber selbst dort läßt man sich damit nicht genügen, sondern führt nebenher ein Kassabuch mit festem Einband, in welchem die Vorfälle wie gewöhnlich nach der Zeitfolge aufgenommen werden. Das kann umso eher geschehen, weil an Geschäftsstellen mit bedeutendem Verkehr das erforderliche Personal regelmäßig zur Verfügung steht.

Alles in allem, die gesetzlichen Notwendigkeiten in Verbindung mit der praktischen Seite ergeben zu der aufgeworfenen Frage für unsere Genossenschaften das folgende:

1. Es wird widerraten, an Stelle der Handelsbücher (Kassabuch, Memorial, Prima-Nota u. dergl.) sogenannte „lose Konten" (Einzelblätter) zu führen. Drängt die Häufung der Grund-

buchungen zu einer solchen oder ähnlichen Einrichtung, dann ist auf alsbaldigen Einband der Einzelblätter nach deren Erledigung zu halten und wenn möglich für die Grundbuchungen gleichzeitig ein festeingebundenes Buch zu benutzen.

2. Gesetzlich steht der Einrichtung der Hilfsbücher oder Personen- und Nebenkonten (Depositen-, Spar-, Kontokorrentverkehr u. dergl.) nach dem System der „losen Konten" zwar nichts entgegen, aber ein Bedürfnis dazu ist nicht anzuerkennen, noch ist die praktische Anwendung zu empfehlen.

Der Referent bemerkte noch zu dem vorgelegten Referat: Es ist ganz zweifellos, meine Herren, daß der Gegenstand, mit welchem wir uns jetzt beschäftigen wollen, im Laufe der letzten Jahre sehr aktuell geworden ist. Die Anforderungen an die bücherlichen Einrichtungen sind immer größer und umfangreicher geworden. Namentlich ausgedehnte Geschäftsbetriebe sind genötigt, ihrer gesamten Buchführung fortdauernd besondere Aufmerksamkeit zuzuwenden, damit die nötigen Änderungen und Neueinteilungen nach dem praktischen Bedürfnis zur richtigen Zeit vorgenommen werden.

Von allen Neuerungen nimmt das sogenannte „Lose Blätter-System" das meiste Interesse in Anspruch. Die Anhänger dieses Systems erblicken das zweckmäßige desselben in der Beseitigung vollgeschriebener Kontoseiten oder unbenutzt gebliebener Blätter, die bei gebundenen Büchern einen unwillkommenen Ballast bilden. Die Gegner dieser Einrichtungen meinen, ohne Not solle man von dem guten, alten kaufmännischen Brauch, gebundene Bücher zu führen, nicht abgehen. Die Möglichkeit, daß abgelegte Blätter, auch wenn sie noch so gut verwahrt würden, abhanden kommen können, sei eine weit größere, als die Möglichkeit bei gebundenen Büchern das nämliche eintreten zu sehen. Schon der Umstand, daß Teile der Buchführung entfernt werden, das Ganze auseinandergerissen und getrennt wird, sei mißlich. Außerdem bestünden gesetzliche Bedenken, da § 43 des Handelsgesetzbuches die Führung gebundener Handelsbücher vorschreibe.

Und gerade in größeren Betrieben, die dabei in Frage kommen, ist die Durchführung dieses Systems sehr zweifelhaft. Vergegenwärtigen wir uns eine Kreditgenossenschaft mit ausgeprägtem Depositen- und Kontokorrentverkehr. Bei regem Geschäft ereignet es sich tagtäglich, daß Beibücher vorkommen, die lange Zeit nicht präsentiert waren und daher nachgetragen werden müssen. In solchen Fällen sind die abgelegten und wohlverwahrten losen Blätter nötig, sie werden wieder hervorgesucht und dann gelangt man im wahren Sinne des Wortes zu einer „fliegenden" Buchführung.

Das Für und Wider in dieser Sache ist in der Ihnen vorliegenden kleinen Druckschrift in aller Kürze dargestellt. Es kommt danach zunächst in Betracht, daß die eigentlichen Handelsbücher nicht „lose" geführt werden sollen. Eine Reichsgerichtsentscheidung bekräftigt diese Gesetzesstelle. Für Hilfsbücher besteht dieser Zwang zwar nicht, aber es kann nach Berücksichtigung aller Umstände den Genossenschaften nicht empfohlen werden, die Hilfsbücher in losen Blättern zu führen.

Eine Enquete, die bereits im vorigen Jahre einsetzte und die ich in diesem Jahre beendete, hat bei den größten Aktienbanken, bei einigen der größten Genossenschaftsbanken unseres Verbandes, sowie bei einigen namhafteren Privat-Bankfirmen stattgefunden. Äußerst interessantes Material ist mir dabei, wie ich hiermit anerkennend hervorheben möchte, zur Verfügung gestellt worden. Danach nimmt die Bankwelt im allgemeinen einen ablehnenden Standpunkt zur Frage ein. Vor allem ist man darüber einig, daß die Maßregel, wenn nötig, überhaupt nur die Bücher betreffe, welche die Grundbuchungen enthalten, daß hingegen für Hilfsbücher oder Personenkonten kein Bedürfnis zu dieser Einrichtung anerkannt, auch praktisch nicht empfohlen werden könne.

Ich selbst habe mich nach genauer Prüfung jener Meinung angeschlossen.

Auf diese einleitenden Worte will ich mich unter Bezugnahme auf die vorliegende Druckschrift beschränken.

Verbandsrevisor **Dr. Schneider** (Potsdam) schickt voraus, daß er nicht in der Lage gewesen sei, von den gedruckten Ausführungen des Referenten Kenntnis zu nehmen, er nehme aber an, daß sich die genannte Enquete nur auf Aktienbanken und Genossenschaften, nicht auch auf öffentliche Sparkassen erstreckt habe, die mit zu berücksichtigen in mancher Beziehung wertvoll gewesen wäre. Er würde sich mit sich selbst in Widerspruch setzen, wenn er hierzu nicht einige Bemerkungen machte, denn er rechne es sich zum Verdienst an, bei einer Reihe Sparkassen gelegentlich der Revisionen dahin gewirkt zu haben, daß für die Sparkonten lose Blätter eingeführt worden seien. Die Institute seien mit der Einrichtung sehr zufrieden, woraus allerdings noch nicht der Schluß gezogen werden dürfe, daß die losen Konten allgemein auch den Genossenschaften zur Einführung zu empfehlen seien. Namentlich seien sie für Kasse und Memorial nicht anwendbar, weil sie bei diesen für die Grundbuchungen bestimmten Büchern in Widerspruch stehen würden mit dem Handelsgesetzbuche. Anders sei es bei den Personenkonten der Kreditoren, wo es zweifelhaft sei, ob sie zu den Handelsbüchern zu rechnen seien, die „gebunden" geführt werden müßten. Wenn sonst alle Vorsichtsmaßregeln angewendet würden, sei doch der Versuch sehr wertvoll, die Abfertigung der Kunden zu beschleunigen und da habe sich in der Praxis gezeigt, daß durch die losen Konten eine erhebliche Zeitersparnis erreicht werde und daß ferner, was auch nicht zu unterschätzen sei, eine wirksamere gegenseitige Kontrolle der dabei tätigen Beamten gesichert werde. Die Einrichtung bedinge aber einen besonderen Schrank, in welchem die Blätter sorgfältig geordnet seien. Wenn Vorsorge getroffen werde, daß die Blätter nicht an eine falsche Stelle kommen können, etwa durch besondere Kennzeichen an den Seiten, dann habe sich gezeigt, daß die gehegten Befürchtungen nicht zutreffen. Eine der größten preußischen Sparkassen, die Kieler Spar- und Leihkasse, habe ihren gesamten Verkehr mit den Spareinlegern und mit den Hypothekenschuldnern schon längere Zeit in dieser Weise eingerichtet, ohne daß die Befürchtungen wegen des Verlegens oder Abhandenkommens von Blättern durch die Praxis bestätigt worden wäre. Gerade in der Schnelligkeit der Geschäftsabwickelung habe sich das System bewährt. Und die Kontrolle sei insofern besser, als stets zwei Beamte bei jeder Einzahlung und Auszahlung in das Konto Einsicht nehmen, was bei den dicken Bänden, in denen sonst die Konten vereinigt sind, gar nicht durchzuführen wäre. Das sei von großem Wert. Er glaube daher, daß man die losen Blätter für die Konten der Spareinleger nicht ohne weiteres von sich weisen solle. Dagegen seien sie für das Kontokorrentgeschäft nicht zu empfehlen, weil bei normalem Verkehr darin auf den einzelnen Konten zu viele Buchungen erforderlich wären, um mit e i n e m Blatt längere Zeit auszukommen. Anders bei den Sparkonten, wo oft lange Zeit kein Umsatz stattfinde. Die Erfahrungen vieler Sparkassen sprächen also nicht dafür, daß man die losen Konten überhaupt verwerfen solle. Wir müßten dafür sorgen, daß unsere Genossenschaften nicht in das Hintertreffen kämen gegenüber den Sparkassen und deshalb müßten wir uns alle Einrichtungen zu nutze machen, welche geeignet seien, eine glattere Abfertigung des Publikums herbeizuführen. Könne man also in bezug auf Depositen- und Sparkassenverkehr die losen Konten der Rechtslage wegen zwar nicht empfehlen, so solle man sie doch auch nicht ohne weiteres verwerfen.

Direktor **Jäger** (Berlin): Die Mitteilungen des Herrn Dr. S c h n e i d e r waren ja äußerst interessant, aber für den Beratungsgegenstand nicht verwertbar, da die Sparkassen den einzelnen Landesgesetzgebungen unterstehen, nicht aber den Bestimmungen des Handelsgesetzbuches. Die Voraussetzungen sind also nicht zutreffend, infolgedessen kann für die Schlußfolgerungen kein Anspruch auf Richtigkeit erhoben werden.

Wie schon erwähnt, kommen für die Frage nur Genossenschaften mit großem Verkehr in Betracht, bei kleineren Genossenschaften liegt zu der Einrichtung kein Bedürfnis vor, mindestens wird man sich in vielen Fällen dadurch helfen können, Kassa- und Memorialbücher in doppelten Exemplaren zu führen, sodaß immer ein Exemplar sich im täglichen Gebrauch zur Aufnahme der Grundbuchungen befindet und das andere zu den Übertragungsarbeiten benutzt werden kann.

Es liegt daher meines Erachtens kein Anlaß vor, die Ausführungen in der Druckschrift nach dem eben Gehörten einer Abänderung zu unterziehen.

Vorsitzender Justizrat **Wolski** (Allenstein) ist der Meinung, daß lose Blätter für Spareinlagen nicht eingeführt werden könnten, weil nach dem Handelsgesetzbuche die grundlegenden Buchungen in gebundenen Büchern stattfinden müßten. Es frage sich also bloß: ist das Spareinlagebuch ein Hilfsbuch oder ein grundlegendes Buch? Aber noch aus einer anderen Bestimmung könne die Auffassung hergeleitet werden, daß die Bücher gebunden sein müßten. Früher habe das Gesetz gelautet: die Bücher müssen gebunden sein usw. Nach der neuen Fassung heiße es: die Bücher sollen gebunden sein. Bei einem Vergleich fänden wir zwar, daß das Gesetz unter dem Wort „müssen“ eine zwingende Vorschrift gebe, während der Ausdruck „soll“ keinen Zwang bedeuten könnte. Die Rechtsprechung hat aber dahin entschieden, daß das Wort „sollen“ in diesem Falle nicht instruktiv, sondern als zwingende Vorschrift aufzufassen sei und deshalb könnten wir nicht dazu kommen, die Einführung der losen Blätter zu empfehlen. In dem Ost- und Westpreußischen Verbande würden von Insterburg und Tilsit lose Konten geführt. Insterburg führe aber daneben noch gebundene Bücher, führe also die losen Blätter nur zur Kontrolle, während Tilsit glaube, zur Führung gebundener Bücher nicht gezwungen werden zu können.

Es schloß sich hieran eine Aussprache zwischen **Zademach** (Guben), **Neugebauer** (Breslau) und **Wolski** (Allenstein) über die Handhabung der Buchführung, namentlich der Bilanzaufstellung nach den losen Blättern, worauf

Anwalt **Dr. Crüger** erwiderte, daß die Meinungsverschiedenheit wahrscheinlich daran liege, daß das Referat zu spät erschienen sei. Ehe wir uns nicht klar seien, was eigentlich unter den losen Konten zu verstehen sei, könnten wir uns über die Frage ihrer Empfehlung nicht schlüssig machen. In der Tat schienen die Ansichten über das System selbst noch voneinander abzuweichen. Er sei selbst nicht in der Lage gewesen, die Frage zu studieren, ob und warum es in dem neuen Handelsgesetzbuche statt „müssen“ jetzt „sollen“ heiße. Nach dem Kommentar von Staub von 1897 sei das Führen gebundener Bücher eine zwingende Vorschrift.

Es sei ihm nicht bekannt, ob bereits Entscheidungen in dieser Frage ergangen seien. Wir könnten uns heut hier nicht auf einen bestimmten Standpunkt festlegen, sondern wollten Kenntnis nehmen von den Ausführungen der Herren Direktor Jäger und Dr. Schneider. Der letztere möge dann im nächsten Jahre das Korreferat übernehmen und er (der Anwalt) werde eventuell als III. Referat über die Bedeutung des „soll“ im Gesetz berichten. Vielleicht sei die Frage bis dahin der Klärung nähergerückt.

Verbandsrevisor **Seibert** (Wiesbaden) richtete an Dr. Schneider die Bitte, im nächsten Jahre auch die Frage zu behandeln: was als ein Grundbuch und was als Hilfsbuch anzusehen sei.

Verbandsrevisor **Michelmann** (Blankenburg) stimmte den Ausführungen des Herrn Anwalts zu mit dem Bemerken, es sei nicht ausgeschlossen, daß uns Neuerungen Besseres bieten. Die Einrichtung sei gewiß von großer Bedeutung für die Kontrolle. Man solle deshalb seine Ansicht heute nicht schon festlegen, sondern abwarten, bis weiteres Material vorliege.

Verbandsdirektor **Neugebauer** (Breslau): Es handele sich hierbei um zweierlei. Entweder benutze man die losen Blätter als Konten, oder man führe sie neben den eigentlichen Büchern nur als Hilfsmittel zur Erleichterung. Über diese Frage müßten wir uns zuerst einig werden.

Direktor Dr. **Meißner** (Berlin): Die Frage sei gar nicht ungeklärt. Auf einer Seite hätten wir das Kassabuch, auf der anderen Seite die losen Blätter. Die letzteren verträten auch die Stelle der Buchungen im Kontokorrentbuche und stellten dasselbe vor. Er stehe auf dem Standpunkte des Herrn Wolski, die Genossenschaften seien Kaufleute und unterlägen als solche den Bestimmungen des Handesgesetzbuches. Die Sparkassen dagegen unterständen einer anderen Kontrolle, welche ihrerseits Bestimmungen treffen könne.

Dazu komme der mit der Buchführung verbundene öffentliche Glaube, welcher den Büchern eine erhöhte Beweiskraft gebe. Allerdings stehe dem Richter die letzte Entscheidung zu. Wenn aber die Buchführung im allgemeinen in Ordnung sei, dann hätten die Bücher absolute Beweiskraft. Bei losen Blättern verschwinde die Kontrolle und allen möglichen Einreden werde Tür und Tor geöffnet. Das System biete keine Gewähr, daß nicht Änderungen vorgenommen würden durch Entfernung und Neuherstellung eines Blattes. Es könne nachher nicht mehr unterschieden werden, ob das Blatt neu sei, während bei einem gebundenen Buche Änderungen nur durch Rasuren vorgenommen werden könnten, welche später noch kenntlich seien. Die Buchführung müsse besonders sorgfältig gehandhabt werden, deshalb wäre es gefährlich, eine Empfehlung zur Einführung der losen Blätter zu geben.

Verbandsdirektor **Stein** (Darmstadt) bringt in Anregung, bei der Besprechung im nächsten Jahre auch Stellung zu der Frage zu nehmen, ob es angängig sei, die Grundbuchungen auf losen Blättern zu machen und diese dann zusammenbinden zu lassen, da hierzu weder von Direktor Jäger, noch von Dr. Schneider etwas Bestimmtes mitgeteilt worden sei.

Direktor Dr. **Meißner** (Berlin) bemerkt dazu, daß es etwas ganz anderes sei, zum Zwecke der Erleichterung des Buchungswesens lose Blätter zu verwenden und diese dann zusammenzubinden. Denn diese Blätter seien fortlaufend foliiert und würden monatlich oder wöchentlich zusammengeheftet, sodaß ein Abhandenkommen einzelner Blätter später undenkbar sei.

Direktor **Thorwart** (Frankfurt a. M.) weist darauf hin, daß der Vorsitzende, Justizrat Wolski und Dr. Meißner, welche vorher in der Frage vollständig eines Sinnes gewesen seien, nunmehr mit ihren Ansichten voneinander abwichen und folgert darauf, daß die Frage in der Tat nicht in wünschenswerter Weise geklärt sei. Alle Momente sprächen für eine Vertagung. So lange wir nicht klar seien, um welche Bücher es sich handele, könnten wir uns über die ganze Frage nicht entscheiden.

Der Vorsitzende stellt sodann das Einverständnis der Versammlung mit der Vertagung der Angelegenheit bis zum nächsten Jahre fest.

Punkt 2: „Trennung der Dividende in Konsumvereinen für Warenhandel und Produktion".

Hierzu liegt folgendes Referat des Verbandsrevisors **Michelmann** (Blankenburg) gedruckt vor:

Bringt die Verbindung von Konsum- und Produktivgenossenschaften schon an sich für die Geschäftsführung nicht zu unterschätzende Schwierigkeiten, so ist dies namentlich bei solchen Konsumvereinen mit eigener Produktion der Fall, welche ihre eigenen Erzeugnisse außer an ihre Mitglieder auch an Nichtmitglieder abgeben.

Die Konsumgenossenschaften des Allgemeinen Verbandes der auf Selbsthilfe beruhenden deutschen Erwerbs- und Wirtschaftsgenossenschaften soweit sie selbst produzieren und ihre Ware nur an ihre Mitglieder abgeben, gewähren meist außer einer den landesüblichen Zinssatz für Darlehen nicht übersteigenden Dividende auf die Kapitaleinlage sogenannte Einkaufsdividende. Diese wird nahezu überall nach der Höhe der gesamten Warenentnahme ohne Rücksicht darauf, ob die Ware Handelsgut oder eigenes Erzeugnis der Genossenschaft ist, berechnet. Man verteilt also einheitliche Einkaufsdividende auf alle Waren. Durch solche Dividendengewähr nehmen die Warenkäufer teil an der Verteilung des im ganzen Geschäftsbetriebe erzielten Überschusses, d. h. an dem Ergebnis beider Geschäftszweige, des Warenhandels und der Produktion. Die am Umsatz nicht beteiligten Mitglieder erhalten zwar nur die Kapitaldividende, was indessen als der Sachlage entsprechend zu erachten ist. Die Kapitaldividende hat den Charakter der Verteilung erzielten Geschäftsgewinnes. Der Einkaufsdividende dagegen wohnt der Charakter der Rückgewähr zu hoher Kaufpreise inne. Die Berechnung der Einkaufsdividende erfolgt zumeist in der Weise, daß der nach Gewährung der Kapitaldividende verbleibende Überschuß-Rest auf die Warenkäufer nach der Höhe ihrer Beteiligung am Warenumsatz verteilt wird und zwar ohne Rücksicht darauf, ob die gekaufte Ware Handelsware oder eigenes Erzeugnis ist. Diese Art und Weise der Dividendenberechnung ist als Notbehelf zu erachten. Spezielle Berechnung des von den einzelnen Käufern für die verschiedenen Waren zu viel Bezahlten ist in der Praxis nicht gut ausführbar. Eine Trennung der Rückgewähr nach Höhe der Entnahme von Handelsware und selbsterzeugter ist indes, wie das Beispiel einiger Genossenschaften lehrt, wohl zu ermöglichen. Solche Trennung dürfte notwendig sein in Konsumgenossenschaften, die ihre eigenen Erzeugnisse auch an Nichtmitglieder verkaufen, also bei Konsumgenossenschaften, welche die Warenproduktion gewerbsmäßig betreiben. Bei solchen Genossenschaften ist der durch die Warenherstellung und deren Verkauf erzielte Überschuß nur zum Teil und zwar nur so weit als zu hoch bezahlter Kaufpreis zu erachten, als er aus den Einkäufen der Mitglieder entstanden ist. Der aus dem Geschäft mit Nichtmitgliedern erzielte Überschuß aber ist wirklicher Geschäftsgewinn. Als solcher ist er nach den Beschlüssen der Generalversammlung zu verteilen. Es handelt sich um einen Wert, an dem nicht nur die Warenkäufer, sondern alle Mitglieder ohne Ausnahme Anrecht haben. Was wie gezeigt in Konsumgenossenschaften, welche eigene Erzeugnisse auch an Nichtmitglieder abgeben, bezüglich der Dividendengewähr erforderlich, Trennung der Dividenden für Warenhandel und Produktion, ist in Genossenschaften, welche nur an ihre eigenen Mitglieder Waren abgeben, immerhin gut zu heißen. Getrennte Dividende bedeutet eine gleichmäßigere d. h. richtigere Verteilung der Überschüsse und ist darum auch als berechtigt zu erachten.

Konsumgenossenschaften, welche außer Warenhandel Warenproduktion betreiben, haben der Geschäftsübersicht wegen für Handels- und Produktions-Geschäft besondere Konten zu führen. Darin liegt zum nicht geringsten Teile die vorn erwähnte Schwierigkeit, welche die Verbindung der Konsumgenossenschaft mit der Produktivgenossenschaft für die Geschäftsführung mit sich bringt. Wird ferner in den Geschäftsbüchern der Genossenschaft das Warengeschäft als Kunde des Produktivgeschäftes behandelt, als Kunde dem die Waren zum Selbstkostenpreise überlassen werden, so macht die Berechnung der Geschäftsergebnisse der beiden Geschäftszweige keine weitere besondere Mühe. Und sofern den Mitgliedern über ihre Einkäufe von eigenen Erzeugnissen der Genossenschaft besondere Bescheinigungen, also andere wie für den Einkauf von Handelsware eingehändigt werden, wird die Feststellung der Beteiligung der Einzelnen an dem Umsatz eines jeden der beiden Geschäftszweige und ferner die Berechnung der verschiedenen Dividende, wenn auch etwas mehr Arbeit, so doch keine übergroße Schwierigkeit bieten. In allen Fällen an einheitlicher Dividende festzuhalten will mir nicht ratsam erscheinen. Angenommen in einer Genossenschaft, welche neben rentablem Warenhandel unlohnende Produktion betreibt wird einheitliche Einkaufsdividende gewährt, so wird diese durch die unrentable Produktion geschmälert. Geringe Dividende ist nicht geeignet, das Interesse der Mitglieder für den Wareneinkauf in der Genossenschaft zu fördern. Vielmehr ist zu erwarten, daß das Interesse der Mitglieder durch geringe Dividende erlahmt und infolgedessen der Umsatz im Warenhandel zurückgeht. Es besteht also die Gefahr, daß der unlohnende Geschäftszweig den andern in Mitleidenschaft zieht. Einheitliche Dividende läßt die Mitgliedschaft viel weniger leicht fühlen wie es um die Rentabilität der einzelnen Geschäftszweige steht, als nach dem Ertrage der verschiedenen Geschäftszweige berechnete, getrennte Einkaufsdividende. Darum möchte ich auch vom rein praktischen Standpunkte aus der Gewährung getrennter Dividende für Warenhandel und Produktion das Wort reden und eine dementsprechende Regelung der Gewinnverteilung im Statut empfehlen.

Der Referent fügt seinem gedruckten Referate folgende Ausführungen hinzu: Im großen und ganzen finde man die Verbindung von Konsum- und Produktivgenossenschaften selten, was teils darin seinen Grund habe, daß durch diese Verbindung die Geschäftsführung erschwert werde, teils aber auch in dem verschiedenen Wesen beider Genossenschaftsarten liege. Die Konsumgenossenschaft erstrebe im großen und ganzen weiter nichts, als Ersparnisse für ihre Mitglieder zu machen. Ähnlich sei es auch bei Produktivgenossenschaften, welche nur an Mitglieder verkaufen, anders jedoch bei denjenigen, die ihre Erzeugnisse auch an Nichtmitglieder abgeben. Referent geht sodann eingehend auf die Vorschriften in §§ 7 und 19 G.G., sowie auf die entsprechenden Bestimmungen der Musterstatuten ein, in welchen die Verteilung von Gewinn und Verlust geregelt ist. § 7 G.G. schreibt vor, daß die Statuten der Genossenschaften die Grundsätze für Aufstellung und Prüfung der Bilanz zu enthalten haben. § 19 spricht von der Gewinnverteilung und schreibt vor, daß der Gewinn oder Verlust auf die Genossen nach Verhältnis ihrer auf die Geschäftsanteile geleisteten Einzahlungen zu verteilen ist mit der Befugnis jedoch, daß das Statut einen anderen Maßstab aufstellen kann.

Referent fährt dann fort: Im Grunde genommen hätte der Konsumverein es im Prinzip nicht nötig, Überschüsse zu machen, er brauche einfach auf den Einkaufspreis der Waren nichts weiter aufzuschlagen, wie die Unkosten. Aber von Anbeginn der Konsumvereine habe ihnen das Bestreben innegewohnt, dem Kleinhandelsstande nicht unnütze Konkurrenz zu machen, was ihnen allerdings in denkbar schlechter Weise gedankt worden sei. — Die Konsumvereine verkaufen in der Regel nur zu solchen Preisen, wie sie im Kleinhandel bei der Konkurrenz üblich seien. Das Nehmen der höheren Preise über den Einkauf hinaus habe zur natürlichen Folge, daß ein nicht unerheblicher Überschuß verbleibe, der den Mitgliedern gehöre, welche die Waren entnommen haben. Diese Überschüsse seien zum Teil Gewinn, zum Teil auch nichts weiter, wie die zu hoch erhobenen Verkaufspreise. Aus dem an sich verschiedenen Charakter der Überschüsse ergebe sich zunächst schon das Erfordernis verschiedenartiger Gewinnverteilung und zwar in Gestalt von Kapitaldividende und Einkaufsdividende. Erstere sei eine Entschädigung für die Überlassung des Betriebskapitals, letztere dagegen nur eine Rückgewähr für die zu hoch erhobenen Verkaufspreise. Die Kapitaldividende werde allgemein zu einem gleichen Prozentsatze gewährt, sie kommt also hier nicht in Betracht. Für die Einkaufsdividende wäre zwecks richtiger Verteilung derselben eine ganz genaue Berechnung des Gewinns für jede Warengattung notwendig, was aber nicht durchführbar sei. Deshalb werde es in der Praxis so gehandhabt, daß allen Abnehmern eine gleich hohe Rückgewähr auf ihre gesamten Warenbezüge gewährt werde. Nur wenige Vereine verfahren anders und gewähren auf verschiedene Waren verschieden hohe Dividende. Dies geschehe da, wo die Waren-Entnahme und der Gewinn leicht zu kontrollieren sei, z. B. bei Kohlen, Brot usw. — Die Gleichmäßigkeit der Einkaufsdividende sei nur ein Notbehelf. Um aber gerecht zu sein, könne man sie nicht als ein Unrecht bezeichnen. Die weitgehendste genaue Berechnung der Einkaufsdividende verdient theoretisch den Anspruch auf Vorzug.

Was aber bei Konsumvereinen als angebracht und nicht gegen das Recht verstoßend anzusehen sei, das treffe auch bei Produktivgenossenschaften zu. Wollte man grundsätzlich für die Einkaufsdividende gleichmäßige Höhe festlegen, so wäre das ein Fehler. Denn dadurch würden wir erreichen, daß ein gutrentierender Geschäftszweig durch einen notleidenden in Mitleidenschaft gezogen würde. — Auch unsere Mitglieder müßten sicher ersehen können, welche Geschäftszweige rentieren und welche nicht. Es könne sich auch ereignen, daß gleiche Waren zu verschiedenen Zeiten andere Aufschläge bedingen. Redner erinnert z. B. an die Schlachtereigenossenschaften, von denen manche bei den niedrigen Viehpreisen anständige Aufschläge zu den Einkaufspreisen haben machen können. Nachdem aber der Preis des Schlachtviehs erheblich gestiegen war, hätte mit den Aufschlägen zurückgegangen werden müssen.

Das Geschäftsergebnis schwanke also und damit auch die Einkaufsdividende. — Ein Beschluß der Generalversammlung, verschieden hohe Sätze je nach dem Erträgnis der Warengattungen als Einkaufsdividende zurückzugewähren, könne aber nur Gültigkeit für den Gewinn eines Rechnungsjahres haben, deshalb wäre es, sofern fortlaufend für Handelsware und eigene Erzeugnisse verschieden hohe Einkaufsdividende gewährt werden soll, notwendig, eine entsprechende Bestimmung ins Statut aufzunehmen. Wenn aber dieser Art der Rückgewähr, die als die gerechtere zu bezeichnen sei, keine rechtlosen Bedenken und praktischen Gründe entgegenständen, dann könnten wir dieselbe auch gutheißen.

Anwalt **Dr. Crüger**: Nach den Listen des Jahrbuches kämen für die vorliegende Frage nur sehr wenige Genossenschaften in Betracht. 25 davon machten in der Einkaufsdividende keinen Unterschied, nur eine Genossenschaft (Paderborn) verteilt 18% für den Warenhandel und für Brot 18%. Aber gerade bei dieser Genossenschaft gebe es Streit wegen Verteilung der Generalunkosten. Der ideale Zustand wäre freilich, für jede Ware einzeln nach der Kalkulation den Gewinn zu berechnen. Das sei aber, wie der Referent selbst zugegeben habe, undurchführbar. Eine Trennung könnte nur stattfinden bei Waren, welche leicht zu berechnen und zu kalkulieren sind, z. B. Kohlen, Kartoffeln. Da ließen sich die Dividenden leicht ausrechnen. Wenn für die in eigener Produktion hergestellten Waren besondere Einkaufsdividende gewährt würde, dann würden diejenigen Mitglieder, welche nur Ware aus dem Handel beziehen, unter Umständen schlechter gestellt sein. Die Verteilung der Generalunkosten in der Weise, wie Herr Michelmann ausgeführt habe, sei nicht so einfach zu machen. Besoldung der Geschäftsführer, Miete, Steuern und vielleicht ein großer Teil der Unkosten würden schwer zu verteilen sein. Der Verein in Paderborn beruhe zum größten Teil auf der eigenen Bäckerei, der Handel finde da keine rechte Gegenliebe und doch bestehe ein ständiger Streit darüber, wer die Unkosten tragen solle. Im Prinzip sei er mit Michelmann zwar einverstanden, die Durchführung scheitere aber in der Praxis an großen Schwierigkeiten und er fürchte auch, daß dadurch viel Streit in die Vereine hineingetragen würde. Denn bei jeder Beschlußfassung über Dividendenverteilung würden sich die Parteien gegenüberstehen. Keiner werde zufrieden sein, sondern jeder glauben, die andere Partei hätte den größeren Teil der Unkosten tragen müssen. In dieser Hinsicht habe sich die heute übliche Art der Dividendenverteilung als zweckmäßig erwiesen.

Verbandsrevisor **Michelmann** (Blankenburg) erklärt, daß er soeben zu seinem nicht geringen Erstaunen höre, daß der Herr Anwalt nur eine Genossenschaft kenne, welche verschiedenartige Dividende verteile. Er habe sich mit den interessierten Genossenschaften in Verbindung gesetzt und dabei erfahren, daß es deren noch mehrere gebe, bei denen dieses Verfahren zur Anwendung komme. Im großen und ganzen gipfelten seine erhaltenen Eindrücke darin, daß man Produktivgenossenschaften mit Konsumvereinen möglichst nicht verbinden solle. — Die Schwierigkeiten in der Berechnung der Generalunkosten seien so groß nicht, immerhin bleibe die Abwägung eine Taxe und es lasse sich streiten, ob die richtig sei. Man solle aber doch aus diesem Grunde nicht sagen, eine Trennung der Dividenden dürfe nicht sein, sondern man möge sie gutheißen, wo sie geschehe. Rechtliche Bedenken ständen jedenfalls nicht entgegen.

Anwalt **Dr. Crüger**: Er habe eine Trennung von Produktion und Konsum nie empfohlen, sondern sei im Gegenteil der Ansicht, man möge beides vereinigen, denn die Tage der Produktivgenossenschaften seien eigentlich noch nicht gekommen. Ob sie kommen werden, sei zweifelhaft. Bäckereien, welche nichts weiter betreiben, insbesondere keinen Warenhandel, hätten es höchstens auf einige 100 Mitglieder gebracht, ohne im übrigen recht vorwärts zu kommen. Man möge also nicht zur Trennung greifen, am besten sei es, wenn die Produktion auch mit anderen Geschäften verbunden sei.

Verbandsdirektor **Oppermann** (Magdeburg) meint, die Frage sei ihm ganz wunderbar. In dem von ihm geleiteten Verbande werde schon lange Produktion, in der Hauptsache Bäckerei, betrieben, aber noch in keinem Verein (Paderborn könne uns kein Vorbild geben) sei gesagt worden, man möge sie von dem Handel trennen. Er sage, wenn die Vorstände verständig seien, brauchten sie keine Ungerechtigkeit zulassen. Das sei keine

Schwierigkeit, man müsse nur besser kalkulieren. Dies tue der kleinste Landverein für Düngemittel und Futtermehl, an denen wenig zu verdienen sei, wenn die Vorstände schlecht kalkulieren und ein zu hoher Gewinn entsteht. Redner schließt mit den Worten: Gehen Sie von unseren bewährten Grundsätzen nicht ab, sondern geben Sie die gleiche Dividende für Produktion und Handel.

Verbandsrevisor **Dr. Schneider** (Potsdam): Er verstehe sich im vorliegenden Punkte nicht mit Herrn Michelmann. Die Zahl der Vereine mit eigener Bäckerei sei doch nicht so klein. Wenn wir den Weg der verschiedenen Dividenden betreten wollten, dann kämen wir auf den alten Streit, nicht nur für die Produktion eine dem Prozentsatz nach verschiedene Dividende zu verteilen, sondern mit Rücksicht darauf, daß jeder seinen Geschäftsanteil riskiere, die Einkaufsdividende durch eine Dividende nach Maßgabe des Geschäftsguthabens zu ersetzen. Dieser Standpunkt würde sich dabei von selbst herauswickeln. Die Erfolge der letzten 30 Jahre haben aber doch gezeigt, daß sich die gleiche Dividende gut bewährt habe. Bei dem größten Verein in Breslau mit über 80 000 Mitgliedern hätte man sich auch nicht den Kopf zerbrochen, aus welchem Geschäftszweige die Dividende hergekommen sei. Solche Detailberechnungen bringen uns nicht vorwärts.

Verbandsdirektor **Jordan** (Görlitz): Die Frage, welche Herr Michelmann angeregt habe, müsse vom Standpunkte der Praxis behandelt werden. Wenn ein Konsumverein zur eigenen Produktion übergehe, dann verdiene er auch mehr hierdurch, so daß der Verdienst auch die notleidenden Artikel, wie z. B. Zucker, herausreißen müsse, sei selbstverständlich. Wir könnten nicht solche verschiedene Dividendenberechnungen aufmachen, denn es würden verschiedene Artikel mit verschiedenem Gewinn produziert, z. B. werde an Selterwasser mehr verdient wie an Sauerkraut. In der Praxis sei eine solche Berechnung undurchführbar. In Görlitz würden zwar Konten darüber geführt, um zu wissen, was verdient werde, aber die Dividende werde gleichgestellt.

Verbandsrevisor **Michelmann** (Blankenburg): Die Hauptsache, auf welche er ausdrücklich aufmerksam gemacht habe, sei, daß die Produktivgenossenschaften Waren an Nichtmitglieder abgeben, was gesetzlich zulässig sei, während Konsumvereine nur an Mitglieder verkaufen dürften. Es sei gesagt worden, daß *viele* Konsumvereine Produktion betrieben, an der Hand des Jahrbuches habe er aber herausgerechnet, daß die Zahl sehr gering sei.

Nach weiteren Bemerkungen von Kurz (Stettin) und *Jordan* (Görlitz) konstatiert der Vorsitzende als Ergebnis der Besprechung, daß es bei der gleichmäßigen Dividendenverteilung bleiben solle.

Punkt 3: „Geschäftsanweisung für die Einschätzungskommission."

Verbandsrevisor **Soerensen** (Berlin) hat folgenden Entwurf zu einer

Geschäftsanweisung für die Einschätzungs-Kommission

aufgestellt:

§ 1.

Die unterzeichneten Mitglieder der .... sind in der Generalversammlung vom .... zu Mitgliedern der in § .... des Statuts gedachten Einschätzungs-Kommission für die Kredite der Aufsichtsrats-Mitglieder gewählt. Durch die Annahme dieser Wahl übernehmen sie die Pflicht in der Zeit von .... bis .... über die Genehmigung der vom Vorstand bewilligten und vom Aufsichtsrat genehmigten Kreditanträge der Aufsichtsrats-Mitglieder, welche ihnen vom Vorstand vorgelegt werden, zu beschließen.

Weitere Pflichten haben die Kommissions-Mitglieder nicht.

§ 2.

Die Sitzungen, welche im Geschäftslokal der Genossenschaft abgehalten werden, sind teils ordentliche, teils außerordentliche. Ordentliche Sitzungen finden alljährlich nach der Wahl der Kommission, die in der ersten ordentlichen Generalversammlung des Jahres zu geschehen hat, statt, außerordentliche bei Bedarf.

§ 3.

Die Mitglieder des Vorstandes haben den Kommissionssitzungen beizuwohnen. Die Sitzung wird von dem Direktor geleitet; derselbe hat alle Aufschlüsse zu erteilen, welche zur ausreichenden Begründung der Kreditanträge erforderlich sind, jedoch sind stimmberechtigt allein die Mitglieder der Einschätzungs-Kommission. Gültige Beschlüsse können nur gefaßt werden, wenn mindestens die Hälfte der Kommissions-Mitglieder anwesend sind, und wenn die Majorität der Anwesenden für den Antrag gestimmt haben. Bei Stimmengleichheit ist der Antrag abgelehnt.

§ 4.

Die Einladung zu den Sitzungen erfolgt stets durch den Vorstand, welcher dafür verantwortlich ist, daß die vom Vorstand bewilligten Kreditgesuche der Aufsichtsrats-Mitglieder und die Prolongation der Kredite der Einschätzungs-Kommission zur Genehmigung unterbreitet werden.

§ 5.

Um die zu häufige Zusammenberufung der Kommission zu vermeiden, werden in jeder ordentlichen Sitzung die Kreditfähigkeitsgrenzen für die Bürgschaftswechsel- und Diskont-Kredite der Aufsichtsrats-Mitglieder neu festgesetzt, innerhalb welcher der Vorstand selbständig über die Kreditbewilligung entscheiden kann. Bei dieser Festsetzung gilt als Norm, daß in der Grenze jede Belastung des Aufsichtsrats-Mitgliedes, sei es als Aussteller oder Bürge auf eigenen Wechseln, sei es als Akzeptant, Aussteller oder Girant auf Primawechseln, enthalten sein muß, es soll demnach bei dieser Einschätznng der sogen. Giro-Kredit getroffen werden. Sämtliche andere Kredite, z. B. die Lombard- und Hinterlagen-Kredite, sowie Kontokorrent-Kredite mit Bürgschaft sind in jedem einzelnen Falle entweder in einer ordentlichen oder außerordentlichen Sitzung zu genehmigen. Bei den Kontokorrent-Krediten mit Bürgschaft hat der Direktor sich bei jeder Vorlage darüber zu erklären, ob das betreffende Aufsichtsrats-Mitglied Bürgschaften für Kontokorrent-Kredite Dritter übernommen hat und wieviel Wechselverpflichtungen laufen resp. genehmigt sind.

Die vom Vorstand abgelehnten, resp. vom Aufsichtsrat nicht genehmigten Kreditgesuche von Aufsichtsrats-Mitgliedern sind zwar der Kommission zur Kenntnis zu bringen, jedoch hat diese hierüber nicht mehr zu befinden.

§ 6.

Die Beschlüsse werden in ein Protokollbuch eingetragen, das von den anwesenden Kommissions- und Vorstandsmitgliedern zu unterschreiben ist. Die Einsicht dieses Buches steht dem Aufsichtsrate offen.

§ 7.

Jedem Mitgliede der Kommission ist eine Abschrift dieser Geschäftsanweisung auszuhändigen. Bei Wiederwahlen bleibt diese Geschäftsanweisung auf ein weiteres Jahr gültig.

§ 8.

Als Entschädigung für ihre Mühe erhalten die Kommissions-Mitglieder eine als Geschäftsunkosten zu verbuchende jährliche Vergütung von *M* , die nach dem Ablauf der Wahlperiode fällig ist.

Der Referent bemerkt hierzu, daß der vorliegende Entwurf den Niederschlag seiner eigenen Ansichten darstelle und erläutert dann in eingehender Weise die einzelnen Paragraphen. Zu § 1 sei der Nachsatz gemacht, weil seinerzeit in Berlin zum Ausdruck gekommen sei, daß die Mitglieder der Einschätzungskommission später zum Verein gegangen seien, um die Bücher einzusehen. Soweit dürfe aber die Befugnis der Kommission nicht gehen, denn an wen solle sich die Kommission wenden, wenn Überschreitungen vorgekommen seien.

In § 2 sei zum Ausdruck gebracht, daß die Kommission nicht nur einmal zusammentreten solle, denn es müßte ein Unterschied gemacht werden zwischen Lombard- und Diskontkredit. Diese Kredite seien in der Kommission verschieden zu behandeln, die letztere solle so oft zusammenkommen, als Anträge für Lombardkredite vorliegen.

§ 3 enthalte die notwendige Bestimmung, daß die Vorstandsmitglieder den Sitzungen beiwohnen sollen.

In § 4 sei ausgesprochen, daß die Einladung zu den Sitzungen vom Vorstande ausgehen müsse.

§ 5 regelt die Art, wie die Einschätzung zu erfolgen habe. Die Belastungsliste solle den Zweck haben, daß jede Belastung darin zum Ausdruck komme. Dabei sei es gleich, ob ein Mitglied Aussteller eines Wechsels oder Girant sei. Alle Verpflichtungen sollen hier aufgeführt werden ohne Rücksicht auf die Art der Verpflichtung. Über diesen Punkt hätten wir uns schon viel unterhalten, ohne jedoch eine Übereinstimmung der Ansichten zu erzielen. Große und kleine Vereine seien dabei allerdings verschieden zu behandeln. Es solle bei der Feststellung der Einschätzungssummen kein Unterschied zwischen Kredit und Bürgschaft gemacht werden. Um aber der Vorschrift des § 49 des Gen.-Ges. zu genügen, wolle Referent in der Belastungsliste eine zweite Kolonne führen, in der sämtliche von dem betreffenden Mitgliede eingegangenen eigenen Verpflichtungen zum Ausdruck kämen.

Zu § 6 solle der Standpunkt eingenommen werden, daß dem Aufsichtsrat die Einsicht des Protokolls der Einschätzungskommission offenstehe.

In § 8 solle festgelegt werden, daß die Mitglieder der Einschätzungskommission für ihre Tätigkeit eine Entschädigung beziehen sollen.

Anwalt **Dr. Crüger:** Herr Soerensen habe sich schon nicht gern der ihm gestellten Aufgabe unterzogen, weil er vorausgesehen habe, daß seine Ausführungen auf Widerspruch stoßen würden. Er wolle deshalb einige Bemerkungen vorausschicken. Der Entwurf, wie er hier vorliegt, sei unannehmbar, weil er sich in Widerspruch mit vorhandenen Beschlüssen der Allgemeinen Genossenschaftstage und Unterverbandstage, sowie mit dem Statut setze. Wir verlangten von den Genossenschaften, daß sie die Beschlüsse der Genossenschaftstage beachten und könnten daher nicht Geschäftsanweisungen aufstellen, welche im Widerspruch damit ständen. In dem Beschluß des Berliner Genossenschaftstages sei ausgesprochen, daß der Einschätzungskommission die Prüfungspflicht zustehen solle, hier im vorliegenden Entwurf werde diese Pflicht verneint. Ferner sei von Bürgschaftswechseln der Aufsichtsratsmitglieder die Rede. Solange wir aber daran festhalten, daß Aufsichtsratsmitglieder keine Bürgschaften übernehmen sollten, dürften wir keine Bestimmungen darüber aufnehmen. Er habe deshalb Herrn Soerensen bereits gebeten, die Geschäftsanweisung den vorhandenen Beschlüssen anzupassen, derselbe wolle aber seine Ansichten nicht aufgeben.

Es entspinnt sich hierauf eine Geschäftsordnungsdebatte darüber, ob überhaupt in die Besprechung eingetreten werden soll und in welcher Weise die Besprechung erfolgen soll. **Kurz** (Stettin) und **Neugebauer** (Breslau) sind für Vertagung des Punktes, da die Angelegenheit noch zu unvorbereitet sei. **Kuckuck** (Berlin) tritt für die Besprechung ein, damit man das daraus gewonnene Material verwerten könne bei einer Würdigung der Geschäftsanweisung. Dem stimmt Dr. Crüger zu und es wird beschlossen, paragraphenweise in die Besprechung einzutreten.

Zu § 1 spricht **Dr. Schneider** (Potsdam): Nach der Tendenz dieses Paragraphen sollten die Aufsichtsratsmitglieder jetzt dreimal durchgesiebt werden. Bereits Anwalt Dr. Crüger habe darauf hingewiesen, daß es die Absicht Schulze-Delitzschs gewesen sei, den Aufsichtsrat bei der Entscheidung über Kredite an seine eigenen Mitglieder möglichst auszuschalten. Zu diesem Zwecke solle die Einschätzungskommission eingesetzt werden. § 5 befindet sich insofern mit § 1 in Widerspruch, als in dem Schlußsatz des § 1 von weiteren Pflichten gesprochen sei, es müßte richtiger heißen: weitere Rechte.

Vorsitzender Justizrat **Wolski** (Allenstein): Wir müßten uns bei der Besprechung auf einen bestimmten Standpunkt stellen und dürften nicht über die Notwendigkeit der Einschätzungskommission sprechen, denn darüber habe der Allgemeine Genossenschaftstag bereits entschieden. Was die Geschäftsanweisung selbst betreffe, so sei es unsere Pflicht, darauf zu bestehen, daß der Einschätzungskommission nicht zu weitgehende Rechte eingeräumt seien. Wie denke man sich den Fall, wenn von Vorstand und Aufsichtsrat ein Kredit genehmigt sei und die Kommission sage nein? Das schaffe schlechte Verhältnisse. Der Aufsichtsrat solle dabei nicht mitreden. Die Kommission solle aber nur die Pflicht haben, einzuschätzen und das Recht, zu kontrollieren, ob der Vorstand die festgesetzten Grenzen eingehalten habe.

Verbandsdirektor **Neugebauer** (Breslau) konstatiert, daß die Kommission, wenn sie über jeden Fall entscheiden sollte, stets ein Vetorecht haben würde.

Verbandsrevisor **Kuckuck** (Berlin) ist der Ansicht, daß die Genehmigung jedes einzelnen Kreditgesuches durch die Kommission gegen das Statut verstößt. Die Kommission soll nur die Grenzen festsetzen. Die Beurteilung der Sicherheiten im einzelnen Falle muß dem Vorstand überlassen bleiben.

Der Vorsitzende stellt das Ergebnis dahin fest, daß die Einschätzung eine Pflicht, die Kontrolle ein Recht der Einschätzungskommission ist.

Zu § 2 regt **Dr. Schneider** (Potsdam) an, die Worte: „daß die erste ordentliche Generalversammlung" zu streichen, da viele Vereine überhaupt nur eine Generalversammlung abhalten. Der Vorsitzende stimmt dem zu und Verbandsrevisor Sörensen bemerkt, daß sein Schema nur allgemein aufzufassen und eventuell für besondere Fälle je nach den Bedürfnissen umzuändern sei.

Bei § 3 bemängelt Verbandsdirektor **Neugebauer** (Breslau) die Fassung, daß die Abstimmung mit einer Mehrheit von mehr als der Hälfte erfolgen soll.

Verbandsdirektor **Hartung** (Merseburg) gibt seine Ansicht dahin kund, daß die Einschätzungskommission nur allgemeine Grenzen aufstellen soll.

Vorsitzender Justizrat **Wolski** (Allenstein) hält dem gegenüber, daß § 3 nur die Instruktion für die Einschätzungskommission bilden soll.

Verbandsdirektor **Kurz** (Stettin) bemängelt die redaktionelle Fassung des § 3, worauf der Vorsitzende bemerkt, daß wir uns hier nur über den Inhalt und die Tendenz einig werden und die definitive Fassung dem Anwalt überlassen wollen. Er konstatiert weiter, daß § 4 nach der Aussprache zu § 1 fortfallen müsse.

Verbandsrevisor **Dr. Schneider** (Potsdam) bemerkt dazu noch, daß nicht nur der Vorstand, sondern auch der Vorsitzende der Kommission das Recht der Einladung haben müsse, worauf Stüben (Berlin) erwidert, daß in der Tat Fälle eintreten könnten, wo es notwendig sei, daß der Vorstand die Einladung erläßt.

Gegen § 5 macht sich ein lebhafter Widerspruch geltend. Neugebauer (Breslau) wendet sich namentlich gegen die detaillierte Feststellung der Kredite und Einbeziehung der Bürgschaften, er erklärt sich als Gegner der Einschätzungskommission überhaupt, da er die Rechte des Vorstandes nicht geschmälert sehen will.

Direktor **Lorenzen** (Speyer) tritt für Streichung des ganzen § 5 ein.

Justizrat **Dr. Alberti** (Wiesbaden) stimmt dem zu mit der Begründung, daß man die Aufsichtsratsmitglieder nicht schlechter stellen solle, wie die übrigen Mitglieder.

Anwalt **Dr. Crüger** ist der Ansicht, daß die Bestimmungen in § 5 vom dritten Satz an überflüssig seien. Dagegen werde der zweite Satz von den bisherigen Ausführungen nicht getroffen. Derselbe enthalte die wichtigste Streitfrage, über welche die Ansichten weit auseinandergingen. Herr Dr. Alberti werde auf dem Genossenschaftstage über § 49 Gen.-Ges. und die Verteilung der Kredite auf verschiedene Konten referieren, deshalb möge diese Frage hier ausscheiden.

Verbandsrevisor **Soerensen** (Berlin) erklärt, daß er nur die Absicht gehabt habe, einen Weg anzugeben, wie die Kommission ihre Pflicht erfüllen solle. Die Geschäftsanweisung könne natürlich von jeder Genossenschaft nach ihren eigenen Verhältnissen umgearbeitet werden.

Verbandsdirektor **Kurz** (Stettin) tritt auch für Streichung des zweiten Satzes ein, da durch denselben auf Umwegen eingeführt werde, was das Gesetz nicht habe einführen wollen.

Direktor **Kleemann** (Berlin) hält den Satz ebenfalls für überflüssig, wenn der Standpunkt eingenommen werde, daß für Aufsichtsratsmitglieder keine Bürgschaftsverpflichtungen bestehen sollen.

Verbandsdirektor **Hartung** (Merseburg) bemerkt, die Einschätzungskommission solle nur ein Korrektiv bilden gegen Vorstand und Aufsichtsrat. Ihre Aufgabe könne nur darin bestehen, die Grenzen nach den Verhältnissen der einzelnen Aufsichtsratsmitglieder im allgemeinen festzusetzen.

Die Diskussion über § 5 wird nach einer Bemerkung des Referenten, daß es nicht seine Absicht sei, die Aufsichtsratsmitglieder gegenüber den übrigen Mitgliedern schlechter zu stellen, geschlossen.

Zu § 6 wünscht Direktor **Stüben** (Berlin) die Ansicht der Versammlung zu hören, da bei der von ihm vertretenen Bank in Berlin ganz anders verfahren werde. Dort werde dem Vorstande von der Kommission ein geschlossenes Kuvert übergeben, in welchem kleinere, ebenfalls verschlossene Kuverts mit der Einschätzung eines jeden Aufsichtsratsmitgliedes enthalten seien. Wenn von einem derselben ein Kredit beansprucht werde, dann werde das entsprechende Kuvert geöffnet. Auf diese Weise werde die Einschätzung derjenigen Mitglieder, welche keinen Kredit beanspruchen, überhaupt nicht bekannt.

Verbandsdirektor **Neugebauer** (Breslau) erklärt, vor einem vollständigen Rätsel zu stehen, da eine Kommission doch unmöglich über Vorstand oder Aufsichtsrat hinweg Kredite gewähren könne. Hierauf bemerkt

Direktor **Stüben** (Berlin): daß die Aufsichtsratsmitglieder in Berlin genau so behandelt würden, wie alle anderen Mitglieder. Alle seien eingeschätzt und der Kredit werde vom Vorstande bewilligt, wenn die nötigen Sicherheiten vorhanden seien. In besonderen Fällen werde der Aufsichtsrat einberufen.

Verbandsdirektor **Neugebauer** (Breslau) ist weiter der Ansicht, daß man keine allgemeinen Bestimmungen hierüber treffen könne. Die Kreditanträge müßten von Fall zu Fall behandelt und beurteilt werden, denn es komme dabei auf die jedesmalige Art der Sicherstellung, auf die Bonität der Bürgschaft u. a. m. an.

Der Vorsitzende bemerkt dazu: Es liege hier augenscheinlich ein Mißverständnis vor, denn wo alle Mitglieder eingeschätzt seien, könne gar kein Zweifel bestehen, daß der Vorstand berechtigt, aber doch nicht verpflichtet sei, innerhalb der festgesetzten Grenzen Geschäfte zu machen und Kredite zu geben. Die Kommission aber könne naturgemäß nur einschätzen, nicht Kredite selbst bewilligen.

Verbandsrevisor **Dr. Schneider** (Potsdam): Die Ausführungen richteten sich immer nur gegen die Einschätzung; die Frage sei aber doch, ob der Vorstand von der Einschätzung den richtigen Gebrauch gemacht habe. Nach einer weiteren Entgegnung von

Direktor **Neugebauer** (Breslau), daß er sich damit einverstanden erkläre, wenn die Einschätzung nur den Zweck habe, daß mit der Kreditgewährung nicht zu hoch gegangen werde, führt

Vorsitzender Justizrat **Wolski** (Allenstein) aus: § 6 wolle nur festlegen, ob die Einschätzung den Mitgliedern des Aufsichtsrates bekannt gegeben werden solle oder nicht. Die Frage sei noch umstritten. Der eine Teil sage: Durch die Kontrolle, welche der Aufsichtsrat auszuüben habe, erfahre er die Einschätzung ohnehin. Die andere Meinung gehe dahin, daß ebenso wie den Mitgliedern die Einschätzung nicht bekannt gegeben werde, auch der Aufsichtsrat seine Einschätzung nicht kennen solle. Wir hätten festgelegt, daß die Kommission das Recht habe, den Vorstand zu kontrollieren, ob er die festgesetzten Grenzen eingehalten habe. Wenn also die Kommission schon dazu bestellt sei, dann sei es nicht nötig, daß der Aufsichtsrat den Vorstand in dieser Hinsicht auch nochmals kontrolliere. Viele Genossenschaften würden sich dagegen sträuben. Vor die Einschätzungskommission gehöre die Frage nicht, was der Aufsichtsrat für Rechte habe, deshalb sei er für Streichung des letzten Satzes in § 6.

Verbandsdirektor **Kurz** (Stettin) erklärt sich ebenfalls damit einverstanden, da der Aufsichtsrat von selbst zur Kenntnis der Einschätzung kommen könne.

Direktor **Stüben** (Berlin) meint, daß der Aufsichtsrat revidieren könne, ohne Einsicht von dem Einschätzungsprotokoll zu nehmen. Wenn ohne Not die Einschätzung bekannt gegeben werde, das könne unnötig böses Blut machen.

Verbandsdirektor **Hartung** (Merseburg) führt ein Beispiel aus der Praxis an, wo der Vorsitzende des Aufsichtsrates die Vorlegung des Einschätzungsprotokolls verlangt habe. Schließlich sei beschlossen worden, dasselbe vorzulegen, was dann zu Unannehmlichkeiten Veranlassung gegeben habe. Dem gehe man am besten durch einen entsprechenden Beschluß aus dem Wege.

Der Vorsitzende stellt demgegenüber fest, daß diese Bestimmung nicht in die Geschäftsanweisung für die Einschätzungskommission gehöre, die Versammlung erklärt sich darauf mit der Streichung des Satzes einverstanden.

In § 7 findet der erste Satz ohne Debatte die Zustimmung der Versammlung, während der zweite Satz als überflüssig gestrichen werden soll.

Zu § 8 bemerkt der Vorsitzende, daß man die Tätigkeit des Aufsichtsrates für ein Ehrenamt halte, welches nicht bezahlt werden könne. Es gäbe Genossenschaften, welche den Aufsichtsratsmitgliedern nichts zahlen, deshalb sei nicht abzusehen, weshalb die Einschätzungsmitglieder Remuneration erhalten sollten. Er sei deshalb für Streichung des ganzen § 8.

Dem schließt sich die Versammlung an.

Bei der Gesamtbesprechung regt

Verbandsrevisor **Förster** (Friedland) an, wenn man die Geschäftsanweisung empfehlen solle, dann müsse man auch eine rechtliche Grundlage schaffen, indem man sie für einen integrierenden Teil der Statuten erkläre. Dadurch würden Statutenänderungen notwendig werden, welche aber erfahrungsgemäß schwer durchzuführen seien. Deshalb werde die Einführung der Geschäftsanweisung auf Schwierigkeiten stoßen.

Dr. Crüger erwidert hierauf: Die Geschäftsanweisung ergebe sich schon aus der Bestimmung, wodurch die Kommission eingeführt werde. Es verstehe sich von selbst, daß dafür eine Geschäftsanweisung vorhanden sein müsse, eine Statutenänderung ist nicht vorzunehmen. Im Statut genüge ein Hinweis, daß eine Geschäftsanweisung vorhanden sein solle, gerade so, wie es in den Musterstatuten für die Geschäftsanweisungen von Vorstand und Aufsichtsrat geschehen sei.

Im übrigen nehme er an, daß ihm auf Grund des gewonnenen Materials der Auftrag erteilt werde, die Geschäftsanweisung umzuarbeiten und der nächsten Konferenz zu unterbreiten.

Die Versammlung stimmt dem zu und nach einigen persönlichen Bemerkungen zwischen Neugebauer und Wolski wird zu

Punkt 4: „Die Verbuchung von Verlusten bei Vorhandensein von Spezialreserven“

übergegangen.

Direktor **Thorwart** (Frankfurt a. M.) führt als Referent zu der

Verbuchung von Verlusten bei Vorhandensein von Spezialreserven

folgendes aus:

Das Handelsgesetzbuch schreibt vor, daß die Aktiengesellschaften ihre Bestände in der Bilanz zum Tagespreise und, wenn dieser Tagespreis den Anschaffungspreis übersteigt, zum Anschaffungspreis einstellen müssen. Eine solche gesetzliche Vorschrift fehlt für die Genossenschaften. Es ist einer Kreditgenossenschaft also überlassen, ihre Effektenbestände am Jahresschluß zu den Tageskursen einzustellen, unbekümmert um den Anschaffungspreis. Wohl aber ist auch den Kreditgenossenschaften regelmäßig empfohlen worden, die Bestimmungen des Handelsgesetzbuchs, welche bei den Aktiengesellschaften Platz greifen, für sich anzuwenden, also ihre Effektenbestände niemals höher als zum Anschaffungspreis und, wenn der Tageskurs niedriger ist, zu letzterem zu berechnen. Folgen die Kreditgenossenschaften dieser Empfehlung, so werden sie am Ende des Jahres bei ihren Beständen, bei denen innerhalb des Jahres keine Veränderung vorgekommen ist, niemals einen Gewinn, dagegen nicht selten einen Verlust zu verbuchen haben. Denn die Erhöhung des Tageskurses gegenüber dem Anschaffungspreis können sie nicht ausnützen, den Kursrückgang dagegen müssen sie gegen sich gelten lassen. Kursgewinne werden alsdann nur verrechnet werden, soweit sich diese aus verkauften Effekten ergeben. Die Gewinne aus verkauften Wertpapieren sollen aber wiederum, wie häufige und immer wiederholte Empfehlungen aussprechen, nicht dem allgemeinen Gewinn- und Verlust-Konto verbleiben, sondern von diesem auf ein besonderes Effekten-Reserve-Konto übertragen werden, dem man in späteren Jahren etwaige Effekten-Verluste zur Last schreiben kann.

Es ist wohl allgemein üblich, daß da, wo solche Effektengewinne stattfinden, diese zunächst als Gewinn-Ergebnisse behandelt und auf Gewinn- und Verlust-Konto verbucht werden. Sie werden alsdann bei der Gewinnverteilung durch eine neue Verbuchung dem Effekten-Reserve-Konto zugeführt.

Meinungsverschiedenheit besteht nur darüber, wie es mit der Verbuchung der Effekten-Verluste gehalten werden soll, wo ein solcher Effekten-Reservefonds oder eine Spezial-Reserve vorhanden ist. Aus Anfragen geht hervor, daß manche Genossenschaften die Kursverluste der Spezial-Reserve oder dem Effekten-Reservefonds entnehmen, ohne daß aus den Geschäftsberichten hierüber etwas zu ersehen ist. Ist dieses Verfahren richtig?

Nun wird wohl die Verbuchung der Effektenverluste keine andere sein können, als die Verbuchung der Effektengewinne. Hält man daran fest, daß die Gewinne zunächst dem Gewinn- und Verlust-Konto zugeführt und erst bei der Gewinnverteilung von dem Gewinn- und Verlust-Konto auf Effektenreserve bezw. Spezialreserve gebracht werden sollen, so wird auch bei der Verbuchung der Effektenverluste nicht anders verfahren werden können. Die Effektenverluste müssen also zunächst als ein Ausgabeposten in das Gewinn- und Verlust-Konto eingestellt und diesem durch eine besondere Memorialbuchung ein gleicher Betrag aus der Effekten- bezw. Spezial-Reserve als Einnahmeposten wieder gutgebracht werden. Daraus geht hervor, daß die Summe der Effektenverluste in dem Geschäftsberichte zu jedermanns Kenntnis gebracht werden, nicht aber, daß die Verwaltung die Effektenreserve bezw. Spezial-Reserve um den Betrag des eingetretenen Effektenverlustes stillschweigend vermindert. Höchstens könnte da, wo dem Geschäftsbericht noch erläuternde Bemerkungen beigefügt werden, die eben erwähnte Art der Verbuchung des Effektenverlustes unter diesen vorgenommen werden, sodaß alsdann der Betrag nicht über Gewinn- und Verlust-Konto läuft. Er wäre vielmehr in diesem Falle vor Aufstellung des Jahresabschlusses durch eine Buchung zu erledigen, die die Summe des Verlustes dem Effekten-Konto wieder gutschreibt, dem Effekten-Reservefonds bezw. der Spezial-Reserve zur Last bringt.

Zu den Empfehlungen bezüglich der Aufstellung der Bilanz der Kreditgenossenschaften gehört seit langem auch diejenige, welche die Spezialisierung der Wertpapierbestände fordert. Ist den Mitgliedern daraus die Zusammensetzung des Wertpapierbestandes bekannt, so darf es sie auch nicht Wunder nehmen, wenn dafür Verluste durch Kursminderung entstehen. Wollen sie deren Eintreten bemängeln, so müßte vorhergehen, daß sie eine andere Zusammensetzung des Effektenbestandes oder überhaupt dessen Realisierung verlangen. Das Bedenken, daß bei Bekanntgebung von Effektenverlusten und deren Verbuchung über Gewinn- und Verlust-Konto in die Kreise der Mitglieder oder gar der Gläubiger der Genossenschaft Beunruhigung hineingetragen werde, ist also nicht stichhaltig; denn Anlage von Geldern in Wertpapieren ist immer mit der Gefahr etwaigen Verlustes und der Erwartung etwaiger Gewinne verbunden. Andererseits werden aber die Organe der Verwaltung zu einer größeren Sorgfalt bei der Anlage von Geldern in Wertpapieren und zu einer weisen Beschränkung in dieser Anlage veranlaßt werden, wenn sie nicht die Möglichkeit haben, eintretende Verluste ohne weiteres von bestehenden Reserven abzuschreiben, ohne darüber ausdrücklich Rechnung legen zu müssen. Die geordnetste Buchführung wird diejenige sein, die ermöglicht, bei Vergleichung des vorjährigen und des diesjährigen Geschäftsberichts jede Änderung in jedem Konto zahlenmäßig nachzuprüfen und über keine einzige Verschiebung im Unklaren zu bleiben.

Allerdings wird nicht selten darauf hingewiesen, daß die Geschäftsberichte der Aktienbanken und namentlich der größeren unter diesen die Veränderungen in deren Spezial- oder Effekten-Reserven häufig gleichfalls nicht bekanntgeben sondern nur den am Ende des Jahres verbleibenden Saldo aufführen. Indessen ist hier zu berücksichtigen, daß es sich bei den großen Banken häufig um Verluste handelt, die aus ihrer Tätigkeit als Emissionsbanken resultieren. Eine Offenlegung dieser Verluste ist bei ihnen deshalb nicht angängig, weil sie dadurch der großen Öffentlichkeit Gelegenheit geben würden, Einblick in die Abwickelung dieser Konti zu bekommen, wodurch die Abstoßung der Effektenbestände beeinträchtigt werden kann. Andererseits findet man aber in den Geschäftsberichten der Banken noch ebenso häufig ganz ausdrücklich die Verluste aus dem Effektenkonto spezialisiert, und namentlich ist dies bei denjenigen Banken üblich, die sich darauf beschränken, nur Teile ihrer Aktiva in Effekten anzulegen, das Effekten-Emissionsgeschäft aber nicht betreiben.

Zum Schlusse sei beiläufig bemerkt, daß den Kredit-Genossenschaften zu empfehlen ist, ihre Effektengewinne nicht einer allgemeinen Spezial-Reserve zuzuführen, sondern daß sie dafür stets eine Effekten-Reserve errichten. Diese wird alsdann von Abschreibungen aus anderen Veranlassungen als aus den Kursrückgängen der Wertpapierbestände verschont bleiben und die Abschreibungen aus der Spezial-Reserve werden sich auf die Verluste aus dem Darlehns-, Konto-Korrent-, Wechsel-Verkehr und dergleichen beschränken.

Eine Debatte schloß sich hieran nicht, sodaß der Vorsitzende die Übereinstimmung der Versammluug mit den Ausführungen des Referenten feststellen konnte.

Punkt 5: „Betreffend Veröffentlichung der Bilanzen."

Referent Anwalt **Dr. Crüger** führte an der Hand eines speziellen Falles aus, daß ihm ernste Zweifel entstanden seien, ob der in Neustadt a. H. gefaßte Beschluß, wonach die Bilanz vor der Gewinn-, bezw. Verlustverteilung, d. h. vor der Verbuchung des Gewinnes, bezw. des Verlustes auf die verschiedenen Konten zu veröffentlichen sei, in Zukunft aufrecht erhalten werden könne. Ein Verein habe erhebliche Verluste erlitten, einen Teil der Geschäftsguthaben abschreiben müssen und deshalb bei ihm angefragt, ob in der veröffentlichten Bilanz bereits die Abschreibung auf Geschäftsguthaben zu berücksichtigen oder ob der Verlustsaldo einzusetzen sei. Nach dem Beschluß von Neustadt soll die Bilanz veröffentlicht werden, ohne daß die Abschreibung infolge des Verlustes zum Ausdruck komme; eine solche Veröffentlichung könne den Gläubiger irreführen. Bei Genossenschaften mit beschränkter Haftpflicht sei dabei auch noch zu berücksichtigen, daß nach § 139 der Gesamtbetrag zu veröffentlichen sei, um welche in dem Jahre die Geschäftsguthaben der Genossen sich vermehrt oder vermindert haben; wenn nun die veröffentlichte Bilanz nicht die Abschreibung ergebe, käme in der Veröffentlichung der Änderung der Geschäftsguthaben die Verminderung auch nicht zum Ausdruck.

Verbandsrevisor **Soerensen** (Berlin) ist der Ansicht, daß der Neustädter Beschluß richtig sei, denn bei der Veröffentlichung vor der Abschreibung der Verluste oder Unterbilanz stehe auf einer Seite das Defizit, auf der anderen das Geschäftsguthaben. Danach könne jeder die Schlußfolgerung ziehen.

Anwalt **Dr. Crüger:** Nach dem Gesetz sei die Differenz zu veröffentlichen und er meine, daß der Gesamtbetrag der Geschäftsguthaben in der Bilanz zu dem vorhandenen Verlust im Widerspruch stehe.

Direktor **Thorwart** (Frankfurt a. M.) erklärt, daß er damals in Neustadt zugunsten des Beschlusses gesprochen habe, aber mit dem gleichzeitigen Hinzufügen, daß eine zweite (Netto-) Bilanz (nach der Gewinnverteilung oder Verlustabschreibung) zu veröffentlichen sei, aus welcher jeder den Status nach der Abschreibung von Verlusten ersehen könne. Nur wenn so verfahren werde, sei der Neustadter Beschluß auch heute noch aufrecht zu erhalten.

Anwalt **Dr. Crüger:** Dann würde sich die Veröffentlichung nach § 139 auf die zweite Bilanz beziehen und es ergebe sich daraus, daß jene Genossenschaft falsch verfahren sein würde. Sie hätte nicht nach der ersten Bilanz, sondern nach der zweiten die Differenz veröffentlichen dürfen.

Verbandsrevisor **Förster** (Friedland) bemerkt: Das Genossenschaftsgesetz macht keinen Unterschied zwischen Brutto- und Nettobilanz.

Da dasselbe in § 48 vorschreibt, daß die Generalversammlung über die Genehmigung der Bilanz zu beschließen hatte, so könne seines Erachtens kein Zweifel darüber obwalten, daß sich die den Genossenschaften obliegende Verpflichtung der Veröffentlichung der Bilanz lediglich nur auf die von der Generalversammlung genehmigte Bilanz erstreckt.

Der Vorsitzende, Herr Justizrat **Wolski** (Allenstein), schloß sich dieser Auffassung an.

Zademach (Guben) tritt für die Veröffentlichung nach vorgenommenen Abschreibungen ein.

An der Debatte beteiligen sich noch **Hartung** (Merseburg), **Kurz** (Stettin), **Neugebauer** (Breslau), **Soerensen** (Berlin), **Dörr** (Friedberg), **Förster** (Friedland), **Dr. Crüger** und **Dr. Schneider** (Potsdam). Mit Ausnahme von Kurz, welcher die Veröffentlichung der Nettobilanz verlangt, sprechen sich alle Redner dafür aus, daß die Bruttobilanz als die von der Generalversammlung genehmigte Bilanz zu veröffentlichen ist, daß aber außerdem die Veröffentlichung der Nettobilanz wünschenswert erscheint.

Damit erklärt sich auch der Referent, **Dr. Crüger**, einverstanden, er erblickt darin aber eine Modifikaton des Neustadter Beschlusses, da es jedenfalls dann nicht als genügend betrachtet werden könne, daß nur die Bruttobilanz veröffentlicht werde, aus der sich das Resultat der Verlustverteilung noch nicht ergebe, wenn es sich um Abschreibungen von Geschäftsguthaben handle, und die nach § 139 des Gesetzes erforderlichen Angaben zu veröffentlichen sind.

Der Vorsitzende faßte das Ergebnis der Besprechung in diesem Sinne zusammen und schloß hierauf um 6 Uhr die Sitzung.

V.

Rechnung und Voranschlag der Einnahmen und Ausgaben

des Allgemeinen Verbandes der auf Selbsthilfe beruhenden deutschen Erwerbs- und Wirtschaftsgenossenschaften, e. V.

A. Rechnung

über die Einnahmen, Ausgaben und Bestände der Kasse des Allgemeinen Verbandes der auf Selbsthilfe beruhenden deutschen Erwerbs- und Wirtschaftsgenossenschaften e. V. für das Jahr 1905.

Laufende Nummer	Gegenstand	1. In 1904 vereinnahmt, aber in den Etat für 1905 gehörend ℳ | ₰	2. In 1905 vereinnahmt, aber in den Etat für 1904 gehörend ℳ | ₰	3. In 1905 auf den Etat für 1905 vereinnahmt ℳ | ₰	4. In 1906 noch auf den Etat für 1905 zu vereinnahmen ℳ | ₰	5. In 1905 schon vereinnahmt, aber auf den Etat für 1906 gehörend ℳ | ₰	6. Auf den Etat für 1905 entfallen demnach ℳ | ₰
	I. Einnahmen.						
	A. Laufende.						
1.	Beiträge der Vereine zu den Kosten des Allgemeinen Verbandes laut Einnahmeliste auf Seite 370 bis 434 der Mitteilungen über den Allgemeinen Genossenschaftstag zu Westerland a. Sylt ℳ 62 774,66 abzüglich der schon in 1904 eingegangenen Beiträge (vergl. Seite 358—359 obiger Mitteilungen). . . . . . . „ 670,17 ℳ 62 104,49 zuzüglich der außerdem in 1905 eingegangenen, in oben bezeichneter Liste noch nicht enthaltenen Beiträge von: Iserlohn, Volksbk., für 1905 . . . . . . ℳ 100,— Wittenberg, Schuhm.-Rohst.-Assoz. für 1905 „ 10,— Berlin, Techn. Revis.-Vereing. „Elektrowacht", für 1903—1905 . . . . „ 30,— „ 140,— ℳ 62 244,49 In dieser Summe sind von verklagten, früher ausgeschiedenen Konsumvereinen eingegangene Beiträge enthalten, welche dem Spezial-Dispositionsfonds überwiesen werden. Es sind dies die Beiträge von:						

Augsburg, Allgem. Konf.-V., für 1902/03 . ℳ 105,50				
Bant, Konf.-V., für 1902/03 . . . . = 200,—				
Brandenburg a. H., Konf.-V., für 1902 . . = 100,—				
Calbe a. S., Konf.-V., für 1902/03 . . . = 83,40				
Eßlingen, Konf.- u. Spar-V., für 1903 . . = 100,—				
Luckenwalde, Konf.-V. Vorwärts, für 1902/03 = 200,—				
Magdeburg, Konf.-V. Neustadt, für 1902/03 = 200,—				
Oldenburg, Konf.-V., für 1903 . . . . . = 100,—				
Stuttgart, Spar- u. Konf.-V., für 1903 . . = 100,—				
Tuttlingen, Konf.-V., für 1903 . . . . . . = 100,—				
Velten i. M., Konf.-V., für 1902/03 . . . = 108,—				
Villingen, Konf.-V., für 1902/03 . . . . = 72,60				
Es sind also in Abzug zu bringen:	= 1 469,50	. . . . . .	60 774	99
Nach Schluß bezeichneter Beitragsliste gingen ferner ein Beiträge von nachstehenden Konsumvereinen, welche ebenfalls dem Spezial-Dispositionsfonds zuzuführen sind:				
Altenburg, Konf.- u. Prod.-V., für 1903 . ℳ 50,10				
Bremen, Konf.-V., für 1903 . . . . = 100,—				
Cottbus, Konf.-V., für 1903 . . . . = 58,20				
Forst i. L., Konf.-V., für 1903 . . . . . = 100,—				
Gerabronn, Fränk. Kohlen-Konf.-V., für 1903 = 69,60				
Goldlauter, Konf.-V., für 1902/03 . . . . = 54,60				
Hohenmölsen, Konf.-V., für 1902 . . . . = 84,90				
Jena, Konf.-V., für 1902/03 . . . . . . = 200,—				
Leheften, Konf.-V., für 1902/03 . . . . . = 60,90				
Meuselwitz, Konf.-V., für 1902 . . . . . = 100,—				
Schw. Gmünd, Konf.-V., für 1902 . . . . = 91,27				
Sendlingen, Konf.-V., für 1903 . . . . = 100,—				
Stendal, Allg. Konf.-V., für 1903 . . . . = 100,—				
Trotha, Allg. Konf.-V., für 1902/03 . . . = 118,50				
Wetzlar-Braunfels, Konf.-V., für 1902/03 . = 85,75	= ℳ 1 374,12			
Nach Genossenschaftsarten verteilen sich die Beiträge folgendermaßen:				
Kreditgenossenschaften . . . ℳ 52 401,14				
Konsumvereine . . . . . . = 5 674,75				
Baugenossenschaften . . . . = 1 710,03				
Andere Genossenschaften . = 989,07				
wie oben ℳ 60 774,99				
	Übertrag	. . . . . .	60 774	99

Laufende Nummer	Gegenstand	1. In 1904 vereinnahmt bezw. verausgabt, aber in den Etat für 1905 gehörend ℳ	₰	2. In 1905 vereinnahmt bezw. verausgabt, aber in den Etat für 1904 gehörend ℳ	₰	3. In 1905 auf den Etat für 1905 vereinnahmt bezw. verausgabt ℳ	₰	4. In 1906 noch auf den Etat für 1905 zu vereinnahmen bezw. zu verausgaben ℳ	₰	5. In 1905 schon verausgabt, aber auf den Etat von 1906 gehörend ℳ	₰	6. Auf den Etat für 1905 entfallen demnach ℳ	₰
	Übertrag	. . .	.	. . .	.	60 774	99	. . .	.	. . .	.	60 774	99
2.	Einnahme für verkaufte Mitteilungen, Musterstatuten, Flugschriften	. . .	.	. . .	.	637	09	. . .	.	. . .	.	637	09
3.	Einnahme aus den Blättern für Genossenschaftswesen	. . .	.	1 977	30	. . .	.	2 282	50	. . .	.	2 282	50
4.	Einnahme für Zinsen auf Bestände bei der Dresdner Bank, und zwar: auf Barguthaben . . . ℳ 450,20; vom Effekten-Bestande . . . „ 3 102,85	. . .	.	334	80	3 218	25	334	80	. . .		3 553	05
5.	Provision aus dem Inkasso von Versicherungsprämien	. . .	.	333	39	170	96	200	92	. . .	.	371	88
	B. Außerordentliche.												
6.	Von einem Verbandsdirektor zuviel bezahlte Beiträge, die in 1906 zurückzuerstatten sind (durchlaufender Posten)	. . .	.	. . .	.	20	—						
7.	Einnahmen auf den neugebildeten Spezial-Dispositionsfonds: Vom Dispositionsfonds nicht verwendete Beträge und zwar aus dem Etat 1904 . . . ℳ 273,43; „ „ „ 1905 . . . „ 4 000,—; Beiträge von ausgeschiedenen Konsumvereinen laut Spezifikation unter Nr. 1 . . . ℳ 1 469,50, „ 1 374,12 „ 2 843,62	. . .	.	. . .	.	7 117	05						
	C. Bestand vom Vorjahre.												
	Bestand am 1. Januar 1905	. . .	.	. . .	.	17 274	54						
	Summe aller Einnahmen	. . .	.	2 645	49	89 212	88	2 818	22	. . .	.	67 619	51
	II. Ausgaben.												
	A. Nach dem Voranschlag.												
1.	Gehälter: Anwalt Dr. Crüger . . . ℳ 12 000,—; Büreaupersonal . . . „ 12 935,—	. . .	.	. . .	.	24 935	—	. . .	.	. . .	.	24 935	—
2.	Büreaukosten (in Summe auf den Etat von 1905 = ℳ 4846,16):												
	Büreaumiete	400	—	. . .	.	800	—	. . .	.	. . .	.	1 200	—
	Telephongebühren	50	—	. . .	.	150	—	. . .	.	. . .	.	200	—
	Heizungsmaterial, Gasverbrauch	. . .	.	53	92	275	59	44	69	. . .	.	320	28
	Schreibgebühren, Aktenheften	. . .	.	. . .	.	141	30	. . .	.	. . .	.	141	30
	Reinigung und Heizung der Büreauräume	. . .	.	. . .	.	357	90	. . .	.	. . .	.	357	90

	Schreibmaterial					630	—					630	—
	Inventarbeschaffung			172	—	277	25					277	25
	Krankenkassen- und Invalidenversicherungs-Beiträge					205	43					205	43
	Porto usw.					1 204	30					1 204	30
	Verschiedenes					309	70					309	70
3.	Reisekosten des Anwalts und seiner Stellvertreter zu den Verbandstagen					3 243	10					3 243	10
4.	Reisekosten und Diäten der Verbandsdirektoren zum Allgemeinen Genossenschaftstage					7 210	60					7 210	60
5.	Kosten des Jahrbuchs für 1904 laut besonderer Aufstellung am Schlusse	143	50			10 403	09			111	—	10 546	59
6.	Kosten des Allgemeinen Genossenschaftstages in Westerland							88	75			88	75
7.	Kosten für Aufnahme der Verhandlungen des Allgemeinen Genossenschaftstages in Westerland					650	—					650	—
8.	Druck der Mitteilungen über den Allgem. Genossenschaftstag in Westerland					3 247	—					3 247	—
9.	Versendung der Mitteilungen					594	65					594	65
10.	Kosten von zwei Sitzungen des Engeren Ausschusses					1 128	60					1 128	60
11.	Auslagen des Vorsitzenden d. Engeren Ausschusses u. d. Gesamtausschusses					229	70					229	70
12.	Bibliothek, Bücher, Zeitschriften, Buchbinderlohn:												
	Bücher . . . ℳ 928,10			185	95								
	Zeitungen, Zeitschriften . . . „ 446,63	50	—									50	—
	Buchbinder . . . „ 304,60					1 679	33					1 679	33
13.	Beitrag zur Hilfskasse					300	—					300	—
14.	Zuschüsse zu den Ruhegehaltskassen-Beiträgen:												
	für den Anwalt Dr. Crüger . . . ℳ 162,—												
	„ zwei Büreaubeamte . . . „ 163,60					325	60					325	60
15.	Beitrag zum Internationalen Verband			50	—								
	B. Auf den Dispositionsfonds verrechnet.												
16.	Original-Korrespondenz, Sonderabdrücke, Flugschriften . . ℳ 1061,70												
17.	Besondere Reisen im genossenschaftlichen Interesse . . . „ 1406,30												
18.	Verschiedene Ausgaben . . . „ 338,16			2 806	16								
19.	Überweisung an den Spezial-Dispositionsfonds			273	43	4 000	—					4 000	—
	C. Nicht im Voranschlage vorgesehene Ausgaben.												
20.	Reisekosten der Verbandsrevisoren zum Allgemeinen Genossenschaftstage in Westerland ℳ 1 817,60, welche von der Dresdner Bank übernommen wurden.												
21.	Ankauf von 12 000 ℳ 3 proz. Sächsischer Staatsrente à 87,50					10 500	—						
22.	Stückzinsen auf ℳ 12000 desgl., die in nächstjähriger Rechnung von zu vereinnahmenden April-Zinsen in Abzug zu bringen sind (durchlaufender Posten)					23	—						
	Summe aller Ausgaben	630	50	3 541	46	72 821	14	133	40	111	—	63 075	08

III. Abschluß.

Einnahmen in 1905, Summe der Kolonnen 2 und 3	ℳ	91 858,37
Ausgaben in 1905, Summe der Kolonnen 2, 3 und 5	=	76 473,60
Bestand am 1. Januar 1906	ℳ	15 384,77

welcher vorhanden ist mit ℳ 460,47 in der Kasse und mit = 14 924,30 Guthaben bei der Dresdner Bank, Berlin.

Im Depot bei der Dresdner Bank befanden sich am 31. Dezember 1905:

ℳ 45 000 3 proz. Preuß. Konsols zum Kurse von	88,90	ℳ	40 005,—
= 15 000 $3^1/_2$ proz. do. = =	100,90	=	15 135,—
Übertrag		ℳ	55 140,—
Übertrag		ℳ	55 140,—
ℳ 6 000 $3^1/_2$ proz. Bremer Anleihe zum Kurse von	98,80	=	5 928,—
= 8 000 4 proz. Pirmasenser Stadtanl. zum Kurse von	100,10	=	8 008,—
= 10 000 $3^1/_2$ proz. Kölner Stadtanl. von 1902 zum Kurse von	98,80	=	9 880,—
= 10 000 $3^1/_2$ proz. Neue Berliner Pfandbriefe zum Kurse von	98,40	=	9 840,—
= 12 000 3 proz. Sächsische Staatsrente zum Kurse v. 87,50 (Kurs vom 30. 5. 04 dem Tage des Ankaufs)		=	10 500,—
		ℳ	99 296,—

Nachweis des Vermögens Ende 1905.

Kassenbestand und Bankguthaben		ℳ 15 384,77	
Guthaben beim Verleger der Blätter für Genossenschaftswesen	ℳ 2 282,50		
Guthaben für Provision beim Stuttgarter Allgemeinen Versicherungs-Verein und bei der Kölnischen Unfall-Versicherungsgesellschaft	= 200,92		
Zinscoupons per 31. Dezember 1905, deren Gutschrift bei der Dresdner Bank erst im Januar 1906 erfolgte	= 334,80	= 2 818,22	Summe der Einnahme-Posten Kolonne 4.
Durchlaufender Ausgabeposten Nr. 22 der in 1906 wieder in Einnahme erscheinen muß		= 23,—	
Vorausbezahlte, auf den Etat 1906 gehörende Rechnung		= 111,—	Summe der Ausgabe-Posten Kolonne 5.
		ℳ 18 336,99	
ab: in 1906 zu bezahlende Rechnungen vom Etat 1905		= 133,44	Summe der Ausgabe-Posten Kolonne 4.
		ℳ 18 203,55	
ab: durchlaufender Einnahme-Posten Nr. 6 aus Rechnung 1904	ℳ 43,74		
= = = = 6 = = 1905	= 20,—		
Bestand des Spezial-Dispositionsfonds, Einnahme-Posten Nr. 7	= 7 117,05	= 7 180,79	
		ℳ 11 022,76	
dazu: Bei der Dresdner Bank im Depot befindliche Wertpapiere		= 99 296,—	
Vermögen des Allgemeinen Verbandes Ende 1905		ℳ 110 318,76	
Das Vermögen des Allgemeinen Verbandes betrug Ende 1904		= 106 538,33	
Es hat somit gegen Ende 1904 eine Vermögensvermehrung von		ℳ 3 780,43	stattgefunden.

Diese Vermehrung ergibt sich auch aus nachstehender Berechnung:

Einnahmen auf den Etat von 1905 entfallend	M 67 619,51	
Ausgaben " " " " "	" 63 075,08	
	Überschuß	M 4 544,43

ab: Wertunterschied des Effektenbestandes gegen 1904:

	31. 12. 04.	31. 12. 05.	Verlust	
M 45 000 3 proz. Preußische Konsols	89,90	88,90	M 450,—	
" 15 000 $3^1/_2$ proz. Preußische Konsols	101,70	100,90	" 120,—	
" 6 000 $3^1/_2$ proz. Bremer Anleihe	99,10	98,80	" 18,—	
" 8 000 4 proz. Pirmasenser Anleihe	101,30	100,10	" 96,—	
" 10 000 $3^1/_2$ proz. Kölner Stadtanleihe	99,20	98,80	" 40,—	
" 10 000 $3^1/_2$ proz. Neue Berliner Pfandbriefe	98,80	98,40	" 40,—	
			ab Kursverlust	M 764,—
			wie oben	M 3 780,43

Kosten des Jahrbuches für 1904.

Fragebogen und Liniaturen für die Statistik	M 382,50
Versendung der Fragebogen	" 75,81
Honorar an Herrn H. Jäger für Bearbeitung des Jahrbuches	" 1 200,—
Rechnungs- und Schreibhilfe bei Bearbeitung des Materials	" 1 583,63
Druck des Jahrbuches	" 6 756,65
Versendung des Jahrbuches	" 548,—
Gesamtkosten	M 10 546,59

Blätter für Genossenschaftswesen für 1905.

Einnahmen.

Abonnements auf 2504 Exemplare	M 12 889,40
Verkaufte einzelne Nummern	" 197,15
Inserate	" 5 701,30
	M 18 787,85

Ausgaben.

Satz, Druck, Buchbinder, Porto	M 7 083,30	
Papier	" 1 778,15	
Sonstige Spesen	" 619,50	
Honorare an die Mitarbeiter	" 4 741,90 =	" 14 222,85
	Überschuß	M 4 565,—

Davon die Hälfte dem Verleger	M 2 282,50
die Hälfte dem Allgemeinen Verbande	" 2 282,50

Charlottenburg, den 22. März 1906.

Dr. Crüger.

Lfde. Nr.	Der Voranschlag für das Rechnungsjahr 1905	war festgesetzt auf ℳ	₰	Es wurden vereinnahmt bezw. verausgabt ℳ	₰	Also mehr vereinnahmt bezw. verausgabt ℳ	₰	Also weniger vereinnahmt bezw. verausgabt ℳ	₰
	Einnahmen.								
1.	Jahresbeiträge der Genossenschaften	57 852	—	60 774	99	2 922	99		
2.	Verkauf von Mitteilungen, Musterstatuten, Flugschriften	500	—	637	09	137	09		
3.	Einnahme aus den Blättern für Genossenschaftswesen	1 500	—	2 282	50	782	50		
4.	Zinsvergütung für Bestände bei der Dresdner Bank								
	für Wertpapiere	2 800	—	3 102	85	302	85		
	" Barguthaben	600	—	450	20	. .	.	149	80
5.	Provision aus dem Inkasso von Versicherungsprämien	500	—	371	88	. .	.	128	12
		63 752	—	67 619	51	4 145	43	277	92
	Ausgaben.								
1.	Gehälter: Anwalt Dr. Crüger	12 000	—	12 000	—				
	Büreaupersonal	13 660	—	12 935	—	. .	.	725	—
2.	Zuschüsse zu den Ruhegehaltskassen-Beiträgen:								
	für den Anwalt	162	—	162	—				
	für zwei Beamte	140	—	163	60	23	60		
3.	Büreaukosten: Miete	1 200	—	1 200	—				
	Telephongebühren	200	—	200	—		.		
	Heizungsmaterial, Gasverbrauch	240	—	320	28	80	28		
	Reinigung, Heizung	240	—	357	90	117	90		
	Schreibgebühren, Aktenheften	200	—	141	30	. .	.	58	70
	Schreibmaterial	750	—	630	—	. .	.	120	—
	Inventarbeschaffung	. .	.	277	25	277	25		
	Krankenkassen- und Invaliden-Versicherungsbeiträge	200	—	205	43	5	43		
	Porto usw.	1 300	—	1 204	30	. .	.	95	70
	Verschiedenes	240	—	309	70	69	70		
4.	Reisekosten des Anwalts und seiner Stellvertreter	3 700	—	3 243	10	. .	.	456	90
5.	Reisekosten und Diäten der Verbandsdirektoren	6 500	—	7 210	60	710	60		
6.	Kosten des Jahrbuchs für 1904	10 670	—	10 546	59	. .	.	123	41
7.	Kosten des Allgemeinen Genossenschaftstages	400	—	88	75	. .	.	311	25
8.	Vergütung für Aufnahme der Verhandlungen des Allgemeinen Genossenschaftstages	600	—	650	—	50	—		

9.	Druck der Mitteilungen über den Allgemeinen Genossenschaftstag . . .	3 500	—	3 247	—	. .	.	253	—
10.	Versendungskosten der Mitteilungen	1 000	—	594	65	. .	.	405	35
11.	Kosten von zwei Sitzungen des Engeren Ausschusses	1 300	—	1 128	60	. .	.	171	40
12.	Auslagen des Vorsitzenden des Engeren Ausschusses und des Gesamtausschusses	200	—	229	70	29	70		
13.	Bibliothek, Bücher, Zeitschriften 2c.	1 000	—	1 729	33	729	33		
14.	Beitrag zur Hilfskasse.	300	—	300	—				
15.	Beitrag zum Internationalen Verband	50	—	. .	.	. .	.	50	—
16.	Dispositionsfonds.	4 000	—	4 000	—				
		63 752	—	63 075	08	2 093	79	2 770	71

Es wurden demnach ℳ 3 867,51 mehr vereinnahmt,
" 676,92 weniger verausgabt,
als im Voranschlag festgesetzt waren.

Voranschläge

über die Einnahmen und Ausgaben für 1906 und 1907.

Lfde. Nr.	Gegenstand	für 1906 in Westerland beschlossen ℳ	für 1907 in Cassel beschlossen ℳ
	Einnahmen.		
1.	Jahresbeiträge der Genossenschaften . . .	58 600	61 000
2.	Verkauf von Mitteilungen, Musterstatuten, Flugschriften	500	500
3.	Einnahme aus den Blättern für Genossenschaftswesen	2 000	2 100
	Übertrag . .	61 100	63 600

Lfde. Nr.	Gegenstand	für 1906 in Westerland beschlossen ℳ	für 1907 in Cassel beschlossen ℳ
	Übertrag . .	61 100	63 600
4.	Zinsvergütung für Bestände bei der Dresdner Bank: für Effekten	3 000	3 500
	" Barguthaben	600	600
5.	Provision aus dem Inkasso von Versicherungsprämien	500	500
		65 200	68 200

Lfde. Nr.	Gegenstand	für 1906 in Westerland beschlossen ℳ	für 1907 in Cassel beschlossen ℳ
	Ausgaben.		
1.	Gehalt des Anwalts	12 000	12 000
2.	Gehälter des Büreaupersonals	14 040	17 000
3.	Zuschüsse zu den Ruhegehaltskassen-Beiträgen:		
	für den Anwalt	162	160
	„ zwei Beamte	158	160
4.	Büreaukosten: Büreaumiete	1 200	1 200
	Telephongebühr	200	200
	Heizungsmaterial	330	350
	Reinigung, Heizung	330	350
	Schreibgebühren	100	100
	Schreibmaterial	700	700
	Inventurbeschaffung	300	300
	Porto, Frachten	1 500	1 500
	Verschiedenes	300	300
	Kranken- und Invalidenversicherung	230	230
5.	Reisekosten des Anwalts und seiner Stellvertreter	3 700	3 700
	Übertrag	35 250	38 250
	Übertrag	35 250	38 250
6.	Reisekosten und Diäten der Verbandsdirektoren	6 500	6 500
7.	Kosten des Jahrbuchs für 1905 (in 1906 herzustellen) resp. für 1906 (in 1907 herzustellen)	11 000	11 000
8.	Kosten des Allgemeinen Genossenschaftstages	500	500
9.	Vergütung für Aufnahme der Verhandlungen des Allgemeinen Genossenschaftstages	600	600
10.	Druck der Mitteilungen über den Allgemeinen Genossenschaftstag	3 500	3 500
11.	Versendungskosten der Mitteilungen	1 000	1 000
12.	Kosten von zwei Sitzungen des Engeren Ausschusses	1 300	1 300
13.	Auslagen des Vorsitzenden des Engeren Ausschusses und des Gesamtausschusses	250	250
14.	Bibliothek, Bücher, Zeitschriften usw.	1 000	1 000
15.	Beitrag zur Hilfskasse	300	300
16.	Dispositions-Fonds	4 000	4 000
		65 200	68 200

VI.

Bericht

über den

Mitgliederbestand und die Mitgliederbewegung im Allgemeinen Verbande.*)

Die Mitgliederzahl des Allgemeinen Verbandes deutscher Erwerbs- und Wirtschaftsgenossenschaften betrug am 1. Januar 1905: 1387; bis zum 1. Januar 1906 sind dem Allgemeinen Verbande 48 Genossenschaften beigetreten, 29 Genossenschaften sind ausgeschieden; die Zahl der dem Allgemeinen Verbande angehörenden Genossenschaften veränderte sich danach bis zum 1. Januar 1906 um 19, sie betrug zu dieser Zeit 1406.

Die Bewegung des Bestandes bei den einzelnen Gattungen der Genossenschaften des Allgemeinen Verbandes in der Zeit vom 1. Januar 1905 bis 1. Januar 1906 war folgende:

1. Kreditgenossenschaften.

Bestand am 1. Januar 1905:		958 Genossenschaften
Zugang 14 Genossenschaften		
Abgang 11 Genossenschaften	= Zugang	3 "
Bestand am 1. Januar 1906:		961 Genossenschaften.

2. Konsumvereine.

Bestand am 1. Januar 1905:		265 Genossenschaften
Zugang 11 Genossenschaften		
Abgang 10 Genossenschaften	= Zugang	1 "
Bestand am 1. Januar 1906:		266 Genossenschaften.

*) Vergl. die S. 488 der „Mitteilungen“ angegebenen, im Laufe des Jahres 1906 noch eingetretenen Änderungen — es sind danach im Laufe des Jahres 1906 bis jetzt eingetreten: 41 Genossenschaften und scheiden durch Kündigung 2c. Ende 1906 aus: 39 Genossenschaften.

3. Baugenossenschaften.

Bestand am 1. Januar 1905:		104 Genossenschaften
Zugang 14 Genossenschaften		
Abgang 2 Genossenschaften	= Zugang	12 „
Bestand am 1. Januar 1906:		116 Genossenschaften.

4. Rohstoffgenossenschaften.

Bestand am 1. Januar 1905:		18 Genossenschaften
Zugang 3 Genossenschaften		
Abgang 2 Genossenschaften	= Zugang	1 „
Bestand am 1. Januar 1906:		19 Genossenschaften.

5. Magazingenossenschaften.

Bestand am 1. Januar 1905:		3 Genossenschaften
Zugang 5 Genossenschaften		
Abgang 2 Genossenschaften	= Zugang	3 „
Bestand am 1. Januar 1906:		6 Genossenschaften.

6. Werkgenossenschaften.

Bestand am 1. Januar 1905:		5 Genossenschaften
Zugang 5 Genossenschaften		
Abgang — Genossenschaft	= Zugang	5 „
Bestand am 1. Januar 1906:		10 Genossenschaften.

7. Produktivgenossenschaften.

Bestand am 1. Januar 1905:		13 Genossenschaften
Zugang — Genossenschaft		
Abgang — Genossenschaft	=	— „
Bestand am 1. Januar 1906:		13 Genossenschaften.

8. Sonstige Genossenschaften.

Bestand am 1. Januar 1905:		13 Genossenschaften
Zugang 2 Genossenschaften		
Abgang — Genossenschaft	= Zugang	2 „
Bestand am 1. Januar 1906:		15 Genossenschaften.

Von den 1406 Genossenschaften 2c. des Allgemeinen Verbandes gehören 1349 den Unterverbänden des Allgemeinen Verbandes an.

Die Zahl der Unterverbände des Allgemeinen Verbandes deutscher Erwerbs- und Wirtschaftsgenossenschaften beträgt 29; davon sind:

22 Unterverbände von Kreditgenossenschaften,
6 Unterverbände von Konsumvereinen,
1 Unterverband von Baugenossenschaften.

Den 29 Unterverbänden gehören an:

943 Kreditgenossenschaften 2c.
245 Konsumvereine,
112 Baugenossenschaften,
49 Andere Genossenschaften,

1349 Genossenschaften 2c.

Keinem dieser Unterverbände sind bis jetzt von den Genossenschaften des Allgemeinen Verbandes beigetreten:

18 Kreditgenossenschaften 2c.,
21 Konsumvereine 2c.,
4 Baugenossenschaften,
14 Andere Genossenschaften,

57 Genossenschaften 2c.

Unter der Zahl der dem Allgemeinen Verbande deutscher Erwerbs- und Wirtschaftsgenossenschaften angehörigen Vereine befinden sich 12 Aktiengesellschaften, 1 Kommanditgesellschaft auf Aktien, 1 Gesellschaft mit beschr. Haftung; zu Unterverbänden des Allgemeinen Verbandes gehören davon 6 Aktiengesellschaften, 1 Kommanditgesellschaft auf Aktien, 1 Gesellschaft mit beschr. Haftung; keinem Unterverbande haben sich angeschlossen 6 Aktiengesellschaften.

VII.

Liste der Verbandsgenossenschaften*)

am 1. Januar 1906**)

Beitragsliste für 1905.***)

1. Bayerischer Genossenschaftsverband.

Direktor: Herr M. Luber in München.
Stellvertreter: Herr Königl. Rat F. X. Proebst in München.
Verbands-Revisoren: die Herren Magistratsrat O. Feierabend und W. André in München, Luber in München.

(29 Vereine.)

a. Vorschußvereine.

		Beitrag ℳ	₰
1.	**Augsburg**, Landwirtschaftlicher Kreditverein Augsburg, e. G. m. u. H., Herr A. Hederer. — Herr Dämpfle.	100	—
2.	**Dillingen a. D.**, Vorschuß- und Sparverein in Dillingen, e. G. m. u. H., Herr J. Rabini. — Herr M. Schregle.	10	—
3.	**Dinkelsbühl**, Kreditverein Dinkelsbühl, e. G. m. b. H., Herr Kellermann. — Herr W. Schmidt	100	—
4.	**Eggenfelden**, Kredit- und Sparkasse Eggenfelden, e. G. m. b. H., Herr Ludwig Straßner. — Herr Jakob Perl	10	—
5.	**Ichenhausen b. Günzburg a. D.**, Spar- und Kreditverein, e. G. m. b. H., Herr J. Thaler. — Herr Kempfle	57	76
6.	**Landshut** (Niederbayern), Kreditverein Landshut, e. G. m. u. H., Herr F. Weber. — Herr M. Mayer	10	—
7.	**Miesbach**, Werk- und Kreditgenossenschaft Miesbach, e. G. m. b. H., Herr Anton Kohlndörfer. — Herr Carl Fohr	54	05
8.	**München**, Münchener Industriebank, e. G. m. b. H., Herr M. Luber. — Herr F. X. Proebst	100	—
9.	**Nördlingen**, Gewerbebank, e. G. m. b. H., Herr A. Wörlen. — Herr J. Baßler	100	—
10.	**Passau**, Passauer Handwerker-Kreditgenossenschaft, e. G. m. b. H., Herr Adolf Heindl. — Herr Sageder	52	15
11.	**Schillingsfürst** (Mittelfr.), Vorschuß- und Kreditverein Schillingsfürst-Frankenheim, e. G. m. u. H., Herr Pflaumer. — Herr G. Herr	43	30
12.	**Schrobenhausen** (Oberbayern), Kreditverein, e. G. m. b. H., Herr Georg Leinfelder. — Herr L. Reißler	52	40
13.	**Sonthofen**, Genossenschaftsbank, e. G. m. u. H., Herr K. Alteneder. — Herr Franz Hämmerle	100	—
14.	**Traunstein** (Bayern), Volksbank, e. G. m. b. H., Herr J. Wispauer jun. — Herr Seitz	100	—
15.	**Vilshofen** (Bayern), Kreditgenossenschaft, e. G. m. b. H., Herr C. Töckersperger. — Herr A. Vogl	10	—
	Transport	899	66

*) Der erste Name hinter der Firma jedes Vereins ist der des Vorsitzenden des Vorstandes, der zweite der des Vorsitzenden des Aufsichtsrates. — Die Vorstände der Verbandsvereine werden dringend ersucht, eintretende Änderungen bezüglich dieser Namen gefälligst dem Anwalte bald mitzuteilen.

**) Vergl. auch die im Laufe des Jahres 1906 in dem Mitgliederbestande eingetretenen Veränderungen S. 438.

***) In der Beitrags-Kolonne sind die mit den Beiträgen rückständigen Vereine mit ?? bezeichnet; bei den Vereinen, die erst 1906 beigetreten sind, deren Beiträge erst 1907 fällig werden, sind — — eingetragen. Dagegen sind die Vereine mit ** bezeichnet, welche die diesjährigen Beiträge bereits im Vorjahre entrichtet haben. Für 1906 schon bezahlte Beiträge siehe S. 441.

	Beitrag ℳ	₰
Transport	899	66
b. Andere Genossenschaften.		
16. Augsburg, Baugenossenschaft Augsburg, e. G. m. b. H., Herr Rud. Rehm. — Herr Alfred Samm	10	—
17. Augsburg, Hygienisches Bad, e. G. m. b. H., Herr Hch. Möhnle. — Herr Hermann Möhnle	10	—
18. Augsburg, Genossenschaft für Rauhwarenverwertung, e. G. m. b. H., Herr D. Höfle. — Herr Joh. M. Baader	78	40
19. Augsburg, Schreinergenossenschaft „Sargmagazin", e. G. m. b. H., Herr Fr. Bach. — Herr Jos. Beser	10	—
20. Hersbruck, Werkgenossenschaft der vereinigten Schreiner in Hersbruck, e. G. m. b. H., Herr Georg Beck. — Herr Georg Hubner	10	—
21. Lauf b. Nürnberg, Werkgenossenschaft der vereinigten Handwerker in Lauf, e. G. m. b. H., Herr H. Bachmann. — Herr August Barth	10	—
22. Lindenberg (Allgäu), Einkaufs- und Produktivgenossenschaft der Schreiner, Sattler und Tapezierer, e. G. m. b. H., Herr G. Pfeiffer. — Herr Dr. Purpur	10	—
23. München, Baugenossenschaft München, e. G. m. b. H., Herr O. Feierabend. — Herr Kößler, Baumeister	17	—
24. München, 1. Schreinergenossenschaft, e. G. m. u. H. (Magazin- und Rohstoff-Genossenschaft), Herr Qu. Lampl. — Herr F. Gröschl	10	—
25. München, Münchener Bau- und Sparverein, e. G. m. b. H., Herr Hausmann. — Herr Kößlinger	10	—
26. München, Rohstoffverein der Schuhmacherinnung in München, e. G. m. b. H., Herr M. Henneberger. — Herr Jos. Moder	17	70
27. Perlach (Post München), Branntweinbrennerei Perlach, e. G. m. u. H., Herr M. Hufnagel. — Herr F. Kaffl	54	75
28. Taufkirchen (Post Unterhaching, Bayern), Branntweinbrennerei Taufkirchen, e. G. m. u. H., Herr Joh. Hofberger. — Herr G. Liebhart	35	—
29. Willing (Post Aibling), Brennerei, e. G. m. u. H., Herr Wieser. — Herr Seb. Hain	32	05
Summa	1214	56

2. Verband der Kreditvereine zu Berlin.

Direktor: Herr E. Plonz, Berlin O., Frankfurter Allee 183.
Stellvertreter: Herr W. Prippenow in Berlin SO., Köpenickerstr. 95.
Verbands-Revisoren: die Herren Dr. Schneider in Potsdam und O. Soerensen in Berlin NW., Lessingstr. 42.

(45 Vereine.)

	ℳ	₰
a. Vorschußvereine.		
30. Berlin, Kreditverein der Friedrichstadt, e. G. m. u. H., Zimmerstraße 61, SW., Herr H. Jäger. — Herr R. Littmann	100	—
31. Berlin, Louisenstädtische Bank, e. G. m. b. H., Köpenickerstr. 95, SO., Herr Wilh. Prippenow. — Herr Dr. med. Langerhans	100	—
32. Berlin, Handels- und Gewerbebank Alt-Berlin, e. G. m. b. H., Stralauerbrücke 7, C., Herr C. Wandelt. — Herr A. Kießling	100	—
33. Berlin, Berliner Kredit- und Spar-Bank, e. G. m. u. H., Potsdamerstraße 98a, W., Herr F. Ahlgrimm. — Herr H. Correns	10	—
34. Berlin, Berliner Gewerbebank, e. G. m. b. H., Annenstr. 25, S., Herr G. Menge. — Herr G. Wiechert	24	90
35. Berlin, Berliner Handelsbank, e. G. m. b. H., Ritterstr. 85, SW., Herr Peters. — Herr Kaufmann C. Hain	74	28
Transport	409	18

	Beitrag ℳ	₰
Transport	409	18
36. **Berlin**, Genossenschaftsbank Wedding zu Berlin, e. G. m. b. H., Müllerstraße 1, N., Herr Jul. Jacobowitz. — Herr Architekt Lenz	87	11
37. **Berlin**, Kreditverein der Potsdamer Torbezirke, e. G. m. b. H., Köthenerstraße 26, W., Herr C. Bauch. — Herr Laukisch	30	83
38. **Berlin**, Louisenstädtische Genossenschaftsbank, e. G. m. u. H., Wassertorstraße 38, S., Herr Siebenlist. — Herr Lehrer Berger .	10	—
39. **Berlin**, Allgemeiner Beamten-Spar- und Darlehnsverein, e. G. m. u. H., Ritterstraße 125, S., Herr Aug. Lang. — Herr Wende	48	64
40. **Berlin**, Allgemeine Handels- und Gewerbebank, e. G. m. u. H., Kaiser Wilhelmstr. 29/30, C., Herr Jul. Brandes. — Herr Streu	?	?
41. **Berlin**, Kreditverein der Oranienburger Vorstadt zu Berlin, e. G. m. u. H., Fennstr. 18, N., Herr Linke. — Herr Rentsch . . .	22	08
42. **Berlin**, Spar- und Kreditverein ehemaliger Kampfgenossen, e. G. m. b. H., Neue Jakobstr 8, S., Herr Fr. Pfanstiel. — Herr Peritz	17	41
43. **Berlin**, Genossenschaftsbank Berliner Restaurateure, e. G. m. u. H., Schäferstraße 5, SO., Herr Ferd. Schönicke. — Herr H. Poppe .	61	43
44. **Berlin**, Schönhauser Genossenschaftsbank zu Berlin, e. G. m. b. H., Schönhauser Allee 168a, N., Herr Neußer. — Herr Kolshorn .	10	—
45. **Berlin**, Gastwirtschaftliche Bank und Einkaufsgenossenschaft, e. G. m. b. H., Alexanderstraße 37, C., Herr W. Kluth. — Herr Aug. Gerlach	26	94
46. **Berlin**, Spar- und Kreditverein „Nord-Ost", e. G. m. b. H., Große Frankfurterstr. 37, NO., Herr P. Homann. — Herr W. Faster .	100	—
47. **Berlin**, Genossenschaftsbank Moabit zu Berlin, e. G. m. b. H., Turmstraße 2, NW., Herr L. Stüben. — Herr E. Lentz	100	—
48. **Berlin**, Genossenschaftsbank des nördlichen Stadtviertels zu Berlin, e. G. m. u. H., Brunnenstr. 15, N., Herr Kaske. — Herr Fabrikant A. Haß	100	—
49. **Berlin**, Bank für Handel und Gewerbe, e. G. m. b. H., Oranienstraße 61, S., Herr A. Schulz. — Herr Baudouin	100	—
50. **Berlin**, Kreditverein des Spandauer Stadtviertels zu Berlin, e. G. m. u. H., Gormannstr. 1, N., Herr E. Hesse. — Herr P. Beeck	100	—
51. **Berlin**. Berliner Spar- und Kreditverein, e. G. m. b. H., Alexanderstraße 14a, SO., Herr Mansbacher. — Herr Rechtsanwalt M. Hentschel	10	—
52. **Berlin**, Bankverein Gesundbrunnen, e. G. m. b. H., Badstraße 21, Herr R. Schröter. — Herr Ernst Busse	100	—
53. **Berlin**, Genossenschaftsbank der Prenzlauer Torstadtteile, e. G. m. b. H., Prenzlauer Allee 41, Herr Hildebrand. — Herr W. Laue	90	91
54. **Berlin**, Königstädtische Spar- und Darlehnskasse, e. G. m. b. H., Weberstraße 27, NO., Herr Fischer. — Herr Franz Theiß . . .	29	92
55. **Berlin**, Spar- und Vorschußverein zu Berlin, e. G. m. b. H., Großgörschenstr. 39, W., Herr Georg Wachner. — Herr Zarnack	31	34
56. **Berlin**, Handwerker-Bank Wedding, e. G. m. b. H., Dalldorferstraße 14, N., Herr Gandow. — Herr J. Machowicz	23	08
57. **Berlin**, Berliner Kreditbank, e. G. m. b. H., Möckernstr. 144, SW., Herr W. Rensch. — Herr Gottl. Weidemann.	30	22
58. **Berlin**, Deutscher Bürger-Spar- und Kreditverein, e. G. m. b. H., Göbenstr. 10, W., Herr C. Treptow. — Herr Rechtsanwalt H. Posner	10	—
59. **Charlottenburg**, Charlottenburger Kreditverein und Sparkasse, e. G. m. u. H., Goethestr. 12, Herr Bothe. — Herr Fränken . .	10	—
60. **Cöpenick**, Cöpenicker Vorschußverein, e. G. m. b. H., Herr E. Buwert. — Herr A. Hentschel	100	—
61. **Eberswalde**, Eberswalder Kreditbank, e. G. m. b. H., Herr Stadtrat Krause. — Herr Brodt	100	—
62. **Freienwalde a. O.**, Kreditbank zu Freienwalde a. O., e. G. m. b. H., Herr G. Kramer. — Herr E. Baeskow	48	87
Transport	1807	96

		Beitrag M	₰
	Transport	1807	96
63.	**Friedrichsberg**, Friedrichsberger Bank, e. G. m. u. H., Berlin O., Frankfurter Allee 183, Herr E. Plonz. — Herr A. Lehne	100	—
64.	**Friedrichshagen**, Kreditbank Friedrichshagen, e. G. m. b. H., Herr Ed. Lindenberg. — Herr C. Spuhn	100	—
65.	**Groß-Lichterfelde**, Groß-Lichterfelder Spar- und Darlehnskasse, e. G. m. b. H., Herr Hermann Franke. — Herr Stähr	19	82
66.	**Oberschöneweide**, Spar- und Kreditbank in Oberschöneweide, e. G. m. b. H., Herr Boissier. — Herr Effinger	10	—
67.	**Pankow**, Pankower Spar- und Leihbank, e. G. m. b. H., Schönholzerstr. 6a, Herr Fr. Wikke. — Herr Sanitätsrat Dr. Aug. Stenger	100	—
68.	**Reinickendorf**, Genossenschaftsbank Reinickendorf, e. G. m. b. H., Herr G. Stoff. — Herr Fr. Müller	81	05
69.	**Rixdorf**, Rixdorfer Vorschußverein, e. G. m. b. H., Herr H. Marggraff. — Herr Justizrat A. Bürkner	100	—
70.	**Rixdorf**, Darlehnsverein, e. G. m. b. H., Knesebeckstraße 100, Herr A. Radtke. — Herr Serno	15	09
71.	**Schöneberg** b. Berlin, Schöneberger Bank, e. G. m. b. H., Herr G. Hertzer. — Herr Draeger	100	—
72.	**Weißensee** b. Berlin, Genossenschaftsbank Weißensee, e. G. m. u. H., Herr Ed. Ulrich. — Herr A. Büttner	100	—
73.	**Wilmersdorf** b. Berlin, Spar- und Kreditbank, e. G. m. b. H., Wilhelms Aue 110, Herr Rud. Beck. — Herr Rechtsanwalt E. Schreyer	10	—
	b. Andere Genossenschaften.		
74.	**Eberswalde**, Wirtschaftsgenossenschaft des Eberswalder Haus- und Grundbesitzer-Vereins, e. G. m. b. H., Herr J. P. Duvinage. — Herr F. Teveling	14	93
	Summa	2558	85

3. Konsumvereinsverband von Brandenburg, Pommern und angrenzenden Landesteilen.

Direktor: Herr Eisenbahnsekretär Keibel, Stargard i. P.

Stellvertreter: Herr Schichtmeister Moritz in Rüdersdorf-Kalkberge.

Verbands-Revisoren: die Herren Keibel in Stargard i. P., Pump in Berlin O., Konsumverein „Vorsicht“.

(10 Vereine.)

		Beitrag M	₰
	Konsumvereine.		
75.	**Berlin**, Konsumverein „Vorsicht“ zu Berlin, e. G. m. b. H., Schlesische Straße 43, SO., Herr O. Stephan. — Herr A. Braun	46	35
76.	**Berlin**, Beamten-Wirtschafts-Verein zu Berlin, e. G. m. b. H., Schöneberg, Feurigstr. 55b, Herr Becker. — Herr Reuter	59	25
77.	**Biesenthal**, Konsumverein, Herr F. Stein. — Herr P. Eckert	10	25
78.	**Fürstenwalde** a. Spree, Fürstenwalder Konsum- und Sparverein, e. G. m. b. H., Herr Paetz. — Herr Kiel	20	90
79.	**Neudamm**, Konsumverein „Biene“ zu Neudamm, Herr W. Stielecke. — Herr E. Hoffmann	42	15
80.	**Pölitz**, Pölitzer Konsum- und Sparverein, e. G. m. b. H., Herr C. Wolff. — Herr H. Schultz, Rentier	42	59
81.	**Potsdam**, Konsumverein zu Potsdam und Umgegend, e. G. m. b. H., Herr A. Schäfer. — Herr W. Schneider	11	27
	Transport	232	76

	Beitrag ℳ	₰
Transport	232	76
82. Rüdersdorf, Konsumverein „Tiefbau", e. G. m. b. H., Herr Moritz. — Herr Siegemann	73	50
83. Stargard i. Pommern, Stargarder Konsum- und Sparverein, e. G. m. b. H., Herr H. Benecke. — Herr Keidel	35	34
84. Swinemünde, Swinemünder Konsum- und Sparverein, e. G. m. b. H., Herr Joh. Sirota. — Herr M. Kaulitz	10	—
Summa	351	60

4. Verband der Baugenossenschaften Deutschlands.

Vorstand: Herr Landrat Berthold in Blumenthal (Hannover), Herr Landesrat Dr. Schroeder, Cassel, Herr Eisenbahndirektor a. D. K. Schrader in Berlin W., Steglitzerstraße 68, Herr Andresen in Hamburg.

Stellvertreter: Herr Spring in Berlin, Herr Meyer in Silberhütte (Anhalt).

Verbands-Revisoren: die Herren Dr. Fr. Schneider in Potsdam, Scheidt in Hannover, Michelmann in Blankenburg a. Harz, Seibert in Wiesbaden, P. Förster in Friedland (Bez. Breslau), Kuckuck in Berlin W., Wollenweber in Hannover, Schulz in Cassel, Weymuth in Cassel, B. Rinow in Allenstein.

(106 Vereine.)

Baugenossenschaften.

	Beitrag ℳ	₰
85. Alfeld a. L., Gemeinnütziger Bauverein, e. G. m. b. H., Herr C. Benscheid. — Exc. von Kuhlmann, General a. D.	10	—
86. Allenstein, Allensteiner Wohnungs-Baugenossenschaft, e. G. m. b. H., Herr Wolfgang Hassenpflug. — Herr Landrat Felix Krahmer	10	—
87. Arnstadt, Bauverein, e. G. m. b. H., Herr Reiniger. — Herr Dr. Bielfeld	10	—
88. Bergen a. Rügen, Rügenscher Beamten-Wohnungsverein, e. G. m. b. H., Herr Albert Maaß. — Herr E. Bresemann	*	*
89. Berlin, Berliner Baugenossenschaft, e. G. m. b. H., Steglitzerstraße 86, W., Herr E. Spring. — Herr Schrader, Eisenb.-Dir. a. D.	100	—
90. Berlin, Bau- und Sparverein Finkenkrug, e. G. m. b. H., Weißenburgerstr. 67, N., Herr Paul Maruschke. — Herr Ed. Wagner	10	—
91. Berlin, Baugenossenschaft des Vereins der Angestellten der Großen Berliner Straßenbahn, e. G. m. b. H., Leipziger Platz 14, W., Herr Otto Schellin. — Herr Bau- und Betriebsdirektor Mayer	*	*
92. Blumenthal (Hannover), Spar- nnd Bauverein Blumenthal, e. G. m. b. H., Herr Vorarbeiter D. Brinkmann. — Herr Landrat Berthold	61	22
93. Böllberg b. Halle a. S., Böllberger Hausgenossenschaft, e. G. m. b. H., Herr Max Günther. — Herr Heinr. Huth sen., Wörmlitz	10	—
94. Bramsche, Gemeinnütziger Bauverein, e. G. m. b. H., Herr Bocke. — Herr Pastor Küster	10	—
95. Brandenburg a. H., Bau- und Sparverein, e. G. m. b. H., Herr Metzenthin. — Herr Meinicke, Fabrikbesitzer	20	08
96. Braunschweig, Braunschweiger Baugenossenschaft, e. G. m. b. H., Herr Rud. Teichs. — Herr Regierungsrat Hassel	17	70
97. Cassel, Arbeiter-Bauverein, e. G. m. b. H., Herr Rudolph. — Herr Bauinspektor Nehus	44	98
98. Cassel, Gemeinnützige Baugesellschaft, m. b. H., Herr S. Rommel. — Herr Dr. med. Carl v. Wild	10	—
Transport	313	98

		Beitrag M	Beitrag Pf
	Transport	318	98
99.	Celle, Celler Bau- und Sparverein, e. G. m. b. H., Herr F. Jänicke. — Herr G. Riehm, Prokurist.	10	—
100.	Cöthen (Anh.), Bauverein Cöthen, e. G. m. b. H., Herr W. Schulze. — Herr Mälzereidirektor Deich.	10	—
101.	Cronberg-Schönberg (Taunus), Gemeinnützige Baugenossenschaft, e. G. m. b. H., Herr B. Martin. — Herr C. Stiebel	10	—
102.	Dillenburg, Gemeinnütziger Bauverein für den Dillkreis, e. G. m. b. H., Herr Seulberger. — Herr Landrat v. Bussow	10	—
103.	Düsseldorf, Staats-Eisenbahn-Bauverein, e. G. m. b. H., Herr F. Claesgens. — Herr Bergkammer	11	51
104.	Eickel, Spar- und Bauverein zu Eickel, e. G. m. b. H., Herr Broer. — Herr Leifeld	?	?
105.	Einbeck, Spar-, Darlehns- und Bauverein, e. G. m. b. H., Herr Herm. Oppermann. — Herr Steinberg	10	—
106.	Elberfeld, Eisenbahn-Bauverein zu Elberfeld, e. G. m. b. H., Herr K. Voigt. — Herr Reg.-Rat Zachariae	22	90
107.	Elbingerode, Gemeinnütziger Bauverein, e. G. m. b. H., Herr Georg Maske. — Herr Wilh. Klein	?	?
108.	Erfurt, Erste Erfurter Baugenossenschaft für Arbeiter und Beamte zu Erfurt, e. G. m. b. H., Herr W. Kretschmar. — Herr Regierungsrat Löffler	10	—
109.	Erfurt, Baugenossenschaft Schmidtstädt, e. G. m. b. H., Herr Topf. — Herr Fabrikbesitzer Ludw. Topf	10	—
110.	Falkenberg (Bez. Halle a. S.), Baugenossenschaft für die Beamten und Arbeiter der Staats-Eisenbahn-Verwaltung zu Falkenberg, e. G. m. b. H., Herr Elschner. — Herr F. Fabel	21	30
111.	Frankfurt a. M., Volks-, Bau- und Sparverein, e. G. m. b. H., Herr B. Schmidt. — Herr Rechtsanwalt Dr. Löwenthal	54	33
112.	Fulda, Bauverein für den Kreis Fulda, e. G. m. b. H., Herr Karl Kramer. — Herr Dr. Antoni	19	95
113.	Geestemünde, Bau- und Wohnungsverein für Beamte, Hilfsbeamte und ständige Arbeiter, e. G. m. b. H., Herr Clemens. — Herr G. Jacobs	?	?
114.	Göttingen, Spar- und Bauverein, e. G. m. b. H., Herr H. Schobber. — Herr Rechtsanwalt Dr. Beyer	?	?
115.	Greifenberg i. Pommern, Gemeinnütziger Bauverein Greifenberg, e. G. m. b. H., Herr C. Beckershaus, Königl. Baurat. — Herr Lemcke	11	06
116.	Halle a. S., Spar- und Bauverein zu Halle a. S., e. G. m. b. H., Herr Fr. Franzen. — Herr Meyer, Rechtsanwalt	27	67
117.	Hamburg, Bauverein zu Hamburg Aktiengesellschaft (vormals Bau- und Sparverein zu Hamburg), Ferdinandstraße 29/33 (Friedrichshof), Herr Dr. Traun. — Herr Dr. von Duhn	100	—
118.	Hanau, St. Joseph-Spar- und Bauverein, e. G. m. b. H., Herr Goller. — Herr Dr. Malkmus	10	—
119.	Hanau, Gemeinnützige Baugesellschaft, Aktiengesellschaft, Herr Anton Waltz. — Herr Kommerzienrat O. Hosse	52	14
120.	Hannover-Kleefeld, Kleefelder Baugenossenschaft, e. G. m. b. H., Herr H. Schaper. — Herr Hartung	19	18
121.	Hannover, Beamten-Wohnungsverein zu Hannover und Umgegend, e. G. m. b. H, Herr H. Arnhold. — Herr Wollenweber	33	10
122.	Harburg a. E., Harburger Kredit-, Konsum- und Bauverein, e. G. m. b. H., Herr August Bonus. — Herr Bethmann	22	89
123.	Herne, Bauverein Herne, e. G. m. u. H., Herr Otto Mährlein. — Herr C. Thiem, Bergarbeiter (auch für 1903 u. 04 im Rest)	?	?
124.	Hirschberg i. Schl., Spar- und Bauverein, e. G. m. b. H., Herr Schmidt. — Herr Rechtsanwalt Dr. Ablaß	11	68
	Transport	801	69

	Beitrag ℳ	₰
Transport	801	69
125. Höchst a. M., Gesellschaft zur gemeinnützigen Beschaffung von Wohnungen, Aktiengesellschaft, Herr Adolf Diehl. — Herr Walther vom Rath	39	50
126. Homburg v. d. H., Gemeinnützige Baugenossenschaft, e. G. m. b. H., Herr Gustav Leitzsch. — Herr Landrat v. Marx	10	—
127. Ilmenau i. Th., Ilmenauer Baugenossenschaft, e. G. m. b. H., Herr J. A. Bingold. — Herr Krämer	10	—
128. Kirchheim b. Heidelberg, Baugenossenschaft Bezirk Heidelberg, e. G. m. b. H., Herr W. Grieser. — Herr Rechtsanwalt Bauer.	10	—
129. Konstanz, Spar- und Bauverein, e. G. m. b. H., Herr Fr. Fakler. — Herr Fabrikant Schneider	10	—
130. Kreuznach, Spar- und Bauverein, e. G. m. b. H., Herr Andriano. — Herr Dr. Aschoff	16	30
131. Kulmbach, Kulmbacher Bauverein, e. G. m. b. H., Herr L. Pensel. — Herr H. Limmer	10	—
132. Langenöls, Bez. Liegnitz, Bauverein Langenöls, e. G. m. b. H., Herr Fabrikdirektor Nic. Rohwer. — Herr Fabrikdirektor Rob. Ruscheweyh (auch für 1904 im Rest)	?	?
133. Lauterberg a. Harz, Gemeinnütziger Bauverein Lauterberg a. H., e. G. m. b. H., Herr G. Haltenhoff. — Herr Bürgermeister Gehrig	10	—
134. Leer (Ostfr.), Beamten-Wohnungsverein zu Leer, e. G. m. b. H., Herr Ewig. — Herr Büning	10	—
135. Lehe, Beamten-Bau- und Wohnungsverein zu Lehe, e. G. m. b. H., Herr Brandt — Herr Rechtsanwalt Joh. Harries	*	*
136. Lehrte, Gemeinnütziger Bauverein, e. G. m. b. H., Herr E. Böcker. — Herr Dr. Ernst	10	—
137. Limburg a. Lahn, Spar- und Bauverein, e. G. m. b. H., Herr Josef Steinebach. — Herr Bauinspektor Kersten	16	82
138. Lingen, Bau- und Sparverein zu Lingen, e. G. m. b. H., Herr Jos. Kaiser. — Herr Joh. Meyer	10	—
139. Lobenstein, Bau- und Sparverein Lobenstein, e. G. m. b. H., Herr Otto Tamm. — Herr Bürgermeister H. v. Koch	10	—
140. Luckenwalde, Luckenwalder Bauverein, e. G. m. b. H., Herr G. Pariser. — Herr Joh. Flaßhoff	10	—
141. Ludwigshafen a. Rh., Baugenossenschaft Ludwigshafen, e. G. m. b. H., Herr Hans Lebender. — Herr Rechtsanwalt Mayer	18	29
142. Lübeck, Gemeinnütziger Bauverein, e. G. m. b. H., Herr C. Colemann. — Herr Dr. Kulenkamp	21	28
143. Marburg (Bez. Cassel), Wohnungsgenossenschaft des evangelischen Arbeitervereins, e. G. m. b. H., Herr F. Fenner. — Herr G. Fliedner, Pfarrer a. D.	10	—
144. Mannheim, Spar- und Bauverein, e. G. m. b. H., Herr F. Löwenhaupt jr. — Herr Fabrikant Esch	24	74
145. Menslage, Gemeinnützige Ansiedelungsgenossenschaft für das Kirchspiel Menslage, e. G. m. b. H, Herr S. Eickhorst. — Herr Wachhorst	10	—
146. Merseburg, Merseburger Spar- und Bauverein, e. G. m. b. H., Herr Eilert. — Herr A. Markscheffel	10	—
147. Metz, Baugenossenschaft von Beamten in Metz und Umgegend, e. G. m. b. H., Herr Werner. — Herr Schwerköttingen, Postrat	10	—
148. Misburg, Gemeinnütziger Bauverein Misburg Anderten, e. G m. b. H., Herr Schneider. — Herr Inspektor R. Müller in Hannover	10	—
149. Montabaur, Bauverein für den Unterwesterwald, e. G. m. b. H., Herr Landrat Dr. Schmidt. — Herr Bürgermeister Sauerborn	10	—
Transport	1108	62

		Beitrag M	₰
	Transport	1108	62
150.	**Mühlhausen i. Th.**, Spar- und Bauverein, e. G. m. b. H., Herr G. Franke. — Herr Trenkmann, Oberbürgermeister . . .	27	54
151.	**Münden (Hann.)**, Gemeinnütziger Bauverein, e. G. m. b. H., Herr Pott. — Herr O. Gedraht	10	—
152.	**Nienburg a. Weser**, Beamten-Bau- und Wohnungsverein, e. G. m. b. H., Herr W. Schulze. — Herr Alf. Schau	*	*
153.	**Nordhorn (Grafschaft Bentheim)**, Gemeinnütziger Bauverein Nordhorn, e. G. m. b. H., Herr Lefers. — Herr E. Beins . . .	10	—
154.	**Oberursel**, Oberurseler Bau- und Sparverein, e. G. m. b. H., Herr Gerold. — Herr Pfarrer Al. Heß	18	80
155.	**Osterholz-Scharmbeck**, Gemeinnütziger Bauverein Osterholz-Scharmbeck, e. G. m. b. H., Herr Folger. — Herr Dümling . .	10	—
156.	**Osterode a. Harz**, Osteroder gemeinnützige Baugenossenschaft, e. G. m. b. H., Herr Giesecke. — Herr von Allwörden	10	—
157.	**Paderborn**, Paderborner gemeinnützige Baugesellschaft, e. G. m. b. H., Herr A. Westphalen. — Herr Rud. Ullner	11	91
158.	**Pirmasens**, Spar- und Baugenossenschaft, e. G. m. b. H., Herr Remling. — Herr Oberlandgerichtsrat Gerichten	10	—
159.	**Posen**, Posener gemeinnützige Baugenossenschaft, e. G. m. b. H., Herr Regierungs- u. Gewerberat Hägermann. — Herr Radomski (auch für 1904 im Rest)	?	?
160.	**Potsdam**, Bau- und Sparverein für Eisenbahnbedienstete für P. und Umg., e. G. m. b. H., Herr Schulze. — Herr Kurzhals . .	36	07
161.	**Quakenbrück**, Spar- und Bauverein, e. G. m. b. H., Herr Hensel. — Herr Prof. Laumann	10	—
162.	**Rauenstein**, Spar- und Bauverein Rauenstein, e. G. m. b. H., Herr Müller. — Herr Greiner, Kaufmann	10	—
163.	**Rheda (Bez. Minden)**, Bau- und Sparverein zu Rheda, e. G. m. b. H., Herr Schulte-Mönting. — Herr Dr. Willy Engelhardt, Landrat (auch für 1903 u. 04 im Rest)	?	?
164.	**Rheinsberg (Mark)**, Bauverein zu Rheinsberg, e. G. m. b. H., Herr Fischer. — Herr Paetzsch, Kaufmann	10	—
165.	**Ricklingen (Hannover)**, Gemeinnütziger Bauverein, e. G. m. b. H., Herr Rose. — Herr Dr. Rasch	10	—
166.	**Rixdorf**, Rixdorfer Spar- und Bauverein, e. G. m. b. H., Herr Schmidt. — Herr Rothenburg	10	—
167.	**Rödelheim**, Spar- und Baugenossenschaft, e. G. m. b. H., Herr L. Heun. — Herr Dekan Krohmann	10	—
168.	**Rüdesheim**, Gemeinnütziger Bauverein für den Rheingaukreis, e. G. m. b. H., Herr Krayer. — Herr Landrat Wagner	10	—
169.	**Sarstedt**, Gemeinnütziger Bauverein, e. G. m. b. H., Herr Pechau. — Herr Fritz Voß	21	28
170.	**Schiltigheim**, Bauverein Schiltigheim, e. G. m. b. H., Herr Herrmann. — Herr Leo Ungemach (auch für 1903 u. 04 im Rest)	?	?
171.	**Schmalkalden**, Spar- und Baugenossenschaft des evangelischen Arbeitervereins, e. G. m. b. H., Herr Th. Dittmar. — Herr Lehrer Joh. Bauer	10	—
172.	**Siegen**, Siegener Baugenossenschaft, e. G. m. b. H., Herr Regierungsbaurat Grauhan. — Herr Regierungs- und Baurat Benser	10	—
173.	**Silberhütte (Anh.)**, Bauverein, e. G. m. b. H., Herr Carl Meyer. — Herr Wynne	10	—
174.	**Spremberg i. L.**, Spar- und Bauverein, e. G. m. b. H., Herr E. Geißler. — Herr H. Feller	10	—
175.	**Stendal**, Gemeinnütziger Bauverein, e. G. m. b. H., Herr Meyer. — Herr Lokomotivführer Nicke	10	—
	Transport	1394	22

		Beitrag ℳ	₰
	Transport	1894	22
176.	**Stettin**, Beamten-Baugenossenschaft „Beamtenheim", e. G. m. b. H., Herr Dieben. — Herr Reg.- und Baurat Storbeck	23	98
177.	**Stöcken** b. Hannover, Gemeinnütziger Bauverein, e. G. m. b. H., Herr Ernst Geese. — Herr Büsing	?	?
178.	**Tapiau** (Kr. Wehlau), Bauverein, e. G. m. b. H., Herr Glaubitz. — Herr Schmidt, Pächter (auch für 1903 u. 04 im Rest)	?	?
179.	**Villingen** (Baden), Baugenossenschaft Villingen, e. G. m. b. H., Herr Kaplaneiverwalter Jos. Lang. — Herr F. M. Manthe	10	—
180.	**Volmarstein**, Spar- und Bauverein, e. G. m. b. H., Herr Franz Arndt, Pfarrer. — Herr Carl Winzerling jr.	10	—
181.	**Weimar**, Bauverein Weimar, e. G. m. b. H., Herr Götze. — Herr Rentner Behrend	10	—
182.	**Wiesbaden**, Spar- und Bauverein, e. G. m. b. H., Herr C. Heilhecker. — Herr Hardt, Lehrer (auch für 1899, 1900, 1903 u. 1904 im Rest)	?	?
183.	**Wiesbaden**, Beamten-Wohnungs-Verein, e. G. m. b. H., Herr Schütz. — Herr Krekel, Landeshauptmann	10	—
184.	**Wilhelmsburg** a. Elbe, Eisenbahn-Bauverein, e. G. m. b. H., Herr Korallus. — Herr Windscheid	62	30
185.	**Wilhelmsburg** a. Elbe, Wilhelmsburger Spar- u. Bauverein, e. G. m. b. H., Herr Krüger. — Herr Ruß, Zimmermann	10	—
186.	**Wilhelmshaven**, Wilhelmshavener Spar- und Baugesellschaft, e. G. m. b. H., Herr W. Bauer. — Herr Friedr. Plöger	47	40
187.	**Wittenberge** (Bez. Potsdam), Bau- und Sparverein von Eisenbahn-Bediensteten, e. G. m. b. H., Herr Wolfes. — Herr Eisenbahn-Bauinspektor Wolfen	30	81
188.	**Witzenhausen**, Spar- und Bauverein, e. G. m. b. H., Herr E. Joseph. — Herr E. Staffel	10	—
189.	**Wolfenbüttel**, Spar- und Bauverein Wolfenbüttel, e. G. m. b. H., Herr Hugo Brand. — Herr Jul. Zwißler, Verlagsbuchh.	10	—
190.	**Wülfel**, Spar- und Bauverein Wülfel und Umgegend, e. G. m. b. H., Herr Carl Pagelsdorff. — Herr Sörris, Schlosser	17	47
	Summa	1646	18

5. Verband der Fränkischen Vorschuß- und Kreditgenossenschaften.

Direktor: Herr Handelsschuldirektor H. Trotter in Miltenberg (Unterfranken).

Stellvertreter: Herr Kommerzienrat Limmer in Kulmbach.

Verbands-Revisor: Herr Kuckuck in Schöneberg bei Berlin.

(30 Vereine.)

Vorschußvereine.

		ℳ	₰
191.	**Altdorf** bei Nürnberg, Gewerbe- und Vorschußverein Altdorf, e. G. m u. H., Herr H. Morath. — Herr G. Born	21	60
192.	**Alzenau** in Bayern, Kreditverein, e. G. m. u. H., Herr V. Zeller. — Herr P. Seipel	32	85
193.	**Amorbach**, Kreditverein, e. G. m. b. H., Herr Volkhardt. — Herr Jordan	36	08
194.	**Ebensfeld**, Vorschußverein, e. G. m. u. H., Herr F. Dütsch. — Herr Gutsbesitzer O. Fritsche	27	—
	Transport	117	53

		Beitrag ℳ	₰
	Transport	117	53
195.	Eltmann (Unterfr.), Vorschußverein für den Amtsgerichtsbezirk E., e. G. m. b. H., Herr J. Engelbrecht. — Herr Hauck	20	65
196.	Erlangen, Vorschuß- und Kreditverein Erlangen, e. G. m. b. H., Herr M. Häußler. — Herr Kränzlein, Kommerzienrat	15	52
197.	Gerolzhofen (Unterfr.), Vorschußverein zu Gerolzhofen, e. G. m. b. H., Herr J. Röder. — Herr Stadtrat P. Litz	59	96
198.	Kitzingen, Spar- und Vorschußverein Kitzingen, e. G. m. b. H., Herr F. Meuschel. — Herr Ignaz Plettinger	74	—
199.	Klingenberg (Bayern), Kreditverein, e. G. m. b. H., Herr Jos. Heßler jr. — Herr Thomas Gröhling	23	65
200.	Kulmbach, Gewerbe- und Vorschußverein für Kulmbach, e. G. m. b. H., Herr Kommerzienrat H. Limmer. — Herr W. Meußdörffer	100	—
201.	Lahm i. Itzgrund (Post Rattelsdorf), Itzgründer Kreditverein zu Lahm, e. G. m. u. H., Herr J. Elflein. — Herr Hülß	29	40
202.	Leutershausen (Mittelfr.), Gewerbe- und Vorschußverein, e. G. m. u. H., Herr Posthalter Leidig. — Herr Taatz	28	60
203.	Lichtenfels in Bayern, Spar- und Kreditverein Lichtenfels, e. G. m. u. H., Herr S. Fischer. — Herr F. Rothlauf	14	95
204.	Ludwigsstadt i. Oberfr., Vorschußverein, e. G. m. u. H., Herr Semmelmann. — Herr W. Müller	?	?
205.	Marktbreit, Kreditverein, e. G. m. u. H., Herr J. Förster. — Herr C. Riegler	48	31
206.	Memmelsdorf (Post Bamberg), Kredit- und Sparverein im Itzgrund, e. G. m. b. H., Herr A. Prieger. — Herr Ökonom P. Och	30	60
207.	Miltenberg (Unterfr.), Kreditverein, e. G. m. b. H., Herr Herm. Trotter. — Herr W. Dirneisel	100	—
208.	Nürnberg, Nürnberger Spar- und Vorschußverein, e. G. m. b. H., Herr M. Robs. — Herr A. Hammer	10	—
209.	Obernburg b. Aschaffenburg, Landwirtsch. Kreditverein, e. G. m. u. H., Herr E. Deckelmann. — Herr Reitz	10	—
210.	Ochsenfurt, Kreditverein, e. G. m. u. H., Herr M. Aurich. — Herr A. Rappert	28	80
211.	Prichsenstadt, Kreditverein, e. G. m. u. H., Herr Ebenauer. — Herr Wagnermeister N. Ebert	25	87
212.	Röttingen a. T., Landwirtschafts- und Gewerbebank, e. G. m. u. H., Herr A. Lochner. — Herr B. Stephan	18	65
213.	Rothenburg o. d. T., Vorschußverein, e. G. m. b. H., Herr F. Hübscher. — Herr Truckenbrodt	16	88
214.	Schweinfurt, Kreditverein Schweinfurt, e. G. m. u. H., Herr A. Luther. — Herr P. Degner	34	75
215.	Thurnau i. Bayern, Gewerbe- und Vorschußverein für den Bezirk Thurnau, e. G. m. b. H., Herr F. Wölfel. — Herr Wilh. Eckenberger	20	80
216.	Veitlahm (Post Mainleus), Vorschußverein Obermaingau, e. G. m. b. H., Herr Freiherr von Künßberg. — Herr Th. Ströhlein, Gutsbesitzer	10	—
217.	Weidenberg, Kreditverein, e. G. m. u. H., Herr Joh. Stoll. — Herr Rummler	43	65
218.	Wiesenbronn, Kreditverein, e. G. m. u. H., Herr L. Supp. — Herr Neubauer	10	—
219.	Wiesentheid, Kreditverein, e. G. m. b. H., Herr M. Baumeister. — Herr A. Fackelmann	10	—
220.	Zeil, Vorschußverein, e. G. m. u. H., Herr Burger. — Herr B. Rambacher	10	—
	Summa	912	57

6. Verband Hessischer Vorschuß- und Kreditvereine.

Direktor: Herr Justizrat Dr. Harnier in Kassel.
Stellvertreter: Herr Reins in Kassel.
Verbands-Revisor: Herr Dörr in Friedberg i. Hessen.
Stellvertreter: Herr Reins in Kassel.

(25 Vereine.)

Vorschußvereine.

Nr.	Verein	Beitrag ℳ	₰
221.	Alsfeld, Alsfelder Vorschußverein, e. G. m. u. H., Herr G. Bücking VIII. — Herr Georg Bücking	100	—
222.	Bad Wildungen (Waldeck), Vorschuß- und Sparverein zu Ndr.-Wildungen, e. G. m. u. H., Herr Höbener. — Herr Otto Radtke	63	47
223.	Biedenkopf, Volksbank, e. G. m. u. H., Herr Theodor Werner. — Herr C. W. Brühl, Prokurist	37	46
224.	Butzbach, Vorschußverein, e. G. m. u. H., Herr Wilh. Heil. — Herr H. Steinhäuser V	100	—
225.	Cassel, Kreditverein zu Cassel, e. G. m. b. H., Herr F. Reins. — Herr Justizrat Dr. Harnier	100	—
226.	Cassel, Allgemeiner Vorschußverein, e. G. m. u. H., Herr F. Unger. — Herr Rechnungsrat Brocke	100	—
227.	Eschwege, Vorschußverein, e. G. m. u. H., Herr R. Saame jr. — Herr E. Liebich	10	—
228.	Friedberg i. Hessen, Vorschuß- und Kreditverein zu Friedberg, e. G. m. u. H., Herr J. Dörr. — Herr C. Skriba, Buchhändler	100	—
229.	Fulda, Vorschuß-Verein zu Fulda, e. G. m. b. H., Herr Karl Künstler. — Herr A. Büttner	100	—
230.	Gießen, Gewerbebank zu Gießen, e. G. m. u. H., Herr Carl Loos. — Herr L. Petri II	100	—
231.	Großalmerode, Vorschußverein Großalmerode, e. G. m. u. H., Herr Fr. Herrmann. — Herr Gerichtsbeamter Aug. Ellenberger	17	—
232.	Grünberg in Hessen, Vorschußverein zu Grünberg, e. G. m. u. H., Herr Georg Keil. — Herr J. Giller	100	—
233.	Hersfeld, Vorschußverein zu Hersfeld, e. G. m. u. H., Herr C. Hettler. — Herr Jak. Seelig, Fabrikbesitzer	100	—
234.	Homberg (Reg.-Bez. Kassel), Vorschuß- und Sparkassenverein zu Homberg, e. G. m. u. H., Herr C. Metz. — Herr Körbel	100	—
235.	Lichtenau (Bez. Kassel), Spar- und Vorschußverein zu Hessisch-Lichtenau, e. G. m. u. H., Herr H. Nickell. — Herr E. Wetz	70	25
236.	Marburg (Bez. Kassel), Vorschußverein zu Marburg, e. G. m. u. H., Herr Erhardt. — Herr Dr. C. Ochsenius	100	—
237.	Melsungen, Vorschußverein zu Melsungen, e. G. m. u. H., Herr G. Krafft. — Herr Fr. Steinbach	100	—
238.	Nauheim (Bad), Spar- und Vorschußverein, e. G. m. u. H., Herr P. Aletter IV. — Herr Ph. Müller	100	—
239.	Neukirchen bei Ziegenhain (Kassel), Vorschußverein zu Neukirchen b. Z., e. G. m. u. H., Herr Hörle. — Herr Roß	33	85
240.	Nordeck (Post Londorf), Vorschuß- und Sparkasse zu Nordeck, e. G. m. u. H., Herr Wisker. — Herr Wisker, Landwirt	29	80
241.	Reichelsheim i. d. Wetterau, Vorschuß- und Kreditverein zu Reichelsheim, e. G. m. u. H., Herr W. Coburger. — Herr Veit	51	94
242.	Rotenburg a. d. Fulda, Vorschußverein, e. G. m. u. H., Herr Georg Müller. — Herr H. Schaub	49	77
243.	Schlitz, Vorschußverein zu Schlitz, e. G. m. u. H., Herr M. Hoffmann. — Herr G. Schul	13	60
	Transport	1677	14

		Beitrag M	Pf
	Transport	1677	14
244.	Wächtersbach, Wächtersbacher Vorschußverein, e. G. m. u. H., Herr G. Kolb. — Herr L. Kolb, Gerbermeister	57	—
245.	Wetzlar, Vorschuß- und Kreditverein, e. G. m. b. H., Herr Fr. Bremer. — Herr C. Imgardt	14	40
	Summa	1748	54

7. Verband der Kreditgenossenschaften der Lausitz und der benachbarten Landesteile.

Direktor: Herr O. Zademach in Guben.

Stellvertreter: Herr O. Fiedler in Forst i. L.

Verbands-Revisor: Herr Dr. Fr. Schneider in Potsdam.

(21 Vereine.)

a. Vorschußvereine.

		Beitrag M	Pf
246.	Cottbus, Vorschußverein zu Cottbus, e. G. m. u. H., Herr H. Schwartz. — Herr Carl Schneider	100	—
247.	Crossen a. O., Vorschußverein zu Crossen a. O., e. G. m. u. H., Herr A. Schulz. — Herr Stadtsekretär Kutschbach	79	69
248.	Forst N.-L., Kreditkassenverein zu Forst i. L., e. G. m. b. H., Herr O. Fiedler. — Herr P. Högelheimer	100	—
249.	Frankfurt a. O., Vereinsbank zu Frankfurt a. O., Akt.-Ges., Herr G. Clamann. — Herr Rohn	100	—
250.	Fürstenberg a. O., Vorschußverein zu Fürstenberg, e. G. m. u. H., Herr W. Grosse. — Herr Schulz	13	53
251.	Fürstenwalde a. Spree, Spar- und Vorschußverein Fürstenwalde a. Spree, e. G. m. u. H., Herr H. Teschner. — Herr Graßmann	10	—
252.	Görlitz, Vorschußverein zu Görlitz, e. G. m. u. H, Herr Nahmmacher. — Herr Lange	10	—
253.	Guben, Vorschußverein zu Guben, e. G. m. b. H., Herr O. Zademach. — Herr P. Noelle	100	—
254.	Halbau, Vorschußverein, e. G. m. u. H., Herr Paul Winkler. — Herr Paternoster	100	—
255.	Königs-Wusterhausen, Vorschußbank in K.-W., e. G. m. u. H., Herr Schmidt. — Herr H. Philippsborn	69	33
256.	Letschin, Kreditverein zu Letschin, e. G. m. u. H., Herr O. Zimmermann. — Herr R. Peyer	88	30
257.	Luckau i. Lausitz, Vorschußverein, e. G. m. u. H., Herr Louis Hengel. — Herr Drechslermeister C. Wagner	45	84
258.	Lübben i. Lausitz, Vorschußverein zu Lübben, e. G. m. u. H., Herr A. Köstlich. — Herr H. Rübe	100	—
259.	Lübbenau, Vorschußverein zu Lübbenau, e. G. m. u. H., Herr Oskar Winzler. — Herr Trüstadt	27	55
260.	Sagan, Spar- und Vorschußverein zu Sagan, e. G. m. b. H., Herr R. Thiel — Herr Osburg	80	87
261.	Senftenberg i. Lausitz, Vorschußverein zu Senftenberg, e. G. m. u. H., Herr Gottlieb Müller. — Herr C. Grubann	100	—
262.	Sorau N.-L., Kredit- und Diskontoverein, e. G. m. b. H., Herr R. Schade. — Herr C. Kaulfuß	100	—
263.	Spremberg, Kredit- und Sparbank, e. G. m. u. H., Herr A. Markert. — Herr Schittke	10	—
	Transport	1235	11

Nr.		Beitrag ℳ	₰
	Transport	1235	11
264.	**Wendisch-Buchholz**, Vorschußkasse, e. G. m. u. H., Herr Scherff. — Herr Weege	88	30
265.	**Züllichau**, Vorschußverein zu Züllichau, e. G. m. u. H., Herr A. Kittel. — Herr Laeske	30	—

b. Andere Genossenschaften.

Nr.		Beitrag ℳ	₰
266.	**Görlitz**, Schuhmacher-Rohstoff-Genossenschaft, e. G. m. b. H., Herr Paul Hartmann. — Herr O. Kretschmer	10	—
	Summa	1363	41

8. Verband der Konsumvereine der Lausitz und der angrenzenden Provinzen und Landesteile.

Direktor: Herr Jordan in Görlitz.

Stellvertreter: Herr Schätze in Görlitz.

Verbands-Revisor: Herr Dr. Fr. Schneider in Potsdam.

(20 Vereine.)

a. Konsumvereine.

Nr.		Beitrag ℳ	₰
267.	**Bautzen**, Waren-Einkaufs-Verein zu Bautzen, e. G. m. b. H., Herr Salm. — Herr M. Grunert	19	80
268.	**Calau N.-L.**, Konsumverein zu Calau, e. G. m. b. H., Herr Robert Schlesier. — Herr R. Hempel	11	85
269.	**Cottbus**, Neuer Konsumverein Cottbus, e. G. m. b. H., Herr G. Unger. — Herr O. Härtel	16	35
270.	**Gassen**, Konsumverein, e. G. m. b. H., Herr Aug. Kunze. — Herr Bürger	20	85
271.	**Görlitz**, Konsumverein zu Görlitz, e. G. m. b. H., Herr Schubert. — Herr Schätze	100	—
272.	**Groß-Schönau** i. Sachsen, Konsumverein zu Groß-Schönau, e. G. m. b. H., Herr Carl Goldberg. — Herr C. Friedrich	34	20
273.	**Hoyerswerda**, Konsumverein für Bedienstete der Behörden in Hoyerswerda, e. G. m. b. H., Herr Michallek. — Herr Fr. Legeler, Zugführer	16	50
274.	**Linderode** O.-L., Konsumverein Linderode, e. G. m. b. H., Herr W. Winzker. — Herr E. Wilhelm, Webermeister	10	—
275.	**Löbau** i. Sachsen, Konsumverein zu Löbau, e. G. m. b. H., Herr H. Petzold. — Herr M. Weber	10	—
276.	**Lübben** i. Lausitz, Konsumverein zu Lübben, e. G. m. b. H., Herr A. Fuhrmann. — Herr Ad. Michel	12	75
277.	**Muskau**, Konsumverein zu Muskau und Umgegend, e. G. m. b. H., Herr G. Rhein. — Herr H. Blümel	11	40
278.	**Ober-Cunnersdorf**, Konsumverein zu Ober-Cunnersdorf, e. G. m. b. H., Herr G. Olbrich. — Herr Gustav Birnbaum, Zimmermeister (auch für 1904 im Rest)	?	?
279.	**Schreiberhau**, Konsumverein zu Schreiberhau, e. G. m. b. H., Herr W. Schier. — Herr Strauch	21	—
280.	**Senftenberg** i. L., Konsumverein, e. G. m. b. H., Herr A. Kaiser. — Herr K. Schneider	17	10
281.	**Sommerfeld** (Bez. Frankfurt a. O.), Konsumverein zu Sommerfeld, e. G. m. b. H., Herr Stadtrat R. Knorr. — Herr A. Schulz	26	10
282.	**Tiefenfurt** (Bez. Liegnitz), Konsumverein, e. G. m. b. H., Herr E. Mille. — Herr Gust. Neumann	15	90
	Transport	343	80

		Beitrag ℳ	₰
	Transport	343	80
283.	Betschau, Gewerkvereins-Konsum Betschau, e. G. m. b. H., Herr J. Bartsch. — Herr W. Lemke	10	—
284.	Waldorf i. Sachsen, Konsum- und Produktiv-Verein Waldorf, e. G. m. b. H., Herr E. W Müller. — Herr H. Steinitz	18	15
285.	Warmbrunn, Konsumverein Warmbrunn und Umgegend, e. G. m. b. H., Herr Aug. Hannack. — Herr Oberamtmann A. Mende	?	?
	b. Andere Genossenschaften.		
286.	Betschau, vormals A. Lehnigk, Maschinenfabrik, Fahrradwerke und Eisengießerei, e. G. m. b. H., Herr K. Emmelmann. — Herr W. Zerna	44	85
	Summa	416	80

9. Verband der Erwerbs- und Wirtschaftsgenossenschaften im Regierungs-Bezirk Magdeburg, Herzogtum Braunschweig und der Provinz Hannover.

Direktor: Herr Stadtrat Paul Feldheim in Burg bei Magdeburg.
Stellvertreter: Herr Schüßler in Gommern.
Verbands-Revisor: Herr K. Michelmann in Blankenburg am Harz.
Stellvertretender Verbands-Revisor: Herr J. Kobley in Halberstadt.

(43 Vereine.)

a. Vorschußvereine.

		ℳ	₰
287.	Aken a. E., Spar- und Vorschußverein, e. G. m. u. H., Herr A. Zehle. — Herr F. Franke	62	25
288.	Aken a. E., Bankverein, e. G. m. u. N., Herr Aug. Löffler. — Herr Schwabenberg	98	—
289.	Beetzendorf, Vorschußverein, e. G. m. b. H., Herr W. Blumenthal. — Herr C. Neubauer	46	41
290.	Bismark (Prov. Sachsen), Vorschußverein zu Bismark, e. G. m. u. H., Herr C. Derz. — Herr Stubbe, Rentier	14	40
291.	Blankenburg a. H., Vorschuß- und Sparverein, e. G. m. u. H., Herr J. Seemann. — Herr Franz Feyertag	84	55
292.	Burg b. M., Spar- und Gewerbebank zu Burg, e. G. m. b. H., Herr P. Feldheim. — Herr C. Hahn	100	—
293.	Calbe a. S., Calbenser Kreditverein, e. G. m. b. H., Herr L. Bucerius. — Herr C. Friedrich	38	52
294.	Calvörde, Spar- und Vorschußverein in Calvörde, e. G. m. u. H., Herr W. Beck. — Herr Kürschnermeister W. Graubner	44	67
295.	Cochstedt, Vorschußverein, e. G. m. u. H., Herr Fickert. — Herr Muhl	10	—
296.	Egeln, Kreditverein zu Egeln, e. G. m. b. H., Herr L. Germer. — Herr Wehe	17	—
297.	Eichenbarleben, Spar- und Vorschußverein zu Eichenbarleben, e. G. m. b. H., Herr H. Mertens. — Herr C. Germelmann	57	—
298.	Gardelegen, Vorschußverein zu Gardelegen, e. G. m. u. H., Herr Hintze. — Herr Rentier C. Schmidt	100	—
299.	Genthin, Spar- und Gewerbebank zu Genthin, e. G. m. b. H., Herr Schrader. — Herr Mahlow	42	15
300.	Gommern, Spar- und Vorschußverein zu Gommern, e. G. m. b. H., Herr Schüßler. — Herr Michaelis	100	—
	Transport	764	95

Nr.		Beitrag M	₰
	Transport	764	95
301.	Halberstadt, Kreditverein zu Halberstadt, e. G. m. b. H., Herr M. Heim. — Herr Grewe	38	46
302.	Hannover, Gewerbebank zu Hannover, e. G. m. b. H., Herr A. Renke. — Herr F. Barlsen	100	—
303.	Harzburg, Spar- und Vorschußverein zu Harzburg, e. G. m. b. H., Herr W. Thielemann. — Herr A. Zimmermann	69	30
304.	Hasselfelde, Vorschußverein zu Hasselfelde, e. G. m. u. H., Herr H. Görlitz. — Herr J. Heyser	41	75
305.	Helmstedt (Braunschweig), Spar- und Vorschußverein zu Helmstedt, e. G. m. u. H., Herr Fr. Thiemar. — Herr F. W. Birkenfeldt, Lehrer	31	95
306.	Hornburg (Bez. Magdeburg), Vorschuß- und Sparverein, e. G. m. u. H., Herr Hottendorf. — Herr Dr. Rack	58	04
307.	Langelsheim, Spar- und Vorschußverein, e. G. m. b. H., Herr H. Warnecke. — Herr Balte	18	67
308.	Lerbach, Privat-Sparkasse zu Lerbach, e. G. m. b. H., Herr W. Kratsch. — Herr L. Henze	49	40
309.	Magdeburg, Spar- und Vorschußverein der Eisenbahnbeamten zu Magdeburg, e. G. m. u. H., Herr Hülhof. — Herr Ebermann	10	—
310.	Neuhaldensleben, Kreditbank, e. G. m. b. H., Herr Schulze. — Herr Sattlermeister August Keßner	37	20
311.	Osterburg, Vorschußverein zu Osterburg, e. G. m. u. H., Herr Ludwig Müller. — Herr C. Krafft	100	—
312.	Parey a. E., Spar- und Kreditbank, e. G. m. b. H., Herr H. Schuboda. — Herr Köppen	35	05
313.	Quedlinburg, Vorschußverein zu Quedlinburg, e. G. m. u. H., Herr O. Fahlberg. — Herr Sattler	10	—
314.	Quedlinburg, Darlehnskassenverein zu Quedlinburg, e. G. m. u. H., Herr Mohr. — Herr Müller	10	—
315.	Rogätz, Spar- und Vorschußverein, e. G. m. b. H., Herr Alb. Junge. — Herr C. Blanke	10	—
316.	Salzwedel, Vorschußverein zu Salzwedel, e. G. m. b. H., Herr H. Freydanck. — Herr O. Brüder	32	86
317.	Schöningen (Kreis Helmstedt), Kreditverein zu Schöningen, e. G. m. u. N., Herr C. Bode. — Herr H. Loof	75	25
318.	Schöppenstedt, Spar- und Vorschußverein Schöppenstedt, e. G. m. b. H., Herr Herm. Fricke. — Herr F. Almstedt	17	40
319.	Seehausen in der Altmark, Vorschußverein, e. G. m. u. H., Herr Gundlach. — Herr Balcke	18	15
320.	Stadtoldendorf, Vorschuß- und Sparverein zu Stadtoldendorf, e. G. m. b. H., Herr C. Watermann. — Herr Dr. Oehlmann	28	48
321.	Steimke (Post Brome), Vorschußverein zu Steimke, e. G. m. u. H., Herr Ch. Böwing. — Herr A. Wolff	52	44
322.	Stendal, Vorschußverein zu Stendal, e. G. m. u. H., Herr O. Wernicke. — Herr F. Schulze, Lehrer	100	—
323.	Stendal, Kredit- und Sparverein zu Stendal, e. G. m. u. H., Herr L. Kramer. — Herr F. Hellmund	100	—
324.	Tangermünde, Bank- und Sparverein zu Tangermünde, e. G. m. b. H., Herr W. Neubauer. — Herr E. Saalfeld	69	20
325.	Werben a. E., Vorschußverein, e. G. m. u. H., Herr Winter. — Herr Ilte, Fleischermeister	23	66
326.	Wolfenbüttel, Allgemeine Spar- und Kreditgenossenschaft zu Wolfenbüttel, e. G. m. b. H., Herr O. Grabenhorst. — Herr Carl Lampe sen.	10	—
327.	Wolmirstedt, Vorschußverein, e. G. m. u. H., Herr Hermann Radewitz. — Herr W. Westhus	10	—
	Transport	1922	21

		Beitrag M	Pf
	Transport	1922	21
	b. Andere Genossenschaften.		
328.	Aken a. Elbe, Schiffsversicherungsverein zu Aken a. E., e. G. m. u. H., Herr H. Zunder. — Herr Karl Becker	10	—
329.	Magdeburg, Privatschiffer-Transport-Genossenschaft, e. G. m. b. H., Herr C. Merseburg. — Herr Andr. Gruß	25	—
	Summa	1957	21

10. Verband der Erwerbs- und Wirtschaftsgenossenschaften am Mittelrhein.

Direktor: Herr Justizrat Dr. Alberti in Wiesbaden.
1. Stellvertreter: Herr Huber in Frankfurt a. M.
2. Stellvertreter: Herr Neußer in Höchst a. M.
Verbands-Revisor: Herr G. Seibert in Wiesbaden.
Stellvertretender Verbands-Revisor: Herr M. Neußer in Höchst a. M.
(73 Vereine.)

		M	Pf
	a. Vorschußvereine.		
330.	Bieber (Kreis Gelnhausen), Vorschußverein zu Bieber, e. G. m. u. H., Herr Wolf. — Herr A. Link	24	42
331.	Biebrich a. Rhein, Vorschußverein zu Biebrich, e. G. m. u. H., Herr A. Wolff. — Herr C. Schipp, Schreinermeister	100	—
332.	Birstein, Spar- und Vorschußverein, e. G. m. u. H., Herr Dauth. — Herr Stein, Lehrer	32	74
333.	Bockenheim b. Frankfurt a. M., Bockenheimer Volksbank, e. G. m. b. H., Herr C. Stauffer. — Herr T. Meller	100	—
334.	Bonames, Spar- und Leihkasse, e. G. m. u. H., Herr H. Gönsch. — Herr F. Launhardt	11	48
335.	Bornheim b. Frankfurt a. M., Spar- und Hilfsverein, e. G. m. u. H., Herr Chr. Salzer. — Herr Ries	76	75
336.	Brandoberndorf, Vorschußverein, e. G. m. u. H., Herr Henkel. — Herr Johann Schmidt	42	52
337.	Braubach, Vorschußverein, e. G. m. u. H., Herr Wilh. Hummerich. — Herr R. Schinkenberger	100	—
338.	Camberg (Bez. Wiesbaden), Vorschußverein, e. G. m. u. H., Herr Krings. — Herr P. Haber I, Buchbinder	36	78
339.	Caub, Vorschuß- und Kreditverein, e. G. m. u. H., Herr Dr. Hertling. — Herr W. Mayer	63	80
340.	Cronberg (Taunus), Vorschußverein für Cronberg und Umgegend, e. G. m. u. H., Herr B. Martin. — Herr G. Wirbelauer, Lehrer	20	48
341.	Diez, Vorschußverein zu Diez, e. G. m. u. H., Herr Gustav Münch. — Herr Paul	100	—
342.	Driedorf (Bez. Wiesbaden), Vorschußverein, e. G. m. u. H., Herr Strobel. — Herr R. Sahn, Bürgermeister	10	—
343.	Eibelshausen, Darlehnskassen- und Sparverein zu Eibelshausen, e. G. m. u. H., Herr H. Heiland. — Herr F. Heinz	35	84
344.	Eltville, Vorschußverein, e. G. m. u. H., Herr A. Liebler. — Herr G. F. Germersheimer	100	—
345.	Emmerichenhain, Vorschußverein Emmerichenhain, e. G. m. u. H., Herr Göbel. — Herr R. Türk	93	—
346.	Flörsheim, Vorschußverein zu Flörsheim, e. G. m. u. H., Herr W. Dienst. — Herr F. Keller	65	21
347.	Frankfurt a. M., Frankfurter Gewerbekasse, e. G. m. b. H., Herr Huber I. — Herr G. Hoffmann	100	—
	Transport	1112	52

		Beitrag ℳ	₰
	Transport	1112	52
348.	**Frankfurt a. M.**, Spar- und Darlehnskasse von Beamten der Königlichen Eisenbahn-Direktion zu Frankfurt a. M., e. G. m. b. H., Herr Schaefer. — Herr R. Zybell	10	—
349.	**Frankfurt a. M.**, Spar- und Vorschußverein von Eisenbahn-Beamten und Arbeitern im Eisenbahn-Direktionsbezirk Frankfurt a. M., e. G. m. b. H., Herr Schäfer. — Herr Ober-Regierungsrat Dr. Meyer	10	—
350.	**Geisenheim**, Vorschuß- und Kreditverein zu Geisenheim, e. G. m. b. H., Herr H. Dorsch. — Herr Anton Jung	100	—
351.	**Geisenheim**, Spar- und Leihkasse, e. G. m. u. H., Herr F. Weil. — Herr Feldmann	88	04
352.	**Grävenwiesbach**, Vorschußverein, e. G. m. u. H., Herr P. Müller. — Herr P. Jung	63	08
353.	**Grenzhausen**, Volksbank zu Grenzhausen, e. G. m. u. H., Herr L. Jungbluth. — Herr O. Blum	79	16
354.	**Griesheim a. M.**, Vorschußverein, e. G. m. u. H., Herr Fr. Jann. — Herr P. Hafner	63	50
355.	**Griesheim a. M.**, Spar- und Hilfsverein zu Griesheim a. M., e. G. m. u. H., Herr K. Westenberger. — Herr Grünewald . .	47	35
356.	**Hachenburg** (Westerwald), Vorschußverein, e. G. m. u. H., Herr W. Mergler. — Herr L. Dewald	100	—
357.	**Haiger**, Vorschußverein, e. G. m. b. H., Herr C. Steinbrenner. — Herr Kaufmann A. L. Wehr	68	32
358.	**Hanau**, Hanauer Kreditverein, e. G. m. u. H., Herr Pierre Lamy. — Herr Fr. Roth	100	—
359.	**Hattersheim**, Vorschußverein, e. G. m. u. H., Herr Keßler. — Herr W. Schweikart	24	78
360.	**Herborn** (Bez. Wiesbaden), Volksbank zu Herborn, e. G. m. u. H., Herr H. Piscator. — Herr C. Jüngst	74	88
361.	**Herschbach** (Westerwald), Hilfs- und Sparkasse, e. G. m. u. H., Herr Chr. Krah. — Herr P. Dickopf	10	—
362.	**Höchst a. M.**, Vorschußverein Höchst a. M., e. G. m. b. H, Herr M. Neußer. — Herr C. Kayßer, Apotheker	100	—
363.	**Höhr**, Kredit- und Vorschußverein zu Höhr, e. G. m. u. H., Herr Marzi. — Herr Peter	73	05
364.	**Holzappel**, Vorschuß- und Sparkassenverein zu Holzappel, e. G. m. u. H., Herr Heinrich Schwarz. — Herr Schaub, Obersteiger	42	60
365.	**Homburg v. d. Höhe**, Spar- und Vorschußkasse zu Homburg v. d Höhe, e. G. m. b. H., Herr Fritz Nagel. — Herr H. Morr	100	—
366.	**Idstein**, Vorschußverein, e. G. m. u. H., Herr Urban. — Herr Dr. med. Justi	100	—
367.	**Kirberg** (Bez. Wiesbaden), Vorschußverein zu Kirberg, e. G. m. u. H, Herr Th. Bücher. — Herr Großmann	29	03
368.	**Kreuznach**, Kreuznacher Volksbank, e. G. m. b. H., Herr P. Weinreis. — Herr Kaufmann J. Winckler.	100	—
369.	**Langenschwalbach**, Vorschuß- und Kreditverein zu Langenschwalbach, e. G. m. u. H., Herr Eduard Hild. — Herr W. Wöller	100	—
370.	**Langenselbold** bei Hanau, Vorschußverein, e. G. m. u. H., Herr Fr. Grebe. — Herr Müller	10	—
371.	**Limburg a. d. Lahn**, Vorschußverein zu Limburg, e. G. m. u. H., Herr H. A. Hilf. — Herr Herber	100	—
372.	**Mainz**, Mainzer Volksbank, e. G. m. b. H., Herr Reins. — Herr v. Löhr	100	—
373.	**Marienberg** (Westerwald), Vorschußverein zu Marienberg, e. G. m. u. H., Herr Keßler. — Herr Aug. Steup	39	62
	Transport	2845	93

		Beitrag ℳ	₰
	Transport	2845	93
374.	Montabaur, Vorschußverein zu Montabaur, e. G. m. u. H., Herr Franz Stuntz. — Herr K. Kochem	46	07
375.	Münster a. T., Spar- und Vorschußverein, e. G. m. u. H., Herr L. Bätz. — Herr F. J. Klarmann	10	—
376.	Nastätten (Kr. Goarshausen), Vorschuß- und Kreditverein, e. G. m. u. H., Herr Fr. Christ. — Herr Wilh. Werner	44	32
377.	Niederrad, Spar- und Leihkasse zu Niederrad, e. G. m. u. H., Herr Dürrstein. — Herr Fischer	96	30
378.	Oberlahnstein, Volksbank, e. G. m. u. H., Herr P. Buß. — Herr F. Siere	34	97
379.	Oberstedten b. Homburg v. d. Höhe, Spar- und Vorschußkasse „Frühling" zu Oberstedten, e. G. m. u. H., Herr Joh. Schaller. — Herr J. Streim	10	—
380.	Offenbach a. M., Bankverein zu Offenbach a. M., e. G. m. u. H., Herr C. Drehwald. — Herr E. Stadel, Rechtsanwalt	100	—
381.	Oppenheim a. Rh., Spar- und Kreditverein, e. G. m. b. H., Herr F. Köhler. — Herr Bürgermeister C. Koch	100	—
382.	Orb, Spar- und Kreditverein zu Bad Orb, e. G. m. u. H., Herr Dr. R. Weinberg. — Herr A. Schneeweis	34	40
383.	Ransbach, Ransbach-Baumbacher Vorschußverein, e. G. m. u. H., Herr W. Gerharz. — Herr P. Knopp	64	20
384.	Runkel, Vorschußverein, e. G. m. u. H., Herr Ch. Stöpler. — Herr Hemming	31	40
385.	Schupbach, Vorschußverein, e. G. m. u. H., Herr W. Wagner. — Herr H. Schäfer	82	64
386.	Seckbach b. Frankfurt a. M., Spar- und Hilfsverein, e. G. m. u. H., Herr W. Beul. — Herr G. Geschwindner	26	13
387.	Selters (Westerwald), Vorschußverein zu Selters, e. G. m. u. H., Herr J. Preißner. — Herr Corzilius	?	?
388.	Sindlingen a. Main, Spar- und Kreditverein, e. G. m. u. H., Herr Fr. Heub. — Herr Ludwig Koppey	18	08
389.	Soden a. Taunus, Vorschußverein zu Soden a. T., e. G. m. u. H., Herr Dr. Hughes. — Herr Nickel	?	?
390.	Steinau (Kr. Schlüchtern), Vorschußverein, e. G. m. u. H., Herr Romeiser. — Herr E. Kohlhepp	57	93
391.	Straßebersbach, Kredit- und Sparkassenverein, e. G. m. u. H., Herr F. J. Thielmann. — Herr J. A. Meister, Erster Bürgermeister	12	87
392.	Usingen, Vorschußverein zu Usingen, e. G. m. u. H., Herr G. Schweighöfer.. — Herr H. W. Philippi	100	—
393.	Wallmerod, Vorschußverein, e. G. m. u. H., Herr Fasel. — Herr Sturm	26	87
394.	Wehen (Taunus), Vorschußverein zu Wehen, e. G. m. u. H., Herr Körner. — Herr J. Schneider	50	—
395.	Weilmünster, Vorschußverein zu Weilmünster, e. G. m. u. H., Herr F. Eppstein. — Herr Fr. Schäfer	60	49
396.	Wiesbaden, Vorschußverein zu Wiesbaden, e. G. m. b. H., Herr Karl Hild. — Herr Justizrat Dr. Alberti	100	—
397.	Wiesbaden, Allgemeiner Vorschuß- und Sparkassenverein, e. G. m. b. H., Herr H. Meis. — Herr A. Wolff	100	—
398.	Worms, Vereinsbank Worms, e. G. m. b. H., Herr G. Müller. — Herr Trumpler	100	—
	b. Andere Genossenschaften.		
399.	Frankfurt a. M., Mitteldeutsches Vereins-Sortiment, e. G. m. u. H., Herr Moritz Abendroth. — Herr A. Bergstraeßer in Darmstadt	10	—
	Transport	4162	60

		Beitrag ℳ	₰
	Transport	4162	60
400.	Frankfurt a. M., Spar- u. Bauverein für Eisenbahn-Bedienstete, e. G. m. b. H., Herr Schäfer. — Herr Six, Oberbahnhofsvorsteher	88	38
401.	Mainz, Rohstoffverein für Schuhmacher, e. G. m. b. H., Herr V. Jost. — Herr Joh. Pinkert	11	50
402.	Wiesbaden, Rohstoffverein für Schuhmacher, e. G. m. b. H., Herr E. Rumpf. — Herr A. Bürschgens	?	?
	Summa	4262	48

11. Verband der Norddeutschen Erwerbs- und Wirtschaftsgenossenschaften.

Direktor: Herr Rechtsanwalt Stech in Neu-Strelitz.
1. Stellvertreter: Herr R. Mayer in Stralsund.
2. Stellvertreter: Herr R. Schulz in Rostock.
Verbands-Revisor: Herr Soerensen in Berlin.

(50 Vereine.)

a. Vorschußvereine.

		Beitrag ℳ	₰
403.	Barth, Vorschußverein zu Barth, e. G. m. u. H., Herr Foth. — Herr E. Anthony	11	51
404.	Bergen a. R., Vorschußverein zu Bergen a. R., e. G. m. u. H., Herr F. Lübky. — Herr G. Krüger, Buchdruckereibesitzer	100	—
405.	Bützow, Vorschußverein zu Bützow, e. G. m. u. H., Herr H. Voß. — Herr M. Ahron	75	70
406.	Crivitz, Vorschußverein zu Crivitz, e. G. m. u. H., Herr Heske. — Herr W. Meybaum	14	77
407.	Demmin, Vorschußverein zu Demmin, e G. m. u. H., Herr Ockel. — Herr Witt	100	—
408.	Doberan in Mecklbg., Vorschußverein, e. G. m. u. H., Herr H. Struck. — Herr W. Bull	10	—
409.	Friedland in Mecklbg., Vorschußverein zu Friedland, e. G. m. u. H., Herr Fr. Schulz. — Herr W. Heinrichs	62	60
410.	Gadebusch, Vorschußverein, e. G. m. u. H., Herr J. Launburg. — Herr H. Müller	29	02
411.	Gnoien, Vorschußverein zu Gnoien, e. G. m. u. H., Herr C. Hoffmann. — Herr Färber H. Kiesow	72	—
412.	Goldberg i. M., Vorschußverein, e. G. m. u. H., Herr H. Stephanus. — Herr Kohl	10	—
413.	Greifswald, Vorschußverein, e. G. m. u. H., Herr Albonico. — Herr Geh. Regierungsrat Bürgermeister Dr. R. Schultze	53	54
414.	Grevesmühlen, Vereinsbank, e. G. m. b. H., Herr Evert. — Herr F. Holst	11	13
415.	Grevesmühlen, Vorschußverein zu Grevesmühlen, e. G. m. u. H., Herr Kröncke. — Herr H. Hinz	14	70
416.	Güstrow, Vorschußverein zu Güstrow, e. G. m. b. H., Herr G. Engel. — Herr Rentier C. Geist	19	61
417.	Gützkow, Vorschußverein zu Gützkow, e. G. m. u. H., Herr Jonas. — Herr Fr. Thimian, Schmiedemeister	10	—
418.	Hagenow i. M., Vorschuß-Verein zu Hagenow i. M., e. G. m. u. H., Herr E. Volbarth. — Herr A. Blohm	10	—
419.	Kröpelin, Vorschußverein, e. G. m. u. H., Herr Thiel. — Herr Hansen	19	22
420.	Laage i. M., Vorschußverein zu Laage, e. G. m. u. H., Herr Bremer. — Herr Lange, Tischlermeister	34	29
	Transport	658	09

		Beitrag M	₰
	Transport	658	09
421.	Lassan in Pommern, Vorschußverein zu Lassan, e. G. m. b. H., Herr G. Raesch. — Herr Aug. Menge	10	—
422.	Loitz, Vorschußverein zu Loitz, e. G. m. u. H., Herr W. Cummerow. — Herr Aug. Holsten	35	30
423.	Lübtheen, Vorschußverein, e. G. m. u. H., Herr F. Schlie. — Herr O. Hoffmann	10	—
424.	Lübz, Vorschußverein zu Lübz, e. G. m. u. H., Herr Fr. Krohn. — Herr Planeth	10	—
425.	Malchow in Mecklbg., Vorschußverein zu Malchow, e. G. m. u. H., Herr G. Müller. — Herr Lange, Brauereibesitzer	34	40
426.	Mirow, Vorschußverein, e. G. m. u. H., Herr F. Barteld. — Herr C. Hirchert	17	13
427.	Neubrandenburg i. Meckl., Vorschußverein zu Neubrandenburg, e. G. m. u. H., Herr Rechtsanwalt Sauerwein. — Herr A. Kämpffer, Gymnasiallehrer	32	15
428.	Neubukow i. Mecklenburg, Vorschußverein zu Neubukow, e. G. m. u. H., Herr W. Matz. — Herr Conrad Hesse	10	—
429.	Neu-Strelitz, Vorschußverein, e. G. m. u. H., Herr F. Degner. — Herr R. Seyberlich	40	60
430.	Pasewalk, Vorschußverein, e. G. m. b. H., Herr C. Zimmermann. — Herr Ebelt	65	60
431.	Prenzlau, Vorschußverein zu Prenzlau, e. G. m. u. H., Herr Hoff. — Herr Kirstein, Kaufmann	73	75
432.	Rehna i. Mecklenburg, Vorschußverein zu Rehna, e. G. m. u. H., Herr H. Dräger. — Herr J. Meyer	22	68
433.	Ribnitz i. Mecklenburg, Vorschußverein, e. G. m. u. H., Herr J. Schütt. — Herr G. Biehrs, Schlossermeister	10	—
434.	Röbel, Vorschußverein, e. G. m. u. H., Herr Mahnke. — Herr Feihstel	32	43
435.	Rostock, Vorschußverein zu Rostock, e. G. m. b. H., Herr Richard Schulz. — Herr Rechtsanwalt Dr. W. Zschimmer	100	—
436.	Stargard in Mecklenburg, Vorschußverein zu Stargard, e. G. m. u. H., Herr G. Becker. — Herr E. Müller, Lehrer	10	—
437.	Stralsund, Kreditverein zu Stralsund, e. G. m. u. H., Herr Reinh. Pieritz. — Herr R. Mayer	100	—
438.	Strasburg U.-M., Vorschußverein, e. G. m. b. H., Herr C. Stoll. — Herr W. Köhn	38	90
439.	Strelitz i. Mecklenburg, Vorschußverein zu Strelitz, e. G. m. u. H., Herr W. Stech. — Herr C. Meier, Fabrikbesitzer	31	24
440.	Sülze i. Mecklenburg, Vorschußverein zu Sülze, e. G. m. u. H., Herr H. Michaelsen. — Herr E. Jürgens	18	76
441.	Tessin i. M., Vorschußverein zu Tessin, e. G. m. u. H., Herr Spenz. — Herr L. Bröker	96	65
442.	Teterow, Vorschußverein zu Teterow, e. G. m. u. H., Herr C. L. Aefcke. — Herr E. Groth	33	32
443.	Treptow a. Toll., Vorschußverein, e. G. m. u. H., Herr W. Breitsprecher. — Herr Rechtsanwalt Joseph	100	—
444.	Waren i. Mecklenburg, Vorschußverein zu Waren, e. G. m. u. H., Herr H. Dühring. — Herr E. Klingenberg	81	45
445.	Warin i. Mecklenburg, Vorschußverein, e. G. m. u. H., Herr C. Fust. — Herr K. Peters	15	31
446.	Wittenburg i. Mecklenburg, Vorschußverein, e. G. m. u. H., Herr Schiller. — Herr Maurermeister F. Krüger	23	55
447.	Woldegk i. Mecklenburg, Vorschußverein, e. G. m. u. H., Herr Otto Gundlach. — Herr R. Schulz	25	60
	Transport	1736	91

		Beitrag M.	Pf.
	Transport	1736	91
448.	Wolgast, Vorschußverein zu Wolgast, e. G. m. u. H., Herr H Schwartz — Herr W. Beyer	55	98
449.	Wustrow i. Mecklenburg, Vorschußverein zu Wustrow, e. G. m. u. H., Herr C. Röhl. — Herr G. Möller	30	33
	b. Andere Genossenschaften.		
450.	Bergen a. Rügen, Kanalisationsgenossenschaft Bergen, e. G. m. b. H., Herr Julius Wessinger. — Herr Senator F Freese	?	?
451.	Malchow, Werkgenossenschaft Malchower Tuchfabrikanten, e. G. m. b. H., Herr H. Blank. — Herr G. H. Böttcher	10	—
452.	Malchow, Privatspinnerei zu Malchow, e. G. m. b. H., Herr Herm. Mohr. — Herr E. Kröplin	10	—
	Summa	1843	22

12. Verband der Vorschuß- und Kreditvereine von Nordwestdeutschland.

Direktor: Herr J. F. Wischmann in Heide i. Holstein.
1. Stellvertreter: Stadtrat Weyl in Elmshorn.
2. Stellvertreter: Herr Harbeck in Ploen.
Verbands-Revisor: Herr Dr. Fr. Schneider in Potsdam.

(45 Vereine.)

Vorschußvereine.

		M.	Pf.
453.	Altona, Altonaer Kreditverein (mit Korporationsrechten), Herr E. Lührs. — Herr Rektor J. F. Dücker	100	—
454.	Altona, Kreditbank von 1870, e. G. m. b. H., Herr W. Brügmann. — Herr C. Niebuhr	100	—
455.	Altona, Genossenschafts-Bank, e. G. m. u. H., Herr Jul. Hohmann. — Herr C. Groth	42	60
456.	Barmstedt i. H., Kreditverein zu Barmstedt, e. G. m. u. H., Herr H. Starck. — Herr Rechner H. B. Greve	23	85
457.	Bornhöved, Kreditverein Bornhöved, e. G. m. b. H., Herr F. J. Kirchner. — Herr Rentier D. Hauschild	10	—
458.	Bramstedt, Kreditverein, e. G. m. u. H., Herr P. Danielsen. — Herr Dehnkamp	100	—
459.	Bredstedt, Kreditverein zu Bredstedt, e. G. m. u. H., Herr H. Rickertsen. — Herr H. G. Gilde, Gerbereibesitzer	37	46
460.	Brunsbüttelhafen, Kreditverein, e. G. m. u. H., Herr C. L. C. Hecker sen. — Herr B. C. Feil, Rentier	10	—
461.	Burg i. Dithm., Burger Kreditverein, e. G. m. u. H., Herr H. Ehlers. — Herr J. Martens	21	12
462.	Dissau b. Lübeck, Spar- und Vorschußverein der Kirchengemeinde Curau in Dissau, e. G. m. u. H., Herr G. Wehde. — Herr Schnoor	28	63
463.	Eckernförde, Eckernförder Kreditbank, e. G. m. u. H., Herr J. Arnemann. — Herr F. Jäger	100	—
464.	Elmshorn, Kreditverein zu Elmshorn, e. G. m. u. H., Herr L. Weyl. — Herr Stadtrat H. Thormählen	100	—
465.	Gaarden i. Holstein, Kreditverein zu Gaarden, e. G. m. u. H., Herr Cäsar Stoppel. — Herr Fr. Jensen	100	—
466.	Garding, Gardinger Volksbank, e. G. m. b. H., Herr P. Hansen. — Herr J. J. Raabe	63	86
467.	Glückstadt, Kreditverein zu Glückstadt, e. G. m. b. H., Herr W. Mehlert. — Herr Stadtrat Dütsch	53	68
	Transport	891	20

	Beitrag ℳ	₰
Transport	891	20
468. Gravenstein, Kreditbank in Gravenstein, e. G. m. b. H., Herr H. Jacobsen. — Herr Petersen	100	—
469. Hademarschen (Post Hanerau, Schlesw.), Kreditverein des Kirchspiels Hademarschen, e. G. m. u. H., Herr Harms. — Herr Liebsch, Lederhändler	20	—
470. Hamburg, Hamburg-Altonaer Kreditbank in Hamburg, e. G. m. u. H., (Neue Gröningstr. 10), Herr R. Biskamp. — Herr F. Kortlang	100	—
471. Heide i. Holst., Nordwestdeutsche Verbandskasse, e. G. m. b. H., Herr J. F. Wischmann. — Herr Justizrat Guth	29	05
472. Heide i. Holst., Heider Volksbank, e. G. m. u. H., Herr J. F. Wischmann. — Herr Justizrat Guth	100	—
473. Hohenwestedt, Kreditverein, e. G. m. u. H., Herr J. Wieben. — Herr H. Radbruch	29	78
474. Husum, Husumer Volksbank, e. G. m. u. H., Herr Chr. Mordhorst. — Herr Homfeldt	57	20
475. Itzehoe, Itzehoer Kreditbank, e. G. m. b. H., Herr Onken. — Herr E. Düring, Stadtrat	100	—
476. Lauenburg a. E., Vorschußverein, e. G. m. u. H., Herr L. Dilver. — Herr F. Stehr	19	85
477. Leck, Kreditverein zu Leck, e. G. m. u. N., Herr K. Herrmann. — Herr Petersen	26	44
478. Lübeck, Lübecker Gewerbebank, e. G. m. b. H., Herr L. Wiegels. — Herr F. Sauermann.	100	—
479. Marne, Marner Kreditverein, e. G. m. u. H., Herr H. Petersen. — Herr C. F. Thomas	48	87
480. Meldorf, Meldorfer Kreditverein, e. G. m. u. H., Herr Voigt. — Herr C. F. Peters	27	80
481. Neumünster, Gewerbebank Neumünster, e. G. m. b. H., Herr Joh. Zornig. — Herr H. Wessel, Privatier	29	75
482. Neustadt i. Holstein, Vorschuß- und Sparverein, e. G. m. u. H., Herr L. Thießen. — Herr Kaufmann Berner	27	60
483. Niebüll, Kreditverein, e. G. m. u. H., Herr P. Carstensen. — Herr H. Schmicker	62	40
484. Nortorf, Kreditverein, e. G. m. b. H., Herr Grell. — Herr Voß	23	30
485. Oldenburg i. Holstein, Oldenburger Kreditverein, e. G. m. b. H., Herr C. Hartz. — Herr H. Stengel	10	—
486. Pinneberg, Vorschußverein, e. G. m. u. H., Herr H. Steen. — Herr J. C. Harders	100	—
487. Plön, Kreditverein, e. G. m. u. H., Herr Kaufmann Th. Harbeck. — Herr R. Junghans	81	60
488. Preetz, Preetzer Kreditbank, e. G. m. u. H., Herr P. W. Brumm. — Herr Wilstermann	75	55
489. Segeberg, Vorschußverein, e. G. m. u. H., Herr A. Jngwersen. — Herr Stämmler	95	64
490. Stade, Spar- und Vorschußverein zu Stade, e. G. m. u. H., Herr H. Dankers. — Herr Fr. Meyer	100	—
491. Stockelsdorf b. Lübeck im Großherzogtum Oldenburg, Kreditverein, e. G. m. b. H., Herr P. Bruhns. — Herr A. Johnsen .	100	—
492. Uetersen, Uetersener Kreditverein, e. G. m. u. H., Herr J. Granso. — Herr Carl Frese.	73	18
493. Wankendorf, Kreditverein zu Wankendorf, e. G. m. u. H., Herr F. Steffen. — Herr H. Banck	10	—
494. Wesselburen, Wesselburener Volksbank, e. G. m. b. H., Herr Johs. Wikorff. — Herr R. A. Schumann	53	—
Transport	2492	21

	Beitrag ℳ	₰
Transport	2492	21
495. Westerland a. Sylt, Sylter Kreditverein in Westerland, e. G. m. u. H., Herr M. B. Hagendefeldt. — Herr Hugo Oehme . .	65	88
496. Wilster, Kreditverein zu Wilster, e. G. m. u. H., Herr H. Heldt. — Herr Röhr, Rektor	54	55
497. Wyk a. Föhr, Föhrer Kreditverein, e. G. m. u. H., Herr Lorenz Petersen. — Herr Lind, Kaufmann	31	55
Summa	2644	19

13. Verband der Oberbadischen Erwerbs- und Wirtschaftsgenossenschaften.

Direktor: Herr J. Stadler in Jestetten.

1. Stellvertreter: Herr Liebherr in Stockach.

2. Stellvertreter: Herr Baum in Radolfzell.

Verbands-Revisor: Herr Schumacher in Stuttgart, Sängerstr. 8.

(35 Vereine.)

a. Vorschußvereine.

	ℳ	₰
498. Birkendorf (bad. Schwarzwald), Vorschußverein, e. G. m. b. H., Herr Keßler. — Herr Dr. Probst, Altbürgermeister	100	—
499. Breisach, Vorschußverein Breisach, e. G. m. u. H., Herr H. Kohler. — Herr Bueb	41	60
500. Dangstetten (Amt Waldshut), Vorschußverein, e. G. m. u. H., Herr Wilh. Haberstock. — Herr M. Binkert.	24	55
501. Donaueschingen, Vorschußverein, e. G. m. u. H., Herr E. Pfefferle. — Herr H. Fischer	27	16
502. Eigeltingen, Vorschußverein, e. G. m. u. H., Herr Dr. Frank. — Herr Paul Orsinger	10	—
503. Endingen, Volksbank Endingen, e. G. m. u. H., Herr R. Schwobthaler. — Herr Walter Henninger.	100	—
504. Freiburg i. Baden, Gewerbebank, e. G. m. u. H., Herr W. Fischer. — Herr Aug. Baumert	100	—
505. Gailingen, Vorschußverein Gailingen, e. G. m. u. H., Herr Guggenheim. — Herr S. Veit	96	—
506. Hagnau, Amt Überlingen (Baden), Vorschußverein Hagnau, e. G. m. u. H., Herr Seyfried. — Herr Landwirt Langenstein .	41	15
507. Jestetten, Vorschußverein, e. G. m. u. H., Herr J. Stadler. — Herr J. Hartmann, Bürgermeister.	100	—
508. Kandern, Gewerbebank Kandern, e. G. m. u. H., Herr Wilhelm Berner. — Herr Georg Kammüller	43	10
509. Konstanz, Vorschußverein Konstanz, e. G. m. u. H., Herr A. Schirmeister. — Herr F. Schneider	100	—
510. Lörrach, Vorschußbank Lörrach, e. G. m. u. H., Herr J. Grether. — Herr C. Böhler.	100	—
511. Markdorf, Vorschußverein, e. G. m. u. H., Herr C. Beck. — Herr Flemisch	10	—
512. Meßkirch, Vorschußverein, e. G. m. u. H., Herr Fr. Schüle. — Herr C. Hauser, Bürgermeister	76	40
513. Meßkirch, Kreditkasse Meßkirch, e. G. m. u. H., Herr Fr. Stadler. — Herr Joh. Schweikert	76	80
514. Möhringen a. Donau, Vorschußverein, e. G. m. u. H., Herr C. Schlegel. — Herr E. Kirner	23	95
Transport	1070	71

	Beitrag ℳ	₰
Transport	1070	71
515. Müllheim i. Bad., Volksbank, e. G. m. u. H., Herr Hetzel. — Herr Nicolaus	87	80
516. Neustadt i. Schwarzwald, Spar- und Kreditverein, e. G. m. u. H., Herr Winterhalder. — Herr J. Hall	79	40
517. Pfullendorf, Kreditkasse Pfullendorf, e. G. m. u. H., Herr Scherer. — Herr Xaver Haferbosch	35	—
518. Radolfzell, Vorschußverein, e. G. m. u. H., Herr G. Baum. — Herr Müller	100	—
519. Säckingen, Vorschußverein Säckingen, e. G. m. b. H., Herr A. Müller-Degler. — Herr K. Schmidt	23	20
520. Schopfheim, Vorschußbank Schopfheim, e. G. m. u. H., Herr Wilh. Müller. — Herr E. Sutter	100	—
521. Singen, Vorschußverein Singen, e. G. m. u. H., Herr G. Waibel. — Herr Louis Sautter	39	50
522. Staufen in Baden, Vorschußverein Staufen, e. G. m. u. H., Herr S. Stöckle. — Herr Franz Xaver Riesterer	50	—
523. Stetten am kalten Markt, Kredit- und Vorschußverein, e. G. m. u. H., Herr A. Sieber. — Herr Fidel Ruf	52	—
524. Stockach, Vorschußverein Stockach, e. G. m. u. H., Herr W. Liebherr. — Herr Joh. Brodmann	100	—
525. Thengen, Vorschußverein Thengen, e. G. m. u. H., Herr Fr. Bickel. — Herr Th. Wesle	86	—
526. Thiengen (Amt Waldshut), Vorschußverein Thiengen, e. G. m. u. H., Herr H. Maier. — Herr C. Petri	100	—
527. Todtnau, Spar- und Vorschußbank Todtnau, e. G. m. u. H., Herr Fr. Hermann. — Herr C. O. Keller	53	75
528. Ueberlingen, Vorschußverein Ueberlingen, e. G. m. u. H., Herr Carl Hermann. — Herr F. Zimmermann, Apotheker	100	—
529. Villingen in Baden, Vorschußverein Villingen, e. G. m. u. H., Herr J. Schleicher. — Herr Leo Storz	100	—
530. Waldshut, Vorschußverein Waldshut, e. G. m. b. H., Herr R. Bayer. — Herr Tanner	66	12
531. Zell im Wiesental, Bank für Gewerbe und Landwirtschaft Zell i. W., e. G. m. u. H., Herr J. Krückels. — Herr W. Fr. Kiefer	100	—
b. Andere Genossenschaften.		
532. Konstanz, Schreiner-Werkgenossenschaft, e. G. m. b. H., Herr Anton Herzog. — Herr Viktor Kordeuter	*	*
Summa	2343	48

14. Verband der Ost- und Westpreußischen Erwerbs- und Wirtschaftsgenossenschaften.

Direktor: Herr Justizrat Wolski in Allenstein.
1. Stellvertreter: Herr Anbuhl in Insterburg.
2. Stellvertreter: Herr Schlesinger in Neumark.
Verbandsrevisor: Herr Rinow in Allenstein.

(89 Vereine.)

a. Vorschußvereine.

	ℳ	₰
533. Allenburg, Spar- und Vorschußverein zu Allenburg, e. G. m. u. H., Herr Kemsies. — Herr Georg Krause	18	70
534. Allenstein, Allensteiner Vorschußverein, e. G. m. u. H., Herr Wolski. — Herr Bürgermeister Belian	97	60
Transport	116	30

		Beitrag ℳ	₰
	Transport	116	30
535.	Allenstein O.-Pr., Ost- und Westpreußische Verbandskasse, e. G. m. b. H., Herr Wolski. — Herr Bürgermeister Belian	100	—
536.	Angerburg, Vorschußverein zu Angerburg, e. G. m. u. H., Herr A. Specovius. — Herr Gerichtssekretär Balzer	100	—
537.	Bartenstein O.-Pr., Vorschuß- und Kreditverein zu Bartenstein, e. G. m. u. H., Herr Leppack. — Herr Engelbrecht.	16	35
538.	Bischofsburg, Kreditverein, e. G. m. u. H., Herr Bischoff. — Herr Apotheker Schnabel	61	74
539.	Bischofswerder W.-Pr., Vorschußverein zu Bischofswerder, e. G. m. u H., Herr G. Höltzl. — Herr G. Brach	44	96
540.	Briesen W.-Pr., Vorschußverein, e. G. m. u. H., Herr P. Gonschorowski. — Herr F. Kiewe	100	—
541.	Christburg, Vorschußverein Christburg, e. G. m. u. H., Herr Döhring. — Herr Ohlenschläger	27	65
542.	Culmsee, Vorschußverein zu Culmsee, e. G. m. u. H., Herr A. Duncker. — Herr J. Döllning.	41	73
543.	Danzig, Vorschußverein zu Danzig, e. G. m. b. H., Herr Braun. — Herr C. Leidig	100	—
544.	Danzig-Langfuhr, Kreditverein deutscher Apotheker in Danzig, e. G. m. b. H., Herr R. Mattern. — Herr R. Hoosmann, Apothekenbesitzer in Dirschau	96	50
545.	Danzig-Langfuhr, Langfuhrer Kreditverein, e. G. m. b. H., Herr F. Jantzen. — Herr Robe.	10	—
546.	Darkehmen, Vorschußverein zu Darkehmen, e. G. m. u. H., Herr F. Mex. — Herr L. G. Diricklet.	100	—
547.	Deutsch-Crone, Vorschußverein zu Deutsch-Crone, e. G. m. u. H., Herr Arnold. — Herr F. Garms	54	81
548.	Dirschau, Darlehnsverein zu Dirschau, e. G. m. b. H., Herr A. H. Claaßen. — Herr Zimmermann, Eisenbahn-Betriebssekretär	100	—
549.	Drengfurt, Darlehnsverein, e. G. m. u. H., Herr Süß. — Herr R. Rohde	10	—
550.	Elbing, Elbinger Handwerkerbank, e. G. m. u. H., Herr Carl Reiß. — Herr L. Monath	75	28
551.	Freystadt W.-Pr., Kreditverein zu Freystadt, e. G. m. u. H., Herr E. Pose. — Herr H. Lindner	26	01
552.	Garnsee W.-Pr., Vorschußverein, e. G. m. u. H., Herr R. Nicolai. — Herr F. Krüger.	25	86
553.	Gilgenburg, Vorschußverein, e. G. m. u. H., Herr E. Fechter. — Herr H. Müller.	100	—
554.	Goldap, Vorschußverein, e. G. m. u. H., Herr C. Burau. — Herr Rechtsanwalt C. Carganico	81	60
555.	Gollub, Vorschußverein, e. G. m. u. H., Herr H. Lewin. — Herr Moses Kiewe	21	91
556.	Graudenz, Spar- und Kreditbank, e. G. m. u. N., Herr R. Dombrowski. — Herr Grabowsky	17	—
557.	Gumbinnen, Vorschußverein Gumbinnen, e. G. m. u. H., Herr Stadtrat Paul Reimer. — Herr Justizrat Quassowski	100	—
558.	Guttstadt, Vorschußverein zu Guttstadt, e. G. m. u. H., Herr C. Hinz. — Herr Bartsch	97	24
559.	Heiligenbeil, Vorschußverein zu Heiligenbeil, e. G. m. u. H., Herr Quosbarth. — Herr L. Schröder, Bürgermeister	10	40
560.	Heilsberg O.-Pr., Heilsberger Vorschußverein, e. G. m. u. H., Herr H. Segers. — Herr A. Wolff, Buchdruckereibesitzer. . . .	75	05
561.	Heinrichswalde O.-Pr., Vorschußverein zu Heinrichswalde O.-Pr., e. G. m. u. H., Herr Berner. — Herr Tiedemann . .	71	28
	Transport	1781	67

		Beitrag ℳ	₰
	Transport	1781	67
562.	**Hohenstein** O.-Pr., Vorschußverein zu Hohenstein O.-Pr., e. G. m. u. H., Herr Dr. Fischer. — Herr H. Goering	23	33
563.	**Insterburg**, Vorschußverein zu Insterburg, e. G. m. u. H., Herr Emil Anbuhl. — Herr Justizrat C. Scheu	100	—
564.	**Johannisburg** O.-Pr., Neue Johannisburger Kreditgesellschaft, e. G. m. u. H., Herr Wermbter. — Herr Laube	91	73
565.	**Kaukehmen**, Kreditgesellschaft zu Kaukehmen, e. G. m. u. H., Herr G. Leusch. — Herr Schiekopp	100	—
566.	**Königsberg** i. Pr., Kreditgesellschaft zu Königsberg i. Pr., e. G. m. u. H., Herr L. Braun. — Herr Fleischauer	100	—
567.	**Königsberg** i. Pr., Ländliche Genossenschaftsbank zu Königsberg i. Pr., e. G. m. u. H., Herr W. Stieren. — Herr Hermenau, Oberamtmann	57	20
568.	**Konitz** W.-Pr., Vorschußverein, e. G. m. u. H., Herr Klotz. — Herr Rechtsanwalt Hasse	100	—
569.	**Kreuzburg** O.-Pr., Kreditverein Kreuzburg O.-Pr., e. G. m. u. H., Herr Kohn. — Herr W. Behrendt, Färbereibesitzer	62	95
570.	**Labiau**, Vorschußverein zu Labiau, e. G. m. u. H., Herr G. Matschuck. — Herr Rechtsanwalt Pruvs	43	75
571.	**Landsberg** O.-Pr., Vorschußverein zu Landsberg O.-Pr., e. G. m. u. H., Herr Koppenhagen. — Herr Thiel, Gutsbesitzer	12	77
572.	**Lessen** W.-Pr., Vorschußverein Lessen, e. G. m. u. H., Herr Jacoby. — Herr Ad. Lentz	74	70
573.	**Liebstadt** O.-Pr., Vorschußverein zu Liebstadt, e. G. m. u. H., Herr J. Kroll. — Herr A. Reichel	10	—
574.	**Löbau** W.-Pr., Vorschußverein, e. G. m. u. H., Herr Obuch. — Herr Hache	10	—
575.	**Lötzen**, Vorschußverein, e. G. m. u. H., Herr G. Mallien. — Herr Wisotzki, Gerichtssekretär	81	05
576.	**Lyck**, Kreditverein, e. G. m. b. H., Herr A. Hennig. — Herr Gutsbesitzer Zimmermann-Borken	66	46
577.	**Lyck**, Vorschußverein zu Lyck, e. G. m. u. H., Herr Emil Ecker. — Herr P. Siebert	100	—
578.	**Marggrabowa**, Kreditgesellschaft zu Marggrabowa, e. G. m. u. H., Herr E. Papendiek. — Herr R. Hillmann	48	15
579.	**Marggrabowa**, Vorschußverein Marggrabowa, e. G. m. u. H., Herr Brachvogel. — Herr W. Prang	100	—
580.	**Marienwerder** (Westpr.), Vorschußverein Marienwerder, e. G. m. b. H., Herr Würtz. — Herr Prahl, Maler	100	—
581.	**Mehlsack**, Vorschuß- und Kreditverein zu Mehlsack, e. G. m. u. H., Herr Klingenberg. — Herr Roß, Gutsbesitzer	28	72
582.	**Mohrungen**, Vorschußverein zu Mohrungen, e. G. m. u. H., Herr R. Pieczonka. — Herr Astecker, Justizrat	10	—
583.	**Mühlhausen** O.-Pr., Vorschußverein zu Mühlhausen O.-Pr., e. G. m. u. H., Herr Schaumburg. — Herr Rentier H. Moeck	12	82
584.	**Neidenburg**, Vorschußverein zu Neidenburg, e. G. m. u. H., Herr Nadolsny. — Herr C. Finck	100	—
585.	**Neuenburg** W.-Pr., Vorschußverein Neuenburg, e. G. m. u. H., Herr Rose. — Herr Entz, Rechtsanwalt	20	30
586.	**Neumark** W.-Pr., Vorschußverein zu Neumark, e. G. m. u. H., Herr Liedke. — Herr Schubring, Baumeister	100	—
587.	**Ortelsburg**, Ortelsburger Kreditgesellschaft, e. G. m. u. H., Herr O. Reiner. — Herr Thalwitzer, Amtsvorsteher	54	46
588.	**Passenheim**, Vorschußverein zu Passenheim, e. G. m. u. H., Herr Klimmek. — Herr Hirschweh, Kaufmann	14	56
	Transport	3404	62

		Beitrag M	Pf
	Transport	3404	62
589.	Pillkallen, Vorschußverein Pillkallen, e. G. m. u. H., Herr Schroeder. — Herr Gutsbesitzer R. Bräsike	100	—
590.	Preußisch-Eylau, Vorschußverein zu Pr.-Eylau, e. G. m. u. H., Herr F. Bleyer. — Herr C. Scholl	30	57
591.	Preußisch-Holland, Vorschußverein Pr.-Holland, e. G. m. u. H., Herr L. Marquardt. — Herr Podzun, Bürgermeister	11	16
592.	Preußisch-Stargard, Vorschußbank, e. G. m. u. H., Herr J. Tramp. — Herr Fabrikbesitzer Paul Münchau	30	88
593.	Prökuls (Kreis Memel), Vorschußverein, e. G. m. u. H., Herr P. Schneider. — Herr F. Ilgenstein	29	65
594.	Ragnit, Vorschußverein, e. G. m. u. H., Herr Quednau. — Herr L. Bodky, Rechtsanwalt	76	47
595.	Rastenburg O.-Pr., Kreditverein zu Rastenburg, e. G. m. u. H., Herr H. Misling. — Herr Jacoby	100	—
596.	Rehden W.-Pr., Vorschußverein zu Rehden, e. G. m. u. H., Herr Dr. Hoffmann. — Herr Andres	54	45
597.	Rhein O.-Pr., Vorschußverein, e. G. m. u. H., Herr Engelbrecht. — Herr W. Banfeldt	15	45
598.	Rosenberg W.-Pr., Kreditverein, e. G. m. u. H., Herr Hermsdorff. — Herr Schmidt	38	95
599.	Saalfeld O.-Pr., Vorschußverein, e. G. m. u. H., Herr Jankowski. — Herr Kaufmann Weidmann	51	83
600.	Schippenbeil, Vorschußverein zu Schippenbeil, e. G. m. u. H., Herr C. L. Squar. — Herr H. Wosgien, Bürgermeister	34	88
601.	Schmalleningken, Vorschußverein zu Schmalleningken, e. G. m. u. H., Herr Görke. — Herr A. Großgerge	15	24
602.	Schwetz a. W., Vorschußverein, e. G. m. u. H., Herr St. Gärtig. — Herr A. Szpydowski	32	74
603.	Seeburg, Kredit- und Sparverein, e. G. m. u. H., Herr Walinski. — Herr Hermann	28	65
604.	Sensburg, Kreditgesellschaft Sensburg, e. G. m. u. H., Herr Czygan, Rechtsanwalt. — Herr Klugkist, Rittergutsbesitzer	100	—
605.	Skaisgirren, Vorschußverein zu Skaisgirren, e. G. m. u. H., Herr C. A. Müller. — Herr Behrendt, Gutspächter	87	80
606.	Soldau O.-Pr., Vorschußverein, e. G. m. u. H., Herr Koeßling. — Herr Wollmann	100	—
607.	Stallupönen, Vorschußverein Stallupönen, e. G. m. u. H., Herr O. Gonschorowski. — Herr E. Kuebart, Lehrer	100	—
608.	Stuhm, Vorschußverein zu Stuhm, e. G. m. u. H., Herr Block. — Herr A. Eisenstädt	64	44
609.	Szibben (Post Heydekrug), Vorschußverein Heydekrug, e. G. m. u. H., Herr Michalowsky. — Herr Bumbullis, Obersekretär	100	—
610.	Thorn, Vorschußverein, e. G. m. u. H., Herr E. Kittler. — Herr A. Born, Fabrikbesitzer	95	45
611.	Tilsit, Vorschußverein zu Tilsit, e. G. m. u. H., Herr G. Buscke. — Herr Justizrat Cohn	100	—
612.	Tuchel, Vorschußverein Tuchel, e. G. m. u. H., Herr Heppner. — Herr Martens	10	—
613.	Wartenburg O.-P., Vorschuß- und Darlehnsverein, e. G. m. u. H., Herr R. Lueck. — Herr Dr. Müller	54	16
614.	Wehlau, Vorschußverein zu Wehlau, e. G. m. u. H., Herr Lawrentz. — Herr Jul. Luschnat	100	—
615.	Willenberg O.-Pr., Vorschußverein, e. G. m. u. H., Herr Müller. — Herr W. Hintz	55	58
616.	Wormditt, Vorschußverein, e. G. m. u. H., Herr R. Holzky. — Herr E. Kraft, Kaufmann	36	97
	Transport	5060	24

Nr.		Beitrag M	₰
	Transport	5060	24
617.	Zempelburg, Vorschußverein, e. G. m. u. H., Herr Rennwanz. — Herr A. Stutzki, Lehrer	10	—
618.	Zinten, Spar- und Vorschußverein Zinten, e. G. m. u. N., Herr Holtzmann. — Herr O. Ilgenstein	78	76
	b. Andere Genossenschaften.		
619.	Angerburg, Bau- und Sparverein zu Angerburg, e. G. m. b. H., Herr G. Maaß. — Herr Direktor Lehmann-Raschik	21	09
620.	Briesen W.-Pr., Vereinshaus-Gesellschaft, e. G. m. u. H., Herr Oskar Schüler. — Herr Gustav Günther, Zimmermeister	10	—
621.	Insterburg, Häute- und Fell-Verwertungs-Genossenschaft, e. G. m. b. H., Herr Max Kalweit. — Herr G. A. Trumpf	10	—
	Summa	5190	09

15. Verband Pfälzischer Erwerbs- und Wirtschaftsgenossenschaften.

Direktor: Herr Justizrat Gebhart in Zweibrücken.

Stellvertreter: Herr Regierungsdirektor Conrad in Speyer.

Verbands-Revisoren: die Herren J. Lorenzen in Speyer, Flacho in München, Gedonstraße 6.

(28 Vereine.)

Vorschußvereine.

Nr.		Beitrag M	₰
622.	Alsenz, Vorschußverein, e. G. m. u. H., Herr Hch. Wolf. — Herr J. Spuhler	74	—
623.	Bergzabern, Bergzaberner Volksbank, e. G. m. u. H., Herr W. Auffahrt. — Herr Dr. A. Stähler	100	—
624.	Bliescastel, Vorschußverein, e. G. m. u. H., Herr C. Hauck jun. — Herr C. Wies	33	—
625.	Dahn (Pfalz), Vorschußverein, e. G. m. u. H., Herr K. Fournier. — Herr J. Glaser	28	40
626.	Dürkheim a. Hardt, Dürkheimer Vorschuß- und Kreditverein, e. G. m. u. H., Herr Chr. Herold. — Herr K. Schäfer, Gutsbesitzer	100	—
627.	Edenkoben, Volksbank Edenkoben, e. G. m. u. H., Herr Carl Flacho. — Herr N. Satter	100	—
628.	Germersheim, Volksbank, e. G. m. u. H., Herr A. Pfaehler. — Herr F. Batteiger	100	—
629.	Glan-Münchweiler, Vorschußverein, e. G. m. u. H., Herr J. Weber. — Herr D. Rübel III.	77	66
630.	Grünstadt i. Pfalz, Vorschußverein, e. G. m. u. H., Herr L. Lieberich. — Herr J. Schäffer	100	—
631.	Haßloch, Kreditverein, e. G. m. u. H., Herr J. Roth. — Herr Handschuh	42	25
632.	Homburg i. Pfalz, Vorschußverein Homburg, e. G. m. u. H., Herr Kappel. — Herr Math. Biehl	?	?
633.	Kaiserslautern, Vorschußverein Kaiserslautern, e. G. m. u. H., Herr C. Th. Jacob. — Herr Chr. Karcher	100	—
634.	Kandel i. Pfalz, Kandeler Vorschußverein, e. G. m. u. H., Herr B. Gepel. — Herr Franz Haaf	72	86
635.	Kirchheimbolanden, Vorschußverein Kirchheimbolanden, e. G. m. u. H., Herr W. Gotthold. — Herr G. Lang	100	—
636.	Kusel i. Pfalz, Vorschußverein, e. G. m. u. H., Herr J. A. Frank. — Herr H. Hirsch	68	65
	Transport	1096	82

		Beitrag ℳ	₰
	Transport	1096	82
637.	Landstuhl, Vorschußverein Landstuhl, e. G. m. u. H., Herr Alb. Pallmann. — Herr J. Dommasch (auch für 1904 im Rest)	?	?
638.	Lauterecken, Vorschußverein Lauterecken, e. G. m. u. H., Herr Carl Hahn. — Herr Carl Keller	10	—
639.	Metz, Kreditverein für Lothringen in Metz, e. G. m. b. H., Herr N. Prevel. — Herr Abbé Delles, Erzpriester	100	—
640.	Neustadt a. H., Neustadter Volksbank, e. G. m. u. H., Herr Johann Steuer. — Herr Jakob Louis, Rentier	100	—
641.	Obermoschel, Vorschußverein, e. G. m. b. H., Herr V. Jung. — Herr F Arnold	83	24
642.	Oberstein, Obersteiner Volksbank, e. G. m. u. H., Herr G. Vogt. — Herr G. Treibs	?	?
643.	Pirmasens, Pirmasenser Vorschußverein, e. G. m. u. H., Herr Schmidt. — Herr Gaubatz	10	—
644.	Rockenhausen i. Pfalz, Vorschußverein Rockenhausen, e. G. m. u. H., Herr H. Rudolph. — Herr G. Grogro	70	68
645.	St. Ingbert i. Pfalz, Vorschußverein St. Ingbert, e. G. m. u. H., Herr Joh. Friedrich. — Herr H. Laue, Fabrikant	100	—
646.	Speyer, Speyerer Volksbank, e. G. m. b. H., Herr Johannes Lorenzen. — Herr Leschmann	100	—
647.	Weilerbach, Vorschußverein für Weilerbach und Umgegend, e. G. m. u. H., Herr Joh. Henn. — Herr P. Schmidt	27	52
648.	Winnweiler, Vorschußverein zu Winnweiler, e. G. m. u. H., Herr J. Maier. — Herr C. Frank, Mühlenbesitzer	96	25
649.	Zweibrücken, Volksbank zu Zweibrücken, e. G. m. u. H., Herr M. Gugenheim. — Herr Justizrat K. Schuler	100	—
	Summa	1894	51

16. Verband der Vorschuß- und Kreditvereine von Pommern und den Grenzkreisen der Mark Brandenburg.

Direktor: Herr Kurz in Stettin, Berliner Tor 11.
Stellvertreter: Herr Apotheker Ziegel in Stettin.
Verbands-Revisor: Herr Soerensen in Berlin.

(41 Vereine.)

a. Vorschußvereine.

		ℳ	₰
650.	Angermünde, Vorschußverein zu Angermünde, e. G. m. b. H., Herr Wiencke. — Herr Moschel, Fabrikbesitzer	78	52
651.	Arnswalde, Kreditverein zu Arnswalde, e. G. m. u. H., Herr H. Sanft. — Herr Rechtsanwalt Krause	83	30
652.	Arnswalde, Spar- und Vorschußkasse, e. G. m. u. H., Herr C. Strobusch. — Herr A. Radke	10	—
653.	Bahn, Vorschußverein zu Bahn, e. G. m. u. H., Herr Th. Bath. — Herr C. Bergemann	10	—
654.	Belgard i. Pomm., Spar- und Kreditbank zu Belgard, e. G. m. u. H., Herr Klemp. — Herr Jacoby	69	05
655.	Berlinchen, Vorschußverein zu Berlinchen und Bernstein, e. G. m. u. H., Herr W. Güll. — Herr Rünger	20	—
656.	Bütow (Bez. Cöslin), Darlehnskassenverein, e. G. m. u. H., Herr Schirmacher. — Herr G. Hasse	100	—
657.	Cammin (Pommern), Vorschußverein zu Cammin, e. G. m. b. H., Herr J. Kempcke. — Herr M. Rath, Kaufmann	30	45
	Transport	396	32

		Beitrag M	Pf
	Transport	396	32
658.	Cöslin, Vorschußverein zu Cöslin, e. G. m. u. H., Herr C. Groth. — Herr Strutz	18	35
659.	Colberg, Vorschußverein, e. G. m. b. H., Herr W. Speck. — Herr R. Banck, Rechnungsrat	72	—
660.	Cüstrin, Vereinsbank zu Cüstrin, e. G. m. b. H., Herr F. König. — Herr G. Fuhrmann	13	98
661.	Dramburg, Vorschußverein, e. G. m. b. H., Herr R. Heyn. — Herr O. Hollatz	64	70
662.	Driesen, Driesener Gewerbebank, e. G. m. b. H, Herr F. Schönemann. — Herr C. A. Großmann	10	—
663.	Fiddichow, Vorschußverein zu Fiddichow, e. G. m. u. H., Herr L. Wendeler. — Herr Fabrikdirektor a. D. E. Pongé	10	—
664.	Friedeberg N.-M., Vorschußverein zu Friedeberg N.-M., e. G. m. b. H., Herr Erich Besser. — Herr F. Butschke	10	—
665.	Fürstenfelde N.-M., Vorschußverein zu Fürstenfelde, e. G. m. b. H., Herr H. Sorge. — Herr Engel, Ackerbürger	10	—
666.	Gartz a. O., Vorschußverein, e. G. m. u. H., Herr Arndt. — Herr Petzel, Rentier	68	49
667.	Gollnow, Kreditverein, e. G. m. u. H., Herr H. Voigt. — Herr C. Rabenhorst	53	07
668.	Greifenhagen, Vorschußverein, e. G. m. u. H., Herr A. Kobert. — Herr E. Reinholdt, Kupferschmiedemeister	32	35
669.	Königsberg N.-M., Vorschußverein, e. G. m. u. H., Herr Kap-herr. — Herr Lichtenberg	18	60
670.	Labes, Vorschußverein, e. G. m. u. H., Herr Matthias. — Herr W. A. Damerow	13	20
671.	Landsberg a. W., Landsberger Kreditverein, e. G. m. b. H., Herr Heinr. Peters. — Herr K. Hirsch	100	—
672.	Lauenburg i. P., Darlehnskasse, e. G. m. b. H., Herr W. Mutczall. — Herr Franz Kroll	10	—
673.	Massow, Vorschußverein zu Massow, e. G. m. u. H., Herr Kolakowsky. — Herr Klamann, Schlossermeister	10	—
674.	Naugard, Vorschußverein zu Naugard, e. G. m. u. H., Herr A. Piper. — Herr A. F. Struck, Färbermeister	18	72
675.	Neudamm, Kreditgesellschaft zu Neudamm, e. G. m. b. H., Herr H. Zahn. — Herr Jahn	100	—
676.	Neustettin, Vorschußverein, e. G. m. b. H., Herr Ahrenberg. — Herr Janke, Uhrmacher	100	—
677.	Oderberg i. M., Vorschußverein zu Oderberg, e. G. m. b. H., Herr F. Müller. — Herr A. Grunow, Amtsgerichtssekretär	11	—
678.	Penkun, Vorschußverein, e. G. m. u. H., Herr B. Stegemann. — Herr C. Watzke, Uhrmacher	18	60
679.	Schivelbein, Vorschußverein zu Schivelbein, e. G. m. b. H., Herr Kaufmann L. Borchardt. — Herr Piper	18	35
680.	Schlawe (Pomm.), Vorschußverein zu Schlawe, e. G. m. u. H., Herr J. Jütten. — Herr C. Panten	28	75
681.	Schwedt a. O., Bankverein zu Schwedt a. O., e. G. m. b. H., Herr J. Wippermann. — Herr H. Paege, Rentier	29	—
682.	Soldin, Kreditgesellschaft Soldin, e. G. m. b. H., Herr A. Bahr. — Herr Bürgermeister Schulze	100	—
683.	Stargard i. P., Stargarder Bank, e. G. m. b. H., Herr Paul Buchholz. — Herr A. Burg	100	—
684.	Stettin, Stettiner Bank, e. G. m. b. H., Herr O. Below. — Herr J. Kurz	100	—
685.	Swinemünde, Vorschußverein zu Swinemünde, e. G. m. u. H., Herr Srocka. — Herr B. Fritzsche	100	—
	Transport	1630	48

		Beitrag M	₰
	Transport	1630	48
686.	Ueckermünde, Vorschußverein, e. G. m. b. H., Herr Paepke. — Herr Wilh. Zepernick, Fabrikant	100	—
687.	Woldenberg, Kreditverein, e. G. m. u. H., Herr Bredereck. — Herr Böttcher	10	—
688.	Wollin, Sparkassenverein zu Wollin, e. G. m. u. H., Herr Th. Benitz. — Herr Paul Reff	10	—
689.	Wollin, Bankverein, e. G. m. u. H., Herr B. Meyers. — Herr Emil Günther	82	70
	b. Andere Genossenschaften.		
690.	Stettin, Einkaufsgenossenschaft des Vereins Stettiner Kaufleute, e. G. m. b. H., Herr R. Albrecht. — Herr Oskar Eilert	72	—
	Summa	1905	18

17. Verband der deutschen Erwerbs- und Wirtschaftsgenossenschaften der Provinz Posen.

Direktor: Herr W. Herbert in Bromberg.
Stellvertreter: Herr G. Argelander in Nakel a. Netze.
Verbands-Revisor: Herr Kuckuck in Schöneberg bei Berlin.
Stellvertretender Verbands-Revisor: Herr Herbert in Bromberg.

(37 Vereine.)

Vorschußvereine.

		M	₰
691.	Birnbaum, Vorschußverein, e. G. m. u. H., Herr O. Voß. — Herr B. Reinhard	28	30
692.	Bojanowo, Vorschußverein zu Bojanowo, e. G. m. b. H., Herr Louis Maetze. — Herr Dr. Seiler	37	46
693.	Bromberg, Bromberger Gewerbebank, e. G. m. u. H., Herr Rudolph Pohlmann. — Herr Gymnasiallehrer R. Braun	100	—
694.	Bromberg, Vorschußverein zu Bromberg, e. G. m. u. H., Herr W. Herbert. — Herr A. Kasprowicz	97	87
695.	Crone a. d. Brahe, Spar- und Kreditverein zu Crone a. d. Brahe, e. G. m. u. H., Herr Zander. — Herr Wilh. Heise	10	—
696.	Czempin, Vorschußverein, e. G. m. u. H., Herr Simenski. — Herr Xaver Nowakowski	48	20
697.	Dobrzyca (Posen), Vorschußverein, e. G. m. u. H., Herr A. Brandenburger. — Herr M. Heilmann	10	—
698.	Exin (Posen), Deutscher Spar- und Kreditverein, e. G. m. b. H., Herr K. Neumann. — Herr Moritz Loewy	?	?
699.	Filehne, Vorschußverein zu Filehne, e. G. m. b. H., Herr Krenz. — Herr E. Zibell	78	85
700.	Gnesen, Vorschußverein, e. G. m. u. H., Herr Scheffler. — Herr Dr. Thiem	?	?
701.	Grätz (Posen), Grätzer Diskonto-Gesellschaft, e. G. m. u. H., Herr C. Priebe. — Herr Howe	50	—
702.	Hohensalza, Vorschußverein zu Hohensalza, e. G. m. u. H., Herr M. Herzfeld. — Herr G. Bartel	26	25
703.	Jutroschin, Vorschußverein zu Jutroschin, e. G. m. u. H., Herr Karl Kycler. — Herr R. Domaszewski, Schuhmacher	37	26
704.	Kempen (Posen), Vorschußverein zu Kempen, e. G. m. u. H., Herr von Borke. — Herr J. Bloch	?	?
	Transport	524	19

		Beitrag ℳ	₰
	Transport	524	19
705.	Kosten (Posen), Vorschußverein zu Kosten, e. G. m. b. H., Herr Herr A. Goldschmidt. — Herr Herold	64	75
706.	Krotoschin, Vorschußverein, e. G. m. u. H., Herr Braun. — Herr H. Wels, Baumeister	32	52
707.	Lissa (Bez. Posen), Vorschußverein zu Lissa, e. G. m. u. H., Herr B. Schild. — Herr F. Wurst	100	—
708.	Meseritz, Vorschußverein, e. G. m. u. H., Herr Donath. — Herr Fischer	55	52
709.	Mrotschen, Vorschuß- und Sparkassenverein zu Mrotschen, e. G. m. u. H., Herr J. Timm. — Herr M. Machol	72	72
710.	Nakel a. Netze, Spar- und Vorschußverein zu Nakel, e. G. m. b. H., Herr G. Argelander. — Herr Gremczynski	100	—
711.	Neutomischel, Genossenschaftsbank zu Neutomischel, e. G. m. u. H., Herr W. Lutz. — Herr Th. Morzynski	19	98
712.	Obersitzko, Vorschußverein, e. G. m. u. H., Herr Dr. Hübner. — Herr M. Taranszewski	38	—
713.	Pleschen, Vorschußverein, e. G. m. u. H., Herr Gellert. — Herr Kock	21	84
714.	Posen, Posener Kreditverein, e. G. m. b. H., Herr R. Seidel. — Herr A. Simon	100	—
715.	Punitz, Vorschußverein zu Punitz, e. G. m. u. H., Herr Kreutzinger. — Herr E. Menzel	31	06
716.	Rakwitz, Vorschußverein zu Rakwitz, e. G. m. u. H., Herr Horn. — Herr M. Haase	66	08
717.	Rawitsch, Vorschußverein zu Rawitsch, e. G. m. u. H., Herr Th. Gollnisch. — Herr S. Aber	24	20
718.	Samter, Darlehnsverein, e. G. m. u. H., Herr P. Baehr. — Herr Meier Kollenscher	46	12
719.	Schneidemühl, Gewerbebank zu Schneidemühl, e. G. m. u. H., Herr Nilske. — Herr F. Manthey, Kanzleirat	100	—
720.	Schönlanke, Spar- und Vorschußverein, e. G. m. b. H., Herr E. Hanow. — Herr G. Rosentreter I, Lehrer	100	—
721.	Schrimm, Schrimmer Kreditverein, e. G. m. u. H., Herr Sigmund Unger. — Herr M. Hopp, Kaufmann	57	95
722.	Schulitz, Spar- und Vorschußverein zu Schulitz, e. G. m. u. H., Herr Schinn. — Herr Jordan	29	24
723.	Wollstein (Posen), Vorschußverein, e. G. m. u. H., Herr Scholz. — Herr Bitterkleit	100	—
724.	Wronke, Neuer Kreditverein, e. G. m. u. H., Herr S. Friedländer. — Herr Pinkus, Kaufmann	10	—
725.	Wronke, Vorschußverein, e. G. m. u. H., Herr W. Eckert. — Herr B. Duwe	21	05
726.	Xions, Vorschußverein, e. G. m. u. H., Herr H. Schmolke. — Herr Schneidermeister H. Scheller	19	—
727.	Znin, Zniner Kreditverein, e. G. m. u. H., Herr Schilling. — Herr W. Legal	100	—
	Summa	1834	22

18. Verband der Kreditgenossenschaften von Rheinland, Westfalen, Lippe und Waldeck.

Direktor: Herr J. Scholtes in Boppard.
1. Stellvertreter: Prof. Dr. Hindorf in Ruhrort.
2. Stellvertreter: Herr Jos. Adolph in Wissen.
Verbands-Revisor: Herr K. Michelmann in Blankenburg a. Harz.

(33 Vereine.)

a. Vorschußvereine.

Nr.		Beitrag M	₰
728.	Altena i. W., Altenaer Volksbank, e. G. m. b. H., Herr M. vom Hagen. — Herr Emil Nordeck	18	29
729.	Arnsberg, Arnsberger Gewerbebank, e. G. m. u. H., Herr H. Schulte. — Herr K. Zösinger	100	—
730.	Arolsen, Kreditverein zu Arolsen, e. G. m. b. H., Herr H. Schwaner. — Herr Dr. Ebersbach, Schulrat	58	97
731.	Berleburg, Spar- und Vorschußverein, e. G. m. u. H., Herr Homrighausen. — Herr F. Bieber	*	*
732.	Bielefeld, Gewerbebank zu Bielefeld, e. G. m. b. H., Herr Joh. Lübke. — Herr Abgeordneter Meyer	*	*
733.	Boppard, Bopparder Kreditverein, e. G. m. u. H., Herr J. Scholtes. — Herr Joh. Henrich, Rentner	31	20
734.	Calcar (Bez. Düsseldorf), Calcarsche Spar- und Darlehnskasse, e. G. m. u. H., Herr A. Diebels. — Herr J. Neuhaus	54	82
735.	Carden a. d. Mosel, Kreditverein zu Carden, e. G. m. u. H., Herr Kohlbecher. — Herr Beckenkamp	42	78
736.	Coblenz, Coblenzer Volksbank, e. G. m. u. H., Herr F. W. Bux. — Herr G. Erxleben	100	—
737.	Cöln a. Rh., Cölner Gewerbebank, e. G. m. b. H., Herr J. Bux. — Herr Krick	100	—
738.	Cörrenzig bei Linnich, Cörrenziger Volksbank, e. G. m. u. H., Herr Schroeder. — Herr W. Esser	100	—
739.	Eckenhagen, Eckenhagener Volksbank, e. G. m. b. H., Herr F. Branscheid. — Herr Lehrer A. Schmeis	40	—
740.	Erkelenz, Volksbank Erkelenz, e. G. m. u. H., Herr Dr. F. Hermes. — Herr J. Hilgers	100	—
741.	Geilenkirchen-Hünshoven, Volksbank (Aktien-Gesellschaft), Herr E. Merckens. — Herr Dr. med. Rocks	100	—
742.	Gladbach (München-), Gladbacher Gewerbebank, e. G. m. u. H., Herr L. Gauwerky. — Herr A. Lamberts, Kaufmann	100	—
743.	Homberg (Kr. Moers), Volksbank, e. G. m. b. H., Herr A. Hadstein. — Herr Aug. Siebenberg	10	—
744.	Kirchen a. S., Volksbank zu Kirchen, e. G. m. u. H., Herr H. Duesberg. — Herr C. A. Gieseler	100	—
745.	Laasphe, Spar- und Vorschußverein zu Laasphe, e. G. m. u. H., Herr J. Baumann. — Herr Jones, Inspektor	14	—
746.	Lage in L., Vorschußverein, e. G. m. u. H., Herr J. Rahmlow. — Herr Kanne	29	16
747.	Linnich, Linnicher Volksbank, e. G. m. u. H., Herr Josef Schwarz. — Herr A. Merkens, Hotelier	31	72
748.	Meschede, Kreditverein, e. G. m. b. H, Herr F. Hoppe. — Herr Kaufmann Heinrich Oberliesen	51	35
749.	Moers, Gewerbebank Moers, e. G. m. b. H., Herr R. Schloer. — Herr Walter Schneider	100	—
750.	Neunkirchen (Bez. Arnsberg), Spar- und Kreditverein, e. G. m. b. H., Herr Kreuz. — Herr Petri	?	?
	Transport	1282	29

		Beitrag ℳ	₰
	Transport	1282	29
751.	Paderborn, Vorschußverein, e. G. m. u. H., Herr Block. — Herr Hellwig, Architekt	21	90
752.	Radevormwald, Radevormwalder Volksbank Garschhagen & Co. (Komm.-Ges. a. A.), Herr J. Garschhagen. — Herr W. Meskendahl	100	—
753.	Ruhrort, Vorschußverein, e. G. m. b. H., Herr Schreiber. — Herr Prof. Dr. Hindorf	51	20
754.	Sülbeck, Spar- und Vorschußverein Sülbeck, e. G. m. u. H., Herr Diestelhorst. — Herr H. Botermann	10	—
755.	Trarbach, Trarbacher Volksbank, e. G. m. u. H., Herr Castendyk. — Herr R. Heuser	100	—
756.	Treis a. d. Mosel, Treiser Kreditverein, e. G. m. u. H., Herr J. N. Simonis. — Herr Künster	48	—
757.	Werl (Bez. Arnsberg), Werler Kreditbank, e. G. m. u. H., Herr A. Mensing. — Herr Stampfer	100	—
758.	Wissen a. d. Sieg, Wissener Volksbank, e. G. m. b. H., Herr Jos. Adolph. — Herr Müller	47	73
	b. Andere Genossenschaften.		
759.	Elberfeld (Viehhof), Elberfelder Häuteverwertung, e. G. m. b. H., Herr Robert Höfer. — Herr Ernst Rübenstrunk	22	07
760.	Meschede, Sauerländischer Verein für Verwertung der Beeren, e. G. m. b. H., Herr Aloys Hoff. — Herr Fr. Meschede	?	?
	Summa	1783	19

19. Verband Rheinisch-Westfälischer Konsumvereine.

Direktor: Herr Fabrikant E. Nolte in Lüdenscheid.

1. Stellvertreter: Herr Fabrikbesitzer Steinweg in Lüdenscheid.

2. Stellvertreter: Herr P. Engstfeld in Lüdenscheid.

Verbands-Revisor: Herr K. Michelmann in Blankenburg a. Harz.

(29 Vereine.)

Konsumvereine.

		Beitrag ℳ	₰
761.	Altena i. Westf., Konsumverein Schwarzenstein-Linscheid-Hünengraben, e. G. m. b. H., Herr J. Koppermann. — Herr E. Hüttebränker	19	80
762.	Arnsberg, Spar- und Haushaltsverein, e. G. m. b. H., Herr Bertelt. — Herr Rizor	12	75
763.	Asseln (Post Wickede-Asseln), Konsumverein „Gut Glück", e. G. m. b. H., Herr Fr. Baumeister. — Herr Overhage	10	—
764.	Betzdorf a. d. Sieg, Konsumverein Betzdorf, e. G. m. b. H., Herr Brambach. — Herr Krause	22	65
765.	Castrop, Konsumverein „Glückauf", e. G. m. b. H., Herr H. Hommen. — Herr W. Schulte, Bergmann	69	45
766.	Dortmund, Konsumverein „Lokomotive", e. G. m. b. H., Herr M. Rongen. — Herr Mischel	19	87
767.	Driburg (Westf.), Konsumverein für Driburg, e. G. m. b. H., Herr Heinr. Eckert. — Herr Böddecker	10	—
768.	Elberfeld, Beamten-Konsumverein, e. G. m. b. H., Herr C. Dietz. — Herr E. Winkels, Ober-Telegraphen-Assistent	29	20
769.	Elberfeld, Konsumverein „Gambrinus", e. G. m. b. H., Herr R. Weyerstall. — Herr Ph. Bauscher	*	*
770.	Ennigloh (Post Bünde i. W.), Konsumverein zu Ennigloh und Umgegend, e. G. m. b. H., Herr H. Nienaber. — Herr Schürmeyer	10	—
771.	Eveking, Evekinger Konsumverein, e. G. m. b. H., Herr Carl Berg. — Herr Th. Berg	22	40
	Transport	225	62

Nr.		Beitrag ℳ	₰
	Transport	225	62
772.	**Gütersloh**, Konsumverein Gütersloh und Umgegend, e. G. m. b. H., Herr A. Schachtsieck. — Herr Hermjakob, Buchbinder . .	10	—
773.	**Iserlohn**, Iserlohner Konsumverein, e. G. m. b. H., Herr H. Quinke. — Herr L. W. Herbers	100	—
774.	**Lennep**, Lenneper Konsumverein, e. G. m. b. H, Herr O. Knake. — Herr Raikowsky, Lehrer.	15	15
775.	**Lüdenscheid**, Lüdenscheider Konsumverein, e. G. m. b. H., Herr A. Wegerhoff. — Herr E. Nolte	34	65
776.	**Lütgendortmund**, Konsumverein „Glückauf", e. G. m. b. H., Herr W. Schmitz. — Herr F. Partmann.	10	—
777.	**Neuenkleusheim** (Post Olpe i. W.), Konsumverein Kleusheim, e. G. m. b. H., Herr A. Menne. — Herr Aßmann	10	—
778.	**Olpe** i. Westf., Konsumverein, e. G. m. b. H., Herr W. Bieker. — Herr Joh. Villmer	10	—
779.	**Osterfeld** i. Westf, Konsumverein, e. G. m. b. H., Herr Neuhöfer. — Herr Lockert.	27	25
780.	**Ottbergen**, Konsumverein, e. G. m. b. H., Herr Bömelburg. — Herr Tegethoff	10	—
781.	**Paderborn**, Konsumverein zu Paderborn, e. G. m. b. H., Herr Ortner. — Herr Müller, Bauinspektor	23	40
782.	**Rhode** bei Olpe, Konsumverein, e. G. m. b. H., Herr Fr. Halbe. — Herr J. Middel.	10	—
783.	**Schalksmühle**, Konsumverein, e. G. m. b. H., Herr A. Jung. — Herr Alb. Pfender.	10	—
784.	**Soest**, Beamten-Konsumverein, e. G. m. b. H., Herr Heinr. Wendt. — Herr Betriebswerkmeister Priem	*	*
785.	**Wanne**, Konsumverein „Selbsthilfe", e. G. m. b. H., Herr W. Heuer. — Herr H. Kaienburg	32	10
786.	**Werdohl**, Werdohler Konsum- und Produktivverein, e. G. m. b. H., Herr Jak. Hoffmann. — Herr H. Thomée	25	35
787.	**Werther** i. Westf., Konsumverein zu Werther in W. und Umgegend, e. G. m. b. H., Herr E. Banze. — Herr W. Diembeck, Zigarrenarbeiter	10	—
788.	**Wesel**, Weseler Beamten-Konsumverein, e. G. m. b. H., Herr Schroeder. — Herr Böhm, Oberpostassistent.	20	80
789.	**Wetter** a. d. Ruhr, Konsumverein, e. G. m. u. H., Herr O. Küper. — Herr Fabrikbesitzer C. Gravemann, Kommerzienrat	66	—
	Summa	650	32

20. Verband der Vorschußvereine in der Provinz Sachsen und dem Herzogtum Anhalt.

Direktor: Herr E. Hartung in Merseburg.
1. Stellvertreter: Herr F. Thormann in Gollme (Kr. Delitzsch).
2. Stellvertreter: Herr Brückner in Freiburg a. Unstrut.
Verbands-Revisor: Herr O. Soerensen in Berlin.

(40 Vereine.)

a. Vorschußvereine.

Nr.		Beitrag ℳ	₰
790.	**Ballenstedt**, Ballenstedter Vereinsbank, e. G. m. u. H., Herr W. Kranich. — Herr A. Nary	10	—
791.	**Belgern**, Vorschußverein, e. G. m. u. H., Herr Berge. — Herr J. Rasche.	17	60
	Transport	27	60

		Beitrag ℳ	₰
	Transport	27	60
792.	Benneckenstein, Spar- und Vorschußbank, e. G. m. u. H., Herr Süßmann. — Herr Pfarre	31	20
793.	Bibra, Vorschußverein Bibra, e. G. m. b. H., Herr G. Passel. — Herr E. Schmidt	10	—
794.	Brehna, Vorschußverein, e. G. m. u. H., Herr W. Meinhardt. — Herr Mahn	10	—
795.	Cöthen (Anhalt), Vorschußbank zu Cöthen, e. G. m. u. H., Herr C. Patzke. — Herr G. Hundt	11	14
796.	Crossen bei Zeitz, Vorschußverein, e. G. m. b. H., Herr M. Schneider. — Herr A. Gröbe	12	—
797.	Delitzsch, Vorschußverein zu Delitzsch, e. G. m. u. H., Herr E. Scholz. — Herr Büchner, Lehrer	24	06
798.	Dommitzsch, Vorschußverein zu Dommitzsch, e. G. m. u. H., Herr Otto Lantzsch. — Herr Wilh. Hauser, Ökonom	100	—
799.	Düben, Vorschuß- und Sparverein zu Düben, e. G. m. u. H., Herr Albert Simon. — Herr M. Schöne.	26	76
800.	Eckartsberga, Vorschußverein zu Eckartsberga, e. G. m. u. H., Herr C. Mirus. — Herr W. Menge, Schneidermeister	10	—
801.	Eilenburg, Darlehnskassen-Verein in Eilenburg, e. G. m. u. H., Herr Rupp. — Herr R. Jänichen, Kaufmann	44	20
802.	Ellrich am Harz, Spar- und Vorschußverein, e. G. m. u. H., Herr H. Tepper. — Herr H. Kellner, Schlächtermeister	10	—
803.	Freiburg a. U., Vorschußverein zu Freiburg a. U., e. G. m. b. H., Herr B. Sachse. — Herr Rottig, Maurermeister	85	55
804.	Gollme b. Landsberg b. Halle, Vorschußverein, e. G. m. u. H., Herr F. Thormann. — Herr G. Busse, Lehrer	78	73
805.	Gräfenhainichen (Bez. Halle), Vorschußverein, e. G. m. b. H., Herr E. Walther. — Herr Otto Sachtler.	39	30
806.	Helbra (Mansfelder Seekreis), Volksbank Helbra, e. G. m. b. H., Herr C. Erler. — Herr H. Fügemann, Gasthofbesitzer	10	—
807.	Heringen a. Helme, Vorschußverein, e. G. m. u. H., Herr Meyer. — Herr Friedrich Heise	13	63
808.	Hohenmölsen, Vorschuß- und Sparverein, e. G. m. b. H., Herr C. Schulze. — Herr Lehrer Bahre	13	17
809.	Jessen (Bez. Halle a. S.), Vorschußverein, e. G. m. u. H., Herr Paul Raschig. — Herr E. Lausch	14	62
810.	Kemberg, Spar- und Kreditverein zu Kemberg, e. G. m. u. H., Herr B. Redlich. — Herr R. Thieme, Brauereibesitzer	14	52
811.	Kösen (Bad), Vorschußverein zu Kösen a. S., e. G. m. u. H., Herr Hertel. — Herr Uthpadel	10	—
812.	Liebenwerda, Spar- und Darlehnskasse, e. G. m. b. H., Herr O. Kaube. — Herr C. Flehmig	10	54
813.	Mansfeld, Spar- und Kreditbank, e. G. m. u. N., Herr Gustav Kellermann. — Herr G. Gebhardt	20	50
814.	Merseburg, Vorschußverein zu Merseburg, e. G. m. b. H., Herr F. Dürr. — Herr E. Richter	100	—
815.	Mücheln (Bez. Halle), Vorschußverein zu Mücheln, e. G. m. b. H., Herr L. Lerche. — Herr O. Apel	42	91
816.	Mühlberg a. E., Vorschußverein, e. G. m. b. H., Herr A. Teiche. — Herr Lindhorst	32	94
817.	Nienburg a. S., Vorschußverein, e. G. m. u. H., Herr Franz Knauf. — Herr C. Ruder	15	60
818.	Prettin (Kr. Torgau), Vorschußverein zu Prettin, e. G. m. u. H., Herr A. Schurad. — Herr R. Plesse, Kaufmann	14	36
819.	Pretzsch a. E., Pretzscher Spar- und Leihbank, e. G. m. u. H., Herr Höffler. — Herr Hentschel	10	—
	Transport	843	33

Nr.		Beitrag ℳ	₰
	Transport	843	33
820.	Querfurt, Vorschußverein, e. G. m. b. H, Herr Trautmann. — Herr W. Bernstein, Rentier	100	—
821.	Roitzsch, Vorschußverein, e. G. m. u. H., Herr F. Haller. — Herr O. Apitzsch	10	—
822.	Roßleben, Vorschuß- und Kreditverein, e. G. m. u. H., Herr F. Bloßfeld. — Herr Harsing	24	02
823.	Schweinitz a. Elster, Nördliche Kreditbank des Schweinitzer Kreises, zu Schweinitz, e. G. m. u. H. (mit Zweigniederlassungen zu Schönewalde und Schlieben), Herr Roggan. — Herr Klempnermeister Günther	56	54
824.	Silberhütte (Anhalt), Zentralgenossenschaft, e. G. m. b. H., Herr A. Föhr. — Herr W. Wynne	10	—
825.	Wettin a. S., Vorschußverein zu Wettin, e. G. m. u. H., Herr Albert Herzer. — Herr F. Elste	10	—
826.	Wiehe (Bez. Halle a. S.), Vorschußverein zu Wiehe, e. G. m. u. H., Herr Moritz Heyne. — Herr Otto Wels	44	08
827.	Zörbig, Spar- und Vorschußverein zu Zörbig, e. G. m. u. N., Herr H. Schoch. — Herr C. Nordt, Lehrer	51	21
	b. Andere Genossenschaften.		
828.	Mansfeld, Nutzgeflügelzucht-Genossenschaft, e. G. m. b. H., Herr Rechtsanwalt Schaaff. — Herr Bürgermeister Schlimbach	10	—
829.	Mühlberg a. Elbe, Brauerei und Malzfabrik Mühlberg a. E., e. G. m. b. H., Herr D. Binne. — Herr A. Teiche	*	*
	Summa	1159	18

21. Verband der Konsumvereine der Provinz Sachsen und der angrenzenden Provinzen und Staaten.

Direktor: Herr G. Oppermann in Magdeburg, Moltkestr. 3.

1. Stellvertreter: Herr Ernst in Grund a. Harz.

2. Stellvertreter: Herr Rechnungsrat Rebslob in Halle a. S.

Verbands-Revisoren: die Herren G. Oppermann in Magdeburg, Rechnungsrat L. Rebslob in Halle a. S., L. Gille in Neudorf bei Harzgerode, Kofahl in Holzminden, Stürmer in Clausthal-Zellerfeld.

(161 Vereine.)

Nr.		Beitrag ℳ	₰
	a. Konsumvereine.		
830.	Ackenhausen (Post Gandersheim), Konsumverein f. A. u. Umgegend, e. G. m. b. H., Herr A. Buhl. — Herr H. Kleimann	10	—
831.	Ahlshausen b. Salzderhelden, Konsumverein Ahlshausen, e. G. m. b. H., Herr Pralle. — Herr C. Friedhoff	10	—
832.	Altenau a. Harz, Konsumverein, e. G. m. b. H., Herr Böhm. — Herr Schraube, Königl. Oberförster	20	10
833.	Astfeld (Braunschweig, Post Langelsheim), Konsumverein Astfeld, e. G. m. b. H., Herr F. Netz. — Herr H. Bock, Maurer	10	—
834.	Atzendorf b. Förderstedt, Konsumverein, e. G. m. b. H., Herr R. Köhler. — Herr R. Ostmann	10	—
835.	Barbis, Konsumverein zu Barbis, e. G. m. b. H., Herr F. R. Fischer. — Herr E. Rojan	10	20
836.	Bartolfelde (Post Osterhagen), Konsumverein, e. G. m. b. H., Herr H. Wolke. — Herr O. Breme	10	—
	Transport	80	30

		Beitrag ℳ	₰
	Transport	80	30
837.	Beddingen (Post Wolfenbüttel), Konsumverein, e. G. m. b. H., Herr L. Timpe. — Herr F. Papendorf	10	—
838.	Bennstedt, Konsumverein für Bennstedt, e. G. m. b. H., Herr Fr. Mehl. — Herr Fr. Müller	10	—
839.	Bitterfeld, Konsumverein, e. G. m. b. H., Herr O. Pisch. — Herr O. Küster	14	25
840.	Blankenburg a. H., Konsumverein Blankenburg a. H., e. G. m. b. H., Herr Fr. Luchte. — Herr H. Luchte	60	45
841.	Blumenthal (Hann.), Konsumverein für Blumenthal und Umgegend, e. G. m. b. H., Herr H. Meier. — Herr Meyerdiercks	10	—
842.	Bodenfelde, Haushaltungs-Verein für Bodenfelde und Umgegend, e. G. m. b. H., Herr W. Grupe. — Herr H. Quast	10	—
843.	Braunlage a. H., Konsumverein Braunlage a. H., e. G. m. b. H., Herr Fliegel. — Herr Fritz Winkel, Forstwegewärter	10	—
844.	Braunschweig, Beamten-Konsumverein, e. G. m. u. H., Herr Günther. — Herr Leue, Eisenbahnsekretär	39	10
845.	Brehna, Konsumverein Brehna, e. G. m. b. H., Herr C. Beyer. — Herr F. Franke	10	—
846.	Broistedt, Konsumverein Broistedt, e. G. m. u. H., Herr H. Markworth. — Herr A. Jsensee	10	—
847.	Brückfeld b. Fürstenberg a. Weser, Brückfelder Konsumverein, e. G. m. b. H., Herr M. E. Nölle. — Herr O. Jürgens	10	—
848.	Burg bei Magdeburg, Konsumverein zu Burg, e. G. m. b. H., Herr C. Ahlert. — Herr Bureauarbeiter C. Haupt	87	—
849.	Burgscheidungen (Post Laucha), Konsumverein für Burgscheidungen und Umgegend, e. G. m. b. H., Herr L. Beyer. — Herr W. Bornschein	10	—
850.	Calbe a. Milde, Konsumverein Calbe a. M. und Umgegend, e. G. m. b. H., Herr W. Mertens. — Herr H. Großmeier	10	—
851.	Carsdorf, Konsumverein, e. G. m. b. H., Herr C. Hennicke. — Herr A. Bilke, Schneidermeister	10	—
852.	Clausthal-Zellerfeld, Clausthal-Zellerfelder Konsumverein, e. G. m. b. H., Herr Schennen. — Herr Boltze, Bergrat	92	40
853.	Cramme bei Barum (Braunschweig), Konsumverein Cramme, e. G. m. u. H., Herr Maurer Chr. Beutnagel. — Herr Haane	10	—
854.	Cröllwitz b. Halle a. S., Allgem. Konsumverein zu Cröllwitz b. Halle a. S., e. G. m. b. H., Herr C. Voigt. — Herr O. Oswald	10	—
855.	Dammendorf b. Nienburg a. S., Konsumverein, e. G. m. b. H., Herr Louis Ebert. — Herr R. Thiem	10	—
856.	Deersheim bei Wasserleben, Konsumverein, e. G. m. u. H., Herr C. Nehrkorn. — Herr Hundertmark	10	—
857.	Dessau, Konsumverein Dessauer Beamten, e. G. m. b. H., Herr Henze. — Herr Dr. Wickenhagen	21	—
858.	Dettum, Konsumverein Dettum, e. G. m. b. H., Herr W. Achilles. — Herr H. Allermann	10	—
859.	Dögerode b. Calefeld, Konsumverein zu Dögerode, e. G. m. u. H., Herr F. Paare. — Herr A. Appuhn	10	—
860.	Dölau b. Halle a. S., Allgemeiner Konsumverein zu Dölau b. Halle a. S., e. G. m. b. H., Herr F. Damm. — Herr G. Böber, Steinsetzmeister	44	85
861.	Dörnten, Konsumverein Dörnten, e. G. m. b. H., Herr H. Fuhst. — Herr F. Debbertin	*	*
862.	Dorste (Kreis Osterode a. Harz), Konsumverein für Dorste und Umgegend, e. G. m. b. H., Herr C. Roddewig. — Herr A. Wedemeyer	11	70
863.	Düben, Konsumverein, e. G. m. b. H., Herr O. Pönicke. — Herr A. Fritzsche	10	—
	Transport	631	05

		Beitrag M	₰
	Transport	631	05
864.	**Echte**, Konsumverein für Echte und Umgegend, e. G. m. u. H., Herr H. Sander. — Herr W. Klie	10	—
865.	**Eilenburg**, Waren-Einkaufsverein zu Eilenburg, e. G. m. b. H., Herr Bruns. — Herr Meier, Zugführer	10	—
866.	**Eisdorf** b. Gittelde, Konsumverein Eisdorf, e. G. m. b. H., Herr A. Berthaus. — Herr Dunker	10	—
867.	**Elbingerode** a. Harz, Elbingeroder Konsumverein, e. G. m. b. H., Herr A. Dickmann. — Herr Fr. W. Herdam	15	30
868.	**Erdeborn** bei Oberröblingen am See, Konsumverein, e. G. m. b. H., Herr F. Stiebritz. — Herr Carl Friedmann	10	35
869.	**Erfurt**, Waren-Einkaufs- und Herstellungs-Abteilung des Thüringer Beamtenvereins, e. G. m. b. H., Herr L. Bienert. — Herr Bureauvorsteher A. Küstner	10	50
870.	**Falkenberg** b. Halle a. S., Konsumverein für Falkenberg und Umgegend, e. G. m. b. H., Herr Becker. — Herr Auerbach, Bureaugehilfe	16	20
871.	**Fredelsloh**, Konsumverein für Fredelsloh und Umgegend, e. G. m. b. H., Herr Thielebeule. — Herr Fr. Dörnter	10	—
872.	**Friedersdorf** b Bitterfeld, Konsumverein Friedersdorf, e. G. m. u. H., Herr H. Alter. — Herr H. Bassin, Schlosser	10	—
873.	**Fümmelse** bei Wolfenbüttel, Konsumverein, e. G. m. b. H., Herr W. Schüßler. — Herr H. Wolters	10	—
874.	**Gandersheim**, Konsumverein, e. G. m. b. H., Herr W. Nothdurft. — Herr W. Freise	10	—
875.	**Gardelegen**, Konsumverein für Gardelegen und Umgegend, e. G. m. b. H., Herr C. Starke. — Herr Schernikau	28	80
876.	**Gebhardshagen**, Konsumverein, e. G. m u. H., Herr H. Lindenberg. — Herr H. Ehlers	10	—
877.	**Gielde** b. Börßum, Konsumverein, e. G. m. b. H., Herr W. Giesicke. — Herr Fr. Buhs	10	—
878.	**Gittelde**, Konsumverein Gittelde, e. G. m. b. H., Herr A. Hellmann. — Herr W. Hühne, Böttcher	10	—
879.	**Gitter** a. Bg. (Post Salzgitter), Konsumverein, e. G. m. b. H., Herr C. Bothe. — Herr W. Meyer	?	?
880.	**Glöthe**, Konsumverein Glöthe, e. G. m. b. H., Herr W. Schleyßing. — Herr Dierkopf	10	—
881.	**Gollme** (Post Landsberg b. Halle a. S.), Konsumverein für Gollme und Umgegend, e. G. m. b. H., Herr Herm. Zille. — Herr Wilh. Metzger	17	70
882.	**Goslar**, Konsumverein der Berg- und Hüttenleute, e. G. m. b. H., Herr Karl Knorr. — Herr A. Paulmann	82	91
883.	**Gräfenhainichen** (Bez. Halle), Konsumverein für Gräfenhainichen und Umgegend, e. G. m. b. H., Herr H. Heinze. — Herr Louis Pulß	10	—
884.	**Groß-Salze** b. Schönebeck a. E., Konsumverein, e. G. m. b. H., Herr Wilh. Weiß. — Herr W. Keuhme	10	95
885.	**Grund** am Harz, Konsumverein, e. G. m. b. H., Herr C. Ernst. — Herr Ehring	15	15
886.	**Halberstadt**, Konsumgenossenschaft des Eisenbahnvereins Halberstadt, e. G. m. b. H., Herr Hugo Heinemann. — Herr Joh. Herr	10	—
887.	**Halle** a. S., Beamten-Konsumverein, e. G. m. b. H., Herr Richter. — Herr Geh. Baurat Reuter	100	—
888.	**Halle** a. S., Neuer Konsumverein für Halle a. S. und Umgegend, e. G. m. b. H., Herr A. Krüger. — Herr Wilh. Stahlmann	12	03
889.	**Hameln**, Beamten-Konsumverein Hameln, e. G. m. b. H., Herr G. Bien. — Herr Karl Gärtner, Eisenbahntelegraphenmeister	16	65
	Transport	1097	59

		Beitrag ℳ	₰
	Transport	1097	59
890.	**Harlingerode**, Konsumverein, e. G. m. b. H., Herr A. Petri. Herr Willgerodt	13	80
891.	**Harriehausen**, Konsumverein zu Harriehausen und Umgegend, e. G. m. b. H., Herr W. Grotjahn. — Herr W. Alms	10	—
892.	**Harzburg**, Konsumverein Bündheim, Bad Harzburg und Umgegend, e. G. m. b. H., Herr H. Hoormann. — Herr C. Dehne	?	?
893.	**Heinsen** bei Polle in Braunschweig, Konsumverein zu Heinsen, e. G. m. b. H., Herr Ch. Söffge. — Herr L. Schütte	10	—
894.	**Helmstedt** (Braunschweig), Konsumverein, e. G. m. b. H., Herr F. Brockmann. — Herr Fr. Knigge	13	95
895.	**Höhnstedt** b. Teutschenthal, Konsumverein Amtsbezirk Höhnstedt, e. G. m. b. H., Herr Karl Achilles. — Herr F. Schossig	13	65
896.	**Holzminden**, Konsumverein zu Holzminden, e. G. m. b. H., Herr Wömpner. — Herr Schweimler, Stationsassistent	41	70
897.	**Holzweißig**, Konsumverein Holzweißig und Umgegend, e. G. m. b. H., Herr Aug. Winter. — Herr O. Scheibe	24	30
898.	**Jerstedt** b. Goslar, Konsumverein, e. G. m. b. H., Herr Dieckmann. — Herr Riesener	10	—
899.	**Ildehausen**, Konsumverein „Ildehausen und Umgegend", e. G. m. b. H., Herr C. Wolff. — Herr F. Riesenstahl	10	—
900.	**Ilsenburg**, Konsumverein, e. G. m. b. H., Herr Herm. Ebeling. — Herr G. Ossenkopf	21	75
901.	**Imbshausen**, Konsumverein für Imbshausen und Umgegend, e. G. m. u. H., Herr Friedrichs. — Herr Freiherr von Stralenheim	10	—
902.	**Immendorf** (Braunschweig), Konsumverein Immendorf, e. G. m. b. H., Herr H. Meyer. — Herr W. Lehmberg	10	—
903.	**Kaltendorf** (Post Oebisfelde), Beamten-Konsumverein Kaltendorf, e. G. m. b. H., Herr Piwonka. — Herr Fehlhaber	10	—
904.	**Kemberg**, Konsumverein Kemberg und Umgegend, e. G. m. b. H., Herr Franz Becker. — Herr Albert Nitzschke	10	—
905.	**Königslutter**, Konsumverein, e. G. m. b. H., Herr C. Kramer. — Herr C. Bachmann	24	15
906.	**Langelsheim** (Braunschweig), Konsumverein, e. G. m. b. H., Herr Chr. Pahl. — Herr W. Janecke	18	50
907.	**Langenbogen**, Konsumverein für L. und Umg., e. G. m. b H., Herr Franz Hanstein. — Herr H. Schröder (5 ℳ zu wenig)	5	—
908.	**Lauchstädt** (Bez. Halle a. S.), Konsumverein Lauchstädt, e. G. m. b. H., Herr C. Tille. — Herr F. Helbig	10	—
909.	**Lautenthal**, Konsumverein zu Lautenthal, e. G. m. b. H., Herr H. Sievers. — Herr C. Harzig	18	90
910.	**Lauterberg a. Harz**, Konsumverein, e. G. m. b. H., Herr C. Meyer. — Herr H. Apel	22	05
911.	**Lebenstedt** (Post Salder), Konsumverein, e. G. m. u. H., Herr H. Bortfeld. — Herr Chr. Schamlodt	10	—
912.	**Lerbach** am Harz, Konsumverein, e. G. m. b. H., Herr H. Hase. — Herr W. Wolf	12	—
913.	**Lichtenberg** in Braunschweig, Konsumverein Lichtenberg, e. G. m. b. H., Herr C. Fischer. — Herr W. Düngemann	10	—
914.	**Liebenburg** (Hannover), Konsumverein Lewe-Liebenburg, e. G. m. b. H., Herr F. Busch. — Herr W. Bosse	10	—
915.	**Liebenwerda**, Konsumverein für Liebenwerda und Umgegend, e. G. m. b. H., Herr Messerschmidt. — Herr Fabrikbesitzer Paul Reiß	12	55
916.	**Limlingerode** (Post Tettenborn), Konsumverein Limlingerode, e. G. m. b. H., Herr H. Eisfeld. — Herr F. Strauß	10	—
	Transport	1469	89

		Beitrag M	₰
	Transport	1469	89
917.	**Lobmachtersen** (Post Barum, Braunschweig), Konsumverein Lobmachtersen, e. G. m. u. H., Herr H. Niemeyer. — Herr Grotefendt	10	—
918.	**Moringen** b. Northeim, Konsumverein Moringen und Umgegend, e. G. m. b. H., Herr L. Kerl. — Herr Storre	10	—
919.	**Münchehof** am Harz, Konsumverein, e. G. m. b. H., Herr Schäfer. — Herr E. Rieke	10	—
920.	**Neudorf** b. Harzgerode, Konsumverein Neudorf-Silberhütte, e. G. m. b. H., Herr L. Gille. — Herr W. Bock	10	54
921.	**Neuhaldensleben**, Konsumverein Neuhaldensleben, e. G. m. b. H., Herr M. Uffrecht. — Herr Kaufmann H. Uffrecht	23	10
922.	**Niedereichstädt** (Post Schafstädt), Konsumverein, e. G. m. u. H., Herr C. Kirsten. — Herr A. Kanja	10	—
923.	**Niemegk** bei Bitterfeld, Konsumverein Niemegk, e. G. m. b. H., Herr F. Naumann. — Herr H. Wötzel	10	—
924.	**Nordhausen**, Beamten-Konsumverein zu Nordhausen, e. G. m. b. H., Herr Lorenz. — Herr Lumm	10	—
925.	**Northeim** (Hannover), Konsumverein Northeim, e. G. m. b. H., Herr C. Roddewig. — Herr Willig (zu wenig 5,50 M).	4	50
926.	**Ohlendorf** (Post Salzgitter), Konsumverein Ohlendorf und Umgegend, e. G. m. b. H., Herr Chr. Koch. — Herr Ernst Homann	10	—
927.	**Oker** a. H., Konsumverein, e. G. m. b. H., Herr Palm. — Herr Bräuning	36	45
928.	**Oldenrode** b. Ildehausen, Konsumverein, e. G. m. b. H., Herr A. Hillebrecht. — Herr Sannemann	10	—
929.	**Opperhausen** bei Kreiensen, Konsumverein zu Opperhausen und Umgegend, e. G. m. b. H., Herr A. Greune. — Herr H. Müller	10	—
930.	**Osterhagen**, Konsumverein, e. G. m. u. H., Herr C. Leunig. — Herr L. Schomburg	10	—
931.	**Osterode** a. H., Konsumverein, e. G. m. b. H., Herr Schaber. — Herr Rektor Espe	32	74
932.	**Othfresen**, Konsumverein Othfresen-Heißum, e. G. m. b. H., Herr W. Lange. — Herr W. Müller	10	—
933.	**Ottenstein** (Braunschweig), Konsumverein, e. G. m. b. H., Herr Fr. Wiedbrauck. — Herr H. Lüning	10	—
934.	**Pohritzsch** (Post Brehna, Kr. Bitterfeld), Konsumverein Pohritzsch und Umgegend, e. G. m. b. H., Herr Otto Berger. — Herr Aug. Kürzer	10	—
935.	**Pouch**, Konsumverein zu Pouch, e. G. m. b. H., Herr W. Lehmann. — Herr H. Schubert	12	30
936.	**Rittierode** bei Salzderhelden, Konsumverein Rittierode, e. G. m b. H., Herr H. Oppermann. — Herr G. Friedrichs	10	—
937.	**Rösa**, Konsumverein Rösa, e. G. m. b. H., Herr R. Naumann. — Herr W. Heinold jr.	10	—
938.	**Roitzsch**, Konsumverein, e. G. m. b. H., Herr P. Reichelt. — Herr F. Schumann, Zimmerer	10	50
939.	**Roßlau** a. Elbe, Sachsenbergischer Konsumverein, e. G. m. b. H., Herr Fr. Krüger. — Herr Ingenieur Wilh. Passow	10	—
940.	**Rühle** (Post Bodenwerder), Konsumverein, e. G. m. b. H., Herr Fr. Mayerhenke. — Herr A. Schünemann	10	—
941.	**Rüningen** b. Braunschweig, Konsumverein zu Rüningen, e. G. m. b. H., Herr H. Probst. — Herr H. Peters, Maurer	10	—
942.	**Salza** (Harz), Konsumverein zu Salza und Umgegend, e. G. m. b. H., Herr H. Dietrich. — Herr O. Grimm	10	—
	Transport	1790	02

		Beitrag ℳ	₰
	Transport	1790	02
943.	Salzdahlum (Post Wolfenbüttel), Konsumverein Salzdahlum, e. G. m. b. H., Herr H. Bosse. — Herr C. Baars	10	—
944.	Sankt-Andreasberg, Konsumverein, e. G. m. b. H., Herr A. Bock. — Herr Werner, Berginspektor	19	05
945.	Schafstädt (Bez. Halle a. S.), Konsumverein, e. G. m. b. H., Herr Teichmann. — Herr M. Hölzig	10	—
946.	Schiepzig b. Salzmünde, Allgemeiner Konsumverein zu Schiepzig, e. G. m. b. H., Herr H. Triebel. — Herr Schlegelmilch	11	70
947.	Schladen a. Harz, Konsumverein, e. G. m. b. H., Herr W. Unverhau. — Herr H. Becker, Maurer .	10	—
948.	Schochwitz b. Salzmünde, Konsumverein Schochwitz, e. G. m. b. H., Herr W. Stößel. — Herr Karl Narrasch	10	—
949.	Schönhagen (Hannover), Konsumverein, e. G. m. b. H., Herr K. Brandt. — Herr Philipps, Lehrer	10	—
950.	Schraplau, Konsumverein, e. G. m. b. H., Herr Rabe. — Herr Ehring, Aufseher	10	—
951.	Schwemsal (Post Düben), Konsumverein Schwemsal, e. G. m. b. H., Herr H. Martin. — Herr Ferd. Kläring	10	—
952.	Sonneberg i. Thür., Neuer Konsum- und Produktivverein für Sonneberg und Umgegend, e. G. m. b. H., Herr H. Mylius. — Herr E. Förster	*	*
953.	Steigra b. Querfurt, Konsumverein, e. G. m. u. H., Herr Lautenschläger. — Herr F. Pänzer	10	—
954.	Steina bei Herzberg im Harz, Konsumverein, e. G. m. b. H., Herr Fr. Morich. — Herr Fr. Lauenstein	10	—
955.	Stiege, Konsumverein Stiege, e. G. m. b. H., Herr Fr. Rienäcker. — Herr H. Lutze.	10	—
956.	Stöckey (Post Tettenborn), Konsumverein, e. G. m. b. H., Herr Polle. — Herr H. Echtermeyer	10	—
957.	Straßberg a. Harz, Konsumverein Straßberg a. Harz, e. G. m. b. H., Herr Rob. Marschhausen. — Herr Ortsschulze C. Ermisch	10	—
958.	Tettenborn, Konsumverein Tettenborn, e. G. m. b. H., Herr Fr. Hieser. — Herr K. Engelmann	10	—
959.	Teutschenthal, Konsumverein Amtsbez. Teutschenthal, e. G. m. b. H., Herr K. Koch. — Herr F. Ködderitz.	53	55
960.	Thiede, Konsumverein Thiede, e. G. m. b. H., Herr W. Bahldiek. — Herr K. Löhr.	18	—
961.	Torgau, Allgemeiner Konsumverein für Torgau und Umgegend, e. G. m. b. H., Herr Bellin. — Herr Woche, Stationsassistent .	20	47
962.	Trebitz a. Elbe, Konsumverein Trebitz a. E. und Umgegend, e. G. m. b. H., Herr E. Wend. — Herr G. Deumich	10	—
963.	Trebra b. Nordhausen, Konsumverein zu Trebra, e. G. m. b. H., Herr C. Mund. — Herr W. Biel	10	—
964.	Uelzen, Haushaltsverein für Eisenbahnbeamte und Arbeiter, e. G. m. b. H., Herr Chr. Walter. — Herr C. Heinemann . .	11	15
965.	Upen (Post Othfresen), Konsumverein Upen, e. G. m. b. H., Herr Broihan. — Herr C. Berkefeld	10	—
966.	Uslar, Uslarer Konsumverein, e. G. m. b. H., Herr A. Müller — Herr Th. Hoffmann	14	50
967.	Volpriehausen, Konsumverein, e. G. m. b. H., Herr Carl Sprenger. — Herr August Barnbeck.	10	—
968.	Wansleben (Amtsbezirk Langenbogen), Allgemeiner Konsumverein Wansleben, e. G. m. b. H., Herr F. Kaiser. — Herr A. Dietrich, Bergmann	13	72
969.	Wasserleben, Konsumverein, e. G. m. u. H., Herr R. Elies. — Herr W. Köhler	10	—
	Transport	2132	16

		Beitrag M	Pf
	Transport	2132	16
970.	**Wernigerode**, Wernigeröder Konsumverein, e. G. m. b. H., Herr Timpe. — Herr Gehlhardt, Lehrer	10	—
971.	**Werningerode** bei Bleicherode, Konsumverein, e. G. m. b. H., Herr K. Küchenthal. — Herr K. Bundfuß	10	—
972.	**Westerhof** bei Echte, Konsumverein, e. G. m. b. H., Herr W. Benshausen. — Herr H. Schmidt	10	—
973.	**Westerode** am Harz, Konsumverein Westerode und Umgegend, e. G. m. b. H., Herr H. Bormann. — Herr A. Reinecke	10	—
974.	**Wettin** a. S., Konsumverein, e. G. m. b. H., Herr F. Nindel. — Herr Fr. Valentin	18	12
975.	**Wiedemar** (Post Glesien), Konsumverein für Wiedemar und Umgegend, e. G. m. b. H., Herr Ed. Lehmer. — Herr Franz Knötzsch, Zimmerer	10	—
976.	**Wildemann**, Konsumverein, e. G. m. b. H., Herr Alb. Kopp. — Herr A. Schäder	10	54
977.	**Willershausen** bei Echte, Konsumverein, e. G. m. u. H., Herr Aug. Johanning. — Herr H. Klaproth	10	—
978.	**Windhausen** (Post Gittelde), Konsumverein Selbsthilfe zu Windhausen, e. G. m. b. H., Herr Aug. Schrader. — Herr H. Wiese	10	—
979.	**Wittenberg** (Bezirk Halle), Konsumverein, e. G. m. b. H., Herr W. Wagner. — Herr Zimmer, Lehrer	10	95
980.	**Wittenberg** (Bezirk Halle), Beamten-Konsumverein, e. G. m. b. H., Herr P. Schneider. — Herr Sahland, Postassistent	10	—
981.	**Wolfen** (Post Jeßnitz, Anh.), Konsumverein, e. G. m. b. H., Herr R. Kirsch. — Herr W. Naumann	10	—
982.	**Wolfenbüttel**, Beamten-Konsumverein, e. G. m. b. H., Herr Garbe. — Herr Kramer, Amtsvogt	10	—
983.	**Wolfshagen** bei Wolfenbüttel, Alter Konsumverein, e. G. m. b. H., Herr A. Pahl. — Herr H. Rowold	10	—
984.	**Wulften** a. Harz, Konsumverein, e. G. m. u. H., Herr Heise. — Herr W. Hesse, Arbeiter	10	—
985.	**Zappendorf**, Allgemeiner Konsumverein, e. G. m. b. H., Herr K. Kloß. — Herr Ferd. Holzhause	16	50
986.	**Zöschen**, Konsumverein Zöschen und Umgegend, e. G. m. b. H., Herr G. Suderlau. — Herr G. Quirin	10	—
987.	**Zscherben** b. Schlettau a. Saale, Allgemeiner Konsumverein zu Zscherben, e. G. m. b. H., Herr G. Schaaf. — Herr Alb. Koch	11	70
	b. Andere Genossenschaften.		
988.	**Magdeburg**, Rohstoff-Association der Schneidermeister, e. G. m. u. H., Herr R. Voigt. — Herr A. Finke	21	18
989.	**Magdeburg**, Rohstoff-Association der Schuhmacher zu Magdeburg, e. G. m. b. H., Herr W. Kühne. — Herr W. Hille	10	—
990.	**Wolfenbüttel**, Rohstoff-Genossenschaft der Schuhmachermeister zu Wolfenbüttel, e. G. m. b. H., Herr L. Bode. — Herr W. Sassel	10	—
	Summa	2371	15

22. Verband Sächsischer Erwerbs- und Wirtschaftsgenossenschaften.

Direktor: Herr Aug. Friedr. Hüfner in Chemnitz.
1. Stellvertreter: Herr M. Sauer in Leipzig.
2. Stellvertreter: Herr Borkhardt in Pulsnitz.
Verbands-Revisor: Herr Edwin Rüdiger in Chemnitz.

(35 Vereine.)

a. Vorschußvereine.

		Beitrag ℳ	₰
991.	Altmittweida, Spar- und Kreditverein, e. G. m. b. H., Herr R. Müller. — Herr Franz Müller	15	56
992.	Aue i. Erzg., Spar- und Kreditverein für Aue i. Erzg. und Umgegend, e. G. m. b. H., Herr Paul Berndt. — Herr M. O. Borrmann	37	29
993.	Auerbach im Vogtl., Spar- und Vorschußverein zu Auerbach, e. G. m. b. H., Herr Emil Wolf. — Herr H. Stelzner	100	—
994.	Borstendorf, Spar- und Vorschußverein zu Borstendorf, e. G. m. u. H., Herr C. Oehme. — Herr E. Wittig	20	67
995.	Burkhardtsdorf, Spar- und Vorschußverein, e. G. m. u. H., Herr C. Schüppel. — Herr Gemeindevorsteher und Strumpffaktor C. W. Weinhold	61	25
996.	Chemnitz, Spar- und Kreditbank, e. G. m. u. H., Herr A. F. Hüfner. — Herr W. Hoppe	100	—
997.	Claußnitz bei Bienenmühle, Spar- und Vorschußverein, e. G. m. u. H., Herr H. Körner. — Herr H. Gelbricht	16	53
998.	Deutschneudorf, Sparverein, e. G. m. u. H., Herr Louis Reichelt. — Herr C. Hofmann, Bäckermeister	10	—
999.	Euba bei Chemnitz, Spar- und Kreditverein, e. G. m. u. H., Herr F. E. Morgenstern. — Herr J. Felber	23	06
1000.	Glauchau, Glauchauer Spar- und Kreditbank, e. G. m. b. H., Herr Th. Neugebauer. — Herr A. J. Scholz.	10	—
1001.	Heidelberg bei Seiffen, Spar- und Vorschußverein für Heidelberg, Seiffen und Umgegend, e. G. m. u. H., Herr Leberecht Wagner. — Herr H. F. Fischer in Seiffen	15	51
1002.	Kirchberg i. S., Vorschußverein, e. G. m. u. H., Herr Zeidler. — Herr Klug	55	15
1003.	Königstein a. Elbe, Kreditverein, e. G. m. b. H., Herr J. Naumann. — Herr H. Schiffner	19	05
1004.	Leipzig, Leipziger Kreditbank, Aktien-Gesellschaft, Herr Dr. Helm. — Herr Rob. Zwicker	100	—
1005.	Leipzig, Spar- und Gewerbebank zu Leipzig, e. G. m. u. H., Herr M. Sauer. — Herr Otto Göttel	100	—
1006.	Leipzig-R., Constantinstr. 14, Allgemeine deutsche Spar- und Vorschußkasse für Lehrer, e. G. m. b. H., Herr E. Haferkorn. — Herr Frz. Treutler	63	80
1007.	Leubsdorf i. Sachs., Spar- und Vorschußverein „Eintracht" zu Leubsdorf, e. G. m. u. H., Herr J. R. Pauli. — Herr Gutsbesitzer F. E. Loose	15	78
1008.	Lobstädt, Spar- und Vorschußverein für Lobstädt und Umgegend, e. G. m. u. H., Herr Georg Erler. — Herr T. Thiele, Gutsbesitzer	81	50
1009.	Meißen, Kreditverein zu Meißen. e. G. m. b. H., Herr O. Reinhard. — Herr Herrmann	95	45
1010.	Mittweida, Kreditverein, e. G. m. u. H., Herr Hermann Schulze. — Herr Eduard Weise	10	—
1011.	Mügeln (Bez. Leipzig), Kreditverein zu Mügeln, e. G. m. b. H., Herr Striegler. — Herr Prüfer.	68	20
	Transport	1018	79

		Beitrag M	₰
	Transport	1018	79
1012.	Olbernhau, Spar- und Vorschußverein Olbernhau, e. G. m. b. H., Herr A. Windisch. — Herr Ant. Uhlmann	20	87
1013.	Ottendorf (Bezirk Leipzig), Sparverein, e. G. m. u. H., Herr Geißler. — Herr Bruno Dietze, Gutsbesitzer	10	—
1014.	Penig i. Sachsen, Vorschuß- und Sparverein, e. G. m. u. H., Herr H. Kühn. — Herr O. Ziegenspeck	12	88
1015.	Pulsnitz i. Sachsen, Spar- und Vorschußverein, e. G. m. b. H., Herr R. Borkhardt. — Herr Paul Raupach	51	76
1016.	Radeberg, Radeberger Volksbank, e. G. m. b. H., Herr Max Schulze. — Herr Kurt Barth, Fabrikant	10	—
1017.	Radeburg, Spar- und Kreditverein, e. G. m. u. H., Herr C. Klein. — Herr Haugk	18	71
1018.	Reudnitz-Leipzig, Spar- und Vorschußverein Leipzig-Reudnitz, e. G. m. b. H., Herr M. Köhler. — Herr Kaufmann Ed. Zieger	100	—
1019.	Seiffen, Spar- und Vorschußverein für Seiffen und Umgegend, e. G. m. u. H., Herr O. Frohs. — Herr E. Partsch	10	—
1020.	Siebenlehn, Vorschußverein, e. G. m. b. H., Herr Fr. G. Müller. — Herr Th. Polster	10	—
1021.	Thum, Vorschußverein, e. G. m. u. H., Herr A. Böttger. — Herr Rob. Altmanspacher	86	15
1022.	Trebsen i. Sachsen, Spar- und Vorschußverein, e. G. m. u. H., Herr G. Höhne. — Herr H. Haferkorn, Rentier	54	22
1023.	Wermsdorf, Spar- und Vorschußverein, e. G. m. u. H., Herr R. Liebers. — Herr Brodkorb, Kantor	63	62
1024.	Zwenkau, Zwenkauer Vorschußverein, e. G. m. u. H., Herr B. Kloß. — Herr Bruno Müller	25	44
	b. Andere Genossenschaften.		
1025.	Chemnitz, Chemnitzer Beerdigungsanstalt „Frieden“, e. G. m. b. H., Herr Arthur Kinzel. — Herr Ferd. Hacke	32	61
	Summa	1525	05

23. Verband der Erwerbs- und Wirtschaftsgenossenschaften Schlesiens.

Direktor: Herr Konrad Neugebauer in Breslau, Büttnerstr. 28/31.

1. Stellvertreter: Herr B. Dziekan in Breslau.

2. Stellvertreter: Herr Göhlich in Breslau.

Verbands-Revisoren: die Herren P. Förster in Friedland (Bez. Breslau), H. Schödon in Gleiwitz, M. Scholz in Oels, Oskar Hoffmüller in Breslau, Louis Spitz in Cosel (Schles.), Mugdan in Breslau.

(88 Vereine.)

		Beitrag M	₰
	a. Vorschußvereine.		
1026.	Bauerwitz, Vorschußverein zu Bauerwitz, e. G. m. u. H., Herr Jos. Stanjeck. — Herr Th. Fehlbier	31	25
1027.	Bernstadt i. Schl., Vorschußverein, e. G. m. b. H., Herr Wertun. — Herr Weiß, Kaufmann	37	20
1028.	Beuthen O.-Schl., Vorschußverein, e. G. m. u. H., Herr S. Guttmann. — Herr J. Böhm	20	—
1029.	Breslau, Vorschußverein zu Breslau, e. G. m. b. H., Büttnerstraße 28/31, Herr K. Neugebauer. — Herr Kopisch	100	—
	Transport	188	45

		Beitrag	
		M	₰
	Transport	188	45
1030.	Breslau, Breslauer Volksbank, e. G. m. b. H., Breitestr. 15, Herr B. Dziekan. — Herr August Rudolph	100	—
1031.	Breslau, Breslauer Spar- und Darlehnsverein, e. G. m. b. H., Nikolaistr. 18/19, Herr N. Ollendorf. — Herr Oswald Schlaubitz	*	*
1032.	Brieg (Reg.-Bezirk Breslau), Vorschußverein zu Brieg, e. G. m. u. H., Herr Spieske. — Herr Korn	66	52
1033.	Bunzlau, Vorschußverein zu Bunzlau, e. G. m. u. H., Herr Bischoff. — Herr C. Hoffmann	12	75
1034.	Canth, Vorschußverein, e. G. m. u. H., Herr G. Ende. — Herr Burkert	44	55
1035.	Cosel i. Schl., Vorschußverein in Cosel, e. G. m. u. H., Herr Spitz. — Herr Heintze	100	—
1036.	Cosel i. Schl., Hypotheken-Versicherungs- und Tilgungsverein, e. G. m. u. H., Herr Capauner. — Herr Joh. Gregor	10	—
1037.	Freiburg i. Schl., Vorschußverein zu Freiburg i. Schl., e. G. m. b. H., Herr Regent. — Herr Suppe	100	—
1038.	Freystadt i. Schl., Volksbank zu Freystadt i. Schl., e. G. m. b. H., Herr Jos. Hauke. — Herr Gustav Kloß	21	12
1039.	Friedland (Reg.-Bez. Breslau), Vorschußverein, e. G. m. b. H., Herr P. Förster. — Herr H. Lilge	58	29
1040.	Glatz, Vorschußverein zu Glatz, e. G. m. b. H., Herr Bormann. — Herr J. Täuber	72	54
1041.	Gleiwitz, Vorschußverein, e. G. m. b. H., Herr H. Schoedon. — Herr P. Kuntze	100	—
1042.	Glogau, Vorschußverein zu Glogau, e. G. m. b. H., Herr Klose. — Herr P. Seidel	14	35
1043.	Goldberg i. Schl., Vorschußverein, e. G. m. u. H., Herr O. Dütschke. — Herr Rentier W. Rösler	10	—
1044.	Groß-Neundorf bei Neisse, Vorschußverein zu Groß-Neundorf, e. G. m. b. H., Herr A. Beier. — Herr A. Lorenz	100	—
1045.	Groß-Strehlitz, Vorschußverein, e. G. m. b. H., Herr Rud. Müller. — Herr Herden, Amtsgerichtsrat	36	—
1046.	Groß-Wartenberg, Vorschußverein zu Wartenberg, e. G. m. b. H., Herr P. Scheurich. — Herr C. Hoffmeister	10	—
1047.	Grottkau, Vorschußverein, e. G. m. b. H., Herr Paul Wandrey. — Herr A. Olbricht	100	—
1048.	Grünberg i. Schl., Vorschußverein zu Grünberg, e. G. m. b. H., Herr O. Speich. — Herr F. Winkler, Spediteur	87	58
1049.	Guttentag, Vorschußverein, e. G. m. b. H., Herr F. Hencinski. — Herr Dr. Janietz, Hauptlehrer	21	50
1050.	Habelschwerdt, Vorschußverein, e. G. m. u. H., Herr Aug. Zanger. — Herr Ratsherr Paul	24	81
1051.	Hirschberg i. Schl., Vorschußverein zu Hirschberg, e. G. m. b. H., Herr H. Beer. - Herr Kaufmann H. Ludwig	100	—
1052.	Krappitz, Vorschußverein zu Krappitz, e. G. m. b. H., Herr D. Schmula. — Herr Kimmel	89	—
1053.	Kreuzburg O.-Schl., Vorschußverein, e. G. m. b. H., Herr Steinke. — Herr Wellmann, Ökonomierat und Major a. D.	29	25
1054.	Lauban, Vereinsbank, e. G. m. b. H., Herr Heinrich Opitz. — Herr W. König	39	84
1055.	Leobschütz, Volksbank, e. G. m. u. H., Herr J. Nega. — Herr C. Hoffmann sen.	40	90
1056.	Leobschütz, Vorschußverein, e. G. m. b. H., Herr W. Witte. — Herr B. Czerwonski	?	?
1057.	Lewin bei Glatz, Vorschußverein zu Lewin, e. G. m. u. H., Herr W. Mader. — Herr Ardelt	31	20
	Transport	1558	65

		Beitrag ℳ	₰
	Transport	1558	65
1058.	Liegnitz, Vorschußverein zu Liegnitz, e. G. m. b. H., Herr Hoheisel. — Herr Lochmann, Rentier	20	27
1059.	Liegnitz, Kreditverein zu Liegnitz, e. G. m. u. H., Herr H. Wilde. — Herr Gäbel	71	50
1060.	Löwen i. Schl., Vorschußverein zu Löwen, e. G. m. u. H., Herr Dr. med. Basset. — Herr Loewy, Rechtsanwalt	35	90
1061.	Lublinitz, Vorschußverein zu Lublinitz, e. G. m. u. H., Herr Louis Schlesinger. — Herr Ziemann, Rechtsanwalt und Notar	13	—
1062.	Lüben i. Schl., Vorschußverein, e. G. m. u. H., Herr A. Kullmann. — Herr Andersjohn	10	—
1063.	Mittelschreibendorf (Post Schreibendorf, Kr. Strehlen), Kredit-, Spar- und Konsumverein, e. G. m. u. H., Herr Scholz. — Herr Rosenberger in Gläsendorf	10	—
1064.	Münsterberg i. Schl., Vorschußverein zu Münsterberg, e. G. m. b. H., Herr Hirschberg. — Herr Regwer	76	—
1065.	Namslau, Vorschußverein zu Namslau, e. G. m. b. H., Herr C. Kricke. — Herr W. Ploschke, Kantor	46	30
1066.	Naumburg a. Qu., Vorschußverein zu Naumburg a. Qu., e. G. m. b. H., Herr Knebel. — Herr J. Kindler	44	25
1067.	Neisse, Vorschußverein zu Neisse, e. G. m b. H., Herr H. Niklas. — Herr Erbs	100	—
1068.	Neurode, Vorschußverein zu Neurode, e. G. m. b. H., Herr A. R. Sindermann. — Herr F. Orban	87	20
1069.	Neusalz a. O., Vorschußverein, e. G. m. u. H., Herr E. Fiedler. — Herr M. Adam	43	33
1070.	Neustadt O.-Schl., Vorschußverein, e. G. m. u. H., Herr Emil Metzner. — Herr Schneider, Tuchkaufmann	22	—
1071.	Nimptsch, Vorschußverein, e. G. m. b. H.. Herr Tänzer. — Herr Schneider, Rentier	41	70
1072.	Oels i. Schl., Vorschußverein zu Oels, e. G. m. b. H., Herr T. Herrmann. — Herr C. Kaschner	100	—
1073.	Ohlau, Vorschußverein zu Ohlau, e. G. m. b. H., Herr Paul Hanke. — Herr Carl Weinert	100	—
1074.	Oppeln, Vorschußverein zu Oppeln, e. G. m. b. H., Herr R. Hattwich. — Herr Burghardt	100	—
1075.	Ostrowo (Bez. Posen), Vorschußverein zu Ostrowo, e. G. m. b. H., Herr Goldstein. — Herr Spohn, Professor	19	20
1076.	Ottmachau, Ottmachauer Volksbank, e. G. m. b. H., Herr Dr. Wottke. — Herr H. Opitz	100	—
1077.	Ottmachau, Vorschußverein, e. G. m. b. H., Herr Karl Kriegisch. — Herr E. Kriegisch, Malermeister	44	65
1078.	Parchwitz, Vorschußverein zu Parchwitz, e. G. m. b. H., Herr Vorwerk. — Herr Nixdorf	10	—
1079.	Patschkau, Vorschußverein zu Patschkau, e. G. m. b. H., Herr E. Stritzke. — Herr W. Nentwig	10	—
1080.	Polkwitz, Vorschußverein, e. G. m. u. H., Herr Schinck. — Herr Riedel, Kämmerer	13	50
1081.	Prausnitz (Bez. Breslau), Vorschußverein Prausnitz, e. G. m. b. H., Herr Carl Sächtschale. — Herr C. Obst	17	60
1082.	Priebus, Vorschußverein zu Priebus, e. G. m. b. H., Herr Najork. — Herr Adolf Schlesinger.	?	?
1083.	Raudten (Bez. Breslau), Vorschußverein zu Raudten, e. G. m. u. H., Herr Müller. — Herr Dr. Wünn	10	—
1084.	Reichenbach (Bez. Breslau), Vorschußverein, e. G. m. b. H., Herr A. Gottwald. — Herr Schmidt	61	85
	Transport	2766	90

		Beitrag M	Pf
	Transport	2766	90
1085.	Reinschdorf bei Bösdorf, Vorschußverein zu Reinschdorf, e. G. m. u. H., Herr P. Hoffmann. — Herr Bauerngutsbesitzer A. Flittner in Geltendorf	12	22
1086.	Reinschdorf bei Bösdorf, Vorschuß- und Kreditverein des Neisse-Grottkauer Landkreises, e. G. m. u. H., Herr H. M. Grützner. — Herr Carl Müller	11	—
1087.	Rosenberg O.-Schl., Vorschußverein, e. G. m. u. H., Herr A. Jaschke. — Herr Kucharski	10	—
1088.	Schweidnitz, Vorschußverein zu Schweidnitz, e. G. m. u. H., Herr G. Hornig. — Herr Flittner.	39	57
1089.	Sprottau, Vorschußverein zu Sprottau, e. G. m. u. H., Herr O. Lechner. — Herr Elsner	10	—
1090.	Steinau a. O., Spar- und Vorschußverein zu Steinau, e. G. m. b. H., Herr Kientoff. — Herr G. Hauck	10	—
1091.	Strehlen i. Schl., Vorschußverein und Sparkasse zu Strehlen, e. G. m. u. H., Herr Hartmann. — Herr G. Deter	17	60
1092.	Striegau, Vorschußverein zu Striegau, e. G. m. b. H., Herr Oskar Pollack. — Herr Brauereibesitzer Thiel	98	10
1093.	Tarnowitz, Vorschußverein, e. G. m. u. H., Herr Sobanja. — Herr Schubert	100	—
1094.	Trachenberg i. Schl., Vorschußverein, e. G. m. b. H., Herr Berger. — Herr Franke.	10	—
1095.	Voigtsdorf bei Warmbrunn, Spar- und Vorschußverein zu Voigtsdorf, e. G. m. b. H., Herr Ernst Hoffmann. — Herr H. Scharf, Schmiedemeister	55	86
1096.	Waldenburg i. Schl., Vorschußverein zu Waldenburg, e. G. m. u. H., Herr A. Schäl. — Herr L. Alde, Stadtrat	100	—
1097.	Wansen, Vorschußverein zu Wansen, e. G. m. b. H., Herr M. Paul. — Herr Paul Horn	100	—
1098.	Wansen, Volksbank, e. G. m. b. H., Herr R. Nowag. — Herr B. Thienel	100	—
1099.	Warmbrunn, Vorschuß- und Sparverein, e. G. m. u. H., Herr O. Fiebig. — Herr A. Bergmann, Hof-Juwelier	10	—
1100.	Winzig, Vorschußverein zu Winzig, e. G. m. b. H., Herr E. Kliem jr. — Herr Rud. Flöter, Lehrer	34	75
1101.	Wünschelburg, Vorschußverein, e. G. m. u. H., Herr Niesel. — Herr Waß	16	50
1102.	Wüstegiersdorf, Vorschußverein, e. G. m. b. H., Herr Paul Bürgel. — Herr O. Vogt, Hauptlehrer.	70	31
1103.	Wüstewaltersdorf, Vorschußverein, e. G. m. u. H., Herr Jul. Godsch. — Herr Paul Thiel	23	39
1104.	Zobten a. B. (Bez. Breslau), Vorschußverein zu Zobten, e. G. m. u. H., Herr B. Glatzel. — Herr G. Hübner, Zimmermeister.	82	—
1105.	Zülz, Vorschuß- und Sparverein, e. G. m. b. H., Herr C. Wiedorn. — Herr Dr. Reichelt	25	70
	b. Andere Genossenschaften.		
1106.	Breslau, Breslauer Genossenschafts-Buchdruckerei, e. G. m. b. H., (Ursulinerstr 1), Herr Oskar Zuchold. — Herr E. Spreer, Schriftsetzer	10	—
1107.	Breslau, „Viktoria", Transportgeschäft selbstfahrender Schiffer, e. G. m. b. H., Herr R. Hamm. — Herr E. Klempin	33	90
1108.	Breslau, Ein- und Verkaufsgenossenschaft Breslauer Bäckermeister, e. G. m. b. H., Oderstraße 24, Herr Jos. Becker. — Herr C. Fiebach	*	*
1109.	Festenberg, Festenberger Holz-Industrie-Verein, e. G. m. b. H., Herr C. Becker. — Herr Julius Heilmann	14	15
	Transport	3761	95

	Beitrag M	₰
Transport	3761	95
1110. Hirschberg i. Schles., Rohhäuteverein zu Hirschberg, e. G. m. b. H., Herr G. Scholz. — Herr C. Nauke	11	30
1111. Leobschütz, Abfuhrgenossenschaft „Leobschütz", e. G. m. b. H., Herr H. Gißmann. — Herr W. Wilke, Buchdruckereibesitzer	10	—
1112. Schweidnitz, Abfuhrgenossenschaft Schweidnitz, e. G. m. b. H., Herr G. Flittner. — Herr C. Boy	10	—
1113. Schweidnitz, Waren-Einkaufs-Verein, e. G. m. b. H., Herr Wilh. Spaeth. — Herr Carl Schäfer	10	—
Summa	3803	25

24. Verband der Konsumvereine der Provinz Schlesien.

Direktor: Herr Stadtältester Kletke in Breslau, Bahnhofstr. 5.
Stellvertreter: Herr Moritz Mundry in Breslau.
Verbands-Revisor: Herr Dr. Fr. Schneider in Potsdam.

(16 Vereine.)

Konsumvereine.

	M	₰
1114. Borsigwerk, Konsum- und Sparverein Borsigwerk, e. G. m. b. H., Herr J. Jacob. — Herr A. Märklin, Generaldirektor	59	60
1115. Breslau, Breslauer Konsumverein, Sternstraße 4a, Herr M. Mundry. — Herr Stadtältester Gustav Kopisch	100	—
1116. Breslau, Konsum- und Sparverein zu Breslau, e. G. m. b. H., Herr M. Mundry. — Herr Stadtältester Gustav Kopisch	10	—
1117. Glatz, Konsumverein Glatz, e. G. m. b. H., Herr Karl Daniel. — Herr Brauer, Steueramtsassistent	29	55
1118. Gleiwitz, Konsumverein Gleiwitz, e. G. m. b. H., Herr Tilgner. — Herr Kloß, Rechnungsrat	22	05
1119. Hohenlohehütte, Konsumverein Hohenlohehütte, e. G. m. b. H., Herr Alb. Puschmann. — Herr Winkler, Obersteiger	34	35
1120. Kattowitz (O.-Schl.), Konsumverein Kattowitz, e. G. m. b. H., Herr Tiltsch. — Herr Eisenbahn-Rechnungs-Direktor Bason	19	32
1121. Laurahütte, Konsum- und Sparverein Laurahütte, e. G. m. b. H., Herr C. Wehowsky. — Herr May, Hüttendirektor	93	90
1122. Lipine, Neuer Konsumverein, e. G. m. b. H., Herr A. Sandkühler. — Herr Bruckisch, Bergwerksdirektor	74	64
1123. Michalkowitz O.-Schl., Konsumverein Michalkowitz, e. G. m. b. H., Herr Otto Schweinitz. — Herr G. Defert	23	02
1124. Neustadt O.-Schl., Konsumverein, e. G. m. b. H., Herr Nentwig. — Herr Kunze	64	20
1125. Rosdzin, Konsumverein Rosdzin-Schoppinitz, e. G. m. b. H., Herr v. d. Oelsnitz. — Herr Hüttendirektor Saeger	91	08
1126. Saarau, Saarauer Konsumverein, e. G. m. b. H., Herr G. Srbczyppek. — Herr R. Rehberg	31	05
1127. Schlegel, Konsumverein Schlegel, e. G. m. b. H., Herr Jos. Strangfeld. — Herr W. Friedrich	10	—
1128. Wüstegiersdorf, Konsumverein, e. G. m. b. H., Herr Fr. Junge. — Herr Fritz Drews	55	47
1129. Zaborze, Konsumverein Königin Louise-Grube, e. G. m. b. H., Herr Busch. — Herr Bergrat Salzbrunn	34	05
Summa	752	28

25. Verband der Erwerbs- und Wirtschaftsgenossenschaften der Provinzen Starkenburg und Oberhessen.

Direktor: Herr Stein in Darmstadt.

Stellvertreter: Herr Weitzel in Darmstadt.

Verbands-Revisoren: Herr L. Habicht in Darmstadt, Herr Seibert in Wiesbaden.

(22 Vereine.)

		Beitrag ℳ	₰
	a. Vorschußvereine.		
1130.	Alsfeld, Alsfelder Volksbank, e. G. m. u. H., Herr W. Vogeley. — Herr Koch	57	55
1131.	Babenhausen i. H., Babenhäuser Vorschuß- und Kreditverein, e. G. m. u. H., Herr Peter Mathes. — Herr F. Fuß	30	—
1132.	Darmstadt, Darmstädter Volksbank, e. G. m. b. H., Herr Stein. — Herr Kichler, Rentner	100	—
1133.	Dieburg, Vorschuß-, Spar- und Kreditverein, e. G. m. u. H., Herr Wilhelm Offenstein. — Herr J. Enders	100	—
1134.	Eberstadt (Kr. Darmstadt), Spar- und Kreditverein Eberstadt, e. G. m. u. H., Herr Müller II. — Herr Rückert	100	—
1135.	Fürth i. Odenwald, Spar- und Kreditverein Fürth i. O., e. G. m. u. H., Herr J. A. Schmitt. — Herr Th. Weber	29	40
1136.	Groß-Gerau, Volksbank, e. G. m. u. H., Herr Fr. Diehl. — Herr W. Völker	66	80
1137.	Heppenheim a. Bergstr., Vorschuß- und Kreditverein Heppenheim, e. G. m. u. H., Herr H. Metzendorf. — Herr J. Bock	100	—
1138.	Kelsterbach a. M., Spar- und Vorschußverein Kelsterbach, e. G. m. u. H., Herr J. Bommarius. — Herr Lud. Georg	24	60
1139.	Klein-Gerau (Post Groß-Gerau), Vorschußverein, e. G. m. u. H., Herr Th. Bernhardt. — Herr Laumann	16	—
1140.	Lampertheim, Vorschuß- und Sparkassenverein in Lampertheim, e. G. m. u. H., Herr H. Geißler. — Herr Philipp Schmidt I, Landwirt	100	—
1141.	Lorsch (Hessen), Volksbank Lorsch, e. G. m. u. H., Herr A. Huba. — Herr W. Ludwig	36	20
1142.	Mörfelden bei Frankfurt a. M., Spar- und Vorschußverein, e. G. m. u. H., Herr H. Nelius. — Herr Schwappacher III	24	14
1143.	Münster bei Dieburg i. Hessen, Spar- und Leihkasse Münster, e. G. m. u. H., Herr J. Roßkopf. — Herr Joh. Jacob Braun	28	27
1144.	Neu-Isenburg bei Frankfurt a. M., Isenburger Gewerbebank, e. G. m. u. H., Herr Joh. Pfaff II. — Herr Georg Schick	63	70
1145.	Neu-Isenburg, Spar- und Leihkasse I, e. G. m. u. H., Herr L. Lösch. — Herr Friedr. Zaiger	10	—
1146.	Neu-Isenburg, Spar- und Leihkasse II, e. G. m. u. H., Herr Th. Aug. Koch. — Herr Jean Scheffel, Steindrucker	100	—
1147.	Pfungstadt, Vorschuß- und Kreditverein, e. G. m. u. H., Herr Peter Theiß. — Herr H. W. Ickes	32	25
1148.	Reichelsheim i. Odenwald, Spar- und Kreditverein Reichelsheim, e. G. m. u. H., Herr Röder. — Herr A. Werner, Gastwirt	92	32
1149.	Rüsselsheim a. M., Spar- und Vorschußverein, e. G. m. u. H., Herr Alt. — Herr F. Treber IV	53	—
	b. Andere Genossenschaften.		
1150.	Darmstadt, Rohstoffverein der Schuhmacher, e. G. m. u. H., Herr O. Kochhafen. — Herr J. Müller	10	—
1151.	Seligenstadt a. M., Rohstoffverein für Schuhmacher zu Seligenstadt a. M., e. G. m. u. H., Herr Jean Neubauer — Herr J. Nover	16	80
	Summa	1191	03

26. Verband der Konsumvereine in Bayern, Württemberg, Baden und angrenzenden Bundesstaaten.

Direktor: Herr Magistratsrat O. Feierabend in München, Lindwurmstraße 62.

1. Stellvertreter: Herr Oberrechnungsrat Kirsch in Karlsruhe i. B.

2. Stellvertreter: Herr Maucher in Karlsruhe i. B.

Verbands-Revisoren: Herren Hugo Blöst in Ulm, Maucher in Karlsruhe i. B.

(12 Vereine.)

Konsumvereine.

Nr.		Beitrag M	₰
1152.	Donaueschingen, Konsumverein Donaueschingen, e. G. m b. H., Herr Kölble. — Herr M. Gänshirt	28	65
1153.	Ersingen b. Pforzheim, Konsumverein Ersingen, e. G. m. b. H., Herr Joh. G. Reiling. — Herr F. Doller	10	—
1154.	Frankfurt a. M., Eisenbahn-Konsumverein Frankfurt a. M., e. G. m. b. H., Herr Michels. — Herr Eisenbahn-Direktions-Präsident Thomé	100	—
1155.	Frankfurt a. M., Frankfurter Beamtenvereinigung, Konsumverein, e. G. m. b. H, Herr Scheig. — Herr Prof. Heidepriem	64	80
1156.	Haunstetten, Produktiv- und Konsumverein der Haunstetter Spinnerei und Weberei, e. G. m. b. H., Herr C. Beitengruber. — Herr Franz Bayer	24	—
1157.	Immenstadt-Blaichach-Sonthofen (Bayern), Konsum- und Sparverein Immenstadt-Blaichach-Sonthofen, e. G. m. b. H., Herr W. Stromenger. — Herr A. Probst	100	—
1158.	Karlsruhe (Baden), Lebensbedürfnisverein Karlsruhe, e. G. m. b. H., Herr Fr. Maucher. — Herr K. Kirsch, Oberrechnungsrat	100	—
1159.	Lichtenfels (Bayern), Konsumverein Lichtenfels, e. G. m. b. H., Herr G. Dürig. — Herr Jos. Hamm	10	—
1160.	Mariannenthaler Glashütte bei Schnappach i. Pfalz, Konsumverein Mariannenthaler Glashütte, e. G. m. u. H., Herr L. Weingardt. — Herr Georg Best	10	—
1161.	München, Konsumverein München, e. G. m. b. H., Herr A. Brecht. — Herr Feierabend	100	—
1162.	Pforzheim, Konsumverein Pforzheim, e. G. m. b. H., Herr E. Hischmann. — Herr Carl Gruner	100	—
1163.	Ulm (Württembg.), Konsumverein, e. G. m. b. H., Herr J. Weishaar. — Herr Demmler	100	—
	Summa	747	45

27. Verband Thüringischer Vorschußvereine.

Direktor: Herr Rechtsanwalt Dr. Meng in Meiningen.

Stellvertreter: Herr Grabler in Pößneck.

Verbands-Revisor: Herr Herm. Brodführer in Meiningen.

(105 Vereine.)

a. Vorschußvereine.

Nr.		Beitrag M	₰
1164.	Allstedt (Großh. Sachsen), Bankverein Allstedt, e. G. m. b. H., Herr P. Keßler. — Herr Richard Abicht	32	15
1165.	Altenburg (Sachsen-Altenburg), Kreditverein zu Altenburg, e. G. m. b. H., Herr Gust. Hammer. — Herr P. Thurm	100	—
	Transport	132	15

		Beitrag ℳ	₰
	Transport	132	15
1166.	Auma (Sachsen-Weimar), Spar- und Vorschußverein, e. G. m. b. H., Herr Franz Oefner. — Herr F. Kolbe	23	—
1167.	Berka a. d. Ilm, Spar- und Vorschußverein zu Berka a. d. Ilm, e. G. m. u. H., Herr Fr. Blume. — Herr Seyfarth	11	85
1168.	Berka a. d. Werra, Spar- und Vorschußverein zu Berka a. d. Werra, e. G. m. u. H., Herr Karl Göring. — Herr H. Schäfer	34	72
1169.	Blankenburg b. Rudolstadt, Vorschußverein zu Blankenburg, e. G. m. b. H., Herr C. Scheller. — Herr Wilh. Vollrath	46	60
1170.	Blankenhain (Thüringen), Vorschußkassenverein zu Blankenhain, e. G. m. u. H., Herr H. Sorge. — Herr Haase	10	—
1171.	Bürgel bei Jena, Vorschuß- und Sparverein zu Bürgel, e. G. m. u. H., Herr O. Peterlein. — Herr O. Kunze, Schlossermstr.	13	53
1172.	Buttstädt, Vorschuß- und Sparverein zu Buttstädt, e. G. m. b. H., Herr Aug. Schimmel. — Herr Kittler	72	87
1173.	Camburg a. S., Spar- und Vorschußverein zu Camburg, e. G. m. b. H., Herr E. Förster. — Herr F. Mühlberg	49	30
1174.	Coburg, Spar- und Vorschuß-Bank zu Coburg, e. G. m. b. H., Herr C. Windorf. — Herr Goebel	100	—
1175.	Cölleda, Spar- und Darlehnsverein zu Cölleda, e. G. m. u. H., Herr H. Börner. — Herr prakt. Arzt Dr. Gottlöber	69	05
1176.	Dermbach (Feldabahn), Vorschußverein zu Dermbach, e. G. m. u. H., Herr Mittermüller. — Herr Bürgermeister Pfaff	25	12
1177.	Dietendorf (Sachsen-Coburg-Gotha), Spar- und Vorschußverein Dietendorf, e. G. m. u. H., Herr F. Gräser. — Herr Zimmermeister A. Wipprecht	10	—
1178.	Dornburg a. S., Spar- und Vorschußverein, e. G. m. u. H., Herr E. Kunze. — Herr W. Otto, Schuhmachermeister	10	—
1179.	Ebeleben, Spar- und Vorschußkasse, e. G. m. b. H., Herr E. Junge. — Herr Chr. Sehnert	45	30
1180.	Eisenach, Gewerbebank, e. G. m. b. H., Herr Otto Köhler. — — Herr Pfeiffer	70	50
1181.	Eisenberg (Sachsen-Altenburg), Kredit- und Sparverein, e. G. m. u. H., Herr B. Fritsch. — Herr R. Weickardt	100	—
1182.	Eisfeld, Spar- und Vorschußverein, e. G. m. u. H., Herr H. Blechschmidt. — Herr M. Sonnefeld, Bürgermeister	100	—
1183.	Erfurt, Erfurter Vorschußbank, e. G. m b. H., Herr F. Kalb. — Herr J. Jacobslötter	100	—
1184.	Friedrichroda, Gewerbebankverein zu Friedrichroda, e. G. m. u. H., Herr Kämpf. — Herr Paul Willweber	50	03
1185.	Geisa, Vorschuß- und Sparverein, e. G. m. u. H., Herr Brehler. — Herr Kammandel	77	54
1186.	Gera (Reuß), Gewerbebank zu Gera, e. G. m. b. H., Herr Aug. Funke. — Herr Stadtrat Karl Haase	100	—
1187.	Gera b. Elgersburg, Spar- und Vorschußverein, e. G. m. u. H., Herr Franz Heinz. — Herr Beyer	10	—
1188.	Gerstungen, Vorschußverein, e. G. m. b. H., Herr Siegmund. — Herr A. Voigt	26	48
1189.	Gotha, Gewerbe- und Landwirtschaftsbank zu Gotha, e. G. m. b. H., Herr P. Langenhan. — Herr Rechtsanwalt R. Müller	100	—
1190.	Gräfenroda, Spar- und Vorschußverein zu Gräfenroda, e. G. m. u. H., Herr Herm. Fuchs. — Herr Vincenz Griebel	64	87
1191.	Gräfenthal, Spar- und Vorschußverein zu Gräfenthal, e. G. m. u. H., Herr Richard Grosch. — Herr A. Webel	66	—
1192.	Gräfinau a. Ilm, Spar- und Vorschußverein, e. G. m. u. H., Herr Albert Haase. — Herr Knaußt	22	63
	Transport	1541	54

Nr.		Beitrag ℳ	₰
	Transport	1541	54
1193.	**Greiz**, Greizer Bankverein, e. G. m. b. H., Herr A. Hohlfeld. — Herr H. Fritz sen.	100	—
1194.	**Harras** bei Eisfeld, Spar- und Vorschußverein zu Harras, e. G. m. u. H., Herr F. K. Wöhner. — Herr Landwirt Ed. Schilling	10	—
1195.	**Hasenthal**, Spar- und Vorschußverein, e. G. m. u. H., Herr L. Müller. — Herr Wiedemann	39	76
1196.	**Heldburg**, Spar- und Vorschußverein zu Heldburg, e. G. m. u. H., Herr L. Neß. — Herr August Frebel	25	66
1197.	**Helmershausen** (Rhöngebirge), Spar- und Vorschußverein zu Helmershausen, e. G. m. u. H., Herr Bach. — Herr Böhler.	18	75
1198.	**Hermsdorf** in S.-A., Kredit- und Sparverein, e. G. m. b. H., Herr O. Hutzelmann. — Herr Eduard Lauckner	19	76
1199.	**Hildburghausen**, Vereinsbank zu Hildburghausen, e. G. m. b. H., Herr G. Weickert. — Herr von Löseke, Rentier	100	—
1200.	**Ichtershausen**, Spar- und Vorschußverein zu Ichtershausen, e. G. m. u. H., Herr L. Geisenheimer. — Herr Fr. Bock	10	—
1201.	**Jena**, Gewerbe- und Landwirtschafts-Bank, e. G. m. u. H., Herr Zacher. — Herr F Meyer	100	—
1202.	**Ilmenau**, Vorschuß- und Sparverein zu Ilmenau, e. G. m. b. H., Herr Rud. Tromsdorf. — Herr Louis Hertzer	55	70
1203.	**Judenbach** bei Sonneberg (Thür.), Spar- und Vorschußverein zu Judenbach, e. G. m. u. H., Herr C. Heß. — Herr M. Eichhorn	10	—
1204.	**Kaltennordheim**, Vorschußverein zu Kaltennordheim, e. G. m. u. H., Herr Tietze. — Herr W. Rabich, Rektor	69	25
1205.	**Königsee** in Thüringen, Vorschußverein, e. G. m. b. H., Herr Dr. List. — Herr Schurz, Rektor a. D.	52	95
1206.	**Kreuzburg** a. d. Werra, Spar- und Vorschußverein, e. G. m. u. H., Herr Aug. Schellhas. — Herr M. Rauchmaul, Vizebürgermeister	10	—
1207.	**Langensalza**, Vorschußverein Langensalza, e. G. m. b. H., Herr W. Schröter. — Herr Aug. Schröter	21	16
1208.	**Lauscha**, Spar- und Vorschußverein Lauscha, e. G. m. u. H., Herr H. Müller. — Herr Greiner-Wirt	98	—
1209.	**Lengsfeld** (Stadt-), Spar- und Vorschußverein, e. G. m. u. H., Herr H. Lindemann. — Herr Lehrer Ad. Gratz	20	16
1210.	**Leutenberg** (Schwarzburg-Rudolstadt), Spar- und Vorschußverein zu Leutenberg, e. G. m. b. H., Herr H. Fein. — Herr H. Ziermann	63	29
1211.	**Lichte** b. Wallendorf (Sachsen-Meiningen), Vorschußverein zu Lichte, e. G. m. b. H., Herr O. Meisel. — Herr Ulbrich, Modelleur	18	02
1212.	**Lobenstein** (Reuß), Spar- und Vorschußverein, e. G. m. b. H., Herr Chr. Tamm. — Herr Teich	10	—
1213.	**Magdala**, Landwirtschaftlicher Vorschuß- und Sparverein, e. G. m. u. H., Herr K. Gebstedt. — Herr C. Seidel, Tischlermeister.	14	47
1214.	**Mehlis** in Th., Spar- und Vorschußverein zu Mehlis, e. G. m. u. H., Herr E. Philipp. — Herr Emil Melzer	100	—
1215.	**Meiningen**, Vorschußverein Meiningen, e. G. m. u. H., Herr Kaufmann Albin Brodführer. — Herr G. Dittmar	100	—
1216.	**Mellenbach** in Thür., Vorschußverein, e. G. m. b. H., Herr Albert Schierer. — Herr H. Gütter	15	57
1217.	**Meuselbach**, Vorschußverein, e. G. m. u. H., Herr H. Ehle. — Herr Emil Jahn	31	19
1218.	**Mühlhausen** in Thür., Gewerbebank zu Mühlhausen in Thür., e. G. m. b. H., Herr M. Langhammer. — Herr Gottfr. Beireiß.	28	95
1219.	**Mühlhausen** in Thür., Vorschußverein, e. G. m. u. H, Herr H. Aemilius. — Herr C. Neumann	77	55
1220.	**Münchenbernsdorf**, Vorschußverein zu Münchenbernsdorf, e. G. m. u. H., Herr C. E. Schneider. — Herr E. Riedel	52	24
	Transport	2813	97

		Beitrag ℳ	₰
	Transport	2813	97
1221.	**Neuhaus a. Rennw.**, Spar- und Vorschußverein zu Neuhaus, Schmalenbuche und Igelshieb, e. G. m. u. H., Herr A. Beck. — Herr Müller	13	52
1222.	**Neustadt b. Coburg**, Gewerbebank, e. G. m. u. H., Herr M. Gräf. — Herr E. Patschke	10	—
1223.	**Neustadt a. d. Orla**, Vorschußverein zu Neustadt a. d. O., e. G. m. b. H., Herr C. F. Oehlschlägel. — Herr G. Senfft, Lehrer	81	74
1224.	**Oberlind** bei Sonneberg (Sachsen-Meiningen), Spar- und Vorschußverein zu Oberlind, e. G. m. u. H., Herr C. Dorst. — Herr J. Englert	76	39
1225.	**Ohrdruf**, Gewerbebank zu Ohrdruf, e. G. m. b. H., Herr E. Seeber. — Herr Franz Albrecht	100	—
1226.	**Ostheim** v. d Rhön, Vorschuß- und Sparverein zu Ostheim v. d. Rhön, e. G. m. u. H., Herr R. Streng. — Herr L. Wienröder, Gerbermeister	16	42
1227.	**Pößneck**, Spar- und Vorschußverein zu Pößneck, e. G. m. b. H., Herr B. Gradler. — Herr Kaufmann F. Schwenke	100	—
1228.	**Ranis** (Kr. Ziegenrück), Spar- und Vorschußverein, e. G. m. b. H., Herr Heerwagen. — Herr Uhrmacher C. Lother	10	—
1229.	**Rodach** b. Coburg, Vorschußverein, e. G. m. u. H., Herr F. Höllein. — Herr G. Hopf	16	20
1230.	**Ronneburg** (Sachsen-Altenburg), Kreditverein, e. G. m. b. H., Herr Ernst Walther. — Herr Paul Albrecht, Rentier	32	20
1231.	**Rudolstadt**, Vorschußverein, e. G. m. b. H., Herr G. Ortloff. — Herr Herm. Liebmann	100	—
1232.	**Ruhla**, Spar- und Vorschußverein zu Ruhla, e. G. m. u. H., Herr H. Heinemann. — Herr A. Zeiß	39	—
1233.	**Salzungen**, Spar- und Vorschußverein, e. G. m. u. H., Herr H. Bachmann. — Herr C. Schlenstein	100	—
1234.	**Schalkau**, Spar- und Vorschußverein Schalkau, e. G. m. u. H., Herr G. Zinner. — Herr J. G. Steiner	91	80
1235.	**Schleiz**, Schleizer Vorschußverein, e. G. m. b. H., Herr O. Walter. — Herr G. Nestmann	100	—
1236.	**Schleusingen**, Vorschußverein zu Schleusingen, e. G. m. u. H., Herr Bäcker. — Herr Rechtsanwalt Ogilvie	64	60
1237.	**Schmalkalden**, Vereinsbank zu Schmalkalden, e. G. m. u. H., Herr R. Strecker — Herr Grebe	100	—
1238.	**Schmölln** (S.-Altenb.), Kreditverein, e. G. m. b. H., Herr H. Sonntag. — Herr Rüger	35	50
1239.	**Schwarzburg**, Vorschußverein, e. G. m. u. H., Herr M. Voigt. — Herr F. Wenzel	13	16
1240.	**Schweina**, Spar- und Vorschußverein, e. G. m. u. H., Herr Joh. Georg Otto. — Herr Val. Munk	49	23
1241.	**Sonneberg** (S.-Mein.), Spar- und Vorschußverein Sonneberg, e. G. m. b H., Herr A. Florschütz. — Herr A. Fugmann, Fabrikant	100	—
1242.	**Sonnefeld**, Spar- und Vorschußverein, e. G. m. u. H., Herr W. Gutsel. — Herr G. Lösch, Fabrikant	14	12
1243.	**Stadt-Ilm**, Vorschußverein zu Stadt-Ilm, e. G. m. b. H., Herr C. Krahmer. — Herr Aug. Art	31	04
1244.	**Steinheid** (Sachsen-Meiningen), Spar- und Vorschußverein zu Steinheid und Siegmundsburg, e. G. m. u. H., Herr F. Walter. — Herr M. Köhler I.	29	65
1245.	**Stützerbach**, Spar- und Vorschußverein zu Stützerbach, e. G. m. u. H., Herr E. W. Greiner. — Herr Keiner	33	85
1246.	**Suhl**, Spar- und Vorschußverein, e. G. m. b. H., Herr Steigleder. — Herr Aug. Hartung	36	58
	Transport	4208	97

		Beitrag ℳ	₰
	Transport	4208	97
1247.	**Tabarz** (Post Großtabarz), Landwirtschaftliche Kreditkasse Tabarz-Tabarz, e. G. m. b. H., Herr H. G. Pfannstiel. — Herr H. Hellmann	34	23
1248.	**Tann a. d. Rhön**, Vorschußverein, e. G. m. u. H., Herr Leyh. — Herr A. Hofmann, Schuhmachermeister	36	67
1249.	**Tannroda** b. Weimar, Vorschußverein zu Tannroda, e. G. m. u. H., Herr Karl Haupt. — Herr Schmiedeknecht	10	—
1250.	**Teichel** b. Rudolstadt, Spar- und Vorschußverein zu Teichel, e. G. m. b. H., Herr Oskar Ritze. — Herr Schneidermeister Grieß	10	—
1251.	**Themar**, Spar- und Vorschußverein zu Themar, e. G. m. u. H., Herr L. Krämer. — Herr Emil Blau	22	11
1252.	**Treffurt**, Vorschußverein, e. G. m. u. H., Herr P. Pfuhl. — Herr König	22	24
1253.	**Unterneubrunn**, Spar- und Darlehnskasse, e. G. m. b. H., Herr Victor Otto. — Herr Aug. Hörnlein, Glasermeister	18	45
1254.	**Unterweißbach** (Schwarzburg-Rudolst.), Spar- und Vorschußverein, e. G. m. b. H., Herr Rud. Mann. — Herr F. Schneider	10	—
1255.	**Vacha** a. W., Erster Vorschußverein, e. G. m. u. H., Herr A. Schoen. — Herr P. Merker, Klempnermeister	56	60
1256.	**Vieselbach**, Vorschuß- und Sparverein zu Vieselbach, e. G. m. u. H., Herr H. Schleif. — Herr A. W. Meinhardt	40	43
1257.	**Walldorf** b. Meiningen, Spar- und Vorschußverein, e. G. m. u. H., Herr V. Lindemann. — Herr G. Nagler, Schultheiß	23	48
1258.	**Wasungen**, Spar- und Vorschußverein, e. G. m. u. H., Herr R. Sorge. — Herr Aug. Jung	14	12
1259.	**Wechmar** b. Gotha, Spar- und Vorschußverein, e. G. m. u. H., Herr Karl Stichling I. — Herr Rektor V. Mohrhardt	31	06
1260.	**Weimar**, Vorschuß- und Sparverein zu Weimar, e. G. m. u. H., Herr Rich. Fricke. — Herr Gustav Raumer, Kaufmann, Hofliefer.	100	—
1261.	**Zeulenroda**, Gewerbebank Zeulenroda, e. G. m. b. H., Herr Ferd. Schmidt — Herr C. Plietz	31	08
	b. Andere Genossenschaften.		
1262.	**Bürgel** (Thüringen), Braugenossenschaft Bürgel, e. G. m. b. H., Herr H. Eisenach. — Herr Franz Schindler, Kontorist	10	—
1263.	**Eisenach**, „Nord und Süd", Einkaufsgenossenschaft für Luxuswaren, Porzellan, Steingut, Glas, Beleuchtungsartikel, Haus- und Küchengeräte, e. G. m. b. H., Herr Fr. P. Martini. — Herr P. Raddatz-Berlin	?	?
1264.	**Gera** b. Elgersburg, Braunsteinhandelsverein zu Gera b. E., e. G. m. u. H., Herr F. Reiner. — Herr Ed. Siegfried	10	—
1265.	**Schleiz**, Braugenossenschaft Schleiz, e. G. m. b. H., Herr H. Ruckdeschel. — Herr W. Weisker, Hofkonditor	10	—
1266.	**Stadt-Ilm**, Schuhmacher-Rohstoff-Genossenschaft, e. G. m. b. H., Herr A. Knauf. — Herr H. Ebert	10	—
1267.	**Weimar**, Schuhmacher-Rohstoffverein, e. G. m. b. H., Herr V. Rodegast. — Herr Joh. Adler	10	—
1268.	**Weimar**, Weimarische Schuhfabrik, e. G. m. b. H., Herr V. Rodegast. — Herr W. Willner	10	—
	Summa	4729	44

28. Verband der Unterbadischen Kreditgenossenschaften.

Direktor: Herr Stadtrat A. Wilser in Karlsruhe i. B.

Stellvertreter: Herr Peter in Karlsruhe i. B.

Verbands-Revisoren: Herren Flacho in München, Gebonstraße 6, und C. Schumacher in Stuttgart, Sängerstraße 8.

(49 Vereine.)

Vorschußvereine.

Nr.		Beitrag M	Pf
1269.	Achern, Vorschußverein Achern, e. G. m. u. H., Herr H. Lott — Herr J. Hund	100	—
1270.	Baden (Baden), Vorschußverein Baden, e. G. m. u. H., Herr Ch. Schäfer. — Herr Oberst	100	—
1271.	Boxberg (Baden), Vorschußverein zu Boxberg, e. G. m. u. H., Herr Uiffinger. — Herr Kilian	21	80
1272.	Bretten, Vorschußverein Bretten, e. G. m. u. H., Herr Fr. Ammann. — Herr Harsch	100	—
1273.	Bruchsal, Gewerbebank Bruchsal, e. G. m. u. H., Herr K. Obermüller. — Herr Paul Metzger	100	—
1274.	Buchen (Baden), Vorschußverein Buchen, e. G. m. u. H., Herr W. Emele. — Herr Aug. Wittemann	100	—
1275.	Bühl (Baden), Vorschußverein Bühl, e. G. m u. H., Herr Brenziger. — Herr G. Dühmig	100	—
1276.	Durlach, Volksbank Durlach, e. G. m. u. H., Herr H. Voit. — Herr F. Kindler	100	—
1277.	Eberbach a. N (Baden), Vorschußverein Eberbach, e. G. m. u. H., Herr Herm. Seibert. — Herr Lorenz Knab	94	68
1278.	Eppingen, Vorschußverein Eppingen, e. G. m. u. H., Herr K. Metzger. — Herr K. Waldi, Hauptlehrer	100	—
1279.	Ettenheim, Vorschußverein Ettenheim, e. G. m. u. H., Herr Ph. Henninger. — Herr Franz Blank	59	—
1280.	Ettlingen, Volksbank Ettlingen, e. G. m. b. H., Herr F. Lichtenfels. — Herr Kurt von Landwüst	82	25
1281.	Feudenheim, Darlehnskassenverein, e. G. m u. H., Herr G. Bentzinger V. — Herr Jak. Rihm, Landwirt	72	60
1282.	Gengenbach, Vorschußverein, e. G. m. u. H., Herr Pfaff. — Herr Bertsch	53	29
1283.	Hardheim, Vorschußverein, e. G. m. u. H., Herr Rebel. — Herr Erbacher	54	20
1284.	Heidelberg, Gewerbebank, e. G. m. u. H., Herr Ph. Hefft. — Herr A. Scherer	100	—
1285.	Heidelberg, Heidelberger Volksbank, e. G. m. b. H., Herr Jos. Kunze. — Herr Dr. W. Ullrich	100	—
1286.	Hockenheim, Volksbank Hockenheim, e. G. m. b. H., Herr M. Schütz. — Herr J. Naber	21	74
1287.	Kappelrodeck (Amt Achern), Vorschußverein Kappelrodeck, e. G. m. u. H., Herr Bernh. Dürr. — Herr Mayer	?	?
1288.	Karlsruhe i. Baden, Vereinsbank Karlsruhe, e. G. m. u. H., Herr Peter. — Herr Stadtrat A. Wilser	100	—
1289.	Karlsruhe-Mühlburg in Baden, Mühlburger Kreditbank, e. G. m. u. H., Herr C. Roth. — Herr Assekuranzbeamter Ph. Karcher	100	—
1290.	Kirchheim bei Heidelberg, Vorschußverein Kirchheim, e. G. m. u. H., Herr J. Kaltschmitt — Herr Wilh. Grieser	100	—
1291.	Knielingen, Spar- und Darlehnskasse, e. G. m. u. H., Herr J. Huber. — Herr Siegel	65	09
	Transport	1824	65

		Beitrag ℳ	₰
	Transport	1824	65
1292.	Krautheim, Vorschußverein, e. G. m. u. H., Herr F. Meixner. — Herr Ziegler	41	73
1293.	Ladenburg, Vorschußverein Ladenburg, e. G. m. u. H., Herr F. Agricola. — Herr M. Blaeß	100	—
1294.	Lahr, Lahrer Gewerbebank, e. G. m. u. H., Herr Rittershofer. — Herr C. Meyer	100	—
1295.	Langenbrücken i. Baden, Vorschußverein Langenbrücken, e. G. m. u. H., Herr A. Häfner. — Herr F. Ziegelmeyer	66	88
1296.	Legelshurst, Vorschußverein Legelshurst, e. G. m. u. H., Herr Erhardts. — Herr Joh. Lusch	36	—
1297.	Mannheim, Mannheimer Bank (Akt.-Ges.), Herr Jacob Stoll. — Herr F. Daut	100	—
1298.	Mannheim, Mannheimer Gewerbebank, e. G. m. b. H., Herr F. Schaeffler. — Herr F. Leonhard	100	—
1299.	Mosbach (Baden), Vorschußverein Mosbach, e. G. m. u. H., Herr Schumann. — Herr Krauß	100	—
1300.	Neckarbischofsheim, Vorschußverein Neckarbischofsheim, e. G. m. u. H., Herr Weipert. — Herr Ph. Neuwirth	100	—
1301.	Neckargemünd, Vorschußverein Neckargemünd, e. G. m. u. H., Herr C. Kuchmayer. — Herr L. Knorr	100	—
1302.	Oberkirch (Baden), Vorschußverein Oberkirch, e. G. m. u. H., Herr A. Droll. — Herr Ruch	100	—
1303.	Offenburg (Baden), Vorschußverein Offenburg, e. G. m. u. H., Herr L. Fabricius. — Herr F. Hauger, Kaufmann	100	—
1304.	Oppenau, Spar- und Vorschußverein Oppenau, e. G. m. b. H., Herr L. Spinner. — Herr Carl Winter	62	80
1305.	Pforzheim, Vorschußverein Pforzheim, e. G. m. u. H., Herr W. Hepp. — Herr Ludwig Weber, Rentier	100	—
1306.	Rastatt, Vorschußverein, e. G. m. u. H., Herr Wenk. — Herr Franz Degler	100	—
1307.	Sasbach (Amt Achern), Vorschußverein Sasbach, e. G. m. u. H., Herr A. Berger. — Herr E. Kühner	100	—
1308.	Schwetzingen, Volksbank, e. G. m. u. H., Herr Scherr. — Herr M. Kleinschmidt	100	—
1309.	Sinsheim a. Elsenz, Vorschußverein Sinsheim, e. G. m. u. H., Herr E. Speiser. — Herr Lud. Schick, Gemeinderechner	100	—
1310.	Stein (Amt Bretten), Vorschußverein Stein, e. G. m. u. H., Herr F. Müller. — Herr L. Schmidt, Steuererheber	30	93
1311.	Tauberbischofsheim, Spar- und Vorschußverein, e. G. m. u. H., Herr Rheindl. — Herr W. Epp	100	—
1312.	Teutschneureuth, Spar- und Vorschußverein, e. G. m. u. H., Herr Gräber. — Herr Baumann	36	14
1313.	Waibstadt, Vorschußverein zu Waibstadt, e. G. m. u. H., Herr Hubert Wittmann. — Herr Aug. Zürn	100	—
1314.	Weinheim, Vereinsbank Weinheim, e. G. m. b. H., Herr Zinkgräf. — Herr A. Platz, Fabrikdirektor	100	—
1315.	Wiesloch, Vorschußverein Wiesloch, e. G. m. u. H., Herr E. Riese. — Herr F. Ziegler	100	—
1316.	Zell a. H., Gewerbebank Zell a. H., e. G. m. u. H., Herr Jos. Muhr. — Herr Winterhalter	70	29
1317.	Zeuthern, Kreditbank Zeuthern, e. G. m. u. H., Herr T. Schmitt — Herr M. Diehl	30	50
	Summa	3999	92

29. Verband der Kreditgenossenschaften von West-Brandenburg und den angrenzenden Landesteilen.

Direktor: Herr Reichstagsabgeordneter Carl Blell in Brandenburg a. H.
Stellvertreter: Herr E. Wiglow in Wittenberge.
Verbands-Revisor: Herr Soerensen in Berlin.
(31 Vereine.)

Vorschußvereine.

		Beitrag ℳ	₰
1318.	Brandenburg a. H., Brandenburger Bankverein, e.G. m. b. H., Herr G. Deichmann. — Herr C. Blell sen.	100	—
1319.	Cöpenick, Kreditverein zu Cöpenick, e.G. m. b. H., Herr P. Stöcker. — Herr Gruner	100	—
1320.	Cremmen, Havelländischer Spar- und Vorschußverein, e. G. m. u. H., Herr Krumnow. — Herr Klempnermeister Wobeser	15	20
1321.	Friesack, Vorschußverein, e. G. m. u. H., Herr J. Borsdorff. — Herr E. Krüger	68	30
1322.	Gransee, Vorschuß- und Sparverein, e. G. m. u. H., Herr H. Ruder. — Herr E. Voigt	29	49
1323.	Havelberg, Vorschußverein zu Havelberg, e. G. m. b. H., Herr G. Keil. — Herr Fr. Broder	100	—
1324.	Kyritz (Priegnitz), Vorschuß- und Sparverein zu Kyritz, e. G. m. u. H., Herr C. Konrad. — Herr Ziegeleibesitzer Karlapp	100	—
1325.	Lehnin (Mark), Vorschuß- und Sparverein, e. G. m. u. H., Herr F. Rosenberg. — Herr Thiemann	22	—
1326.	Luckenwalde, Vorschußverein, e. G. m. u. H., Herr H. Freye. — Herr Gustav Mewes, Zimmermeister	50	80
1327.	Meyenburg i. Priegnitz, Vorschußverein zu Meyenburg, e. G. m. u. H., Herr Camin. — Herr Witte	27	48
1328.	Nauen, Vorschußverein, e. G. m. u. H., Herr H. Woellner. — Herr O. Friesicke	80	25
1329.	Neu-Ruppin, Vorschuß- und Sparverein, e. G. m. u. H., Herr H. Haupt. — Herr O. Insel	100	—
1330.	Neustadt a. Dosse, Vorschuß- und Sparverein, e. G. m. u. H., Herr Voigt. — Herr C. Schnur	10	—
1331.	Oranienburg, Vorschußverein zu Oranienburg, e. G. m. u. H., Herr Fr. Meves. — Herr G. Kiesow	100	—
1332.	Perleberg, Vorschußverein, e. G. u. H., Herr M. Siemon. — Herr W. Müller, Kaufmann	100	—
1333.	Pritzwalk, Vorschuß- und Kreditverein zu Pritzwalk, e. G. m. u. H., Herr E. Dörfel. — Herr Teßner	100	—
1334.	Putlitz, Vorschußverein zu Putlitz, e.G.m.u.H., Herr J. F. Knaak. — Herr F. Gerke	100	—
1335.	Rathenow, Rathenower Bankverein, e. G. m. u. H., Herr R. Rödel. — Herr C. Heidepriem	100	—
1336.	Rheinsberg (Mark), Vorschuß- und Sparverein, e. G. m. b. H., Herr Julius Hirschfeld. — Herr Stadtverordneter G. Ladewig	68	96
1337.	Rhinow, Darlehnskasse, e. G. m. u. H., Herr O. Simon. — Herr Nagel, Uhrmacher	52	20
1338.	Rüdersdorf (Kalkberge), Vorschußverein zu Kalkberge-R., e. G. m. b. H., Herr P. Lübkes. — Herr Aug. Würzburg, Rentier	100	—
1339.	Spandau, Kreditverein zu Spandau, e. G. m. u. H., Herr Ritzhaupt. — Herr C. Kirschstein, Stadtrat	100	—
1340.	Steglitz, Spar- und Darlehnskasse, e. G. m. b. H., Herr Max Schaack. — Herr Königlicher Baurat Techow	10	—
1341.	Trebbin (Kreis Teltow), Vorschußbank, e. G. m. u. H., Herr Rabbach. — Herr Appelhans	10	—
	Transport	1644	68

		Beitrag ℳ	₰
	Transport	1644	68
1342.	**Treuenbrietzen**, Vorschußverein zu Treuenbrietzen, e. G. m. u. H., Herr W. Bochow. — Herr Fr. Koehler	41	60
1343.	**Werder a. H.**, Werdersche Kredit- und Sparbank, e. G. m. u. H., Herr C. Unger. — Herr Lehmgrübner	100	—
1344.	**Wilsnack**, Vorschußverein, e. G. m. u. H., Herr August Backstein. — Herr A. Kripka.	10	—
1345.	**Wittenberge** (Bez. Potsdam), Vorschußverein zu Wittenberge, e. G. m. u. H., Herr E. Wiglow. — Herr J. Runge, Kommerzienrat	100	—
1346.	**Wittstock**, Vorschußverein zu Wittstock, e. G. m. u. H., Herr W. Hähnel. – Herr P. Lüdecke	100	—
1347.	**Wusterhausen a. D.**, Vorschuß- und Sparverein zu Wusterhausen a. D., e. G. m. u. H., Herr Lud. Lutz. — Herr G. Treuter	27	80
1348.	**Zehdenick**, Vorschußverein zu Zehdenick, e. G. m. u. H., Herr Ludw. Urbahn. — Herr J. Henbel, Ratsherr	100	—
	Summa	2124	08

Vereine, welche zu keinem Unterverbande gehören.

a. Vorschuß- und Kreditvereine.

(19 Vereine.)

		Beitrag ℳ	₰
1349.	**Berlin**, Dresdner Bank, Genossensch.-Abteilung, W., Behrenstr. 38	100	—
1350.	**Berlin**, Genossenschaftsbank des Stralauer Stadtviertels zu Berlin, e. G. m. b. H., C., Kaiser Wilhelmstr. 10, Herr F. Werner. — Herr Jul. Törmer	100	—
1351.	**Bitterfeld**, Spar- und Vorschußverein zu Bitterfeld, e. G. m. u. H., Herr Th. Kleeberg. — Herr E. Holläufer.	50	—
1352.	**Cöthen** (Anhalt), Vorschußverein zu Cöthen, e. G. m. u. H., Herr C. Stöber. – Herr Carl Köhler	50	—
1353.	**Eisenach**, Kreditbank Eisenach, Akt.-Ges., Herr A. Vollborn. — Herr Justizrat Dr. Wernick	100	—
1354.	**Frankfurt a. M.**, Dresdner Bank, Genossenschafts-Abteilung .	100	—
1355.	**Gerabronn**, Landwirtschafts- und Gewerbebank, e. G. m. b. H., Herr J. Landauer. — Herr Dill	100	—
1356.	**Hannover**, Vorschußvereinsbank zu Hannover, e. G. m. b. H., Herr A. Nonne. — Herr Lüssenhop	100	—
1357.	**Iserlohn**, Volksbank, Akt.-Ges., Herr Otto Vogel. — Herr W. Blechmann	100	—
1358.	**Michelstadt** i. Odenwald, Volksbank, e. G. m. b. H., Herr Wilh. Kredel. — Herr J. Schmucker V	23	88
1359.	**Neunkirchen** b. Saarbrücken, Vorschußverein Neunkirchen, e. G. m. b. H., Herr M. Hoffmann. — Herr Aug. Lerch	*	*
1360.	**Nieheim** (Kr. Höxter), Vorschußverein, e. G. m. u. H., Herr C. Müller. — Herr Maurermeister F. Schäfer	22	—
1361.	**Potsdam**, Potsdamer Kreditbank (Akt.-Ges.), Herr P. Bauer †. — Herr C. Blume	100	—
1362.	**Raguhn**, Gewerbebank, e. G. m. u. H., Herr H. Pascharius. — Herr Ed. Reichel	20	—
1363.	**Rinteln**, Vorschußverein zu Rinteln, e. G. m. b. H., Herr C. Wagner. — Herr Holzhändler H. Schröder	25	—
1364.	**Sondershausen**, Vorschußkassen-Verein (mit Korporationsrechten), Herr R. Merten. — Herr G. Mücke	35	—
1365.	**Ulm**, Gewerbebank, e. G. m. b. H., Herr Dr. Oßwald. — Herr E. C. Beckert	100	—
	Transport	1125	88

		Beitrag ℳ	₰
	Transport	1125	88
1366.	Wiernsheim, Spar- und Vorschußbank, e. G. m. u. H., Herr Seitter. — Herr Stadtschultheiß Seitter	41	30
1367.	Zeitz, Spar- und Vorschußbank (Akt.-Ges.), Herr Hebestreit. — Herr O. Günther	?	?
	Summa	1167	18

b. Konsumvereine.

(21 Vereine.)

Vereine mit * (im Text) auch für 1903—04, mit ** auch für 1902—04 im Rest.

		ℳ	₰
1368.	Altenburg b. Naumburg a. S., Konsumverein zu Altenburg, e. G. m. b. H., Herr E. Richter. — Herr G. Kramer	?	?
1369.	Altflemmingen b. Naumburg a. S., Konsumverein zu Altflemmingen, e. G. m. b. H., Herr Carl Richter. — Herr O. Judersleben	?	?
1370.	Barnstorf, Landwirtschaftlicher Konsumverein, e. G. m. u. H., Herr L. Middendorf. — Herr H. Reeßing	?	?
1371.	Dahme, Konsumverein, e. G. m. b. H, Herr Ed. Götze. — Herr Carl Bieth	20	—
1372.	Eversen b. Celle, Konsumverein für Eversen und Umgegend, e. G. m. b. H., Herr Fr. Wrigge. — Herr Beneke	?	?
1373.	Groß-Hehlen (Post Celle), Konsumverein, e. G. m. b. H., Herr Heinr. Braul. — Herr H. Heuer **	?	?
1374.	Langreder (Post Wennigsen), Haushaltsverein Langreder, e G. m. b. H., Herr H. Schlingmann. — Herr H. Kösel *	?	?
1375.	Magdeburg, Eisenbahn-Beamten-Konsumverein, Herr Eckardt. — Herr Naucke	100	—
1376.	Meiningen, Konsumverein Meiningen, e. G. m. b. H., Herr C. Bodenschatz. — Herr Hugo Müller, Bankbeamter	59	10
1377.	Neudaberstädt (Post Erfurt), Waren-Einkaufs- und Herstellungs-Verein, e. G. m. b. H., Herr Scholz. — Herr Umbreit	?	?
1378.	Nörten b. Northeim (Hann.), Konsumverein für Nörten und Umgegend, e. G. m. b. H., Herr C. Weidehaus. — Herr H. Stockfisch	10	—
1379.	Oberoderwitz, Konsumverein Oderwitz, e. G. m. b. H., Herr Wilh. Glathe jun. — Herr L. Träger	22	80
1380.	Rosenheim (Bayern), Konsumverein, e. G. m. b. H., Herr E. Bager. — Herr J. Staber	?	?
1381.	Scharley, Konsumverein Scharley, e. G. m. u. H., Herr V. Fipper. — Herr H. Regehly	49	52
1382.	Scheie b. Bückeburg, Konsumverein in Scheie, e. G. m. b. H., Herr H. Küster. — Herr F. Möller **	?	?
1383.	Treuenbrietzen, Konsumverein I, Herr C. Otto. — Herr F. Lubitz	16	65
1384.	Unterlauchringen (Post Oberlauchringen), Konsumverein „Lauffenmühle", e. G. m. b. H., Herr Strittmalter. — Herr David Hirt, Direktor *	?	?
1385.	Waldsassen, Konsumverein Waldsassen und Umgegend, e. G. m. b. H., Herr C. Fischer. — Herr Clemens Mehnert **	?	?
1386.	Wardböhmen (Post Bergen b. Celle), Konsumverein Wardböhmen und Umgegend, e. G. m. b. H., Herr G. Rogge. — Herr H. Ahrens **	?	?
1387.	Wilhelmsburg, Wilhelmsburger Konsumverein, e. G. m. b. H., Herr Sievers. — Herr Erfurdt	?	?
1388.	Winzenburg, Konsumverein für Winzenburg und Umgegend, e. G. m. b. H., Herr Friedr. Hillebrecht. — Herr Fr. Forkefeld **	?	?
	Summa	278	07

c. Andere Genossenschaften.

(18 Vereine.)

Nr.		Beitrag M.	Pf.
1389.	**Berlin**, Wirtschaftsgenossenschaft Berliner Grundbesitzer, e. G. m. b. H., C., Burgstraße 1d, Herr Paul Günther. — Herr Julius Horber, Ingenieur	20	—
1390.	**Berlin**, Genossenschaft der Berliner Dienstmänner, e.G. m.u.H., Lützowstr. 23, W., Herr Gustav Rostock. — Herr G. Steindorf	?	?
1391.	**Berlin**, Vereinigte Stellmachermeister Berlins, Nutzholz-Verkaufsgenossenschaft, e. G. m. u. H., Lohmühlenstr. 6, SO., Herr O. Schneider. — Herr E. Fickler	14	30
1392.	**Berlin**, Berliner Spar- und Bauverein, e. G. m. b. H., NW., Sickingenstr. 7, Herr L. Schmidt. - Herr W. Naase, Schlosser	85	—
1393.	**Berlin**, Technische Revisions-Vereinigung „Elektrowacht", e. G. m b. H., NW., Kalvinstr. 14, Herr Dr. W. Heffter. — Herr Carl Grade, Bücherrevisor	10	—
1394.	**Berlin**, Einkaufsgenossenschaft der Berliner Uhrmacher, e. G. m. b. H., Beuthstr. 5, SW., Herr Bosse. — Herr Hesse	?	?
1395.	**Bremen**, Eisenbahn-Spar- und Bauverein Bremen, e. G. m. b. H., Herr Thiermann. — Herr Müller	?	?
1396.	**Charlottenburg**, Deutsches Erholungsheim, e. G. m. b. H., Fräulein Minna Kube. — Herr Hans Meier (auch für 1903 u. 1904 im Rest)	?	?
1397.	**Delitzsch**, Schuhmacher-Rohstoff-Genossenschaft, e. G. m. u. H., Herr A. Brade. — Herr Geißler	10	—
1398.	**Ebersbach** i. S, Oberlausitzer Genossenschafts-Buchdruckerei, e. G. m. b. H., Herr Emil Behnert. — Herr Rob. Rudolph	?	?
1399.	**Hamburg**, Beamten-Wohnungs-Verein, e. G. m. b. H., Herr Barthe. — Herr F. A. Zielke	?	?
1400.	**Hannover**, Vereinsbuchdruckerei zu Hannover, e. G. m. b. H., Herr Georg Klapproth. — Herr C. Schöning	10	05
1401.	**Insterburg**, Ländlicher Wirtschaftsverein, Zentralgenossenschaft ostpreußischer landwirtschaftlicher Genossenschaften, e. G. m. u. H., Herr C. Schweiger. — Herr C. Maul	100	—
1402.	**Karlsruhe** i. Baden, Mieter- und Bauverein, e. G. m. b. H., Herr Delisle. — Herr Keil, Oberpostassistent	20	—
1403.	**Luckenwalde**, Schuhmacher-Assoziation, Herr E. Sievert. — Herr J. Lippke	10	—
1404.	**Schleswig**, Arbeiter-Bauverein, e. G. m. b. H., Herr Dr. Wullenweber. — Herr A. Leonhard	?	?
1405.	**Ueckermünde**, Ziegelei-Genossenschaft zu Ueckermünde, e. G. m. b. H., Herr J. F. Schultz. — Herr A. Olwig	100	—
1406.	**Wittenberg** (Bez. Halle a. S.), Schuhmacher-Rohstoffgenossenschaft, e.G. m. b.H., Herr Otto Kimstädt. — Herr Wilhelm Wagner	10	—
	Summa	389	35

Änderungen im Bestande der Mitglieder des Allgemeinen Verbandes.

(Abgeschlossen am 20. November 1906.)

Zu Ende 1906 **scheiden aus:**

a. **Kreditgenossenschaften:** unter Nr. 40, 251, 303, 480, 573, 637, 687 (ausgeschlossen), 691 (nur aus dem Unterverbande), 743, 795, 1145, 1357.

b. **Konsumvereine:** unter Nr. 84, 285, 892, 918, 942, 948, 1161, 1370, 1371, 1373, 1374, 1375, 1377, 1382, 1384, 1385, 1386, 1388.

c. **Baugenossenschaften:** unter Nr. 104, 107, 114, 123, 159.

d. **Andere Genossenschaften:** unter Nr. 760, 1025, 1396 (ausgeschlossen), 1398.

Seit 1. Januar 1906 sind dem Verbande **beigetreten:**

Zu Verband 1: Augsburg, Einkaufsgenossenschaft von Mitgliedern der freien Bäcker-Innung, e. G. m. b. H.
Kaufbeuren, Einkaufs-, Produktiv- und Verkaufsgenossenschaft der Schreiner in Kaufbeuren, e. G. m. b. H.
Kempten, Ein- und Verkaufsgenossenschaft der Schreinermeister Kemptens, e. G. m. b. H.
Oettingen a/R., Spar- und Darlehnskassa-Verein, e. G. m. u. H.

Zu Verband 2: Niederschönhausen, Niederschönhausener Spar- und Kreditbank, e. G. m. b. H.

Zu Verband 3: Belgard a. P., Konsumverein für Belgard a. P. und Umgegend, e. G. m. b. H.
Dramburg, Rohstoff-, Konsum- und Sparverein, e. G. m. b. H.

Zu Verband 4: Biebrich a. Rh., Biebricher Bauverein. Akt.-Ges.
Danzig, Danziger Heimstätten-Gesellschaft, e. G. m. b. H.
Detmold, Gemeinnütziger Bauverein, e. G. m. b. H.
Emden, Gemeinnütziger Bauverein für den Landkreis Emden, e. G. m. b. H.
Frankfurt a. M., Verein-Arbeiterheim.
Höchst a. M., Gemeinnützige Baugesellschaft des Kreises Höchst, Akt.-Gesellsch.
Neuende b. Wilhelmshaven, Bauverein Rüstringen, e. G. m. b. H.
Wilhelmsburg a. E., Gemeinnütziger Bauverein „Reiherstieg", e. G. m. b. H.

Zu Verband 8: Tschoepeln O/L., Konsumverein für Tschoepeln und Umgegend, e. G. m. b. H.

Zu Verband 10: Königstein i. Taunus, Vorschuß- und Kreditverein, e. G. m. u. H.

Zu Verband 12: Schleswig, Spar- und Hülfskasse, e. G. m. b. H.

Zu Verband 14: Culm (Westpr.), Culmer Kreditverein, e. G. m. b. H.
Ragnit, Obstverwertungsgenossenschaft Litauen, e. G. m. b. H.

Zu Verband 19: Lüchtringen, Konsumverein Lüchtringen, e. G. m. b H
Münster i. W., Warenverkaufsstelle des Beamtenvereins, e. G. m. b. H.
Sundern b. Gütersloh, Konsumverein „Arbeiterwohl", e. G. m. b. H.

Zu Verband 20: Nordhausen, Vorschußverein zu Nordhausen, e. G. m. b. H.

Zu Verband 21: Badenhausen, Konsumverein, e. G. m. b. H.
Hayn (Harz), Konsumverein Hayn, e. G. m. b. H.
Hörsum b. Alfeld a. L., Konsumverein, e. G. m. b. H.
Hohenmölsen, Konsumverein „Einigkeit", e. G. m. b. H.
Jävenitz b. Gardelegen, Konsumverein für Jävenitz und Umgegend, e. G. m. b. H.
Lauenförde, Konsumverein, e. G. m. b. H.
Lenne (Post Vorwohle in Braunschw.), Konsumverein, e. G. m. b. H.
Mühlbeck b. Bitterfeld, Konsumverein, e. G. m. b. H.
Nietleben b. Halle a. S., Allgemeiner Konsumverein, e. G. m. b. H.
Sebexen b. Kreiensen, Konsumverein, e. G. m. b. H.
Tangerhütte, Allgemeiner Konsumverein für Baethen-Tangerhütte und Umgegend, e. G. m. b. H.

Zu Verband 22: Wildenfels i. Sachsen, Kredit- und Sparbank Wildenfels, e. G. m. b. H.

Zu Verband 23: Katscher O/Schl., Katscherer Volksbank, e. G. m. u. H.
Landeshut i. Schl., Vorschußverein zu Landeshut, e. G. m. u. H.

Zu Verband 25: Seligenstadt a. Main, Volksbank Seligenstadt, e. G. m. u. H.

Zu Verband 26: Bebra, Eisenbahn-Konsumverein Bebra, e. G. m. b. H.
Gaggenau i. Baden, Lebensbedürfnisverein für Gaggenau und Umgebung, e. G. m. b. H.

Zu Verband 28: Philippsburg (Baden), Bruhrainer Volksbank, e. G. m. u. H.

Restbeiträge

(wenn keine andere Jahreszahl angegeben, für 1904).

Verb.-Nr.	a. Kreditvereine.	ℳ
5	Ludwigstadt i. Oberfr. . . .	32,30
	Prichsenstadt, Kreditverein . .	22,43
10	Höhr, Kredit- und V.-V. . .	80,04
	Montabaur, V.-V.	87,70
	Obersteden, Sp.- u. Vorschußk.	10,—
	Selters, V.-V.	11,49
	Soden a. Taunus, V.-V. .	10,—
14	Danzig-Langfuhr, Kredit-Ver.	10,—
	Mehlsack, Vorsch.- u. Kred.-V.	34,28
15	Homburg i. Pf., V.-V. . . .	100,—
	Oberstein, Volksbank . .	31,11
17	Erin, Deutscher Sp.- u. Kr.-V.	10,—
18	Neunkirchen, Spar- u. Kr.-V.	13,52
20	Belgern, V.-V.	10,—
	Gräfenhainichen, V.-V. . .	38,20
	Liebenwerda, Spar- u. Darl.-Kasse (Ergänz. für 1903)	17,30
	Querfurt, V.-V.	100,—
	Silberhütte, Central-Gen. . .	10,—
	Wettin a. S., V.-V.	10,—
23	Guttentag, V.-V. (Ergänz.)	2,74
	Summa . . .	591,11

Verb.-Nr.	b. Konsumvereine.	ℳ
8	Warmbrunn, Konsumv. . .	10,—
—	Altenburg b. Naumburg a. S., Konsumverein	10,—
—	Altflemmingen b. Naumburg a. S., Konsumv.	10,—
—	Barnstorf, Landw. Ksv. 02-04	30,—
—	Rosenheim (Bayern), Ksv. .	14,—
—	Dahme i. d. Mark, Ksv. 02-04	60,—
	Summa . . .	134,—

Verb.-Nr.	c. Baugenossenschaften.	ℳ
14	Angerburg, Bau- u. Sparv. (Ergänzung)	11,95
4	Hanau, Gemeinnützige Baugesellschaft, Akt.-Ges. . .	46,53
	Leer, Beamten-Wohn.-V. . .	10,—
	Pirmasens, Spar- u. Baugen.	10,—
	Quakenbrück, Spar- u. Bauv. für 1903 und 04 . . .	20,—
	Rixdorfer Spar- u. Bauver.	10,—
	Stöcken b. Hannover, Gemeinnütziger Bauverein . . .	10,—
	Wolfenbüttel, Spar- u. Bauv.	18,94
	Summa . . .	137,42

Verb.-Nr.	d. Andere Genossenschaften.	ℳ
10	Frankfurt a. M., Mitteld. Ver.-Sortiment	10,—
	Wiesbaden, Rohstoff-Ver. für Schuhmacher	41,72
11	Bergen a. Rügen, Kanalis.-G.	10,—
27	Eisenach, „Nord und Süd“, Einkaufs-G. f. Luxuswar., Porz, Steing, Glas usw.	50,—
—	Berlin, Techn. Rev.-Vereinig. „Elektrowacht“, 1903-04	20,—
—	Ückermünde, Ziegelei-Genoss.	100,—
	Summa . . .	231,72

Beiträge von ausgeschiedenen Genossenschaften.

Verb.-Nr.	a. Kreditvereine.	ℳ
14	Ruß (Ostpr.), V.-V. f. 05 .	23,88
18	Mülheim a. Ruhr, Mülheimer Bank, f. 05	100,—
	Dortmunder Bankverein, f. 04	100,—
	Summa . . .	223,88

Verb.-Nr.	b. Konsumvereine.	ℳ
21	Lettin b. Halle a. S., Allgem. Konsumver., f. 05 . . .	23,70
8	Weißwasser O.-L., Ksv., f. 05	41,10
	Transport . .	64,70
	Transport .	64,70
—	Altenfeld, Konsumv., f. 02-04	30,—
—	Lauban, Waren-Eink.-V., f. 05	100,—
	Summa . . .	194,80

Verb.-Nr.	c. Baugenossenschaften.	ℳ
4	Schalke, Spar- u. Bauverein, f. 1902–03	33,50
	Meuselwitz, Bau- u. Sparverein, f. 1905	10,—
	Magdeburg, Mieter Bau- u. Sparverein, f. 1905 . .	10,—
	Summa . . .	53,50

Beiträge für das Jahr 1906.

Verb.-Nr.	a. Kreditvereine.	ℳ
10	Königstein, V.-B.	27,55
18	Bielefeld, V.-B.	100,—
20	Belgern, V.-B.	10,—
	Bibra, V.-B.	10,—
23	Breslau, Sp.- u. Darl.-Ver.	100,—
25	Seligenstadt, Volksbank	16,22
	Summa	263,77

	b. Konsumvereine.	
19	Elberfeld, Kfv. „Gambrinus"	14,55
	Soest, Beamten-Konsumver.	10,—
	Lüchtringen, Konsumverein	10,—
21	Dörnten, Konsumverein	10,—
	Hohenmölsen, Kfv. „Einigkeit"	10,—
	Hayn, Konsumverein	10,—
	Lauenförde, Konsumverein	10,—
	Transport	64,55

Verb.-Nr.		ℳ
	Transport	64,55
	Nietleben, Allgem. Konsumv.	19,45
	Sonneberg, Neuer Konsumv.	15,97
	Summa	109,97

	c. Baugenossenschaften.	
4	Höchst, Gemeinn. Baugesellsch.	10,—
	Danzig, Heimstätten-Gesellsch.	10,—
	Summa	20,—

	d. Andere Genossenschaften.	
13	Konstanz, Schreinergenossensch.	10,—
14	Ragnit, Obstverwert.-Genoss.	10,—
20	Mühlberg a. E., Brauerei u. Malzfabrik	14,50
23	Breslau, Ein- u. Verkaufsgenossensch. d. Bäckermeister	20,50
	Summa	55,05

Aufrechnung.

Beiträge für 1905		ℳ 60 758,03
Restbeiträge:		
Kreditvereine	ℳ 591,11	
Konsumvereine	„ 184,—	
Baugenossenschaften	„ 137,42	
Andere Genossenschaften	„ 231,72	„ 1 094,25
Beiträge von ausgeschiedenen Genossenschaften:		
Kreditvereine	ℳ 223,88	
Konsumvereine	„ 194,80	
Baugenossenschaften	„ 53,50	„ 472,18
Beiträge für 1906:		
Kreditvereine	ℳ 263,77	
Konsumvereine	„ 109,97	
Baugenossenschaften	„ 20,—	
Andere Genossenschaften	„ 55,05	„ 448,79
	Summe der Beiträge	ℳ 62 773,25

Verteilung der Beiträge nach Genossenschaftsarten:

Kreditvereine	ℳ 53 364,96
Konsumvereine	„ 5 920,41
Baugenossenschaften	„ 1 915,19
Andere Genossenschaften	„ 1 572,69
wie oben	ℳ 62 773,25

Zusammenstellung der in der vorhergehenden Liste aufgeführten Unterverbände mit Angabe der von denselben an den Allgemeinen Verband abgeführten Beiträge der Genossenschaften.

	Seite	Beiträge ℳ	₰
1. **Bayerischer** Genossenschaftsverband	379	1214	56
2. Verband der Kreditvereine zu **Berlin**	381	2558	85
3. Konsumvereinsverband von **Brandenburg, Pommern** und angrenzenden Landesteilen	382	351	60
4. Verband der Baugenossenschaften **Deutschlands**	386	1646	18
5. Verband der **Fränkischen** Vorschuß- nnd Kreditgenossenschaften	387	912	57
6. Verband **Hessischer** Vorschuß- und Kreditvereine	389	1748	54
7. Verband der Kreditgenossenschaften der **Lausitz** und der benachbarten Landesteile	390	1363	41
8. Verband der Konsumvereine der **Lausitz** und der angrenzenden Provinzen und Landesteile	391	416	80
9. Verband der Erwerbs- und Wirtschaftsgenossenschaften im Regierungsbezirk **Magdeburg**, Herzogtum **Braunschweig** und der Provinz **Hannover**	393	1957	21
10. Verband der Erwerbs- und Wirtschaftsgenossenschaften im **Mittelrhein**	396	4262	48
11. Verband der **Norddeutschen** Erwerbs- und Wirtschaftsgenossenschaften	398	1843	22
12. Verband der Vorschuß- u. Kreditvereine von **Nordwestdeutschland**	400	2644	19
13. Verband der **Oberbadischen** Erwerbs- und Wirtschaftsgenossenschaften	401	2343	48
14. Verband der **Ost- und Westpreußischen** Erwerbs- und Wirtschaftsgenossenschaften	405	5190	09
15. Verband **Pfälzischer** Erwerbs- und Wirtschaftsgenossenschaften	406	1894	51
16. Verband der Vorschuß- und Kreditvereine von **Pommern** und den **Grenzkreisen der Mark Brandenburg**	408	1905	18
17. Verband der Deutschen Erwerbs- und Wirtschaftsgenossenschaften der Provinz **Posen**	409	1834	22
18. Verband der Kreditgenossenschaften von **Rheinland, Westfalen, Lippe** und **Waldeck**	411	1783	19
19. Verband **Rheinisch-Westfälischer** Konsumvereine	412	650	32
20. Verband der Vorschußvereine in der Provinz **Sachsen** und dem Herzogtum **Anhalt**	414	1159	18
21. Verband der Konsumvereine der Provinz **Sachsen** und der angrenzenden Provinzen und Staaten	420	2371	15
22. Verband **Sächsischer** Erwerbs- und Wirtschaftsgenossenschaften	422	1525	05
23. Verband der Erwerbs- u. Wirtschaftsgenossenschaften **Schlesiens**	426	3803	25
24. Verband der Konsumvereine der Provinz **Schlesien**	426	752	28
25. Verband der Erwerbs- und Wirtschaftsgenossenschaften der Provinzen **Starkenburg** und **Oberhessen**	427	1191	03
26. Verband der Konsumvereine in **Bayern, Württemberg, Baden** und angrenzenden Bundesstaaten	428	747	45
27. Verband **Thüringischer** Vorschußvereine	432	4729	44
28. Verband der **Unterbadischen** Erwerbs- und Wirtschaftsgenossenschaften	434	3999	92
29. Verband der Kreditgenossenschaften von **West-Brandenburg** und den angrenzenden Landesteilen	436	2124	08
Genossenschaften, die keinem Unterverbande angehören	437/8	1834	60
Summa		60758	03

VIII.

Liste der Verbandsgenossenschaften

nach dem Alphabet und nach Genossenschaftsgattungen geordnet.

Laufende Nummer	Nr. des Verbandes	Kreditgenossenschaften rc.
		a. Kreditgenossenschaften.
1	28	**Achern.**
2	9	**Aken** a. E., Sp.- u B.-V.
3	9	**Aken** a. E., Bank-V.
4	14	**Allenburg.**
5	14	**Allenstein,** V.- u. D.-V.
6	14	**Allenstein,** Ost- u Westpreuß. Verb.-K.
7	27	**Allstedt.**
8	15	**Alsenz.**
9	6	**Alsfeld,** V.-V.
10	25	**Alsfeld,** Vks.-Bk.
11	18	**Altena** i. W.
12	27	**Altenburg.**
13	5	**Altdorf.**
14	22	**Altmittweida.**
15	12	**Altona,** Kred.-V.
16	12	**Altona,** Sp.- u. Kred.-Bank von 1870.
17	12	**Altona,** Genoss.-Bk.
18	5	**Alzenau.**
19	5	**Amorbach.**
20	14	**Angerburg.**
21	16	**Angermünde.**
22	18	**Arnsberg.**
23	16	**Arnswalde,** Kred.-V.
24	16	**Arnswalde,** Sp.- u. V.-K.
25	18	**Arolsen.**
26	22	**Aue** i. Erzgeb.
27	22	**Auerbach** i. Voigtl.
28	1	**Augsburg.**
29	27	**Auma.**
30	25	**Babenhausen.**
31	28	**Baden.**
32	16	**Bahn.**
33	20	**Ballenstedt.**
34	12	**Barmstedt.**
35	14	**Bartenstein.**
36	11	**Barth.**
37	23	**Bauerwitz.**
38	9	**Beetzendorf.**
39	16	**Belgard** i. P.
40	20	**Belgern.**
41	20	**Benneckenstein.**
42	11	**Bergen** auf Rügen.
43	15	**Bergzabern.**
44	27	**Berka** a. Ilm.
45	27	**Berka** a. Werra.
46	18	**Berleburg.**
47	—	**Berlin,** Stralauer Stadtv.
48	2	**Berlin,** Friedrichstadt.
49	2	**Berlin,** Louisenstädt. Bank.
50	2	**Berlin,** Alt-Berlin.
51	2	**Berlin,** Kred.- u. Sp.-Bk.
52	2	**Berlin,** Gew.-V.
53	2	**Berlin,** Berliner Handelsbank.
54	2	**Berlin,** Wedding.
55	2	**Berlin,** Kred.-V. der Potsdamer Torbez.
56	2	**Berlin,** Louisenstäd. Gen.-Bk.
57	2	**Berlin,** Allg. Beamten-Sp.- u. Darl.-V.
58	2	**Berlin,** Allg. Hdls- u. Gew.-Bk.
59	2	**Berlin,** Kred.-V. der Oranienburger Vorstadt.
60	—	**Berlin,** Dresdner Bank (Gen.-Abt.).
61	2	**Berlin,** Spar- u. Kredit-Verein ehemal. Kampfgenossen.
62	2	**Berlin,** Genossenschafts-Bank Berliner Restaur.
63	2	**Berlin,** Gen.-Bk. Moabit.
64	2	**Berlin,** Genossenschafts-Bk. des nördlichen Stadtviertels.
65	2	**Berlin,** Schönhauser Gen.-Bk.
66	2	**Berlin,** Gastw.-Bank rc.
67	2	**Berlin,** Sp.- u. Kr.-V. Nordost.
68	2	**Berlin,** Bk. f. Handel u. Gew.
69	2	**Berlin,** Kr.-V. d. Spandauer Stadtviertels.
70	2	**Berlin,** Berliner Sp.- u. Kr.-V.
71	2	**Berlin,** Bk.-V. Gesundbrunnen.
72	2	**Berlin,** Gen.-Bk. d. Prenzlauer Torstadtteile.
73	2	**Berlin,** Königstädtische Sp.- u. Darl.-K.
74	2	**Berlin,** Sp.- u. V.-V.

Laufende Nummer	Nr. des Verbandes	Kreditgenossenschaften ꝛc.	Laufende Nummer	Nr. des Verbandes	Kreditgenossenschaften ꝛc.
75	2	Berlin, Sp.- u. Kr.-G. „Eintracht".	126	11	Bützow.
			127	28	Bunzlau.
76	2	Berlin, Handw.-Bk. Wedding.	128	12	Burg i. Dithm.
77	2	Berlin, Deutscher Bürger-Sp.- u. Kr.-V.	129	9	Burg b. Magdeburg.
			130	22	Burghardtsdorf.
78	16	Berlinchen.	131	27	Buttstädt.
79	23	Bernstadt.	132	6	Butzbach.
80	23	Beuthen O.-Schl.	133	9	Calbe a. S.
81	10	Bieber.	134	18	Calcar.
82	20	Bibra.	135	9	Calvörde.
83	10	Biebrich-Mosbach.	136	10	Camberg.
84	6	Biedenkopf.	137	27	Camburg.
85	18	Bielefeld.	138	16	Cammin.
86	13	Birkendorf (bad. Schwarzwald).	139	23	Canth.
87	17	Birnbaum.	140	18	Carden a. M.
88	10	Birstein.	141	6	Cassel, Kr.-V
89	14	Bischofsburg.	142	6	Cassel, Allg. V.-V.
90	14	Bischofswerder.	143	10	Caub.
91	9	Bismark.	144	2	Charlottenburg.
92	—	Bitterfeld.	145	22	Chemnitz.
93	9	Blankenburg a. Harz.	146	14	Cristburg.
94	27	Blankenburg i. Th.	147	22	Clausnitz b. Bienenmühle.
95	27	Blankenhain.	148	18	Coblenz.
96	15	Bliescastel.	149	27	Coburg.
97	10	Bockenheim.	150	9	Cochstedt.
98	17	Bojanowo.	151	27	Cölleda.
99	10	Bonames.	152	18	Cöln.
100	18	Boppard.	153	29	Cöpenick, Kr.-V.
101	10	Bornheim b. Frankfurt a. M.	154	2	Cöpenick, V.-V.
102	12	Bornhöved.	155	18	Cörrenzig.
103	22	Borstendorf.	156	16	Cöslin.
104	28	Boxberg.	157	—	Cöthen, V.-V.
105	12	Bramstedt.	158	20	Cöthen, V.-Bk.
106	29	Brandenburg a. H.	159	16	Colberg.
107	10	Brandoberndorf.	160	23	Cosel, V.-V.
108	10	Braubach.	161	23	Cosel, Hyp.-Vers.- u. Tilg.-V.
109	12	Bredstedt.	162	7	Cottbus, V.-V.
110	20	Brehna.	163	29	Cremmen.
111	13	Breisach.	164	11	Crivitz.
112	23	Breslau, V.-V.	165	10	Cronberg.
113	23	Breslau, Volks-B.	166	17	Crone (Brahe).
114	23	Breslau, Sp.- u. D.-V.	167	7	Crossen a. O.
115	28	Bretten.	168	20	Crossen b. Zeitz.
116	23	Brieg.	169	16	Cüstrin.
117	14	Briesen W.-Pr.	170	14	Culmsee.
118	17	Bromberg, Gew.-V.	171	17	Czempin.
119	17	Bromberg, V.-V.	172	15	Dahn.
120	28	Bruchsal.	173	13	Dangstetten (Amt Waldshut).
121	12	Brunsbüttelhafen.	174	14	Danzig.
122	28	Buchen.	175	14	Danzig-Langfuhr, Kr.-V.
123	28	Bühl.	176	14	Danzig-Langfuhr, Kred.-V. Deutscher Apotheker.
124	27	Bürgel.			
125	16	Bütow.	177	14	Darkehmen.

Laufende Nummer	Nr. des Verbandes	Kreditgenossenschaften 2c.
178	25	**Darmstadt.**
179	20	**Delitzsch.**
180	11	**Demmin.**
181	27	**Dermbach.**
182	14	**Deutsch-Crone.**
183	22	**Deutschneudorf,** Sp.-V.
184	25	**Dieburg.**
185	27	**Dietendorf.**
186	10	**Diez.**
187	1	**Dillingen** a. Donau.
188	1	**Dinkelsbühl.**
189	14	**Dirschau.**
190	12	**Dissau** b. Lübeck.
191	11	**Doberan.**
192	17	**Dobrzyca.**
193	20	**Dommitzsch.**
194	13	**Donaueschingen.**
195	27	**Dornburg.**
196	16	**Dramburg.**
197	14	**Drenkfurt.**
198	10	**Driedorf.**
199	16	**Driesen.**
200	20	**Düben.**
201	15	**Dürkheim.**
202	28	**Durlach.**
203	27	**Ebeleben.**
204	5	**Ebensfeld.**
205	28	**Eberbach** a. N.
206	25	**Eberstadt.**
207	2	**Eberswalde.**
208	20	**Eckartsberga.**
209	18	**Eckenhagen.**
210	12	**Eckernförde.**
211	15	**Edenkoben.**
212	9	**Egeln.**
213	1	**Eggenfelden.**
214	10	**Eibelshausen.**
215	9	**Eichenbarleben.**
216	13	**Eigeltingen.**
217	20	**Eilenburg.**
218	27	**Eisenach,** Gew.-Bk.
219	—	**Eisenach,** Kred.-Bk. Akt.-Ges.
220	27	**Eisenberg.**
221	27	**Eisfeld.**
222	14	**Elbing.**
223	20	**Ellrich** a. H.
224	12	**Elmshorn.**
225	5	**Eltmann,** V.-V.
226	10	**Eltville.**
227	10	**Emmerichenhain.**
228	13	**Endingen.**
229	28	**Eppingen.**
230	27	**Erfurt,** Erf. V.-Bk.
231	18	**Erkelenz.**
232	5	**Erlangen.**
233	6	**Eschwege.**
234	28	**Ettenheim.**
235	28	**Ettlingen.**
236	22	**Euba.**
237	17	**Exin.**
238	28	**Feudenheim.**
239	16	**Fiddichow.**
240	17	**Filehne.**
241	10	**Flörsheim.**
242	7	**Forst** N.-L.
243	7	**Frankfurt** a. O., Vereinsbk. Akt.-Ges.
244	10	**Frankfurt** a. M., Gew.-Kasse.
245	—	**Frankfurt** a. M., Dresdner Bk. (Gen.-Abt.).
246	10	**Frankfurt** a. M., Sp.- u. D.-K. von Beamt.
247	10	**Frankfurt** a. M., Sp.- u. V.-V. von Eisenb.-Beamten.
248	13	**Freiburg** i. B.
249	23	**Freiburg** i. Schl.
250	20	**Freiburg** a. U.
251	2	**Freienwalde** a. O.
252	14	**Freystadt** W.-Pr.
253	23	**Freystadt** (N.-Schl.).
254	6	**Friedberg** i. H.
255	16	**Friedeberg** N/M.
256	23	**Friedland** (R.-B. Breslau).
257	11	**Friedland** i. Mecklbg.
258	27	**Friedrichroda.**
259	2	**Friedrichsberg.**
260	2	**Friedrichshagen.**
261	29	**Friesack.**
262	7	**Fürstenberg** a. O.
263	16	**Fürstenfelde** N/M.
264	7	**Fürstenwalde.**
265	25	**Fürth** i Odenwald.
266	6	**Fulda.**
267	12	**Gaarden.**
268	11	**Gadebusch.**
269	13	**Gailingen.**
270	9	**Gardelegen.**
271	12	**Garding.**
272	14	**Garnsee.**
273	16	**Gartz** a. O.
274	18	**Geilenkirchen-Hünshoven,** A.-G.
275	27	**Geisa.**
276	10	**Geisenheim,** V.- u. Kr.-V.
277	10	**Geisenheim,** Spar- u. Leihkasse.
278	28	**Gengenbach.**

Laufende Nummer	Nr. des Verbandes	Kreditgenossenschaften ꝛc.
279	9	**Genthin.**
280	27	**Gera** (Reuß).
281	27	**Gera** bei Elgersburg.
282	—	**Gerabronn.**
283	15	**Germersheim.**
284	5	**Gerolzhofen.**
285	27	**Gerstungen.**
286	6	**Gießen.**
287	14	**Gilgenburg.**
288	18	**Gladbach** (München).
289	15	**Glan-Münchweiler.**
290	23	**Glatz.**
291	22	**Glauchau.**
292	23	**Gleiwitz.**
293	23	**Glogau.**
294	12	**Glückstadt.**
295	17	**Gnesen.**
296	11	**Gnoien.**
297	7	**Görlitz.**
298	14	**Goldap.**
299	23	**Goldberg** i. Schl.
300	11	**Goldberg** i. Mecklbg.
301	20	**Gollme.**
302	16	**Gollnow.**
303	14	**Gollub.**
304	9	**Gommern.**
305	27	**Gotha.**
306	20	**Gräfenhainichen.**
307	27	**Gräfenroda.**
308	27	**Gräfenthal.**
309	27	**Gräfinau.**
310	17	**Grätz.**
311	10	**Grävenwiesbach.**
312	29	**Gransee.**
313	14	**Graudenz.**
314	12	**Gravenstein.**
315	16	**Greifenhagen.**
316	11	**Greifswald.**
317	27	**Greiz.**
318	10	**Grenzhausen.**
319	11	**Grevesmühlen, Vereins-Bk.**
320	11	**Grevesmühlen, V.-V**
321	10	**Griesheim, V.-V.**
322	10	**Griesheim,** Sp.- u. Hilfs-V.
323	6	**Großalmerode.**
324	25	**Groß-Gerau.**
325	2	**Groß-Lichterfelde.**
326	23	**Groß-Neundorf.**
327	23	**Groß-Strehlitz.**
328	23	**Groß-Wartenberg.**
329	23	**Grottkau.**
330	23	**Grünberg** i. Schlesien.
331	6	**Grünberg** i. Hessen.
332	15	**Grünstadt.**
333	7	**Guben.**
334	11	**Güstrow.**
335	11	**Gützkow.**
336	14	**Gumbinnen.**
337	23	**Guttentag.**
338	14	**Guttstadt.**
339	23	**Habelschwerdt.**
340	10	**Hachenburg** (Westerwald).
341	12	**Hademarschen.**
342	11	**Hagenow** i Mecklbg.
343	13	**Hagnau** (Amt Ueberling., Bad.)
344	10	**Haiger.**
345	7	**Halbau.**
346	9	**Halberstadt.**
347	12	**Hamburg,** Hamburg-Altonaer Kred.-Bk.
348	10	**Hanau.**
349	9	**Hannover,** Gew.-Bk.
350	—	**Hannover,** Vorschußvereinsbk.
351	28	**Hardheim.**
352	27	**Harras** bei Eisfeld.
353	9	**Harzburg.**
354	27	**Hasenthal.**
355	9	**Hasselfelde.**
356	15	**Haßloch.**
357	10	**Hattersheim.**
358	29	**Havelberg.**
359	12	**Heide,** Vks-Bk.
360	12	**Heide,** Nordwestd. Verb.-Kasse.
361	28	**Heidelberg,** Gew.-Bk.
362	28	**Heidelberg,** Volks-Bk.
363	22	**Heidelberg** b. Seiffen (Königr. Sachsen).
364	14	**Heiligenbeil.**
365	14	**Heilsberg.**
366	14	**Heinrichswalde.**
367	20	**Helbra.**
368	27	**Heldburg.**
369	27	**Helmershausen.**
370	9	**Helmstedt.**
371	25	**Heppenheim.**
372	10	**Herborn.**
373	20	**Heringen.**
374	27	**Hermsdorf** S.-Altbg.
375	10	**Herschbach,** Hilfs- u. Sparkasse.
376	6	**Hersfeld.**
377	27	**Hildburghausen.**
378	23	**Hirschberg.**
379	10	**Höchst** a. M.
380	28	**Hockenheim.**
381	10	**Höhr.**
382	20	**Hohenmölsen.**

Laufende Nummer	Nr. des Verbandes	Kreditgenossenschaften rc.
383	17	**Hohensalza.**
384	14	**Hohenstein** O.-Pr.
385	12	**Hohenwestedt.**
386	10	**Holzappel.**
387	6	**Homberg** (Reg.-Bez. Cassel).
388	18	**Homberg** (Kr. Mörs).
389	10	**Homburg** v. d. Höhe, Sp.- u. V.-K.
390	15	**Homburg** (Pfalz), V.-B.
391	9	**Hornburg.**
392	12	**Husum.**
393	1	**Ichenhausen.**
394	27	**Ichtershausen.**
395	10	**Idstein.**
396	27	**Jena.**
397	20	**Jessen** (Bez. Halle).
398	13	**Jestetten.**
399	27	**Ilmenau.**
400	14	**Insterburg.**
401	14	**Johannisburg.**
402	—	**Iserlohn, Volks-B.,** Akt.-Ges.
403	12	**Itzehoe.**
404	27	**Judenbach.**
405	17	**Jutroschin.**
406	15	**Kaiserslautern.**
407	27	**Kaltennordheim.**
408	15	**Kandel.**
409	13	**Kandern.**
410	28	**Kappelrodeck** (Amt Achern).
411	28	**Karlsruhe.**
412	28	**Karlsruhe-Mühlburg.**
413	14	**Kaukehmen.**
414	25	**Kelsterbach.**
415	20	**Kemberg.**
416	17	**Kempen.**
417	10	**Kirberg.**
418	22	**Kirchberg.**
419	18	**Kirchen** a. S.
420	28	**Kirchheim** b. Heidelberg.
421	15	**Kirchheimbolanden.**
422	5	**Kitzingen.**
423	25	**Klein-Gerau.**
424	5	**Klingenberg.**
425	28	**Knielingen.**
426	16	**Königsberg** N.-M.
427	14	**Königsberg** i. Pr., K.-Ges.
428	14	**Königsberg** i. Pr., Ldl. G.-B.
429	27	**Königsee.**
430	22	**Königstein** i. Sachsen.
431	7	**Königs-Wusterhausen.**
432	20	**Kösen.**
433	14	**Konitz.**
434	13	**Konstanz.**
435	17	**Kosten.**
436	23	**Krappitz.**
437	28	**Krautheim.**
438	14	**Kreuzburg** O.-Pr.
439	27	**Kreuzburg** a. d. Werra.
440	23	**Kreuzburg** O.-Schl.
441	10	**Kreuznach.**
442	11	**Kröpelin.**
443	17	**Krotoschin.**
444	5	**Kulmbach.**
445	15	**Kusel.**
446	29	**Kyritz.**
447	11	**Laage** i. M.
448	18	**Laasphe.**
449	16	**Labes.**
450	14	**Labiau.**
451	28	**Ladenburg.**
452	18	**Lage** i. L.
453	5	**Lahm** i. Itzgrund.
454	28	**Lahr.**
455	25	**Lampertheim.**
456	16	**Landsberg** a. d. W.
457	14	**Landsberg** O.-Pr.
458	1	**Landshut** (Bayern).
459	15	**Landstuhl** (Pfalz).
460	9	**Langelsheim.**
461	28	**Langenbrücken.**
462	27	**Langensalza.**
463	10	**Langenschwalbach.**
464	10	**Langenselbold.**
465	11	**Lassan.**
466	23	**Lauban.**
467	12	**Lauenburg** a. E.
468	16	**Lauenburg** i. P., Darl.-K.
469	27	**Lauscha.**
470	15	**Lauterecken.**
471	12	**Leck.**
472	28	**Legelshurst.**
473	29	**Lehnin.**
474	22	**Leipzig,** Kr.-B., Akt.-Ges.
475	22	**Leipzig,** Allg. Deutsche Spar- und V.-K. für Lehrer.
476	22	**Leipzig,** Spar- und Gew.-B.
477	27	**Lengsfeld.**
478	23	**Leobschütz, Volks-B.**
479	23	**Leobschütz, V.-B.**
480	9	**Lerbach.**
481	14	**Lessen** W.-Pr.
482	7	**Letschin.**
483	22	**Leubsdorf.**
484	27	**Leutenberg.**
485	5	**Leutershausen.**
486	23	**Lewin.**

Laufende Nummer	Nr. des Verbandes	Kreditgenossenschaften 2c.
487	27	Lichte b. Wallendorf i. S.-M.
488	6	Lichtenau i. Hessen.
489	5	Lichtenfels i. Bayern.
490	20	Liebenwerda, Sp.- u. D.-K.
491	14	Liebstadt.
492	23	Liegnitz, K.-V.
493	28	Liegnitz, V.-V.
494	10	Limburg a. Lahn.
495	18	Linnich.
496	17	Lissa.
497	27	Lobenstein.
498	22	Lobstädt.
499	14	Löbau W.-Pr.
500	13	Lörrach.
501	14	Lötzen.
502	23	Löwen.
503	11	Loitz.
504	25	Lorsch.
505	23	Lublinitz.
506	7	Luckau.
507	29	Luckenwalde.
508	5	Ludwigstadt.
509	7	Lübben.
510	7	Lübbenau.
511	12	Lübeck.
512	23	Lüben.
513	11	Lübtheen.
514	11	Lübz.
515	14	Lyck, Kred.-V.
516	14	Lyck, V.-V.
517	27	Magdala.
518	9	Magdeburg, Sp.- u. V.-V. d. Eisenb.-Beamt.
519	10	Mainz.
520	11	Malchow.
521	28	Mannheim, Akt.-Ges.
522	28	Mannheim, Gew.-Bk.
523	20	Mansfeld.
524	6	Marburg.
525	14	Marggrabowa, K.-Ges.
526	14	Marggrabowa, V.-V.
527	10	Marienberg.
528	14	Marienwerder.
529	13	Markdorf.
530	5	Marktbreit.
531	12	Marne.
532	16	Massow.
533	27	Mehlis.
534	14	Mehlsack.
535	27	Meiningen.
536	22	Meißen.
537	12	Meldorf.
538	27	Mellenbach i. Thür.
539	6	Melsungen.
540	5	Memmelsdorf i. Unterfr.
541	20	Merseburg.
542	18	Meschede.
543	17	Meseritz.
544	13	Meßkirch, V.-V.
545	13	Meßkirch, K.-K.
546	15	Metz.
547	27	Meuselbach.
548	29	Meyenburg (Priegnitz).
549	—	Michelstadt.
550	1	Miesbach.
551	5	Miltenberg.
552	11	Mirow.
553	23	Mittelschreibendorf, Kred.-, Sp.- u. Konf.-V.
554	22	Mittweida.
555	13	Möhringen a. D.
556	25	Mörfelden.
557	18	Mörs.
558	14	Mohrungen.
559	10	Montabaur.
560	28	Mosbach.
561	17	Mrotschen.
562	20	Mücheln.
563	22	Mügeln, Bez. Leipzig.
564	20	Mühlberg a. E.
565	27	Mühlhausen i. Th., Gew.-V.
566	27	Mühlhausen i. Th., V.-V.
567	14	Mühlhausen i. Ostpr.
568	13	Müllheim i. B.
569	1	München, Ind.-Bk.
570	27	Münchenbernsdorf.
571	25	Münster b Dieburg i. Hessen.
572	10	Münster i. T.
573	23	Münsterberg.
574	17	Nakel.
575	23	Namslau.
576	10	Nastätten.
577	29	Nauen.
578	16	Naugard.
579	6	Nauheim (Bad).
580	23	Naumburg a. Qu.
581	28	Neckarbischofsheim.
582	28	Neckargemünd.
583	14	Neidenburg.
584	23	Neisse.
585	11	Neubrandenburg.
586	11	Neubuckow.
587	16	Neudamm.
588	14	Neuenburg W.-Pr.
589	9	Neuhaldensleben.
590	27	Neuhaus a. R.

Laufende Nummer	Nr. des Verbandes	Kreditgenossenschaften 2c.
591	25	**Neu-Isenburg**, Gew.-B.
592	25	**Neu-Isenburg**, Sp.- u. Leihk. I.
593	25	**Neu-Isenburg**, Sp.- u. Leihk. II.
594	6	**Neukirchen** b. Ziegenhain (Cassel)
595	14	**Neumark** W.-Pr.
596	12	**Neumünster**, Gew.-B.
597	—	**Neunkirchen** b. Saarbr.
598	18	**Neunkirchen** (Bezirk Arnsberg).
599	23	**Neurode.**
600	29	**Neu-Ruppin.**
601	23	**Neusalz** a. O.
602	15	**Neustadt** a. d. Haardt.
603	27	**Neustadt** a. d. Orla.
604	23	**Neustadt** O.-Schl.
605	27	**Neustadt** b. Coburg.
606	12	**Neustadt** i. Holstein.
607	29	**Neustadt** a. d. Dosse.
608	13	**Neustadt** i. Schwarzwald.
609	16	**Neustettin.**
610	11	**Neustrelitz.**
611	17	**Neutomischel.**
612	12	**Niebüll.**
613	10	**Niederrad.**
614	6	**Nieder-Wildungen.**
615	—	**Nieheim** (Kr. Höxter).
616	20	**Nienburg** a. S.
617	23	**Nimptsch.**
618	6	**Nordeck.**
619	12	**Nortorf.**
620	1	**Nördlingen.**
621	5	**Nürnberg**, Sp.- u. B.-B.
622	28	**Oberkirch.**
623	10	**Oberlahnstein.**
624	27	**Oberlind** b. Sonneberg.
625	15	**Obermoschel.**
626	5	**Obernburg.**
627	2	**Oberschöneweide.**
628	17	**Obersitzko.**
629	10	**Oberstedten.**
630	15	**Oberstein.**
631	5.	**Ochsenfurt.**
632	16	**Oderberg.**
633	23	**Oels.**
634	10	**Offenbach.**
635	28	**Offenburg** i. Baden, B.-B.
636	23	**Ohlau.**
637	27	**Ohrdruf.**
638	22	**Olbernhau.**
639	12	**Oldenburg** i. Holst.
640	23	**Oppeln.**
641	28	**Oppenau.**
642	10	**Oppenheim.**
643	29	**Oranienburg.**
644	10	**Orb.**
645	14	**Ortelsburg.**
646	9	**Osterburg.**
647	27	**Ostheim** v. d. Rhön.
648	23	**Ostrowo.**
649	22	**Ottendorf**, Bez. Leipzig.
650	23	**Ottmachau**, B.-B.
651	23	**Ottmachau**, Bls.-B.
652	18	**Paderborn.**
653	2	**Pankow**, Spar- u. Leihbk.
654	23	**Parchwitz**, B.-B.
655	9	**Parey.**
656	11	**Pasewalk.**
657	1	**Passau.**
658	14	**Passenheim.**
659	23	**Patschkau.**
660	22	**Penig.**
661	16	**Penkun.**
662	29	**Perleberg.**
663	28	**Pforzheim.**
664	13	**Pfullendorf.**
665	25	**Pfungstadt.**
666	14	**Pillkallen.**
667	12	**Pinneberg.**
668	15	**Pirmasens.**
669	17	**Pleschen.**
670	12	**Plön.**
671	27	**Pößneck.**
672	23	**Polkwitz.**
673	17	**Posen.**
674	—	**Potsdam**, Kred.-B., Akt.-Ges.
675	23	**Prausnitz.**
676	12	**Preetz.**
677	11	**Prenzlau.**
678	20	**Prettin.**
679	20	**Pretzsch.**
680	14	**Pr.-Eylau.**
681	14	**Pr.-Holland.**
682	14	**Pr.-Stargard.**
683	5	**Prichsenstadt.**
684	23	**Priebus.**
685	29	**Pritzwalk.**
686	14	**Prökuls.**
687	22	**Pulsnitz.**
688	17	**Punitz.**
689	29	**Putlitz.**
690	9	**Quedlinburg**, B.-B.
691	9	**Quedlinburg**, D.-K.-B.
692	20	**Querfurt.**
693	22	**Radeberg.**
694	22	**Radeburg.**
695	18	**Radevormwald**, Komm.-Ges. a. A.

Laufende Nummer	Nr. des Verbandes	Kreditgenossenschaften ꝛc.
696	13	**Radolfzell.**
697	14	**Ragnit.**
698	—	**Raguhn.**
699	17	**Rakwitz** (Posen).
700	27	**Ranis.**
701	10	**Ransbach.**
702	28	**Rastatt.**
703	14	**Rastenburg.**
704	29	**Rathenow.**
705	23	**Raudten.**
706	17	**Rawitsch.**
707	14	**Rehden** W.-Pr.
708	11	**Rehna** i. Mecklenburg.
709	6	**Reichelsheim** i. d. Wetterau, V.- u. K.-V.
710	25	**Reichelsheim** i. Odenwald, Sp.- u. K.-V.
711	23	**Reichenbach** i. Schl.
712	2	**Reinickendorf** b. Berlin.
713	23	**Reinschdorf** b. Bösdorf, V.-V.
714	23	**Reinschdorf** b. Bösdorf, V.- u. Kr.-V.
715	22	**Reudnitz.**
716	14	**Rhein** O.-Pr.
717	29	**Rheinsberg.**
718	29	**Rhinow.**
719	11	**Ribnitz.**
720	—	**Rinteln.**
721	2	**Rixdorf,** V.-V.
722	2	**Rixdorf,** Darlehns-V.
723	15	**Rockenhausen.**
724	27	**Rodach** b. Coburg.
725	11	**Röbel.**
726	5	**Röttingen** a. T.
727	9	**Rogätz.**
728	20	**Roitzsch.**
729	27	**Ronneburg** (Sachs.-Altenburg).
730	23	**Rosenberg** O.-Schl.
731	14	**Rosenberg** W.-Pr.
732	20	**Roßleben.**
733	11	**Rostock.**
734	6	**Rotenburg** a. d. Fulda.
735	5	**Rothenburg** ob der Tauber.
736	27	**Rudolstadt.**
737	29	**Rüdersdorf.**
738	25	**Rüsselsheim.**
739	27	**Ruhla.**
740	18	**Ruhrort.**
741	10	**Runkel.**
742	14	**Saalfeld** O.-Pr.
743	13	**Säckingen.**
744	7	**Sagan.**
745	27	**Salzungen.**

Laufende Nummer	Nr. des Verbandes	Kreditgenossenschaften ꝛc.
746	9	**Salzwedel.**
747	17	**Samter.**
748	15	**St. Ingbert.**
749	28	**Sasbach** (Amt Achern).
750	27	**Schalkau.**
751	1	**Schillingsfürst.**
752	14	**Schippenbeil.**
753	16	**Schivelbein.**
754	16	**Schlawe.**
755	27	**Schleiz.**
756	27	**Schleusingen.**
757	6	**Schlitz.**
758	27	**Schmalkalden.**
759	14	**Schmalleningken.**
760	27	**Schmölln** (Sachsen-Altenburg).
761	17	**Schneidemühl.**
762	2	**Schöneberg** b. Berlin.
763	9	**Schöningen.**
764	17	**Schönlanke.**
765	9	**Schöppenstedt.**
766	13	**Schopfheim.**
767	17	**Schrimm.**
768	1	**Schrobenhausen.**
769	17	**Schulitz.**
770	10	**Schupbach.**
771	27	**Schwarzburg.**
772	16	**Schwedt** a. O.
773	23	**Schweidnitz.**
774	27	**Schweina.**
775	5	**Schweinfurt.**
776	20	**Schweinitz.**
777	14	**Schwetz.**
778	28	**Schwetzingen.**
779	10	**Seckbach.**
780	14	**Seeburg.**
781	9	**Seehausen** i. Altm.
782	12	**Segeberg.**
783	22	**Seiffen.**
784	10	**Selters.**
785	7	**Senftenberg.**
786	14	**Sensburg.**
787	22	**Siebenlehn.**
788	20	**Silberhütte,** Centralgen.
789	10	**Sindlingen** a. Main.
790	13	**Singen.**
791	28	**Sinsheim** a. d. Elsenz
792	14	**Skaisgirren.**
793	10	**Soden.**
794	14	**Soldau.**
795	16	**Soldin.**
796	—	**Sondershausen.**
797	27	**Sonneberg.**
798	27	**Sonnefeld.**

Laufende Nummer	Nr. des Verbandes	Kreditgenossenschaften ꝛc.
799	1	Sonthofen.
800	7	Sorau.
801	29	Spandau.
802	15	Speyer, Bls.-V.
803	7	Spremberg.
804	23	Sprottau.
805	12	Stade.
806	27	Stadt-Ilm.
807	9	Stadt-Oldendorf.
808	14	Stallupönen.
809	11	Stargard i. M.
810	16	Stargard i. Pomm.
811	13	Stauffen i. Baden.
812	29	Steglitz b. Berlin.
813	9	Steimke.
814	28	Stein, Amt Bretten.
815	10	Steinau (Reg.-Bez. Cassel).
816	23	Steinau a. O.
817	27	Steinheid.
818	9	Stendal, V.-V.
819	9	Stendal, K.- u. Spar-V.
820	13	Stetten a. k. M.
821	16	Stettin.
822	13	Stockach.
823	12	Stockelsdorf.
824	11	Stralsund, K.-V.
825	11	Strasburg U.-M.
826	10	Straßebersbach.
827	11	Strelitz.
828	23	Strehlen.
829	23	Striegau.
830	27	Stützerbach.
831	14	Stuhm.
832	18	Sülbeck.
833	11	Sülze.
834	27	Suhl.
835	16	Swinemünde.
836	14	Szippen, V.-V. Heydekrug.
837	27	Tabarz (S.-C.-Gotha).
838	9	Tangermünde.
839	27	Tann a. d. Rhön.
840	27	Tannroda.
841	23	Tarnowitz.
842	28	Tauberbischofsheim.
843	27	Teichel.
844	11	Tessin.
845	11	Teterow.
846	28	Teutschneureuth.
847	27	Themar.
848	13	Thengen.
849	13	Thiengen.
850	14	Thorn.
851	22	Thum.
852	5	Thurnau.
853	14	Tilsit.
854	13	Todtnau.
855	23	Trachenberg.
856	18	Trarbach.
857	1	Traunstein.
858	29	Trebbin.
859	22	Trebsen.
860	27	Treffurt.
861	18	Treis a. d. Mosel.
862	11	Treptow a. T.
863	29	Treuenbrietzen.
864	14	Tuchel.
865	13	Ueberlingen.
866	16	Ueckermünde.
867	12	Uetersen.
868	—	Ulm.
869	27	Unterneubrunn.
870	27	Unterweißbach.
871	10	Usingen.
872	27	Vacha a. W., erster V.-V.
873	5	Veitlahm.
874	27	Vieselbach.
875	13	Villingen.
876	1	Vilshofen.
877	23	Voigtsdorf.
878	6	Wächtersbach.
879	28	Waibstadt.
880	23	Waldenburg i. Schl.
881	13	Waldshut.
882	27	Walldorf b. Meiningen.
883	10	Wallmerod.
884	12	Wankendorf.
885	23	Wansen, V.-V.
886	23	Wansen, Volks-V.
887	11	Waren.
888	11	Warin.
889	23	Warmbrunn, V.- u. Sp.-V.
890	14	Wartenburg O.-Pr.
891	27	Wasungen.
892	27	Wechmar.
893	10	Wehen.
894	14	Wehlau.
895	5	Weidenberg (Bayern).
896	15	Weiserbach.
897	10	Weilmünster.
898	27	Weimar.
899	28	Weinheim.
900	2	Weißensee.
901	7	Wendisch-Buchholz.
902	9	Werben.
903	29	Werder a. H.
904	18	Werl.

Laufende Nummer	Nr. des Verbandes	Kreditgenossenschaften ꝛc.
905	22	**Wermsdorf.**
906	12	**Wesselburen.**
907	12	**Westerland** a. Sylt.
908	20	**Wettin** a. S.
909	6	**Wetzlar.**
910	20	**Wiehe.**
911	—	**Wiernsheim.**
912	10	**Wiesbaden,** B.-V.
913	10	**Wiesbaden,** Allg. V. u. Sp.-K.-V.
914	5	**Wiesenbronn.**
915	5	**Wiesentheid.**
916	28	**Wiesloch.**
917	14	**Willenberg** O.-Pr.
918	2	**Wilmersdorf** b. Berlin.
919	29	**Wilsnack.**
920	12	**Wilster.**
921	15	**Winnweiler.**
922	23	**Winzig.**
923	18	**Wissen.**
924	29	**Wittenberge.**
925	11	**Wittenburg.**
926	29	**Wittstock.**
927	11	**Woldegk.**
928	16	**Woldenberg.**
929	9	**Wolfenbüttel.**
930	11	**Wolgast.**
931	16	**Wollin,** Spark.-V.
932	16	**Wollin,** Bank-V.
933	17	**Wollstein.**
934	9	**Wollmirstedt.**
935	14	**Wormditt.**
936	10	**Worms.**
937	17	**Wronke,** B.-V.
938	17	**Wronke,** Neuer Kr.-V.
939	23	**Wünschelburg.**
940	23	**Wüstegiersdorf.**
941	23	**Wüstewaltersdorf.**
942	29	**Wusterhausen** a. D.
943	11	**Wustrow.**
944	12	**Wyk** auf Föhr.
945	17	**Xions.**
946	29	**Zehdenick.**
947	5	**Zeil.**
948	—	**Zeitz,** Sp.- u. V.-V., Akt.-Ges.
949	28	**Zell** a. H.
950	13	**Zell** i. W.
951	14	**Zempelburg.**
952	27	**Zeulenroda.**
953	28	**Zenthern.**
954	14	**Zinten.**
955	17	**Znin.**
956	23	**Zobten** a. B., V.-V.

Laufende Nummer	Nr. des Verbandes	Konsumvereine
957	20	**Zörbig.**
958	7	**Züllichau.**
959	23	**Zülz.**
960	15	**Zweibrücken.**
961	22	**Zwenkau.**
		b. Konsumvereine.
1	21	**Ackenhausen.**
2	21	**Ahlshausen.**
3	19	**Altena** i. W.
4	21	**Altenau** a. H.
5	—	**Altenburg** b. Naumburg a. S.
6	—	**Altflemmingen.**
7	19	**Arnsberg.**
8	19	**Asseln-Wickede.**
9	21	**Aßfeld.**
10	21	**Atzendorf.**
11	21	**Barbis.**
12	—	**Barnstorf,** Landw. Kons.-V.
13	21	**Bartolfelde.**
14	8	**Bautzen.**
15	21	**Beddingen.**
16	21	**Bennstedt.**
17	3	**Berlin,** Vorsicht.
18	3	**Berlin,** Beamten-Wirtsch.-V.
19	19	**Betzdorf** a. d. Sieg.
20	3	**Biesenthal.**
21	21	**Bitterfeld.**
22	21	**Blankenburg** a. H.
23	21	**Blumenthal.**
24	21	**Bodenfelde.**
25	24	**Borsigwerk.**
26	21	**Braunlage** i. H.
27	21	**Braunschweig,** Beamten-K.-V.
28	21	**Brehna.**
29	24	**Breslau,** Kons.-V.
30	24	**Breslau,** Kons.- u. Sp.-V.
31	21	**Broistedt.**
32	21	**Brückfeld.**
33	21	**Burg** b. M.
34	21	**Burgscheidungen.**
35	8	**Calau.**
36	21	**Calbe** a. M.
37	21	**Carsdorf.**
38	19	**Castrop.**
39	21	**Clausthal-Zellerfeld.**
40	8	**Cottbus,** Neuer Konsum-V.
41	21	**Cramme.**
42	21	**Cröllwitz** b. Halle a. S.
43	—	**Dahme.**
44	21	**Dammendorf.**
45	21	**Deersheim** b. Wasserleben.

Laufende Nummer	Nr. des Verbandes	Konsumvereine
46	12	Dessau, Beamten-Konsum-V.
47	21	Dettum.
48	21	Dögerode b. Calefeld.
49	21	Dölau b. Halle a. S.
50	21	Dörnten.
51	26	Donaueschingen.
52	21	Dorste, Kr. Osterode a. H.
53	19	Dortmund.
54	19	Driburg.
55	21	Düben.
56	21	Echte.
57	21	Eilenburg.
58	21	Eisdorf b. Gittelde.
59	19	Elberfeld, Beamten-Kons.-V.
60	19	Elberfeld, Kons.-V. Gambrinus.
61	21	Elbingerode a. H.
62	19	Enniglob.
63	21	Erdeborn b. Oberröblingen.
64	21	Erfurt, Waren-E. u. Herst.-Abt.
65*	26	Ersingen b. Pforzheim.
66	19	Eveking.
67	—	Eversen b. Celle.
68	21	Falkenberg b. Halle.
69	26	Frankfurt a. M., Eisenbahn-Kons.-V.
70	26	Frankfurt a. M., Beamten-Vereinig.
71	21	Fredelsloh.
72	21	Friedersdorf b. Bitterfeld.
73	21	Fümmelse.
74	3	Fürstenwalde a. Spree.
75	21	Gandersheim.
76	21	Gardelegen.
77	8	Gassen.
78	21	Gebhardshagen.
79	21	Gielde b. Börßum.
80	21	Gittelde a. H.
81	21	Gitter.
82	24	Glatz.
83	24	Gleiwitz.
84	21	Glöthe.
85	8	Görlitz, Kons.-V.
86	21	Gollme.
87	21	Goslar.
88	21	Gräfenhainichen.
89	—	Groß-Hehlen.
90	21	Groß-Salze.
91	8	Groß-Schönau.
92	21	Grund.
93	19	Gütersloh.
94	21	Halberstadt.
95	21	Halle a. S., Beamten-Kons.-V.
96	21	Halle a. S., Neuer Kons.-V.
97	21	Hameln.
98	21	Harlingerode.
99	21	Harriehausen.
100	21	Harzburg-Bündheim.
101	26	Haunstetten.
102	21	Heinsen b. Polle.
103	21	Helmstedt.
104	21	Höhnstedt.
105	24	Hohenlohehütte.
106	21	Holzminden.
107	21	Holzweißig.
108	8	Hoyerswerda.
109	21	Jerstedt b. Goslar.
110	21	Ildehausen.
111	21	Ilsenburg.
112	21	Imbshausen.
113	21	Immendorf (Braunschweig).
114	26	Immenstadt-Bleichach.
115	19	Iserlohn.
116	21	Kaltendorf.
117	26	Karlsruhe i. Baden.
118	24	Kattowitz.
119	21	Kemberg.
120	21	Königslutter.
121	21	Langelsheim.
122	21	Langenbogen.
123	—	Langreder.
124	21	Lauchstedt.
125	24	Laurahütte.
126	21	Lautenthal a. H.
127	21	Lauterberg a. H.
128	21	Lebenstedt.
129	19	Lennep.
130	21	Lerbach b. Osterode a. H.
131	21	Lichtenberg (Braunschweig).
132	21	Lichtenfels.
133	21	Liebenburg (Hannover).
134	21	Liebenwerda.
135	21	Limlingerode.
136	8	Linderode.
137	24	Lipine.
138	21	Lobmachtersen.
139	8	Löbau i. Sachs., Kons.-V.
140	8	Lübben.
141	19	Lüdenscheid.
142	19	Lütgendortmund.
143	—	Magdeburg, Eisenb.-Beamten-Kons.-V.
144	26	Mariannenthaler Glashütte b. Schnappach i. Pfalz.
145	—	Meiningen.
146	24	Michalkowitz O.-Schl.
147	21	Moringen.

Laufende Nummer	Nr. des Verbandes	Konsumvereine
148	21	**Münchehof.**
149	26	**München.**
150	8	**Muskau.**
151	—	**Neudaberstadt.**
152	3	**Neudamm.**
153	21	**Neudorf** b. Harzgerode.
154	19	**Neuenkleusheim.**
155	21	**Neuhaldensleben.**
156	24	**Neustadt** O.-Schl.
157	21	**Nieder-Eichstädt.**
158	21	**Niemegk** b. Bitterfeld.
159	—	**Nörten.**
160	21	**Nordhausen.**
161	21	**Northeim.**
162	8	**Ober-Cunnersdorf.**
163	—	**Ober-Odertwitz.**
164	21	**Ohlendorf.**
165	21	**Oker** a. H.
166	21	**Oldenrode** b. Jldehausen.
167	19	**Olpe** i. Westf.
168	21	**Opperhausen** b. Kreiensen.
169	19	**Osterfeld** i. Westf.
170	21	**Osterhagen.**
171	21	**Osterode** a. H.
172	21	**Othfresen-Heißum.**
173	19	**Ottbergen.**
174	21	**Ottenstein** (Braunschweig).
175	19	**Paderborn.**
176	26	**Pforzheim.**
177	3	**Pölitz.**
178	21	**Pohritzsch.**
179	3	**Potsdam.**
180	21	**Pouch.**
181	19	**Rhode** b. Olpe.
182	21	**Rittierode.**
183	21	**Rösa.**
184	21	**Roitzsch.**
185	24	**Rosdzin** O.-Schl.
186	—	**Rosenheim.**
187	21	**Roßlau.**
188	3	**Rüdersdorf.**
189	21	**Rühle.**
190	21	**Rüningen** b. Braunschweig.
191	24	**Saarau.**
192	21	**Salza** a. Harz.
193	21	**Salzdahlum.**
194	21	**St. Andreasberg.**
195	21	**Schafstädt.**
196	21	**Schalksmühle.**
197	—	**Scharley.**
198	—	**Scheie.**
199	21	**Schiepzig** b. Salzmünde.
200	21	**Schladen.**
201	24	**Schlegel.**
202	21	**Schochwitz** b. Salzmünde.
203	21	**Schönhagen.**
204	21	**Schraplau.**
205	8	**Schreiberhau.**
206	23	**Schweidnitz.**
207	21	**Schwemsal.**
208	8	**Senftenberg.**
209	8	**Sommerfeld.**
210	19	**Soest,** B.-Konf.-V.
211	21	**Sonneberg** i. Thür.
212	3	**Stargard** i. Pommern.
213	21	**Steigra** b. Querfurt.
214	21	**Steina** b. Herzberg i. Harz.
215	21	**Stiege** a. Harz.
216	21	**Stöckey** (Post Tettenborn).
217	21	**Straßberg** a. H.
218	3	**Swinemünde.**
219	21	**Tettenborn.**
220	21	**Teutschenthal.**
221	21	**Thiede.**
222	8	**Tiefenfurt.**
223	21	**Torgau.**
224	21	**Trebitz** a. Elbe.
225	21	**Trebra** b. Nordhausen.
226	—	**Treuenbrietzen.**
227	21	**Uelzen.**
228	26	**Ulm.**
229	—	**Unterlauchringen.**
230	21	**Upen.**
231	21	**Uslar.**
232	8	**Vetschau.**
233	21	**Volpriehausen.**
234	8	**Walddorf.**
235	19	**Wanne.**
236	—	**Waldsassen.**
237	21	**Wansleben.**
238	—	**Wardböhmen.**
239	8	**Warmbrunn.**
240	21	**Wasserleben.**
241	19	**Werdohl.**
242	21	**Wernigerode.**
243	21	**Werningerode** b. Bleicherode.
244	19	**Werther** i. Westf.
245	19	**Wesel.**
246	21	**Westerhof** b. Echte.
247	21	**Westerode** a. H.
248	19	**Wetter.**
249	21	**Wettin** a. S.
250	21	**Wiedemar.**
251	21	**Wildemann,** Konf.-V. I.
252	—	**Wilhelmsburg.**
253	21	**Willershausen** b. Echte.

Laufende Nummer	Nr. des Verbandes	Baugenossenschaften
254	21	**Wittenberg** (Bz. Halle), Kons.-V.
255	21	**Windhausen** b. Gittelde.
256	—	**Winzenburg.**
257	21	**Wittenberg** (Bez. Halle), Beamten Kons.-V.
258	21	**Wolfen.**
259	21	**Wolfenbüttel,** Beamt.-Kons.-V.
260	21	**Wolfshagen.**
261	24	**Wüstegiersdorf.**
262	21	**Wulften** a. H.
263	24	**Zaborze** O.-Schl.
264	21	**Zappendorf.**
265	21	**Zöschen.**
266	21	**Zscherben.**
		c. Baugenossenschaften.
1	4	**Ahlfeld** a. L., Gemeinn. Bau-V.
2	4	**Allenstein,** Allenst. Wohnungs-Baugen.
3	14	**Angerburg,** Bau- u. Spar-V.
4	4	**Arnstadt,** Bauverein.
5	1	**Augsburg,** Baugen.
6	4	**Bergen** a. Rg., Beamt.-Wohn.-Verein.
7	4	**Berlin,** Berl. Baugenossenschaft.
8	—	**Berlin,** Berliner Spar- und Bauverein.
9	4	**Berlin,** Bau- und Sparverein Finkenkrug.
10	4	**Berlin,** Baugen. der Angestellt. der großen Berl. Straßenb.
11	4	**Blumenthal** (Hann.), Spar- u. Bauverein.
12	4	**Böllberg** b. Halle a. S., Hausgenossenschaft.
13	4	**Bramsche,** Gemeinn. Bau-V.
14	4	**Brandenburg** a. H., Bau- und Sparverein.
15	4	**Braunschweig,** Braunschweiger Baugenossenschaft.
16	—	**Bremen,** Eisenbahn-Spar- und Bauverein.
17	4	**Cassel,** Arbeiter-Bauverein.
18	4	**Cassel,** Gemeinn. Bauges.
19	4	**Celle,** Bau- und Sparverein.
20	4	**Cöthen,** Bauverein.
21	4	**Cronberg**-Schönberg, Gemeinn. Bau-Gen.
22	4	**Dillenburg,** Gem. Bauv. f. d. Dillkreis.
23	4	**Düsseldorf,** Staats-Eisenbahn-Bauverein.
24	4	**Eickel,** Spar- und Bauverein.
25	4	**Einbeck,** Spar-, Darl.- u. Bauverein.
26	4	**Elberfeld,** Eisenbahn-Bau-V.
27	4	**Elbingerode,** Gemeinn. Bauverein.
28	4	**Erfurt,** 1. Erf. Bau-Gen. für Arbeiter und Beamte.
29	4	**Erfurt,** Baugenossenschaft Schmidtstädt.
30	4	**Falkenberg** (Bez. Halle), Baugenossenschaft f. d. Beamten und Arbeiter der Staats-Eisenb.-Verw.
31	10	**Frankfurt** a. M., Spar- u. Bauverein für Eisenb.-Bedienst.
32	4	**Frankfurt** a. M., Volksb. und Spar-V.
33	4	**Fulda,** Bauverein für den Kreis Fulda.
34	4	**Geestemünde,** Bau- u. Wohn.-Verein.
35	4	**Göttingen,** Spar- u. Bauverein.
36	4	**Greifenberg** i. P., Gemeinn. Bauverein.
37	4	**Halle** a. S., Spar- u. Bau-V.
38	4	**Hamburg,** Bau- u. Sparverein.
39	—	**Hamburg,** Beamt.-Wohnungs-Verein.
40	4	**Hanau,** St. Joseph-Spar- und Bauverein.
41	4	**Hanau,** Gemeinn. Bauges., A.-G.
42	4	**Hannover,** Beamten-Wohn.-V.
43	4	**Hannover-Kleefeld,** Baugenossenschaft.
44	4	**Harburg** a. E., Kons.- u. Bauverein.
45	4	**Herne,** Bauverein.
46	4	**Hirschberg** i. Schl., Spar- u. Bauverein.
47	4	**Höchst** a. M., Ges. zur Beschaffg. von Wohn., A.-G.
48	4	**Homburg** v. d. H., Gemeinn. Baugenossenschaft.
49	4	**Ilmenau,** Baugenossenschaft.
50	—	**Karlsruhe** i. B., Mieter- und Bauverein.
51	4	**Kirchheim** b. Heidelbg., Baugen. Bezirk Heidelberg.
52	4	**Konstanz,** Spar- u. Bauverein.
53	4	**Kreuznach,** Spar- u. Bauverein.
54	4	**Kulmbach,** Bauverein.

Laufende Nummer	Nr. des Verbandes	Baugenossenschaften
55	4	**Langenöls**, Bauverein.
56	4	**Lauterberg** a. H., Gem. Bau-V.
57	4	**Leer** (Ostfr.), Beamt.-Wohn.-V.
58	4	**Lehe**, Beamt.-Bau- u. Wohn.-V.
59	4	**Lehrte**, Gemeinn. Bauverein.
.60	4	**Limburg** a. d. Lahn, Spar- u. Bauverein.
61	4	**Lingen**, Bau- u. Sparverein.
62	4	**Lobenstein**, Bau- u. Sparverein.
63	4	**Luckenwalde**, Bauverein.
64	4	**Ludwigshafen** a. Rh., Baugen.
65	4	**Lübeck**, Gemeinn. Bauverein.
66	4	**Mannheim**, Spar- u. Bauverein.
67	4	**Marburg**, Wohn.-Gen. des evang. Arb.-Vereins.
68	4	**Menslage**, Gemeinnützige Ansiedelungsgenossenschaft.
69	4	**Merseburg**, Spar- u. Bauverein.
70	4	**Metz**, Baugenossenschaft von Beamten in Metz.
71	4	**Misburg**, Gemeinn. Bauverein.
72	4	**Montabaur**, Bauverein für den Unterwesterwald.
73	4	**Mühlhausen** i. Th., Spar- u. Bauverein.
74	1	**München**, Bau-Gen.
75	1	**München**, Bau- u. Sparverein.
76	4	**Münden** (Hann.), Gemeinn. Bauverein.
77	4	**Nienburg** a. Weser, Beamten-Bau- u. Wohn.-V.
78	4	**Nordhorn**, Gemeinn. Bau-V.
79	4	**Oberursel**, Bau- u. Sparverein.
80	4	**Osterholz-Scharmbeck**, Gemeinnütziger Bauverein.
81	4	**Osterode** a. H., Gemeinn. Baugenossenschaft.
82	4	**Paderborn**, Gemeinn. Bauges.
83	4	**Pirmasens**, Spar- u. Baugen.
84	4	**Posen**, Pos. Gemeinn. Baugen.
85	4	**Potsdam**, Bau- u. Sparverein f. Eisenbahnbed. zu Potsdam.
86	4	**Quakenbrück**, Spar- u. Bauver.
87	4	**Rauenstein**, Spar- u. Bauverein.
88	4	**Rheda**, Bau- u. Sparverein.
89	4	**Rheinsberg** (Mark), Bauverein.
90	4	**Ricklingen** (Hann.), Gemeinn. Bauverein.
91	4	**Rixdorf**, Spar- u. Bauverein.
92	4	**Rödelheim**, Spar- u. Baugen.
93	4	**Rüdesheim**, Gemeinn. Bauver. für den Rheingaukreis.
94	4	**Sarstedt**, Gemeinn. Bauverein.

Laufende Nummer	Nr. des Verbandes	Andere Genossenschaften
95	4	**Schiltigheim**, Bauverein.
96	—	**Schleswig**, Arbeiter Bauverein.
97	4	**Schmalkalden**, Sp.- u. Baugen. des evang. Arbeitervereins.
98	4	**Siegen**, Baugen.
99	4	**Silberhütte** (Anhalt), Bauver.
100	4	**Spremberg**, Sp.- u. Bauverein.
101	4	**Stendal**, Gemeinn. Bauverein.
102	4	**Stettin**, Beamten-Baugen.
103	4	**Stöcken** b. Hannover, Gemeinn. Bauverein.
104	4	**Tapiau**, Bauverein.
105	4	**Villingen** (Baden), Baugen.
106	4	**Vollmarstein**, Spar- u. Bauver.
107	4	**Weimar**, Bauverein Weimar.
108	4	**Wiesbaden**, Spar- u. Bauver.
109	4	**Wiesbaden**, Beamt.-Wohn.-V.
110	4	**Wilhelmsburg**, Eisenb.-Bau-V.
111	4	**Wilhelmsburg**, Spar- u. Bauverein.
112	4	**Wilhelmshaven**, Spar- u. Baugesellschaft.
113	4	**Wittenberge**, Bau- u. Sparver. von Eisenbahn-Bediensteten.
114	4	**Witzenhausen**, Spar- und Bauverein.
115	4	**Wolfenbüttel**, Spar- und Bauverein.
116	4	**Wülfel**, Spar- und Bauverein.

d. Rohstoffgenossenschaften.

Laufende Nummer	Nr. des Verbandes	Andere Genossenschaften
1	—	**Berlin**, Verein. Stellmachermeister.
2	—	**Berlin**, Eink.-Gen. der Uhrmacher.
3	23	**Breslau**, Ein- u. Verk.-Gen. Breslauer Bäckermeister.
4	25	**Darmstadt**, Rohst.-V. d. Schuhmacher.
5	—	**Delitzsch**, Schuhmacher-Rohst.-Genossenschaft.
6	7	**Görlitz**, Schuhm.-Rohst.-Ass.
7	—	**Insterburg**, Ländl. Wirtschaftsverein.
8	1	**Lindenberg** (Allgäu), Eink.- u. Produktivgen. d. Sattler pp.
9	—	**Luckenwalde**, Schuhm.-Ass.
10	21	**Magdeburg**, Rohst.-Ass. der Schneider.
11	21	**Magdeburg**, Rohst.-Ass. der Schuhmacher.

Laufende Nummer	Nr. des Verbandes	Andere Genossenschaften
12	10	**Mainz,** Rohstoff-Verein für Schuhmacher.
13	1	**München,** Rohstoff-Verein der Schuhmacher-Innung.
14	25	**Seligenstadt,** Rohstoff-Verein für Schuhmacher.
15	27	**Stadtilm,** Schuhmacher-Rohst.-Genossenschaft.
16	27	**Weimar,** Schuhmacher-Rohst.-Verein.
17	10	**Wiesbaden,** Rohstoff-Verein f. Schuhmacher.
18	—	**Wittenberg** (Bz. Halle), Schuhmacher-Rohst.-Gen.
19	21	**Wolfenbüttel,** Ass. der Schuhmachermeister.
		e. Magazingenossenschaften.
1	1	**Augsburg,** Schreinermagazin-Genossenschaft.
2	1	**Augsburg,** Rauhw.-Verw.-Genossenschaft.
3	18	**Elberfeld,** Häuteverw.
4	23	**Hirschberg** i. Schl., Rohhäute-Verw.
5	14	**Insterburg,** Häute- und Fell-Verw.-Gen.
6	1	**München,** I. Schreiner-Gen.
		f. Werkgenossenschaften.
1	—	**Berlin,** Dienstmänner.
2	23	**Breslau,** Viktoria, Transportgeschäft selbstfahr. Schiffer.
3	23	**Festenberg,** Festenberger Holzindustr.-Verein.
4	1	**Hersbruck,** Werkgenossenschaft d. vereinigten Schreiner.
1	13	**Konstanz,** Schreiner-Werkgen.
6	1	**Lauf** b. Nürnberg, Werkgenoss. der vereinigten Handwerker.
7	23	**Leobschütz,** Abfuhrgen.
8	9	**Magdeburg,** Privat-Schiffer-Transp.-G.
9	11	**Malchow** i. M., Werkgenossenschaft der Tuchfabrikanten.
10	23	**Schweidnitz,** Abfuhrgen.

Laufende Nummer	Nr. des Verbandes	Andere Genossenschaften
		g. Produktivgenossenschaften.
1	23	**Breslau,** Genossenschafts-Buchdruckerei.
2	27	**Bürgel,** Braugenossenschaft.
3	—	**Ebersbach,** Oberlausitzer Gen.-Buchdruckerei.
4	27	**Gera** bei Elgersburg, Braunsteinhandels-Verein.
5	—	**Hannover,** Vereinsbuchdruckerei.
6	11	**Malchow** i. M., Privatspinn.
7	20	**Mühlberg** a. E., Brauerei und Malzfabrik.
8	1	**Perlach,** Branntwein-Brenn.
9	27	**Schleiz,** Braugenossenschaft.
10	1	**Taufkirchen,** Branntw.-Brenn.
11	8	**Vetschau,** vormals A. Lehnigk, Maschinenfabrik, Fahrradwerke u. Eisengießerei.
12	27	**Weimar,** Weimarische Schuhfabrik.
13	1	**Willing** in Oberbayern, Brennerei.
		h. Sonstige Genossenschaften.
1	9	**Aken** a. E., Schiffsversich.-V.
2	1	**Augsburg,** Hygienisches Bad.
3	11	**Bergen** a. R., Kanalis.-Gen.
4	—	**Berlin,** Wirtschafts-Genossenschaft Berliner Grundbesitzer.
5	—	**Berlin,** Techn. Revis.-Vereinig.
6	14	**Briesen** W.-Pr., Vereinshaus-Gesellschaft.
7	—	**Charlottenburg,** Deutsches Erholungsheim.
8	22	**Chemnitz,** Beerdigungs-Anstalt „Frieden".
9	2	**Eberswalde,** Wirtsch.-Gen. des Eberswalder Haus- und Grundbesitzer-Vereins.
10	27	**Eisenach,** Nord-Süd.
11	10	**Frankfurt** a. M., Mitteldeutsches Vereins-Sortiment.
12	20	**Mansfeld,** Geflügelzucht-Genossenschaft.
13	18	**Meschede,** Sauerl. V. f. Verwert. der Beeren.
14	16	**Stettin,** Eink.-Genossenschaft Stettiner Kaufleute.
15	—	**Ueckermünde,** Ziegelei-Gen.

Druck der Breslauer Genossenschafts-Buchdruckerei, E. G. m. b. H.

Kolibri 360 GmbH
Ferdinand-Jühlke-Straße 7
99095 Erfurt, Deutschland
produktsicherheit@kolibri360.de